»Das Wesen der Dinge und der Liebe« erzählt die Geschichte von Alma [illegible], einer Frau, die sich den Pflanzen verschrieb, [illegible] das Wesen der Liebe zu ergründen. [illegible] Zeit, in der die Welt [illegible] und [illegible] Vater ist mit [illegible] geworden [illegible] der jungen Alma fehlt es an nichts [illegible] zwischen den Pflanzen in den [illegible] Gewächshäusern. [illegible] der Nacht, und während [illegible] wie es später Charles Darwin der Welt [illegible] wird.

Doch in mancher Hinsicht scheinen ihre Erkenntnisse nicht [illegible] Gibt es eine wissenschaftliche Erklärung, warum sich der Mensch nach [illegible] sehnt? Was ist Liebe überhaupt? [illegible] Prinzip, das sich für die Abschaffung der Sklaverei [illegible] Ein großer Roman über ein ganzes Jahrhundert, [illegible] und all das, was dazwischen liegt.

Elizabeth Gilbert, geboren 1969, wuchs auf einer Weihnachtsbaumfarm in Connecticut auf. [illegible] New York arbeitete sie [illegible] für die New York Times und begann Bücher zu schreiben. [illegible] 2010 mit [illegible] Weltbestseller, in dem die Hauptfigur [illegible] Indien und [illegible] 2010 wurde [illegible] mit Julia Roberts in der Hauptrolle [illegible] Elizabeth Gilbert lebt in New Jersey.

Weitere Informationen [illegible]

»Das Wesen der Dinge und der Liebe« erzählt die Geschichte von Alma Whittaker, einer Frau, die sich den Pflanzen verschrieb, die Naturgesetze erforschte und versuchte, das Wesen der Liebe zu ergründen. Alma wird in die Aufbruchsphase Amerikas geboren, in eine Zeit, in der die Welt erforscht und Altes durch Neues abgelöst wird. Ihr umtriebiger Vater ist mit Pflanzenhandel reich geworden und der jungen Alma fehlt es an nichts, auch nicht an Bildung. Sie wächst auf zwischen den Pflanzen der prächtigsten Gewächshäuser. Ihre ganze Leidenschaft gilt der Natur, und während ihrer Studien, die sie ihr ganzes Leben begleiten, gelingen ihr ähnlich revolutionäre Einsichten, wie sie später Charles Darwin der Welt vorführen wird.

Doch in mancher Hinsicht scheinen ihre Erkenntnisse nicht auszureichen. Gibt es eine wissenschaftliche Erklärung, warum sich der Mensch nach Liebe sehnt? Was ist Liebe überhaupt? Warum sind wir mutig, wie ihre Adoptivschwester Prudence, die sich für die Abschaffung der Sklaverei einsetzt? Ein großer Roman über ein ganzes Jahrhundert, über Vernunft und Gefühle – und alles, was dazwischen liegt.

Elizabeth Gilbert, geboren 1969, wuchs auf einer Weihnachtsbaumfarm in Connecticut auf. Nach dem Studium in New York arbeitete sie u. a. als Journalistin für die »New York Times« und begann, Bücher zu schreiben. Der internationale Durchbruch kam 2006 mit »Eat Pray Love«, einem Weltbestseller, in dem die Hauptfigur Elizabeth auf Weltreise geht und zu sich selbst findet: Dolce Vita in Italien, Meditation in Indien und das Glück auf Bali. 2010 wurde »Eat Pray Love« mit Julia Roberts in der Hauptrolle verfilmt. Nach »Big Magic« (2015) erschien 2019 ihr Roman »City of Girls«, der wochenlang auf der SPIEGEL-Bestsellerliste stand. Elizabeth Gilbert lebt in New Jersey.

Weitere Informationen finden Sie auf www.fischerverlage.de

ELIZABETH GILBERT

Das Wesen der Dinge und der Liebe

Roman

Aus dem Englischen von
Tanja Handels und Sabine Schwenk

FISCHER Taschenbuch

Für meine Großmutter Maude Edna Morcomb Olson
zu Ehren ihres 100. Geburtstages

MIX
Papier | Fördert gute Waldnutzung
FSC® C014496

2. Auflage: November 2023
Erschienen bei FISCHER Taschenbuch
Frankfurt am Main, Oktober 2023

Die Originalausgabe erschien 2013 unter dem Titel
»The Signature of All Things« bei Viking, New York

Druck und Bindung: GGP Media GmbH, Pößneck
Printed in Germany
ISBN 978-3-596-70810-9

Was Leben ist, wissen wir nicht.
Was Leben macht, wissen wir genau.

Lord Perceval

Prolog

Zusammen mit dem neuen Jahrhundert erblickte Alma Whittaker am 5. Januar des Jahres 1800 das Licht der Welt.

Es dauerte nicht lange, da gab es bereits allerlei Meinungen zu ihr.

Als Almas Mutter den Säugling zum ersten Mal sah, war sie durchaus zufrieden mit dem Ergebnis. Beatrix Whittaker hatte in puncto Nachkommenschaft bis zu diesem Tag wenig Glück gehabt. Ihre ersten drei Versuche, ein Kind zu bekommen, waren wie traurige Bächlein versiegt, anstatt zu wachsen und anzuschwellen. Ihr jüngster Versuch – ein nahezu vollkommener Sohn – hatte es bis zur Schwelle des Lebens geschafft, sich just am Morgen seiner Geburt jedoch eines anderen besonnen: Er kam bereits tot zur Welt. Nach solchen Verlusten ist jedes Kind, das überlebt, ein gelungenes Kind.

Den kräftigen Säugling im Arm, flüsterte Beatrix in ihrer holländischen Muttersprache ein Gebet. Sie betete, ihre Tochter möge zu einer gesunden, vernünftigen, intelligenten jungen Frau heranwachsen, sich nicht in Gesellschaft allzu gepuderter Mädchen begeben, nicht über vulgäre Geschichten lachen, sich nicht mit leichtsinnigen Männern an Kartentische setzen, keine französischen Romane lesen und sich nicht schlimmer als wilde Indianer benehmen oder sonst wie dem Ruf einer guten Familie Schaden zufügen, mit anderen Worten *een onnozelaar* werden, ein Einfaltspinsel. Darin gipfelte ihr Segenswunsch – oder das, was bei einer strengen Frau wie Beatrix Whittaker als Segenswunsch gelten darf.

Die Hebamme, eine deutschstämmige Einheimische, war der Ansicht, dass es eine anständige Geburt in einem anständigen Haus gewesen sei, also müsse Alma Whittaker auch ein anständiges Baby sein. Die Kammer geheizt, Suppe und Bier umsonst, und dazu eine Mutter, so robust, wie es von einer Holländerin nicht anders zu erwarten war.

Zudem wusste die Hebamme, dass sie ihren Lohn bekommen würde, und zwar einen stattlichen. Jedes Baby, das Geld bringt, ist ein willkommenes Baby. Also gab auch sie Alma ihren Segen, wenn auch ohne große Inbrunst.

Hanneke de Groot hingegen, die Hauswirtschafterin des Anwesens, war weniger begeistert. Das Baby war kein Junge und nicht einmal hübsch. Es hatte ein Gesicht wie ein Pfannkuchen und war so blass wie ein ausgeblichener Dielenboden. Es würde Arbeit machen, wie alle Kinder. Und wie alle Arbeit würde auch diese vermutlich auf ihren Schultern landen. Trotzdem segnete sie das Kind, denn das Segnen eines Babys ist Pflicht, und Hanneke de Groot war ein pflichtbewusster Mensch. Hanneke zahlte die Hebamme aus und wechselte die Bettlaken. Dabei half ihr mehr schlecht als recht eine junge Magd – ein schwatzhaftes Mädchen vom Land und neuester Zuwachs der Hausgemeinschaft –, die lieber das Baby angaffte, als die Kammer aufzuräumen. Der Name dieser Magd tut hier nichts zur Sache, denn Hanneke de Groot würde sie am nächsten Tag als unbrauchbar entlassen und ohne Empfehlungsschreiben fortschicken. Doch an diesem Abend ließ die unbrauchbare Magd, die sich selbst nach einem Baby sehnte, nicht von dem Neugeborenen ab und gewährte der jungen Alma einen warmen, herzlichen Segenswunsch.

Dick Yancey – ein großgewachsener, imposanter Mann aus Yorkshire, der mit eiserner Hand die internationalen Geschäftsinteressen des Hausherrn vertrat (und zufällig in jenem Januar auf dem Anwesen der Whittakers weilte, wo er auf Tauwetter im Hafen von Philadelphia wartete, um sich nach Niederländisch-Ostindien zu begeben) – hatte zu dem Neugeborenen nicht viel zu sagen. Fairerweise wollen wir nicht verschweigen, dass Plaudereien generell nicht seine Stärke waren. Als Mr Yancey erfuhr, dass Mrs Whittaker ein gesundes Mädchen zur Welt gebracht hatte, runzelte er nur die Stirn und sagte, wortkarg wie immer: »Hartes Geschäft, das Leben.« War das eine Segnung? Schwer zu sagen. Entscheiden wir im Zweifel zu seinen Gunsten und betrachten es als solche. Bestimmt sollte es kein Fluch sein.

Was nun Almas Vater betraf – Henry Whittaker, den Hausherrn –, so freute sich dieser über sein Kind. Ja, er war sogar hocherfreut. Es störte ihn weder, dass das Baby kein Junge, noch dass es nicht hübsch war. Er gab Alma zwar nicht seinen Segen, aber nur deshalb, weil er nichts von Segenswünschen hielt. (»Worum Gott sich kümmert, das geht mich nichts an«, sagte er häufig.) Nichtsdestotrotz bewunderte Henry sein Kind ohne Wenn und Aber. Was auch nicht weiter erstaunlich war: Schließlich hatte er es gezeugt, und Henry Whittaker neigte zu bedingungsloser Bewunderung für alle seine Erzeugnisse. Zur Feier des Tages pflückte er in seinem größten Gewächshaus eine Ananas und gab sie, zu gleichen Teilen aufgeschnitten, seinen Bediensteten. Draußen schneite es, ein pennsylvanischer Winter par excellence, doch dieser Mann besaß mehrere selbstentworfene, mit Kohle beheizte Treibhäuser – die ihm nicht nur den Neid jedes Gärtners und Botanikers auf dem amerikanischen Kontinent einbrachten, sondern auch einen unerhörten Reichtum –, und wenn er im Januar eine Ananas haben wollte, bei Gott, dann bekam er im Januar eine Ananas. Und auch Kirschen im März.

Anschließend zog er sich in sein Arbeitszimmer zurück und schlug das Wirtschaftsbuch auf, in dem er wie jeden Abend alle offiziellen wie auch vertraulichen Vorgänge auf dem Anwesen festhielt. »Eine ehrbare noia mittreisende ist Zu uns geschtossen«, fing er an und notierte sodann die Einzelheiten, den zeitlichen Ablauf und die Kosten von Alma Whittakers Geburt. Sein Umgang mit der Feder war beschämend. Die Sätze glichen überfüllten Dörfern, in denen Groß- und Kleinbuchstaben in drangvoller Enge nebeneinanderlebten, ein Drunter und Drüber, als wollte jeder von ihnen der Buchseite entfliehen. Seine Rechtschreibung war mehr als willkürlich und seine Zeichensetzung Grund genug für traurige Stoßseufzer.

Aber Henry schrieb seinen Bericht dennoch nieder. Es war ihm wichtig, den Überblick zu behalten. Er wusste zwar, dass diese Seiten für jeden gebildeten Menschen ein haarsträubender Anblick gewesen wären, doch er wusste auch, dass niemand sie jemals zu Gesicht bekommen würde – mit Ausnahme seiner Frau. Wenn Beatrix wieder bei Kräften war, würde sie sein Gekrakel wie immer in ihre elegant geführten Wirtschaftsbücher übertragen, wo es als offizieller Haushaltsbericht firmieren würde. Sie war seine Partnerin – und machte ihre Sache wirklich gut. Sie übernahm diese Aufgabe für ihn … neben hundert anderen.

Sie würde sich, so Gott es wollte, binnen kurzem wieder daransetzen.

Der Schreibkram türmte sich bereits.

Cinchona Calisaya, Var. Ledgeriana.

Cinchona Calisaya, Var. Ledgeriana.

Teil 1

Der Fieberbaum

Kapitel 1

In den ersten fünf Jahren ihres Lebens war Alma Whittaker – wie wir alle in unserer frühesten Jugend – tatsächlich nur eine Mitreisende in dieser Welt, weshalb ihre Geschichte zu diesem Zeitpunkt weder ehrbar noch sonderlich interessant war, wenn man von der Tatsache absieht, dass dieser unscheinbare Knirps ohne Krankheiten oder sonstige Zwischenfälle durchs Leben ging und von einem Reichtum umgeben war, der im damaligen Amerika und selbst im eleganten Philadelphia seinesgleichen suchte. Wie es ihr Vater zu solchem Wohlstand gebracht hatte, ist hingegen eine erzählenswerte Geschichte, der wir uns widmen wollen, während wir darauf warten, dass das Mädchen heranwächst und wieder interessant für uns wird. Tatsächlich war es im Jahre 1800 genauso ungewöhnlich wie zu allen Zeiten, dass ein in armen Verhältnissen geborener, des Schreibens und Lesens praktisch unkundiger Mann reichster Bürger seiner Stadt wurde. Insofern sind Henry Whittakers Wege zum Erfolg außerordentlich interessant – wenn auch nicht unbedingt ehrbar, woraus er selbst im Übrigen keinen Hehl gemacht hätte.

Henry Whittaker wurde 1760 in Richmond geboren, einem an der Themse gelegenen Dorf unterhalb von London. Er war der jüngste Sohn mittelloser Eltern, die schon ein paar Kinder zu viel hatten. Er wuchs in zwei kleinen Zimmern auf, gestampfter Lehmboden, ein einigermaßen passables Dach, auf der Kochstelle fast täglich eine Mahlzeit, eine Mutter, die nicht trank, und ein Vater, der seine Angehörigen nicht schlug – mit anderen Worten eine nahezu vornehme Herkunft, verglichen mit vielen anderen Familien seiner Zeit. Seine Mutter besaß hinter dem Haus ein staubiges Stückchen Erde, wo sie – wie eine richtige Dame – nur zur Dekoration Rittersporn und Lupinen zog. Aber Henry ließ sich von Rittersporn und Lupinen nicht täuschen. Seine ganze Kindheit hindurch trennte ihn, wenn er schlief, nur eine Wand von den Schweinen, und es gab keinen Moment in seinem Leben, in dem er die Armut nicht als demütigend empfand.

Vielleicht hätte Henry die Kränkung weniger stark empfunden, wenn er den Reichtum, an dem er sein armseliges Leben messen konnte, nicht vor Augen gehabt hätte – doch der Junge erlebte schon als Kind, was Wohlstand bedeutet. Königlicher Wohlstand. In Richmond gab es einen Palast und auch einen Lustgarten namens Kew, um dessen sachkundige Pflege sich Prinzessin Auguste kümmerte. Sie hatte sich aus Deutschland ein ganzes Gefolge von Gärtnern mitgebracht, die darauf brannten, ein echtes, aber bescheidenes englisches Wiesengebiet in eine falsche, aber majestätische Landschaft zu verwandeln. Ihr Sohn, der zukünftige George III., verbrachte als Kind jeden Sommer dort. Als George König wurde, wollte er Kew zu einem botanischen Garten umgestalten, der seinen Konkurrenten auf dem Festland in nichts nachstehen sollte. Im Bereich der Botanik waren die Engländer auf ihrer kalten, nassen, abgeschiedenen Insel im Vergleich zum restlichen Europa ins Hintertreffen geraten, ein Rückstand, den George III. unbedingt aufholen wollte.

Henrys Vater war Obstgärtner in Kew – ein bescheidener, von seinen Dienstherren respektierter Mann, soweit man einen bescheidenen Obstgärtner respektieren kann. Mr Whittaker hatte ein Händchen für Obstbäume, denen er mit großer Achtung begegnete. (»Sie geben dem Land etwas für seine Mühe zurück«, pflegte er zu sagen. »Im Gegensatz zu den anderen.«) Einmal hatte er den Lieblingsapfelbaum des Königs gerettet, indem er einen Sprössling des dahinsiechenden Baums auf einen robusteren Wurzelstock pfropfte. Noch im selben Jahr hatte der neue Spross Früchte getragen und bald scheffelweise Äpfel hervorgebracht. Für dieses Wunder hatte der König höchstpersönlich Mr Whittaker den Spitznamen »Der Apfelmagier« gegeben.

Bei allem Talent war der Apfelmagier ein einfacher

Mann mit einer scheuen Ehefrau. Nichtsdestotrotz bekamen die beiden, aus welchem Grund auch immer, sechs ruppige, geradezu brutale Söhne, darunter ein Junge, den man den »Schrecken von Richmond« nannte, und zwei weitere, die in Wirtshausprügeleien ihr Leben ließen.

Henry, der jüngste, war in gewisser Weise der ruppigste von allen, aber vielleicht musste er das ja sein, um sich gegen seine Brüder zu behaupten. Er war ein störrischer, hartnäckiger, magerer kleiner Kerl und ein Ausbund an ungezügeltem Erfindungsreichtum. Bei ihm konnte man sich darauf verlassen, dass er die Schläge der Brüder stoisch ertrug und immer wieder die eigene Unerschrockenheit unter Beweis stellte, wenn andere ihn dazu provozierten. Doch auch ohne seine Brüder verfügte Henry über eine gefährliche Experimentierfreude und einen gewagten Hang zum Zündeln, er war ein auf Dächern herumtollender Spottvogel, der die Hausfrauen verhöhnte, eine Gefahr für alle kleineren Kinder, kurzum ein Junge, bei dem es niemanden überrascht hätte, wenn er von einem Kirchturm gestürzt oder in der Themse ertrunken wäre – wenngleich es zu derlei Dingen, dem Zufall sei's gedankt, niemals kam.

Im Gegensatz zu seinen Brüdern hatte Henry allerdings eine rettende Eigenschaft. Eigentlich sogar zwei, um genau zu sein: Er war intelligent, und er interessierte sich für Bäume. Es wäre übertrieben, zu behaupten, dass er Bäume genauso verehrte wie sein Vater, aber er interessierte sich für sie, weil sie in seiner ärmlichen Welt zu den wenigen Dingen gehörten, die er ohne weiteres studieren konnte und somit studieren wollte. Die Schreibkunst, das Bogenschießen, Reiten, Tanzen, Latein – das alles war Henry verwehrt. Doch er hatte die Bäume und seinen Vater, den Apfelmagier, der es geduldig auf sich nahm, ihn zu unterrichten.

So lernte Henry alles über die Werkzeuge des Pfropfens, über Lehm, Wachs und Messer und darüber, wie man mit kluger Hand Pflanzen beschnitt. Er lernte, wie man Bäume im Frühling umpflanzte, wenn der Boden feucht und dicht war, oder im Herbst, wenn der Boden locker und trocken war. Er lernte, wie man Aprikosen mit Pfählen stützte, um sie vor Wind zu schützen, wie man in der Orangerie Zitrusgewächse züchtete, wie man mit Rauch dem Mehltau auf den Stachelbeeren zu Leibe rückte, wie man den Feigen ihre kranken Teile abschnitt und wann man es sein lassen konnte. Er lernte, wie man ohne Gefühlsduselei oder schlechtes Gewissen einem alten Baum die ramponierte Rinde abzog, damit sich für die kommenden Jahreszeiten wieder Leben in ihm regte.

Henry lernte viel von seinem Vater, obgleich er sich auch für ihn schämte, denn er spürte seine Schwäche. Wenn Mr Whittaker wirklich der große Apfelmagier war, überlegte Henry, warum hatte sich die Bewunderung des Königs dann in keinerlei Wohlstand niedergeschlagen? Dümmere Männer waren reich – und zwar in großer Zahl. Warum lebten die Whittakers immer noch bei den Schweinen, wo doch die weiten grünen Rasenflächen des Palastes und die hübschen Häuser der *Maid of Honor Row*, in denen die Bediensteten der Königin auf französischem Leinen schliefen, so nah waren? Einmal war Henry auf eine mächtige Gartenmauer geklettert und hatte heimlich eine Lady in ihrem elfenbeinfarbenen Kleid beim Dressurreiten beobachtet, auf einem makellos weißen Pferd, während ein Diener zu ihrer Erheiterung Geigenmusik spielte. Hier in Richmond gab es Leute, die so lebten. Und die Whittakers hatten nicht einmal einen Fußboden.

Aber Henrys Vater kämpfte um nichts. Seit dreißig Jahren empfing er klaglos denselben kümmerlichen Lohn und hatte sich auch niemals darüber beschwert, selbst bei übelstem Wetter so lange im Freien arbeiten zu müssen, dass es ihm die Gesundheit ruiniert hatte. Henrys Vater hatte den vorsichtigsten Weg durchs Leben gewählt, insbesondere im Umgang mit Höhergestellten – und wer stand in seinen Augen eigentlich nicht höher als er? Er legte großen Wert darauf, niemanden zu kränken und sich niemals einen Vorteil zu verschaffen, selbst wenn ihm dieser fast in den Schoß fiel. »Sei niemals dreist, Henry«, erklärte Mr Whittaker seinem Sohn. »Man kann das Schaf nur ein Mal schlachten. Wenn du aber vorsichtig bist, kannst du es jedes Jahr scheren.«

Was konnte Henry angesichts eines so schwachen, genügsamen Vaters vom Leben erwarten, wenn er nicht mit eigenen Händen danach griff? *Ein Mann sollte zulangen*, nahm er sich vor, als er gerade erst dreizehn war. *Ein Mann sollte täglich ein Schaf schlachten.*

Aber wo war das Schaf zu finden?

Dies war der Zeitpunkt, da Henry Whittaker zu stehlen begann.

•

Schon um das Jahr 1775 waren die Gärten von Kew eine botanische Arche Noah mit einer Tausende von Exemplaren umfassenden Sammlung, die durch wöchentliche Lieferungen ständig erweitert wurde – Hortensien aus dem Fernen Osten, Magnolien aus China, Farne von den Westindischen Inseln. Zudem hatte Kew einen neuen, ehrgeizigen Direktor: Sir Joseph Banks, frisch heimgekehrt von seiner triumphalen Weltreise als leitender Botaniker auf Kapitän Cooks *Endeavor*. Banks, der ohne Salär arbeitete (ihn interessierte nach eigener Auskunft nur der Ruhm des Britischen Weltreichs, wiewohl einige Zeitgenossen andeuteten, dass er sich vielleicht doch auch ein kleines bisschen für den Ruhm von Sir Joseph Banks interessierte), hatte sich mit furioser Leidenschaft dem Sammeln von Pflanzen verschrieben, um einen aufsehenerregenden botanischen Garten von Rang und Namen zu schaffen.

Oh, Sir Joseph Banks! Dieser gutaussehende, lasterhafte, ehrgeizige, wetteifernde Abenteurer! Er war alles, was Henrys Vater nicht war. Im Alter von dreiundzwanzig Jahren hatte eine üppige Erbschaft von jährlich sechstausend Pfund Joseph Banks zu einem der reichsten Männer Englands gemacht. Der attraktivste dürfte er wohl auch gewesen sein. Banks hätte ein luxuriöses Leben im Müßiggang führen können, doch stattdessen strebte er danach, der verwegenste unter den botanischen Forschern zu werden – ein Ruf, dem er folgte, ohne auch nur im Geringsten auf Prunk und Glanz zu verzichten. Finanziell hatte Banks aus eigener Tasche beträchtlich zu Kapitän Cooks erster Expedition beigetragen, was ihm erlaubte, zwei schwarze Diener, zwei weiße Diener, einen zusätzlichen Botaniker, einen wissenschaftlichen Sekretär, zwei Maler, einen Zeichner und zwei italienische Windspiele mit auf das enge Schiff zu nehmen. Im Laufe seines zweijährigen Abenteuers hatte Banks tahitianische Königinnen verführt, an Stränden nackt mit Wilden getanzt und im Mondlicht jungen heidnischen Mädchen beim Tätowieren ihrer Gesäßbacken zugesehen. Er hatte einen Tahitianer namens Omai mit nach England genommen, den er dort wie ein Haustier hielt, und zudem an die viertausend Pflanzenproben heimgebracht – von denen knapp die Hälfte der wissenschaftlichen Welt bis dahin unbekannt war. Sir Joseph Banks war der berühmteste und draufgängerischste Mann Englands, und Henry bewunderte ihn ungemein.

Trotzdem bestahl er ihn.

Eigentlich lag es nur daran, dass sich eine Gelegenheit bot, und zwar eine unübersehbare. Banks genoss in wissenschaftlichen Kreisen nicht nur den Ruf eines großen botanischen Sammlers, sondern auch den eines großen botanischen Geizhalses. Als Gentleman teilte man in jener Zeit auch als Botaniker seine Entdeckungen höflich mit anderen Forschern, doch Teilen war nicht Banks' Sache. Aus aller Welt kamen Professoren, Würdenträger und Sammler mit der begründeten Hoffnung nach Kew, Samen und Ableger zu erhalten und vielleicht auch Proben aus Banks' umfangreichem Herbarium – doch Banks wies sie alle ab.

Der junge Henry bewunderte den botanischen Geiz des Joseph Banks (er hätte seine Schätze auch nicht geteilt, wenn er welche gehabt hätte), doch bald erkannte er, dass die verärgerten Gesichter der abgewimmelten internationalen Besucher seine Chance waren. Wenn er vor der Anlage von Kew darauf wartete, dass sie die Gärten verließen, bekam er mit, wie sie Sir Joseph Banks auf Französisch, Deutsch, Holländisch oder Italienisch verfluchten. Dann ging Henry auf sie zu, fragte die Männer, welche Pflanzen sie wünschten, und versprach, selbige bis Ende der Woche zu besorgen. Immer war er mit einem Papierblock und einem Zimmermannsbleistift ausgerüstet. Wenn die Männer kein Englisch sprachen, ließ Henry sie aufzeichnen, was sie brauchten. Alle waren exzellente botanische Zeichner und konnten ihm ihre Wünsche mühelos vermitteln. Am späten Abend huschte Henry dann in die Treibhäuser, vorbei an den Arbeitern, die in kalten Nächten die riesigen Öfen befeuerten, und stahl Pflanzen für Geld.

Er war genau der Richtige dafür. Pflanzenbestimmung war seine Stärke, er hatte Geschick im Umgang mit den empfindlichen Ablegern, war in den Gärten ein so vertrautes Gesicht, dass er keinen Verdacht erregte, und versiert im Verwischen seiner Spuren. Das Beste aber war, dass er offenbar keinen Schlaf brauchte. Tagsüber arbeitete er mit seinem Vater in den Obstgärten, und nachts stahl er – seltene, wertvolle Gewächse, Frauenschuh, tropische Orchideen und fleischfressende Wunderpflanzen aus der Neuen Welt. Er verwahrte die botanischen Zeichnungen, welche die distinguierten Gentlemen für ihn anfertigten, und studierte sie so lange, bis er von allen Pflanzen, nach denen die Welt verlangte, jeden Staubbeutel und jedes Blütenblatt kannte.

Wie alle guten Diebe war Henry überaus gewissenhaft, was die eigene Sicherheit betraf. Niemandem vertraute er sein Geheimnis an, und die Einkünfte vergrub er an verschiedenen Stellen in den Gärten von Kew. Niemals gab er auch nur einen Viertelpenny davon aus. Er ließ sein Silber still im Boden schlummern wie einen guten Wurzelstock. Es sollte wachsen und gedeihen und irgendwann so gewaltig hervorbrechen, dass er sich damit das Recht erkaufen konnte, ein reicher Mann zu werden.

Binnen eines Jahres hatte Henry mehrere Stammkunden. Einer von ihnen, ein alter Orchideenzüchter vom Botanischen Garten in Paris, machte dem Jungen das vielleicht erste Kompliment seines Lebens: »Du bist ein nützlicher kleiner Spitzbube, dem es nicht widerstrebt, sich die Finger schmutzig zu machen, stimmt's?« Im zweiten Jahr betrieb Henry bereits einen schwungvollen Handel mit exotischen Pflanzen, die er nicht nur an seriöse Botaniker, sondern auch an vermögende Londoner Adelskreise verkaufte, die für ihre Privatsammlungen nach solchen Exemplaren verlangten. Im dritten Jahr schickte er illegale Pflanzenableger nach Frankreich und Italien, sachgerecht in Moos und Wachs verpackt, damit sie die Reise überstanden.

Als das dritte Jahr zu Ende ging, wurde Henry Whittaker erwischt – von seinem eigenen Vater.

Mr Whittaker, der normalerweise über einen festen Schlaf verfügte, hatte eines Nachts bemerkt, dass sein Sohn nach Mitternacht das Haus verließ. Mit bangem Gefühl seinem väterlichen Instinkt folgend, war er dem Jungen bis zum Treibhaus hinterhergeschlichen und hatte alles gesehen, die Suche, den Diebstahl, das fachgerechte Verpacken. Er begriff sofort, dass hier ein Räuber sorgsam zu Werke ging.

Henrys Vater hatte seine Söhne niemals geschlagen, nicht einmal wenn sie es verdienten (und sie verdienten es oft), und auch in dieser Nacht schlug er Henry nicht. Er stellte ihn auch nicht zur Rede. Henry merkte gar nicht, dass er erwischt worden war. Nein, Mr Whittaker tat etwas sehr viel Schlimmeres. Gleich am nächsten Morgen bat er um eine persönliche Audienz bei Sir Joseph Banks. Es war eher ungewöhnlich, dass ein armer Schlucker wie Whittaker überhaupt um ein Gespräch mit einem Gentleman wie Banks ersuchen konnte, aber Henrys Vater hatte sich in dreißig unermüdlichen Arbeitsjahren so viel Respekt erworben, dass seiner Bitte ausnahmsweise stattgegeben wurde. Er war zwar ein armer alter Mann, doch immerhin war er auch der Apfelmagier – der Retter des königlichen Lieblingsbaumes –, und dieser Titel gewährte ihm Einlass.

Mr Whittaker kam Banks fast auf den Knien entgegengerutscht, mit tief gebeugtem Haupt, bußfertig wie ein Heiliger. Er beichtete die beschämende Tat seines Sohnes sowie den Verdacht, dass Henry diesen Diebstahl wahrscheinlich schon seit Jahren begehe. Als Bestrafung bot er die eigene Kündigung an, wenn dafür dem Jungen eine Verhaftung und weiteres Unheil erspart bliebe. Der Apfelmagier versprach, seine Familie aus Richmond wegzubringen und dafür zu sorgen, dass Kew wie auch Sir Joseph Banks persönlich nie wieder durch den Namen Whittaker verunglimpft würden.

Beeindruckt vom ausgeprägten Ehrgefühl des Obstgärtners, lehnte Banks dessen Kündigung ab und schickte nach dem jungen Henry. Auch dies war ein ungewöhnlicher Vorgang. Es kam selten vor, dass sich Sir Joseph Banks mit ungebildeten Gärtnern in seinem Arbeitszimmer traf, und besonders selten kam es vor, dass er sich mit den kriminellen sechzehnjährigen Söhnen von ungebildeten Gärtnern dort traf. Wahrscheinlich hätte er den Jungen einfach festnehmen lassen sollen. Doch auf Diebstahl stand die Hinrichtung durch Erhängen, und selbst Kinder, die deutlich jünger waren als Henry, wurden aufgeknüpft – für deutlich harmlosere Vergehen. Der Übergriff auf seine Sammlung war zwar ärgerlich, aber Banks hatte doch genügend Mitleid mit dem Vater, um dem Problem erst einmal selbst auf den Grund zu gehen, ehe er den Verwalter benachrichtigte.

Als das Problem kurz darauf in Sir Joseph Banks' Arbeitszimmer erschien, entpuppte es sich als spindeldürrer, schmallippiger, breitschultriger Rotschopf mit milchigen Augen, eingefallener Brust und einer blassen Haut, die schon von Sonne, Wind und Regen gegerbt war. Der Junge war unterernährt, aber hochgewachsen, und er hatte große Hände. Banks sah, dass ein kräftiger Mann aus ihm werden konnte, wenn er nur eine anständige Mahlzeit bekam.

Henry wusste nicht genau, weshalb er in Banks' Büroräume zitiert worden war, doch er hatte ausreichend Grips, um mit dem Schlimmsten zu rechnen, und war sehr beunruhigt. Dass er Banks' Arbeitszimmer betreten konnte, ohne am ganzen Leib zu zittern, verdankte er einzig und allein seiner dickhäutigen Sturheit.

Aber du lieber Gott, wie schön dieses Zimmer war! Und wie blendend gekleidet dieser Joseph Banks, mit seiner glänzenden Perücke und dem schimmernden schwarzen Samtanzug, den polierten Schuhschnallen und weißen Strümpfen. Henry war noch nicht ganz durch die Tür, da hatte er schon den Preis des grazilen Mahagoni-Schreibpults taxiert, einen begehrlichen Blick auf die schönen, in Regalen gestapelten Sammelboxen geworfen und das stattliche Porträt von Kapitän Cook bewundert, das an der Wand hing. Teufel noch mal, allein der Rahmen dieses Porträts hatte bestimmt neunzig Pfund gekostet!

Im Gegensatz zu seinem Vater verbeugte sich Henry nicht vor Banks, sondern blieb aufrecht vor dem berühmten Mann stehen und sah ihm direkt in die Augen. Banks, der die ganze Zeit saß, ließ Henry schweigend dastehen, vielleicht in Erwartung einer Beichte oder einer Ausrede. Doch Henry legte weder ein Geständnis ab, noch verteidigte er sich; er ließ auch nicht beschämt den Kopf hängen, und wenn Sir Joseph Banks geglaubt hatte, Henry Whittaker wäre so dumm, in einer derart brenzligen Situation als Erster das Wort zu ergreifen, dann kannte er Henry Whittaker schlecht.

Also befahl Banks nach langem Schweigen: »Dann sag mir doch … warum sollte ich dich nicht an den Galgen von Tyburn bringen?«

Das war's dann, dachte Henry. *Man hat mich geschnappt.*

Trotzdem versuchte der Junge mit aller Kraft, einen Plan zu fassen. Er brauchte eine Taktik, und zwar jetzt, in diesem Moment. Schließlich war er nicht sein Leben lang von älteren Brüdern verprügelt worden, ohne etwas übers

Kämpfen gelernt zu haben. Wenn ein kräftigerer, stärkerer Gegner den ersten Schlag gelandet hat, muss man rasch das Ruder herumreißen, ehe man unter einem Hagel von Fausthieben am Boden liegt, und am besten funktioniert in solchen Fällen ein Überraschungsangriff.

»Weil ich ein nützlicher kleiner Spitzbube bin, dem es nicht widerstrebt, sich die Finger schmutzig zu machen«, sagte Henry.

Ungewöhnliche Situationen amüsierten Banks, und er lachte vor Überraschung laut auf. »Ich gestehe, dass mir nicht recht einleuchten will, worin dein Nutzen liegen sollte, junger Mann. Was hast du denn für mich getan? Doch nur meine hart erkämpften Schätze geplündert.«

Es war keine Frage, trotzdem antwortete Henry.

»Ja, vielleicht habe ich ein bisschen herumgeschnippelt«, sagte er.

»Du leugnest es also nicht?«

»Alles Geschrei der Welt würde doch auch nichts daran ändern, oder?«

Wieder lachte Banks. Vielleicht glaubte er, dass der Junge eine Masche abzog und den Mutigen spielte, aber Henrys Mut war echt. Genauso wie seine Angst. Und seine fehlende Reue. Reue empfand Henry zeitlebens als Schwäche.

Banks schlug also einen anderen Kurs ein. »Ich muss sagen, junger Mann, dass du deinem Vater in höchstem Maße Kummer bereitet hast.«

»Er mir auch«, gab Henry zurück.

Wieder das überraschte, bellende Lachen. »Tatsächlich? Welches Leid hat dir der gute Mann denn zugefügt?«

»Mich arm gemacht, Sir«, sagte Henry. Plötzlich ging ihm ein Licht auf, und er fügte hinzu: »Er war's, oder? Hat er mich verraten?«

»Allerdings. Dein Vater ist ein hochanständiger Mensch.«

Henry zuckte die Achseln. »Mir gegenüber ja wohl nicht.«

Banks nahm die Replik nickend zur Kenntnis und gestand Henry diese Einschätzung großzügig zu. Dann fragte er: »Wem hast du meine Pflanzen verkauft?«

Henry zählte die Namen an den Fingern auf. »Mancini, Flood, Willink, LeFavour, Miles, Sather, Evashevski, Fuerele, Lord Lessig, Lord Garner …«

Banks unterbrach ihn mit einer Handbewegung. Mit unverhohlenem Erstaunen musterte er den Jungen. Seltsamerweise hätte er, wäre die Liste belangloser gewesen, vielleicht sogar zorniger reagiert. Aber diese Männer waren die angesehensten Botaniker der damaligen Zeit. Einige von ihnen bezeichnete Banks als Freunde. Wie hatte der Junge sie aufgespürt? Manche waren seit Jahren nicht mehr in England gewesen. Das Kind betrieb ganz offensichtlich Exporthandel. Was war das für ein Feldzug, den diese Kreatur hier vor seiner Nase geführt hatte?

»Woher weißt du eigentlich, wie man mit Pflanzen umgeht?«, fragte Banks.

»Ich kenne die Pflanzen, Sir, hab ich schon immer. Irgendwie weiß ich das alles schon mein Leben lang.«

»Und diese Männer? Geben sie dir Geld?«

»Sonst bekommen sie ja ihre Pflanzen nicht«, sagte Henry.

»Dann musst du gut verdienen. Wirklich, da muss in den letzten Jahren ein Haufen Geld zusammengekommen sein.«

Henry war klug genug, sich dazu nicht zu äußern.

»Was hast du mit dem Geld gemacht, junger Mann?« Banks ließ nicht locker. »Offensichtlich hast du nicht in deine Garderobe investiert. Deine Einkünfte sind ohne jeden Zweifel Eigentum von Kew. Wo ist das ganze Geld?«

»Weg, Sir.«

»Weg? Wohin?«

»Würfelspiel, Sir. Wissen Sie, das Glücksspiel ist meine Schwäche.«

Das mag wahr sein oder auch nicht, dachte Banks. Jedenfalls besaß der Junge eine furchtlose Dreistigkeit, die er bei wilderen Exemplaren der Spezies Mensch schon häufiger angetroffen hatte. Banks war fasziniert. Immerhin war er ein Mann, der sich einen Heiden gewissermaßen als Haustier hielt und der – wie man ehrlicherweise hinzufügen sollte – selbst im Ruf stand, ein halber Heide zu sein. Sein gesellschaftlicher Rang verlangte von ihm, zumindest nach außen hin alles Vornehme, Aristokratische zu bewundern, aber insgeheim war ihm das Ungebändigte, Wilde gar nicht unlieb. Und was war dieser Henry Whittaker doch für ein wilder Vogel! Sir Joseph Banks' Bereitschaft, dieses kuriose Menschenexemplar den Konstablern zu übergeben, schwand zusehends.

Henry, dem nichts entging, merkte, dass in Banks' Gesicht etwas geschah – ein Aufscheinen von Neugier, ein Weicherwerden der Züge, der Hauch einer Chance, doch noch sein Leben zu retten. Sein Selbsterhaltungstrieb ließ ihn, den schmalen Lichtstreif der Hoffnung vor Augen, ein letztes Mal vorpreschen.

»Bringen Sie mich nicht an den Galgen, Sir«, sagte Henry. »Sie werden es bereuen, wenn Sie's tun.«

»Was schlägst du mir stattdessen vor?«

»Lassen Sie mich nützlich sein.«

»Warum sollte ich?«, fragte Banks.

»Weil ich besser bin als die anderen.«

Kapitel 2

So baumelte Henry zu guter Letzt doch nicht am Galgen von Tyburn, und auch der Vater verlor nicht seine Stellung. Wie durch ein Wunder blieben die Whittakers verschont, und Henry ging lediglich ins Exil, von Sir Joseph Banks zur See geschickt, um auszuloten, was die Welt mit ihm anfangen konnte.

Man schrieb das Jahr 1776, und Kapitän Cook war im Begriff, sich auf seine dritte Weltreise zu begeben. Banks nahm an dieser Expedition nicht teil. Er war schlicht und einfach nicht eingeladen worden. Schon zur Teilnahme an der zweiten Reise hatte man Banks nicht aufgefordert, was ihm durchaus zu schaffen machte. Doch durch seine Extravaganz und sein Bedürfnis nach Aufmerksamkeit hatte er Kapitän Cook gegen sich aufgebracht und war schmählich ausgetauscht worden. Cook würde nun mit einem bescheideneren Botaniker reisen, der sich leichter lenken ließ – ein gewisser Mr David Nelson, ein fachkundiger, wenn auch schüchterner Gärtner aus Kew. Banks war sehr darauf erpicht, trotzdem in irgendeiner Weise seine Nase in diese Expedition zu stecken und über Nelsons botanische Erkundungen informiert zu sein. Der Gedanke, dass hinter seinem Rücken bedeutende wissenschaftliche Arbeit geleistet wurde, behagte ihm gar nicht. Daher richtete er es so ein, dass Henry als einer von Nelsons Gehilfen auf die Expedition geschickt wurde, und gab ihm den Auftrag, alles zu beobachten, aufzunehmen und sich einzuprägen, um ihm später davon zu berichten. Henry Whittaker als Informant – gab es eine nützlichere Verwendung für diesen Jungen?

Ihn zur See zu schicken war im Übrigen auch eine gute Methode, ihn für ein paar Jahre von Kew fernzuhalten und aus sicherer Entfernung abzuwarten, welch ein Mensch dieser Henry werden würde. Drei Jahre auf einem Schiff waren ein hinlänglich langer Zeitraum, in dem sich das wahre Temperament des Burschen entfalten konnte. Sollte man ihn irgendwann als Dieb, Mörder oder Meuterer an der Rah aufhängen … nun, das wäre dann Cooks Problem und nicht mehr das von Sir Joseph Banks.

Sollte sich Henry allerdings bewähren, könnte Banks den Jungen nach der Expedition, die ihm gewiss einen Teil seiner Wildheit austreiben würde, für sich nutzen.

So stellte Banks den Knaben denn auch Mr Nelson vor: »Nelson, ich möchte, dass Sie Ihre neue rechte Hand kennenlernen: Mr Henry Whittaker. Seine Familie residiert in Richmond. Er ist ein nützlicher kleiner Spitzbube, und Sie werden bald feststellen, dass er die Pflanzen kennt, ja, immer schon gekannt hat.«

Ehe Banks den Jungen auf die Reise schickte, gab er ihm noch einen letzten, vertraulichen Rat: »Schütze deine Gesundheit an Bord, mein Sohn, indem du jeden Tag Übungen zur körperlichen Ertüchtigung durchführst. Höre auf Mr Nelson – er ist ein Langweiler, doch er weiß mehr über Pflanzen, als du jemals wissen wirst. Den älteren Matrosen wirst du schutzlos ausgeliefert sein, aber du darfst dich nie über sie beschweren, sonst wird es dir schlecht ergehen. Halte dich von Huren fern, wenn du nicht die Franzosenkrankheit bekommen willst. Ihr werdet auf zwei Schiffen segeln, und du wirst auf der *Resolution* reisen, mit Cook persönlich. Meide ihn. Sprich nicht mit ihm. Und wenn du doch mit ihm sprichst, was du niemals tun solltest, dann sprich vor allem nicht so mit ihm, wie du mit mir gesprochen hast. Er wird es nicht so amüsant finden wie ich. Wir sind nicht vergleichbar, Cook und ich. In Fragen der Etikette ist der Mann ein wahres Monster. Mach dich unsichtbar für ihn, dann lebst du besser. Und als Letztes möchte ich dir noch sagen, dass du dich an Bord der *Resolution*, wie auf allen Schiffen Seiner Majestät, in einer seltsamen Kamarilla aus Schlägern und Gentlemen wiederfinden wirst. Sei klug, Henry. Nimm dir die Gentlemen zum Vorbild.«

Henry verzog keine Miene. Niemand, nicht einmal ein Joseph Banks, hätte in seinem Gesicht lesen können, wie begierig er den letzten Satz aufsog. In Henrys Ohren klang es, als hätte ihm Banks eine geradezu sensationelle Perspektive eröffnet: die Möglichkeit, eines Tages ein Gentleman zu werden. Ja, nicht nur die Möglichkeit – vielleicht war es in Henrys Ohren sogar ein Befehl, der ihm mehr als gelegen kam: Geh hinaus in die Welt, Henry, und lerne, wie man ein Gentleman wird. Vielleicht würde Banks' beiläufige Bemerkung in den harten, einsamen Jahren auf See immer mehr an Bedeutung gewinnen. Vielleicht würde Henry an nichts anderes mehr denken. Und vielleicht würde sich Henry Whittaker – dieser ehrgeizige, umtriebige Junge mit seinem Drang nach gesellschaftlichem Aufstieg – daran erinnern wie an ein Versprechen.

•

Im August des Jahres 1776 stach Henry in See. Zwei Ziele waren für Cooks dritte Forschungsreise gesteckt. Das erste bestand darin, nach Tahiti zu segeln, um Sir Joseph Banks' Haustier – den Mann namens Omai – in seine Heimat zurückzubringen. Omai war das höfische Leben satt und sehnte sich danach heimzukehren. Er war launisch, fett und unleidlich geworden, und auch Banks hatte genug von seinem Spielzeug. Die zweite Aufgabe bestand darin, an der amerikanischen Pazifikküste nordwärts zu segeln und die Nordwestpassage zu finden.

Henrys Ungemach begann sofort. Er war unter Deck neben den Geflügelställen und Fässern untergebracht. Um ihn herum schimpften die Hühner und Ziegen, doch er schimpfte nicht. Er wurde von erwachsenen Männern, an deren salzigen Händen sich die Haut schuppte und deren Unterarme so breit wie Ambosse waren, drangsaliert, missachtet und gequält. Die älteren Seeleute verhöhnten ihn als Süßwassermatrosen, der nichts von den Härten des Reisens auf hoher See wusste. Bei jeder Expedition gab es Tote, sagten sie, und Henry würde der Erste sein.

Sie unterschätzten ihn.

Henry war der Jüngste, doch wie sich bald zeigen sollte, keineswegs der Schwächste. Das neue Leben war für ihn kaum unbequemer als das, was er ohnehin kannte. Er lernte, was zu lernen erforderlich war. Er lernte, wie man Mr Nelsons Pflanzen zum Zwecke der wissenschaftlichen Dokumentation trocknete, präparierte und in freier Natur zeichnete – unter ständigem Verscheuchen der Fliegen, die sogar während des Mischens in den Pigmenten landeten –, doch er lernte auch, sich auf dem Schiff nützlich zu machen. Er musste die *Resolution* bis in alle Ritzen mit Essig ausschrubben und wurde genötigt, das Bettzeug der älteren Matrosen nach Ungeziefer zu durchforsten. Er half dem Schiffsfleischer, Schweine zu pökeln und in Fässern zu lagern, und lernte, das Meerwasser-Destillationsgerät zu bedienen. Er lernte auch, die eigene Kotze zu schlucken, anstatt sich die Seekrankheit zur Freude aller Anwesenden anmerken zu lassen. Er überstand Stürme, ohne vor irgendwem Angst zu zeigen. Er aß Haie, und er aß die halb verdauten Fische in den Haibäuchen. Er sah einen älteren Mann, einen erfahrenen Matrosen, über Bord gehen und ertrinken und ein paar andere Männer an Infektionen sterben, doch Henry blieb am Leben.

Er landete in Madeira, in Teneriffa und in der Tafelbucht. Am Kap begegneten ihm zum ersten Mal Vertreter der Niederländischen Ostindien-Kompanie, deren Ernsthaftigkeit, Kompetenz und Reichtum ihn beeindruckten. Er sah Matrosen ihre Heuer an Kartentischen verlieren. Er sah Leute, die sich Geld liehen – bei Niederländern, die offenbar selbst nicht spielten. Auch Henry spielte nicht um Geld. Er sah, wie ein Matrose seines Schiffes, ein Möchtegern-Münzfälscher, erwischt und für sein Verbrechen bis zur Bewusstlosigkeit ausgepeitscht wurde – auf Kapitän Cooks Befehl. Er selbst beging keine Verbrechen. Als sie bei eisigem Wind das Kap umrundeten, zitterte er nachts unter der dünnen Decke, und seine Zähne klapperten so sehr, dass ihm einer herausbrach, doch er klagte nicht. Das Weihnachtsfest beging er auf einer bitterkalten Insel mit Seelöwen und Pinguinen.

Er landete in Tasmanien und sah nackte Eingeborene – »Indianer«, wie die Briten sie und alle kupferfarbigen Menschen nannten. Er sah, wie Kapitän Cook den Indianern zur Feier dieser historischen Begegnung Gedenkmünzen mit dem Porträt von George III. und dem Datum der Expedition gab. Er sah, wie die Indianer sofort auf die Münzen einhämmerten und sie in Angelhaken und Speerspitzen verwandelten. Er verlor noch einen Zahn. Er sah, dass die englischen Matrosen dem Leben eines wilden Indianers keinerlei Wert beimaßen, und er sah, dass Cook vergeblich versuchte, es ihnen beizubringen. Er sah, wie sich Matrosen den Frauen aufzwangen, wenn sie diese nicht beschwatzen konnten, oder die Frauen beschwatzten, wenn sie sich diese nicht leisten konnten, oder wie sie den Vätern die Mädchen einfach abkauften, wenn sie nur etwas Eisen besaßen, das sie gegen Menschenware eintauschen konnten. Er selbst mied alle Mädchen.

Er verbrachte lange Tage an Bord, wo er Mr Nelson beim Zeichnen, Beschreiben, Präparieren und Klassifizieren der botanischen Funde half. Er empfand keine besondere Zuneigung zu Mr Nelson, doch er wollte alles lernen, was dieser schon wusste.

Er landete in Neuseeland, wo es genauso aussah wie in England, bis auf die tätowierten Mädchen, die man für eine Handvoll Nägel kaufen konnte. Er kaufte keine Mädchen. In Neuseeland sah er, wie die Matrosen seines Schiffes einem Vater zwei kräftige, willige Brüder im Alter von zehn und fünfzehn Jahren abkauften. Die eingeborenen Knaben schlossen sich der Expedition als Arbeitskräfte an. Freiwillig, wie sie durchblicken ließen. Doch Henry wusste, dass die Jungen keine Ahnung hatten, was es bedeutete, sein Volk zu verlassen. Sie nannten sich Tibura und Gowah. Sie versuchten sich mit Henry anzufreunden, der ihnen vom

Alter her am nächsten war, doch er ignorierte sie. Sie waren Sklaven, und sie waren dem Tode geweiht. Er wollte nicht mit Todgeweihten verkehren. Er sah, wie die neuseeländischen Knaben rohe Hunde aßen und sich vor Heimweh verzehrten. Er wusste, dass sie am Ende sterben würden.

Er segelte weiter nach Tahiti, jenes grüne, buschige, duftende Land. Er sah, dass Kapitän Cook als Heimkehrer begrüßt wurde, als großer König und großer Freund. Schwärme von Indianern schwammen der *Resolution* entgegen und riefen Cooks Namen. Henry sah, wie Omai – der Eingeborene, der König George III. begegnet war – in seiner Heimat zunächst als Held empfangen und dann zunehmend als Außenseiter angefeindet wurde. Er erkannte, dass Omai kein Zuhause mehr hatte. Er sah, wie die Tahitianer zu englischen Hornpfeifen und Dudelsäcken tanzten, während sich Mr Nelson, Henrys biederer Botaniklehrer, eines Nachts betrank und mit nacktem Oberkörper zu den tahitianischen Trommeln tanzte. Henry tanzte nicht. Er sah, wie Kapitän Cook dem Schiffsbarbier befahl, er solle einem Eingeborenen, der zweimal Eisen aus der Schmiede der *Resolution* gestohlen hatte, beide Ohren bis zu den Schläfen abschneiden. Er sah, wie einer der tahitianischen Häuptlinge den Engländern eine Katze zu stehlen versuchte und dafür einen Peitschenhieb ins Gesicht erhielt.

Er sah, wie Kapitän Cook über der Matavai-Bucht ein Feuerwerk abbrannte, um die Eingeborenen zu beeindrucken, doch es versetzte sie nur in Panik. In einer ruhigeren Nacht sah er eine Million Lichter am Himmel über Tahiti. Er trank aus Kokosnüssen. Er aß Hunde und Ratten. Er sah Steintempel, die mit Totenschädeln übersät waren. Auf tückischen Pfaden erklomm er Felsklippen, um neben Wasserfällen Farnproben für Mr Nelson zu sammeln, der selbst kein Kletterer war. Er sah, wie sich Kapitän Cook mühte, gegen die Zügellosigkeit unter den ihm anvertrauten Männern vorzugehen und für Ordnung und Disziplin zu sorgen. Alle Matrosen und Offiziere hatten sich in tahitianische Mädchen verliebt, und jeder dieser Frauen wurde nachgesagt, eine besondere, geheime Form des Liebesakts zu beherrschen. Die Männer wollten die Insel nicht mehr verlassen. Henry versagte sich die Frauen. Sie waren schön, ihre Brüste waren schön, ihr Haar war schön, ihr Duft außergewöhnlich, und sie bevölkerten seine Träume – doch die meisten von ihnen hatten bereits die Franzosenkrankheit. Er widerstand hundert betörenden Versuchungen. Er wurde deshalb verhöhnt. Er widerstand dennoch. Er hatte größere Pläne. Er konzentrierte sich auf die Botanik. Er sammelte Gardenien, Orchideen, Jasmin, Brotfrüchte.

Sie segelten weiter. Auf den Freundschaftsinseln sah er einen Eingeborenen, dem auf Kapitän Cooks Befehl ein Arm abgehackt wurde, weil er auf der *Resolution* ein Beil gestohlen hatte. Auf denselben Inseln wurden er und Mr Nelson beim Botanisieren hinterrücks von Eingeborenen überfallen, die ihnen nicht nur sämtliche Kleider, sondern – ein sehr viel herberer Schlag – auch ihre Pflanzenproben und Notizbücher abnahmen. Nackt und sonnenverbrannt kehrten sie zitternd aufs Schiff zurück, doch Henry klagte immer noch nicht.

Mit großer Sorgfalt beobachtete er die Gentlemen an Bord und taxierte ihre Verhaltensweisen. Er imitierte ihre Sprache. Er trainierte ihre Diktion. Er verbesserte seine Umgangsformen. Zufällig hörte er, wie ein Offizier zu einem anderen sagte: »Auch wenn die Aristokratie von jeher ein künstliches Konstrukt war, stellt sie doch immer noch das effizienteste Hemmnis gegen den Mob der Ungebildeten und Unreflektierten dar.« Er sah mehrmals, wie Offiziere einem beliebigen Eingeborenen, der adelig aussah oder zumindest der englischen Vorstellung von Adel entsprach, mit Ehrerbietung begegneten. Welche Insel sie auch betraten, die Offiziere griffen sich immer just den braunhäutigen Mann heraus, der eine feinere Kopfbedeckung trug als die anderen, prächtigere Tätowierungen, eine größere Lanze oder mehr Frauen hatte oder aber in einer Sänfte getragen wurde oder der – wenn keins dieser Insignien vorhanden war – einfach nur größer war als die anderen. Mit diesem Mann verhandelten sie, ihm überreichten sie Geschenke, und manchmal erklärten sie ihn zum »König«. Henry schloss daraus, dass englische Gentlemen, wohin sie auch reisten, stets nach einem König suchten.

Henry ging auf Schildkrötenfang und aß Delphine. Er wurde von schwarzen Ameisen zerbissen. Er segelte weiter. Er sah winzige Indianer mit riesigen Muscheln in den Ohren. In den Tropen erlebte er ein Unwetter, das den Himmel in ein abscheuliches Grün tauchte – das Einzige, was den älteren Seeleuten jemals sichtlich Angst einflößte. Er sah die brennenden Berge, die man Vulkane nannte. Sie segelten weiter nordwärts. Es wurde wieder kalt. Er aß wieder Ratten. Sie landeten an der Westküste des nordamerikanischen Kontinents. Er aß Wild und Rentierfleisch. Er sah mit Fellen bekleidete Menschen, die mit Biberpelzen handelten. Er sah einen Matrosen, der mit dem Fuß in der Ankerkette hängenblieb, über Bord gezogen wurde und starb.

Und immer weiter segelten sie nordwärts. Er sah Häuser aus Walrippen. Er kaufte sich ein Wolfsfell. Mit Mr Nelson sammelte er Primeln, Veilchen, Johannisbeeren und Wacholder. Er sah Indianer, die in Erdlöchern lebten und ihre Frauen vor den Engländern versteckten. Er aß gepökeltes, von Maden durchsetztes Schwein. Er verlor einen weiteren Zahn. Er erreichte die Bering-Straße und hörte das Heulen wilder Tiere in der arktischen Nacht. Alles, was er an trockenen Dingen besaß, wurde nass, um alsbald zu gefrieren. Er sah, wie ihm der erste Bart zu wachsen begann. So spärlich er war, sammelten sich doch Eiszapfen darin. Und das Essen fror, ehe er es vertilgen konnte, regelmäßig an seinem Teller fest. Er klagte nicht. Er wollte Sir Joseph Banks nicht zu Ohren kommen lassen, dass er auch nur ein einziges Mal geklagt hatte. Er tauschte seinen Wolfspelz gegen ein Paar Schneeschuhe ein. Er sah, wie der Schiffschirurg Mr Anderson starb und mit den denkbar trostlosesten Aussichten zur See bestattet wurde – in einer ewig gefrorenen, in fortwährende Nacht getauchten Welt. Er sah Matrosen, die zum Scherz Salven von Kanonenschüssen auf die Seelöwen am Ufer abfeuerten, bis es am Strand kein lebendes Geschöpf mehr gab.

Er sah das Land, das die Russen *Elaskah* nannten. Er half, aus Fichten Bier zu brauen, das den Matrosen zuwider war, doch ein anderes Getränk gab es nicht. Er sah Indianer, die in Verschlägen hausten, keinen Deut komfortabler als die Behausungen der Tiere, die sie jagten und aßen, und er traf Russen, die in einer Walfangstation gestrandet waren. Zufällig hörte er Kapitän Cooks Bemerkung über den leitenden russischen Offizier (ein großgewachsener, gutaussehender blonder Mann): »Er ist offensichtlich ein Gentleman aus gutem Hause.« Überall, sogar in dieser elenden Tundra, war es wichtig, ein Gentleman aus gutem Hause zu sein. Im August gab Kapitän Cook auf. Keine Nordwestpassage in Sicht, und inzwischen versperrten kirchturmhohe Eisberge der *Resolution* den Weg. Sie nahmen wieder Kurs Richtung Süden.

Fast ohne Halt erreichten sie Hawaii. Nie und nimmer hätten sie dorthin fahren sollen. Hungrig schmachtend im Eis wären sie wohlbehüteter gewesen. Die Könige von Hawaii waren zornig, die Eingeborenen aggressiv, und zudem stahlen sie. Im Gegensatz zu den Tahitianern waren die Hawaiianer keine liebenswürdigen Freunde – überdies waren es Tausende. Doch Kapitän Cook brauchte frisches Wasser und musste bleiben, bis die Laderäume wieder gefüllt waren. Es kam zu zahlreichen Plünderungen seitens der Eingeborenen und zu zahlreichen Strafmaßnahmen seitens der Engländer. Gewehrschüsse fielen, Indianer wurden verwundet, Chiefs in Empörung versetzt, Drohungen ausgestoßen. Einige der Matrosen behaupteten, Kapitän Cook werde immer brutaler, seine Wutausbrüche mit jedem Diebstahl theatralischer, sein Zorn blindwütiger. Doch die Indianer stahlen weiter. Dies konnte nicht geduldet werden. Sie zogen Nägel aus dem

Schiff, Boote wurden entwendet, und auch Waffen. Weitere Schüsse fielen, weitere Indianer kamen um. Tagelang hinderte die Wachsamkeit Henry am Schlaf. Niemand schlief.

Kapitän Cook ging an Land, um eine Audienz bei den Häuptlingen zu erwirken und sie zu beruhigen, doch stattdessen traf er auf Hunderte von erbosten Hawaiianern. Innerhalb von Sekunden verwandelte sich die Menge in einen Mob. Henry sah, wie Kapitän Cook getötet wurde – von einer Keule getroffen, die Brust von der Lanze eines Eingeborenen durchbohrt, vermischte sich sein Blut mit den Wellen. Von einem Moment auf den anderen existierte der große Seefahrer nicht mehr. Sein Körper wurde von Eingeborenen fortgeschleppt. Später in der Nacht erfolgte die endgültige Demütigung: Von einem Kanu aus schleuderte ein Indianer einen Teil von Kapitän Cooks Oberschenkel auf die *Resolution*.

Henry sah, wie die englischen Seeleute zur Vergeltung die gesamte Siedlung niederbrannten. Sie ließen sich nur mit Mühe davon abhalten, alle Indianer der Insel – Männer, Frauen und Kinder – umzubringen. Die Köpfe zweier Indianer wurden aufgespießt – und dies sei nur der Anfang, verkündeten die Seeleute, es sei denn, Kapitän Cooks Leiche werde zurückgegeben, damit man ihn anständig beisetzen könne. Am nächsten Tag trafen die Reste von Cooks Leiche auf der *Resolution* ein, bis auf Wirbelsäule und Füße, die nie geborgen wurden. Henry sah, wie die sterblichen Überreste seines Kapitäns zur See bestattet wurden. Kapitän Cook hatte niemals auch nur ein Wort an Henry gerichtet, und Henry hatte Cooks Blick stets gemieden. Doch nun lebte Henry Whittaker, und Kapitän Cook war tot.

Er dachte, im Anschluss an dieses Desaster würden sie vielleicht nach England zurückkehren, doch das taten sie nicht. Ein Mann namens Mr Clark wurde Kapitän. Ihre Mission war noch nicht erfüllt, es galt nochmals, die Nordwestpassage zu finden. Als der Sommer zurückkehrte, segelten sie wieder nordwärts, hinein in die schreckliche Kälte. Aus einem Vulkan prasselten Asche und Bimsstein auf ihn nieder. Alles frische Gemüse war längst verzehrt, und sie tranken brackiges Wasser. Haie folgten dem Schiff, um sich am Abwasser der Latrinen zu laben. Henry und Mr Nelson erfassten elf neue Spezies von Polarenten und aßen neun davon. Henry sah einen riesigen weißen Bären hinter dem Schiff herschwimmen, träge paddelnd wie eine fortwährende Drohung. Er sah Indianer, die sich an kleinen, fellbedeckten Kanus festbanden und sie durch die Fluten steuerten, als wären Mensch und Boot zu einem Tier verschmolzen. Er sah Indianer von Hunden gezogen übers Eis gleiten. Er sah, wie Kapitän Cooks Nachfolger – Kapitän Clark – im Alter von achtunddreißig Jahren starb und zur See bestattet wurde.

Nun hatte Henry zwei englische Kapitäne überlebt.

Wieder gaben sie die Nordwestpassage auf. Sie segelten nach Macao. Er sah Geschwader von chinesischen Dschunken und begegnete nochmals Vertretern der Niederländischen Ostindien-Kompanie, die in ihrer schlichten schwarzen Kleidung und ihren einfachen Holzschuhen allgegenwärtig zu sein schienen. Er gewann den Eindruck, dass überall in der Welt irgendjemand einem Holländer Geld schuldete. In China erfuhr Henry von einem Krieg mit Frankreich und einer Revolution in Amerika. Es war das erste Mal, dass er davon hörte. In Manila sah er eine spanische Galeone, beladen mit einem Silberschatz im Wert von angeblich zwei Millionen Pfund. Er tauschte seine Schneeschuhe gegen eine spanische Marinejacke ein. Er erkrankte wie alle an der Ruhr, doch er überlebte. Er erreichte Sumatra und danach Java, wo er nochmals einen Holländer sah, der Geld verdiente. Das nahm er zur Kenntnis.

Ein letztes Mal umrundeten sie das Kap und hielten wieder Kurs auf England. Am 6. Oktober 1780 hatten sie Deptford heil erreicht. Henry war vier Jahre, drei Monate und zwei Tage fort gewesen. Er war nun ein junger Mann von zwanzig Jahren. Während der gesamten Reise hatte er sich gut bewährt. Wie ein Gentleman. Er hoffte und erwartete, dass man genau dies über ihn berichten würde. Er war auch weisungsgemäß ein eifriger Beobachter und botanischer Sammler gewesen und nun bereit, Sir Joseph Banks seinen Bericht kundzutun.

Er verließ das Schiff, bekam seinen Lohn, fand eine Mitfahrgelegenheit nach London. Die Stadt war schmutzig und grauenerregend. 1780 war für England ein fürchterliches Jahr gewesen – Aufruhr, Gewalt, antipäpstlicher Fanatismus, das Haus von Lord Mansfield niedergebrannt, dem Erzbischof von York auf offener Straße die Ärmel abgerissen und ins Gesicht geschleudert, gewaltsam geöffnete Gefängnisse, Ausnahmezustand –, doch Henry wusste von alldem nichts und kümmerte sich nicht darum. Er marschierte schnurstracks zum Soho Square 32, Banks' Privathaus. Henry klopfte an die Tür und nannte seinen Namen, bereit, seine Belohnung entgegenzunehmen.

•

Banks schickte ihn nach Peru.

Dies sollte Henrys Belohnung sein.

Sir Joseph Banks war einigermaßen sprachlos, als Henry Whittaker vor seiner Tür stand. Im Laufe der Jahre hatte er den Jungen nicht nur aus den Augen, sondern auch mehr oder weniger aus dem Gedächtnis verloren, wobei er zu klug und zu höflich war, es sich in diesem Moment anmerken zu lassen. Banks beschäftigte sich tagtäglich mit einer atemberaubenden Menge an Informationen und trug ein erhebliches Maß an Verantwortung. Er beaufsichtigte nicht nur die Erweiterung der Gärten von Kew, sondern betreute und finanzierte auch unzählige botanische Expeditionen auf der ganzen Welt. Beinahe jedes Schiff, das in den Jahren nach 1780 in London eintraf, führte wenigstens eine Pflanze, einen Samen, einen Ableger oder eine Knolle für Sir Joseph

Banks mit sich. Darüber hinaus war er Teil der feinen Gesellschaft und mischte bei allen wissenschaftlichen Neuerungen in Europa mit, von der Chemie über die Astronomie bis hin zur Schafzucht. Kurzum, Sir Joseph Banks war ein mehr als beschäftigter Gentleman, der in den letzten vier Jahren möglicherweise nicht ganz so viel über Henry Whittaker nachgedacht hatte wie Henry Whittaker über ihn.

Nichtsdestotrotz gewährte er Henry, während er sich peu à peu an den Sohn seines Obstgärtners erinnerte, Einlass in sein Arbeitszimmer und lud ihn zu einem Glas Portwein ein, welches Henry ablehnte. Er bat den Jungen, ihm alles über die Reise zu erzählen. Natürlich wusste Banks bereits, dass die *Resolution* sicher in England eingetroffen war, und er hatte auch regelmäßig Mr Nelsons Briefe erhalten, doch Henry war der erste Teilnehmer, der – geradewegs dem Schiff entstiegen – leibhaftig vor ihm stand, und so hieß ihn Sir Joseph Banks platzend vor Neugier willkommen. Fast zwei Stunden redete Henry unter Preisgabe sämtlicher botanischer und persönlicher Details. Seine Schilderungen waren vielleicht nicht taktvoll, doch sehr – man muss schon sagen – offen, und genau das machte seinen Bericht so wertvoll. Als Henry fertig war, fühlte sich Banks hervorragend informiert. Er schätzte es, Dinge zu wissen, von denen andere nicht wussten, dass er sie wusste, und nun war er – lange bevor ihm die offiziellen, entsprechend aufbereiteten Logbücher vorlagen – bereits über alles im Bilde, was sich auf Cooks dritter Forschungsreise zugetragen hatte.

Henrys Vortrag beeindruckte Banks. Er sah, dass Henry die vergangenen Jahre genutzt hatte, um die Botanik nicht nur zu studieren, sondern sich vollkommen zu eigen zu machen, und dass er nun das Potential besaß, ein erstklassiger Fachmann zu werden. Banks erkannte, dass er ihn an sich binden musste, ehe ihm andere den Jungen wegschnappten. Schließlich war Banks diesbezüglich selbst kein unbeschriebenes Blatt. Oft setzte er sein Geld und seinen Charme ein, um anderen Institutionen oder Expeditionen junge, verheißungsvolle Männer auszuspannen und sie in den Dienst der Gärten von Kew zu stellen. Und natürlich hatte auch er im Laufe der Jahre einige junge Männer verloren – von vermögenden Grundbesitzern auf sichere, lukrative Gärtnerposten gelockt. Aber den hier, das schwor sich Banks, den würde er nicht verlieren.

Henry mochte schlechterzogen sein, doch das störte Banks nicht, wenn er nur kompetent war. Großbritannien brachte Heerscharen von Naturforschern hervor, allein die meisten waren Hohlköpfe und Dilettanten. Derweil benötigte Banks dringend neue Pflanzen. Er hätte sich gern selbst auf Entdeckungsreise begeben, litt indessen mit seinen fast fünfzig Jahren unter schrecklichen Gichtanfällen. Aufgedunsen und von Schmerzen gepeinigt, war er die meisten Stunden des Tages an seinen Schreibtischsessel gefesselt. Mithin musste er Sammler entsenden. Sie zu finden war jedoch nicht einfach. Es gab nicht so viele kräftige junge Männer, wie man sich hätte erhoffen können – junge Männer, die überdies bereit waren, für dürftige Gehälter in Madagaskar am Fieberfrost zu sterben, vor den Azoren Schiffbruch zu erleiden, in Indien von Banditen überfallen oder auf Grenada gefangen genommen zu werden oder einfach für immer in Ceylon zu verschwinden.

Der Trick bestand darin, Henry das Gefühl zu vermitteln, dass er dazu *auserkoren* war, auf immer und ewig für Banks zu arbeiten. Er durfte dem Jungen keine Zeit lassen, die Sache abzuwägen oder sich von wem auch immer warnen zu lassen oder sein Herz an ein fesch gekleidetes Mädchen zu verlieren oder eigene Zukunftspläne zu fassen. Banks musste Henry davon überzeugen, dass seine Zukunft bereits beschlossene Sache war und den Gärten von Kew gehörte. Henry war ein selbstbewusster Bursche, doch Banks wusste, dass ihm die eigene Machtposition, sein Reichtum und Ruhm einen beträchtlichen Vorteil verschafften – so beträchtlich, dass es den Anschein haben konnte, er sei ein Vollstrecker der göttlichen Vorsehung. Der Trick bestand nun darin, diese Vorsehung rasch und entschlossen wahr werden zu lassen.

»Ausgezeichnete Arbeit«, sagte Banks, als Henry ihm Bericht erstattet hatte. »Das hast du gut gemacht. Ich werde dich nächste Woche in die Anden schicken.«

Henry musste überlegen: Was waren die Anden? Inseln? Ein Gebirge? Ein Land? So wie die Niederlande?

Doch Banks redete weiter, als wäre bereits alles entschieden: »Ich finanziere eine botanische Forschungsreise nach Peru, die nächsten Mittwoch in See sticht. Du wirst unter der Führung von Mr Ross Niven stehen. Er ist ein zäher, alter Schotte – um ehrlich zu sein, vielleicht schon ein bisschen zu alt –, jedoch nicht weniger robust als alle anderen, die du dort vorfinden wirst. Ich möchte behaupten, dass er sich mit Bäumen auskennt und mit Südamerika auch. Weißt du, für diese Arbeit ziehe ich einen Schotten jedem Engländer vor. Sie sind kaltblütiger und beständiger, verfolgen ihre Ziele mit hartnäckigerem Elan, und genau das erhofft man sich ja von seinen Männern im Ausland. Dein Lohn beläuft sich auf vierzig Pfund pro Jahr, was zwar keine Vergütung ist, von der ein junger Mann in Saus und Braus leben kann, doch es ist ein ehrbarer Posten, der dir die Dankbarkeit des Britischen Weltreichs sichert. Da du noch Junggeselle bist, wirst du gewiss damit auskommen. Je bescheidener du jetzt lebst, Henry, desto reicher wirst du einmal werden.«

Henry schien im Begriff, eine Frage zu stellen, weshalb ihm Banks rasch den verbalen Todesstoß versetzte. »Spanisch sprichst du nicht, oder?«, fragte er missbilligend.

Henry schüttelte den Kopf.

Banks stieß einen übertrieben enttäuschten Seufzer aus. »Nun ja, du wirst es lernen, denke ich. Ich erlaube dir trotzdem, an der Expedition teilzunehmen. Niven spricht Spanisch, wenn auch mit einem kuriosen, schnarrenden Akzent. Irgendwie müsst ihr dort mit der spanischen Regierung zurechtkommen. Weißt du, die Spanier protegieren Peru und sind wirklich ein Ärgernis – allerdings gehört es ihnen ja wohl. Du lieber Himmel, wie gern würde ich dort jeden Urwald durchforsten, wenn ich nur könnte. Ich hasse die Spanier, Henry. Ich hasse die spanischen Gesetze, die alles behindern und zerstören, was ihnen in die Quere kommt. Auch die spanische Kirche ist fürchterlich. Kannst du dir vorstellen, dass diese Jesuiten immer noch glauben, die vier Andenflüsse seien identisch mit den vier Flüssen des Paradieses aus der Genesis? Stell dir das mal vor, Henry! Wie kann man nur den Orinoko mit dem Tigris verwechseln!«

Henry hatte keine Ahnung, wovon der Mann redete, doch er schwieg. In den letzten vier Jahren hatte er gelernt, nur dann den Mund aufzutun, wenn er wusste, wovon er sprach. Ferner hatte er gelernt, dass man durch Schweigen sein Gegenüber mitunter zu der Annahme verleiten konnte, man sei intelligent. Und im Übrigen war er abgelenkt, weil Banks' Worte in seinem Kopf nachhallten: … *desto reicher wirst du einmal werden.*

Banks klingelte, und ein bleicher Diener trat mit ausdrucksleerem Gesicht in den Raum, setzte sich an den Sekretär und nahm einige Bögen Schreibpapier daraus hervor. Ohne ein weiteres Wort an den Jungen zu richten, diktierte Banks:

»In Ansehung der Empfehlung, die ich, Sir Joseph Banks, den Königlichen Botanischen Gärten von Kew zuteilwerden lasse … et cetera, et cetera … darf ich Sie im Namen Ihrer Lordschaften in Kenntnis darüber setzen, dass Sie, Henry Whittaker, für den Botanischen Garten Seiner Majestät zum Pflanzensammler ernannt werden … et cetera, et cetera … als Vergütung für Ihre Verpflegungs-, Lohn- und sonstigen Unkosten wird Ihnen ein Gehalt von jährlich vierzig Pfund gewährt, et cetera, et cetera, et cetera …«

Schrecklich viele *et ceteras* für vierzig Pfund im Jahr, dachte Henry später, aber hatte er überhaupt eine andere Wahl für seinen zukünftigen Werdegang? Es folgte ein beflissenes Federkratzen, dann wedelte Banks zum Trocknen der Tinte träge mit dem Blatt durch die Luft und sagte: »Dein Auftrag, Henry, ist der Chinarindenbaum. Er ist dir vielleicht als Fieberbaum bekannt. Von ihm stammt die Jesuitenrinde. Bring so viel wie möglich darüber in Erfahrung. Es ist ein faszinierender Baum, und ich möchte, dass er eingehend erforscht wird. Mach dir keine Feinde, Henry. Nimm dich vor Dieben, Idioten und Übeltätern in Acht. Mach dir reichlich Notizen und lass mich wissen, in welchem Boden du welche Proben gefunden hast – Sand, Lehm oder Morast –, damit wir versuchen können, den Baum in Kew zu kultivieren. Sei geizig mit deinem Geld. Denk wie ein Schotte, Junge! Je weniger du dir jetzt gönnst, desto mehr kannst du dir in Zukunft gönnen, wenn du dir dein Vermögen erarbeitet hast. Bleib eisern gegenüber der Trunksucht, dem Müßiggang, der Melancholie und den Frauen. All dies kannst du später im Leben genießen, wenn du nutzlos und alt bist wie ich. Sei wachsam. Es ist besser, du lässt niemanden wissen, dass du ein Mann der Botanik bist. Schütze deine Pflanzen vor Ziegen, Hunden, Tauben, Federvieh, Insekten, Schimmel, Matrosen, Salzwasser …«

Henry hörte nur noch mit halbem Ohr zu.

Er würde nach Peru fahren.

Nächsten Mittwoch.

Er war ein Mann der Botanik, unterwegs im Auftrag des Königs von England.

Kapitel 3

Nach vier Monaten auf See landete Henry in Lima. Er fand sich in einer Stadt von fünfzigtausend Seelen wieder, einem kolonialen Vorposten, der buchstäblich am Hungertuch nagte: Spanische Familien von hohem Rang hatten dort häufig weniger zu essen als die Maultiere, die ihre Kutschen zogen.

Er traf allein ein. Ross Niven, der Leiter der Expedition (die im Übrigen nur aus Henry Whittaker und Ross Niven bestand), war unterwegs vor der Küste von Kuba gestorben. Der alte Schotte hätte diese Reise im Grunde niemals antreten dürfen. Er war schwindsüchtig und bleich und spuckte jedes Mal Blut, wenn er hustete, doch aus purem Eigensinn hatte er Banks die Krankheit verheimlicht. Niven hatte nicht einmal einen Monat auf See überstanden. In Kuba hatte Henry einen praktisch unleserlichen Brief an Banks geschrieben, in dem er ihm die Todesnachricht überbrachte und seiner Entschlossenheit Ausdruck verlieh, die Mission allein fortzusetzen. Er wollte nicht auf die Antwort warten. Er wollte nicht zurückgerufen werden.

Vor seinem Tod hatte sich Niven nützlicherweise noch die Mühe gemacht, Henry das eine oder andere über den Chinarindenbaum beizubringen. Um das Jahr 1630, so Niven, hatten jesuitische Missionare in den peruanischen Anden zum ersten Mal beobachtet, dass die Quechua-Indianer einen heißen Tee aus zerriebener Rinde tranken, um das mit Schüttelfrost verbundene Fieber zu kurieren, das die extrem kalte Höhenlage verursachte. Ein aufmerksamer Mönch hatte sich gefragt, ob diese bittere Rinde vielleicht auch das mit Schüttelfrost verbundene Malariafieber heilen würde, jene Krankheit, die in Peru nicht einmal existierte, in Europa hingegen seit Menschengedenken Almosenempfänger wie Päpste dahinraffte. Der Mönch schickte ein wenig Chinarinde nach Rom (die ganze Stadt war ein übler Malariasumpf), dazu einige Erklärungen, wie das Pulver anzuwenden sei. Wie durch ein Wunder stellte sich heraus, dass die Chinarinde dem verheerenden Wüten der Malaria tatsächlich Einhalt gebot – aus Gründen, die niemand verstand. Worin die Ursache im Einzelnen auch liegen mochte, diese Rinde konnte die Malaria offenbar vollständig heilen, noch dazu ohne nennenswerte Nebenwirkungen bis auf eine anhaltende Schwerhörigkeit, was kein hoher Preis fürs Überleben war.

Zu Beginn des achtzehnten Jahrhunderts war die Peruanische Rinde oder Jesuitenrinde die am häufigsten aus der Neuen in die Alte Welt exportierte Ware. Der Wert eines Gramms reiner Jesuitenrinde entsprach dem Wert von einem Gramm Silber. Sie war ein Heilmittel für Reiche, und es gab viele Reiche in Europa, von denen keiner an Malaria sterben wollte. Dann wurde Ludwig XIV. mit Jesuitenrinde geheilt, und die Preise schossen weiter in die Höhe. Venedig und China waren mit Pfeffer und Tee reich geworden, nun brachte die Rinde peruanischer Bäume den Jesuiten Wohlstand.

Allein die Briten hatten es nicht eilig, den Wert der Chinarinde zu erkennen, was vornehmlich an ihren antispanischen, antipäpstlichen Vorurteilen lag, jedoch auch an ihrer hartnäckigen Weigerung, Patienten mit dubiosen Pulvern zu behandeln, anstatt sie zur Ader zu lassen. Zudem war die Gewinnung des Wirkstoffs eine komplizierte Wissenschaft. Es gab um die siebzig Baumarten, und niemand wusste genau, welche Rinde die wirksamste war. Also musste man sich auf das Ehrenwort des Rindensammlers verlassen, in der Regel ein in sechstausend Meilen Entfernung weilender Indianer. Die Pulver, die man als »Jesuitenrinde« in Londoner Apotheken kaufen konnte – über geheime belgische Schmugglerwege ins Land gebracht –, waren häufig das Werk von Betrügern und somit wirkungslos. Nun hatte auch Sir Joseph Banks endlich Kenntnis von dieser Rinde erlangt und wollte mehr darüber erfahren. Das wollte auch Henry, der sich zum Leiter seiner eigenen Expedition ernannt hatte und künftige Reichtümer witterte.

Bald streifte er von seinem rasenden Ehrgeiz getrieben

durch Peru. Ross Niven hatte ihm vor seinem Tod drei vernünftige Ratschläge für Reisen durch Südamerika erteilt, die der junge Mann befolgte. Erstens: Trage niemals Stiefel. Härte deine Füße ab, bis sie wie Indianerfüße aussehen und auf die Fäulnis bringende Umklammerung von nassem Leder verzichten können. Zweitens: Verabschiede dich von deiner schweren Kleidung. Kleide dich leicht und lerne, wie die Indianer zu frieren. So bleibst du gesünder. Drittens: Bade wie die Indianer täglich in einem Fluss.

Mehr wusste Henry nicht. Außer, dass Chinarinde lukrativ und in den hoch aufragenden Anden zu finden war, in einer abgeschiedenen Gegend von Peru namens Loxa. Er hatte kein Buch, keine Karte, ja nicht einmal einen Menschen, der ihm mehr hätte sagen können, also half er sich selbst. Was musste er nicht alles überwinden, um nach Loxa zu gelangen: Flüsse, Dornen, Schlangen, Krankheiten, Hitze, Kälte, Regen, spanische Behörden und – was wohl das Gefährlichste war – sein eigenes Gefolge aus mürrischen Maultieren, ehemaligen Sklaven und verbitterten Indianern, deren Sprachen, Ressentiments und Hintergedanken er nur allmählich zu erahnen begann. Barfuß und hungrig zog er weiter. Er kaute Kokablätter wie ein Indianer, um durchzuhalten. Er lernte Spanisch oder traf, um genauer zu sein, die einsame Entscheidung, dass er schon Spanisch sprach, die Leute ihn also auch verstehen konnten. Taten sie es nicht, brüllte er so lange auf sie ein, bis sie ihn doch verstanden. Schließlich erreichte er die Gegend von Loxa. Er fand und bestach die *cascarilleros*, die Rindenschneider, einheimische Indianer, die wussten, wo die guten Bäume standen. Er suchte weiter und fand Chinarindenbäume, die sogar noch versteckter lagen.

Als Sohn eines Obstgärtners erkannte Henry rasch, dass die meisten Bäume in schlechtem Zustand waren, krank und Opfer jahrelangen Raubbaus. Bei manchen war der Stamm gerade mal so dick wie Henrys Taille, und das waren auch schon die kräftigsten. Er begann, die Bäume dort, wo die Rinde abgeschält worden war, in Moos zu packen, damit sie heilen konnten. Er schulte die *cascarilleros* darin, die Rinde in senkrechten Streifen abzuziehen, anstatt den Baum mit quer verlaufenden Einschnitten zu töten. Einige kranke Chinarindenbäume schnitt er massiv zurück, um das Wachstum zu fördern. Wenn er selbst krank wurde, arbeitete er nichtsdestotrotz weiter. Wenn er wegen einer Krankheit oder Infektion nicht laufen konnte, ließ er sich von den Indianern wie ein Gefangener ans Maultier binden, um seinen Bäumen dennoch den täglichen Besuch abzustatten. Er aß Meerschweinchen. Er schoss einen Jaguar.

Vier elende Jahre blieb er barfüßig und frierend in Loxa, wo er mit barfüßigen, frierenden Indianern, die aus Dung Feuer machten, in einer Hütte schlief. Er hegte und pflegte die Chinarindenbäume, auf die er längst, auch wenn sie von Rechts wegen im Besitz der Spanisch-Königlichen Pharmazeutik waren, stillschweigend Anspruch erhoben hatte. Diese Gebirgsgegend war so abgelegen, dass er von keinerlei Spaniern behelligt wurde, und nach einer Weile brauchte er auch die Unterstützung der Indianer nicht mehr. Er fand heraus, dass Chinarindenbäume mit dunklerer Rinde offenbar ein wirksameres Heilmittel hervorbrachten als die anderen Spezies und dass junges Holz die Effizienz der Rinde noch steigerte. Intensiver Beschnitt war deshalb angeraten. Er machte neue Chinarindenarten ausfindig und gab ihnen Namen, sah die meisten jedoch als unbrauchbar an. Er konzentrierte sich auf die Art, die er *Roja* nannte, Rote Chinarinde, welche die ergiebigste war. Er pfropfte die Roja auf Wurzelstöcke von robusteren, krankheitsresistenteren Chinarindenarten, um größere Erträge zu erzielen.

Außerdem dachte er lange nach. Ein junger Mann hat in der Einsamkeit eines hochgelegenen, abgeschiedenen Waldes sehr viel Zeit zum Nachdenken, und so entwickelte Henry hochfliegende Theorien. Vom verstorbenen Ross Niven wusste er, dass der Handel mit Jesuitenrinde Spanien jährlich zehn Millionen Reales einbrachte. Warum verlangte Sir Joseph Banks von ihm, diese Rinde lediglich zu erforschen, wenn man sie auch verkaufen konnte? Und wo stand geschrieben, dass man sie nur in diesem unzugänglichen Teil der Welt produzieren konnte? Henry erinnerte sich an die Worte seines Vaters, der ihm erklärt hatte, dass alle für die Menschheitsgeschichte bedeutsamen Pflanzen erst gesammelt und dann kultiviert worden waren und dass es weitaus ineffizienter war, nach einem Baum zu suchen (indem man zum Beispiel auf der Jagd nach dem verfluchten Ding die Anden erklomm), als ihn zu kultivieren (indem man herausfand, wie man ihn woanders, in einem beherrschbaren Umfeld, anbauen konnte). Er wusste, dass die Franzosen im Jahre 1730 versucht hatten, Chinarindenbäume nach Europa zu verpflanzen, und er glaubte auch zu wissen, warum es ihnen nicht gelungen war: Weil sie die Höhenlage nicht bedacht hatten. Man konnte diesen Baum nicht im Loiretal anpflanzen. Chinarindenbäume brauchten dünne Höhenluft und einen feuchten Wald, was es in Frankreich nicht gab. In England auch nicht. Und übrigens auch nicht in Spanien. Ein Jammer. Klima ließ sich nicht exportieren.

In den vier Jahren, die Henry nachgedacht hatte, war ihm gleichwohl etwas eingefallen: Indien. Henry wäre jede Wette eingegangen, dass der Chinarindenbaum in den kühlen, feuchten Ausläufern des Himalaya bestens gedeihen würde. Er war zwar nie dort gewesen, hatte jedoch von britischen Offizieren in Macao davon gehört. Und warum sollte man diesen nützlichen Baum eigentlich nicht in der Nähe von Malariagebieten anpflanzen, mit anderen Worten dort, wo er gebraucht wurde? Jesuitenrinde war in Indien zur Bekämpfung der kräftezehrenden Fieberausbrüche unter britischen Soldaten und einheimischen Arbeitern außerordentlich begehrt. Derzeit war diese Arznei viel zu teuer, um sie einfachen Soldaten und Arbeitern zu verabreichen, doch das konnte sich ja ändern. Die Preise, die man auf den europäischen Märkten für Chinarinde erzielte, lagen um zweihundert Prozent über dem, was die Rinde in ihrem

Herkunftsland kostete, und den größten Teil dieses Preisaufschlags verursachte die Verschiffung. Es war an der Zeit, den Baum nicht mehr zu suchen, sondern ihn gewinnorientiert zu kultivieren, und zwar unweit der Gegenden, wo er bitter nötig war. Henry Whittaker, inzwischen vierundzwanzig Jahre alt, glaubte, dass er der richtige Mann dafür war.

Zu Beginn des Jahres 1785 verließ er Peru, im Gepäck nicht nur seine gesammelten Notizen, ein umfangreiches Herbarium und in Leinen gewickelte Proben, sondern auch Wurzelstecklinge sowie einige zehntausend Samen der Roten Chinarinde. Darüber hinaus nahm er diverse Paprika-Arten, etwas Kapuzinerkresse und ein paar seltene Fuchsien mit. Sein eigentlicher Schatz war freilich der geheime Samenvorrat. Henry hatte zwei Jahre auf diese Samen warten müssen, so lange, bis der Frost seine besten Bäume in der Blütezeit verschont hatte. Einen Monat lang hatte er die Samen in der Sonne getrocknet, alle zwei Stunden gewendet, damit sie nicht schimmelten, und nachts in Leinen eingeschlagen, um sie vor Kälte und Tau zu schützen. Er wusste, dass Pflanzensamen lange Seereisen nur selten überlebten (sogar Banks war es nicht gelungen, sie von seinen Expeditionen mit Cook heil nach Hause zu bringen), deshalb beschloss Henry, mit drei unterschiedlichen Verpackungstechniken zu experimentieren. Einige der Samen wurden in Sand gepackt, andere in Wachs eingebettet und wieder andere lose in getrocknetem Moos transportiert. Zum Schutz gegen die Feuchtigkeit stopfte er alle Samen in Rinderblasen, die er zur Tarnung in Alpakawolle wickelte.

Da die Spanier noch das Monopol auf Chinarinde ausübten, war Henry nun ganz offiziell ein Schmuggler. Folglich mied er die belebte Pazifikküste und reiste über Land gen Osten, quer durch Südamerika. Sein Pass wies ihn als französischen Tuchhändler aus. Mit seinen Maultieren, ehemaligen Sklaven und traurigen Indianern nahm er die Diebesroute, die von Loxa zum Zamora-Fluss und anschließend den Amazonas entlang zur Atlantikküste führte. Von dort segelte er nach Havanna, dann nach Cádiz und schließlich heim nach England. Insgesamt dauerte die Rückreise anderthalb Jahre. Er bekam es nicht mit Piraten zu tun und auch nicht mit nennenswerten Stürmen oder kräftezehrenden Krankheiten. Er verlor keine seiner Pflanzen. Es war gar nicht so schwer.

Sir Joseph Banks, so dachte er, würde hocherfreut sein.

•

Sir Joseph Banks war hingegen alles andere als erfreut, als Henry in der Behaglichkeit des Soho Square 32 vorstellig wurde. Banks war älter, kränker und fahriger denn je. Die Gicht peinigte ihn, und dazu quälte er sich mit wissenschaftlichen Fragen, die er selbst aufgeworfen hatte und als bedeutsam für das Britische Weltreich erachtete.

Banks wollte England unabhängig von Exporten ausländischer Baumwolle machen und hatte hierfür Gärtner nach Britisch-Westindien geschickt, die dort bislang wenig erfolgreich versuchten, Baumwolle anzubauen. Ebenso erfolglos versuchte er, das holländische Monopol auf den Gewürzhandel zu brechen, indem er in den Gärten von Kew Muskat und Nelken züchtete. Nebenbei hatte er dem König den Vorschlag unterbreitet, Australien zu einer Strafkolonie zu machen (als Idee ein reines Privatvergnügen seinerseits), doch bisher zeigte niemand Interesse daran. Gleichzeitig arbeitete er an der Konstruktion eines vierzig Fuß hohen Teleskops für den Astronomen William Herschel, der hoffte, neue Kometen und Planeten zu entdecken. Vor allem aber wollte Banks Ballons haben. Die Franzosen hatten bereits welche. Sie experimentierten mit Gasen, die leichter waren als Luft, und hatten in Paris bereits die ersten bemannten Flüge in Angriff genommen. Die Engländer gerieten ins Hintertreffen! Bei Gott, zum Wohle der Wissenschaft und der nationalen Sicherheit brauchte das Britische Weltreich Ballons!

Insofern war Banks an jenem Tag ganz und gar nicht dazu aufgelegt, Henry Whittakers Ausführungen zu lauschen, denen zufolge das Britische Weltreich in Wirklichkeit Chinabaumplantagen in der mittleren Höhenlage des indischen Himalaya-Gebirges brauchte – eine Idee, die weder der Baumwolle noch dem Gewürzhandel, der Kometensuche oder der Ballonluftfahrt in irgendeiner Weise zuträglich war. Banks hatte das Gefühl, dass ihm der Kopf platzte, im Fuß plagten ihn höllische Schmerzen, und Henrys aggressive Präsenz reizte ihn derart, dass er das gesamte Gespräch nicht ernst nahm. Damit beging Sir Joseph Banks einen gravierenden taktischen Fehler – einen Fehler, der England letztlich teuer zu stehen kommen sollte.

Allerdings darf hier nicht verschwiegen werden, dass auch Henry an jenem Tag taktische Fehler unterliefen. Und zwar mehr als nur einer. Der erste Fehler war, dass er unangekündigt auftauchte. Sicher, so hatte er es schon einmal gehalten, doch Henry war nun kein freches Bürschlein mehr, dem man eine solche Missachtung der Etikette verzeihen konnte. Inzwischen war er ein erwachsener, noch dazu stämmiger junger Mann, dessen nachdrückliches Klopfen an der Haustür eine gewisse Impertinenz und sogar einen Anflug von körperlicher Bedrohung signalisierte.

Zudem traf Henry mit leeren Händen ein, was ein Pflanzenjäger niemals tun sollte. Henrys peruanische Sammlung befand sich noch an Bord des Schiffes aus Cádiz, welches sicher am Hafendock lag. Es war eine beeindruckende Sammlung, aber woher sollte Banks das wissen, da doch alles in Rinderblasen, Fässern, Jutesäcken und Ward'schen Kästen auf einem fernen Handelsschiff versteckt war? Henry hätte etwas mitbringen sollen, um es Banks persönlich zu überreichen – wenn schon nicht einen Ableger der Roten Chinarinde, so doch wenigstens eine hübsche, blühende Fuchsie. Irgendetwas. Um die Aufmerksamkeit des alten Mannes zu gewinnen, ihn zu besänftigen und glauben zu machen, dass die vierzig Pfund jährlich, die er in

Henry Whittaker und Peru investiert hatte, nicht vergeudet waren.

Henry war indessen kein Mensch, der andere besänftigen konnte. Stattdessen konfrontierte er Banks mit einem unverblümten Vorwurf: »Sie machen einen Fehler, Sir, die Chinarinde nur zu erforschen, Sie sollten sie verkaufen!« Mit dieser atemberaubend unüberlegten Äußerung schalt er Banks einen Dummkopf und brachte darüber hinaus den Soho Square 32 in den üblen Ruch, ein *Gewerbe* zu sein – als ob es ein Sir Joseph Banks, reichster Gentleman von Großbritannien, nötig hätte, sich aufs Geschäftemachen zu verlegen!

Fairerweise muss man sagen, dass Henry zu diesem Zeitpunkt die Klarheit der Gedanken fehlte. Er hatte viele Jahre allein in einem abgeschiedenen Wald gelebt, und ein junger Mann kann in einem Wald sein Denken zwar von allen Fesseln befreien, doch birgt dies Gefahren. Henry hatte das Thema im Geiste schon so oft mit Banks besprochen, dass er nun im wirklichen Gespräch Ungeduld empfand. In seiner Vorstellung war bereits alles geregelt und geglückt. Für Henry war nur ein einziges Gesprächsergebnis denkbar: Banks würde die Idee brillant finden und begrüßen, er würde Henry dem zuständigen Verwalter im India Office vorstellen, sämtliche Genehmigungen einholen, die Finanzierung sicherstellen und dieses ehrgeizige Projekt im Idealfall schon am nächsten Nachmittag auf den Weg bringen. In Henrys Träumen hatte sich die Chinarindenplantage am Himalaya bereits prächtig entwickelt, und er war längst der mit phantastischem Reichtum gesegnete Mann, der zu werden ihm Joseph Banks einst versprochen hatte. Selbstverständlich hatte er auch schon als Gentleman Einlass in die höheren Kreise von London gefunden. Vor allem aber ließ Henry sich dazu hinreißen zu glauben, er und Joseph Banks seien bereits gute, enge Freunde.

Mag sein, dass Henry Whittaker und Sir Joseph Banks gute, enge Freunde hätten werden können, wäre da nicht das klitzekleine Problem gewesen, dass Henry Whittaker für Sir Joseph Banks niemals etwas anderes gewesen war als ein kleiner, schlechterzogener und zum Diebstahl neigender Arbeitssklave, dessen Lebenszweck einzig und allein darin bestand, sich im Dienste von Menschen, die über ihm standen, das Mark aus den Knochen saugen zu lassen.

»Außerdem«, sagte Henry zu Banks, der den Angriff auf seine Gefühle, seine Ehre und seinen Salon noch nicht verdaut hatte, »denke ich, dass wir über meine Ernennung zum Mitglied der Royal Society sprechen sollten.«

»Wie bitte?«, fragte Banks. »Wer zum Teufel hat dich zum Mitglied der Royal Society ernannt?«

»Ich hoffe darauf, dass Sie es tun werden«, sagte Henry. »Als Lohn für meine Arbeit und mein Genie.«

Banks verschlug es die Sprache. Lange. Die Augenbrauen hoben sich ohne sein Zutun bis unter den Haaransatz. Als er Luft holte, gab es ein zischendes Geräusch. Dann tat er etwas für die Zukunft des Empires überaus Bedauerliches: Er lachte. Er lachte so herzhaft, dass er sich die Tränen aus den Augen wischen musste, mit einem Taschentuch aus belgischer Spitze, das möglicherweise mehr gekostet hatte als das ganze Haus, in dem Henry Whittaker aufgewachsen war. Nach einem ermüdenden Tag tat ihm das Lachen gut, und er gab sich seinem Frohsinn mit Leib und Seele hin. Er lachte so schallend, dass sein Diener, der draußen stand, angesichts eines derart plötzlichen Heiterkeitsausbruchs neugierig den Kopf zur Tür hereinsteckte. Er lachte so schallend, dass er kein Wort herausbrachte. Was vermutlich am besten war, denn auch ohne Gelächter hätte er nur schwerlich Worte gefunden, um der Absurdität dieser Idee Ausdruck zu verleihen: der Vorstellung, dass Henry Whittaker, der normalerweise vor neun Jahren am Galgen von Tyburn hätte baumeln müssen, der das bleiche Mardergesicht eines geborenen Langfingers hatte, dessen erbärmliche Briefe für Banks jahrelang eine unvergleichliche Quelle der Belustigung gewesen waren und dessen

Vater (armer Mann!) sein Leben in der Nachbarschaft von Schweinen fristete – dass dieser junge Betrüger nun erwartete, in die angesehenste und vornehmste wissenschaftliche Vereinigung von ganz England aufgenommen zu werden! Was für ein Stück aus dem Tollhaus!

Präsident der Royal Society war selbstredend niemand anders als der hochgeschätzte Sir Joseph Banks persönlich – was Henry genau wusste –, und wenn Banks einen verkrüppelten Dachs zum Mitglied ernannt hätte, dann hätte man diese Kreatur willkommen geheißen und ihr sogar eine Ehrenmedaille gewidmet. Doch einen Henry Whittaker willkommen heißen? Zulassen, dass dieser dreiste Gauner seiner unleserlichen Unterschrift die Initialen RSF, Mitglied der Royal Society, hinzufügen durfte?

Nein.

Als Banks zu lachen begann, zog sich Henrys Magen zusammen und verdichtete sich zu einem kleinen, harten Würfel. Um seinen Hals schien sich eine Schlinge zu legen. Er schloss die Augen und dachte an Mord. Er war imstande, einen Mord zu begehen. Er stellte ihn sich vor, überdachte die Folgen. Er hatte viel Zeit, über Mord nachzudenken, während Banks immer weiter lachte.

Nein, beschloss Henry. Kein Mord.

Als er die Augen wieder aufschlug, lachte Banks immer noch, und Henry war nicht mehr derselbe Mensch. Alles, was er sich bis zu diesem Morgen an Jugend bewahrt hatte, war ausgelöscht. Von diesem Moment an ging es in seinem Leben nicht mehr darum, wer er werden, sondern was er erreichen konnte. Er würde niemals ein Gentleman werden. Dann eben nicht. Pfeif auf die Gentlemen. Pfeif auf sie alle. Henry würde reicher werden als alle Gentlemen dieser Welt, und irgendwann würde ihm die ganze Bagage zu Füßen liegen, alles würde ihm gehören. Henry wartete, bis Banks nicht mehr lachte. Dann geleitete er sich selbst aus dem Raum. Ohne ein weiteres Wort.

Er tauchte sofort ins Gewirr der Straßen ein und suchte

sich eine Prostituierte. In einer Gasse presste er sie gegen die Wand und trieb sich mit so heftigen Stößen die Unschuld aus, dass er das Mädchen und sich selbst verletzte und sie ihn als brutalen Kerl beschimpfte. Er fand ein Wirtshaus, trank zwei Krüge Rum, schlug einem Fremden die Faust in die Magengrube, wurde hinausgeworfen und empfing, als er auf der Straße lag, einen Tritt in die Nieren. So, damit durfte nun auch dies als erledigt betrachtet werden. Alles, was er sich in den letzten acht Jahren versagt hatte, um ein respektabler Gentleman zu werden. War doch gar nicht so schwer. Eine freudlose Sache zwar, aber immerhin: erledigt und abgehakt.

Er heuerte einen Bootsführer an, der ihn nach Richmond brachte. Inzwischen war es Nacht. Ohne auch nur einen Augenblick innezuhalten, ging er an seinem elenden Elternhaus vorbei. Er würde und wollte seine Eltern nie wiedersehen. Er schlich sich in die Gärten von Kew, fand eine Schaufel und förderte das ganze Geld zutage, das er mit sechzehn dort vergraben hatte. Tatsächlich wartete in der Erde eine Menge Silber auf ihn, mehr sogar, als er in Erinnerung hatte.

»Guter Junge«, lobte er sein früheres, jüngeres Ich, den Schätze hortenden Dieb.

Er schlief am Fluss, den Kopf auf einen feuchten Sack Münzen gebettet. Am nächsten Tag kehrte er nach London zurück und kleidete sich einigermaßen passabel von Kopf bis Fuß ein. Er überwachte den Transport seiner peruanischen Pflanzensammlung – sämtlicher Rinderblasen, Samen und Chinarindenproben – von dem Schiff, das aus Cádiz gekommen war, auf ein Schiff nach Amsterdam. Von Rechts wegen war die ganze Sammlung Eigentum der Gärten von Kew. Pfeif auf Kew. Sollte Kew ihn doch suchen und finden.

Drei Tage später segelte er nach Holland und verkaufte seine Sammlung, seine Ideen wie auch seine Dienste an die Niederländische Ostindien-Kompanie, deren strenge und gescheite Verwalter ihn, so viel sollte gesagt sein, ohne jeden Anflug von Gelächter empfingen.

Kapitel 4

Sechs Jahre später war Henry Whittaker ein reicher Mann und auf dem besten Wege, es zu noch größerem Wohlstand zu bringen. Seine Chinarindenplantage auf Java, dem kolonialen Vorposten der Niederländer, machte sich prächtig, die Bäume wuchsen wie Unkraut im kühlen, feuchten Gebirgsklima eines terrassenförmig angelegten Anwesens namens Pengalengan, dessen Gegebenheiten mit denen der peruanischen Anden und des Vorgebirges des Himalaya nahezu identisch waren, was Henry selbstverständlich gewusst hatte. Er lebte auf der Plantage und hatte ein wachsames Auge auf seinen Pflanzenschatz. Seine Partner in Amsterdam bestimmten nun die Weltmarktpreise für Jesuitenrinde und erzielten für hundert Pfund weiterverarbeitete Rinde sechzig Florin. Sie kamen kaum mit der Produktion nach. Hier ließ sich also ein Vermögen machen, ein Vermögen gemacht aus einem Heilmittel. Henry hatte seine Baumbestände kontinuierlich veredelt, so dass sie inzwischen vor Fremdbestäubung geschützt waren und eine Rinde hervorbrachten, die wirksamer und zuverlässiger war als alles, was aus Peru kam. Überdies ließ sie sich gut verschiffen und galt weltweit als verlässliches Produkt.

Die Niederländer und ihre Kolonien waren inzwischen die größten Produzenten und Konsumenten von Jesuitenrinde und nutzten das Pulver, um ihre Soldaten, Verwalter und Arbeiter in ganz Ostindien vor dem Malariafieber zu schützen. Der Vorteil, den sie dadurch gegenüber ihren Konkurrenten, insbesondere den Engländern, gewannen, ließ sich wahrlich nicht mit Gold aufwiegen. Fest entschlossen, Rache zu üben, achtete Henry darauf, seine Erzeugnisse konsequent von den britischen Märkten fernzuhalten oder zumindest die Preise in die Höhe zu treiben, wenn doch einmal Jesuitenrinde nach England oder in eine koloniale Niederlassung der Briten gelangt war.

Im fernen Kew unternahm Sir Joseph Banks, inzwischen

weit abgeschlagen, doch noch den Versuch, im Himalaya Chinarindenbäume anzupflanzen, ein Projekt, dem jedoch ohne Henrys Sachverstand kein rechter Erfolg beschieden war. Die Briten verwendeten Geld, Kraft und bange Gedanken darauf, in der falschen Höhenlage die falschen Arten anzubauen, und Henry, der dies wusste, nahm es mit eiskalter Genugtuung zur Kenntnis. Woche für Woche fielen im Indien des zur Neige gehenden achtzehnten Jahrhunderts zahllose britische Untertanen der Malaria zum Opfer, weil es dort keine gute Jesuitenrinde gab, während die Holländer in unverschämt guter Verfassung ihre Erfolge feierten.

Henry bewunderte die Holländer und kam gut mit ihnen zurecht. Er verstand sie intuitiv, diese fleißigen, unermüdlichen, geradlinigen, Kanäle schaufelnden, Münzen zählenden Calvinisten, als deren oberstes Gebot seit dem sechzehnten Jahrhundert der Handel galt und die sich im Wissen, dass Gott ihnen Reichtum wünschte, zeit ihres Lebens einer gesegneten Nachtruhe erfreuten. Als Land von Bankiers, Kaufleuten und Gärtnern blickten die Holländer (wie auch Henry) in eine auf feste Zusagen gegründete, von Gewinnen vergoldete Zukunft und hielten die Welt mit stolzen Zinsraten im Klammergriff. Sie verurteilten ihn nicht, obwohl sein Benehmen unhöflich oder sein Auftreten aggressiv war. Henry Whittaker und die Holländer verdankten einander einen geradezu erstaunlichen Wohlstand. So gab es in Holland tatsächlich Leute, die Henry den »Prinzen von Peru« nannten.

Man schrieb das Jahr 1791, und Henry war ein wohlhabender Mann von einunddreißig Jahren. Es wurde Zeit für ihn, die restlichen Jahre seines Lebens sorgfältig zu planen. Zunächst einmal hatte er nun die Möglichkeit, ein eigenes Unternehmen auf den Weg zu bringen, unabhängig von seinen holländischen Partnern, und er prüfte sorgfältig alle Optionen. Mineralien oder Edelsteine faszinierten ihn nicht, weil er sich damit nicht auskannte. Dasselbe galt für Textilien, den Schiffsbau und das Verlagswesen. Dann sollten es also Pflanzen sein. Botanik. Doch welche Art von Pflanzen? Henry verspürte keinerlei Verlangen, in den Gewürzhandel einzusteigen, auch wenn die Gewinnchancen dort glänzend waren. Zu viele Nationen mischten bereits mit, und der Schutz der eigenen Erzeugnisse vor Piraten und rivalisierenden Flotten verursachte inzwischen so hohe Kosten, dass die Gewinne dahinschwanden, soweit Henry dies beurteilen konnte. Auch den Zucker- und Baumwollhandel schätzte er nicht: zu tückisch und kostspielig und zudem maßgeblich in die Sklaverei verstrickt. Henry wollte mit der Sklaverei nichts zu tun haben. Nicht weil er sie für moralisch verabscheuenswert hielt, sondern für unwirtschaftlich, unübersichtlich und teuer, und weil er darüber hinaus der Meinung war, dass sie von den unangenehmsten Zwischenhändlern der Welt beherrscht wurde. Sein wahres Interesse gehörte den Heilpflanzen – ein Markt, aus dem noch niemand in vollem Umfang Kapital geschlagen hatte.

Heilpflanzen und Pharmazie, das war es.

Als Nächstes hatte er zu entscheiden, wo er leben wollte. Auf Java besaß er ein schönes Anwesen mit hundert Dienern, doch das dortige Klima hatte ihm im Laufe der Jahre zugesetzt und ihm Tropenkrankheiten beschert, die seine Gesundheit immer wieder in Aufruhr brachten. Er brauchte ein Zuhause in gemäßigteren Zonen. Doch hätte er sich eher einen Arm abgehackt, als wieder nach England zu gehen. Und das europäische Festland reizte ihn nicht: Frankreich war voller nervtötender Menschen, Spanien korrupt und instabil, Russland unmöglich, Italien absurd, Deutschland rigide, Portugal im Niedergang. Und Holland, das ihm so gewogen war, fand er fade und geistlos.

Die Vereinigten Staaten von Amerika hingegen, so sein Entschluss, waren eine Möglichkeit. Henry war noch nie dort gewesen, hatte jedoch Vielversprechendes gehört. Insbesondere über Philadelphia, die quirlige Hauptstadt dieser jungen Nation. Zentral gelegen an der Ostküste des Landes, war Philadelphia, so hieß es, eine Stadt mit einem hinlänglich guten Frachthafen und unzähligen pragmatischen Quäkern, Pharmazeuten und hart arbeitenden Bauern. Man munkelte, dass es dort keine hochnäsige Aristokratie gebe (wie in Boston), keine genussfeindlichen Puritaner (wie in Connecticut) und keine selbsternannten Feudalfürsten (wie in Virginia). Gegründet hatte man die Stadt nach den vernünftigen Prinzipien der religiösen Toleranz, der freien Presse und der guten Landschaftsplanung des William Penn, eines Mannes, der in Badewannen Jungbäume herangezogen und sich seine Hauptstadt als eine große Pflanzen- und Ideenschule vorgestellt hatte. In Philadelphia war jeder willkommen, absolut jeder, außer natürlich Juden. Henry, der von alldem gehört hatte, hielt es für möglich, dass Philadelphia ein weites Terrain mit unausgeschöpftem Gewinnpotential war, und nahm sich vor, diesen Ort zu seinem Vorteil zu nutzen.

Doch ehe er sich niederließ, wollte er auch mit einer Ehefrau ausgestattet sein, und zwar – schließlich war er kein Idiot – mit einer holländischen Ehefrau. Denn er wollte eine gescheite, anständige Frau, deren Leichtsinn sich auf ein mögliches Minimum beschränkte, und Holland war der Ort, wo er sie finden würde. Im Laufe der Jahre hatte sich Henry hin und wieder den Umgang mit Prostituierten gegönnt und auf seinen Besitzungen in Pengalengan sogar ein junges Mädchen aus Java zu seiner Verfügung gehabt, doch nun war es an der Zeit, sich eine passende Frau zu suchen. Er erinnerte sich an den Rat eines klugen portugiesischen Seemanns, der ihm vor Jahren erklärt hatte: »Erfolgreich und glücklich im Leben zu sein ist einfach, Henry. Such dir eine Frau, eine einzige, such sie gut aus und streich die Segel.«

Also nahm er wieder ein Schiff nach Holland und suchte sich eine. In einer raschen, wohlkalkulierten Entscheidung wählte er eine Frau aus der alten, respektablen Familie der van Devenders, die seit vielen Generationen die Kustoden des Hortus Botanicus von Amsterdam stellte. Dieser botanische Garten war im Bereich der Forschung führend in

Europa und eines der ältesten Bindeglieder zwischen Botanik, Wissenschaft und Handel, und die van Devenders hatten ihn stets hervorragend geführt. Sie waren durchaus keine Aristokraten und gewiss auch nicht reich, doch Henry brauchte keine reiche Frau. Dafür waren die van Devenders in Europa tonangebend, was Bildung und Wissenschaften betraf, und das bewunderte er.

Bedauerlicherweise beruhte diese Bewunderung nicht auf Gegenseitigkeit. Jacob van Devender, der Patriarch der Familie und des Hortus Botanicus (und zudem ein Meister im Züchten von Aloen als Zierpflanzen), kannte Henry Whittaker, und er mochte ihn nicht. Er wusste, dass dieser junge Mann eine betrügerische Vorgeschichte hatte und dass er aus Profitgier Verrat am eigenen Land begangen hatte. Ein Verhalten, das Jacob van Devender nicht billigte. Jacob war zwar Niederländer und hing an seinem Geld, doch er war kein Bankier, kein Spekulant. Er bemaß den Wert eines Menschen nicht daran, wie viel Gold er angehäuft hatte.

Jacob van Devender besaß indessen eine überaus vielversprechende Tochter – zumindest in Henrys Augen. Ihr Name war Beatrix, und sie war weder unansehnlich noch hübsch, gerade recht für eine Ehefrau. Von stämmiger, flachbrüstiger Gestalt, blickte sie, als Henry sie kennenlernte, bereits einem Leben als alte, unverheiratete Jungfer entgegen. Die meisten Freier hätten Beatrix van Devenders übermäßige Bildung als abschreckend empfunden. Sie war mit fünf lebenden und zwei toten Sprachen vertraut und verfügte über botanische Fachkenntnisse, die denen eines Mannes ebenbürtig waren. Koketterie war dieser Frau durch und durch fremd. Sie schmückte keinen Salon. Das gesamte Farbspektrum ihrer Kleidung erinnerte an das Federkleid des gemeinen Haussperlings. Sie hegte einen ausgeprägten Argwohn gegen Leidenschaft, Übertreibung und Schönheit, schenkte ihr Vertrauen ausschließlich Dingen, die solide und zuverlässig waren, und verließ sich lieber auf gewonnene Lebenserfahrung als auf blinden Instinkt. Henry sah in ihr eine lebendige, stabilisierende Ladung Ballast, und genau das suchte er.

Doch was sah Beatrix in Henry? Hier stehen wir vor einem gewissen Rätsel. Henry war nicht attraktiv. Und schon gar nicht kultiviert. Um die Wahrheit zu sagen, hatte er mit seiner rötlichen Gesichtsfarbe, den großen Pranken und rauen Manieren etwas von einem Dorfschmied. Auf die meisten Menschen wirkte er weder solide noch zuverlässig. Henry Whittaker war ein temperamentvoller, impulsiver, lauter und streitlustiger Mann, der auf der ganzen Welt Feinde hatte. In den vergangenen Jahren hatte er zudem ein wenig zu trinken begonnen. Welche achtbare junge Frau hätte aus freien Stücken einen Mann dieses Charakters zum Gatten gewählt?

»Der Mann hat keine Prinzipien«, hielt Jacob van Devender seiner Tochter vor.

»Oh, Vater, da irrst du dich grundlegend«, stellte Beatrix trocken fest. »Mr Whittaker hat viele Prinzipien. Eben nur nicht die besten.«

Sicher, Henry war reich, und so wurde hier und dort die Vermutung geäußert, Beatrix wisse seinen Wohlstand vielleicht doch mehr zu schätzen, als sie vorgab. Henry beabsichtigte darüber hinaus, seine Frischangetraute nach Amerika zu bringen, und vielleicht – so munkelten einige Spaßvögel – hatte sie ja einen heimlichen, schimpflichen Grund, Holland für immer zu verlassen.

Die Wahrheit war viel einfacher: Beatrix van Devender heiratete Henry Whittaker, weil ihr das gefiel, was sie in ihm sah. Sie mochte seine Zähigkeit, seine Durchtriebenheit, seine Souveränität, seine vielversprechenden Aussichten. Natürlich war er ungehobelt, doch auch sie war schließlich kein zartes Pflänzchen. Sie respektierte seine Unverblümtheit und er ihre. Sie begriff, was er von ihr wollte, und hegte das sichere Gefühl, dass sie mit ihm zurechtkommen würde, ihn vielleicht sogar ein bisschen lenken könnte. So schlossen Henry und Beatrix rasch und ohne Umschweife ihren Bund. Das einzige Wort, das ihre Verbindung wirklich traf, war ein holländischer Begriff aus dem Geschäftsleben: *partenrederij* – eine auf ehrlichen Absprachen beruhende Partnerschaft, in der die Gewinne von morgen Ergebnis der Zusagen von heute sind und in der beide Parteien dank ihrer Zusammenarbeit gleichermaßen zum Erfolg beitragen.

Die Eltern wandten sich von ihr ab. Genauer gesagt wandte sich Beatrix von ihnen ab. Sie waren eine strenge, unnachgiebige Familie, alle miteinander. Sie waren sich uneinig über diesen Heiratsbund, und Uneinigkeiten tendierten bei den van Devenders dazu, ewig zu währen. Nachdem sie Henry auserwählt hatte und in die Vereinigten Staaten abgereist war, korrespondierte Beatrix nie wieder mit Amsterdam. Das Letzte, was sie von ihrer Familie sah, war ihr zehnjähriger Bruder Dees, der bei der Abreise weinend an ihren Röcken hing und schrie: »Sie nehmen sie mir weg! Sie nehmen sie mir weg!« Sie löste die Finger, die ihren Kleidersaum umklammerten, ermahnte den Bruder, sich nie wieder durch öffentliche Tränen zu kompromittieren, und ging.

Beatrix nahm ihr Dienstmädchen mit nach Amerika, eine ungemein tüchtige, handfeste junge Frau namens Hanneke de Groot. Außerdem besorgte sie sich in der väterlichen Bibliothek eine Ausgabe von Robert Hookes *Micrographia* aus dem Jahr 1665 sowie ein kostbares Kompendium von Leonhard Fuchs' Pflanzenbildern. Sie nähte Dutzende von Taschen in ihre Reisekleidung und füllte sie mit den seltensten Tulpenzwiebeln aus dem Hortus Botanicus, die sie in schützendes Moos packte. Auch einige Dutzend leere Geschäftsbücher nahm sie mit.

Sie plante bereits für ihre Bücherei, ihren Garten und – wie sich zeigen sollte – für ihr zukünftiges Vermögen.

•

Beatrix und Henry Whittaker trafen zu Beginn des Jahres 1792 in Philadelphia ein. Die weder durch Mauern noch andere Befestigungsanlagen geschützte Stadt bestand damals aus einem belebten Hafen, ein paar Häuserzeilen von gewerblichem und politischem Interesse, einer Ansammlung von Siedler-Heimstätten und einigen schönen, neuen Anwesen. Es war ein Ort grenzenloser Möglichkeiten und ein außerordentlich fruchtbarer Boden für potentielles Wachstum. Die erste Bank der Vereinigten Staaten hatte ein Jahr zuvor aufgemacht, und ganz Pennsylvania führte damals Krieg gegen seine Wälder – einen Krieg, den die mit Äxten, Ochsen und unerhörtem Ehrgeiz ausgestatteten Bewohner gewinnen sollten. Henry kaufte für den Anfang 350 Morgen abfallende Wiesenflächen und unberührtes Waldland am Westufer des Schuylkill. Sobald er mehr Land erwerben könnte, gedachte er, diesen Besitz zu erweitern.

Ursprünglich hatte Henry vorgehabt, mit vierzig reich zu sein, doch weil er, wie man so sagte, die Pferde tüchtig angetrieben hatte, war er früher ans Ziel gelangt. Mit erst zweiunddreißig Jahren hatte er bereits erhebliche Gelder angehäuft, in Pfund, Florin, Guinee und sogar in russischen Kopeken. Und er beabsichtigte, noch reicher zu werden. Doch nun, nach seiner Ankunft in Philadelphia, war es zunächst einmal an der Zeit, seinen Reichtum gebührend zur Schau zu stellen.

Henry Whittaker gab seinem Anwesen den Namen White Acre, eine Anspielung auf seinen Familiennamen, und begann sofort mit dem Bau einer palladianischen Villa von herrschaftlichem Ausmaß, die an Schönheit alle bisherigen Privathäuser der Stadt übertraf. Es sollte ein großzügiges, gut proportioniertes Gebäude aus Stein werden, mit schönen Pavillons an der Ost- und Westseite, einem Säulenvorbau nach Süden und einer breiten Terrasse nach Norden hin. Er baute auch eine stattliche Remise, eine große Schmiede, ein etwas skurriles Torhaus sowie mehrere botanische Gebäude, darunter ein frei stehendes Tropenhaus, dem später weitere folgen sollten, eine Orangerie, die der berühmten Anlage von Kew nachempfunden war, und das Fundament eines geradezu gigantischen Treibhauses. Am schlammigen Ufer des Schuylkill, wo vor fünfzig Jahren noch Indianer wilde Zwiebeln gesammelt hatten, errichtete er einen privaten Schiffsanleger, der an die Anlegestellen der alten, schönen Besitztümer entlang der Themse erinnerte.

Zu dieser Zeit lebte man in Philadelphia noch genügsam, und Henry gestaltete seinen Besitz als dreisten Affront gegen das Prinzip der Sparsamkeit. Es sollte ein Ort pulsierender Extravaganz werden. Er hatte keine Angst vor Neidern. Er fand es sogar verflixt angenehm, beneidet zu werden, und auch verflixt lukrativ, denn der Neid lockte Menschen an. Sein Haus sollte nicht nur aus der Ferne einen stattlichen Eindruck erwecken – vom Fluss aus weithin sichtbar, thronte es vornehm auf einer Anhöhe und blickte stolz über die Stadt –, sondern auch aus der Nähe mit jedem Detail Reichtum ausstrahlen. Alle Türgriffe waren aus schimmerndem, glänzendem Messing. Die Möbel wurden von Seddon's aus London geliefert, die Wände waren mit belgischer Tapete dekoriert, das Geschirr aus kantonesischem Porzellan, die mundgeblasenen Lampen aus Venedig, der Keller mit jamaikanischem Rum und französischem Rotwein gefüllt, und auf dem ganzen Anwesen waren Fliederbüsche gepflanzt, die zum ersten Mal im Osmanischen Reich geblüht hatten.

Er ließ zu, dass sich Gerüchte über seinen Wohlstand ungehindert verbreiteten. Reich, wie er war, schadete es nicht, wenn ihn die Leute in ihrer Phantasie noch reicher machten. Als in der Nachbarschaft gemunkelt wurde, die Hufe von Henry Whittakers Pferden seien mit Silber beschlagen, ließ er die Leute in diesem Glauben. Selbstverständlich waren die Hufe seiner Pferde nicht mit Silber beschlagen; sie waren mit Eisen beschlagen wie alle Pferdehufe, und Henry hatte sie sogar eigenhändig beschlagen (ein Können, das er sich in Peru angeeignet hatte, an armseligen Maultieren mit nicht minder armseligen Werkzeugen). Doch warum sollte das jemand erfahren? Waren die Gerüchte nicht viel angenehmer und beeindruckender?

Henry wusste um die Verführungskraft des Geldes, aber auch um die noch mysteriösere Verführungskraft der Macht. Er wollte, dass seine Besitztümer die Leute nicht nur faszinierten, sondern auch einschüchterten. Ludwig XIV. pflegte Besucher durch seine Lustgärten zu führen – nicht als amüsante Zerstreuung, sondern als Demonstration von Stärke: Jeder blühende exotische Baum, jeder sprudelnde Springbrunnen, jede der unbezahlbaren griechischen Statuen diente einzig und allein dazu, eine unmissverständliche Nachricht in die Welt hinauszuposaunen, die da lautete: Es wäre unklug, mir den Krieg zu erklären! Demselben Gedanken sollte auch White Acre Ausdruck verleihen.

Henry baute zudem unweit des Hafens von Philadelphia eine große Lagerhalle und eine Faktorei, wo Heilpflanzen aus aller Welt eintrafen: Brechwurzel, Simaruba, Rhabarber, Guajak-Rinde, Chinawurzel und Sarsaparillen. Er ging mit einem grundsoliden Pharmazeuten, einem Quäker namens James Garrick, eine Partnerschaft ein, und die beiden Männer begannen unverzüglich, Pillen, Pulver, Sirup und Salben herzustellen.

Das Geschäft mit Garrick hatte Henry keine Sekunde zu früh in die Wege geleitet. Im Sommer des Jahres 1793 brach eine Gelbfieberepidemie über Philadelphia herein. Die Straßen waren mit Leichen übersät, verwaiste Kinder klammerten sich an ihre tot in der Gosse liegenden Mütter. Die Menschen starben paarweise, als Familien, zu Dutzenden und sonderten auf ihrem Weg zum Tod eine ekelerregende schwarze Brühe ab, die sich aus ihren Gedärmen und Kehlen ergoss. Die einheimischen Ärzte hatten beschlossen, dass es nur eine Behandlungsmethode gab, nämlich ein noch stärkeres Purgieren der Patienten durch wiederholtes Auslösen von heftigem Brechdurchfall. Das bekannteste und stärkste Purgativum der Welt war eine Pflanze namens Jalape, die Henry schon vor Ausbruch der Epidemie ballenweise aus Mexiko importiert hatte.

Er selbst hegte den Verdacht, dass die Jalape-Behandlung reine Scharlatanerie war, und verweigerte sie sämtlichen Hausbewohnern. Er wusste, dass in der Karibik kreolische Ärzte, denen das Gelbfieber sehr viel vertrauter war als ihren hiesigen Kollegen, Patienten einer längst nicht so barbarischen Behandlung mit stärkenden Flüssigkeiten und Bettruhe unterzogen. Nur konnte man mit stärkenden Flüssigkeiten und Bettruhe kein Geld verdienen, während mit Jalape außerordentlich viel Geld zu verdienen war. So kam es, dass zum Ende des Jahres 1793 ein Drittel der Bewohner von Philadelphia am Gelbfieber gestorben war und Henry Whittaker sein Vermögen verdoppelt hatte.

Henry nahm diese Einkünfte und baute zwei weitere Treibhäuser. Dem Vorschlag seiner Frau folgend, begann er uramerikanische Blumen, Bäume und Sträucher zu kultivieren, um sie nach Europa zu exportieren. Eine achtbare Idee. Amerikas Wiesen und Wälder wimmelten von Pflanzen, die für europäische Augen exotisch waren und sich gut nach Übersee verkaufen ließen. Henry war es leid, seine Schiffe leer aus dem Hafen von Philadelphia auslaufen zu lassen. Nun konnte er in beide Richtungen Geld verdienen. Mit der Verarbeitung von Jesuitenrinde in Java verdienten er und seine holländischen Partner nach wie vor ein Vermögen, doch es gab auch vor Ort Dinge, mit denen man gutes Geld machen konnte. Ab dem Jahre 1796 schickte Henry regelmäßig Sammler in die Berge von Pennsylvania, die dort Ginsengwurzeln für den Export nach China suchten. Jahrelang sollte Henry Whittaker der einzige Mann in Amerika sein, der es verstand, den Chinesen etwas zu verkaufen.

Gegen Ende des Jahres 1798 füllte Henry seine Treibhäuser auch mit exotischen, aus den Tropen importierten Pflanzen, die er an die neuen amerikanischen Aristokraten verkaufte. Die Wirtschaft der Vereinigten Staaten erlebte mit einem Mal einen rasanten Aufschwung. George Washington und Thomas Jefferson besaßen so prächtige Landgüter, dass plötzlich jeder ein prächtiges Landgut besitzen wollte. Die junge Nation lotete die Grenzen der Verschwendungssucht aus. Manche Bürger wurden reich; andere gerieten in bittere Not. Henry Whittakers Kurve zeigte stetig nach oben. Das Motto »Ich will gewinnen« bestimmte sein Kalkül, und er gewann – mit Import, Export, Manufakturen und jeder erdenklichen Art von Opportunismus. Das Geld schien Henry zuzufliegen. Es folgte ihm überall hin wie ein kleines, aufgedrehtes Hündchen. Im Jahre 1800 war er der reichste Mann von Philadelphia und gehörte zu den drei reichsten Männern der westlichen Hemisphäre.

Als dann in jenem Jahr Henrys Tochter Alma geboren wurde – nur drei Wochen nach George Washingtons Tod –, da schien es, als wäre der Spross einer neuen, noch nie dagewesenen Menschenspezies zur Welt gekommen: das Kind eines mächtigen amerikanischen Sultans.

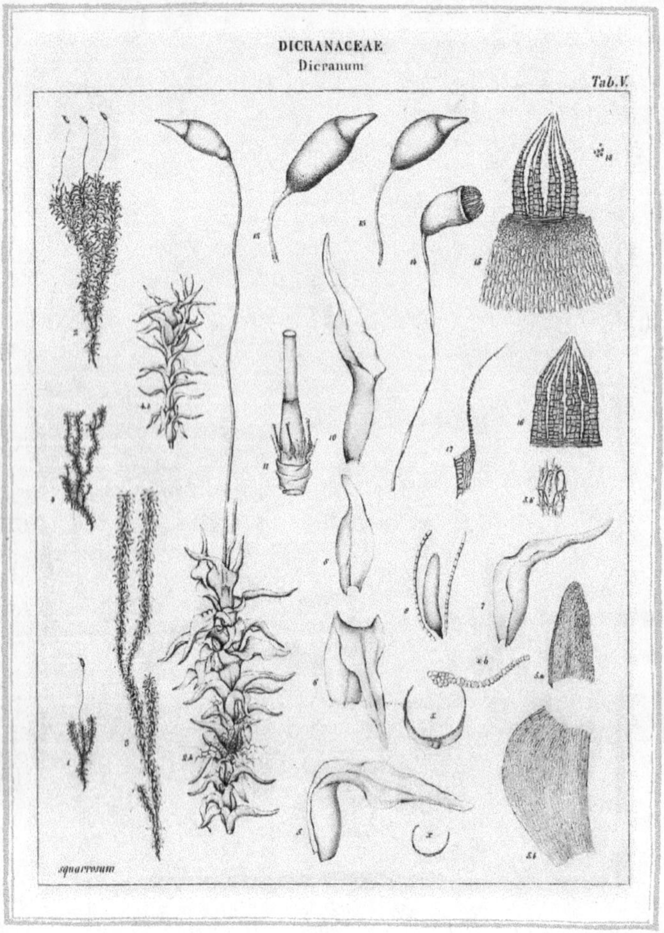

Dicranaceae / Dicranum

Teil 2

Die Pflaume von White Acre

Kapitel 5

Sie war die Tochter ihres Vaters. Darin waren sich alle von Beginn an einig. Denn Alma Whittaker sah genauso aus wie Henry: das Haar rötlich braun, die Hautfarbe kräftig, der Mund klein, die Stirn breit, dazu eine stattliche Nase. Für Alma war dies ein eher bedauerlicher Umstand, wenngleich sie einige Jahre brauchen würde, um es zu begreifen. Henrys Gesicht passte sehr viel besser zu einem erwachsenen Mann als zu einem kleinen Mädchen. Nicht dass Henry selbst Anstoß daran genommen hätte. Henry Whittaker war stets erfreut, wenn er ein Bild von sich sah, sei es im Spiegel, auf einem Porträt oder im Gesicht eines Kindes, und so stellte ihn Almas Aussehen jederzeit zufrieden.

»Keine Frage, wer die gemacht hat!«, prahlte er.

Außerdem war Alma genauso klug wie er. Und genauso robust. Ein richtiges kleines Dromedar, unermüdlich und duldsam. Nie krank. Störrisch. Kaum hatte sie angefangen zu sprechen, wollte sie schon das letzte Wort haben. Hätte Almas Mutter nicht wie ein Mühlstein die Unverschämtheit aus ihr herausgemahlen, wäre sie vielleicht richtig ungezogen geworden. So aber war sie nur forsch. Sie wollte die Welt verstehen und das dafür erforderliche Wissen finden, wo auch immer es sich versteckt hielt. Dabei schien es jedes Mal um das Schicksal ganzer Nationen zu gehen. Sie wollte wissen, warum ein Pony kein Babypferd war. Sie wollte wissen, warum Funken entstanden, wenn sie in heißen Sommernächten mit der Hand über ihr Bettlaken rieb. Sie wollte nicht nur wissen, ob Pilze Pflanzen oder Tiere waren, sondern fragte, kaum dass sie die Antwort erhalten hatte, auch noch nach, wie man denn da so sicher sein könne.

Für ihre rastlosen Nachforschungen hatte Alma genau die richtigen Eltern: Solange sie ihre Fragen respektvoll formulierte, wurden sie auch beantwortet. Sowohl Henry als auch Beatrix Whittaker duldeten keine geistige Trägheit und förderten den Wissensdurst ihrer Tochter. Selbst auf ihre Pilzfrage erhielt Alma eine ernsthafte Antwort, in diesem Fall von Beatrix – mit Verweis auf den anerkannten schwedischen Systematiker der Botanik, Carl von Linné, der den Unterschied zwischen Mineralien, Pflanzen und Tieren wie folgt definiert hatte: »Steine wachsen. Pflanzen wachsen und leben. Tiere wachsen, leben und fühlen.« Ein vierjähriges Kind war nach Beatrix' Ansicht nicht zu klein, um sich mit Carl von Linné zu befassen. So hatte Beatrix denn auch begonnen, sich Almas Schulbildung zu widmen, als ihre Tochter gerade erst aufrecht stehen konnte. Wenn andere Leute imstande waren, ihren Kleinkindern, kaum dass sie sprechen konnten, das Lispeln von Gebeten und Katechismen beizubringen, dann konnte man – davon war Beatrix fest überzeugt – ihrem Kind alles beibringen.

Infolgedessen kannte sich Alma, noch ehe sie vier Jahre alt war, mit Zahlen aus – und zwar auf Englisch, Holländisch, Französisch und Lateinisch. Das Lateinstudium erfuhr besondere Beachtung, weil Beatrix glaubte, wer die lateinische Sprache nicht beherrsche, könne niemals einen korrekten Satz auf Englisch oder Französisch zu Papier bringen. Sehr früh gab es auch schon erste, noch oberflächliche Versuche, sich mit dem Griechischen zu beschäftigen, wenn auch mit geringerem Nachdruck. Sogar Beatrix glaubte nicht, dass ein Kind einem ernsthaften Griechisch-Studium nachgehen sollte, ehe es fünf Jahre alt war. Sie gab ihrer intelligenten Tochter also Privatunterricht, und dies zu ihrer vollen Zufriedenheit. Sie hielt es für unverzeihlich, wenn Eltern ihre Kinder nicht persönlich ans Denken heranführten. Mitunter konnte sie sich auch des Eindrucks nicht erwehren, dass die geistigen Fähigkeiten der Menschheit seit dem zweiten Jahrhundert nach der Zeitenwende stetig nachgelassen hatten, und aus diesem Grunde genoss sie das Gefühl, in Philadelphia zum alleinigen Nutzen ihrer Tochter ein privates Lyzeum nach antikem Vorbild zu führen.

Hanneke de Groot, die Hauswirtschafterin, war der Meinung, das viele Studieren könne Almas junges, weibliches Gehirn möglicherweise überstrapazieren. Davon wollte Beatrix freilich nichts hören, denn sie selbst war nicht anders erzogen worden, wie alle Van-Devender-Kinder, ob Jungen oder Mädchen, und dies seit undenklichen Zeiten. »Sei nicht so einfältig, Hanneke«, schimpfte Beatrix. »Ein gescheites kleines Mädchen, das über reichlich Nahrung und eine gute Konstitution verfügt, geht nicht an übermäßigem Lernen zugrunde, das hat es in keinem Moment der Geschichte gegeben.«

Beatrix zog das Nützliche dem Geistlosen und das Erbauliche dem Unterhaltsamen bei weitem vor. Sie war misstrauisch gegenüber Dingen, die man als »unschuldiges Amüsement« bezeichnen könnte, und verabscheute alles, was dumm oder schnöde war. Zu dummen und schnöden Dingen zählten: Schankwirtschaften, geschminkte Frauen, Wahltage (an denen stets mit pöbelnden Massen zu rechnen war), der Verzehr von Eiscreme, der Besuch von Eiscremelokalen, Anglikaner (die sie als getarnte Katholiken empfand und deren Religion, so behauptete sie, der Moral und dem gesunden Menschenverstand widersprach), Tee (gute Holländer tranken nur Kaffee), Menschen, die im Winter keine Glöckchen an ihren Pferdeschlitten befestigten (weshalb man sie nicht herangleiten hörte!), preiswerte Hausangestellte (eine Einsparung, die sich rächte), Leute, die ihre Diener nicht mit Geld, sondern mit Rum bezahlten (und damit zur öffentlichen Trunkenheit beitrugen), Leute, die andere erst mit ihren Problemen behelligten und sich dann weigerten, vernünftigen Rat anzunehmen, Silvesterfeiern (das neue Jahr kam so oder so, auch ohne großes Glockengeläut), die Aristokratie (Adel sollte eine Frage der Haltung, nicht des Erbens sein) und zu viel des Lobes für Kinder (gutes Benehmen sollte man erwarten, nicht belohnen).

Sie machte sich das Motto *Labor ipse voluptas* zu eigen – die Arbeit ist sich selbst Lohn genug.

Gleichgültige Distanz gegenüber Gefühlen war in ihren Augen eine Haltung, der eine besondere Würde innewohnte.

Ja, im Grunde war diese Haltung der Inbegriff von Würde. Vor allem aber glaubte Beatrix Whittaker an Ehrbarkeit und Moral, wobei sie – vor die Wahl gestellt – wahrscheinlich der Ehrbarkeit den Vorrang gegeben hätte.

Dies alles bemühte sie sich, ihrer Tochter beizubringen.

•

Was nun Henry Whittaker betraf, so konnte er seiner Frau beim Unterrichten der Klassiker selbstverständlich nicht beispringen, doch er war Beatrix für ihre erzieherischen Bemühungen dankbar. Als kluger, wenn auch ungebildeter Mann der Botanik hatte er das Griechische und Lateinische immer als zwei riesige Eisenstreben empfunden, die ihm den Zugang zum Wissen versperrten. Er wollte nicht, dass seine Tochter in gleicher Weise davon ausgeschlossen blieb. Er wollte nicht, dass sein Kind von irgendetwas ausgeschlossen blieb.

Doch was brachte Henry Alma bei? Nun, er brachte ihr nichts bei. Will sagen, dass er ihr nichts auf direktem Wege beibrachte. Er war nicht geduldig genug, ihr Unterricht im eigentlichen Sinne zu erteilen, und er umgab sich nicht gern mit Kindern. Was Alma jedoch auf indirektem Wege von ihrem Vater lernte, war eine Vielzahl von Dingen. Zuerst und vor allem lernte sie, ihn nicht zu reizen. Sobald sie ihn reizte, wurde sie aus dem Zimmer verbannt, und so hatte sie, kaum dass ein erstes, verschwommenes Bewusstsein in ihr erwacht war, gelernt, Henry niemals zu provozieren und niemals seinen Unmut zu erregen. Für Alma eine Herausforderung, denn es bedeutete, dass sie ihre natürlichen Instinkte unterdrücken musste, waren doch ausgerechnet diese dazu angetan, sehr wohl seinen Unmut zu erregen. Sie lernte allerdings auch, dass ihr Vater gegen eine ernsthafte, interessante oder gut formulierte Frage wenig einzuwenden hatte, solange sie ihn damit nicht bei einem Vortrag oder (schlimmer noch) beim Nachdenken unterbrach. Manchmal amüsierten ihn ihre Fragen sogar, auch wenn sie den Grund nicht immer verstand – etwa als sie einmal wissen wollte, warum das Schwein, wenn es der Schweinefrau auf den Rücken stieg, so lange brauchte, während der Bulle bei den Kühen immer so schnell war. Diese Frage brachte Henry zum Lachen. Alma wurde nicht gerne ausgelacht. Sie lernte, solche Fragen kein zweites Mal zu stellen.

Alma lernte auch, dass ihr Vater ungeduldig mit seinen Arbeitern, seinen Gästen, seiner Frau, ihr selbst und sogar seinen Pferden war, bei Pflanzen jedoch niemals die Beherrschung verlor. Im Umgang mit den Pflanzen war er stets freundlich und nachsichtig. Manchmal wünschte sich Alma, sie wäre eine Pflanze. Über diese Sehnsucht sprach sie allerdings nie, denn damit hätte sie sich lächerlich gemacht, und sie hatte von Henry gelernt, dass man sich niemals lächerlich machen durfte. »Die Welt ist eine Närrin, die hereingelegt werden will«, sagte er häufig und hatte seiner Tochter eingebläut, dass es Narren und Schlaue gab, was ein Riesenunterschied war, und dass man es so einrichten musste, auf der Seite der Schlauen zu stehen. Sehnsucht nach etwas zu zeigen, das man nicht haben konnte, war zum Beispiel gar nicht schlau.

Alma lernte von Henry, dass es ferne Orte auf dieser Welt gab, wohin Männer reisten und nie wieder zurückkehrten, dass ihr Vater jedoch zu diesen Orten gereist und sehr wohl zurückgekehrt war. Gern stellte sie sich vor, dass er für sie heimgekehrt war, um ihr Papa zu werden, obwohl er so etwas nie angedeutet hatte. Sie lernte, dass Henry sich auch von ihr wünschte, tapfer zu sein, sogar angesichts wirklich beängstigender Dinge: Donner, Hochwasser am Schuylkill River, Gänse, die einem nachjagten, oder der Affe mit der Kette um den Hals, der im Wagen des Kesselflickers mitreiste. Nichts davon durfte ihr Angst machen. Und noch ehe sie richtig begriff, was der Tod eigentlich bedeutete, hatte ihr Henry auch schon verboten, Angst davor zu haben.

»Jeden Tag sterben Menschen«, erklärte er ihr. »Aber die Chancen stehen eins zu achttausend, dass du nicht darunter bist.«

Sie lernte, dass es Wochen gab – insbesondere die verregneten –, in denen ihr Vater in einer Weise von seinem Körper gepeinigt wurde, die kein Mann der Christenheit verdient hatte. Ständig quälten ihn Schmerzen in dem Bein, dessen Knochen einmal gebrochen und schlecht gerichtet worden war, und er litt unter wiederkehrenden Schüben eines Fiebers, das er sich in der fernen, gefährlichen Welt zugezogen hatte. Es gab Zeiten, da war Henry einen halben Monat lang bettlägerig. Dann durfte man ihn keinesfalls belästigen. Selbst wenn man ihm Briefe brachte, musste man leise und vorsichtig sein. Diese Unpässlichkeiten waren der Grund, warum Henry nicht mehr reisen konnte und stattdessen die Welt zu sich kommen ließ. Sie waren der Grund, warum so viele Besucher in White Acre erschienen und warum im Salon und am Tisch des Speisezimmers so viele Geschäfte getätigt wurden. Sie waren auch der Grund, warum Henry Dick Yancey hatte, diesen furchteinflößenden, schweigsamen, kahlköpfigen Hünen aus Yorkshire mit seinen eiskalten Augen, der für Henry auf Reisen ging und Leute in aller Welt im Namen der Whittaker Company Mores lehrte. Alma lernte, niemals auch nur ein Wort an Dick Yancey zu richten.

Alma lernte, dass ihr Vater zwar selbst nicht die Sonntagsruhe hielt, wohl aber im Namen der Whittakers die beste Kirchenbank des schwedisch-lutherischen Gotteshauses, wo Alma und Beatrix ihre Sonntage verbrachten. Almas Mutter machte sich nicht viel aus den Schweden, doch weil es in der Nähe keine holländisch-reformierte Kirche gab, waren die Schweden besser als gar nichts. Wenigstens erfassten und teilten sie die zentralen Glaubensüberzeugungen der calvinistischen Lehre, die sich in etwa so auf den Punkt bringen ließen: Du bist für dein Leben selbst verantwortlich, du bist aller Voraussicht nach dem Tode geweiht, und die Zukunft ist grausig und düster. All dies war Beatrix in tröstlicher Weise vertraut und besser als die falschen, butterweichen Beschwichtigungen der anderen Religionen.

Alma wünschte sich, sie hätte sonntags nicht in die Kirche gehen müssen, sondern zu Hause bleiben können wie ihr Vater, um bei den Pflanzen zu arbeiten. In der Kirche war es öde und ungemütlich und roch nach Tabaksaft. Im Sommer kamen auf der Flucht vor der unerträglichen Hitze des Öfteren Hunde und Truthähne durch die offene Tür spaziert. Im Winter wurde es in dem alten Gemäuer unsäglich kalt. Sooft ein Lichtstrahl durch das wellige Glas eines der hohen Kirchenfenster fiel, streckte ihm Alma das Gesicht entgegen wie eine der tropischen, zur Freiheit strebenden Kletterpflanzen in den Treibhäusern ihres Vaters.

Almas Vater mochte weder die Kirche noch die Religion, er nahm Gott allerdings gern in Anspruch, wenn es darum ging, seine Feinde zu verfluchen. Die Liste der Dinge, die Henry nicht mochte, war lang, und Alma kannte sie gut. Sie wusste, dass ihr Vater große, korpulente Männer hasste, die kleine Hunde hielten. Er hasste auch Menschen, die schnelle Pferde kauften, obwohl sie nicht reiten konnten. Ferner hasste er: Vergnügungssegelschiffe, Landvermesser, billige Schuhe, Frankreich (die Sprache, das Essen, die Menschen), reizbare Büroangestellte, kleine Porzellantellerchen, die in Männerhänden sowieso nur zerbrachen, Gedichte (außer Lieder!), rückgratlose Feiglinge, stehlende Hurensöhne, verlogene Zungen, den Klang von Geigen, die Armee (jede Armee), Tulpen (»Zwiebeln, die sich wichtig machen!«), Blauhäher, Kaffeetrinken (»eine elende Angewohnheit der Holländer!«) und schließlich – wobei Alma noch nicht ganz verstand, was die beiden Begriffe eigentlich bedeuteten – sowohl die Sklaverei als auch die Abolitionisten.

Henry konnte ein gehöriger Unruhestifter sein. So rasch wie andere ihre Weste aufknöpften, war er imstande, Alma zu kränken und zu verunglimpfen (»Niemand kann ein dummes, eigennütziges kleines Ferkel leiden!«), doch es gab auch

Momente, in denen er sie nachweislich gernhatte, ja sogar stolz auf sie war. Einmal kam ein Fremder nach White Acre, um Henry ein Pony zu verkaufen, auf dem Alma das Reiten erlernen sollte. Das Pony hieß Soames, es war weiß wie Puderzucker, und Alma liebte es auf den ersten Blick. Man verhandelte über den Preis. Die beiden Männer einigten sich auf drei Dollar. Alma, gerade erst sechs Jahre alt, fragte: »Entschuldigen Sie, Sir, aber sind Sattel und Zaumzeug, die das Pony gerade trägt, auch im Preis enthalten?«

Der Fremde reagierte unwirsch auf ihre Frage, während Henry vor Lachen brüllte. »Da hat die Kleine Sie aber drangekriegt, Mann!«, grölte er, und jedes Mal, wenn Alma an diesem Tag in seine Nähe kam, zauste er ihr das Haar und sagte: »Was habe ich doch für eine gute Geschäftsfrau als Tochter!«

Alma lernte, dass ihr Vater abends aus Flaschen trank, die mitunter Gefahren bargen (Geschrei, Vertreibung), hingegen auch Wunder bewirken konnten – etwa die Erlaubnis, auf ihres Vaters Schoß zu sitzen, wo sie möglicherweise phantastische Geschichten und vielleicht sogar ihren kostbaren Kosenamen zu hören bekam: *Plum*, Pflaume. An solchen Abenden erklärte ihr Henry Dinge wie: »Du solltest immer genug Gold dabeihaben, Plum, damit du, falls du entführt wirst, dein Leben zurückkaufen kannst. Wenn es nicht anders geht, näh es dir in den Rocksaum, aber hab immer Geld dabei!« Henry erzählte ihr, dass sich Beduinen in der Wüste Edelsteine unter die Haut nähten, für Notfälle. Er erzählte ihr, dass auch er sich am Bauch einen südamerikanischen Smaragd unter die lose Haut genäht habe, und wer nichts davon wisse, würde denken, es sei die Narbe einer Schussverletzung – nie im Leben würde er sie ihr zeigen, doch der Smaragd sei wirklich da.

»So ein letztes Bestechungsgeld braucht man, Plum«, sagte er.

Auf dem Schoß ihres Vaters erfuhr Alma, dass Henry mit einem bedeutenden Mann namens Kapitän Cook um die Welt gereist war. Das waren die allerbesten Geschichten. Einmal war ein riesiger Wal mit aufgerissenem Maul aus dem Ozean aufgetaucht, und Kapitän Cook hatte das Schiff direkt in den Wal hineingesteuert, hatte sich einmal in seinem Bauch umgeschaut und war wieder hinausgesegelt – rückwärts! Ein anderes Mal hatte Henry auf dem Meer ein Weinen gehört und eine Seejungfrau erblickt, die auf dem Wasser trieb. Ein Hai hatte die Seejungfrau verletzt. Henry zog sie mit einem Seil an Bord, und sie starb in seinen Armen. Doch vorher, bei Gott, vorher hatte sie Henry Whittaker noch gesegnet und ihm gesagt, dass er eines Tages ein reicher Mann werden würde. Und so war er an dieses große Haus gekommen – weil ihm die Seejungfrau ihren Segen erteilt hatte!

»Welche Sprache hat die Seejungfrau gesprochen?«, wollte Alma wissen. Ihrer Vorstellung nach musste es so etwas wie Griechisch gewesen sein.

»Englisch!«, antwortete Henry. »Mein Gott, Plum, warum zum Teufel sollte ich eine ausländische Seejungfrau retten!«

Alma empfand eine fast ehrfürchtige Bewunderung für ihre Mutter, doch ihren Vater betete sie an. Sie liebte ihn mehr als alles auf der Welt. Sie liebte ihn mehr als Soames, das Pony. Ihr Vater war ein Koloss, zwischen dessen riesigen Beinen sie hervorlugte und sich die Welt ansah. Im Vergleich zu Henry war der himmlische Vater langweilig und sehr weit weg. Doch wie Gottvater aus der Bibel stellte auch Henry Almas Liebe hin und wieder auf die Probe, vor allem dann, wenn die Flaschen geöffnet waren. »Plum«, sagte er beispielsweise. »Warum läufst du nicht, so schnell dich deine spindeldürren Beine tragen, runter zum Anleger und schaust mal nach, ob für deinen Papa Schiffe aus China gekommen sind?«

Bis zum Anleger waren es sieben Meilen, und der Weg führte über einen Fluss. Es konnte neun Uhr abends sein, Sonntag, und draußen ein bitterkalter Märzsturm wüten –

Alma sprang trotzdem vom Schoß ihres Vaters und rannte los. Ein Diener musste sie an der Tür abfangen und in den Salon zurücktragen, sonst hätte sie es wahrhaftig getan, mit ihren sechs Jahren, ohne Mantel und Mütze, ohne einen Penny in der Tasche oder auch nur das kleinste bisschen Gold im Rocksaum.

•

Welch eine Kindheit verlebte dieses Mädchen!

Denn Alma hatte nicht nur ihre starken, klugen Eltern, sondern auch White Acre, das Anwesen, das sie nach Lust und Laune erkunden konnte. Ein wahres Arkadien. Es gab dort so viel zu entdecken. Allein das Haus war eine schier unerschöpfliche Quelle von kleinen und großen Wundern: Im Ostpavillon die ausgestopfte Giraffe mit ihrem drolligen, erschrockenen Gesicht. Im vorderen Atrium die drei gewaltigen Mastodon-Rippen, ausgegraben in einem nahe gelegenen Feld – Henry hatte sie bei einem einheimischen Bauern gegen ein neues Gewehr eingetauscht. Dann der Tanzsaal, gleißend und leer, wo Alma im kalten Spätherbst eine Begegnung mit einem eingeschlossenen Kolibri hatte, der an ihrem Ohr vorbeischnellte wie ein mit Edelsteinen besetztes Geschoss, abgefeuert aus einer winzigen Kanone. Im Arbeitszimmer ihres Vaters gab es den Käfig mit dem Maina, einem Vogel, der aus dem fernen China kam und (wie Henry behauptete) mit leidenschaftlicher Eloquenz sprechen konnte, allerdings nur in seiner Muttersprache. Es gab seltene Schlangenhäute, mit Heu und Sägespänen gefüllt. Es gab Regale, auf denen sich Südseekorallen, Götzenfiguren aus Java, alter ägyptischer Lapislazuli-Schmuck und staubige türkische Almanache türmten.

Und es gab so viele Orte, an denen man essen konnte! Das Speisezimmer, das Gesellschaftszimmer, die Küche, den Salon, das Studierzimmer, den Wintergarten und die Veranden mit ihren schattigen Lauben. Es gab Mittagsmahlzeiten mit Tee und Ingwerkuchen, Maronen und Pfirsichen (und was für welchen: Pfirsiche mit einem rosafarbenen und einem goldenen Bäckchen!). Im Winter konnte man oben im Kinderzimmer Suppe essen und auf den Fluss hinabschauen, der unter dem kahlen Himmel glitzerte wie ein polierter Spiegel.

Und draußen erst! Was es dort zu entdecken gab, war noch phantastischer und voller Rätsel. Die prächtigen Gewächshäuser mit ihren Cycadeen, Palmen und Farnen, zum Warmhalten in schwarze, stinkende Gerberlohe gepackt. Die laute, furchteinflößende Wassermaschine, welche die Glashäuser feucht hielt. Die geheimnisvollen Treibhäuser – so heiß, dass einem die Sinne schwanden –, wo sich zarte Importpflanzen nach langer Seereise erholen durften und Orchideen zum Blühen verleitet wurden. Die Orangerie mit ihren Zitronenbäumen, die jeden Sommer wie schwindsüchtige Patienten auf Rollen ins Freie geschoben wurden, um die natürliche Sonne zu genießen. Oder der kleine griechische Tempel, verborgen am Ende einer Eichenallee, in dem man sich dem Olymp nahe glaubte.

Und dann gab es auch noch die Molkerei, und gleich daneben die Käserei mit ihrem faszinierenden Hauch von Alchemie, Aberglauben und Zauberei. Die deutschen Milchmägde zeichneten Drudenfüße mit Kreide auf die Eingangstür, und ehe sie das Gebäude betraten, murmelten sie jedes Mal Beschwörungsformeln. Der Käse werde nicht fest, so erklärten sie Alma, wenn er vom Teufel verflucht sei.

Als Alma ihre Mutter danach fragte, wurde sie für ihre Ahnungslosigkeit und Blauäugigkeit gescholten und erhielt einen langen Vortrag darüber, wie der Käse in Wirklichkeit fest wurde. Wie sich herausstellte, war es eine vollkommen rationale chemische Umwandlung von frischer, mit Lab behandelter Milch, die man bei geregelten Temperaturen reifen ließ. Nach erteilter Lektion wischte Beatrix die Drudenfüße von der Käsereitür und beschimpfte die Milchmägde als abergläubische Dummerchen. Am nächsten Tag sah Alma, dass die Kreidezeichen wieder da waren. Der Käse jedenfalls wurde – wie auch immer – weiterhin fest.

Weiter draußen lagen die endlosen Waldgebiete, die absichtlich nicht bewirtschaftet wurden. Dort wimmelte es von Kaninchen, Füchsen und Rotwild, das einem aus der Hand fraß. Alma durfte – nein, sollte! – diese Waldflächen nach Lust und Laune durchstreifen, um die Natur kennenzulernen. Sie sammelte Käfer, Spinnen und Motten. Sie sah zu, wie eine große, gestreifte Schlange von einer noch viel größeren schwarzen Schlange bei lebendigem Leibe gefressen wurde, ein Vorgang, der mehrere Stunden dauerte und ein ebenso spektakuläres wie schreckliches Schauspiel war. Sie sah, wie Tigerspinnen tiefe Röhren in den Waldboden gruben und wie Rotkehlchen am Flussufer Moos und Schlamm für ihre Nester sammelten. Sie erklärte eine vergleichsweise hübsche kleine Raupe zu ihrer Freundin und wickelte sie in ein Blatt, um sie mit nach Hause zu nehmen, wo ausgerechnet Alma der Raupe bald darauf zum Verhängnis wurde, weil sie sich versehentlich daraufsetzte. Es war ein schwerer Schlag, doch das Leben ging weiter. »Hör auf zu weinen, das Leben geht weiter«, lautete denn auch der Kommentar ihrer Mutter. Tiere starben, so erklärte man ihr. Und manche Tiere wie Schafe und Kühe kamen sogar einzig und allein zum Sterben auf die Welt. Man konnte nicht um jeden Todesfall trauern. So hatte Alma im Alter von acht Jahren mit Beatrix' Unterstützung bereits den Kopf eines Lämmchens seziert.

Wenn Alma in den Wald ging, war sie stets zweckmäßig gekleidet und mit der eigens für sie angeschafften Ausrüstung bewaffnet, die aus Glasfläschchen, kleinen Verwahrschachteln, Watte und Notizbuch bestand. Sie ging bei jedem Wetter los, man konnte schließlich bei jedem Wetter auf begeisternswerte Dinge stoßen. Ein Schneesturm Ende April bescherte ihr einmal ein ungewöhnliches Klangerlebnis, eine Mischung aus Schlittengeläut und Vogelgesang, und allein dafür hatte es sich gelohnt, das Haus zu verlassen. Sie lernte, dass es den eigenen Nachforschungen wenig zugutekam, beim Waten durch Schlamm auf Stiefel und Rocksäume Rücksicht zu nehmen. Für verdreckte Stiefel wurde sie nicht gescholten, solange sie mit guten Pflanzenproben für ihr Herbarium nach Hause kam.

Almas ständiger Begleiter auf diesen Streifzügen war das Pony Soames, das sie durch den Wald trug oder hinter ihr hertrottete wie ein großer, wohlerzogener Hund. Zum Schutz gegen die Eintagsfliegen schmückten im Sommer prächtige Seidentroddeln seine Ohren, und im Winter lag ein Fell unter dem Sattel. Pflanzenproben fraß er nur ab und zu. Für eine Pflanzensammlerin war Soames der beste Gefährte, den man sich denken konnte, und Alma redete ununterbrochen mit ihm. Er tat absolut alles für sie, nur galoppieren wollte er nicht.

In ihrem neunten Sommer brachte sich Alma ohne jede Hilfe bei, wie man am Öffnen und Schließen der Blüten die Uhrzeit erkennen konnte. Sie hatte beobachtet, dass sich um fünf Uhr morgens die Blütenblätter des Bocksbarts entfalteten. Um sechs Uhr gingen die Gänseblümchen und Trollblumen auf. Wenn die Uhr sieben schlug, blühte der Löwenzahn. Um acht Uhr war der Rote Gauchheil an der Reihe. Neun Uhr: die Sternmiere. Zehn Uhr: die Zeitlosen. Ab elf Uhr begann sich der Vorgang umzukehren. Mittags ging der Bocksbart zu. Um ein Uhr schloss sich die Sternmiere. Um drei Uhr hatte der Löwenzahn seine Blüten geschlossen. Wenn Alma bis fünf Uhr nicht mit gewaschenen Händen wieder zu Hause war – also dann, wenn die Trollblumen zugingen und die Nachtkerzen ihre Blüten zu öffnen begannen –, musste sie mit Unannehmlichkeiten rechnen.

Wie wurde das alles gesteuert? Nichts hätte Alma lieber gewusst. Welchem unsichtbaren Uhrwerk gehorchte die Welt? Sie nahm Blumen auseinander und erforschte ihre innere Struktur. Dasselbe tat sie mit Insekten und jedem

Kadaver, den sie fand. Als Alma eines Morgens, es war Ende September, einen Krokus erblickte, eine Blume, von der sie bis dahin geglaubt hatte, sie würde nur im Frühling blühen, war sie fasziniert. Welch eine Entdeckung! Doch niemand konnte ihr eine befriedigende Antwort auf die Frage geben, was sich diese Blume dabei gedacht hatte, ausgerechnet zum kühlen Herbstbeginn in Erscheinung zu treten, blätter- und schutzlos, genau dann, wenn um sie herum alles im Sterben begriffen war. »Es sind Herbstkrokusse«, erklärte ihr Beatrix. Ja, natürlich, ganz offensichtlich, aber warum? Weshalb blühten sie gerade jetzt? Waren diese Blumen dumm? Hatten sie ihr Zeitgefühl verloren? Welcher wichtigen Verpflichtung musste dieser Krokus nachkommen, dass er es in Kauf nahm, in den ersten bitterkalten Frostnächten Blüten zu tragen? Niemand konnte sie aufklären. »So verhält sich diese Pflanzenart einfach«, sagte Beatrix, was Alma als eine ungewöhnlich unbefriedigende Antwort empfand. Und als Alma weiterbohrte, erwiderte Beatrix: »Nicht auf alle Fragen gibt es eine Antwort.«

Dies war für Alma eine so niederschmetternde Nachricht, dass es ihr für mehrere Stunden die Sprache verschlug. Wie vor den Kopf geschlagen saß sie da und dachte bestürzt nach. Als sie sich gefangen hatte, zeichnete sie den rätselhaften Herbstkrokus in ihr Notizbuch, schrieb ihre Fragen und Einwände darunter und datierte den Eintrag. Gewissenhaft. Alles musste aufgezeichnet werden, auch Dinge, die man nicht verstand. Beatrix hatte sie angeleitet, ihre Funde so präzise, wie es irgend ging, in Zeichnungen festzuhalten, wenn möglich mit der korrekten Klassifizierung.

Das Zeichnen selbst machte Alma Freude, das Ergebnis empfand sie hingegen häufig als enttäuschend. Tiere und Gesichter zu malen war ihr völlig unmöglich (sogar ihre Schmetterlinge sahen verheerend aus), sie kam allerdings zu dem Schluss, dass sie bei Pflanzen alles in allem keine so üble Zeichnerin war. Ihre ersten echten Erfolge waren einige gute Zeichnungen von Dolden, jenen hohlstieligen Schirmblütlern aus der Familie der Möhren. Ihre Dolden waren präzise, nur hätte sie sich eigentlich erhofft, sie wären mehr als das; sie wünschte sich, sie wären schön. Als sie dies ihrer Mutter sagte, wurde sie verbessert: »Schönheit ist nicht erforderlich. Die Schönheit lenkt nur von der Präzision ab.«

Bei ihren Streifzügen durch den Wald begegnete Alma hin und wieder anderen Kindern. Das ängstigte sie jedes Mal. Sie wusste, wer diese Eindringlinge waren, obgleich sie nie mit ihnen sprach. Es waren die Kinder der Angestellten ihrer Eltern. White Acre war ein gigantisches, lebendiges Ungetüm, dessen eine Körperhälfte komplett von den Bediensteten in Anspruch genommen wurde: den aus Deutschland und Schottland stammenden Gärtnern, die ihr Vater den im Lande geborenen, fauleren Amerikanern vorzog, und den aus Holland stammenden Dienstmädchen, auf welche die Mutter beharrte und sich verließ. Die Hausangestellten wohnten im Dachgeschoss, während die außerhalb des Gebäudes tätigen Arbeiter und ihre Familien über das ganze Besitztum verstreut in kleinen Häusern und Hütten wohnten. Es waren recht hübsche Häuschen, nicht weil Henry die Unterbringung seiner Arbeiter am Herzen lag, sondern weil er den Anblick von Elend nicht ertrug.

Wenn Alma den Arbeiterkindern im Wald begegnete, packte sie jedes Mal das blanke Entsetzen. Sie hatte allerdings eine Methode, diese Begegnungen zu überstehen: Sie tat so, als gäbe es keine Begegnung. Auf ihrem treuen Pony, das wie immer in unbeteiligtem Schneckentempo dahertrottete, ritt sie nicht nur an den Kindern vorbei, sondern gewissermaßen über sie hinweg. Währenddessen hielt sie die Luft an und schaute weder nach links noch nach rechts, bis sie die Kinder hinter sich gelassen hatte. Wenn sie nicht hinsah, brauchte sie auch nicht an ihre Existenz zu glauben.

Die Arbeiterkinder belästigten Alma nie. Wahrscheinlich hatte man sie ermahnt, Alma in Ruhe zu lassen. Alle hatten Angst vor Henry Whittaker, also hatte man unwillkürlich auch vor der Tochter Angst. Doch manchmal beobachtete Alma die Kinder heimlich, aus sicherem Abstand. Ihre Spiele waren ruppig und unverständlich. Sie kleideten sich anders als Alma. Keins dieser Kinder hatte eine botanische Ausrüstung geschultert, und keins von ihnen ritt auf einem Pony mit farbenfrohen Ohrtroddeln aus Seide. Sie schubsten sich, riefen sich derbe Worte zu. Alma hatte vor nichts auf der Welt mehr Angst als vor diesen Kindern. Oft tauchten sie in ihren Alpträumen auf.

Und was tat man, wenn man Alpträume hatte? Man tappte ins Untergeschoss des Hauses, hin zu Hanneke de Groot. Ab und zu konnte das hilfreich und trostbringend sein. Hanneke de Groot, die Hauswirtschafterin, hatte alle Vollmachten über den Kosmos von White Acre, und diese Machtfülle verlieh ihr eine beruhigende Würde und Erhabenheit. Hanneke hatte ihre eigene Unterkunft gleich neben der unterirdischen Küche, dort, wo das Feuer nie ausging. Sie schlief in einer warmen Blase aus Kellerluft, in die sich der Duft der gesalzenen Schinken mischte, die an den Balken hingen. Hanneke lebte wie in einem Käfig – so empfand es zumindest Alma –, denn ihre privaten Zimmer hatten Gitter vor den Fenstern und Türen, weil Hanneke das Tafelsilber und Tafelgold des Hauses bewachte und zudem für sämtliche Gehaltsabrechnungen verantwortlich war.

»Ich lebe doch nicht in einem Käfig«, widersprach sie Alma einmal. »Ich lebe in einem Banktresor.«

Wenn Alma Alpträume hatte und nicht wieder einschlafen konnte, nahm sie mitunter tapfer den schrecklichen Abstieg über drei dunkle Treppen in Kauf, bis sie den hintersten Kellerwinkel erreichte, wo sie an Hannekes Türgitter geklammert weinend um Einlass bat. Solche Expeditionen waren immer ein Glücksspiel. Manchmal erhob sich Hanneke schläfrig, sperrte murrend ihre Kerkermeistertür auf und erlaubte Alma, zu ihr ins Bett zu kriechen. Manchmal aber auch nicht. Manchmal schalt sie Alma ein Baby und schimpfte, warum man eine müde Holländerin nicht in Ruhe lassen könne, und dann schickte sie Alma die schreckliche, dunkle Treppe wieder hinauf, zurück in ihr Zimmer.

Für die seltenen Nächte, in denen sie tatsächlich zu Hanneke ins Bett krabbeln durfte, lohnte es sich jedoch, zehn Mal vertrieben zu werden, denn dann erzählte Hanneke Geschichten, und was für Geschichten! Hanneke kannte Almas Mutter seit Ewigkeiten, seit ihrer frühesten Kindheit. Sie erzählte von Amsterdam, was Beatrix nie tat. Weil Hanneke mit Alma stets Holländisch sprach, war und blieb das Holländische für Alma die Sprache des Trostes, der Banktresore, des gesalzenen Schinkens und der Geborgenheit.

Wenn Alma nachts Zuspruch brauchte, wäre sie nie auf die Idee gekommen, zu ihrer Mutter zu laufen, deren Zimmer gleich neben ihrem lag. Almas Mutter war eine Frau mit vielen Gaben, doch die Gabe des Trostes war ihr nicht beschieden. Ein Kind, das alt genug war, um zu laufen, zu sprechen und logisch zu denken, hörte man Beatrix Whittaker häufig sagen, sollte in der Lage sein, sich selbst zu trösten.

•

Und dann gab es noch die Gäste: ein ununterbrochener Aufmarsch von Besuchern, die in Kutschen, auf Pferderücken, mit dem Schiff oder zu Fuß beinahe täglich auf White Acre eintrafen. Weil Almas Vater in ständiger Angst vor Langeweile lebte, bat er gern Menschen an seinen Esstisch, die imstande waren, ihn mit Neuigkeiten aus aller Welt zu unterhalten oder zu unternehmerischen Experimenten anzuregen.

»Je mehr Geld du hast«, erklärte er seiner Tochter, »desto besser werden die Umgangsformen der Leute. Das ist eine bemerkenswerte Tatsache.«

Zu diesem Zeitpunkt besaß Henry eine beträchtliche Menge Geld. Im Mai des Jahres 1803 hatte er einen Vertrag mit einem Mann namens Israel Whelen abgeschlossen, einem Regierungsbeamten, der die *Lewis-und-Clark*-Expedition in den Westen Amerikas mit medizinischen Versorgungsgütern ausrüstete. Henry hatte der Expedition bedeutende Vorräte an Quecksilber, Laudanum, Rhabarber, Opium, Kolombowurzel, Kalomel, Brechwurzel, Blei, Zink und schwefelsaurem Salz zur Verfügung gestellt – Dinge, von denen einige tatsächlich einen medizinischen Nutzen hatten und die allesamt sehr gewinnbringend waren. Im Jahre 1804 gelang es deutschen Pharmazeuten zum ersten Mal, die Droge Morphium aus Mohnblumen zu isolieren, und Henry hatte frühzeitig in die Herstellung dieses nützlichen Handelsguts investiert. Ein Jahr später gab man ihm den Auftrag, die gesamte Armee der Vereinigten Staaten mit medizinischen Erzeugnissen auszurüsten. Dies verlieh ihm nicht nur wirtschaftliche, sondern auch politische Macht. Ja, die Leute folgten seinen Einladungen.

Dabei handelte es sich nicht um Veranstaltungen der feinen Gesellschaft, durchaus nicht. Die Whittakers waren dem kleinen, erlesenen Kreis der High Society von Philadelphia niemals wirklich willkommen gewesen. Nach ihrer Ankunft in der Stadt wurden sie zwar einmal von Anne und William Bingham, Ecke Third/Spruce Street, zum Dinner eingeladen, allein der Abend war nicht gut verlaufen. Beim Dessert hatte Mrs Bingham, die sich aufführte, als befände man sich am Hofe von St. James, Henry gefragt: »Welcherlei Name ist Whittaker? Ich finde ihn sehr ungewöhnlich.«

»Mittelenglisch«, hatte Henry erwidert. »Leitet sich ab von Warwickshire.«

»Ist Ihr Familiensitz in Warwickshire?«

»Dort und anderswo. Wir Whittakers neigen dazu, uns überall hinzusetzen, wo wir einen Stuhl finden.«

»Aber Ihr Vater hat doch sicher noch Besitz in Warwickshire, Sir?«

»Mein Vater, Madam, sofern er noch lebt, besitzt zwei

Schweine und den Nachttopf unter seinem Bett. Ich bezweifle, dass ihm auch das Bett gehört.«

Es sollte vonseiten der Binghams bei dieser einen Einladung bleiben. Die Whittakers gaben vor, sich nichts daraus zu machen, zumal Beatrix die Plaudereien wie auch die Garderobe eleganter Damen missbilligte und Henry langweiliges Salongehabe nicht leiden konnte. Stattdessen schuf er sich oben auf dem Hügel jenseits des Flusses seine eigene Gesellschaft. Eine Abendveranstaltung auf White Acre war keine Spielwiese für Tratsch, sondern ein intellektuell und unternehmerisch anregender Moment geistiger Ertüchtigung. Wenn es irgendwo auf der Welt einen jungen, unerschrockenen Mann gab, der interessante Dinge vollbrachte, wollte Henry ihn an seinem Tisch haben. Wenn ein ehrwürdiger Philosoph nach Philadelphia kam oder ein angesehener Mann der Wissenschaft oder ein vielversprechender Erfinder, wurden diese Männer eingeladen. Manchmal kamen auch Frauen zum Dinner – Ehefrauen von hochgeachteten Denkern oder Übersetzerinnen wichtiger Bücher oder interessante Schauspielerinnen auf Amerika-Tournee.

Manchen war Henrys Tafel zu viel. Die Mahlzeiten waren opulent – Austern, Beefsteak, Fasan –, doch alles in allem war es nicht eben erholsam, in White Acre zu dinieren. Gäste mussten damit rechnen, dass man sie ausfragte, hinterfragte und provozierte. Anerkannte Widersacher wurden nebeneinandergesetzt. Auf innigen Überzeugungen wurde herumgetrampelt bei diesen Tischgesprächen, die nicht mit höflichen Worten, sondern mit harten Bandagen geführt wurden. Manche Honoratioren verließen White Acre mit dem Gefühl, Demütigungen ungeahnten Ausmaßes erlebt zu haben. Andere Gäste, die vielleicht schlauer waren oder dickhäutiger oder dringender auf Unterstützung angewiesen, verließen White Acre mit lukrativen Verträgen, nützlichen neuen Partnerschaften oder dem passenden Empfehlungsschreiben an einen wichtigen Mann in Brasilien. Das Speisezimmer von White Acre war ein gefährliches Terrain, doch ein Sieg konnte den Grundstein für eine lebenslange Karriere legen.

Alma hatte man im Alter von vier Jahren an diesem streitlustigen Tisch willkommen geheißen, und oft wurde sie neben ihren Vater gesetzt. Sie durfte Fragen stellen, solange ihre Fragen nicht idiotisch waren. Manche Gäste fanden das Kind sogar charmant. Ein Experte für chemische Symmetrie rief einmal aus: »Oha, du bist so schlau wie ein kleines Buch, das sprechen kann!« Ein Kompliment, das Alma niemals vergessen sollte. Bei anderen bedeutenden Wissenschaftlern zeigte sich, dass sie es nicht gewohnt waren, von einem kleinen Mädchen ausgefragt zu werden. Es gab eben bedeutende Wissenschaftler, so Henrys Kommentar, die nicht imstande waren, ihre Theorien gegenüber einem kleinen Mädchen zu verteidigen, und dann hatten sie es auch verdient, als Schwindler entlarvt zu werden.

Nach Henrys Auffassung war kein Thema zu düster, zu schwierig oder zu beunruhigend, um in Anwesenheit seines Kindes erörtert zu werden. Beatrix pflichtete ihm in diesem Punkt energisch bei. Wenn Alma nicht begriff, worüber gesprochen wurde, so Beatrix' Meinung, dann war dies ein Grund mehr für das Kind, seinen Verstand zu schärfen, um beim nächsten Mal besser mithalten zu können. Hatte Alma nichts Intelligentes zum Gespräch beizutragen, sollte sie demjenigen, der zuletzt gesprochen hatte, einfach zulächeln und höflich »Fahren Sie fort« sagen. Und falls sie sich bei Tisch langweilte, nun, damit musste sie selbstverständlich allein zurechtkommen. Dinnerveranstaltungen in White Acre dienten nicht der Belustigung eines Kindes (wobei es in Beatrix' Augen ohnehin herzlich wenig Dinge im Leben gab, die der Belustigung eines Kindes dienen sollten), und je schneller Alma lernte, stundenlang still auf einem Stuhl mit harter Lehne zu sitzen und Gedanken zu lauschen, die weit über ihren Verstand gingen, desto besser. So verbrachte Alma ihre zarten Kinderjahre damit, sich die außergewöhnlichsten Gespräche anzuhören – mit Männern, welche die

Zersetzung menschlicher Überreste erforschten, Männern, die davon sprachen, neuartige belgische Feuerwehrschläuche nach Amerika zu importieren, Männern, die monströse Missbildungen in medizinischen Zeichnungen festhielten, Männern, die davon überzeugt waren, dass jede Arznei, die man schlucken konnte, ebenso gut in die Haut eingerieben und somit vom Körper aufgenommen werden konnte, Männern, die organisches Material in Schwefelquellen untersuchten, und mit einem Mann, der Experte für die Lungenfunktion von Wasservögeln war (ein Sujet, von dem er behauptete, es sei von atemberaubendem Interesse und spannender als jedes andere Thema der Natur, wobei sein sich anschließender monotoner Vortrag diese Behauptung nicht untermauern konnte).

Manche Abende waren unterhaltsam für Alma. Am schönsten fand sie es, wenn Schauspieler und Entdecker kamen und ihre mitreißenden Geschichten erzählten. Andere Abende waren aufgeladen mit Streit. Wieder andere waren Ewigkeiten, mit nichts als quälender Langeweile gefüllt. Manchmal schlief sie mit offenen Augen am Tisch ein, und einzig das steife Korsett ihres Gesellschaftskleids und die Angst vor dem mütterlichen Tadel gaben ihr noch Halt auf dem Stuhl. Doch der Abend, den Alma nie vergessen würde – ein Abend, den sie später als Höhepunkt ihrer Kindheit empfand –, war jener, an dem der italienische Astronom zu Besuch kam.

•

Es war der Spätsommer des Jahres 1808, und Henry Whittaker hatte sich ein neues Teleskop gekauft. Durch die ausgezeichneten optischen Linsen aus Deutschland hatte er den Nachthimmel bewundert, doch allmählich beschlich ihn das Gefühl, dass er ein astronomischer Analphabet war. Er hatte das Wissen eines Seemanns – was ja an sich schon viel wert war –, doch er war nicht auf der Höhe der neuesten wissenschaftlichen Erkenntnisse seiner Zeit. Auf dem Gebiet der Astronomie wurden gewaltige Fortschritte erzielt, und Henry hatte zunehmend das Gefühl, der Nachthimmel könne die nächste Bibliothek sein, die ihm verschlossen blieb. Als Pontesilli, der brillante italienische Astronom, nach Philadelphia kam, um vor der Philosophischen Gesellschaft zu sprechen, lockte er ihn deshalb mit einem eigens für ihn veranstalteten Ball nach White Acre. Pontesilli stand im Ruf, ein begeisterter Tänzer zu sein, und Henry ahnte, dass er einem Ball nicht widerstehen konnte.

Ein aufwendigeres Projekt hatten die Whittakers noch nie in Angriff genommen. Am frühen Nachmittag trafen die besten Gastronomen von Philadelphia mit Schwarzen in weißen, adretten Uniformen ein und begannen, kunstvolle Baisers und farbenprächtigen Punsch herzustellen. Tropische Blumen, die ihre duftenden Treibhäuser noch nie verlassen hatten, wurden im ganzen Herrenhaus zu wunderbaren Tableaus arrangiert. Im Ballsaal machte sich plötzlich ein Orchester zu schaffen: fremde, mürrische Menschen, die ihre Instrumente stimmten und leise über die Hitze schimpften. Alma wurde von Kopf bis Fuß abgeschrubbt, in weiße Reifröcke gesteckt und ihr widerspenstiger roter Schopf in eine Satinschleife gezwängt, die fast so groß war wie ihr ganzer Kopf. Dann trafen die Gäste ein, in raschelnde Seide und Puderschwaden gehüllt.

Es war heiß. Den ganzen Monat war es schon heiß gewesen, doch dieser Tag war der heißeste. Mit Rücksicht auf das unangenehme Wetter ließen die Whittakers ihren Ball erst um neun Uhr beginnen, lange nach Sonnenuntergang, doch die beschwerliche Hitze hielt an. Bald hatte sich der Ballsaal in ein feuchtes, dampfendes Treibhaus verwandelt, was die tropischen Pflanzen genossen, die Damen jedoch nicht. Die Musiker schwitzten und litten. Die Gäste strömten ins Freie, wo sie auf den Veranden herumlungerten und sich an Marmorstatuen lehnten, als könnte ihnen der Stein Abkühlung verschaffen.

Um ihren Durst zu löschen, tranken die Leute einiges mehr an Punsch, als sie beabsichtigt hatten. Was natürlicherweise dazu führte, dass die Hemmungen dahinschmolzen und ein allgemeiner Leichtsinn um sich griff. Das Orchester kehrte dem zeremoniellen Ballsaal den Rücken, um draußen auf der weiten Rasenfläche ein munteres Gedudel anzustimmen. Lampen und Fackeln wurden ins Freie gebracht, wo sie wild zuckende Schatten auf die Gäste warfen. Der charmante italienische Astronom versuchte, den Gentlemen aus Philadelphia einige ausgelassene neapolitanische Tänze beizubringen, und drehte auch mit den Damen, die ihn allesamt lustig, draufgängerisch und hinreißend fanden, seine Runden. Er versuchte sogar zur allgemeinen Erheiterung, mit den schwarzen Kellnern zu tanzen.

Eigentlich hätte Pontesilli einen Vortrag halten und anhand von aufwendigen Illustrationen und Berechnungen die elliptischen Bahnen und Geschwindigkeiten der Planeten erklären sollen. Doch die Idee wurde im Laufe des Abends verworfen. Wie sollte man von einer so übermütigen Versammlung erwarten, stillzusitzen und einem ernsthaften wissenschaftlichen Vortrag zu lauschen?

Alma erfuhr nie, wer auf den Gedanken gekommen war – Pontesilli oder ihr Vater –, doch kurz nach Mitternacht beschloss man, dass der berühmte Maestro und Kosmologe auf dem Rasen von White Acre ein Modell des Universums nachbilden und dabei die Gäste als Himmelskörper einsetzen sollte. Es sollte kein exaktes, maßgetreues Modell werden, erklärte der angetrunkene Italiener feierlich, doch es würde den Damen wenigstens eine Ahnung vom Leben der Planeten und ihren Wechselbeziehungen geben.

Mit einer grandiosen Geste, die ebenso gebieterisch wie komödiantisch war, stellte Pontesilli Henry Whittaker – die Sonne – in die Mitte des Rasens. Dann griff er sich weitere Gentlemen heraus, die ihren Gastgeber als Planeten umkreisen sollten. Dabei versuchte Pontesilli, was jedes Mal einen Sturm der Begeisterung auslöste, Männer auszuwählen, die dem Planeten, den sie darstellen sollten, möglichst ähnlich sahen. So wurde der winzige Planet Merkur von einem zwergenhaften, aber würdevollen Getreidehändler aus Germantown verkörpert. Weil Venus und Erde größer waren als Merkur, jedoch beide etwa gleich groß, entschied sich Pontesilli für ein Geschwisterpaar aus Delaware: zwei Brüder, die in puncto Größe, Körperumfang und Hautfarbe praktisch identisch waren. Der Mars musste größer sein als der Getreidehändler, wenn auch nicht ganz so groß wie die Brüder aus Delaware: Ein prominenter Bankier von schlanker Statur passte gut. Für Jupiter suchte sich Pontesilli einen pensionierten Kapitän aus, einen Mann von höchst amüsanter Fettleibigkeit, über dessen korpulente Präsenz im Sonnensystem die ganze Gesellschaft in schreiendes Gelächter ausbrach. Was den Saturn betraf, so passte ein Zeitungsmann, dessen Beleibtheit nicht ganz so extrem, jedoch immer noch erheiternd war. So ging es weiter, bis alle Planeten im richtigen Abstand zur Sonne und zueinander auf dem Rasen verteilt waren. Dann brachte Pontesilli sie auf ihre Umlaufbahn und versuchte verzweifelt, all die betrunkenen, Henry umkreisenden Gentlemen auf ihren Himmelsbahnen zu halten. Bald forderten auch die Damen lautstark, sich dem Vergnügen anschließen zu dürfen, worauf Pontesilli sie den Männern zuordnete – als Monde, die eng um ihre Planeten kreisten. Mit kühler, lunarer Perfektion übernahm Almas Mutter hierbei die Rolle des Erdmondes. Dann schuf der Maestro in den Randbereichen des Rasens Sternenkonstellationen, für die er die strahlendsten jungen Schönheiten des Abends heranzog, die in Grüppchen zusammenstanden.

Das Orchester spielte wieder auf, und die Komposition aus Himmelskörpern begann einen der seltsamsten, wunderbarsten Walzer hinzulegen, die man in Philadelphia jemals gesehen hatte. Henry, der Sonnenkönig, stand strahlend und mit flammendem Haar in der Mitte, während sich die großen und kleinen Männer um ihn drehten und die Frauen um die Männer kreisten. In den abgelegensten Winkeln des Universums glitzerten kleine Gruppen von unverheirateten Mädchen wie unbekannte, ferne Galaxien. Pontesilli kletterte auf eine hohe Gartenmauer, wo er wankend den Takt vorgab und »Haltet das Tempo, Männer! Bleibt auf eurer Flugbahn, Ladys!« in die Nacht hineinschrie.

Alma wollte dabei sein. Noch nie hatte sie etwas so Aufregendes erlebt. Noch nie war sie so lange wach geblieben – außer wenn sie Alpträume hatte –, doch irgendwie schien man sie in dem fröhlichen Getümmel vergessen zu haben. Außer ihr war kein Kind zugegen, wie schon zeit ihres Lebens nie irgendein anderes Kind zugegen gewesen war. Sie rannte zur Gartenmauer und rief dem gefährlich schwankenden Maestro Pontesilli zu: »Lassen Sie mich mitmachen, Sir!« Der Italiener spähte zu ihr hinunter und versuchte mühsam, sie zu fixieren. Wer war dieses Kind? Beinahe hätte er sie abgewiesen, doch da brüllte Henry aus dem Zentrum des Sonnensystems: »Geben Sie dem Mädchen einen Platz!«

Pontesilli zuckte die Schultern. »Du bist ein Komet!«, rief der mit einem Arm wedelnde Lenker des Universums.

»Was tut ein Komet, Sir?«

»Du fliegst in alle Richtungen!«, befahl der Italiener.

Und das tat sie. Sie stürzte sich ins Planetengetümmel und stob wirbelnd und quirlend durch sämtliche Umlaufbahnen, bis ihr das Band aus dem Haar rutschte. Jedes Mal wenn sie in die Nähe ihres Vaters kam, rief er: »Komm mir nicht zu nah, Plum, sonst verbrennst du zu Asche!«, und schob sie fort, damit sie von ihm, der glühenden, feurigen Sonne, Abstand nahm.

Es war kaum zu glauben, doch von irgendwoher bekam sie tatsächlich eine knisternde, brennende Fackel in die Hand gedrückt. Alma sah nicht, von wem. Noch nie hatte man ihr Feuer anvertraut. Die Fackel sprühte Funken und zog einen Schweif aus lodernden Teerstückchen hinter sich her, während Alma als einziger Himmelskörper, der an keine elliptische Bahn gebunden war, durch den Kosmos sauste.

Niemand bremste sie.
Sie war ein Komet.
Sie wusste nicht, dass sie nicht flog.

Kapitel 6

Almas Jugend, genauer gesagt, deren einfachster, unschuldigster Teil, kam in den frühen Morgenstunden eines ansonsten gewöhnlichen Dienstags im November 1809 zu einem abrupten Ende.

Alma wurde durch laute Stimmen und das Knirschen von Kutschrädern im Kies geweckt. Wo es zu dieser Stunde im Haus hätte still sein müssen, etwa im Flur vor ihrer Schlafzimmertür oder oben in den Unterkünften der Dienerschaft, waren eilige Schritte zu hören. Sie stand auf, zündete in der kalten Luft eine Kerze an, fand ihre Lederstiefel und griff nach einem Schultertuch. Sie spürte, dass irgendein Ungemach nach White Acre gekommen war und dass vielleicht ihre Hilfe gebraucht wurde. Wenn sie später daran zurückdachte, fand sie die Vorstellung absurd (wie hatte sie allen Ernstes glauben können, dass sie irgendwie helfen könnte?), doch in diesem Moment betrachtete sie sich als junge Dame von fast zehn Jahren und empfand noch ein gewisses Gefühl der Wichtigkeit.

An der breiten Treppe angelangt, erblickte Alma unten, im großen Eingangsbereich des Hauses, eine Gruppe von Männern mit Laternen. Mittendrin stand ihr Vater, einen Wintermantel über die Nachtkleidung geworfen, mit angespanntem, verärgertem Gesicht. Hanneke de Groot war ebenfalls da, das Haar unter einer Haube versteckt. Auch Almas Mutter war zugegen. Es musste also etwas Ernstes sein. Alma hatte ihre Mutter zu dieser Stunde noch nie wach gesehen.

Doch es gab noch etwas, worauf Alma unwillkürlich den Blick richtete: Ein Mädchen, kaum kleiner als sie, mit einem langen weißblonden Zopf, stand zwischen Beatrix und Hanneke. Beide Frauen hatten eine Hand auf seine schmalen Schultern gelegt. Irgendwie kam Alma das Mädchen bekannt vor. Vielleicht die Tochter eines der Arbeiter? Alma war sich nicht sicher. Jedenfalls hatte dieses Mädchen, wer auch immer es war, ein wunderschönes Gesicht, auch wenn es jetzt im Licht der Laternen ängstlich und verstört aussah. Doch nicht die Angst des Mädchens beunruhigte Alma, sondern der besitzergreifende Nachdruck, mit dem Beatrix und Hanneke es an den Schultern hielten. Als ein Mann Anstalten machte, das Mädchen zu packen, rückten die Frauen noch näher zusammen und verstärkten ihren Griff. Der Mann wich zurück. Und das war auch klug von ihm, dachte Alma, als sie die grimmige, wilde Entschlossenheit im Gesicht ihrer Mutter bemerkte. Derselbe Ausdruck lag in Hannekes Gesicht. Diese Wildheit in den Gesichtern der beiden wichtigsten Frauen in Almas Leben jagte ihr einen unerklärlichen Schrecken ein. Hier ging etwas Besorgniserregendes vor sich.

In diesem Moment wandten sich Beatrix und Hanneke gleichzeitig um und blickten die Stufen hoch zu Alma, die mit der Kerze in der Hand in ihren derben Stiefeln dastand und stumm hinunterstarrte. Sie drehten sich zu ihr um, als hätte sie nach ihnen gerufen, und schienen die Unterbrechung nicht zu begrüßen.

»Geh ins Bett!«, blafften beide – Beatrix auf Englisch, Hanneke auf Holländisch.

Alma hätte vielleicht protestiert, doch dieser geballten Kraft hatte sie nichts entgegenzusetzen. Die angespannten, harten Gesichter der beiden machten ihr Angst. So etwas hatte sie noch nie erlebt. Es war nicht zu übersehen, dass sie weder gebraucht wurde noch erwünscht war.

Alma warf einen letzten, bangen Blick auf das schöne Mädchen in der von fremden Menschen bevölkerten Eingangshalle, dann floh sie in ihr Zimmer. Eine Stunde lang saß sie auf der Bettkante und lauschte, bis ihr die Ohren weh taten, in der Hoffnung, jemand käme mit einer Erklärung oder einem tröstenden Wort zu ihr. Irgendwann wurden die Stimmen leiser, Pferde galoppierten davon, doch niemand kam. Schließlich sank Alma auf ihre Decken und schlief mit angezogenen Stiefeln, in ihr Schultertuch gewickelt, ein. Als sie morgens aufwachte, waren die Fremden aus White Acre verschwunden.

Doch das Mädchen war noch da.

•

Ihr Name war Prudence. Prudence, die Umsichtige.

Oder eigentlich Polly.

Um genau zu sein, hieß sie Prudence-geborene-Polly.

Ihre Geschichte war scheußlich. In White Acre versuchte man, sie totzuschweigen, doch Geschichten wie diese lassen sich nicht totschweigen, und innerhalb weniger Tage erfuhr Alma dennoch davon. Das Mädchen war die Tochter des leitenden Gemüsegärtners von White Acre, einem stillen Deutschen, der in gewinnbringender Weise die Konstruktion der Melonen-Gewächshäuser revolutioniert hatte. Die Frau des Gärtners stammte aus Philadelphia, eine Einheimische von niedriger Geburt, wenn auch bemerkenswerter Schönheit, und sie war eine stadtbekannte Hure. Ihr Mann, der Gärtner, liebte sie über alles, konnte sie jedoch nicht bändigen. Auch dies war weithin bekannt. Jahrelang hatte ihn die Frau betrogen, ohne auch nur den Versuch zu unternehmen, ihre Fehltritte zu verbergen. Er hatte es still erduldet, weil er nichts bemerkte oder tat, als bemerkte er nichts – bis er eines schönen Tages aufhörte, es länger zu ertragen.

In dieser Nacht zum Dienstag im November des Jahres 1809 hatte der Gärtner seine friedlich neben ihm schlummernde Frau geweckt, sie an den Haaren ins Freie geschleift und ihr quer über den Hals die Kehle durchgeschnitten. Gleich darauf hatte er sich an einer Ulme erhängt. Der Tumult hatte die anderen Arbeiter von White Acre geweckt, und sie kamen aus ihren Häusern gerannt, um zu schauen, was geschehen war. Zwei plötzliche Tode. Zurück blieb ein kleines Mädchen namens Polly.

Polly war genauso alt wie Alma, jedoch zarter und von

bestürzender Schönheit. Sie sah aus wie ein formvollendetes, aus bester französischer Seife geschnitztes Figürchen, in das jemand zwei funkelnde pfauenblaue Augen eingesetzt hatte. Ihr kleiner, weicher Mund mit den sinnlichen rosigen Lippen war indessen der eigentliche Grund, warum dieses Mädchen mehr als nur hübsch war. Er verlieh ihr einen verstörenden Anflug von Lüsternheit, das Flair einer Verführerin im Miniaturformat.

Als Polly in dieser tragischen Nacht zum Herrenhaus von White Acre gebracht wurde – von Konstablern und stämmigen Arbeitern eskortiert, deren Hände geradezu an ihr klebten –, hatten Beatrix und Hanneke sogleich Gefahr für das Kind gewittert. Einige der Männer schlugen vor, es ins Armenhaus zu bringen, andere ließen hingegen verlauten, wie glücklich sie wären, die Verantwortung für die Waise zu übernehmen. Die Hälfte der anwesenden Männer hatte bereits mit der Mutter des Mädchens kopuliert, was Beatrix und Hanneke sehr wohl wussten, und so wollten sich die beiden Frauen lieber nicht ausmalen, was diesem hübschen Ding, diesem Abkömmling einer Hure, möglicherweise bevorstand.

Gemeinsam entrissen sie Polly dem Mob und sorgten dafür, dass es dabei auch blieb. Es war keine wohlüberlegte Entscheidung. Es war auch keine mildtätige Geste, kein warmer Mantel mütterlicher Güte. Nein, es war reine Intuition, entsprungen einer stillen, aber profunden weiblichen Kenntnis dessen, wie die Dinge nun einmal sind. Eine kleine Person von solcher Schönheit lässt man nicht mitten in der Nacht mit zehn erhitzten Mannsbildern allein.

Als die Männer das Feld geräumt und Beatrix und Hanneke somit für Pollys Sicherheit gesorgt hatten, stellte sich die Frage, was nun mit ihr geschehen sollte. Und in diesem Moment trafen Beatrix und Hanneke eine sehr wohl durchdachte Entscheidung. Im Grunde traf sie Beatrix, denn die Entscheidungshoheit lag allein bei ihr. Es war ein durchaus gewagter Entschluss: Sie entschied, Polly für immer bei sich zu behalten, sie also umgehend zu adoptieren. Sie sollte eine Whittaker werden.

Später erfuhr Alma, dass Henry zunächst protestiert hatte: Er war nicht gerade glücklich darüber, dass man ihn mitten in der Nacht geweckt hatte, und schon gar nicht, dass er nun auch noch wie aus dem Nichts eine zweite Tochter bekommen sollte. Doch Beatrix unterband seinen Einwand mit einem scharfen Blick, und Henry war klug genug, kein zweites Mal zu widersprechen. Dann sollte es wohl so sein. Die Familie war ohnehin zu klein, denn Beatrix hatte ihr keinen weiteren Zuwachs verschaffen können. Waren nach Almas Geburt nicht noch zwei Babys zur Welt gekommen? War diesen Babys nicht der erste Atemzug verwehrt geblieben? Und lagen die toten Säuglinge nicht auf dem Lutherischen Friedhof begraben, wo sie niemandem nutzten? Beatrix hatte sich immer ein zweites Kind gewünscht, und nun war kraft der Vorsehung ein Kind gekommen. Dank Polly ließ sich der Nachwuchs der Whittakers über Nacht zahlenmäßig verdoppeln. Alles passte zusammen. Beatrix traf ihre Entscheidung prompt und ohne zu zögern. Henry willigte ohne noch ein weiteres Wort des Protestes ein. Er hatte auch keine andere Wahl.

Das Mädchen war jedenfalls ein hübsches Ding, und es schien auch kein Einfaltspinsel zu sein. Nachdem sich die Lage wieder beruhigt hatte, legte Polly ein schickliches Benehmen an den Tag, eine fast aristokratische Selbstbeherrschung, die bei einem Kind, welches gerade den Tod beider Eltern miterlebt hatte, wirklich bemerkenswert war.

Beatrix sah Polly als vielversprechend an, und sie sah auch, dass es keine andere Möglichkeit gab, als ihr eine ehrbare Zukunft zu geben. Ein anständiges Zuhause und ein guter moralischer Einfluss – dessen war sich Beatrix gewiss – würden das Mädchen auf einen anderen Lebenspfad bringen als den des sündigen Frohsinns, für den die Mutter den höchsten Preis gezahlt hatte. Als Erstes musste sie gesäubert werden. Das arme Geschöpf hatte Blut an

Händen und Schuhen. Als Zweites musste ihr Name geändert werden. Der Name Polly passte allenfalls zu einem Ziervogel oder einem käuflichen Straßenmädchen. Von nun an würde das Kind Prudence heißen, ein Name, von dem Beatrix hoffte und erwartete, dass er in eine rechtschaffenere Richtung wies.

Somit war alles geklärt – innerhalb einer Stunde. Und so geschah es, dass Alma Whittaker am nächsten Morgen erwachte und die unglaubliche Information erhielt, dass sie nun eine Schwester habe, eine Schwester namens Prudence.

•

Prudence' Ankunft veränderte alles in White Acre. In ihrem späteren Leben als Frau der Wissenschaft würde Alma begreifen, dass die Einführung eines neuen Elements in ein kontrolliertes Umfeld in vielfacher und unvorhersehbarer Weise auf dieses Umfeld einwirkt, es verändert. Als Kind jedoch hatte sie nur das Gefühl eines feindlichen Übergriffs, das sie mit bösen Vorahnungen erfüllte. Mit warmen Gefühlen nahm Alma den Eindringling jedenfalls nicht auf. Warum auch? Wer von uns hat jemals einen Eindringling mit warmen Gefühlen aufgenommen?

Anfangs konnte Alma nicht im Entferntesten begreifen, warum dieses Mädchen überhaupt da war. Was sie später über Prudence' Geschichte erfuhr (oder sich, genauer gesagt, aus dem deutschen Getuschel der Milchmägde zusammenreimte), klärte einiges auf. Am ersten Tag nach Prudence' Ankunft indessen wurden ihr jegliche Erklärungen vorenthalten. Sogar Hanneke de Groot, die normalerweise mehr über Geheimnisse wusste als jeder andere, sagte nur: »Es ist Gottes Plan, mein Kind, und es ist zum Besten.« Als Alma die Hauswirtschafterin weiter bedrängte, zischte Hanneke: »Mach deinen Frieden damit und hör auf zu fragen!«

Am Frühstückstisch wurden die Mädchen einander in aller Form vorgestellt. Die nächtliche Begegnung fand mit keinem Wort Erwähnung. Alma starrte Prudence an, und Prudence starrte auf ihren Teller. Beatrix sprach mit beiden, als ob alles in bester Ordnung wäre. Sie erklärte ihnen, dass am späten Nachmittag eine Mrs Spanner aus Philadelphia kommen werde, um neue, angemessenere Kleider für Prudence zu fertigen. Auch ein neues Pony werde eintreffen, und Prudence solle Reitstunden erhalten, je früher, desto besser. Zudem werde es in White Acre fortan einen Hauslehrer geben. Beatrix hatte beschlossen, dass es sie zu stark belasten würde, zwei Mädchen gleichzeitig zu unterrichten, und da Prudence in ihrem bisherigen Leben keinerlei Schulbildung erfahren hatte, war ein junger Privatlehrer sicherlich eine Bereicherung für den Hausstand. Die Kinderstube sollte in ein Schulzimmer umgewandelt werden. Selbstverständlich wurde von Alma erwartet, ihre Schwester in der Schreibkunst und im Umgang mit Zahlen zu unterrichten. Alma war Prudence in puncto Geistesbildung natürlich weit voraus, doch wenn Prudence hart und ernsthaft arbeitete, sollte sie mit Unterstützung ihrer Schwester durchaus imstande sein, gute Fortschritte zu machen. Der kindliche Intellekt verfügte Beatrix zufolge über eine beeindruckende Anpassungsfähigkeit, und Prudence sei noch jung genug, um aufzuholen. Bei gewissenhafter Schulung könne der menschliche Geist alles leisten, was man von ihm verlange. Es sei nur eine Frage des Fleißes.

Während Beatrix redete, wandte Alma keinen Blick von ihrer neuen Schwester. Wie konnte jemand ein so bestürzend schönes Gesicht haben? Wenn Schönheit wirklich, wie ihre Mutter immer gesagt hatte, von der Präzision ablenkte, was war dann Prudence? Wahrscheinlich das unpräziseste und verwirrendste Ding auf der ganzen Welt! Almas Unbehagen wuchs. Ein furchtbarer Gedanke begann in ihr zu reifen, ein Gedanke, der ihre Person betraf und zu dem es bisher keinerlei Anlass gegeben hatte: Sie selbst war kein hübsches Ding. Erst durch den schrecklichen Vergleich wurde ihr dies mit einem Mal bewusst. Prudence war zart, Alma kräftig.

Prudence' Haar war wie aus weißgoldener Seide gesponnen, Almas Haar hatte die Farbe und Beschaffenheit von Rost und zudem die unvorteilhafte Neigung, in alle Richtungen zu wachsen, nur nicht nach unten. Prudence' Nase war eine kleine Blüte, die von Alma eine sprießende Süßkartoffel. Und so ging es weiter, vom Kopf bis zu den Zehen: eine Bestandsaufnahme, wie sie deprimierender nicht hätte sein können.

Als das Frühstück beendet war, sagte Beatrix: »Nun kommt, Mädchen, und umarmt euch wie Schwestern.« Alma umarmte Prudence gehorsam, wenn auch ohne Herzlichkeit. Im direkten Vergleich sprang der Kontrast noch mehr ins Auge. Alma kam es vor, als wäre Prudence ein wunderbares, hübsches Rotkehlchenei und sie ein großer, hässlicher Pinienzapfen, und aus unerklärlichem Grund müssten sie sich plötzlich ein Nest teilen.

Am liebsten hätte sie losgeheult oder um sich geschlagen. Sie spürte, wie sich ihre Miene verfinsterte. Auch ihre Mutter hatte es wohl bemerkt, denn sie sagte: »Prudence, bitte entschuldige uns, ich muss kurz mit deiner Schwester sprechen.« Sie packte Alma so fest am Arm, dass es brannte, und eskortierte sie in die Eingangshalle. Alma spürte, wie ihr die Tränen kamen, doch sie schluckte sie herunter, wieder und wieder und wieder.

Beatrix blickte auf ihre leibliche Tochter herab und sagte mit einer Stimme so kühl wie Granit: »Ich will nie wieder solch einen Ausdruck im Gesicht meiner Tochter sehen wie den, den ich gerade gesehen habe. Hast du mich verstanden?«

Alma konnte nur zittrig das Wörtchen »aber …« herausbringen, da wurde sie auch schon unterbrochen.

»Ausbrüche von Eifersucht oder Boshaftigkeit kann und wird Gott niemals gutheißen«, fuhr Beatrix fort. »Und auch deine Familie kann und wird solche Ausbrüche nicht gutheißen. Wenn du also unschöne, hartherzige Gefühle in dir trägst, dann trenne dich von ihnen wie von einer Totgeburt. Lerne, dich zu beherrschen, Alma Whittaker. Ist das klar?«

Dieses Mal dachte Alma das Wörtchen »aber …« nur; doch irgendwie hatte sie es wohl zu laut gedacht, denn ihre Mutter schien es gehört zu haben. Und nun platzte Beatrix endgültig der Kragen.

»Es tut mir leid für dich, Alma Whittaker, dass du anderen gegenüber so selbstsüchtig bist«, sagte sie mit wutverzerrtem Gesicht. Und fügte abschließend zwei Worte hinzu, die sie ausspie wie scharfe Eissplitter: »Bessere dich.«

•

Auch bei Prudence war freilich Besserung vonnöten, und zwar gehörig!

Zunächst einmal lag sie in schulischen Dingen weit hinter Alma zurück. Doch wen hätte Alma nicht um Längen geschlagen? Im Alter von neun Jahren war sie in der Lage, Cäsars Kommentare wie auch die Schriften von Cornelius Nepos mühelos im Original zu lesen. Sie konnte bereits Theophrast gegen Plinius verteidigen. Der eine war ein echter Gelehrter und Naturforscher, der andere ein reiner Kopist. Ihr Griechisch, das sie liebte und als eine aufregende Form der Mathematik begriff, wurde von Tag zu Tag besser.

Prudence hingegen wusste leidlich mit Buchstaben und Zahlen umzugehen. Sie hatte eine liebliche, musikalische Stimme, doch ihre Ausdrucksweise – das flammende Symbol ihrer unseligen Herkunft – bedurfte einiger Korrektur. Zu Beginn von Prudence' Aufenthalt in White Acre schien Beatrix unentwegt mit spitzer Zunge in allem herumzustochern, was Prudence von sich gab, um jedes falsche Wort, jede ordinär klingende Wendung aufzuspießen und auszumerzen. Auch Alma wurde ermuntert, korrigierend einzugreifen. Beatrix wies Prudence an, niemals »rein« und »raus« zu sagen, sondern stets »hinein« und »hinaus«, was natürlich sehr viel gepflegter klang. Der Ausruf »So was!« war in jedem Kontext ungehobelt, das Gleiche galt für »meine Leute«. Wenn man in White Acre einen Brief schrieb, wurde er nicht »geschickt«, sondern »zugestellt«. Menschen »wurden« nicht krank, sie »erkrankten«; zur Kirche brach man nicht »sofort« auf, sondern »sogleich«. Man war auch nicht »so gut wie« da, sondern »beinahe«. Man »rannte« nicht, sondern »eilte«. Und in der Familie »redete« man nicht, sondern »unterhielt sich«.

Ein willensschwächeres Kind als Prudence hätte das Sprechen vielleicht gänzlich eingestellt. Ein streitlustigeres Kind hätte vielleicht gefragt, warum Henry Whittaker wie ein gewöhnlicher Hafenarbeiter »reden« durfte. Warum konnte er bei Tisch sitzen und einem anderen Mann ins Gesicht sagen, er sei ein »Hundsfott von einem Esel«, ohne dass Beatrix ihn jemals verbesserte, während die restliche Familie geschliffene Salonkonversation betreiben musste? Doch Prudence war weder schwach noch streitlustig. Stattdessen war sie, wie sich herausstellte, eine Person von unerschrockener, steter Wachsamkeit, die sich, als läge ihre Seele auf dem Schleifstein, täglich verbesserte und achtgab, keinen Fehler zweimal zu machen. Nach fünf Monaten in White Acre bedurfte Prudence's sprachlicher Ausdruck keinerlei Verfeinerung mehr. Nicht einmal Alma fand noch Fehler, obwohl sie weiterhin danach suchte. Auch andere Aspekte von Prudence' Auftreten, ihre Körperhaltung, ihre Umgangsformen, ihre tägliche Toilette, hatten sich rasch angeglichen.

Prudence nahm alle Korrekturen ohne Murren hin. Sie ersuchte sogar darum, besonders bei Beatrix! Wenn Prudence es versäumt hatte, eine Aufgabe ordnungsgemäß auszuführen, wenn sie einem kleinlichen Gedanken nachgehangen oder eine unüberlegte Bemerkung gemacht hatte, berichtete sie Beatrix davon, gestand ihren Fehler ein und ließ sich bereitwillig belehren. So machte sie Beatrix nicht bloß zur Mutter, sondern zur Beichtmutter. Alma, die von klein auf die eigenen Schwächen und Fehler verheimlicht und vertuscht hatte, fand dieses Verhalten unfassbar.

Infolgedessen begegnete sie ihrer Schwester mit wachsendem Argwohn. Prudence strahlte eine diamantene Härte aus, hinter der sich, so glaubte Alma, etwas Schlechtes, wenn nicht gar Sündhaftes verbarg. Sie hielt Prudence für schlau, vielleicht sogar raffiniert. Wenn Prudence einen Raum verließ, schien sie sich fast unterwürfig hinauszustehlen und zog jedes Mal lautlos die Tür hinter sich zu. Zudem war sie von übertriebener Aufmerksamkeit gegenüber anderen: Nie vergaß sie ein Datum, das jemandem wichtig war, immer achtete sie darauf, den Dienstmädchen zum Geburtstag zu gratulieren, ihnen einen schönen Sonntag zu wünschen und dergleichen mehr. Ihr gewissenhaftes Bestreben, stets gut und nett zu sein, war in Almas Augen genauso überzogen wie ihr stoischer Gleichmut.

Jedenfalls konnte Alma mit Gewissheit sagen, dass es ihr selbst nicht zum Vorteil gereichte, mit einer so makellosen, gelackten Person wie Prudence verglichen zu werden. Henry nannte Prudence sogar »unser kleines Schmuckstück«, was Almas altem Kosenamen Plum etwas Schäbiges, Unansehnliches verlieh. Alles an Prudence gab Alma das Gefühl, schäbig und unansehnlich zu sein.

Freilich gab es auch Trost. Zumindest im Schulzimmer war Alma die Vorrangstellung gewiss. Hier würde Prudence ihre Schwester niemals einholen. Nicht aufgrund von fehlendem Einsatz, denn sie arbeitete hart. Das arme Ding mühte sich mit seinen Büchern wie ein baskischer Steinmetz: Jedes Buch war für Prudence eine Granitplatte, die sie keuchend in der prallen Sonne den Hügel hochschleppen musste. Der Anblick tat beinahe weh, doch Prudence bestand darauf durchzuhalten und brach nicht ein einziges Mal in Tränen aus. Infolgedessen machte sie Fortschritte – eindrucksvolle Fortschritte, wenn man ihre Herkunft bedachte. Mit der Mathematik würde sie immer zu kämpfen haben, die Grundlagen der lateinischen Sprache indessen prügelte sie sich in den Schädel, und nach einer Weile sprach sie auch ganz passabel Französisch, mit einem reizenden Akzent. Was die Schreibkunst betraf, so übte sie unermüdlich, bis sie die Feder so ausgezeichnet führte wie eine Herzogin.

Doch selbst die größte Disziplin genügt im Reich der Gelehrsamkeit nicht, um die wahre Kluft zu überbrücken. Almas intellektuelle Anlagen gingen weit über das hinaus, was Prudence jemals erreichen konnte. Sie hatte ein famoses Gedächtnis für Wörter und eine brillante Auffassungsgabe für Zahlen. Sie liebte Übungsaufgaben, Prüfungen, Formeln, Theoreme. Was Alma ein Mal gelesen hatte, gehörte ihr für immer. Sie konnte ein Argument so zerlegen, wie ein guter Soldat sein Gewehr auseinandernimmt – selbst im Halbschlaf oder im Dunklen wird es meisterhaft in alle Einzelteile zerpflückt. Differential- und Integralrechnung brachte sie in Ekstase. Grammatik war eine alte Freundin, was vielleicht daran lag, dass sie von Kindesbeinen an so viele Sprachen gleichzeitig gesprochen hatte. Sie liebte auch ihr Mikroskop, das ihr wie eine magische Verlängerung des rechten Auges erschien und sie gleichsam in die Lage versetzte, dem Schöpfer durch den Rachen ins Innerste zu schauen.

Aus all diesen Gründen hätte man vermuten können, dass der Hauslehrer, den Beatrix zu guter Letzt für die Mädchen engagierte, Alma ihrer Schwester vorgezogen hätte, doch das tat er nicht. Nein, er war so umsichtig, keiner Vorliebe Ausdruck zu verleihen, und schien beide Mädchen gleichermaßen als Gegenstand seiner Pflichterfüllung zu betrachten. Der Privatlehrer war ein fader junger Mann, von Geburt Brite, mit schlechtem, wachsbleichem Teint und stets bekümmerter Miene. Er seufzte viel. Sein Name war Arthur Dixon, und er hatte unlängst an der Universität von Edinburgh seinen Abschluss gemacht. Beatrix hatte ihn zuvor einem rigorosen Prüfungsverfahren unterzogen, neben mehreren Dutzend anderer Kandidaten, welche sie abgelehnt hatte, weil sie – um nur einige Mängel zu nennen – zu dumm, zu geschwätzig, zu religiös, nicht religiös genug, zu radikal, zu gutaussehend, zu fett oder Stotterer waren.

Während Arthur Dixons erstem Anstellungsjahr saß Beatrix häufig in einer Ecke des Schulzimmers und widmete sich der einen oder anderen Flickarbeit, um sicherzustellen, dass Arthur keine sachlichen Fehler unterliefen und er nicht in unpassender Weise mit den Mädchen umging. Schließlich war sie zu der Überzeugung gelangt, dass der junge Dixon ein famoser, sterbenslangweiliger Akademiker war, der nicht den leisesten Hang zu kindischen Späßen besaß. Insofern durfte man ihm ohne jeden Vorbehalt zutrauen, die Whittaker-Mädchen vier Tage die Woche zu unterrichten, nach einem Curriculum, das Naturphilosophie, Latein, Französisch, Griechisch, Chemie, Astronomie, Mineralogie, Botanik und Geschichte umfasste. Alma bekam Zusatzaufgaben im Bereich der Optik, der Algebra und der sphärischen Geometrie, welche Prudence – eine ungewöhnlich barmherzige Geste seitens Beatrix – erspart blieben.

Freitags wich man von dieser Stundentafel ab, denn dann machten ein Zeichenlehrer, ein Tanzlehrer und ein Musiklehrer ihre Aufwartung, um den Bildungsplan der Mädchen abzurunden. Morgens wurde von ihnen erwartet, Seite an Seite mit ihrer Mutter in deren griechischem Privatgarten zu arbeiten, wo Schönheit und Mathematik gemeinsam ihren Triumph feierten: Die streng gezirkelten Fußwege und der ornamentale Formschnitt (exakt zu Kugeln, Kegeln und komplizierten Dreiecken gestutzt) waren so angelegt, dass sie haargenau den euklidischen Symmetrieprinzipien entsprachen. Auch der Handarbeit mussten sich die Mädchen zur Verbesserung ihrer Fähigkeiten mehrere Stunden pro Woche widmen. Abends wurden Alma und Prudence zum Dinner gebeten, um mit Gästen aus aller Welt intelligente Konversation zu betreiben. Wenn keine Gäste nach White Acre kamen, verbrachten die beiden ihre Abende bis spät in die Nacht im Salon, wo sie ihre Eltern bei der Erledigung offizieller Korrespondenz unterstützten. Die Sonntage gehörten der Kirche. Ein langer Kanon von Abendgebeten begleitete das Zubettgehen.

Abgesehen davon, konnten sie über ihre Zeit frei verfügen.

•

Doch so anstrengend war der Stundenplan eigentlich gar nicht, jedenfalls nicht für Alma. Sie war eine energiegeladene, einnehmende junge Dame, die keine langen Ruhepausen brauchte. Sie hatte Freude an allem: der geistigen Arbeit, der Gartenarbeit und auch den Gesprächen bei den abendlichen Versammlungen in White Acre. Zudem war sie glücklich, wenn sie ihrem Vater bis spät in die Nacht bei seiner Korrespondenz helfen konnte, inzwischen nahezu die einzige Gelegenheit für Momente der Zweisamkeit mit ihm. Irgendwie gelang es ihr sogar noch, Zeit für sich zu finden, und in diesen Stunden arbeitete sie an kleinen botanischen Projekten, die sie sich selbst ausdachte. Sie experimentierte mit unterschiedlichen Weidenstecklingen und brütete darüber, warum sich manchmal an den Knospen und manchmal an den Blättern Würzelchen bildeten. Alle Pflanzen in ihrem Umfeld sezierte und klassifizierte Alma. Sie legte einen schönen *hortus siccus* an, ein wunderbares kleines Herbarium.

Alma liebte die Botanik, wobei sie sich weniger von der Schönheit der Pflanzen angezogen fühlte als von der magischen Ordnung des Pflanzensystems. Sie hegte eine grenzenlose Begeisterung für Systeme, Register, Reihen und Karteien, und die Botanik bot ihr für solche Amüsements reichlich Gelegenheit. Wenn man eine Pflanze erst einmal der richtigen taxonomischen Kategorie zugeordnet hatte, hielt sie sich an diese Ordnung, und das schätzte Alma. Außerdem gehorchte die Symmetrie der Pflanzen mathematischen Gesetzen, was sie bewunderte und zugleich als beruhigend empfand. Bei jeder Spezies stand zum Beispiel die

Anzahl der Kelchzipfel in einem festen Größenverhältnis zu den Einteilungen der Korolla, und dieses Verhältnis änderte sich nie. Es war ein ehernes, zeitloses, tröstliches Gesetz.

Wenn überhaupt, dann hätte sich Alma gewünscht, mehr Zeit für das Studium der Pflanzen zu haben. Sie hätte sich gewünscht, in einer naturwissenschaftlichen Kaserne zu leben, wo man bei Tagesanbruch, von einem Trompetensignal geweckt, mit anderen jungen, uniformierten Naturforschern in Reih und Glied losmarschierte, um den ganzen Tag an Bächen, in Wäldern und Labors zu arbeiten. Sie hätte sich gewünscht, gemeinsam mit anderen leidenschaftlichen Systematikern in einem botanischen Kloster oder einer Art botanischem Ordenshaus Unterschlupf zu finden, wo man ungestört studieren und die aufregendsten Entdeckungen miteinander teilen könnte. Sogar ein Botaniker-Gefängnis wäre schön gewesen! Es kam Alma nicht in den Sinn, dass solche intellektuellen Zufluchtsorte, abgeschottet und von Mauern umgeben, in gewisser Weise unter der Bezeichnung »Universität« bereits existierten. Doch im Jahre 1810 träumten kleine Mädchen nicht von Universitäten. Nicht einmal kleine Whittaker-Mädchen.

Es machte Alma also nichts aus, hart zu arbeiten. Nur gegen den Freitag hegte sie eine unverhohlene Abneigung. Zeichenunterricht, Tanzunterricht, Musikunterricht – für sie eine lästige Strapaze, die sie von ihren wahren Interessen fernhielt. Sie war nicht anmutig. Selbst berühmte Gemälde vermochte sie nicht zuverlässig voneinander zu unterscheiden, und alle Gesichter, die sie zeichnete, sahen verängstigt aus oder einfach nur leblos. Sie lernte es einfach nicht. Auch das Musizieren lag ihr nicht, und als sie elf wurde, bat ihr Vater in aller Form darum, sie möge aufhören, das Pianoforte zu quälen. Bei all diesen Tätigkeiten tat sich Prudence hervor. Prudence konnte auch wunderbar nähen oder mit meisterhafter Eleganz ein Teeservice handhaben. Auf diesem Terrain hatte sie ärgerlicherweise viele kleine Begabungen. An Freitagen war immer damit zu rechnen, dass Alma die finstersten, missgünstigsten Gefühle für ihre Schwester überkamen. So gab es Momente, in denen sie ernsthaft darüber nachdachte, wie gern sie eine ihrer vielen Sprachen hergeben würde (jede außer Griechisch!), wenn es ihr dafür nur ein einziges Mal gelänge, einen Umschlag so hübsch zu falten wie Prudence.

Trotz alledem oder vielleicht gerade deshalb zog Alma aus den Bereichen, in denen sie ihre Schwester übertraf, große Befriedigung, und der Ort, an dem sich ihre Überlegenheit am deutlichsten zeigte, war der berühmte Gästetisch im Hause Whittaker, besonders dann, wenn beim Dinner ambitionierte Ideen im Raum standen. Je älter Alma wurde, desto mutiger, selbstbewusster und bedeutungsvoller wurden auch ihre Beiträge. Solches Selbstvertrauen sollte Prudence an diesem Tisch niemals gewinnen. Reizend, aber stumm saß sie da wie überflüssiger Zierrat, der lediglich den Platz zwischen zwei Gästen ausfüllte, und schien außer ihrer Schönheit nichts beizusteuern. In gewisser Weise erfüllte Prudence damit allerdings einen Zweck. Man konnte sie neben jeden Gast setzen, sie beschwerte sich nie. An mancherlei Abenden wurde das arme Mädchen absichtlich neben die langweiligsten, schwerhörigsten alten Professoren gesetzt, neben Grabmäler in Menschengestalt, die mit der Gabel in ihrem Gebiss herumstocherten oder inmitten stürmischer Diskussionen leise schnarchend über ihren Tellern einschliefen. Prudence protestierte nie, bat niemals um unterhaltsamere Tischherren. Es schien wirklich kein Unterschied zu sein, wer neben ihr saß: An ihrer Haltung und ihrer perfekten Contenance änderte sich nichts.

Unterdessen stürzte sich Alma in jede Diskussion über jedes nur erdenkliche Thema – von Bodenbewirtschaftung über Gasmoleküle bis hin zur Physiologie der Tränen. Eines Abends kam beispielsweise ein Gast nach White Acre, der gerade aus Persien zurückgekehrt war, wo er vor den Toren der antiken Stadt Isfahan eine Pflanze entdeckt hatte, von der er glaubte, dass sie Ammoniakgummi hervorbrachte –

ein altbekannter, lukrativer Wirkstoff, dessen Herkunft die westliche Welt immer noch vor ein Rätsel stellte, weil die Handelswege von Banditen kontrolliert wurden. Der junge Mann hatte für die britische Krone gearbeitet, doch aus Enttäuschung über seine Vorgesetzten wollte er nun mit Henry Whittaker über die Finanzierung eines langfristigen Forschungsprojekts sprechen. Henry und Alma, die bei Tisch häufig Hand in Hand arbeiteten, bedrängten ihn von beiden Seiten wie Hirtenhunde, die einen Schafsbock in die Enge treiben.

»Wie ist das Klima in dieser Gegend von Persien?«, fragte Henry.

»Und die Höhenlage?«, fügte Alma hinzu.

»Nun, Sir, die Pflanze wächst in den weiten Ebenen«, erwiderte der Gast. »Und ich versichere Ihnen, sie enthält so viel Gummi, dass sich große Mengen herauspressen – «

»Ja, ja, ja«, fiel ihm Henry ins Wort. »Das sagten Sie ja schon, und ich vermute, wir müssen da Ihrem Wort glauben, denn ich stelle fest, dass Sie mir keine Beweise mitgebracht haben, nicht mal ein Fingerhütchen voll Gummi. Aber sagen Sie mir wenigstens, wie viel müssen Sie den Beamten in Persien geben? Ich meine, als Gebühr dafür, dass Sie durch ihr Land spazieren und nach Lust und Laune Gummiproben sammeln?«

»Nun, sie verlangen schon eine Gebühr, doch es scheint ein geringer Preis zu sein …«

»Die Whittaker Company zahlt keine Gebühren«, sagte Henry. »Ich kann das Wort nicht leiden. Warum haben Sie überhaupt durchblicken lassen, was Sie dort tun?«

»Nun, Sir, man kann sich doch wohl nicht zum Schmuggler machen!«

»Ach nein?« Henry zog eine Augenbraue hoch. »Kann man nicht?«

»Könnte man die Pflanze denn an einem anderen Ort kultivieren?«, schaltete sich Alma ein. »Sehen Sie, Sir, es würde uns nicht viel nützen, wenn wir Sie jedes Jahr zum

Sammeln auf teure Expeditionen nach Isfahan schicken müssten.«

»Ich hatte noch keine Gelegenheit, dies zu erkunden …«

»Könnte man sie in Kattywar kultivieren?«, fragte Henry. »Haben Sie Partner in Kattywar?«

»Nun, ich weiß nicht, Sir, ich habe kaum …«

»Oder könnte man sie vielleicht im Süden von Amerika anpflanzen?«, warf Alma ein. »Wie viel Wasser braucht sie?«

»Ich bin nicht an Unternehmungen interessiert, die etwas mit Pflanzenanbau im Süden von Amerika zu tun haben, das weißt du ganz genau«, entgegnete Henry.

»Aber Vater, die Leute sagen, im Gebiet Missouri …«

»Ganz ehrlich, Alma, hältst du es wirklich für vorstellbar, dass dieses kleine, blasse, englische Würstchen in Missouri Erfolg hat?«

Das kleine, blasse, englische Würstchen, um das es hier ging, blinzelte und schien die Sprache verloren zu haben. Doch Alma ließ nicht locker und fragte den Gast mit wachsendem Enthusiasmus: »Glauben Sie, Sir, die Pflanze, von der Sie sprechen, könnte dieselbe sein, die Dioscurides in der *Materia Medica* erwähnt? Das wäre eine echte Sensation, oder? Wir haben einen prachtvollen alten Band von Dioscurides in unserer Bibliothek. Wenn Sie möchten, kann ich Ihnen das Buch nach dem Essen zeigen!«

An diesem Punkt schaltete sich Beatrix ein. »Ich frage mich, Alma«, ermahnte sie ihre vierzehnjährige Tochter, »ob es wirklich nötig ist, dass du die ganze Welt über jeden deiner Gedanken in Kenntnis setzt. Warum gestattest du deinem armen Gast nicht wenigstens den Versuch, eine Frage zu beantworten, ehe du ihn schon mit der nächsten überfällst? Bitte sehr, junger Mann, versuchen Sie es noch einmal. Was wollten Sie sagen?«

Doch nun ergriff Henry wieder das Wort. »Sie haben mir keine Ableger mitgebracht, was?«, fragte er den überforderten Burschen, der inzwischen nicht mehr wusste, welchem Mitglied der Familie Whittaker er als Erstes antworten sollte, und deshalb den fatalen Fehler beging, gar keine Antwort zu geben. In der einsetzenden Stille starrten ihn alle an. Doch der junge Mann bekam kein Wort mehr heraus.

Schließlich brach Henry das Schweigen und wandte sich empört an seine Tochter: »Ach, vergiss es, Alma. An dem bin ich nicht interessiert. Er hat die Sache nicht gut durchdacht. Schau ihn dir doch an! Sitzt hier rum, isst mein Essen, trinkt meinen Rotwein und hofft, irgendwie an mein Geld zu kommen!«

Alma tat, wie ihr geheißen: Sie vergaß es und stellte keine weiteren Fragen zu Ammoniakgummi, Dioscurides oder den stammesspezifischen Bräuchen Persiens. Stattdessen wandte sie sich strahlend einem anderen Gentleman zu, ohne zu bemerken, dass dieser im Gegensatz zu ihr etwas bleich geworden war. »Nun, Sir, ich habe Ihrer wunderbaren Niederschrift entnommen, dass Sie einige außergewöhnliche Fossilien gefunden haben! Konnten Sie das Material bereits mit modernen Proben vergleichen? Glauben Sie wirklich, dass es sich um Hyänenzähne handelt? Und denken Sie immer noch, dass die Höhle überschwemmt wurde? Haben Sie Mr Winstons jüngsten Artikel über urzeitliche Überflutungen gelesen?«

Unterdessen neigte sich Prudence, von den anderen Gästen unbemerkt, in aller Ruhe zu dem gebeutelten jungen Engländer hin, der neben ihr saß, und flüsterte: »Machen Sie weiter.«

•

In dieser Nacht ging Beatrix zwischen den Abendgebeten und dem Schlafengehen wie immer mit den Mädchen ins Gericht.

»Alma«, fing sie an, »eine höfliche Diskussion darf kein Wettrennen sein. Auch du wirst es vielleicht in Ausnahmefällen als manierlich und sogar dienlich empfinden, deinem Opfer die Möglichkeit zu geben, einen Gedanken zu Ende zu führen. In deiner Eigenschaft als Gastgeberin solltest du die Talente deiner Gäste in den Vordergrund stellen und nicht die deinen hinausposaunen.«

»Aber …«, fing Alma an.

»Darüber hinaus ist es unnötig«, schnitt ihr Beatrix das Wort ab, »über Scherze auch dann noch zu lachen, wenn sie bereits ihren Zweck erfüllt und für Erheiterung gesorgt haben. Ich finde, dass du dein Gelächter neuerdings etwas überdehnst. Ich habe noch nie eine wirklich ehrbare Frau gesehen, die wiehert wie ein Pferd.«

Dann wandte sich Beatrix an Prudence.

»Was nun dich betrifft, Prudence, so räume ich zwar ein, dass du dich an müßigem Geschnatter nicht beteiligst. Sich jedoch vollständig aus der Unterhaltung zurückzuziehen ist eine andere Sache. Die Gäste werden denken, dass du ein Dummkopf bist, was ja nicht der Fall ist. Es könnte einen diskreditierenden Schatten auf die Familie werfen, wenn die Leute dächten, dass nur eine meiner Töchter in der Lage ist zu sprechen. Schüchternheit ist, wie ich dir schon oft gesagt habe, nur eine andere Form von Eitelkeit. Schaff sie aus der Welt.«

»Entschuldige, Mutter«, sagte Prudence. »Ich habe mich heute Abend unwohl gefühlt.«

»Ich will dir gern glauben, dass du denkst, du hättest dich heute Abend unwohl gefühlt. Doch kurz vor dem Dinner sah ich, wie du mit einem leichten Gedichtbändchen in der Hand fröhlich lesend die Zeit verbummelt hast. Wer vor dem Dinner imstande ist, leichte Gedichte zu lesen, der kann sich eine Stunde später nicht derart unwohl fühlen.«

»Entschuldige, Mutter«, wiederholte Prudence.

»Ich möchte außerdem mit dir über Mr Edward Porters Benehmen am Esstisch sprechen. Wie dieser Mann dich angestarrt hat, Prudence, das solltest du nicht so lange dulden, wie du es tatest. Eine derartige Inanspruchnahme ist erniedrigend für alle Beteiligten. Du musst lernen, ein solches Verhalten bei Männern schon im Keim zu ersticken, indem du intelligent und unmissverständlich über ernsthafte Themen mit ihnen sprichst. Vielleicht wäre Mr Porter früher aus seiner närrischen Erstarrung erwacht, wenn du beispielsweise über den Russlandfeldzug mit ihm diskutiert hättest. Herzensgüte genügt nicht, Prudence. Du musst auch lernen, schlau zu sein. Als Frau wird dein moralisches Bewusstsein das der Männer natürlich immer übertreffen, doch wenn du zu deiner eigenen Verteidigung deinen Verstand nicht schärfst, wird dir deine Tugendhaftigkeit wenig nützen.«

»Ich verstehe, Mutter«, sagte Prudence.

»Nichts ist wichtiger als Würde, Mädchen. Die Zeit wird zeigen, wer sie hat und wem sie fehlt.«

•

Das Leben hätte angenehmer für die Whittaker-Mädchen sein können, wenn sie wie der Blinde und der Lahme gelernt hätten, einander zu helfen und sich zu ergänzen. Doch stattdessen humpelten sie schweigend nebeneinanderher, gezwungen, jede für sich mit den eigenen Unzulänglichkeiten und Kümmernissen fertigzuwerden.

Zumindest konnte man es den beiden und ihrer Mutter, die auf höflichen Umgang pochte, hoch anrechnen, dass sie stets liebenswürdig zueinander waren. Unwirsche Töne gab es nicht. Respektvoll untergehakt, teilten sie sich bei Regen den Schirm. Vor jeder Tür war die eine bereit, der anderen artig den Vortritt zu lassen. Sie boten sich freundlich das letzte Kuchenstück oder den besten Platz am warmen Ofen an. Zu Weihnachten machten sie sich kleine, aufmerksame Geschenke. Einmal kaufte Alma ihrer Schwester, die gern Blumen malte (wunderschön, wenn auch nicht präzise), ein hübsches Buch über Pflanzenillustrationen mit dem Titel *Jeder Dame ihre Lehrstunde: Eine neue Abhandlung von der Blumenmalerei*. Im selben Jahr nähte Prudence in Almas Lieblingsfarbe Aubergine ein exquisites Nadelkissen für sie. Beide versuchten also, zuvorkommend zu sein.

»Vielen Dank für das Nadelkissen«, schrieb Alma in ihrem sorgfältig bedachten Dankesbriefchen. »Ich werde es gewiss immer benutzen, wenn ich eine Nadel benötige.«

Jahr für Jahr achteten die Whittaker-Mädchen peinlich genau darauf, korrekt miteinander umzugehen, wenn auch vielleicht aus unterschiedlichen Motiven. Bei Prudence war dieses Bemühen um Korrektheit Ausdruck einer natürlichen Veranlagung. Bei Alma war es ein Kraftakt, ein permanentes, fast körperlich spürbares Unterdrücken ihrer niederen Instinkte, die sie aus moralischer Disziplin und aus Angst vor der mütterlichen Missbilligung niederrang. An guten Manieren fehlte es also nicht, und so schien in White Acre alles in bester Ordnung zu sein. Doch in Wahrheit stand eine gewaltige Mauer zwischen Alma und Prudence, die auch im Laufe der Zeit nicht kleiner wurde. Zumal niemand den beiden half, sie niederzureißen.

An einem Wintertag, die Mädchen waren etwa fünfzehn Jahre alt, kam ein alter Freund von Henry, der im Botanischen Garten von Kalkutta tätig war, nach vielen Jahren zum ersten Mal wieder nach White Acre. Während sich der Gast in der Eingangstür noch den Schnee vom Mantel schüttelte, rief er schon: »Henry Whittaker, du alter Fuchs! Zeig mir deine berühmte Tochter, von der ich so viel gehört habe!«

Die Mädchen, die im Salon botanische Aufzeichnungen kopierten, konnten jedes Wort hören.

»Alma!«, brüllte Henry mit Donnerstimme. »Komm sofort her! Jemand will dich sehen!«

In froher Erwartung lief Alma ins Atrium. Der Fremde betrachtete sie einen Moment, dann brach er in schallendes Gelächter aus. »Nein, du verfluchter Idiot, die meinte ich doch nicht! Ich wollte die Hübsche sehen!«

»Ach so, du interessierst dich für unser kleines Schmuckstück«, erwiderte Henry ungerührt. »Prudence, komm doch mal her! Jemand will dich sehen!«

Prudence huschte durch die Tür und stellte sich neben

Alma, die glaubte, im Boden zu versinken wie in zähem Morast.

»Na, bitte!«, sagte der Gast und taxierte Prudence. »Ja, sie ist wirklich eine strahlende Schönheit. Ich hatte schon gedacht, die Leute hätten vielleicht übertrieben.«

Henry winkte ab. »Ach, ihr macht viel zu viel Wind um Prudence«, sagte er. »Für mein Gefühl ist die Unscheinbare zehn Mal mehr wert als die Hübsche.«

Gut möglich also, dass beide Mädchen gleichermaßen zu leiden hatten.

Kapitel 7

Das Jahr 1816 sollte als »Jahr ohne Sommer« in die Annalen eingehen, nicht nur in White Acre, sondern in großen Teilen der Welt. Vulkanausbrüche in Indonesien tauchten die Atmosphäre in Asche und Dunkelheit, was in Nordamerika zu Dürre und in weiten Teilen Europas und Asiens zu Frost und Hungersnöten führte. In New England fiel die Maisernte aus, in China verkümmerte der Reis, und in ganz Nordeuropa ging die Hafer- und Weizenernte verloren. Mehr als hunderttausend Iren verhungerten. Weil es kein Futter gab, kam es zu einem Massensterben von Pferden und Vieh. Es gab Hungerrevolten in Frankreich, England und der Schweiz. In der Stadt Quebec fielen im Juni dreißig Zentimeter Schnee. In Italien rieselte der Schnee braun und rot vom Himmel herab, was im Volk Entsetzen und apokalyptische Ängste auslöste.

Im Juni, Juli und August des Jahres 1816 war Pennsylvania in dichten, dunklen, eisigen Nebel gehüllt. Kaum etwas wuchs. Der darauffolgende Winter wurde sogar noch schlimmer. Tausende Familien verloren alles. Für Henry Whittaker war es indes kein schlechtes Jahr. In seinen Gewächshäusern hatten dank der Öfen die meisten tropischen Exoten im Halbdunkel überlebt, und das Risiko, mit normaler Landwirtschaft seinen Lebensunterhalt zu bestreiten, war er nie eingegangen. Die meisten seiner Heilpflanzen wurden aus Südamerika importiert, wo das Klima noch gedeihlich war. Zudem machte das Wetter die Menschen krank, und kranke Menschen kauften mehr Arzneimittel. Insofern nahm Henry, was seine Pflanzen wie auch seine Finanzen betraf, keinerlei Schaden.

Nein, in jenem Jahr sicherte Henry mit Grundbesitzspekulationen nicht nur seinen Wohlstand, sondern entdeckte auch seine Begeisterung für alte Bücher. Die Farmer von Pennsylvania flohen Richtung Westen, um dort mehr Sonne, gesündere Böden und eine weniger unwirtliche Umgebung zu finden. Henry erwarb viele der Besitztümer, die diese zermürbten Menschen zurückließen, und konnte sich hervorragende Mühlen, Wälder und Weideflächen aneignen. Zahlreiche Familien von Rang und Namen standen in jenem Jahr vor dem Ruin, gefangen in der Spirale wirtschaftlichen Niedergangs, die das miserable Wetter mit sich brachte. Aus Henrys Sicht waren es immer wieder großartige Neuigkeiten. Jedes Mal, wenn eine wohlhabende Familie vor dem Scheitern stand, konnte er mit beträchtlichen Preisabschlägen ihr Land, ihren Hausrat, ihre Pferde, ihre guten französischen Sättel und persischen Textilien kaufen und – was ihn besonders erfreute – auch ihre Bibliotheken.

Henrys anfängliche Marotte, prachtvolle Bücher zu kaufen, war im Laufe der Jahre fast zur Sucht geworden. Es war eine eigentümliche Manie, schließlich konnte der Mann schon englische Texte kaum lesen, geschweige denn, sagen wir, Catull. Doch Henry wollte diese Bücher gar nicht lesen; er wollte sie lediglich besitzen, als Beutefang für seine wachsende Bibliothek. Medizinische Bücher, philosophische Bücher, exzellent illustrierte botanische Bücher, er lechzte nach fast allem. Er wusste, dass die Folianten und sonstigen Bände die Besucher von White Acre mindestens genauso blendeten wie die tropischen Schätze seiner Gewächshäuser. Er hatte es sich sogar zur Gewohnheit gemacht, zum Auftakt seiner Abendeinladungen ein wertvolles Buch auszuwählen (oder vielmehr von Beatrix auswählen zu lassen), das er seinen versammelten Gästen präsentierte. Besondere Freude bereitete ihm dieses Ritual, wenn berühmte Koryphäen unter den Geladenen waren, denen vor neidischem Entzücken fast schwindelig wurde. Die wenigsten Gelehrten rechneten damit, in White Acre einen Erasmus aus dem frühen sechzehnten Jahrhundert in den Händen halten zu dürfen, die Doppelseiten in Griechisch wie auch Lateinisch bedruckt.

Beim Erwerb all dieser Bücher war Henry gierig und unersättlich. Er kaufte sie nicht einzeln, Band für Band, sondern kistenweise. Natürlich mussten die Bücher sortiert werden, und natürlich war Henry dafür nicht der richtige Mann. So war diese körperlich und geistig ermüdende Aufgabe schon seit Jahren Beatrix zugefallen: Unablässig durchforstete sie Berge von Druckwerke, um die Juwelen zu behalten und den Schund der Volksbücherei von Philadelphia zu geben. Doch im August des Jahres 1816 war Beatrix ins Hintertreffen geraten. Die Bücher kamen so schnell, dass sie mit dem Sortieren nicht Schritt halten konnte. In den ungenutzten Räumen der Remise standen inzwischen einige randvolle Truhen, die noch gar nicht geöffnet worden waren. Wöchentlich gab es neue Glücksfälle, dank derer ganze Privatbibliotheken in White Acre eintrafen. Immer mehr vornehme Familien erlebten den finanziellen Zusammenbruch, und so war die Sammlung kurz davor, in einem nicht mehr zu beherrschenden Chaos zu versinken.

Deshalb entschied Beatrix, dass ihr jemand beim Durchsehen und Katalogisieren der Bücher helfen müsse. Die Wahl fiel selbstredend auf Alma. Prudence war in diesen Dingen nicht hilfreich. Für Griechisch war sie völlig und für Lateinisch praktisch unbrauchbar; zudem konnte man ihr kaum begreiflich machen, dass die botanischen Bücher akribisch in Editionen vor 1753 und nach 1753 unterteilt werden mussten, mit anderen Worten in die Zeit vor und nach Erscheinen der Linné'schen Systematik. Alma hingegen, inzwischen sechzehn Jahre alt, machte sich mit Feuereifer daran, in der Bibliothek von White Acre für Ordnung zu sorgen, und erwies sich dabei als überaus tüchtig. Sie besaß solide historische Kenntnisse der Inhalte, mit denen sie zu tun hatte, und sie war flink und gewissenhaft im Anlegen von Registern. Alma war außerdem kräftig genug, die schweren Kisten und Kästen herumzutragen. Ferner war das Wetter im Jahre 1816 so schlecht, dass es wenig Vergnügen bereitete, sich draußen aufzuhalten, und es im Garten kaum etwas zu ernten gab. So betrachtete Alma ihr Tun in der Bibliothek als eine Art häusliche Gartenarbeit, die ihre Muskeln in Bewegung hielt und schöne Früchte trug.

Alma stellte sogar fest, dass sie ein Talent fürs Reparieren von Büchern besaß. Durch ihre Erfahrungen im Aufbereiten von Pflanzenproben war sie geschickt im Umgang mit den Materialien in der Buchbindekammer, einem winzigen, abgedunkelten Raum hinter einer verdeckten Tür gegenüber der Bibliothek. Dort verwahrte Beatrix mit Papier, Stoff, Leder, Wachs und Leim die Hilfsmittel, die es brauchte, um die alten, fragilen Editionen aufzuarbeiten. Alma erledigte ihre Aufgabe so gut, dass Beatrix ihrer Tochter bald die ganze Verantwortung für die Bibliothek von White Acre übertrug, nicht nur für das Aussortieren, sondern für die komplette Sammlung. Beatrix war korpulent geworden und zu müde, um noch die Leitern der Bibliothek zu erklimmen. Sie hatte genug von dieser Arbeit.

Möglicherweise hätte man sie fragen können, ob sie es für richtig hielt, ein ehrbares, unverheiratetes Mädchen von sechzehn Jahren ohne jede Aufsicht einer Schwemme von unzensierten Büchern auszusetzen und darauf zu vertrauen, dass es sich allein einen Weg durch diese unübersehbare Flut von ungezügelten Ideen bahnte. Wir können hier nur Vermutungen anstellen. Vielleicht glaubte Beatrix, ihre erzieherische Arbeit erfolgreich abgeschlossen und Alma zu einer jungen Frau geformt zu haben, die anständig und pragmatisch genug war, verderblichen Ideen zu widerstehen. Oder Beatrix hatte nicht bedacht, auf welche Art von Büchern Alma in diesen ungeöffneten Truhen stoßen könnte. Oder sie glaubte, Alma sei durch ihr reizloses, plumpes Äußeres immun gegen die Gefahren der … nennen wir es beim Namen … Sinneslust. Oder aber Beatrix, die auf die fünfzig zuging und an episodischen Schwindelanfällen und Zerstreutheit litt, war einfach nur nachlässig geworden.

Wie auch immer es sich verhielt, de facto war Alma Whittaker sich selbst überlassen. Und so fand sie das Buch.

•

Aus wessen Bibliothek es stammte, erfuhr sie nie. Alma entdeckte es in einer unbeschrifteten Kiste, inmitten einer ansonsten unauffälligen Sammlung von Büchern, die größtenteils medizinischer Natur waren – einige Standardwerke von Galenos, einige jüngere Übersetzungen von Hippokrates, nichts Neues oder Aufregendes. Doch dazwischen befand sich ein dicker, in Kalbsleder gebundener Band, der den Titel *Cum Grano Salis* trug und von einem anonymen Autor verfasst war. Ein lustiger Titel: *Mit einer Prise Salz.* Zunächst dachte Alma, es sei eine Abhandlung vom Kochen, ähnlich dem im fünfzehnten Jahrhundert in Venedig entstandenen Nachdruck des aus dem vierten Jahrhundert stammenden Buches *De Re Coquinaria*, über den die Bibliothek von White Acre bereits verfügte. Doch ein rasches Durchblättern zeigte, dass dieses Buch auf Englisch geschrieben war und keinerlei Illustrationen oder Listen enthielt, die sich an Köche richteten. Alma schlug die erste Seite auf, und was sie dort las, brachte ihre Gedanken in heftigen Aufruhr.

»Es verblüfft mich«, schrieb Anonymus in seiner Einführung, »dass wir von Geburt an mit wunderbaren Rohren und Löchern ausgestattet sind, von denen jedes kleine Kind weiß, dass sie Gegenstand größter Genüsse sein können, dass wir jedoch im Namen der Zivilisation vorgeben müssen, es seien Abscheulichkeiten – die wir bloß nicht berühren, bloß nicht teilen und an denen wir uns bloß nicht erfreuen dürfen! Doch warum sollten wir diese Geschenke des Körpers nicht erforschen, bei uns wie auch bei unseren Mitmenschen? Allein unser Denken hält uns von solchen Beglückungen ab, allein unser künstliches Verständnis von ›Zivilisation‹ verbietet uns derart einfache Freuden. Mein eigenes Denken, das einst hinter den Gittern des Anstands gefangen war, hat sich vor vielen Jahren durch die Erfahrung überwältigender Sinneslust befreien können. Ich stellte fest, dass man nicht nur den Ausdruck des Geistes, sondern auch den des Fleisches pflegen kann wie eine schöne Kunst, wenn man ihn nur mit der gleichen Hingabe betreibt wie die Musik, die Malerei oder Literatur.

Was auf den Seiten dieses Buches folgt, verehrte Leser, ist der ehrliche Bericht meiner lebenslangen erotischen Abenteuer. Der eine oder andere mag sie als verdorben bezeichnen, ich hingegen bin ihnen seit meiner Jugend freudig und, wie ich glaube, ohne Schaden nachgegangen. Wäre ich ein religiöser Mann, gefangen in den Fesseln der Scham, würde ich dieses Buch vielleicht als Bekenntnis bezeichnen. Doch ich teile diese Form von Schamgefühl nicht, und meine Forschungen haben gezeigt, dass es weltweit viele menschliche Gemeinschaften gibt, die der Sinnlichkeit nicht mit Scham begegnen. Inzwischen glaube ich, dass die Abwesenheit von Scham in Wahrheit den Naturzustand der menschlichen Gattung beschreibt – ein Zustand, der sich durch unsere Zivilisation in trauriger Weise deformiert hat. Aus diesem Grund *bekenne* ich meine ungewöhnliche Geschichte nicht, sondern *enthülle* sie lediglich. Ich hoffe und vertraue darauf, dass meine Enthüllungen wie ein unterhaltsamer Leitfaden gelesen werden, nicht nur von Gentlemen, sondern auch von wagemutigen, gebildeten Damen.«

Alma klappte das Buch zu. Sie kannte diese Stimme, diese Sprache. Natürlich kannte sie den Autor nicht persönlich, doch sie kannte diesen Typus Mann: ein gebildeter *Homme de Lettres*, wie sie häufig in White Acre dinierten. Der Autor gehörte zu der Sorte Männer, die mühelos vierhundert Seiten eines Buches mit naturphilosophischen Betrachtungen über die Heuschrecke füllen konnten; nur dass er hier beschlossen hatte, vierhundert Seiten über seine wollüstigen Abenteuer zu schreiben. Dieses Déjà-vu-Gefühl, diese seltsame Vertrautheit verwirrte Alma und reizte sie. Wenn eine Abhandlung dieser Art von einem seriösen Gentleman in seriöser Sprache verfasst worden war, musste sie dann nicht auch seriös sein?

Was hätte Beatrix dazu gesagt? Alma wusste sofort, dass Beatrix gesagt hätte, dieses Buch sei unstatthaft, gefährlich und abstoßend und im Übrigen ein Sammelsurium von Verwerflichkeiten. Sie hätte verlangt, es zu verbrennen. Und was würde Prudence tun, wenn sie solch ein Buch fände? Nun, Prudence würde es nicht mit der Kneifzange anfassen. Und wenn es doch irgendwie in ihre Hände gelangte, würde sie es pflichtbewusst zu Beatrix bringen, damit die es vernichten konnte. Anschließend würde sie klaglos die Strafe dafür hinnehmen, dass sie das Ding überhaupt berührt hatte. Aber Alma war nicht Prudence.

Was sollte sie also tun?

Alma beschloss, dass sie das Buch vernichten und niemandem etwas davon sagen würde. Ja, sie würde es vernichten. Gleich am Nachmittag. Ohne ein weiteres Wort darin zu lesen.

Sie schlug das Buch wieder auf, diesmal an einer beliebigen Stelle. Wieder begegnete ihr die vertraute, seriöse Stimme, doch das Thema war geradezu unglaublich.

»Ich wollte erfahren«, schrieb der Autor, »in welchem Alter eine Frau die Fähigkeit verliert, Fleischeslust zu empfinden. Der Bordellbesitzer, jener Freund, der mir in der Vergangenheit bei vielen Experimenten beigesprungen war, berichtete mir von einer Kurtisane, die ihrer Tätigkeit im Alter von vierzehn bis vierundsechzig Jahren mit Freude nachgegangen war und die nun, mit siebzig Jahren, in einer nahe gelegenen Stadt lebte. Ich schrieb der fraglichen Dame, und sie antwortete mir in einem Brief von bezaubernder Offenheit und Herzlichkeit. Innerhalb eines Monats stattete ich ihr einen Besuch ab, bei dem sie mir erlaubte, ihre Geschlechtsteile in Augenschein zu nehmen, welche kaum von den Geschlechtsteilen einer viel jüngeren Frau zu unterscheiden waren. Sie demonstrierte mir, dass sie durchaus noch fähig zur Sinneslust war. Indem sie ihren Hügel der Leidenschaft mit einer feinen Schicht Nussöl bedeckte, führte sie sich unter Zuhilfenahme ihrer Finger zu einem Gipfel der Wonne …«

Alma klappte das Buch zu. Dieses Buch musste weg.

Sie würde es im Küchenfeuer verbrennen. Nicht am Nachmittag, da würde man sie sehen, sondern später am Abend.

Sie öffnete es nochmals, wieder aufs Geratewohl.

»Ich bin zu der Überzeugung gelangt«, fuhr der Autor seelenruhig fort, »dass es Menschen gibt, die geistig wie körperlich von regelmäßigen Schlägen auf das Gesäß profitieren. Häufig sah ich, wie dieses Verfahren bei Männern wie Frauen das Gemüt aufrichtete, und ich vermute, dass wir kein gesünderes Mittel zur Behandlung von Melancholie und anderen geistigen Leiden zur Verfügung haben. Zwei Jahre lang verkehrte ich mit einem entzückenden Dienstmädchen, der Tochter eines Hutmachers, deren unschuldige, engelsgleiche Kugeln unter mehrfachen Geißelungen kräftig und fest wurden. Ja, die Peitsche vermochte all ihre Sorgen auszulöschen. Wie schon zuvor beschrieben, verfügte ich damals in meinen Büroräumen über ein aufwendiges, eigens von einem Polsterer angefertigtes Sofa, das mit Seilen und Winden ausgestattet war. Dieses Mädchen liebte es über alles, fest an das Sofa gebunden zu sein und mein Glied in den Mund zu nehmen, um daran zu saugen wie ein Kind, das an einem Zuckerstab leckt, während ein Gefährte …«

Alma klappte das Buch wieder zu. Jeder, der dem Vulgären abhold war, hätte sofort aufgehört, dieses Machwerk zu lesen. Wo kam diese Neugierde her, die sich wie eine hungrige Raupe durch Almas Bauch fraß? Die täglich mit neuen, ungewöhnlichen, *wahrhaftigen* Dingen gefüttert werden wollte?

Alma schlug das Buch wieder auf und las in einem unbeschreiblichen Gefühlsaufruhr eine ganze Stunde darin. Das Gewissen zerrte an ihrem Rocksaum und flehte sie an, sie möge bitte aufhören, doch sie konnte nicht. Was sie auf diesen Seiten entdeckte, verschlug ihr den Atem, beunruhigte und erregte sie. Als sie das Gefühl hatte, dass sie kurz davor war, aus dem rauschenden, wogenden Gestrüpp ihrer Phantasie zu stürzen und in einer Ohnmacht zu versinken, knallte sie das Buch endlich zu und sperrte es weg, zurück in die unverfängliche Kiste, aus der es gekommen war.

Fluchtartig verließ sie die Remise und strich sich mit feuchten Händen die Schürze glatt. Draußen war es so kühl und wolkenverhangen wie schon das ganze Jahr, und ein erbärmlicher Sprühregen lag so schwer in der nebeligen Luft, dass es sich anfühlte, als könnte man sie mit dem Skalpell zerteilen. An diesem Tag gab es noch wichtige Dinge zu erledigen. Alma hatte Hanneke de Groot versprochen, dass sie ihr helfen würde, das Einlagern der Apfelsaftfässer zu beaufsichtigen, die für den Winter in den Keller gebracht werden sollten. Irgendjemand hatte unter den Fliederbüschen längs der Zäune am South Wood Papier verstreut; das musste entfernt werden. Und hinter Mutters griechischem Garten hatte Efeu das Gebüsch überwuchert, auch dorthin musste ein Bursche geschickt werden. Sie würde sich sofort um alles kümmern, tüchtig wie immer.

Rohre und Löcher.

Sie konnte an nichts anderes mehr denken als an Rohre und Löcher.

•

Der Abend kam. Das Speisezimmer war hell erleuchtet, Porzellan aufgelegt. Gäste wurden erwartet. Alma hatte sich fürs Dinner umgezogen. Eingeschnürt in ein teures Kleid aus Jakonett-Musselin, hätte sie im Salon auf die Gäste warten sollen, doch stattdessen entschuldigte sie sich und erklärte, sie wolle noch für einen Moment in die Bibliothek gehen. Eilends schloss sie sich in der Buchbindekammer ein. Es war die nächstgelegene Tür, die ein stabiles Schloss besaß. Sie hatte das Buch nicht bei sich. Sie brauchte es nicht; die Bilder hatten sie den ganzen Nachmittag mit äußerster Beharrlichkeit verfolgt.

Ihr Kopf war randvoll mit Gedanken, die wilde Forderungen an ihren Körper stellten. Ihre Scheide brannte. Als hätte man ihr etwas entrissen. Ein glühender Schmerz, der sich im Laufe des Nachmittags zugespitzt hatte. Das bohrende Gefühl zwischen ihren Beinen kam ihr fast vor wie ein teuflischer Spuk oder Hexerei. Ihre Scheide verlangte danach, gerieben zu werden, so fest es ging. Die Stoffschichten waren im Weg, das Kleid juckte und schnürte sie ein. Sie hob die Röcke. Und dann tat sie es: Auf ihrem kleinen Schemel in der winzigen, dunklen, verriegelten Bindekammer, in der es nach Leim und Leder roch, spreizte sie die Beine und fing an, sich zu reiben, zu betasten, zu durchwühlen, mit den Fingern fieberhaft ihre schwellenden Blütenblätter zu durchforsten und den Teufel zu suchen, der sich darin versteckt hielt, um diesen Teufel mit hastigen Bewegungen auszutreiben.

Sie fand ihn. Rieb daran, fester und fester. Sie spürte, wie sich etwas löste. Der Schmerz in ihrer Scheide verwandelte sich in etwas anderes, ein Feuer, einen Hitzesog, einen Strudel der Wollust. Sie ließ sich in der Lust treiben. Sie schwebte, hatte keinen Namen, keine Gedanken, keine Geschichte mehr. Dann gab es eine Explosion, ein phosphoreszierendes Leuchten, als hätte sich hinter ihren Augen ein Feuerwerk entzündet, und es war vorbei. Sie fühlte sich ruhig. Warm. Zum ersten Mal in ihrem Leben spürte sie, dass ihr Kopf frei war: frei von Fragen, frei von Sorgen, frei von Arbeit, frei von Verwirrungen. Und dann, inmitten dieser wunderbaren, wohligen Stille, formte und festigte sich ein Gedanke, bis er ganz von ihr Besitz ergriff:

Ich muss es wieder tun.

•

Kaum eine halbe Stunde später stand Alma im Atrium von White Acre, um verwirrt und beschämt die Gäste zu empfangen. An diesem Abend zählte der junge, ernste George Hawkes zu den Geladenen, ein in Philadelphia ansässiger Verleger von erstklassigen botanischen Drucken, Büchern, Fachzeitschriften und Periodika, sowie ein distinguierter älterer Gentleman namens James K. Peck, der an der Universität von Princeton lehrte und gerade ein Buch über die Physiologie der Neger veröffentlicht hatte. Arthur Dixon, der blasse Hauslehrer, dinierte wie üblich mit der Familie, wobei er selten etwas zur Konversation beitrug und die Dinnerstunden hauptsächlich damit verbrachte, sorgenvoll seine Fingernägel zu betrachten.

Der Verleger George Hawkes war schon häufig auf White Acre zu Gast gewesen, und Alma mochte ihn. Er war schüchtern, aber nett und schrecklich intelligent, und er hatte etwas von einem großen, tapsigen Bären. Seine Kleidung war immer zu weit, sein Hut saß schlecht, und er schien nie zu wissen, wohin mit sich. George Hawkes zum Sprechen zu bringen war eine echte Herausforderung, doch wenn er erst einmal anfing, war er eine wahre Fundgrube. Über Pflanzenlithographie wusste er mehr als jeder andere in Philadelphia, und seine Publikationen waren exzellent. Er sprach mit Liebe und Begeisterung über Pflanzen und Künstler und die Buchbinderei, und Alma fühlte sich in seiner Gesellschaft ungeheuer wohl.

Der andere Gast, Professor Peck, war Neuling am Tisch der Whittakers. Alma konnte ihn auf Anhieb nicht leiden. Er besaß alle Merkmale eines Langweilers, noch dazu eines penetranten Langweilers. Gleich nach seiner Ankunft okkupierte er zwanzig Minuten lang das Atrium von White Acre, um dort in epischer Breite die Widrigkeiten seiner Kutschfahrt von Princeton nach Philadelphia zu schildern. Als er das faszinierende Thema erschöpfend behandelt hatte, tat er sein Erstaunen darüber kund, dass Alma, Prudence und Beatrix den Gentlemen am Tisch Gesellschaft leisten würden, schließlich seien sie der Konversation geistig doch gewiss nicht gewachsen.

»Oh nein«, widersprach Henry seinem Gast. »Ich glaube, Sie werden bald merken, dass meine Frau und meine Töchter zu ganz passabler Konversation imstande sind.«

»Ach ja?«, fragte der Gentleman. »Über welche Themen?«

»Nun«, sagte Henry und rieb sich, während er über seine Familie nachdachte, das Kinn. »Beatrix weiß alles, Prudence hat künstlerische und musikalische Kenntnisse, und Alma – die Große, Kräftige – ist ein Ass in Botanik.«

»Botanik«, wiederholte Professor Peck mit routinierter Herablassung. »Eine sehr erbauliche Freizeitbeschäftigung für junge Damen. Ich habe schon immer vermutet, dass dies die einzige wissenschaftliche Arbeit ist, für die sich das weibliche Geschlecht eignet, weil ihm Härte und mathematische Genauigkeit fehlen. Auch meine eigene Tochter macht sehr hübsche Zeichnungen von Wildblüten.«

»Eine faszinierende Tätigkeit«, murmelte Beatrix.

»Ja, durchaus«, sagte Professor Peck und wandte sich Alma zu. »Sehen Sie, die Finger einer Dame sind weicher, geschmeidiger als die eines Mannes. Manche sagen, dass sie besser als Männerhände für heikle Verrichtungen geeignet sind, wie sie mit dem Pflanzensammeln einhergehen.«

Alma, die eigentlich nicht zum Erröten neigte, errötete bis in die Haarwurzeln. Warum redete dieser Mann von ihren Fingern, von Geschmeidigkeit, Weichheit und heiklen Verrichtungen? Nun starrten alle auf Almas Hände, die sich eben noch an ihrer Scheide zu schaffen gemacht hatten. Es war furchtbar. Aus den Augenwinkeln sah sie, dass ihr alter Freund George Hawkes nervös in ihre Richtung lächelte. Verständnisvoll. George errötete ständig. Er wurde rot, sobald man ihn anblickte, und erst recht, wenn er sich gezwungen sah, etwas zu sagen. Angesichts ihres Unbehagens empfand er wahrscheinlich Mitleid. Als Alma Georges Blick spürte, merkte sie, dass sie noch röter wurde. Zum ersten Mal in ihrem Leben fehlten ihr die Worte, und sie wünschte sich, einfach nicht beachtet zu werden. An diesem Abend hätte sie alles dafür gegeben, diesem Dinner fernbleiben zu dürfen.

Zu ihrem Glück schien Professor Peck an nichts und niemandem außer seiner eigenen Person interessiert zu sein, und als das Essen serviert wurde, hob er zu einer langen, detaillierten Vorlesung an, als wäre White Acre ein Hörsaal des Princeton College und die Gäste seine Studenten.

»Es gibt Stimmen«, begann er, nachdem er penibel seine Serviette gefaltet hatte, »die unlängst behauptet haben, der Negroidismus sei eine reine Erkrankung der Haut und könne möglicherweise mit Hilfe von geeigneten chemischen Kombinationen abgewaschen werden, womit sich der Neger gewissermaßen in einen gesunden weißen Menschen verwandeln würde. Das ist falsch. Wie meine Forschungen bewiesen haben, ist ein Neger kein kranker weißer Mann, sondern eine Gattung für sich, wofür ich im Folgenden den Nachweis erbringen werde …«

Das Zuhören fiel Alma schwer. Ihre Gedanken waren bei *Cum Grano Salis* und der Bindekammer. Gleichwohl hatte Alma an diesem Tag nicht zum ersten Mal von Genitalien und menschlichen Sexualfunktionen gehört. Im Gegensatz zu anderen Mädchen, denen man in der Familie erzählte, dass Indianer die Babys brächten oder dass sich die Befruchtung durch Einbringen von Samen in kleine Schlitze an den Seiten des Frauenkörpers vollzöge, besaß Alma rudimentäre Kenntnisse der menschlichen Anatomie, sowohl der männlichen als auch der weiblichen. In White Acre gab es so viele wissenschaftliche Bücher und medizinische Abhandlungen, dass sie im Hinblick auf dieses Thema nicht ganz unwissend bleiben konnte, und auch die ihr vertraute Sprache der Botanik war schließlich in hohem Maße sexualisiert. Immerhin hatte Linné die Bestäubung als »Hochzeit« und die Blütenblätter als »prächtige Bettvorhänge« bezeichnet, und einmal hatte er bei einer Blume, die neun Staubblätter und einen Stempel besaß, den gewagten Vergleich zu »neun Männern und einer Frau im selben Brautzimmer« gezogen.

Vor allem aber hätte Beatrix nicht zugelassen, ihren Töchtern eine selbstgefährdende Unschuld anzuerziehen, gerade in Anbetracht der unglückseligen Geschichte von Prudence' leiblicher Mutter. So hatte Beatrix den beiden Mädchen unter qualvollem Stottern und heftigem Fächerwedeln in Halsnähe die maßgeblichen Abläufe der menschlichen Fortpflanzung höchstpersönlich mitgeteilt. Keiner der Beteiligten war dieses Gespräch angenehm gewesen, und so hatten alle mit vereinten Kräften dafür gesorgt, es so rasch wie möglich zu Ende zu bringen. Die Informationen waren nichtsdestotrotz angekommen. Beatrix hatte Alma später sogar einmal darauf aufmerksam gemacht, dass gewisse Körperteile niemals berührt werden dürften, es sei denn zum Zwecke der Reinlichkeit. Man solle deshalb nicht länger als nötig auf dem Abort verweilen, um sich nicht der Gefahr unkeuscher Leidenschaften auszusetzen. Alma hatte diese Warnungen damals ignoriert, weil sie keinen Sinn ergaben: Warum sollte man länger als nötig auf dem Abort verweilen?

Doch mit der Entdeckung von *Cum Grano Salis* hatte sie schlagartig begriffen, dass auf der ganzen Welt unvorstellbare sinnliche Dinge geschahen. Männer und Frauen taten diese Dinge miteinander, und zwar nicht nur zum Zwecke der Reproduktion, sondern auch der Rekreation – und im Übrigen nicht nur Männer und Frauen, sondern auch Männer und Männer, Frauen und Frauen, Kinder und Bedienstete, Farmer und Reisende und manchmal sogar Ehemänner und Ehefrauen! Obendrein konnte man die unglaublichsten Dinge mit sich selbst tun, wie Alma in der Bindekammer entdeckt hatte. Auch ohne eine feine Schicht Nussöl.

Taten andere Leute das auch? Nicht nur den eher gymnastischen Akt der Penetration, sondern auch das heimliche Reiben? Anonymus zufolge taten es viele Menschen, sogar, nach allem, was er erlebt hatte, Damen von edler Geburt. Was war mit Prudence? Tat sie es? Hatte sie die schwellenden Blütenblätter, den Hitzesog, die phosphoreszierende Explosion schon einmal erlebt? Alma konnte es sich einfach nicht vorstellen, Prudence schwitzte ja nicht einmal. Es war schon schwierig genug, ihre Mimik zu deuten, wie sollte man da erraten, was sich unter ihren Kleidern oder in ihrem Kopf verbarg?

Und was war mit Arthur Dixon, ihrem Hauslehrer? War sein Kopf nur ein Hort gelehrter Langeweile, oder versteckten sich auch andere Dinge darin? Verbarg sich etwas hinter seinem trockenen Dauerhusten und seinen Gesichtszuckungen? Sie starrte Arthur an, suchte nach Anzeichen von Sinnlichkeit, doch sein Körper und sein Gesicht verrieten nichts. Jenes ekstatische Beben, das vorhin in der Bindekammer durch ihren Körper gegangen war, konnte sie sich bei Arthur Dixon beim besten Willen nicht vorstellen. Sie konnte ihn sich ja kaum in liegender Position vorstellen, geschweige denn unbekleidet. Alles deutete darauf hin, dass er in aufrecht sitzender Haltung zur Welt gekommen war, gekleidet in eine enganliegende Weste und wollene Kniehosen, unglücklich seufzend, in der Hand ein anspruchsvolles Buch. Falls auch ihn solches Verlangen erfasste, wo und wann gab er ihm nach?

Alma spürte eine kühle Hand auf ihrem Arm. Es war die ihrer Mutter.

»Wie lautet deine Meinung über Professor Pecks Abhandlung, Alma?«

Beatrix wusste, dass Alma nicht zugehört hatte. Woher wusste sie das? Und was wusste sie noch? Alma versuchte, sich rasch an den Beginn des Essens zurückzuerinnern und das wenige, was sie aufgenommen hatte, abzurufen.

Im Gegensatz zu sonst fiel ihr jedoch nichts ein. Sie räusperte sich und sagte: »Ich würde es vorziehen, das Buch von Professor Peck in seiner Gänze zu lesen, ehe ich ein Urteil fälle.«

Beatrix sah ihre Tochter durchdringend an: überrascht, kritisch und alles andere als beeindruckt.

Professor Peck hingegen betrachtete Almas Kommentar als Aufforderung weiterzureden oder besser gesagt als Aufforderung, zum Wohle der am Tisch versammelten Damen einen Großteil des ersten Kapitels seines Buches auswendig aufzusagen. Unter normalen Umständen hätte Henry Whittaker eine so beispiellose Invasion der Langeweile in seinem Hause nicht geduldet, doch Alma sah ihrem Vater an, dass er erschöpft war und höchstwahrscheinlich in Kürze einen seiner Anfälle erleiden würde. Drohende Krankheiten waren das Einzige, was ihren Vater zum Schweigen brachte. Wie Alma ihn kannte, und sie kannte ihn gut, würde er den nächsten Tag im Bett verbringen, wahrscheinlich sogar die ganze Woche. Für den Augenblick jedoch ertrug Henry den monotonen Vortrag seines Gastes, indem er sich Glas um Glas mit Rotwein füllte und über lange Strecken die Augen geschlossen hielt.

Unterdessen hatte Alma begonnen, George Hawkes zu inspizieren, den Verleger. Tat er es? Rieb er sich bis zum Gipfel der Wollust? Anonymus zufolge praktizierten Männer die Onanie noch häufiger als Frauen. Ein junger Mann, der sich bester Gesundheit und Vitalität erfreute, konnte sich Berichten zufolge mehrmals täglich einen Samenerguss entlocken. George Hawkes strotzte zwar nicht gerade vor Vitalität, doch er war ein junger Mann mit einem kräftigen, schweren und – nebenbei bemerkt – zum Schwitzen neigenden Körper, einem Körper, der dieses gewisse Etwas hatte, und zwar viel davon. Hatte George es vor kurzem getan, vielleicht sogar an diesem Tag? Und was tat George Hawkes' Glied wohl in diesem Moment? Lag es träge dahingestreckt? Oder reckte es sich begehrlich?

Mit einem Mal ereignete sich etwas Erstaunliches, ja geradezu Unvorstellbares.

Prudence Whittaker ergriff das Wort.

»Verzeihung, Sir«, wandte sie sich mit sanftem Blick an Professor Peck. »Wenn ich recht verstehe, scheinen Sie in den unterschiedlichen Strukturen des menschlichen Haars den Beweis dafür erkannt zu haben, dass Neger, Indianer und Orientalen einer anderen Gattung angehören als der weiße Mann. Ich kann mich jedoch einer gewissen Verwunderung über Ihre Vermutung nicht erwehren. Hier auf diesem Anwesen, Sir, züchten wir verschiedene Arten von Schafen. Vielleicht sind sie Ihnen aufgefallen, als Sie am frühen Abend eintrafen? Einige unserer Schafe haben seidiges Fell, bei anderen ist es fest und bei wieder anderen lockig und wie aus Wolle. Gewiss würden Sie niemals in Zweifel ziehen, Sir, dass es sich trotz ihres unterschiedlichen Fells bei all diesen Tieren um Schafe handelt. Und wenn Sie mir verzeihen wollen, Sir, so glaube ich, dass all diese Schafarten erfolgreich miteinander gekreuzt werden können. Verhält es sich bei den Menschen nicht genauso? Könnte man insofern nicht argumentieren, dass Neger, Indianer, Orientalen und auch der weiße Mann derselben Gattung angehören?«

Alle Blicke hatten sich auf Prudence gerichtet. Alma fühlte sich wie jemand, den man zum Wecken mit eiskaltem Wasser übergossen hat. Henry öffnete die Augen. Er stellte sein Glas ab und hob mit wiedererwachtem Interesse den Kopf. Man brauchte schon einen sehr scharfen Blick, um es zu bemerken, doch auch Beatrix saß mit einem Mal etwas aufrechter auf ihrem Stuhl, wie in Alarmbereitschaft. Arthur Dixon, der Hauslehrer, riss erschrocken die Augen auf und sah sich ängstlich um, als könnte dieser Ausbruch ihm zur Last gelegt werden. Tatsächlich gab es gute Gründe, in Erstaunen zu geraten. Noch nie hatte Prudence an diesem Tisch oder überhaupt irgendwo so lange ohne Unterbrechung gesprochen.

Bedauerlicherweise war Alma der Diskussion nicht gefolgt und konnte nicht mit letzter Gewissheit beurteilen, ob Prudence' Erklärung zutreffend oder überhaupt von Belang war, doch bei Gott! Das Mädchen hatte gesprochen! Alle schienen verdutzt, alle bis auf Prudence, die Professor Peck mit ihren blauen, klaren Augen unverwandt ansah, kühl und schön wie immer, und gelassen auf eine Antwort wartete. Es war, als hätte sie ihr Leben lang nichts anderes getan, als angesehene Professoren in ihre Schranken zu weisen.

»Wir können Menschen nicht mit Schafen vergleichen, junge Dame«, stellte Professor Peck richtig. »Die alleinige Tatsache, dass sich zwei Geschöpfe miteinander fortpflanzen … nun … wenn Ihr Vater mir vielleicht verzeihen möchte, dieses Thema in Anwesenheit von Damen anzuschneiden?«

Henry, inzwischen neugierig geworden, gab souverän das Zeichen seiner Zustimmung.

»Die alleinige Tatsache also, dass sich zwei Geschöpfe miteinander fortpflanzen, bedeutet noch nicht, dass sie derselben Gattung angehören. Pferde können sich, wie Sie vielleicht wissen, auch mit Eseln fortpflanzen. Das Gleiche gilt für Kanarienvögel und Finken, Hähne und Rebhühner sowie den Ziegenbock und das Mutterschaf. Dies bedeutet jedoch nicht, dass sie biologisch gleichgestellt sind. Darüber hinaus ist wohlbekannt, dass sich Neger andere Arten von Kopfläusen und Würmern zuziehen, was fraglos eine Differenzierung der Gattungen beweist.«

Prudence nickte dem Gast höflich zu. »Dann befinde ich mich im Irrtum, Sir«, sagte sie. »Bitte, fahren Sie fort.«

Warum nur dieses Gerede von Fortpflanzung?, dachte Alma fassungslos. Ausgerechnet heute Abend!

»Während die Differenzierung der Rassen jedem noch so kleinen Kind ins Auge springt«, fuhr Professor Peck fort, »sollte die Überlegenheit des weißen Mannes zumindest für alle, die über rudimentäre Grundkenntnisse der Menschheitsgeschichte verfügen, eine unbestreitbare Tatsache sein. Als Teutonen und Christen halten wir Tugend, Sittlichkeit, robuste Gesundheit und Sparsamkeit in Ehren. Wir beherrschen unsere Leidenschaften. Folglich haben wir die Zügel in der Hand. Die anderen Rassen, die fernab der Zivilisation ihr Leben fristen, wären niemals imstande gewesen, fortschrittliche Erfindungen wie das Alphabet, das Geld oder die Manufakturen hervorzubringen. Alles in allem ist gerade der Neger an Hilflosigkeit kaum zu überbieten. Der Neger weist eine Überentwicklung der emotionalen Sinne auf, die für seinen berüchtigten Mangel an Selbstbeherrschung verantwortlich ist. In seinen Gesichtsstrukturen zeigt sich diese Überentwicklung des Sinnlichen in ausgeprägter Form. Wir haben es *summa summarum* mit einer

Überbetonung von Augen, Lippen, Nase und Ohren zu tun – was nichts anderes bedeutet, als dass der Neger nicht umhinkann, von seinen Sinnen überstimuliert zu werden. Demgemäß ist er zu wärmster Zuneigung, aber auch zu übelsten Gewaltausbrüchen imstande. Überdies kann der Neger nicht erröten und ist somit nicht fähig, Scham zu empfinden.«

Kaum ausgesprochen, ließen die Worte *erröten* und *Scham* Alma vor Scham erröten. Offenbar hatte sie an diesem Abend jegliche Kontrolle über ihre Sinne verloren. Wieder schenkte ihr George Hawkes ein mitfühlendes Lächeln, das sie noch mehr erröten ließ. Beatrix hingegen warf ihr einen so vernichtenden, sarkastischen Blick zu, dass Alma einen Moment lang fürchtete, Ziel einer Ohrfeige zu werden. Fast hätte sie es sich gewünscht, und sei es auch nur, um wieder einen klaren Kopf zu bekommen.

Zu aller Erstaunen ergriff Prudence erneut das Wort.

»Ich frage mich«, warf sie in ruhigem, maßvollem Ton ein, »ob wohl der klügste Neger dem einfältigsten weißen Mann an Intelligenz überlegen ist? Ich frage dies nur deshalb, Professor Peck, weil unser Hauslehrer, Mr Dixon, uns vergangenes Jahr von einem Volksfest berichtet hat, wo er auf einen ehemaligen Sklaven aus Maryland namens Mr Fuller traf, der als überaus flinker Rechner Berühmtheit erlangt hatte. Nach Aussage von Mr Dixon konnte dieser Neger, wenn Sie ihm das genaue Datum und die exakte Uhrzeit Ihrer Geburt nannten, augenblicklich errechnen, wie viele Sekunden Sie bereits gelebt hatten, Sir, unter Berücksichtigung der Schaltjahre. Selbstverständlich war dies eine überaus beeindruckende Vorführung.«

Arthur Dixon schien kurz davor, in Ohnmacht zu fallen.

Ohne noch einen Hehl aus seiner Verärgerung zu machen, entgegnete der Professor: »Junge Dame, ich habe auf Volksfesten Maultiere gesehen, denen sich das Zählen beibringen ließ.«

»Das habe ich auch«, erwiderte Prudence mit unverändert besonnener, fast monotoner Stimme. »Doch mir ist auf einem Volksfest noch kein Maultier begegnet, dem sich beibringen ließ, Schaltjahre zu berechnen.«

»Nun gut«, antwortete der Professor und nickte kurz. »Um Ihre Frage zu beantworten: Innerhalb jeder Gattung wird man schwachsinnige Individuen und mitunter sogar gelehrte Individuen vorfinden. Beides ist jedoch nicht die Norm. Ich habe einige Jahre lang die Totenschädel von weißen Männern und Negern gesammelt und vermessen, und meine bisherigen Forschungen haben eindeutig gezeigt, dass der Schädel des weißen Mannes mit Wasser gefüllt im Durchschnitt vier Unzen mehr aufnimmt als der Schädel des Negers, was die höhere intellektuelle Aufnahmefähigkeit beweist.«

»Ich frage mich«, erwiderte Prudence sanft, »was geschehen wäre, wenn Sie versucht hätten, Wissen in den Schädel eines lebenden Negers zu füllen, anstatt Wasser in den Schädel eines toten?«

Schweigen legte sich über den wie vom Donner gerührten Tisch. George Hawkes, der an diesem Abend noch kein Wort gesprochen hatte, verfolgte ganz offensichtlich nicht die Absicht, es jetzt zu tun. Arthur Dixon hatte begonnen, in ganz hervorragender Weise einen Leichnam zu imitieren. Professor Pecks Gesicht hingegen nahm einen leicht violetten Farbton an. Prudence wartete mit undurchdringlichem, makellosem Porzellangesicht auf eine Antwort. Henry starrte seine Adoptivtochter mit sichtlich wachsender Verblüffung an, zog es jedoch aus irgendeinem Grund vor zu schweigen – vielleicht, weil er sich für eine direkte Mitwirkung zu geschwächt fühlte, vielleicht aber auch aus purer Neugier, welche Entwicklung dieses mehr als unerwartete Gespräch nehmen würde. Auch Alma leistete keinen Beitrag. Offen gestanden gab es nichts, was sie hätte beitragen können. Noch nie hatte sie so wenig zu sagen gehabt, und noch nie war Prudence so redselig gewesen. Also fiel Beatrix die Aufgabe zu, dem Gästetisch die verlorengegangene Sprache zurückzugeben, und sie tat es mit unerschütterlichem holländischem Pflichtgefühl.

»Ich fände es hochinteressant, Professor Peck«, sagte sie, »die von Ihnen erwähnte Forschungsarbeit über Differenzen in der Verbreitung von Kopflaus- und Darmwurm-Arten bei Negern und weißen Menschen zu lesen. Vielleicht haben Sie die Dokumentation bei sich? Es wäre mir eine Freude, sie durchzusehen. Die Biologie der Parasiten ist, wie ich finde, ein fesselndes Thema.«

»Ich trage die Dokumentation nicht bei mir, Madam«, sagte der Professor, während er langsam eine würdevolle Haltung zurückgewann. »Es ist auch nicht erforderlich. Dokumentation ist in diesem Fall nicht vonnöten. Die unterschiedliche Spezialisierung von Kopfläusen und Darmwürmern im Hinblick auf den Neger und den weißen Mann ist eine wohlbekannte Tatsache.«

Es war kaum zu glauben, doch Prudence ergriff tatsächlich noch einmal das Wort.

»Wie schade«, sagte sie, kühl wie Marmor. »Bitte vergeben Sie uns, Sir, aber in diesem Hause dürfen wir uns nicht auf die Annahme stützen, irgendeine Tatsache sei wohlbekannt und könne sich somit den Erfordernissen einer präzisen Dokumentation entziehen.«

Henry, so krank und matt er sich fühlte, brach in schallendes Gelächter aus.

»Und das, Sir«, rief er dem Professor mit dröhnender Stimme zu, »ist eine wohlbekannte Tatsache!«

Worauf sich Beatrix, als wäre nichts geschehen, dem Butler zuwandte und sagte: »Es scheint so, als könnten wir zum Nachtisch schreiten.«

•

Eigentlich sollten die Gäste über Nacht in White Acre bleiben, doch der verärgerte, irritierte Professor entschloss sich, mit seiner Kutsche wieder in die Stadt zu fahren, und teilte mit, dass er es vorzöge, dort in einem Hotel zu übernachten, um bei Tagesanbruch die beschwerliche Rückreise nach Princeton anzutreten. Niemand war betrübt über den Abschied von Professor Peck. George Hawkes fragte noch bei ihm an, ob man sich die Kutsche ins Stadtzentrum von Philadelphia vielleicht teilen könne, und der Gelehrte willigte unwirsch ein. Ehe auch George sich empfahl, bat er um eine kurze, private Unterredung mit Alma und Prudence. So begaben sich die drei in den Salon, während die anderen Gäste im Atrium ihre Mäntel und ihr Gepäck zusammensuchten.

Auf ein unmerkliches Nicken von Prudence hin, wandte sich George an Alma:

»Miss Whittaker«, fing er an, »Ihre Schwester sagte mir, Sie hätten, wenn auch eigentlich nur zur Befriedigung Ihrer eigenen Neugier, eine höchst interessante Abhandlung über die *Monotropa*-Pflanze verfasst. Ich frage mich, ob Sie mir vielleicht – vorausgesetzt, Sie sind nicht zu erschöpft – Ihre wichtigsten Erkenntnisse anvertrauen möchten?«

Alma war verwirrt. Welch ungewöhnliches Ansinnen und welch ungewöhnlicher Zeitpunkt. »Gewiss sind Sie selbst zu erschöpft, um zu dieser späten Stunde über meine botanische Liebhaberei zu sprechen«, kam sie ihm entgegen.

»Ganz und gar nicht, Miss Whittaker«, sagte George. »Ich würde es begrüßen. Im Gegenteil, ich fände es sogar erholsam.«

Sofort spürte auch Alma, wie die Anspannung von ihr abfiel. Endlich ein einfaches Thema! Endlich Botanik!

»Nun, Mr Hawkes«, sagte sie, »wie Sie sicherlich wissen, wächst die *Monotropa hypopitys* nur in schattiger Umgebung und zeichnet sich durch ihre weißliche Blässe aus, ein fast gespenstischer Farbton. Bisher gingen Naturforscher davon aus, dass es der *Monotropa* an Pigmenten fehle, weil in ihrer Umgebung ein Mangel an Sonnenlicht herrsche, doch diese Theorie ergibt für mich keinen Sinn, da schattige Umgebungen einige unserer lebendigsten Grüntöne hervorbringen, man denke etwa an Farne und Moos. Des Weiteren haben meine Untersuchungen gezeigt, dass die *Monotropa* sich ebenso gut von der Sonne weg als auch zu ihr hin neigen kann, was mich zu der Frage geführt hat, ob sie tatsächlich aus den Sonnenstrahlen Nahrung bezieht oder vielleicht doch eher aus einer anderen Quelle. Ich bin zu der Überzeugung gelangt, dass die *Monotropa* ihre Nahrung aus den Pflanzen bezieht, in denen sie wächst. Mit anderen Worten glaube ich, dass sie ein Parasit ist.«

»Womit wir wieder bei einem der Themen des heutigen Abends angelangt wären«, sagte George mit leisem Lächeln.

Du liebe Güte, George Hawkes scherzte! Alma hatte gar nicht gewusst, dass er zu so etwas fähig war, und so entfuhr ihr, kaum dass sie seinen Witz verstanden hatte, ein erfreutes Lachen. Prudence lachte nicht. Schön und unnahbar wie ein Gemälde, saß sie daneben und betrachtete die beiden still.

»Ja, allerdings!«, antwortete Alma lebhaft. »Im Gegensatz zu Professor Peck und seinen Kopfläusen kann ich jedoch mit einer Dokumentation aufwarten. Bei meinen mikroskopischen Untersuchungen konnte ich feststellen, dass der Stängel der *Monotropa* keine der cuticularen Poren aufweist, durch die andere Pflanzen Luft und Wasser aufnehmen, und er scheint auch über keinen Mechanismus zu verfügen, Feuchtigkeit aus dem Boden zu ziehen. Ich glaube, dass die *Monotropa* Nahrung und Feuchtigkeit von ihren ›Pflegeeltern‹ nimmt, wenn ich das so sagen darf. Ich glaube, dass ihre leichenhafte Blässe daher rührt, dass ihre Nahrung gewissermaßen vorverdaut wurde, nämlich von ihrem Wirt.«

»Eine höchst bemerkenswerte Vermutung«, stellte George Hawkes fest.

»Nun, zum jetzigen Zeitpunkt ist es tatsächlich nur eine Vermutung. Vielleicht wird die Chemie das, worauf mein Mikroskop einstweilen nur hindeutet, irgendwann beweisen können.«

»Wenn Sie nichts dagegen hätten, mir Ihren Artikel diese Woche zukommen zu lassen«, schlug George vor, »würde ich in Erwägung ziehen, ihn zu veröffentlichen.«

Alma war so entzückt über dieses unerwartete Angebot (und so verwirrt über die wunderlichen Ereignisse des Tages und so aufgewühlt, hier in diesem Salon mit dem Mann zu sprechen, der eben noch Ziel ihrer fleischlichen Gedanken gewesen war), dass sie nicht ein einziges Mal innehielt, um über den wohl seltsamsten Aspekt dieser Unterhaltung nachzudenken: die Rolle ihrer Schwester Prudence. Warum war Prudence eigentlich dabei? Und vor allem: Warum dieses Nicken, mit dem ihre Schwester George Hawkes bedeutet hatte, das Wort zu ergreifen? Wann und wo hatte Prudence ohne Almas Wissen Gelegenheit gehabt, mit ihm über ihre privaten Forschungsprojekte zu sprechen? Seit wann nahm Prudence von diesen Forschungsprojekten überhaupt Notiz?

An jedem anderen Abend hätten diese Fragen Alma nicht losgelassen und ihre Neugier geweckt, doch an diesem Abend verweigerte sie ihnen jegliche Aufmerksamkeit. An diesem Abend, mit dem der wohl seltsamste und verstörendste Tag ihres Lebens zu Ende ging, drehte sich ein so wildes Gedankenkarussell in ihrem Kopf, dass sie nichts anderes wahrnahm. Müde, entrückt und ein bisschen benommen, wünschte sie George Hawkes eine gute Nacht. Sie blieb mit ihrer Schwester allein im Salon zurück und wartete auf Beatrix, die bald kommen und ihnen die Leviten lesen würde.

Der Gedanke an Beatrix schmälerte Almas Euphorie. Die abendlichen Zurechtweisungen ihrer Mutter waren selten ein Genuss, doch nun fürchtete sich Alma noch mehr als sonst vor Beatrix' Strafpredigt. Die Entdeckung des Buches, die Gefühle, die es erweckt hatte, Almas einsame Leidenschaft in der Bindekammer … an diesem Tag war so viel geschehen, dass Alma glaubte, das schlechte Gewissen müsse ihr ins Gesicht geschrieben stehen. Sie fürchtete, dass ihre Mutter es irgendwie spüren würde. Ferner war das Tischgespräch an diesem Abend desaströs gewesen: Alma hatte sich als Dummchen präsentiert, während Prudence ein noch nie dagewesenes, nahezu unhöfliches Verhalten an den Tag gelegt hatte. Beatrix würde mit beiden unzufrieden sein.

Schweigsam wie Nonnen warteten Alma und Prudence auf ihre Mutter. Immer wenn sie allein waren, herrschte Stille. Behagliche Gespräche hatten sich nie eingestellt. Noch nie hatten sie miteinander geplaudert, und daran würde sich auch in Zukunft nichts ändern. Prudence hatte ruhig die Hände gefaltet, während Alma mit dem Saum eines Taschentuchs spielte. Sie warf Prudence einen kurzen, forschenden Blick zu, auf der Suche nach etwas, das sie nicht benennen konnte. Kameradschaft vielleicht. Wärme. Irgendeine Form von Nähe. Vielleicht einen versteckten Hinweis auf das, was an diesem Abend geschehen war. Doch Prudence ließ in ihrer geradezu überirdischen Schönheit keine Vertrautheit aufkommen. Alma beschloss, es trotzdem zu versuchen.

»Die Gedanken, denen du heute Abend Ausdruck verliehen hast, Prudence«, fing sie an. »Wie und wo sind sie dir zu Gehör gekommen?«

»Größtenteils durch Mr Dixon. Das Elend der afrikanischen Rasse ist eins der bevorzugten Themen unseres redlichen Hauslehrers.«

»Tatsächlich? Ich habe ihn nie über derartige Dinge sprechen hören.«

»Gleichwohl ist es eine Sache, die starke Gefühle bei ihm erweckt«, erwiderte Prudence mit unveränderter Miene.

»Wirklich? Dann ist er Abolitionist?«

»Ja.«

»Ach, du lieber Himmel!« Alma war verblüfft, dass überhaupt irgendetwas starke Gefühle bei Arthur Dixon erwecken konnte.

»Mutter weiß es«, fügte Prudence hinzu.

»Wirklich? Und was ist mit Vater?«

Prudence antwortete nicht. Alma hatte noch mehr Fragen, einen ganzen Berg von Fragen, doch Prudence schien nicht erpicht auf eine Fortsetzung des Gesprächs. Wieder wurde es still. Und mit einem Mal platzte Alma mit einer ungestümen, unbedachten Frage heraus, welche die Stille zerriss.

»Prudence«, fragte sie, »was denkst du über Mr George Hawkes?«

»Ich halte ihn für einen respektablen Gentleman.«

»Und ich glaube, ich bin bis über beide Ohren in ihn verliebt!«, rief Alma, die über dieses absurde, unerwartete Geständnis selbst vielleicht am meisten erschrak.

Noch ehe Prudence antworten konnte – sofern sie überhaupt jemals geantwortet hätte –, kam Beatrix in den Salon und blickte zum Diwan, auf dem ihre Töchter saßen. Mit strenger, unnachgiebiger Miene musterte sie erst das eine, dann das andere Mädchen. Für Alma war dies fürchterlicher als jede Schelte, denn das mütterliche Schweigen barg eine Vielzahl von schreckenerregenden Möglichkeiten. Es gab nichts, was Beatrix nicht hätte wissen können. Inzwischen hatte Alma so lange an ihrem Taschentuchzipfel gerissen, dass er nur noch aus losen Fäden bestand. An Prudence' Haltung und Contenance hatte sich hingegen nichts verändert.

»Ich bin heute Abend erschöpft«, brach Beatrix schließlich ihr ehrfurchtgebietendes Schweigen. Sie blickte Alma an. »Deshalb bin ich nicht gewillt, über deine Unzulänglichkeiten zu sprechen, Alma. Es würde meiner Gemütslage lediglich weiteren Schaden zufügen. Lass mich nur so viel sagen: Wenn ich jemals wieder erleben muss, dass du wie heute kopflos und mit offenem Mund an unserer Tafel sitzt, werde ich dich bitten, deine Mahlzeiten anderswo einzunehmen.«

»Aber Mutter …«, setzte Alma an.

»Rechtfertige dich nicht, Tochter. Das ist wehleidig.«

Beatrix wandte sich zum Gehen, doch dann drehte sie sich noch einmal um, als hätte sie etwas vergessen, und richtete ihren Blick auf Prudence.

»Prudence«, sagte sie. »Ausgezeichnete Vorstellung heute Abend.«

Das war nun wirklich noch nie da gewesen. Beatrix lobte nicht. Nie. Aber gab es überhaupt etwas, das an diesem Tag nicht ungewöhnlich war? Alma sah Prudence verblüfft an. Wieder suchte sie etwas. Anerkennung? Mitleid? Geteiltes Erstaunen? Doch Prudence ließ nichts erkennen, und so gab Alma es auf. Sie erhob sich und ging Richtung Treppe, Richtung Bett. Am Fuß der Treppe drehte sie sich noch einmal zu Prudence um und sagte etwas, das sie selbst überraschte.

»Gute Nacht, Schwester.« Dieses Wort hatte sie noch nie benutzt. »Das wünsche ich dir auch«, antwortete Prudence. Mehr nicht.

Kapitel 8

Zwischen dem Winter des Jahres 1816 und dem Herbst des Jahres 1820 verfasste Alma Whittaker mehr als drei Dutzend Aufsätze für George Hawkes, die der Verleger allesamt in seiner Monatszeitschrift *Botanica Americana* veröffentlichte. Ihre Aufsätze waren nicht zukunftsweisend, doch ihre Ideen gescheit, ihre Illustrationen fehlerfrei und ihre botanischen Fachkenntnisse solide und überzeugend.

Sie schrieb ausführliche Texte über Lorbeer, Mimosen und Verbena. Sie schrieb über Weintrauben und Kamelien, über die myrtenblättrige Orange und das Hegen und Pflegen von Feigenbäumen. Sie veröffentlichte alles unter dem Namen »A. Whittaker«. Weder Alma noch George Hawkes glaubten, dass es ihr in irgendeiner Weise zugutekommen würde, sich als Frau zu erkennen zu geben. Unter Wissenschaftlern herrschte immer noch eine strenge Unterteilung in die »Botanik« (das von Männern betriebene Studium der Pflanzen) und die »schöne« Botanik (das von Frauen betriebene Studium der Pflanzen). Häufig war die »schöne« Botanik zwar von der Botanik als solcher praktisch nicht zu unterscheiden – außer dass der eine Bereich mit Respekt betrachtet wurde und der andere nicht –, doch eben darum wünschte Alma nicht, als Vertreterin der schönen Botanik abgetan zu werden.

Unter Pflanzenkennern und Wissenschaftlern war »Whittaker« natürlich ein klangvoller Name, folglich wussten zahlreiche Botaniker sehr genau, wer »A. Whittaker« war. Aber auch nicht jeder. In Erwiderung auf ihre Artikel erhielt Alma gelegentlich Briefe von Botanikern aus aller Welt, die zu ihren Händen an George Hawkes' Druckerei adressiert waren. Einige dieser Briefe begannen mit »Mein lieber Sir«. Andere richteten sich an »Mr A. Whittaker«. Ein denkwürdiges Schreiben war sogar an »Dr. A. Whittaker« adressiert. Amüsiert und erfreut über den unverhofften Ehrentitel, verwahrte Alma diesen Brief längere Zeit.

Da sich George und Alma über Forschungsinhalte austauschten und gemeinsam an Aufsätzen arbeiteten, war der Verleger immer häufiger Gast in White Acre. Erfreulicherweise ließ seine Schüchternheit im Laufe der Zeit nach. Am Esstisch ergriff er regelmäßig das Wort und gab manchmal sogar ein Bonmot zum Besten.

Prudence hingegen sagte beim Dinner nie wieder ein Wort. Ihr verbaler Ausbruch zugunsten der Schwarzen am Abend von Professor Pecks Besuch war offenbar über sie gekommen wie ein vorübergehender Fieberanfall, denn sie beließ es bei diesem einen Mal und forderte nie wieder einen Gast heraus. Seitdem hatte sich Henry immer wieder über Prudence' Ansichten lustig gemacht, indem er sie »unsere schwarze Kriegerin« nannte, doch sie weigerte sich, jemals wieder über das Thema zu sprechen. Stattdessen verschanzte sie sich hinter der kühlen, distanzierten, etwas rätselhaften Contenance, die man bereits von ihr kannte, und begegnete allem und jedem mit gleichmütiger Höflichkeit.

Die Mädchen wuchsen heran. Nach ihrem achtzehnten Geburtstag stellte Beatrix endlich die privaten Unterrichtsstunden ein, erklärte ihre Ausbildung für beendet und schickte den armen, langweiligen Arthur Dixon fort, worauf er eine Stellung als Lehrer für alte Sprachen an der Universität von Pennsylvania annahm. Somit schien man die Mädchen nicht mehr als Kinder zu betrachten. Jede andere Mutter als Beatrix Whittaker hätte die nun folgende Phase sicherlich als eine Zeit intensiver Suche nach dem passenden Bräutigam angesehen. Jede andere Mutter hätte Alma und Prudence voller Ehrgeiz in die Gesellschaft eingeführt und sie wahrscheinlich ermuntert, zu flirten, zu tanzen und sich umwerben zu lassen. Vermutlich wäre dies der richtige Moment gewesen, neue Kleider zu bestellen, neue Haarmoden zu erproben, neue Porträts in Auftrag zu geben. Solche Maßnahmen schienen Beatrix freilich gar nicht in den Sinn zu kommen.

Was ihre Heiratsfähigkeit betraf, hatte Beatrix den beiden

Mädchen im Grunde keinen Gefallen getan. Es gab Kreise, in denen getuschelt wurde, die Whittakers hätten mit der ganzen Bildung und dem Sichabschotten von den besseren Familien dafür gesorgt, dass sie ihre Töchter niemals unter die Haube bringen würden. Freundinnen besaßen die beiden nicht. Diniert hatten sie immer nur mit erwachsenen Männern – Wissenschaftlern und Geschäftsleuten – und waren folglich völlig ungeschult im richtigen Umgang mit jungen Verehrern. Wenn ein Bursche zu Besuch in White Acre war und etwa die Seerosen in einem der schönen Teiche bewunderte, konnte es passieren, dass Alma ihm energisch widersprach: »Nein, Sir, da irren Sie sich. Das sind keine Seerosen. Es sind Lotosblumen. Seerosen schwimmen auf der Oberfläche, während Lotosblumen leicht aus dem Wasser ragen. Wenn Sie den Unterschied erst einmal kennen, unterläuft Ihnen dieser Fehler nicht mehr.«

Alma war groß geworden, breitschultrig wie ein Mann. Sie sah aus, als könnte sie eine Axt schwingen. Was sie im Übrigen tatsächlich konnte und im Rahmen ihrer botanischen Feldforschung auch häufig tat. Nun hätte dies einer Heirat nicht unbedingt im Wege stehen müssen. Manche Männer mochten starke Frauen, denen immerhin auch ein robusteres Gemüt nachgesagt wurde, und man hätte darauf verweisen können, dass Alma zudem ein schönes Profil besaß, zumindest linksseitig. Gewiss hatte sie ein gutes, freundliches Wesen. Doch ihr fehlte jenes elementare, unsichtbare Etwas, und dieser Mangel führte dazu, dass ihre Präsenz in einem Raum trotz aller Erotik, die in ihrem Körper schlummerte, bei einem Mann keine leidenschaftlichen Gedanken entfachen konnte.

Dass Alma sich selbst für reizlos hielt, machte die Sache nicht besser. Eine Überzeugung, die sie im Übrigen nur deshalb hegte, weil man es ihr so häufig und in so mannigfaltiger Weise gesagt hatte.

Die Tatsache, dass es ihr an Schönheit mangelte, hatte zuletzt wieder einmal der Vater in Erinnerung gerufen, als er ihr eines Abends, nachdem er etwas zu viel Rum getrunken hatte, aus heiterem Himmel verkündete: »Mach dir nichts draus, mein Mädchen!«

»Woraus soll ich mir nichts machen, Vater?«, fragte Alma und sah von dem Brief auf, den sie gerade für ihn schrieb.

»Lass dich nicht niederdrücken, Alma. Es reicht nicht, ein angenehmes Gesicht zu haben. Viele Frauen, die keine Schönheiten sind, werden geliebt. Nimm deine Mutter. Schön ist sie nicht gewesen, und trotzdem hat sie einen Mann gefunden, hab ich recht? Oder Mrs Cavendesh, unten an der Brücke! Die Frau ist eine Vogelscheuche, und trotzdem findet ihr Mann sie so passabel, dass er sieben Kinder aus ihr rausgeholt hat. Du wirst auch jemanden finden, Plum, und ich glaube, er wird von Glück sagen können, dass er dich hat.«

Kaum zu glauben, dass diese Worte Trost spenden sollten!

Was Prudence betraf, so war sie eine weithin anerkannte Schönheit – vielleicht sogar das schönste Mädchen von ganz Philadelphia –, doch die gesamte Stadt war sich einig darüber, dass sie kalt und nicht zu gewinnen war. Bei Frauen erregte Prudence Neid; ob sie jedoch bei Männern Leidenschaft erregte, muss dahingestellt bleiben. Prudence gelang es, Männern das Gefühl zu geben, dass es besser war, sich gar nicht erst um sie zu bemühen, und so bemühten sie sich vernünftigerweise gar nicht erst. Sie stierten sie an, denn man kam nicht umhin, Prudence Whittaker anzustieren, hielten sich jedoch fern.

Nun hätte man vermuten können, die Whittaker-Mädchen würden Mitgiftjäger anlocken. Tatsächlich gab es viele junge Männer, die nach dem Geld der Familie gierten; angesichts der beängstigenden Perspektive, Henry Whittakers Schwiegersohn zu werden, war es die Mühe dann wohl doch nicht wert. Zumal niemand ernsthaft glaubte, dass sich Henry jemals von seinem Vermögen trennen würde.

Jedenfalls führte nicht einmal die Aussicht auf Reichtum Freier nach White Acre.

Natürlich waren auf dem Anwesen jederzeit Männer zugegen, doch sie kamen Henrys wegen, nicht wegen der Töchter. Tagsüber sah man sie zu jeder Stunde im Atrium von White Acre stehen und auf eine Audienz bei Henry Whittaker hoffen. Es waren alle Arten von Männern: Verzweifelte, Zornige, Träumer, Lügner. Männer, die mit Schaukästen, Erfindungen, Zeichnungen, Plänen oder anhängigen Prozessen auf dem Anwesen eintrafen. Sie kamen mit Kaufangeboten für Aktien, Kreditanfragen, dem Prototyp einer neuen Vakuumpumpe oder der Gewissheit eines wirksamen Mittels gegen Gelbsucht, wenn Henry nur in ihre Forschungen investieren würde. Lediglich die Freuden der Brautwerbung waren niemals der Grund für ihr Kommen.

George Hawkes indessen war anders. Er hatte keine materiellen Dinge im Sinn, sondern kam nach White Acre, um sich mit Henry zu unterhalten und sich an den Gewächshäusern und ihren Beutestücken zu erfreuen. Henry wiederum genoss den Umgang mit George, der in seinen Zeitschriften aktuelle Forschungsergebnisse veröffentlichte und über alles, was auf dem Gebiet der Botanik stattfand, Bescheid wusste. George benahm sich ganz gewiss nicht wie ein Freier – weder flirtete er, noch machte er neckische Scherze –, doch er nahm die Whittaker-Mädchen wahr und begegnete ihnen freundlich. Um Prudence war er stets eifrig bemüht. Und Alma behandelte er wie eine respektierte Kollegin. Alma schätzte Georges Aufmerksamkeit, doch sie wünschte sich mehr. Akademischer Gedankenaustausch, so viel spürte sie, war nicht unbedingt das, wonach ein junger Mann beim Mädchen seiner Wahl trachtete. Dies war höchst bedauerlich für Alma, denn sie liebte George Hawkes von ganzem Herzen.

Dabei war es eigentlich seltsam, ausgerechnet ihn zu lieben. Niemand hätte George jemals bezichtigt, ein schöner Mann zu sein, doch in Almas Augen war er geradezu makellos. Irgendwie hatte sie das Gefühl, dass sie ein nettes und vielleicht auch naheliegendes Gespann bildeten. George war ohne Frage von übermäßig kräftiger Statur, blass, unbeholfen und plump – genauso wie Alma. In der Wahl seiner Kleidung machte er grundsätzlich alles falsch, und auch Alma war nicht elegant. Georges Westen waren stets zu eng, seine Hosen zu weit, doch wäre Alma ein Mann gewesen, hätte sie sich gewiss genauso gekleidet, denn sie begegnete beim Zusammenstellen ihrer Garderobe ähnlichen Schwierigkeiten wie er. Georges übermäßig hohe, breite Stirn stand in keinem Verhältnis zu seinem kleinen Kinn, doch er besaß einen dichten, dunklen, feucht glänzenden Haarschopf, den Alma für ihr Leben gern berührt hätte.

Nichts lag Alma ferner als Koketterie. Sie hatte nicht die leiseste Vorstellung, wie sie es anstellen sollte, George für sich zu gewinnen, wenn nicht durch Verfassen von immer mehr Aufsätzen über immer abwegigere botanische Themen. In der ganzen Zeit hatte es nur einen Moment zwischen George und Alma gegeben, den man in einem gewissen Sinne als zärtlich hätte interpretieren können. Alma hatte George Hawkes im April des Jahres 1818 durch ihr Mikroskop eine schöne *Carchesium polypinum*-Kolonie präsentiert – quicklebendig und gut beleuchtet, tanzten die Tierchen mit rotierenden Kelchen und flirrenden Flimmerhärchen in einer kleinen Pfütze Teichwasser. George hatte spontan ihre linke Hand ergriffen, sie zwischen seine großen, feuchten Handflächen gepresst und gesagt: »Ach, Miss Whittaker! Mit welcher Meisterschaft Sie mittlerweile das Mikroskop bedienen!«

Diese Berührung, dieser Händedruck, dieses Lob hatten Almas Herz höher schlagen lassen. Und ferner dazu geführt, dass sie alsbald in die Bindekammer lief, um wieder einmal mit eigener Hand ihre Glut zu löschen.

Oh ja, die Bindekammer!

Seit dem Herbst des Jahres 1816 war die Bindekammer ein Ort, den Alma täglich besuchte, phasenweise sogar mehrmals am Tag, unterbrochen nur in Zeiten der Menstruation. Wie sie trotz ihrer zahlreichen Pflichten und Studien überhaupt Zeit für diese Beschäftigung fand, war eine Frage, die sich schlicht und ergreifend nicht stellte: Alma konnte nicht anders. Ihr großgewachsener, maskuliner Körper – sommersprossig und hart wie Stein, die Knochen schwer, die Gelenke stabil, massive Hüften, breite Brust – war im Laufe der Jahre ein wahrhaft wundersames Organ sexueller Lust geworden, in dem sich fortwährend sinnliche Begierden stauten.

Cum Grano Salis hatte sie inzwischen so oft gelesen, dass alles fest in ihrem Gedächtnis verankert war, und sich sodann weiterem Lesestoff zugewandt, der nicht minder gewagt war. Sooft ihr Vater anderer Leute Bibliotheken aufkaufte, hielt sie beim Durchsehen der Bücher sorgfältig Ausschau nach gefährlichen Titeln, trügerischen Einbänden oder unstatthaften Inhalten, die sich zwischen harmloseren Druckwerken verborgen hielten. Auf diese Weise hatte sie Sappho und Diderot entdeckt sowie einige recht verwirrende, aus dem Japanischen übersetzte Handreichungen zur Lust. Sie hatte ein französisches Buch mit dem Titel *L'Année galante* gefunden, das in monatlichen Episoden von zwölf sexuellen Abenteuern erzählte, von perversen Konkubinen und lüsternen Priestern, von gefallenen Ballettmädchen und verführten Gouvernanten. Oh, die leidgeprüften verführten Gouvernanten! Scharenweise entwürdigt und zugrunde gerichtet! Sie tauchten in so vielen unanständigen Büchern auf! Warum sollte man als Frau eigentlich Gouvernante werden, fragte sich Alma, wenn dies doch nur in Notzucht und Versklavung mündete? Alma las sogar den Leitfaden eines geheimen »Damen-Peitsch-Clubs« in London sowie zahllose Geschichten von römischen Orgien und obszönen religiösen Initiationsriten der Hindus. All diese Bücher trennte sie von den anderen und verstaute sie, in Schrankkoffern versteckt, auf dem alten Heuboden der Remise.

Doch das war noch nicht alles! Sie nahm auch Einblick in medizinische Fachzeitschriften, in denen sie auf die wunderlichsten, befremdlichsten Abhandlungen über den menschlichen Körper stieß. Sie las nüchterne Theorien über Adams und Evas möglichen Hermaphroditismus. Sie las wissenschaftliche Berichte über Schambehaarung, die in so kapriziösem Überfluss spross, dass man sie hätte ernten und in Form von Perücken verkaufen können. Sie las Statistiken über den Gesundheitszustand von Prostituierten im Gebiet Boston. Sie las Schilderungen von Seeleuten, die behaupteten, sie hätten sich mit Robben gepaart. Sie las Vergleiche der Penisgrößen verschiedener Rassen, Kulturen und Säugetierarten.

Sie wusste, dass sie diese Dinge nicht hätte lesen sollen, doch sie konnte es nicht lassen. Sie wollte alles wissen, was sie nur irgendwie in Erfahrung bringen konnte. All das Gelesene bevölkerte ihren Kopf wie ein zirkusreifes Panoptikum von Leibern – entkleidet und ausgepeitscht, entwürdigt und erniedrigt, schmachtend und in Einzelteile zerlegt, um später zum Zwecke weiterer Erniedrigungen wieder zusammengesetzt zu werden. Im Übrigen hatte sie die fixe Idee, Dinge in den Mund zu nehmen – um genau zu sein Dinge, von denen sich eine Dame niemals wünschen sollte, sie in den Mund zu nehmen. Etwa Körperteile von anderen Leuten und Ähnliches. Am allermeisten das männliche Glied. Mehr noch als in ihrer Scheide wünschte sie es sich in ihrem Mund, wo eine intensivere Fühlungnahme kaum denkbar war. Sie ging Dingen gern minutiös auf den Grund, um eine intime, wenn nicht gar mikroskopische Kenntnis von ihnen zu erlangen, es ergab also Sinn, dass sie sich danach sehnte, den verborgensten Teil eines Mannes – die Brutstätte seines Daseins – zu sehen und sogar zu schmecken. Im Zusammenspiel mit einer gesteigerten Wahrnehmung ihrer Zunge und ihrer Lippen verfestigten sich all diese Gedanken zu einer problematischen Obsession, die solche Ausmaße annahm, dass Alma ihr mehr oder weniger hilflos ausgeliefert war. Sie konnte dieses Problem einzig und allein mit ihren Fingerspitzen lösen, und zwar nirgendwo anders als in der Bindekammer, im sicheren, abgeschotteten Dunkel, umgeben vom vertrauten Geruch nach Leder und Leim, hinter dem guten, alten, verlässlichen Türschloss. Nur so konnte sie es lösen, die eine Hand zwischen den Beinen, die andere im Mund.

Alma wusste, dass ihre permanente Selbstschändung der Gipfel des Unerlaubten war und möglicherweise sogar ihrer Gesundheit Schaden zufügen würde. Unfähig, ihrem Forscherdrang Einhalt zu gebieten, ging sie auch diesem Thema auf den Grund, und was sie erfuhr, war nicht ermutigend. In einer medizinischen Fachzeitschrift aus England las sie, dass Kinder, gesund ernährt und an der frischen Luft aufgezogen, ihrem Körper für gewöhnlich ohne den leisesten Verdacht einer wie auch immer gearteten sexuellen Natur begegneten und überdies nach keinerlei sinnlicher Aufklärung trachteten. Die einfachen Freuden des Landlebens, so behauptete der Autor, böten jungen Menschen hinreichend Unterhaltung, um jegliches Verlangen nach Erforschung ihrer Genitalien im Keim zu ersticken. In einer anderen Fachzeitschrift erfuhr sie die möglichen Ursachen sexueller Frühreife: Bettnässen, zu viel Prügel im Kindesalter, eine Rektalreizung aufgrund von Würmern oder – und hier stockte Alma der Atem – eine »verfrühte intellektuelle Entwicklung«. Genau so hatte es sich wahrscheinlich bei ihr zugetragen. Wenn nämlich der Geist in jungen Jahren übermäßig gefördert werde, las Alma, komme es unweigerlich zu Perversionen, und der Betroffene suche ungehemmt nach Ersatzmitteln für den Geschlechtsverkehr. Dies trete als Problem vornehmlich in der Entwicklung von Jungen auf, äußere sich aber in seltenen Fällen auch bei Mädchen. Junge Menschen, die sich an ihrem eigenen Körper gütlich täten, entwickelten sich zu Eheleuten, die ihre Angetrauten Nacht für Nacht mit dem Verlangen nach geschlechtlicher Vereinigung drangsalierten, bis Siechtum, Niedergang und sogar finanzieller Ruin die Familie heimsuchten. Darüber hinaus zerstöre der Selbstgenuss die Gesundheit des Körpers, erzeuge einen Rundrücken und führe zu einem humpelnden Gang.

Mit anderen Worten stellte sich Almas heimliches Tun als nicht gerade empfehlenswert dar. Dabei hatte sie ursprünglich gar nicht beabsichtigt, diese Form der Lust zur Gewohnheit werden zu lassen. Fest und mit größter Ernsthaftigkeit nahm sie sich vor, dem Ganzen ein Ende zu bereiten. Ja, anfangs nahm sie es sich fest vor. Sie schwor sich, ihre schlüpfrige Lektüre einzustellen. Sie schwor sich, allen sinnlichen Träumereien, die sich um George Hawkes und seinen dunklen, feucht glänzenden Haarschopf drehten, einen Riegel vorzuschieben. Sie würde sich nicht mehr ausmalen, wie es wäre, sein verborgenes Glied in den Mund zu nehmen. Sie gelobte, die Bindekammer nie mehr aufzusuchen, nicht einmal dann, wenn ein Buch zu reparieren war!

Doch ihr Entschluss geriet wieder und wieder ins Wanken. Sie nahm sich vor, die Bindekammer nur noch dieses eine Mal zu besuchen. Nur noch ein Mal würde sie den abscheulichen, aufwühlenden Bildern erlauben, ihre Gedanken zu bevölkern. Nur noch ein Mal würde sie ihren Fingern erlauben, ihre Scheide zu durchwühlen und ihre Lippen zu reiben, nur noch ein Mal wollte sie spüren, wie sich ihre Beine verkrampften und ihr Gesicht zu glühen begann, wie schließlich ihr entfesselter Körper in ein wunderbares, schreckliches Chaos der Sinne eintauchte. Nur noch ein Mal.

Und dann vielleicht noch ein allerletztes Mal.

Bald wurde offenbar, dass sie nichts dagegen ausrichten konnte, und so hatte Alma keine andere Wahl, als ihr Verhalten schweigend zu dulden und fortzusetzen. Wie hätte sie die Begierden, die sich Tag für Tag, Stunde um Stunde in ihrem Körper anstauten, sonst bewältigen sollen? Zudem wichen die Folgen ihrer Selbstbefleckung für Gesundheit und Seele so deutlich von den Warnungen der Experten ab, dass Alma sich eine Zeitlang tatsächlich fragte, ob sie vielleicht irgendetwas verkehrt machte und ihr heimliches

Treiben deshalb – gewissermaßen aus Versehen – gar nicht schädlich, sondern sogar eher bekömmlich war. Oder gab es eine andere Erklärung dafür, dass es keine der fatalen Folgen zeitigte, vor denen die medizinischen Fachzeitschriften warnten? Es brachte Alma kein Siechtum, sondern Erleichterung. Anstatt ihrem Antlitz jede Lebendigkeit zu entziehen, schenkte es ihr blühende Wangen. Ja, ihre Getriebenheit erfüllte sie natürlich mit Scham, doch sobald der Akt vollzogen war, fühlte sie sich in einen überaus lebendigen Zustand geistiger Klarheit versetzt. Dann eilte sie aus der Bindekammer hin zu ihrer Arbeit, um sich mit frischem Elan ihren Studien zu widmen, beflügelt durch eine mentale Energie, eine pulsierende, prickelnde Lebenskraft, die sich als überaus ersprießlich erwies. Nie war sie so rege und aufgeweckt wie danach. Nie konnte ihre Arbeit so gedeihlich voranschreiten wie danach.

Zumal Alma nun einen Ort hatte, an dem sie arbeiten konnte, besaß sie doch ihr eigenes Studierzimmer – oder wenigstens etwas, das sie als solches bezeichnen konnte. Nachdem sie die Remise ausgemistet hatte und alle überflüssigen Bücher ihres Vaters entsorgt waren, hatte sie sich eine der größeren, ungenutzten Sattelkammern im Erdgeschoss angeeignet und zu einem Refugium der Wissenschaften gemacht. Die dortigen Gegebenheiten waren außerordentlich angenehm. Die Remise von White Acre war ein schönes Backsteingebäude, majestätisch und doch beschaulich, mit hohen, gewölbten Decken und breiten, großzügigen Fenstern. Almas Studierzimmer mit seinem sauberen Fliesenboden, dem sanften, von Norden her einfallenden Licht und dem Blick auf den untadeligen griechischen Garten ihrer Mutter war der schönste Raum des Gebäudes. Es roch dort nach Heu, nach Staub und nach Pferden, und das Zimmer war vollgestopft mit einem behaglichen Durcheinander aus Büchern, Korrespondenzen, Sieben, Tellern, Tiegeln, Pflanzenproben, Gläsern und alten Bonbondosen. Zu ihrem neunzehnten Geburtstag hatte die Mutter Alma eine

Camera Lucida geschenkt, mit der sie botanische Präparate so vergrößern konnte, dass sie durch Nachzeichnen der Umrisse imstande war, wissenschaftlich präzise Illustrationen anzufertigen. Sie besaß inzwischen auch einen schönen Satz italienischer Prismen, mit denen sie sich fast in der Haut eines Isaac Newton fühlte. Darüber hinaus hatte sie einen guten, stabilen Schreibtisch und für ihre Experimente einen breiten, schlichten Labortisch. Anstelle von Stühlen dienten ihr alte Fässer als Sitzmöbel, von denen sie fand, dass sie mit Röcken praktischer in der Handhabung waren. Sie besaß zudem zwei wunderbare deutsche Mikroskope, die sie – wie George Hawkes durchaus zu Recht bemerkt hatte! – mit beeindruckendem handwerklichen Geschick zu bedienen wusste. Die ersten Winter in ihrem Studierzimmer waren so unangenehm kalt, dass sogar die Tinte gefror, doch bald schaffte sich Alma einen kleinen Franklin-Ofen an und stopfte die Risse in den Wänden eigenhändig mit getrocknetem Moos, so dass ihr Zimmer das ganze Jahr über kaum gemütlicher hätte sein können.

Hier in der Remise legte Alma ihr Herbarium an, erweiterte ihre Kenntnisse der Klassifizierungslehre und widmete sich immer detaillierteren Experimenten. Ihre alte Ausgabe von Phillip Millers *Des Gärtners Wörterbuch* las sie wieder und wieder, bis das Buch selbst wie vertrocknetes Blattwerk aussah. Sie studierte neuere medizinische Arbeiten über die heilsame Wirkung von Digitalis bei Patienten mit Wassersucht oder die Verwendung von Kopaivabalsam bei der Behandlung von Geschlechtskrankheiten. Sie arbeitete weiter an der Verbesserung ihrer botanischen Zeichnungen – die nicht eben schön, doch eben schön präzise waren. Sie arbeitete mit unermüdlichem Eifer, und wenn ihre Hand über den Schreibblock flog, bewegten sich ihre Lippen wie im Gebet.

Während das Leben im restlichen Anwesen seinen geschäftigen, kämpferischen Lauf nahm, in stetem Streben nach Handel, Wettbewerb und Selbstbehauptung, wurden diese beiden Orte – die Bindekammer und das Studierzimmer in der Remise – Almas Fixpunkte, die wie zwei gegensätzliche Pole für Rückzug und Offenbarung standen. Der eine Raum diente dem Körper, der andere dem Geist. Der eine Raum war klein und fensterlos, der andere luftig und lichtdurchflutet. Der eine Raum roch nach altem Leim, der andere nach frischem Heu. Der eine Raum rief heimliche Gedanken wach, der andere Ideen, die öffentlich gemacht und ausgetauscht werden konnten. Beide Räume lagen in separaten Gebäuden, durch Rasenflächen und Gärten getrennt, die ein breiter Kiesweg teilte. Niemand hätte ihre Verbindung jemals erahnen können.

Doch beide Räume gehörten Alma Whittaker, und in beiden Räumen erblühte sie zum Leben.

Kapitel 9

Eines Tages im Herbst des Jahres 1819 sah Alma, an ihrem Schreibtisch in die Lektüre des vierten Bandes von Jean-Baptiste de Lamarcks *Naturgeschichte der wirbellosen Tiere* vertieft, hinter den Fenstern der Remise eine Gestalt durch den griechischen Garten ihrer Mutter spazieren.

Alma war es gewohnt, dort Arbeiter zu sehen, die ihren Pflichten nachkamen, und bisweilen stolzierte auch ein Pfau oder ein pickendes Rebhuhn über den Rasen, doch dieses Geschöpf war weder Arbeiter noch Vogel. Es war ein zierliches, adrettes, dunkelhaariges Mädchen von etwa achtzehn Jahren in einem hübschen rosa Spazierkleid. Sorglos den grünen, mit Troddeln besetzten Sonnenschirm schwenkend, schlenderte es durch den Garten. Es schien Selbstgespräche zu führen, obschon dies aus der Entfernung nicht mit Gewissheit zu erkennen war. Alma legte ihre Lektüre aus der Hand und sah genauer hin. Die Unbekannte war offenbar nicht in Eile, und so fand sie denn auch bald eine Bank, auf der sie nicht nur Platz nahm, sondern sich kurioserweise der Länge nach niederlegte. Alma wartete, doch das Mädchen rührte sich nicht. Auf dem Rücken liegend, schien es eingeschlafen zu sein.

All dies erweckte einen recht seltsamen Eindruck. In dieser Woche weilten zwar Gäste in White Acre (ein Experte für fleischfressende Pflanzen aus Yale und ein langweiliger Wissenschaftler, der eine bedeutende Abhandlung über die Belüftung von Treibhäusern geschrieben hatte), doch keiner von ihnen hatte Töchter mitgebracht. Das Mädchen hatte auch eindeutig nichts mit den Arbeitern des Anwesens zu tun. Kein Gärtner hätte es sich leisten können, seiner Tochter einen so schönen Sonnenschirm zu kaufen, und keine Landarbeitertochter wäre derart unbekümmert durch Beatrix Whittakers hinreißenden griechischen Garten flaniert.

Neugierig erhob sich Alma von ihrem Schreibtisch und trat ins Freie. Vorsichtig näherte sie sich dem Mädchen – sie wollte es nicht aufwecken –, doch bei genauerem Hinsehen erkannte sie, dass es, anstatt zu schlummern, zum Himmel hochstarrte, den Kopf auf ein Kissen aus schwarzen, glänzenden Locken gebettet.

»Hallo«, sagte Alma und blickte auf die Fremde herab.

»Oh, hallo!«, erwiderte das Mädchen kein bisschen erschrocken oder auch nur überrascht. »Ich habe gerade dem Himmel für diese Bank gedankt!« Worauf es sich mit einem Ruck aufrichtete und auf den Platz neben sich klopfte. Eine Aufforderung, der Alma gehorsam Folge leistete, nicht ohne ihre Banknachbarin dabei aufmerksam zu mustern. Äußerlich gesehen war sie fraglos ein seltsames Ding. Aus der Entfernung hatte sie hübscher gewirkt. Sicher, sie hatte ein reizendes Antlitz, einen prächtigen Haarschopf und zwei ansprechende Grübchen, doch aus der Nähe betrachtet, sah man, dass ihr Gesicht etwas flach und rund war – fast wie ein großer Teller – und die grünen Augen alles in allem zu groß und zu auffällig. Zudem zwinkerte sie ohne Unterlass. All dies zusammengenommen, wirkte sie überaus jung, nicht sehr gescheit und ein klitzekleines bisschen verrückt.

Das Mädchen wandte Alma sein wunderliches Gesicht zu und fragte: »Sagen Sie mir doch bitte eins: Haben Sie letzte Nacht die Glocken schlagen hören?«

Alma dachte über die Frage nach. Ja, sie hatte in der Nacht tatsächlich Glocken gehört. Am Fairmont Hill hatte es gebrannt, und die Glocken hatten in der ganzen Stadt hörbar Alarm geschlagen.

»Ja, ich habe sie gehört«, antwortete sie.

Das Mädchen nickte zufrieden, klatschte in die Hände und sagte: »Ich wusste es!«

»Sie wussten, dass ich letzte Nacht Glocken gehört habe?«

»Ich wusste, dass diese Glocken echt waren!«

»Ich bin mir nicht sicher, ob wir uns kennen«, erwiderte Alma vorsichtig.

»Oh, nein, wir kennen uns nicht! Ich heiße Retta Snow. Ich bin die ganze Strecke bis hierher zu Fuß gegangen!«

»Tatsächlich? Darf ich fragen, von wo?«

Fast hätte man als Antwort »Aus den Seiten eines Märchenbuches!« erwartet, doch stattdessen sagte das Mädchen: »Von dort«, und deutete nach Süden. Alma wusste sofort Bescheid. Zwei Meilen den Fluss hinunter gab es ein großes, neues Anwesen. Der Besitzer war ein wohlhabender Textilhändler aus Maryland. Dieses Mädchen musste seine Tochter sein.

»Ich hatte gehofft, dass ein Mädchen meines Alters hier wohnen würde«, plapperte Retta. »Wie alt sind Sie, wenn ich so geradeheraus fragen darf?«

»Ich bin neunzehn«, antwortete Alma, obwohl sie sich deutlich älter fühlte, insbesondere im Vergleich zu diesem Püppchen.

»Großartig!« Retta klatschte wieder in die Hände. »Ich bin achtzehn, was doch gar kein so großer Unterschied ist, oder? Aber nun müssen Sie mir etwas sagen, und ich bitte Sie wirklich um Ehrlichkeit. Was denken Sie über mein Kleid?«

»Nun …« Mit Kleidern kannte Alma sich nicht aus.

»Das denke ich auch!«, rief Retta. »Es ist wirklich nicht mein bestes Kleid, nicht wahr? Wenn Sie die anderen gesehen hätten, würden Sie mir noch deutlicher zustimmen, denn ich habe einige erstklassige Kleider. Aber Sie verabscheuen es auch nicht gänzlich, nicht wahr?«

»Nun …« Wieder rang Alma um eine Antwort.

Retta ersparte sie ihr. »Sie sind wirklich allerliebst zu mir! Sie wollen meine Gefühle nicht verletzen. Ich betrachte Sie jetzt schon als meine Freundin! Sie haben ein außerordentlich schönes, beruhigendes Kinn. Es ist dergestalt, dass man Ihnen sofort vertrauen möchte.«

Unversehens schlang Retta einen Arm um Almas Taille, lehnte den Kopf an ihre Schulter und schmiegte sich freundlich an sie. Es gab nicht einen einzigen Grund, warum Alma diese Geste hätte begrüßen sollen. Wer auch immer Retta Snow war, es lag auf der Hand, dass es sich um eine alberne, törichte Person handelte. Alma hatte zu arbeiten, und dieses Mädchen hinderte sie daran.

Andererseits war Alma noch nie von jemandem als Freundin bezeichnet worden.

Noch nie war sie gefragt worden, was sie über ein Kleid dachte.

Und noch nie hatte jemand ihr Kinn bewundert.

So verharrte sie eine Weile in der warmen, unverhofften Umarmung. Schließlich löste sich Retta von ihr, blickte zu ihr hoch und lächelte sie an: kindlich, vertrauensselig, einnehmend.

»Und was machen wir als Nächstes?«, fragte sie. »Wie heißen Sie?«

Alma lachte, stellte sich ihrer neuen Freundin vor und gestand, dass sie eigentlich nicht wisse, was sie als Nächstes tun sollten.

»Sind hier noch andere Mädchen?«, erkundigte sich Retta.

»Meine Schwester.«

»Sie haben eine Schwester! Sie Glückliche! Los, dann suchen wir sie!«

Und so durchstreiften sie gemeinsam das Gelände, bis sie Prudence in einem der Rosengärten vorfanden, wo sie an ihrer Staffelei arbeitete.

»Sie müssen die Schwester sein!«, rief Retta und eilte auf Prudence zu, als hätte sie einen Preis gewonnen und Prudence wäre dieser Preis.

Korrekt und gefasst wie immer, legte Prudence den Pinsel nieder und streckte ihr höflich die Hand entgegen. Nachdem Retta selbige mit einem deutlichen Zuviel an Begeisterung geschüttelt hatte, neigte sie den Kopf zur Seite und nahm Prudence ungeniert in Augenschein. Angespannt wartete Alma auf eine Bemerkung über Prudence' Schönheit oder die Frage, wie es denn bitte schön sein könne, dass Alma und Prudence Schwestern seien. Jeder andere Mensch, der die beiden zum ersten Mal nebeneinander sah, stellte diese

Frage. Wie war es möglich, dass die eine Schwester einen makellosen Porzellanteint besaß und die andere ein derart rot geflecktes Gesicht? Wie konnte die eine so zierlich und die andere so stämmig sein?

Auch Prudence erstarrte in Erwartung dieser ewig gleichen, unliebsamen Fragen. Doch Prudence' Schönheit schien Retta in keiner Weise zu frappieren oder gar einzuschüchtern, und sie geriet auch nicht darüber aus der Fassung, dass die Schwestern tatsächlich Schwestern waren. Sie nahm sich lediglich Zeit, Prudence von Kopf bis Fuß zu mustern, um alsdann voller Freude in die Hände zu klatschen.

»Dann sind wir jetzt zu dritt!«, rief sie. »Welch ein Glück! Wenn wir Jungs wären, wissen Sie, was wir dann tun müssten? Wir müssten sogleich einen mächtigen Zank anzetteln, uns raufen und balgen und die Nasen blutig schlagen. Und am Ende, wenn wir uns alle übel zugerichtet hätten, würden wir geschwind die besten Freunde werden. Das ist wahr! Ich habe es mit eigenen Augen gesehen! Es scheint wirklich ein Riesenspaß zu sein, aber es täte mir doch leid, mein neues Kleid zu ruinieren – wenn es auch nicht mein bestes ist, wie Alma schon festgestellt hat. Ich danke also dem Himmel, dass wir keine Jungs sind! Und weil wir keine Jungs sind, können wir sogleich Freunde werden, ohne jede Balgerei. Einverstanden?«

Niemand hatte Zeit, sein Einverständnis zu geben, denn Retta plapperte gleich weiter: »Dann ist es also beschlossene Sache! Wir sind der Club der schnellen Freundinnen! Man sollte einmal ein Lied über uns schreiben. Kann eine von Ihnen zufälligerweise Lieder schreiben?«

Prudence und Alma sahen sich sprachlos an.

»Dann tue ich es, wenn ich muss!«, ratterte Retta weiter. »Einen Moment.«

Sie schloss die Augen, bewegte die Lippen und tippte sich dabei mit den Fingern an die Brust, als würde sie Silben zählen.

Prudence warf Alma einen fragenden Blick zu, den Alma mit einem Schulterzucken erwiderte.

Nach langem Schweigen – so lang, dass es jedem Menschen außer Retta Snow unangenehm gewesen wäre – schlug Retta die Augen wieder auf.

»Ich glaub, ich hab's«, verkündete sie. »Die Musik muss jemand anders schreiben, weil ich in musikalischen Dingen miserabel bin, aber immerhin habe ich die erste Strophe verfasst. Ich finde, sie gibt unsere Freundschaft geradezu perfekt wieder. Was meinen Sie?« Retta räusperte sich und hob an:

»Fiedel, Gabel, Löffel, das sind genau wir drei,
wir tanzen mit dem Monde, ist uns doch einerlei,
willst einen Kuss uns stehlen,
so lass dir eins empfehlen:
stiehl ihn dir lieber bald!«

Alma kam kaum dazu, über diesen eigenartigen Reim nachzusinnen (und sich zu fragen, wer wohl die Fiedel, wer die Gabel und wer der Löffel war), da brach Prudence bereits in schallendes Gelächter aus. Ein bemerkenswerter Vorgang, denn eigentlich lachte Prudence nie. Ihr Lachen war überwältigend, ungestüm und laut – ganz und gar nicht das, was man von einem so puppenhaften Wesen wie Prudence erwartet hätte.

»Wer sind Sie?«, fragte sie, als sie endlich aufgehört hatte zu lachen.

»Ich bin Retta Snow, Madam, und ich bin Ihre neue, ewigliche Freundin.«

»Nun, Retta Snow«, erwiderte Prudence, »ich glaube fast, Sie sind auch eine ewiglich verrückte Person.«

»Das sagt jeder!«, entgegnete Retta mit einer schwungvollen Verbeugung. »Aber wie dem auch sei – hier bin ich!«

Und wie sie das war!

Schon bald gehörte Retta Snow in White Acre gewissermaßen zum Inventar. Als Kind hatte Alma einmal eine kleine Katze gehabt, die das Anwesen auf ähnliche Weise erobert hatte. Eines sonnigen Tages war dieses Kätzchen – ein hübsches kleines Ding mit hellbraunen Streifen – aufgetaucht und mir nichts, dir nichts in die Küche von White Acre spaziert, hatte sich an allen Beinen gerieben und sich sodann, den Schwanz behaglich um den Körper gerollt, leise schnurrend und mit halbgeschlossenen Augen neben dem Herd niedergelegt. Von diesem kleinen Geschöpf ging eine so wohlige Zuversicht aus, dass niemand das Herz hatte, ihm vor Augen zu führen, dass es eigentlich nicht dazugehörte; folglich dauerte es nicht lange, bis es tatsächlich dazugehörte.

Rettas Strategie war ähnlich. An jenem Tag tauchte sie in White Acre auf, machte es sich behaglich, und mit einem Mal schien es, als wäre sie schon immer da gewesen. Genaugenommen hatte niemand sie jemals eingeladen, doch eine junge Dame wie Retta war nicht auf Einladungen angewiesen. Sie kam, wann immer sie wollte, blieb, solange es ihr gefiel, nahm sich, wonach ihr gerade war, und trollte sich, wenn sie fertig war.

Retta Snow führte ein Leben, dem in geradezu schockierender und doch auch beneidenswerter Weise die starke Hand fehlte. Ihre Mutter war in der feinen Gesellschaft eine feste Größe: Mrs Snows Vormittage dienten stundenlangem Sichankleiden, ihre Nachmittage den Besuchen anderer Gesellschaftsgrößen, und abends war sie mit Tanzveranstaltungen geradezu überlastet. Ihr Vater, ein ebenso nachsichtiger wie aushäusiger Mann, kaufte seiner Tochter zu guter Letzt ein verlässliches Kutschpferd und eine kleine, zweirädrige Chaise, in der das Mädchen nach weithin eigenem Ermessen durch Philadelphia vagabundierte. So verbrachte Retta ihre Tage damit, durch die Welt zu tingeln wie ein munter von Blume zu Blume schwirrendes Bienchen. Wenn ihr der Sinn nach einem Theaterbesuch stand, ging sie ins Theater. Wenn ihr der Sinn danach stand, einen Festzug zu sehen, fand sie einen Festzug. Und wenn Retta Snow der Sinn danach stand, einen Tag in White Acre zu verbringen, dann tat Retta Snow genau dies, und zwar ganz nach ihrem Belieben.

Im Laufe des nächsten Jahres geschah es immer wieder, dass Alma sie in White Acre an den ungewöhnlichsten Orten vorfand: In der Käserei, wo sie von einem Fass herab eine Szene aus *Die Lästerschule* deklamierte und damit die Milchmägde zum Lachen brachte. Am Bootsanleger, wo sie die Beine ins ölige Wasser des Schuylkill baumeln ließ und tat, als angelte sie mit den Zehen nach Fischen. Oder im Herrenhaus beim beherzten Zerschneiden ihres schönsten Umhängetuchs, zu dem sich eines der Hausmädchen bewundernd geäußert hatte (»Schau, nun hat jede von uns ein Stück Tuch, jetzt sind wir Zwillinge!«). Niemand wusste, was er mit ihr anstellen sollte, doch es jagte sie auch niemand fort. Was weniger daran lag, dass Retta die Menschen bezauberte; es war wohl eher ein Ding der Unmöglichkeit, sich ihrer zu erwehren. Man hatte keine andere Wahl, als zu kapitulieren.

Retta gelang es sogar, Beatrix Whittaker für sich zu gewinnen, was eine wahrhaft beachtliche Leistung war. Jeder vernünftige Mensch hätte prophezeit, dass Almas Mutter Retta verabscheuen würde, verkörperte diese Person doch das Schlimmste, was Beatrix im Hinblick auf junge Mädchen zu befürchten imstande war. Retta war genau das, wozu sie ihre beiden Töchter *nicht* erzogen hatte: ein gepudertes, hohlköpfiges, eitles kleines Sahnetörtchen, das seine teuren Tanzschuhe im Schlamm ruinierte, wie ein Blitz aus heiterem Himmel in Tränen oder Gelächter ausbrach, in der Öffentlichkeit unfein mit dem Finger auf Dinge zeigte und nicht einmal hinreichend Verstand besaß, um im Regen eine Kopfbedeckung zu tragen. Wie sollte Beatrix solch eine Kreatur willkommen heißen?

In Erwartung dieses Problems hatte Alma zu Beginn

ihrer Freundschaft versucht, Retta vor Beatrix zu verstecken, denn sie rechnete für den Fall einer Begegnung tatsächlich mit dem Schlimmsten. Doch Retta Snow ließ sich nicht leicht verstecken, und Beatrix ließ sich nicht leicht hinters Licht führen. Es verging keine Woche, da fragte Beatrix eines Morgens beim Frühstück: »Wer ist eigentlich dieses Kind mit dem Sonnenschirm, das seit kurzem auf meinem Grundstück herumgeistert, Alma? Und warum sehe ich dich immer mit ihr zusammen?«

Widerstrebend sah sich Alma gezwungen, Retta ihrer Mutter vorzustellen.

»Wie geht es Ihnen, Mrs Whittaker«, waren Rettas einigermaßen manierliche Begrüßungsworte, und sie hatte sogar an den Knicks gedacht, auch wenn er ihr vielleicht eine Spur zu theatralisch geriet.

»Wie geht es dir, Kind?«, hatte Beatrix geantwortet.

Eine ehrliche Antwort auf ihre Frage erwartete sie nicht, doch Retta nahm die Angelegenheit durchaus ernst und erwiderte nach kurzem Nachdenken: »Nun, ich muss Ihnen sagen, Mrs Whittaker, dass es mir gar nicht gut geht. In unserem Hause hat sich heute Morgen eine entsetzliche Tragödie zugetragen.«

Alma horchte beunruhigt auf. Wie gern wäre sie dazwischengefahren! Sie konnte sich nicht vorstellen, wohin Retta diesen Gesprächsfaden zu führen gedachte. Den ganzen Tag hatte Retta frohen Mutes in White Acre zugebracht, und von einer entsetzlichen Tragödie im Hause Snow hörte Alma zum ersten Mal. Sie betete, Retta möge ihre Zunge im Zaum halten, doch diese fuhr unbeirrt fort, als hätte Beatrix sie in aller Deutlichkeit um eine ausführliche Schilderung gebeten.

»Just an diesem Morgen, Mrs Whittaker, habe ich eine wahrlich erschütternde Nervenattacke erlitten. Eine unserer Bediensteten – genauer gesagt mein kleines englisches Hausmädchen – fand sich beim Frühstück in Tränen aufgelöst, und so folgte ich ihr nach dem Essen in ihr Zimmer, um herauszufinden, was die Quelle ihres Kummers war. Sie werden niemals erraten, was ich erfuhr! Offenbar war auf den Tag genau, ja wirklich auf den Tag genau vor drei Jahren ihre Großmutter gestorben! Als ich von dieser Tragödie hörte, zerfloss auch ich in Tränen, wie Sie sich gewiss vorstellen können! Ich muss eine Stunde am Bett des armen Mädchens geweint haben. Gott sei Dank war sie da, um mich zu trösten. Ist Ihnen nicht auch nach Weinen zumute, Mrs Whittaker? Beim Gedanken an diesen Verlust einer Großmutter, vor genau drei Jahren?«

Die Erinnerung an den Vorfall trieb abermals dicke Tränen in Rettas Augen, die bald überflossen.

»Welch ein unglaublicher, bodenloser Unsinn«, stellte Beatrix fest und betonte jedes Wort mit solcher Strenge, dass Alma mehrfach zusammenzuckte. »Kannst du dir auch nur in Ansätzen vorstellen, wie vieler Menschen Großmütter ich in meinem Alter bereits habe sterben sehen? Und wenn ich nun um jede geweint hätte? Der Tod einer Großmutter ist keine Tragödie, Kind – und wenn vor drei Jahren eine dir unbekannte Großmutter gestorben ist, so sollte dies fürwahr keine Tränenflut auslösen. Großmütter sterben nun einmal, Kind. Dies ist der rechte Gang der Dinge. Man könnte beinahe behaupten, es sei Aufgabe einer Großmutter, der jüngeren Generation einige Lehren in puncto Schicklichkeit und Menschenverstand zu erteilen und alsdann zu sterben. Ferner hege ich den Verdacht, dass du kaum imstande warst, deinem Hausmädchen Trost zu spenden und dass du ihr mehr gedient hättest, wenn du ihr ein Vorbild an stoischem Gleichmut und Zurückhaltung gewesen wärest, anstatt in Tränen aufgelöst auf ihr Bett zu sinken.«

Retta nahm den Tadel mit freundlicher, offener Miene entgegen, während Alma in sich zusammensackte. Nun, damit wäre das Kapitel Retta Snow wohl beendet, dachte sie. Doch plötzlich geschah etwas Unverhofftes: Retta begann zu lachen. »Welch zauberhafte Lektion Sie mir da erteilt haben, Mrs Whittaker! Welch neuer Blick! Sie haben absolut recht! Nie wieder werde ich den Tod einer Großmutter als Tragödie auffassen!«

Man konnte beinahe zusehen, wie die Tränen auf Rettas Wangen den Rückzug antraten und sich alsbald verflüchtigt hatten.

»Aber nun muss ich mich empfehlen«, sagte Retta, frisch wie der junge Morgen. »Ich beabsichtige, heute Abend einen Spaziergang zu machen, deshalb muss ich heimkehren und mich mit der Wahl meines Hutes befassen. Ich liebe das Spazierengehen, Mrs Whittaker, jedoch nicht mit der falschen Kopfbedeckung, was Sie gewiss verstehen können.« Retta streckte Beatrix die Hand entgegen, eine Geste, die Beatrix ihr nicht abschlagen konnte. »Mrs Whittaker, dies war eine überaus nützliche Begegnung! Ich finde kaum Worte, um Ihnen gebührend für Ihre Klugheit zu danken. Sie sind ein Salomon unter den Frauen, und es ist kaum verwunderlich, dass Ihre Kinder Sie so bewundern. Stellen Sie sich vor, Sie wären meine Mutter, Mrs Whittaker – stellen Sie sich nur vor, wie dumm ich dann *nicht* wäre! Meine Mutter – Sie werden betrübt sein, dies zu hören – hat zeit ihres Lebens nicht einen vernünftigen Gedanken gefasst. Schlimmer noch, sie schmiert sich das ganze Gesicht so dick mit Wachs, Paste und Puder ein, dass sie ganz und gar den Anschein erweckt, eine Schneiderpuppe zu sein. Bedenken Sie nur mein Unglück – großgezogen von einer ungebildeten Schneiderpuppe und nicht von Ihresgleichen! Wohlan, ich gehe nun!«

Womit sie von dannen tänzelte, während Beatrix ihr mit offenem Mund nachstarrte.

»Welch eine lächerliche Erscheinung«, murmelte sie, als Retta fort war und im Haus wieder Stille herrschte.

Alma wagte es, etwas zur Verteidigung ihrer einzigen Freundin einzuwerfen: »Sie ist ohne jeden Zweifel lächerlich, Mutter. Doch ich glaube, sie hat ein gütiges Herz.«

»Ihr Herz mag gut sein oder auch nicht, Alma. Gott allein kann darüber urteilen. Doch ihr Gesicht ist ohne jeden

Zweifel töricht. Offenbar versteht sie es, ihm jeden erdenklichen Ausdruck zu verleihen, nur nicht den von Intelligenz.«

Gleich am nächsten Tag kehrte Retta nach White Acre zurück und begrüßte Beatrix Whittaker heiter und unbefangen, als wäre nie etwas vorgefallen. Sie überreichte ihr sogar ein kleines Blumensträußchen – gepflückt in den Gärten von White Acre, was eine durchaus kühne Vorgehensweise war. Wie durch ein Wunder nahm Beatrix den Strauß kommentarlos entgegen. Von diesem Tage an wurde Retta Snows Anwesenheit in White Acre allzeit geduldet.

Für Alma war die Zähmung der Beatrix Whittaker Rettas imponierendste Leistung. Es hatte fast etwas von Hexerei. Dass es so schnell geschehen war, machte es umso bemerkenswerter. Irgendwie war es Retta in einem einzigen, tollkühnen Handstreich gelungen, Gnade vor den Augen der Matriarchin zu finden, so dass sie nun jederzeit über freies Besuchsrecht verfügte. Wie hatte sie das gemacht? Alma konnte es nicht mit Gewissheit sagen, doch sie hatte Vermutungen. Zunächst einmal war es generell schwierig, Retta Einhalt zu gebieten. Des Weiteren wurde Beatrix langsam älter, ihre Kräfte ließen nach, und sie war in diesen Tagen weniger geneigt, für die Durchsetzung ihrer Prinzipien bis aufs Blut zu kämpfen. Vielleicht war Almas Mutter den Retta Snows dieser Welt einfach nicht mehr gewachsen. Der wichtigste Grund war freilich folgender: Almas Mutter konnte Unfug in welcher Form auch immer nicht leiden, und sie war zweifelsohne schwer zugänglich für Schmeicheleien, doch Retta Snow hätte wohl kaum etwas Besseres tun können, als Beatrix Whittaker einen »Salomon unter den Frauen« zu nennen.

Vielleicht war das Mädchen gar nicht so dumm, wie es den Anschein hatte.

Und so blieb Retta. Während der August des Jahres 1819 ins Land ging, geschah es häufig, dass Alma, wenn sie am frühen Morgen in ihrem Studierzimmer eintraf, um an einem botanischen Projekt zu arbeiten, feststellen musste, dass

Retta bereits dort war und – in einer Ecke des alten Diwans zusammengerollt – die Illustrationen der letzten Ausgabe von *Joy's Lady's Book* betrachtete.

»Oh, hallo, Liebchen!«, zwitscherte Retta dann und begrüßte Alma so strahlend, als hätten sie beide ein Treffen vereinbart.

Im Laufe der Zeit erschrak Alma nicht mehr über Rettas Anwesenheit. Schließlich benahm sich ihre Freundin nicht so, dass sie ihr zur Last fiel. Niemals berührte sie eines der wissenschaftlichen Instrumente (mit Ausnahme der Prismen, denen sie nicht widerstehen konnte), und wenn Alma sagte: »Herrgott nochmal, Spätzchen, jetzt musst du aber still sein und mich rechnen lassen!«, dann war Retta still und ließ Alma rechnen. Mehr noch, ihre einfältige, freundliche Gesellschaft wurde Alma geradezu angenehm. Es war, als stünde ein Vogelkäfig in der Ecke, aus dem hin und wieder ein heimeliges Gurren scholl, während Alma arbeitete.

Hin und wieder kam es vor, dass George Hawkes auf einen Sprung bei Alma vorbeischaute, um letzte Korrekturen an einem wissenschaftlichen Aufsatz zu besprechen; jedes Mal schien er bestürzt, auch Retta Snow dort anzutreffen. George wusste nicht mit ihr umzugehen. Er war ein überaus intelligenter, ernsthafter Mann, und Rettas Albernheiten brachten ihn gründlich aus der Fassung.

»Worüber sprechen Alma und Mr George Hawkes denn heute?«, fragte Retta an einem Novembertag, als sie ihre illustrierten Journale leid war.

»Über Hornmoose«, antwortete Alma.

»Oh, das klingt aber grässlich. Sind es Tiere, Alma?«

»Nein, es sind keine Tiere, mein Spätzchen«, erwiderte sie. »Es sind Pflanzen.«

»Kann man sie essen?«

»Nur wenn man ein Reh ist«, sagte Alma lachend. »Und noch dazu ein hungriges Reh.«

»Bestimmt wäre es herrlich, ein Reh zu sein«, sinnierte Retta. »Aber kein Reh im Regen, denn das wäre misslich und unbehaglich. Erzählen Sie mir von diesen Hornmoosen, Mr George Hawkes. Aber erzählen Sie so davon, dass es auch einer hohlköpfigen kleinen Person wie mir begreiflich wird.«

Das war unredlich, denn George Hawkes kannte nur eine Ausdrucksweise, und die war akademisch und gelehrt und nicht im mindesten auf hohlköpfige kleine Personen zugeschnitten.

»Nun, Miss Snow …«, hob er unbeholfen an. »Sie gehören zu unseren am wenigsten entwickelten Pflanzen …«

»Wie lieblos von Ihnen, so etwas zu sagen, Sir!«

»… und sind autotroph.«

»Wie stolz müssen die Eltern sein!«

»Nun … äh …«, stammelte George. Jetzt hatte es ihm vollends die Sprache verschlagen.

Aus Mitleid mit George schaltete sich Alma wieder ein: »Autotroph, Retta, heißt, dass sie sich ihre Nahrung selbst machen können.«

»Dann könnte ich wohl nie ein Hornmoos sein«, seufzte Retta traurig.

»Wahrscheinlich nicht«, stellte Alma fest. »Aber du würdest die Hornmoose vielleicht mögen, wenn du sie besser kennenlernen würdest. Unter dem Mikroskop sind sie recht hübsch anzusehen.«

Retta winkte ab. »Oh, bei diesen Mikroskopen weiß ich nie, wo ich hinschauen soll.«

»Wo du hinschauen sollst?« Alma lachte ungläubig. »Retta – du musst durch das Okular schauen!«

»Aber das Okular ist so einengend und der Anblick von winzigen Dingen so beängstigend. Man wird seekrank davon. Werden Sie nicht auch seekrank, Mr George Hawkes, wenn Sie durchs Mikroskop schauen?«

George starrte mit gequälter Miene zu Boden.

»Nun sei still, Retta«, ermahnte Alma sie. »Mr Hawkes und ich müssen uns konzentrieren.«

»Wenn du mir weiterhin sagst, dass ich still sein soll, dann muss ich jetzt gehen und Prudence stören, die Blumen auf Teetassen malt und mich davon zu überzeugen sucht, ein vornehmerer Mensch zu werden.«

»Dann geh!«, frohlockte Alma.

»Wirklich, ihr beiden«, murrte Retta. »Ich verstehe einfach nicht, warum ihr immer so viel arbeiten müsst. Aber wenn es euch von den Spielhallen und Ginpalästen fernhält, wird es euch wohl keinen bleibenden Schaden zufügen …«

»Geh!«, wiederholte Alma und gab Retta einen liebevollen kleinen Schubs. Retta trabte davon und ließ eine lächelnde Alma und einen gänzlich überforderten George Hawkes zurück.

»Ich bekenne, dass ich kein Wort von dem verstehe, was sie sagt«, erklärte er, kaum dass Retta verschwunden war.

»Seien Sie getrost, Mr Hawkes, sie versteht Sie auch nicht.«

»Doch ich frage mich, warum sie sich fortwährend in Ihrer Nähe herumtreibt«, grübelte George weiter. »Versucht sie, sich durch Ihre Gesellschaft zu bessern?«

Alma spürte, wie ihr die Freude über das Kompliment heiß in die Wangen stieg: Es machte sie glücklich, dass George ihrer Gesellschaft eine bessernde Kraft zuschrieb, gleichwohl antwortete sie nur: »Über Miss Snows Motive wird es niemals letzte Gewissheit geben, Mr Hawkes. Wer weiß? Vielleicht versucht sie, mich zu bessern.«

•

Bis Weihnachten war es Retta Snow gelungen, die Freundschaft zu Alma und Prudence so zu festigen, dass sie die Whittaker-Mädchen mehrmals zum Imbiss auf das Anwesen ihrer Familie einlud – womit sie Alma von ihren botanischen Forschungen fernhielt und Prudence von dem, was sie – wie und wo auch immer – mit ihrer Zeit anstellte.

Imbisse im Hause Snow waren, wie es sich für Rettas alberne Natur geziemte, eine alberne Angelegenheit. Es gab ein heilloses Durcheinander an Eissorten, kleinen Häppchen und Toasts, serviert unter Aufsicht – sofern dieser Ausdruck nicht zu hoch gegriffen war – von Rettas ebenso bezauberndem wie inkompetentem englischen Hausmädchen. Geistreiche oder gehaltvolle Gespräche waren in diesem Hause grundsätzlich verpönt, doch zu lustigen, närrischen oder ausgelassenen Aktivitäten jeder Art war Retta allzeit bereit. Es gelang ihr sogar, Alma und Prudence dazu zu bewegen, unsinnige Gesellschaftsspiele mit ihr zu spielen, die eigentlich einer sehr viel jüngeren Runde zugedacht waren: *Such das Schlüsselloch*, *Auf dem Postamt* oder das mit Abstand amüsanteste Spiel *Der stumme Redner*. All dies war schrecklich kindisch, doch es machte wahrhaftig Spaß. Tatsache war, dass Alma und Prudence noch nie gespielt hatten, weder allein noch miteinander noch mit anderen Kindern. Alma hatte im Grunde nie begriffen, was Spielen eigentlich bedeutete.

Retta Snow indessen tat genaugenommen nichts anderes als spielen. Ihr liebster Zeitvertreib bestand darin, zu Almas und Prudence' Erheiterung die Unfallberichte aus den Lokalzeitungen vorzulesen. Es war unverzeihlich, doch überaus amüsant. Retta behängte sich mit Tüchern, Hüten und fremden Akzenten und schmückte diese Unfälle zu haarsträubenden Szenen aus: Babys, die in offene Kamine fielen, Arbeiter, die durch herabstürzende Äste enthauptet wurden, fünffache Mütter, die, aus Kutschen geschleudert, in Wassergräben ertranken, mit dem Kopf nach unten, die zappelnden Stiefel in die Luft gereckt, vor den Augen ihrer entsetzten, hilflos kreischenden Kinder.

»Unterhaltsam sollte so etwas beileibe nicht sein!«, protestierte Prudence, doch Retta hörte immer erst dann auf, wenn alle vor lauter Gelächter nach Luft rangen. Es gab Augenblicke, da ergriff das Lachen derart Besitz von ihr, dass sie sich nicht mehr bremsen konnte. Dann verlor sie die Kontrolle über ihren Gemütszustand und war mit einem Mal wie besessen von einer zügellosen, geradezu blindwütigen Ausgelassenheit. Mitunter wälzte sie sich sogar in besorgniserregender Weise auf dem Boden. In diesen Momenten schien Retta von einer fremden, dämonischen Kraft beherrscht. Sie lachte und lachte, bis sie in schweren, unkontrollierten Zügen Luft zu schöpfen begann und ein dunkler Schatten über ihr Gesicht fiel, der fast wie Angst anmutete. Erst wenn Alma und Prudence sich schon beinahe zu sorgen begannen, kam Retta wieder zur Besinnung. Sie sprang auf, trocknete ihre feuchte Stirn und rief: »Dem Himmel sei Dank, dass wir einen Boden haben! Denn worauf würden wir sonst sitzen?«

Retta Snow war das eigentümlichste kleine Fräulein von ganz Philadelphia, und doch spielte sie offenbar nicht nur in Almas, sondern auch in Prudence' Leben eine besondere Rolle. Wenn sie zu dritt waren, fühlte sich Alma zum ersten Mal in ihrem Leben beinahe so wie ein ganz normales Mädchen. Gemeinsam mit ihrer Freundin und ihrer Schwester konnte sie sich einer ausgelassenen Heiterkeit hingeben, als wäre sie irgendein beliebiges junges Ding aus Philadelphia und nicht Alma Whittaker von White Acre – eben nicht diese reiche, hünenhafte, reizlose junge Frau, die etliche Sprachen beherrschte, gelehrsam war wie keine zweite und nicht nur Dutzende akademischer Veröffentlichungen verfasst hatte, sondern zudem eine Fülle schockierender erotischer Bilder in sich trug, die in ihrem Kopf römische Orgien feierten. All dies verblasste in Rettas Gegenwart, und Alma konnte einfach nur ein junges Mädchen sein, das wie alle anderen glasierte Torten aß und über alberne Lieder kicherte.

Retta war auch der einzige Mensch auf der ganzen Welt, der Prudence jemals zum Lachen brachte, und dies kam wahrhaftig einem Wunder gleich. Die Verwandlung, die sich mit der lachenden Prudence vollzog, war geradezu sensationell: Aus dem eisigen Juwel wurde ein süßes Schulmädchen. In solchen Momenten schien auch Prudence imstande, ein ganz normales junges Ding zu sein, und es kam vor, dass Alma ihrer Schwester vor lauter Entzücken um den Hals fiel.

Bedauerlicherweise stellte sich diese Vertrautheit nur in Rettas Gegenwart ein. Sobald die beiden Schwestern das Anwesen der Snows verließen, um gemeinsam den Rückweg anzutreten, wurde es wieder still zwischen ihnen. Alma hoffte ein ums andere Mal, dass sie lernen würden, auch unabhängig von Retta herzlich und innig miteinander zu sein, doch es half alles nichts. Sämtliche Versuche, auf dem langen Heimweg die Späße und Scherze des Nachmittags wieder aufleben zu lassen, riefen nur hölzernes Unbehagen und Befangenheit hervor.

Im Februar des Jahres 1820 tat Alma – durch die Tollheiten des Tages ermuntert – auf einem dieser Fußmärsche einen gewagten Schritt. Sie traute sich abermals, ihre Zuneigung zu George Hawkes zu erwähnen. Insbesondere verriet sie Prudence, dass George einmal von ihrem meisterhaften Umgang mit dem Mikroskop gesprochen und wie sehr ihr dies geschmeichelt habe. »Ich hätte gern eines Tages jemanden wie George Hawkes zum Ehegatten«, gestand sie. »Einen guten Mann, der mich in all meinem Streben ermutigt und den ich bewundern kann.«

Als nach längerem Schweigen mit einer Antwort von Prudence nicht mehr zu rechnen war, ging Alma noch weiter: »Ich denke ständig an ihn, Prudence. Manchmal stelle ich mir sogar vor, ihn … zu umarmen.«

Eine waghalsige Erklärung, aber verhielten sich Schwestern denn nicht so? Redeten nicht in ganz Philadelphia normale Mädchen mit ihren Schwestern über die Verehrer, die sie sich wünschten? Offenbarten sie einander nicht die Hoffnungen, die ihr Herz bewegten? Sprachen sie nicht darüber, wie sich der Ehemann ihrer Träume ausnehmen sollte?

Doch Almas Versuch, Nähe herzustellen, fruchtete nicht.

»Aha«, erwiderte Prudence lediglich und fügte dem nichts mehr hinzu. Den restlichen Heimweg nach White Acre legten sie in gewohnter Stille zurück. Alma begab sich in ihr Studierzimmer, um die Arbeit zu Ende zu führen, aus der Retta sie an diesem Morgen gerissen hatte, und Prudence verschwand, wie sie es häufig tat, um sich unbekannten Tätigkeiten zu widmen.

Nie wieder versuchte Alma, sich ihrer Schwester mit solchen Bekenntnissen zu nähern. Die geheimnisvolle Tür, die durch Rettas Einwirken aufsprang, fiel zu, sobald die Schwestern allein waren. Es war hoffnungslos. Manchmal konnte sich Alma freilich des Gedankens nicht erwehren, dass ihr Leben vielleicht anders ausgesehen hätte, wenn auch Retta ihre und Prudence' Schwester gewesen wäre – die jüngste, dritte, törichte Schwester, der man mit Nachsicht begegnete, weil sie mit ihrer entwaffnenden Herzlichkeit und Zuneigung jeden anzustecken vermochte. Wäre Retta doch nur eine Whittaker, dachte Alma, und keine Snow! Vielleicht wäre dann alles anders gewesen. Vielleicht hätten Alma und Prudence in dieser Konstellation gelernt, Freundinnen zu sein, Gefährtinnen, Vertraute … Schwestern!

Es war ein Gedanke, der Alma mit schrecklicher Traurigkeit erfüllte, doch sie konnte ja nichts daran ändern. Die Dinge konnten nicht anders sein als so, wie sie waren – dies hatte die Mutter sie wieder und wieder gelehrt.

Und Dinge, die nicht zu ändern waren, mussten stoisch ertragen werden.

Kapitel 10

Der Juli des Jahres 1820 ging zur Neige.

Die Vereinigten Staaten von Amerika durchlebten eine wirtschaftliche Rezession, die erste Phase des Niedergangs in ihrer kurzen Geschichte, und auch Henry Whittaker erfreute sich ausnahmsweise keines glanzvollen Geschäftsjahres. Nicht dass ihn harte Zeiten getroffen hätten – durchaus nicht –, gleichwohl fühlte er sich einem ungewohnten Druck ausgesetzt. Der Markt für exotische Tropenpflanzen in Philadelphia war gesättigt, und in Europa hatte man sich an den amerikanischen Pflanzenexporten sattgesehen. In der Stadt schien inzwischen jeder Quäker eine Apotheke zu betreiben und seine eigenen Pillen und Salben herzustellen. Bisher vermochte zwar keiner der Konkurrenten in puncto Beliebtheit an die Erzeugnisse von Garrick & Whittaker heranzureichen, doch würde es vermutlich früher oder später dazu kommen.

Gern hätte Henry den Rat seiner Frau eingeholt, allein Beatrix ging es schon seit Jahresbeginn nicht gut. Sie litt unter regelmäßigen Schwindelanfällen, und durch die sommerliche Hitze hatte sich ihre körperliche Verfassung zusehends verschlechtert. Ihre Belastbarkeit hatte nachgelassen, und sie war kurzatmig geworden. Anstatt zu klagen, versuchte sie, mit der Arbeit Schritt zu halten, doch sie war nicht bei Kräften, weigerte sich indessen, einen Arzt aufzusuchen. Sie glaubte nicht an Ärzte, Apotheker oder Arzneien, was angesichts des Broterwerbes der Whittakers einer gewissen Ironie nicht entbehrte.

Auch Henrys Gesundheitszustand war alles andere als blendend. Inzwischen war er sechzig Jahre alt. Die Krankheiten, die er sich in den Tropen zugezogen hatte, traten in immer längeren Schüben auf, was die Planung der Abendeinladungen erschwerte. Nie konnte man gewiss sein, ob Henrys oder Beatrix' Zustand den Empfang von Gästen zulassen würde. Bei Henry rief dies Langeweile und Wut hervor, und sein Zorn machte den Alltag in White Acre noch schwieriger. Seine Temperamentsausbrüche wurden immer gehässiger. *Das wird ihn teuer zu stehen kommen, der ist erledigt, dieser Bastard! Ich will sehen, wie er am Boden liegt!* Die Dienstmädchen huschten rasch um die Ecke und versteckten sich, sobald sie ihn kommen sahen.

Auch aus Europa trafen schlechte Nachrichten ein. Henrys Bevollmächtigter, Dick Yancey – der große Mann aus Yorkshire, vor dem Alma als Kind solche Angst gehabt hatte –, war unlängst mit einer höchst beunruhigenden Neuigkeit in White Acre eingetroffen: Zwei Chemikern war es in Paris gelungen, eine Substanz zu isolieren, die sie »Chinin« nannten und in der Rinde des Chinarindenbaums gefunden hatten. Sie behaupteten, dieses Substrat sei der geheimnisvolle Wirkstoff der Jesuitenrinde, mit dem sich Malaria heilen ließ. Dank dieser neuen Erkenntnisse waren französische Chemiker möglicherweise schon bald in der Lage, ein besseres Chinarindenpräparat herzustellen, eine feiner gemahlene, stärkere, wirksamere Arznei. Damit wäre es ein Leichtes, Henrys Machtposition auf dem Markt für Fiebermittel für alle Zeiten zu untergraben.

Henry machte sich (und ein bisschen auch Dick Yancey) heftige Vorwürfe, dass sie dieser Entwicklung nicht vorgegriffen hatten. »Das hätten *wir* entdecken müssen!«, schimpfte er. Doch die Chemie war nicht Henrys Gebiet. Er war ein vortrefflicher Gärtner und Pflanzenkenner, ein skrupelloser Geschäftsmann und ein brillanter Wegbereiter für alle möglichen Neuerungen, doch den weltweiten wissenschaftlichen Entwicklungen der letzten Zeit konnte er, sosehr er sich auch bemühte, nicht folgen. Das Wissen vermehrte sich zu schnell. Ein anderer Franzose hatte jüngst unter dem Namen Arithometer eine Rechenmaschine patentieren lassen, die in der Lage war, selbständig lange Divisionen durchzuführen. Ein dänischer Physiker hatte unlängst verkündet, dass es einen Zusammenhang zwischen

Elektrizität und Magnetismus gebe, und Henry verstand nicht einmal, wovon der Mann überhaupt redete.

Kurzum, in letzter Zeit gab es zu viele neue Erfindungen und zu viele neue Ideen, die alle hochkomplex und den unterschiedlichsten Bereichen zuzuordnen waren. Man konnte nicht mehr in allen Wissensgebieten Experte sein und damit hübsche Gewinne einfahren. Henry Whittaker fühlte sich plötzlich alt.

Gleichwohl war auch nicht alles schlecht. Während seines Besuchs konnte Dick Yancey mit einer guten, geradezu überwältigenden Nachricht aufwarten: Sir Joseph Banks war tot.

Dieser respekteinflößende Mensch, Liebling der Könige und einstmals schönster Mann Europas, der die Erde umschifft, an tropischen Stränden mit heidnischen Königinnen verkehrt, Tausende von neuen Pflanzenarten in Europa eingeführt und Henry in die Welt hinausgeschickt hatte, auf dass ein *Henry Whittaker* aus ihm werde – dieser Mann war nun tot.

Mausetot. Modernd in einer Gruft irgendwo in Heston.

Als Dick Yancey eintraf und diese Nachricht überbrachte, saß auch Alma im väterlichen Arbeitszimmer und fertigte Abschriften von Briefen an. »Gott hab ihn selig«, stieß sie erschrocken hervor.

»Gott soll ihn verfluchen«, verbesserte Henry seine Tochter. »Er hat versucht, mich kleinzukriegen, aber ich habe ihn besiegt.«

Ohne jeden Zweifel schien Henry Sir Joseph Banks besiegt zu haben. Zumindest hatte er es geschafft, ihm ebenbürtig zu sein. Trotz der verletzenden Schmach, die ihm Banks vor so vielen Jahren zugefügt hatte, war Henry in einer Weise erfolgreich, die jenseits des Vorstellbaren lag. Er hatte nicht allein im Chinarindenhandel den Sieg davongetragen, sondern war vielmehr in jedem Winkel der Welt mit geschäftlichen Interessen vertreten. Der Name Whittaker stand für sich. Beinahe alle Nachbarn schuldeten ihm

Geld. Senatoren, Schiffseigner und Kaufleute erbaten sich seinen Segen und verlangten nach seiner Unterstützung.

Im Laufe der letzten drei Jahrzehnte hatte Henry im westlichen Teil Philadelphias Gewächshäuser errichtet, die den Vergleich mit Kew nicht zu scheuen brauchten. In White Acre hatte er Orchideenarten zum Blühen gebracht, bei denen Sir Joseph Banks an den Ufern der Themse erfolglos geblieben war. Als Henry erfuhr, dass Banks für die Menagerie von Kew eine vierhundert Pfund schwere Schildkröte erworben hatte, gab er unverzüglich den Auftrag, ihm auf den Galapagosinseln ein ebenso großes Exemplar in doppelter Ausführung zu beschaffen. Das Schildkrötenpärchen ließ er sich vom nimmermüden Dick Yancey persönlich anliefern. Henry hatte es sogar fertiggebracht, Riesenseerosen aus dem Amazonasgebiet nach White Acre zu holen – so groß und robust, dass ein Kind darauf stehen konnte –, während Banks bis zu seinem Tode nicht eine einzige Riesenseerose auch nur zu Gesicht bekommen hatte.

Zudem war es ihm gelungen, einen nicht minder aufwendigen, wenn nicht gar üppigeren Lebensstil zu pflegen als Banks. Er hatte sich in Amerika ein sehr viel größeres, prachtvolleres Anwesen errichtet als alles, was Banks in England jemals bewohnt hatte. Wie ein gigantisches Signalfeuer thronte das Herrenhaus glanzvoll auf seinem Hügel und überstrahlte die ganze Stadt.

Seit vielen Jahren pflegte sich Henry sogar so zu kleiden wie Sir Joseph Banks. Er hatte nicht vergessen, wie sehr ihn dessen Garderobe als junger Bursche beeindruckt hatte, und so war es ihm im Zuge seines Reichtums ein Anliegen geworden, den Stil des Sir Joseph Banks nicht nur zu imitieren, sondern nach Möglichkeit zu übertreffen. Die Folge war, dass Henry um das Jahr 1820 einen Kleiderstil pflegte, der sich vollständig überlebt hatte. Während jeder andere Mann in Amerika längst zu einfachen Hosen griff, trug Henry noch Kniehosen mit Strümpfen, aufwendige weiße Perücken mit langen Zöpfen, Schuhschnallen aus glänzendem Silber, Herrenröcke mit imposanten Ärmelaufschlägen, üppig gerüschte Hemden und in Brokat gefasste Westen, die in strahlendem Lavendelblau oder Smaragdgrün schillerten.

So vornehm und altertümlich gekleidet, bot Henry einen wahrhaft wunderlichen Anblick, wenn er in seinem farbenprächtigen georgianischen Aufputz durch Philadelphia spazierte. Man hielt ihm vor, er sehe aus wie eine Wachsfigur aus der Peale's Arcade, doch das störte ihn nicht. So und nicht anders wollte er aussehen: ein Ebenbild dessen, wie sich Sir Joseph Banks *ihm* im Jahre 1776 in seinem Arbeitszimmer in Kew dargeboten hatte, als der Dieb Henry (dünn, ausgehungert und ehrgeizig) zum Entdecker Banks (gutaussehend, elegant und in vollem Ornat) zitiert wurde.

Doch nun war Banks tot. Er war zwar ein toter Baronet, aber nichtsdestoweniger tot. Henry Whittaker dagegen – der aus armen Verhältnissen stammende, gutgekleidete Herr und Gebieter der amerikanischen Botanik – war lebendig und erfolgreich. Sicher, sein Bein schmerzte, seine Frau war krank, im Geschäft mit der Malaria waren die Franzosen auf dem Vormarsch, die amerikanischen Banken gingen zugrunde, er besaß einen Wandschrank, der mit einem Sammelsurium an dahinwelkenden Perücken gefüllt war, und es war ihm auch nicht geglückt, einen Sohn zu zeugen – doch bei Gott, jetzt war es Henry Whittaker endlich gelungen, Sir Joseph Banks zu besiegen!

Er wies Alma an, in den Weinkeller hinunterzugehen und ihm zur Feier des Tages die beste Flasche Rum zu bringen, die sie finden würde.

»Lass es zwei Flaschen sein«, fügte er sogar noch hinzu.

»Vielleicht solltest du heute Abend nicht zu viel trinken«, gab Alma vorsichtig zu bedenken. Henry war gerade erst von einem Fieber genesen, und seine Miene gefiel ihr nicht. Seine Euphorie hatte etwas außerordentlich Beunruhigendes.

»Heute Abend trinken wir, so viel wir wollen, alter Knabe«, erklärte Henry seinem Geschäftspartner, als hätte Alma keinen Ton gesagt.

»*Mehr* als wir wollen«, erwiderte Dick Yancey mit einem so warnenden Blick in Almas Richtung, dass es ihr kalt den Rücken hinunterlief. Himmel, sie konnte diesen Mann nicht leiden, sosehr ihr Vater ihn auch bewunderte. Dick Yancey, so hatte ihr Henry einmal voller Stolz erklärt, sei im Beilegen von Streitigkeiten ein tauglicher Bursche, denn er pflege selbige nicht mit Worten, sondern mit Messern zu beenden. Die beiden Männer hatten sich im Jahre 1788 an den Docks von Sulawesi kennengelernt, wo Henry Zeuge wurde, wie Yancey zwei britischen Marineoffizieren die Höflichkeit wortlos mit den Fäusten einbläute. Henry machte ihn stehenden Fußes zu seinem Vertreter und Vollstrecker, und von diesem Tage an arbeiteten sie unablässig daran, gemeinsam die Welt auszuplündern.

Alma hatte immer schreckliche Angst vor Dick Yancey gehabt. Das ging allen so. Selbst Henry bezeichnete Dick als »abgerichtetes Krokodil« und hatte einmal konstatiert: »Schwer zu sagen, was gefährlicher ist: ein abgerichtetes oder ein wildes Krokodil. So oder so würde ich ihm meine Hand – Gott behüte – nicht allzu lange ins Maul legen.«

Schon als Kind hatte Alma instinktiv begriffen, dass es auf dieser Welt zwei Arten von schweigsamen Männern gab: Die einen waren bescheiden und rücksichtsvoll, die anderen waren – Dick Yancey. Seine Augen glichen zwei Haien, die langsam ihre Beute umkreisten, und als er Alma nun anstarrte, sprachen sie eine deutliche Sprache: »Hol den Rum.«

Also stieg Alma gehorsam in den Keller hinab und holte ihn – zwei volle Flaschen, eine für jeden. Dann ging sie in die Remise und floh vor der nahenden Trunkenheit, indem sie sich in die Arbeit stürzte. Lange nach Mitternacht schlief sie, so unbequem dies auch war, lieber auf dem Diwan ein, als ins Herrenhaus zurückzukehren. Erst bei Tagesanbruch erwachte sie und lief durch den griechischen Garten zurück ins Haus, um dort zu frühstücken. Als sie näher kam, hörte sie, dass ihr Vater und Dick Yancey noch wach waren. In voller Lautstärke schmetterten sie Seemannslieder. Obschon Henry seit drei Jahrzehnten nicht mehr zur See gefahren war, kannte er sie noch alle.

Alma lehnte sich an die geschlossene Tür und lauschte. Die Stimme ihres Vaters, die im grauen Morgenlicht durch das Herrenhaus hallte, klang schrill, elend und ausgelaugt. Sie klang wie ein schwermütiges Heulen aus fernen Weltmeeren.

•

Keine zwei Wochen später, am Morgen des 10. August 1820, stürzte Beatrix Whittaker die große Treppe von White Acre hinab.

Sie war frühmorgens aufgewacht und hatte sich offenbar so gut gefühlt, dass sie den Plan fasste, ein wenig im Garten zu arbeiten. Sie zog die alten Gartenschuhe mit den Ledersohlen an, steckte ihr Haar unter die steife holländische Haube und stieg die Treppe hinunter, um sich an die Arbeit zu machen. Doch auf den am Vortag gebohnerten Stufen waren ihre Ledersohlen zu glatt. Beatrix rutschte aus und stürzte.

Im Studierzimmer der Remise war Alma bereits in ihren Aufsatz über die Fangblasen der fleischfressenden Wasserschläuche vertieft, an dem sie für die *Botanica Americana* schrieb, als sie mit einem Mal Hanneke de Groot durch den griechischen Garten auf sich zueilen sah. Almas erster Gedanke war, wie ulkig die alte Haushälterin aussah – mit ihren wehenden Röcken, den wedelnden Armen und dem roten, verzerrten Gesicht. Als rollte ein riesiges, in Frauenkleider gestecktes Bierfass durch den Garten auf sie zu. Beinahe hätte Alma laut aufgelacht. Doch dann verging ihr das Lachen. Hanneke war sichtlich entsetzt, ein für diese Frau gänzlich untypischer Zustand. Etwas Furchtbares musste geschehen sein.

Alma dachte: Mein Vater ist tot.

Sie hielt sich die Hand aufs Herz. Bitte nicht. Bitte, nicht mein Vater.

Hanneke hatte die Tür erreicht, die Augen weit aufgerissen und mit wildem Blick nach Luft ringend. Sie keuchte, schluckte, und dann brach es aus ihr heraus: *»Je moeder is dood.«*

Deine Mutter ist tot.

•

Die Bediensteten hatten Beatrix in ihr Zimmer getragen und aufs Bett gelegt. Alma scheute sich fast hineinzugehen; sie hatte das mütterliche Zimmer nur selten betreten dürfen. Nun sah sie, wie grau das Gesicht der Mutter geworden war. An der Stirn hatte sie eine Schwellung, ihre Lippen waren aufgesprungen und blutig. Die Haut fühlte sich kalt an. Bedienstete standen um das Bett. Eins der Mädchen hielt Beatrix einen Spiegel unter die Nase, um festzustellen, ob sie noch atmete.

»Wo ist mein Vater?«, fragte Alma.

»Er schläft noch«, antwortete ein anderes Mädchen.

»Weckt ihn nicht auf«, befahl Alma. »Hanneke, öffne ihr Mieder.«

Beatrix trug die Kleider über der Brust stets flach geschnürt – strikt, ehrbar und so stramm, dass es ihr den Atem raubte. Sie drehten ihren Körper auf die Seite, und Hanneke lockerte das Schnürwerk. Nach wie vor atmete Beatrix nicht.

Alma wandte sich zu einem der jüngeren Diener, einem Burschen, der aussah, als ob er ein schneller Läufer wäre.

»Bring mir Ammoniumcarbonat«, befahl sie.

Er sah sie verständnislos an.

Alma erkannte, dass sie dem Knaben in ihrer Hast den chemischen Fachbegriff genannt hatte. »Bring mir Flüchtiges Laugensalz«, verbesserte sie sich.

Wieder das reinste Unverständnis. Alma wirbelte herum,

ließ ihren Blick über die Anwesenden schweifen und sah in lauter verwirrte Gesichter. Niemand wusste, was sie meinte. Sie benutzte die falschen Worte. Sie durchforstete ihr Gedächtnis, versuchte es abermals.

»Bring mir Hirschhornsalz«, sagte sie.

Aber nein, auch das war nicht der vertraute Begriff – jedenfalls nicht für diese Leute. Hirschhorn war ein veralteter Ausdruck, den außer Wissenschaftlern niemand kannte. Sie kniff die Augen zusammen und suchte nach dem geläufigsten Wort für das, was sie haben wollte. Wie nannten es gewöhnliche Leute? Plinius der Ältere hatte es als *Hammoniacus sal* bezeichnet. Im dreizehnten Jahrhundert benutzten es die Alchemisten. Doch würde ein Verweis auf Plinius in dieser Lage nicht helfen, und auch die Alchemie des dreizehnten Jahrhunderts wäre als Hinweis wohl niemandem in diesem Zimmer dienlich. Alma verfluchte ihr Hirn: Es war eine mit toten Sprachen und nutzloser Gelehrsamkeit gefüllte Abfalltonne, mehr nicht! Sie verlor kostbare Zeit!

Endlich fiel es ihr ein. Sie schlug die Augen auf und bellte einen Befehl, der tatsächlich Wirkung zeigte: »Riechsalz!«, schrie sie. »Los! Holt Riechsalz! Bringt es mir!«

Rasch wurde das Salz herbeigeschafft. Das Holen brauchte fast weniger Zeit als das Benennen.

Hastig hielt Alma ihrer Mutter das Fläschchen unter die Nase. Ein Röcheln, ein Keuchen, und Beatrix tat einen Atemzug. Auch im Kreis der Hausangestellten rang man ergriffen nach Luft, und eine Frau rief: »Gelobt sei Gott!«

Beatrix war also nicht tot, doch in der kommenden Woche blieb sie besinnungslos. Alma und Prudence wechselten sich am Bett ihrer Mutter ab und hatten Tag für Tag, Nacht für Nacht ein stetes Auge auf sie. In der ersten Nacht übergab sich Beatrix im Schlaf, und Alma wusch sie. Auch den Urin und alle anderen Ausscheidungen wischte sie auf.

Noch nie hatte Alma bis zu jenem Tag den Körper ihrer Mutter gesehen – jedenfalls nichts, was jenseits von Gesicht,

Hals und Händen lag –, und als sie nun die reglose Gestalt auf dem Bett wusch, wurde sie gewahr, dass beide Brüste von harten Beulen deformiert waren. Tumoren. Große Tumoren. Einer hatte bereits die Haut durchbrochen und sonderte eine dunkle Flüssigkeit ab. Alma wurde beinahe ohnmächtig bei dem Anblick. Der Begriff für das, was sie hier erblickte, kam ihr auf Griechisch in den Sinn: *Karkinos*. Krebs. Beatrix war offenbar schon seit geraumer Zeit daran erkrankt. Gewiss hatte sie seit Monaten, wenn nicht gar Jahren ein qualvolles Leben geführt. Nie hatte sie geklagt. Bei Tisch hatte sie sich lediglich an Tagen, da die Beschwerden unerträglich wurden, für ihr Fernbleiben entschuldigt, ihre Gebrechen jedoch als gewöhnliche Schwächeanfälle abgetan.

Hanneke de Groot schlief in dieser Woche kaum: Zu jeder Stunde kam sie mit Kompressen und Fleischbrühe herbeigeeilt. Sie wickelte Beatrix' Kopf in frische, feuchte Tücher, versorgte die geschwürige Brust, brachte den Mädchen Butterbrote und versuchte, Beatrix' aufgesprungenen Lippen Getränke einzuflößen. Zu ihrer eigenen Schande musste sich Alma eingestehen, dass sie selbst an der Seite ihrer Mutter hin und wieder von einem Gefühl der Rastlosigkeit erfasst wurde, während Hanneke geduldig alle Pflichten der Pflege wahrnahm. Beatrix und Hanneke hatten ihr gesamtes Leben zusammen verbracht. Im botanischen Garten von Amsterdam waren sie Seite an Seite aufgewachsen. Sie waren gemeinsam mit demselben Schiff aus Holland gekommen. Beide hatten ihre Familien zurückgelassen und weder Eltern noch Geschwister jemals wiedergesehen. Das ein oder andere Mal weinte Hanneke um ihre Herrin und betete auf Holländisch. Alma weinte weder, noch betete sie. Auch Prudence tat nichts dergleichen – zumindest nicht im Beisein anderer.

Was Henry betraf, so kam er fortwährend in Beatrix' Zimmer gestürmt, um im nächsten Moment beunruhigt und aufgelöst wieder hinauszustürmen. Er war ihnen keine Hilfe. Alles war erheblich einfacher, wenn er nicht da war.

Er kam, ließ sich für einen Augenblick neben seiner Frau nieder, rief »Oh, ich verkrafte das nicht!« und eilte, einen Schwall von Flüchen ausstoßend, wieder hinaus. Sein Äußeres wurde ungepflegt, doch Alma hatte wenig Zeit für ihn. Sie musste mit ansehen, wie ihre Mutter in der guten flämischen Bettwäsche dahinwelkte. Dies war nicht mehr die respekteinflößende Beatrix van Devender Whittaker; dies war nur noch ein elendes, empfindungsloses Gebilde, ein trauriger, stinkender Ausdruck des Verfalls. Nach fünf Tagen erlitt Beatrix einen vollständigen Harnstau. Ihr Unterleib schwoll an, wurde hart und heiß. Undenkbar, dass sie noch lange leben würde.

Ein Arzt kam – vom Pharmazeuten James Garrick geschickt –, doch Alma wies ihn ab. Es würde ihrer Mutter nichts nützen, wenn man sie nun zur Ader ließe. Stattdessen übersandte sie Mr Garrick eine Nachricht mit der Bitte, eine Tinktur aus flüssigem Opium zuzubereiten, die sie ihrer Mutter stündlich in kleinen Tropfen in den Mund träufeln würde.

In der siebten Nacht lag Alma schlafend in ihrem Bett, als Prudence, die bei Beatrix gewacht hatte, hereinkam und sie mit einer leichten Berührung an der Schulter weckte.

»Sie spricht«, flüsterte Prudence.

Alma schüttelte den Kopf und versuchte zu begreifen, wo sie überhaupt war. Sie blinzelte in Prudence' Kerzenlicht. *Wer* sprach? Sie hatte von Pferdehufen und geflügelten Tieren geträumt. Sie schüttelte nochmals den Kopf, richtete sich auf, und dann war alles wieder da.

»Was sagt sie?«, fragte Alma.

»Sie hat mich gebeten, das Zimmer zu verlassen«, antwortete Prudence ohne erkennbare Gefühlsregung. »Sie hat nach dir verlangt.«

Alma schlang sich ein Tuch um die Schultern.

»Schlaf du jetzt«, sagte sie zu ihrer Schwester und nahm die Kerze mit ins Zimmer der Mutter.

Beatrix hatte die Augen weit geöffnet. Eines davon

war blutunterlaufen und bewegte sich nicht. Das andere schweifte forschend über Almas Gesicht.

»Mutter«, sagte Alma und sah sich nach einem Getränk für Beatrix um. Auf dem Nachttisch stand eine Tasse mit kaltem Tee, ein Überbleibsel von Prudence' Nachtwache. Beatrix würde keinen vermaledeiten englischen Tee trinken wollen, nicht einmal auf ihrem Sterbebett. Doch es gab nichts anderes. Alma hielt die Tasse an ihre trockenen Lippen. Beatrix nippte, und tatsächlich runzelte sie sogleich die Stirn.

»Ich hole dir Kaffee«, bot ihr Alma entschuldigend an.

Beatrix schüttelte schwach den Kopf.

»Was kann ich dir holen?«, fragte Alma.

Keine Antwort.

»Willst du Hanneke sehen?«

Da Beatrix sie nicht zu hören schien, wiederholte Alma die Frage, diesmal auf Holländisch.

»Zak ik Hanneke roepen?«

Beatrix schloss die Augen.

»Zak ik Henry roepen?«

Keine Antwort.

Alma nahm ihre Hand, die kalt war und sehr klein. Noch nie hatten sie sich an den Händen gefasst. Sie wartete. Beatrix hielt die Augen weiterhin geschlossen. Alma war schon beinahe eingedöst, da hörte sie ihre Mutter flüstern:

»Alma.«

»Ja, Mutter.«

»Bleib.«

Beatrix hatte englisch gesprochen.

»Ich bleibe bei dir.«

Doch die Mutter schüttelte den Kopf. Nein, das meinte sie nicht. Wieder schloss sie die Augen. Wieder wartete Alma, in diesem dunklen, dem Tode geweihten Raum plötzlich zutiefst erschöpft. Es dauerte lange, bis Beatrix die Kraft fand, ihren ganzen Satz über die Lippen zu bringen.

»Bleib bei deinem Vater«, hauchte sie.

Was hätte Alma erwidern sollen? Was verspricht man einer Frau auf dem Sterbebett? Insbesondere, wenn die Frau die eigene Mutter ist? Man verspricht alles.

»Ich werde immer bei ihm bleiben«, erklärte Alma.

Mit dem gesunden Auge starrte Beatrix abermals forschend in Almas Gesicht, als ob sie den Schwur ihrer Tochter auf seine Ehrlichkeit zu überprüfen suchte. Scheinbar überzeugt, schloss sie wieder die Augen.

Alma gab ihrer Mutter noch einen Tropfen Opium. Inzwischen atmete Beatrix nur noch sehr flach, und ihre Haut war kalt. Es schien, als hätte die Mutter bereits ihre letzten Worte gesprochen, doch fast zwei Stunden später, als Alma auf dem Stuhl eingenickt war, wurde sie von einem gepressten Husten aus dem Dämmerschlaf gerissen. Sie dachte, Beatrix sei im Begriff zu ersticken, doch es war lediglich ein Versuch, noch etwas zu sagen. Wieder benetzte Alma Beatrix' Lippen mit dem verhassten Tee.

»Mir dreht sich der Kopf«, flüsterte die Mutter.

»Komm, ich hole dir Hanneke.«

Doch zu ihrer Überraschung lächelte Beatrix. »Nein«, sagte sie. *»Het is fijn.«*

Es ist schön.

Dann schloss Beatrix Whittaker die Augen und starb – wie aus eigenem Entschluss.

•

Am nächsten Morgen machten sich Alma, Prudence und Hanneke gemeinsam daran, die Tote zu waschen, anzukleiden, ins Leichentuch zu hüllen und für die Beisetzung vorzubereiten. Es war eine schweigsame, traurige Arbeit.

Wider die örtlichen Gepflogenheiten wurde der Leichnam nicht im Salon aufgebahrt. Beatrix hätte das nicht gewollt, und auch Henry war nicht erpicht darauf, die Leiche seiner Frau zu sehen. Er verkrafte das nicht, erklärte er. Zudem war es angesichts der hohen Temperaturen am vernünftigsten und hygienischsten, rasch zur Beisetzung zu schreiten. Da Beatrix' Körper im Grunde schon vor ihrem Tode zu modern begonnen hatte, fürchteten alle ein rasches und heftiges Einsetzen der Verwesung. Hanneke wies einen der Zimmermänner von White Acre an, ohne Umstände einen schlichten Sarg zu bauen. Die drei Frauen spickten das Leichentuch mit Lavendelsäckchen, um die Geruchsbildung hinauszuzögern, und kaum stand der Sarg bereit, wurde Beatrix' Leiche auf ein Fuhrwerk geladen und zur Kirche gebracht, um dort bis zur Bestattung im kühlen Keller zu lagern. Alma, Prudence und Hanneke schnürten sich schwarze Trauerbänder aus Krepp um den Oberarm. Sie waren gehalten, diese Bänder für die Dauer eines halben Jahres zu tragen. Alma fühlte sich mit dem engen Stoff, der ihr den Arm abschnürte, wie ein gegürtelter Baum, dem man den Lebensnerv abgeschnitten hatte. Am Nachmittag der Bestattung schritten sie, dem Fuhrwerk mit dem Sarg folgend, zum schwedisch-lutherischen Friedhof. Die Beisetzung war kurz, schlicht, zweckmäßig und respektabel. Die Trauergemeinde belief sich auf ein knappes Dutzend Personen, darunter auch James Garrick, der Pharmazeut, den während der gesamten Zeremonie ein erbärmlicher Husten quälte. Alma wusste, dass seine Lungen angegriffen waren, nachdem er jahrelang mit dem Jalape-Pulver gearbeitet hatte, dem er seinen Reichtum verdankte. Auch Dick Yancey war anwesend; sein kahles Haupt glänzte in der Sonne wie eine blanke Waffe. George Hawkes war ebenfalls gekommen, und Alma wünschte, sie hätte sich in seine Arme schmiegen können. Zu ihrer Überraschung war auch Arthur Dixon, ihr wachsbleicher ehemaliger Hauslehrer, unter den Trauergästen. Sie konnte sich nicht vorstellen, wie Mr Dixon überhaupt von Beatrix' Tod erfahren hatte, zumal sie von einer wie auch immer gearteten Zuneigung des Lehrers zu seiner alten Lohnherrin niemals etwas bemerkt hatte, doch sein Kommen berührte sie, was Alma ihn denn auch wissen ließ. Retta Snow war gleichfalls gekommen. Mit Alma an der einen und Prudence an der anderen Hand, verharrte sie in einem für sie gänzlich untypischen Schweigen. Tatsächlich war ihre Haltung an jenem Tage beinahe so stoisch wie die einer Whittaker.

Niemand vergoss eine Träne, und Beatrix hätte es auch nicht anders gewollt. Von der Geburt bis zum Tode, so ihr Leitsatz, galt es, Glaubwürdigkeit, Duldsamkeit und Zurückhaltung an den Tag zu legen. Welche Schande, wenn nach solch einem Leben im Zeichen der Ehrbarkeit doch noch – sozusagen im letzten Moment – alles in Rührseligkeit versunken wäre. So war denn auch im Anschluss kein Beisammensein geplant, um etwa in White Acre gemeinsam Limonade zu trinken und sich in Erinnerungen und tröstlichen Worten zu ergehen. Beatrix hätte es nicht gewünscht. Alma wusste um die Bewunderung ihrer Mutter für Carl von Linné, den Vater der botanischen Taxonomie, der seine Familie im Hinblick auf die eigene Beisetzung angewiesen hatte: »Ladet niemanden ein und nehmt keine Beileidsbekundungen entgegen.«

Der Sarg wurde in die frische Lehmgrube hinabgelassen. Der lutherische Geistliche ergriff das Wort. Liturgie, Litanei, apostolisches Glaubensbekenntnis – es ging geschwind voran. Nach lutherischem Brauch gab es keine Grabrede, wohl aber eine Predigt, altgewohnt und unerbittlich. Alma versuchte zuzuhören. Doch der leiernde Vortrag des Pastors war so monoton, dass sie sich bald wie betäubt fühlte und seine Worte nur bruchstückhaft aufnahm. Die Sünde liegt in der menschlichen Natur, hörte sie. Die Gnade ist Gottes Mysterium und Vermächtnis. Gnade lässt sich weder verdienen noch verspielen noch vermehren noch schmälern. Die Gnade ist ein seltenes Gut. Niemand weiß, wem sie zuteilwird. Bis zum Tode sind wir getauft. Wir preisen dich.

Gnadenlos brannte die heiße, tiefstehende Sommersonne in Almas Gesicht. Die Trauergäste blinzelten unbehaglich. Henry Whittaker war fassungslos und wie gelähmt. Nur um eines hatte er gebeten: Sobald der Sarg am Boden der

Grube angelangt wäre, möge man Stroh über den Deckel breiten. Es sollte, wenn die ersten Schaufeln Erde auf den Totenschrein seiner Frau prallten, das furchtbare Geräusch dämpfen.

Kapitel 11

Im Alter von zwanzig Jahren war Alma Whittaker nun die Herrin von White Acre.

Sie schlüpfte in die Rolle ihrer Mutter, als hätte sie sich immer schon darauf vorbereitet, was ja in gewisser Weise auch den Tatsachen entsprach.

Einen Tag nach Beatrix' Beisetzung trat sie ins Arbeitszimmer ihres Vaters und begann, die sich türmenden Brief- und Papierstapel durchzusehen – wild entschlossen, unverzüglich sämtliche Aufgaben zu erledigen, um die sich üblicherweise Beatrix gekümmert hatte. Zu ihrem wachsenden Entsetzen stellte Alma fest, dass in White Acre im Zuge der sich verschlechternden Gesundheit ihrer Mutter einiges an dringlicher Arbeit – Buchführung, Rechnungsstellung, Korrespondenzen – seit einigen Monaten, wenn nicht sogar schon seit einem Jahr vernachlässigt worden war. Alma machte sich heftige Vorwürfe, dies nicht früher bemerkt zu haben. Auf Henrys Schreibtisch hatte schon immer ein Chaos geherrscht, das wichtige Papiere im Wirrwarr des Nebensächlichen ertrinken ließ, doch erst jetzt, da sie den Dingen im Arbeitszimmer auf den Grund ging, wurde ihr bewusst, wie gravierend das Ausmaß der Unordnung war.

Was sie vorfand, war dies: Berge von dringenden Papieren, die sich im Laufe der letzten Monate wie Lavaströme von Henrys Schreibtisch über den Boden ergossen hatten, um dort zu festen, sich verhärtenden Schichten zu erstarren. Erschreckenderweise bargen die Wandschränke des Arbeitszimmers weitere, mit unsortierten Papieren vollgestopfte Kisten. Bei ihren ersten Grabungen stieß Alma auf Fakturen, die seit dem Monat Mai niemand bezahlt hatte, auf unerledigte Lohnabrechnungen und ein ganzes Sediment von Briefen: Handwerker, die auf Anweisungen warteten, Geschäftspartner, die um eilige Auskünfte baten, Pflanzensammler in Übersee, Anwälte, botanische Gärten aus aller Welt, das Patentamt sowie diverse Museumsleiter. Hätte Alma früher erfahren, dass solche Mengen an Korrespondenz liegengeblieben waren, so hätte sie sich schon vor Monaten darum gekümmert. Nun hatte das Ganze ein geradezu krisenhaftes Ausmaß angenommen. So saß etwa just in diesem Moment ein mit Whittaker-Pflanzen gefülltes Schiff im Hafen von Philadelphia fest und verursachte dort beträchtliche Liegekosten, weil man die Fracht nicht löschen konnte, solange der Kapitän auf seine Entschädigung wartete.

Das Schlimmste aber war, dass diese dringenden Dinge in einem Meer absurder Details untergingen: sinnlose Zeitfresser, Berge von lästigem Geschwätz. Etwa die praktisch unleserliche Notiz einer Frau aus Philadelphia, deren Kind eine Stecknadel verschluckt hatte, weshalb die Mutter nun um sein Leben fürchtete – vermochte ihr jemand in White Acre zu sagen, was sie tun solle? Oder ein Brief der Witwe eines Naturforschers, der vor fünfzehn Jahren für Henry gearbeitet hatte: Sie lebte laut eigener Aussage in bitterer Armut und ersuchte um eine Witwenrente. Oder das vor Urzeiten eingetroffene Schreiben des leitenden Landschaftsgestalters von White Acre, der um sofortige Entlassung eines Gärtners bat, weil selbiger nach Dienstschluss einige junge Frauen zu Wassermelone und Rum auf sein Zimmer geladen habe.

War es das, worum sich die Mutter fortwährend gekümmert hatte, zusätzlich zu allem anderen? Verschluckte Stecknadeln? Verzagte Witwen? Wassermelone und Rum?

Alma hatte keine andere Wahl, sie musste diesen Augiasstall ausmisten, Brief für Brief, Papier für Papier. Sie beschwatzte ihren Vater, sich neben sie zu setzen und ihr begreiflich zu machen, was dieser oder jener Punkt zu bedeuten hatte, warum dieser oder jener Rechtsstreit ernst zu nehmen und warum der Sarsaparillenpreis im letzten Jahr so unerhört gestiegen war. Weder Henry noch Alma konnten sich einen Reim auf Beatrix Whittakers hochkomplizierte dreifache Buchführung machen – eine wie auch immer geartete Abwandlung des klassischen italienischen Systems –, doch Alma war die bessere Mathematikerin und brachte es nicht nur fertig, den mütterlichen Geschäftsbüchern einen Sinn abzuringen, sondern auch für die Zukunft eine einfachere Methode auszuklügeln. Zudem übertrug sie Prudence die Aufgabe, sich der liegengebliebenen Korrespondenz anzunehmen: Unter lautstarkem Protest diktierte Henry die wichtigsten Fakten, während Prudence sie Seite um Seite in höfliche Worte kleidete.

Trauerte Alma um ihre Mutter? Es war schwer zu sagen. Sie hatte im Grunde kaum Zeit dafür. Verdrossen watete sie durch einen Sumpf der Mühsal, und ihre Gefühlslage war von dem, was man gemeinhin Trauer nennt, letztlich kaum zu unterscheiden. Sie war erschüttert und ermattet. Es gab Momente, da sah sie von ihrer Arbeit auf, um die Mutter etwas zu fragen; wenn dann ihr Blick zu dem Sessel schweifte, in dem bis vor kurzem Beatrix zu sitzen pflegte, erschrak sie über die Leere. Es war, als schaute man auf die vertraute Wanduhr, und plötzlich wäre da nur noch ein leerer Fleck. Immer wieder schweifte ihr Blick zum Sessel; die Leere traf sie jedes Mal überraschend.

Allerdings war Alma ihrer Mutter auch böse. Im Kampf gegen das monatealte Papierchaos fragte sie sich häufig, warum sich Beatrix – die doch sehr genau wusste, wie krank sie war – nicht schon vor über einem Jahr um eine helfende Hand bemüht hatte. Warum hatte sie ganze Korrespondenzen in Kisten gepackt und in Wandschränken verstaut, anstatt sich Hilfe zu erbitten? Und warum hatte Beatrix ihr kompliziertes Buchführungssystem niemandem erklärt oder wenigstens verraten, wo sie die Unterlagen der vergangenen Jahre abgelegt hatte?

Alma dachte an die mahnenden Worte ihrer Mutter, die vor Jahren gepredigt hatte: »Lege niemals eine Arbeit aus der Hand, Alma, solange die Sonne noch hoch am Himmel steht. Hoffe nicht, morgen mehr Zeit dafür zu finden, denn das wirst du nicht, und bist du erst einmal mit deinen Pflichten in Verzug geraten, wirst du den Rückstand nie wieder aufholen.«

Wie hatte Beatrix zulassen können, dass sie derart in Verzug geriet?

Vielleicht hatte sie nicht an ihren baldigen Tod geglaubt.

Vielleicht hatten die Schmerzen ihr den Verstand so umnebelt, dass ihr der Blick für die Welt abhandengekommen war.

Und vielleicht, dachte Alma finster, hatte Beatrix die Lebenden ja auch über ihren Tod hinaus bestrafen wollen. Mit Arbeit.

Was nun Hanneke de Groot betraf, so wurde Alma rasch gewahr, dass diese Frau eine Heilige war. Alma hatte bislang keinerlei Kenntnis davon genommen, wie viel Hanneke für das Anwesen leistete. Sie kümmerte sich um das Personal – Dutzende von Menschen, die sie einstellte, anlernte, betreute und maßregelte. Sie bewirtschaftete die Vorratskeller und kommandierte die gesamte Gemüseernte, als führte sie einen Kavallerieangriff quer durch Felder und Gärten. Sie requirierte ihre Truppen zum Silberputzen, zum Teppichklopfen, zum Weißeln der Wände, zum Schottern der Einfahrt, zum Fettausschmelzen und Puddingkochen. Mit ihrem ausgeglichenen Naturell und ihrer strammen Disziplin gelang es ihr, die Eifersüchteleien, die Trägheit und den Unverstand all dieser Menschen im Zaum zu halten. Sie war ohne Frage der einzige Grund dafür, dass das Anwesen seit Beatrix' Erkrankung weiter funktioniert hatte.

Eines Morgens, kurz nach dem Tod ihrer Mutter, wurde Alma Zeugin, wie Hanneke drei Küchenmädchen, die sie wie zu ihrer sofortigen Erschießung an die Wand gestellt hatte, zurechtwies.

»Eine einzige gute Arbeitskraft schafft mehr als ihr zu dritt!«, blaffte Hanneke. »Und sobald ich eine gute Arbeitskraft *finde*, werdet ihr drei entlassen, verlasst euch drauf! Unterdessen geht ihr unverzüglich wieder euren Pflichten nach und hört auf, euch mit gedankenloser Bummelei zu kompromittieren.«

»Ich kann dir gar nicht genug für deine Dienste danken«, erklärte ihr Alma, als die Mädchen fort waren. »Ich hoffe, dass ich irgendwann in der Lage sein werde, dir bei der Haushaltsführung besser zur Seite zu stehen, doch fürs Erste wirst du dich weiterhin um alles kümmern müssen, während ich versuche, Ordnung in die geschäftlichen Angelegenheiten meines Vaters zu bringen.«

»Ich habe mich immer um alles gekümmert«, stellte Hanneke klaglos fest.

»Ja, das hast du wohl, Hanneke. Du scheinst zu arbeiten wie zehn Männer.«

»Deine Mutter hat gearbeitet wie zwanzig Männer, Alma – und um deinen Vater musste sie sich auch noch kümmern.«

Als Hanneke sich zum Gehen wandte, hielt Alma die Haushälterin am Arm zurück.

»Hanneke«, sagte sie müde und mit gerunzelter Stirn. »Was kann man für ein Kind tun, das eine Stecknadel verschluckt hat?«

Ohne zu zögern oder nach den Hintergründen zu fragen, antwortete Hanneke: »Verordne dem Kind rohes Eiweiß und der Mutter Geduld. Versichere ihr, dass die Nadel wahrscheinlich in ein paar Tagen durch den natürlichen Ausgang herausrutschen wird, ohne dem Kind Schaden zuzufügen. Ist das Kind älter, so kann man es Seilchen springen lassen, um den Vorgang zu unterstützen.«

»Kann ein Kind daran sterben?«, fragte Alma.

Hanneke zuckte die Achseln. »Manchmal. Doch wenn du die genannten Maßnahmen in einem Ton verordnest, der Zuversicht und Gewissheit vermittelt, fühlt sich die Mutter weniger hilflos.«

»Danke«, sagte Alma.

•

In den ersten Wochen nach Beatrix' Tod schaute Retta Snow mehrmals in White Acre vorbei, doch Alma und Prudence waren so damit befasst, die familiären Geschäfte ins Reine zu bringen, dass sie keine Zeit für sie erübrigen konnten.

»Ich kann euch doch helfen!«, rief Retta, obschon alle wussten, dass dies ganz und gar unmöglich war.

»Dann werde ich von jetzt an jeden Tag auf dich warten – in deinem Studierzimmer in der Remise«, versprach Retta schließlich, nachdem Alma sie in einem fort abgewiesen hatte. »Wenn du mit deiner Arbeit fertig bist, kommst du. Und dann siehst du mich, und ich kann wieder mit dir reden, während du deine unmöglichen Sachen studierst. Dann erzähle ich dir außergewöhnliche Geschichten, über die du lachen und staunen wirst. Ich habe nämlich allerlei höchst schockierende Neuigkeiten!«

Alma konnte sich nicht vorstellen, dass sie jemals wieder Zeit finden würde, mit Retta über irgendetwas zu lachen oder zu staunen, geschweige denn an ihren eigenen Vorhaben weiterzuarbeiten. Seit dem Tod der Mutter schien sie beinahe vergessen zu haben, dass sie überhaupt jemals an eigenen Vorhaben gearbeitet hatte. Sie war eine Schreibkraft geworden, eine Kopistin, eine an den väterlichen Schreibtisch gekettete Sklavin und Verwalterin eines beängstigend großen Hauswesens, die sich durch einen Dschungel vernachlässigter Aufgaben kämpfte. Zwei Monate lang hielt sie sich nahezu ununterbrochen im Arbeitszimmer des Vaters auf. Auch ihn hinderte sie nach besten Kräften daran, den Raum zu verlassen.

»Ich brauche bei diesen Angelegenheiten deine Hilfe!«, flehte sie. »Sonst holen wir das alles nie auf.«

Doch eines Spätnachmittags im Oktober, mitten im Sortieren, Recherchieren und Kalkulieren, geschah es: Ohne jede Ankündigung erhob sich Henry, spazierte schnurstracks aus dem Arbeitszimmer und ließ Alma und Prudence mit sämtlichen Papieren zurück.

»Wo gehst du hin?«, konnte Alma ihn gerade noch fragen.

»Mich betrinken«, antwortete er grimmig. »Und Gott weiß, wie sehr es mir davor graut.«

»Aber Vater …«, protestierte sie.

»Mach du das zu Ende«, befahl Henry.

Und das tat sie.

Mit Prudence' und Hannekes Hilfe, größtenteils jedoch im Alleingang, waltete und schaltete sie, bis sie Henrys Arbeitszimmer in einen nahezu perfekten Zustand versetzt hatte. Schrittweise widmete sie sich einem Problem nach dem anderen und regelte so sämtliche Angelegenheiten, bis jeder Auftrag, jede gerichtliche Verfügung, jede Weisung abgehandelt, jeder Brief beantwortet, jede Rechnung bezahlt, jeder Geldgeber beruhigt, jeder Lieferant umschmeichelt und jede Fehde beigelegt war.

Erst als der Januar zur Hälfte verstrichen war, wurde sie fertig und durfte nun mit Fug und Recht von sich behaupten, dass ihr sämtliche Mechanismen der Whittaker Company gänzlich vertraut waren. Fünf Monate hatte sie getrauert. Der ganze Herbst war an ihr vorbeigerauscht, sie hatte ihn weder kommen noch gehen sehen. Sie erhob sich vom Schreibtisch ihres Vaters und nahm das schwarze Trauerband ab. Sie legte es in den Eimer, der den letzten Papiermüll enthielt; dieses Band sollte mit dem übrigen Unrat verbrannt werden. Es war genug.

Dann begab sich Alma geradewegs in die Bindekammer gegenüber der Bibliothek, verriegelte die Tür und befriedigte sich. Seit Monaten hatte sie sich nicht berührt; nun endlich an diese alte, schöne Gewohnheit anzuknüpfen war so befreiend, dass sie beinahe in Tränen ausgebrochen wäre. Im Übrigen hatte sie seit Monaten nicht mehr geweint. Nein, anders: Sie hatte seit Jahren nicht mehr geweint. Überdies wurde ihr bewusst, dass in der vergangenen Woche ihr einundzwanzigster Geburtstag verstrichen war, ohne dass es jemand bemerkt hatte – nicht einmal Prudence, von der eigentlich immer mit einem kleinen, aufmerksamen Geschenk zu rechnen war.

Was hatte sie freilich erwartet? Sie war älter geworden. Sie war jetzt nicht nur Herrin über das prachtvollste Anwesen von Philadelphia, sondern auch, wie sich gezeigt hatte, Geschäftsführerin eines der größten botanischen Importunternehmen der Welt. Die kindischen Zeiten waren vorbei.

Nach ihrem Besuch in der Bindekammer zog sich Alma aus, nahm – obwohl Samstag war – ein Bad und legte sich um fünf Uhr nachmittags schlafen. Sie schlief volle dreizehn Stunden. Als sie erwachte, lag das Haus in tiefer Stille. Zum ersten Mal seit Monaten verlangte es nichts von ihr. Die Stille klang wie Musik. Sie zog sich gemächlich an und nahm genüsslich ihr Frühstück ein. Dann schlenderte sie durch den griechischen Garten ihrer Mutter, der im Frost glänzte und glitzerte, und erreichte die Remise. Es war Zeit, sich wenigstens für ein paar Stunden mit der Arbeit zu befassen, die sie an jenem Tag, als ihre Mutter die Treppe hinunterfiel, mitten im Satz unterbrochen hatte.

Zu Almas Überraschung schlängelte sich ein dünner Rauchfaden aus dem Kamin der Remise. Und als sie in ihr Studierzimmer trat, lag dort tatsächlich in tiefem Schlaf, unter eine dicke Wolldecke gekuschelt, wie versprochen Retta Snow auf dem Diwan und wartete auf sie.

•

»Retta!« Alma fasste ihre Freundin am Arm. »Was um Himmels willen tust du hier?«

Rettas große grüne Augen flogen auf. Allem Anschein nach hatte sie nicht die leiseste Ahnung, wo sie war, und schien auch Alma nicht zu erkennen. Etwas Grässliches geschah mit ihrem Gesicht. Ein plötzlicher Ausdruck von Wildheit und Gefährlichkeit erfasste ihre Züge, und Alma schrak unwillkürlich zurück wie vor einem in die Enge getriebenen, knurrenden Hund. Doch dann trat unversehens ein Lächeln in Rettas Gesicht, und der Spuk war vorbei. Sie hatte ihre frische, liebenswürdige Art zurückgewonnen und war wieder sie selbst.

»Meine ergebene Freundin«, murmelte Retta mit verschlafener Stimme und ergriff Almas Hand. »Wer liebt dich sehr? Wer liebt dich mehr? Wer denkt an dich, wenn andere ruhen?«

Alma sah sich in ihrem Zimmer um und erblickte einige leere Keksdosen – offenbar Reste eines kleinen Proviantlagers – und einen wirren Haufen auf den Boden geworfener Kleider. »Warum schläfst du in meinem Studierzimmer, Retta?«

»Weil es bei mir zu Hause unerträglich langweilig geworden ist. Hier ist es natürlich auch unerträglich langweilig, doch zumindest hat man die Chance, ab und zu ein fröhliches Gesicht zu sehen, wenn man nur schön geduldig ist. Wusstest du, dass du Mäuse in deinem Herbarium hast? Warum hältst du dir nicht eine Miezekatze, die würde ihnen bestimmt den Garaus machen. Hast du schon einmal eine Hexe gesehen? Ich glaube ehrlich gesagt, dass letzte Woche eine hier in der Remise war. Ich habe ihr Lachen gehört. Glaubst du, wir sollten es deinem Vater sagen? Ich kann mir nicht vorstellen, dass es ratsam ist, hier eine Hexe zu haben. Aber vielleicht würde er mich ja für verrückt halten. Wobei er das wohl sowieso schon tut. Hast du noch irgendwo Tee? Diese kalten Morgenstunden sind abscheulich, findest du nicht? Sehnst du dich nicht auch ganz schrecklich nach dem Sommer? Wo hast du dein schwarzes Armband gelassen?«

Alma nahm auf dem Diwan Platz und drückte die Hand ihrer Freundin an die Lippen. Es war schön, nach dem Ernst der letzten Monate wieder solch einen heillosen Unfug zu hören. »Ich weiß nie, welche deiner Fragen ich als erste beantworten soll, Retta.«

»Fang einfach in der Mitte an«, schlug Retta vor, »und dann arbeitest du in beide Richtungen weiter.«

»Wie sah die Hexe aus?«, fragte Alma.

»Ha! Jetzt stellst *du* zu viele Fragen!« Retta sprang auf

und schüttelte sich, um wach zu werden. »Arbeiten wir heute?«

Alma lächelte. »Ja, ich glaube, heute arbeiten wir – endlich.«

»Und was studieren wir, meine liebste, beste Alma?«

»Wir studieren die *Utricularia clandestina*, meine liebste, beste Retta.«

»Eine Pflanze?«

»Gewiss doch.«

»Oh, das klingt herrlich!«

»Sei dir da mal nicht so sicher«, erwiderte Alma. »Aber es ist interessant. Und was studiert Retta heute?« Alma hob das Damenjournal auf, das neben dem Diwan auf dem Boden lag, und blätterte in den ihr unverständlichen Seiten.

»Ich studiere Kleider, in denen ein Mädchen, das *à la mode* ist, vor den Altar treten sollte«, antwortete Retta leichthin.

»Suchst du denn solch ein Kleid?«, fragte Alma in ebenso leichtem Ton.

»Allerdings!«

»Und was hast du mit solch einem Kleid vor, mein Spätzchen?«

»Oh, ich gedenke, es an meinem Hochzeitstag zu tragen.«

»Ein glänzender Einfall!« Alma wandte sich dem Labortisch zu, um einen ersten Blick auf ihre sechs Monate alten Notizen zu werfen.

»Aber weißt du, auf all diesen Zeichnungen sind die Ärmel recht kurz«, plapperte Retta weiter, »und ich fürchte, dass ich darin frieren werde. Mein Hausmädchen meint, ich solle doch ein Schultertuch tragen, aber dann käme das Kollier nicht zur Geltung, von dem Mutter sagt, dass ich es tragen muss. Ich wünsche mir auch ein Rosenbukett, wobei es für Rosen eigentlich zu früh ist und es manche Leute ohnehin für geschmacklos halten, mit einem Blumenbukett zum Altar zu schreiten.«

Alma drehte sich um und sah ihre Freundin an. »Retta«, sagte sie, diesmal ernster. »Du heiratest doch nicht wirklich, oder?«

»Ich hoffe doch!« Retta lachte. »Ich wüsste auch ehrlich gesagt nicht, wie man *unwirklich* heiraten sollte!«

»Und wen gedenkst du zu heiraten?«

»Mr George Hawkes«, antwortete Retta. »Diesen seltsamen, ernsten Mann. Ich bin so glücklich, Alma, dass mein Zukünftiger jemand ist, dem gerade du solche Bewunderung zollst, denn das heißt, dass wir alle Freunde sein können. Er bewundert dich, und du bewunderst ihn, er muss also ein guter Mensch sein. Deine Zuneigung zu George ist wirklich der Grund, warum ich ihm vertrauen kann, Alma. Er hat kurz nach dem Tod deiner Mutter um meine Hand angehalten, doch ich wollte nicht früher darüber sprechen, weil du so gelitten hast, du armes Liebchen. Ich wusste nicht einmal, dass er mich gernhat, aber Mutter sagt, alle hätten mich gern, weil man mich einfach gernhaben muss.«

Alma setzte sich auf den Boden. Sie hatte keine andere Wahl: Sie musste sich einfach setzen. Sofort.

Retta sprang zu ihrer Freundin und setzte sich neben sie. »Oh, Alma, du bist ja regelrecht überwältigt! So wichtig bin ich dir!« Sie legte Alma den Arm um die Taille wie am Tag ihrer ersten Begegnung und drückte sie fest an sich. »Ich muss gestehen, dass ich selbst auch noch ein bisschen sprachlos bin. Was will so ein kluger Mann eigentlich mit einem Dummchen wie mir? Mein Vater kam aus dem Staunen nicht mehr heraus! Er sagte: ›Loretta Marie Snow, ich dachte immer, du wärst die Sorte Mädchen, das mal einen gutaussehenden, dummen Kerl heiratet, der mit hohen Stiefeln herumläuft und aus reinem Vergnügen Füchse jagt!‹ Aber siehe da – stattdessen heirate ich einen Wissenschaftler. Vielleicht werde ich am Ende ja selbst noch intelligent, wenn ich mit solch einem überragenden Denker verheiratet bin. Obwohl ich sagen muss, dass George nicht annähernd so viel Geduld hat wie du, mir meine Fragen zu beantworten. Er sagt, botanische Fachpublikationen seien ein hochkompliziertes Thema, das sich nicht erklären lasse, und es ist ja auch wahr, dass ich den Unterschied zwischen einer Lithographie und einer Gravur bis heute nicht zu erkennen vermag. So nennt man es doch, oder? Lithographie? Insofern bleibe ich vielleicht doch genauso dumm. Wie auch immer, wir werden jedenfalls in Philadelphia leben, auf der anderen Flussseite, ist das nicht schön? Vater hat versprochen, uns ein bezauberndes Haus zu bauen, gleich neben Georges' Druckerei. Ihr müsst mich dort jeden Tag besuchen! Und dann gehen wir drei Mädel zusammen ins Old-Drury-Theater!«

Reglos saß Alma auf dem Boden und brachte kein Wort heraus. Sie war dankbar, dass die plappernde Retta den Kopf fest an ihre Brust schmiegte, denn sonst hätte das Mädchen in Almas Gesicht geblickt.

George Hawkes würde Retta Snow heiraten?

Aber George sollte doch Almas Ehemann werden! So hatte sie es sich jedenfalls seit beinahe fünf Jahren immer wieder in den buntesten Farben ausgemalt. Sie hatte ihn sich vorgestellt – seinen Körper! –, wenn sie in der Bindekammer war. Doch sie hatte auch keuschere Gedanken an ihn gehegt. Hatte sich ihre Zusammenarbeit vorgestellt, das gemeinsame, konzentrierte Studium. Zudem war sie fest davon ausgegangen, White Acre zu verlassen, sobald es an der Zeit wäre, George zu heiraten. Sie würden ein kleines Zimmer über seiner Druckerei bewohnen, umgeben vom warmen Geruch nach Druckerschwärze und Papier. In Almas Phantasie reisten sie gemeinsam nach Boston, wenn nicht gar weiter, vielleicht sogar nach Übersee, um in den Alpen nach der Küchenschelle oder dem Gletscher-Mannsschild zu suchen. »Was hältst du hiervon?«, würde er sie fragen, und sie würde antworten: »Welch ein schönes, seltenes Exemplar.«

Er war immer so herzlich zu ihr. Einmal hatte er sogar ihre Hand ergriffen und zwischen seine Handflächen gepresst. Unzählige Male hatten sie abwechselnd durch dasselbe Okular geblickt und gemeinsam neue Wunder bestaunt.

Was mochte George Hawkes nur an Retta Snow finden? Soweit sich Alma erinnerte, hatte ihn allein Rettas Anblick stets in Verlegenheit gebracht. Verwirrt und etwas betreten hatte er, sobald Retta das Wort ergriff, Almas Blick gesucht, als könnte sie ihm Beistand, Trost oder auch nur eine Erklärung geben. Diese flüchtigen Blicke, deren Gegenstand Retta Snow war, zählten zu den schönsten, vertraulichsten Momenten zwischen Alma und George – oder zumindest hatte sie es sich so erträumt.

Doch anscheinend hatte sie sich vieles erträumt.

Nichtsdestoweniger klammerte sich Alma immer noch an die Hoffnung, das Ganze sei vielleicht doch nur eins von Rettas seltsamen Spielchen oder Hirngespinsten. Hatte sie nicht kurz zuvor behauptet, in der Remise gebe es Hexen? Alles war vorstellbar. Allein, Alma kannte Retta zu gut. Nein, diesmal spielte Retta nicht. Diesmal meinte Retta es ernst. Inzwischen plauderte sie weiter über Ärmelprobleme und Schultertücher bei Hochzeiten, die im kühlen Februar stattfanden. Sie machte sich Gedanken über das Kollier, das ihr die Mutter zu leihen gedachte, ein teures Stück, nur leider nicht ganz nach Rettas Geschmack: *Und wenn die Kette zu lang ist? Und wenn sie sich im Kleid verheddert?*

Mit einem Ruck stand Alma auf und zog Retta vom Boden hoch. Sie konnte nicht mehr still dasitzen und sich diese Dinge anhören. Kein Wort mehr. Ohne jeden Plan für ihr weiteres Vorgehen umarmte sie Retta. Es war deutlich einfacher, sie zu umarmen, als sie anzuschauen. Zudem unterbrach es Rettas Redefluss. Sie drückte das Mädchen so fest an sich, dass sie hörte, wie Retta mit einem überraschten Quieken scharf Luft holte. »Pst«, befahl sie im Glauben, Retta wolle weitersprechen, und griff noch rigoroser zu.

Alma verfügte über außerordentlich starke Arme (echte Hufschmied-Arme, ganz wie ihr Vater), während Retta winzig war und ihr Brustkorb so zart wie der eines kleinen

Kaninchens. Es gab Schlangen, die auf diese Weise töteten, mit nichts als einer Umarmung, die fester und fester wurde, bis der Atem des Opfers aussetzte. Alma verstärkte den Druck. Retta gab nochmals ein leises, quiekendes Geräusch von sich. Alma drückte immer stärker zu – so kräftig, dass Retta vom Boden abhob.

Sie dachte an den Tag zurück, an dem sich die drei Mädchen begegnet waren: Alma, Prudence und Retta. »Wenn wir Jungs wären, müssten wir uns jetzt raufen«, hatte Retta gesagt. Dabei war sie keine Kämpfernatur. Bei solch einem Kampf hätte sie eine Niederlage eingesteckt. Und zwar eine üble. Alma schlang ihre Arme noch eine Spur enger um dieses winzige, überflüssige, kostbare Stückchen Mensch. Dabei kniff sie, so fest sie konnte, die Augen zu, ohne damit verhindern zu können, dass Tränen hervorquollen. Sie spürte, wie Retta in ihrer Umklammerung erschlaffte. Es wäre so einfach gewesen, ihr die Luft abzudrücken. Dumme Retta. Süße Retta, die jedem Bemühen, sie nicht zu lieben, Einhalt gebot.

Alma gab ihre Freundin frei.

Retta plumpste zu Boden, und ihr Aufprall ging mit einem leichten Keuchen einher.

Alma zwang sich, etwas zu sagen: »Ich gratuliere dir zu deinem Glück.«

Retta schluchzte auf und griff sich mit zitternden Händen an die Brust. Sie lächelte, töricht und treuherzig. »Was bist du nur für eine liebe, kleine Alma«, stieß sie hervor. »Und du hast mich so gern!«

Mit einer seltsam maskulinen, förmlichen Geste reichte Alma ihrer Freundin die Hand und brachte mit letzter Kraft einen zweiten Satz hervor: »Du hast es in hohem Maße verdient.«

•

»Wusstest du es?« Prudence saß mit einer Handarbeit im Salon, als Alma sie kaum eine Stunde später behelligte.

Die Schwester legte ihre Arbeit in den Schoß, faltete die Hände und schwieg. So tat sie es immer: Auf Gespräche ließ sie sich erst ein, wenn sie sämtliche Begleitumstände erfasst hatte. Alma wartete trotzdem. Sie trachtete danach, etwas aus dem Mund ihrer Schwester zu hören, ihr etwas nachzuweisen, aber was? Prudence' Gesicht ließ nichts erkennen, und wenn Alma geglaubt hatte, Prudence Whittaker wäre so dumm, in solch einer Situation als Erste das Wort zu ergreifen, dann kannte sie Prudence Whittaker schlecht.

In der Stille spürte Alma, wie ihr Groll in flammende Empörung umschlug, die jedoch bald einem verzweifelten, gereizten Katzenjammer wich. »Wusstest du«, fragte sie abermals und sah sich nunmehr gezwungen, deutlicher zu werden, »dass Retta Snow und George Hawkes heiraten werden?«

Prudence verzog keine Miene, doch Alma sah, wie für einen kurzen Augenblick eine zarte weiße Linie ihren Mund säumte, als hätte ihre Schwester die Lippen unmerklich zusammengepresst. Die Linie verschwand so schnell, wie sie gekommen war. Es hätte auch Einbildung sein können.

»Nein«, erwiderte Prudence.

»Wie konnte das geschehen?«, fragte Alma. Da Prudence schwieg, redete sie weiter. »Retta sagt, sie hätten sich bereits in der Woche verlobt, in der unsere Mutter starb.«

»Aha«, antwortete Prudence nach einer langen Pause.

»Wusste Retta, dass ich ...?« Alma zögerte, den Tränen nahe. »Wusste sie, dass ich Gefühle für ihn hege?«

»Wie sollte ich imstande sein, dir diese Frage zu beantworten?«, entgegnete Prudence.

»Hat sie es von *dir* erfahren?«, fragte Alma mit heiserem Nachdruck. »Hast du jemals mit ihr darüber gesprochen? Du bist die Einzige, die ihr gesagt haben könnte, dass ich George liebe.«

Wieder erschien die weiße Linie um den Mund ihrer

Schwester, und diesmal verweilte sie ein klein wenig länger. Keine Frage: Diesmal war es Empörung.

»Ich hätte mir erhofft, Alma«, erklärte Prudence, »dass du mich nach so vielen Jahren besser kennst. Ist jemals eine Person, die in der Hoffnung auf Tratsch zu mir kam, befriedigt heimgekehrt?«

»Ist Retta denn jemals in der Hoffnung auf Tratsch zu dir gekommen?«

»Ob sie dies tat oder nicht, ist bedeutungslos, Alma. Warst du jemals Zeugin, wie ich anderer Leute Geheimnisse preisgab?«

»Hör auf, in Rätseln zu sprechen!«, rief Alma. Dann senkte sie die Stimme: »Hast du Retta Snow nun erzählt, dass ich George Hawkes liebe, oder hast du es nicht erzählt?«

In diesem Augenblick bemerkte Alma einen Schatten, der zögernd vor der Tür verharrte und gleich darauf verschwand. Nur den Zipfel einer Schürze hatte sie erspähen können. Irgendjemand – ein Hausmädchen – hatte offenbar den Salon betreten wollen, sich dann jedoch eines anderen besonnen und sich davongeschlichen. Warum konnte man in diesem Hause eigentlich nirgendwo ungestört sein? Auch Prudence hatte den Schatten gesehen; sie äußerte ihr Missfallen, indem sie aufstand und entschlossen, fast drohend auf Alma zuging. Aufgrund ihrer unterschiedlichen Körpergröße waren die Schwestern buchstäblich nicht auf Augenhöhe, doch obgleich Prudence einen ganzen Kopf kleiner war, gelang es ihr irgendwie, auf Alma herabzuschauen.

»Nein«, sagte sie. »Ich habe niemandem etwas erzählt und werde es auch nicht tun. Deine Unterstellungen kränken mich. Zudem sind sie ungerecht sowohl gegenüber Retta Snow als auch gegenüber Mr Hawkes, mit anderen Worten den beiden Personen, die ja wohl, wie ich doch hoffen darf, die Einzigen sind, die diese Sache etwas angeht. Noch schlimmer ist hingegen, dass du dich mit deinen Verdächtigungen selbst erniedrigst. Ich bedaure, dass du enttäuscht bist, doch wir sind es unseren Freunden schuldig, ihnen alles erdenklich Gute für die Zukunft zu wünschen und uns mit ihnen zu freuen.«

Alma hob zu einer Replik an, doch Prudence unterbrach sie: »Du tätest gut daran, dich um Selbstbeherrschung zu bemühen, ehe du weitersprichst, Alma«, sagte sie warnend. »Was auch immer du jetzt zu offenbaren gedenkst, wirst du später bereuen.«

Sicher, das stand außer Frage. Alma bereute jetzt schon, was sie offenbart hatte. Sie wünschte, sie hätte dieses Gespräch niemals geführt. Doch nun war es zu spät. So gesehen wäre es am besten gewesen, die Unterhaltung unverzüglich zu beenden. Das allein hätte Alma in die Lage versetzt, den Mund zu halten. Doch leider, leider, konnte sich Alma nicht zügeln.

»Ich wollte ja nur wissen, ob Retta mich hintergangen hat«, platzte es aus ihr heraus.

»Tatsächlich?«, fragte Prudence kühl. »Dann gehst du also von der Annahme aus, dass dir unsere Freundin, Miss Retta Snow – das argloseste Wesen, dem ich jemals begegnet bin –, mutwillig deinen George Hawkes weggenommen hat? Zu welchem Zweck, Alma? Zu ihrer eigenen Genugtuung? Und da wir schon dieser Logik folgen, glaubst du, dass ich dich ebenfalls hintergangen habe? Glaubst du, ich hätte Retta dein Geheimnis verraten, um dich zum Gespött zu machen? Glaubst du, ich hätte Retta ermuntert, Mr Hawkes nachzustellen, um dadurch ein lustiges, böses Spielchen mit dir zu treiben? Glaubst du, ich hätte irgendein Verlangen, dich leiden zu sehen?«

Du lieber Gott, Prudence konnte wirklich erbarmungslos sein. Als Mann hätte sie einen herausragenden Anwalt abgegeben. Noch nie hatte sich Alma so elend, so klein gefühlt. Sie setzte sich auf den nächstbesten Stuhl und starrte zu Boden. Doch Prudence war noch nicht gewillt, von ihr abzulassen; sie baute sich vor ihrer Schwester auf und verkündete: »Derweil habe auch ich in Bezug auf meine Person Neuigkeiten zu vermelden, Alma, was ich hiermit tue, da sie eine ähnliche Angelegenheit betreffen. Ich hatte beabsichtigt, das Ende der familiären Trauerzeit abzuwarten, ehe ich diesen Gegenstand zur Sprache bringe, doch wie ich sehe, hast du die Trauerzeit unserer Familie bereits für beendet erklärt.«

Dabei tippte Prudence auf den rechten Oberarm ihrer Schwester, an dem sich kein schwarzes Band mehr befand, und Alma zuckte innerlich zusammen.

»Auch ich habe mich verlobt«, fuhr Prudence ohne den leisesten Anflug von Freude oder Triumph fort. »Mr Arthur Dixon hat um meine Hand angehalten, und ich habe seinen Antrag angenommen.«

Für einen Augenblick war Almas Kopf wie ausgeleert: Wer in Gottes Namen war Arthur Dixon? Glücklicherweise sprach sie die Frage nicht aus, denn im nächsten Moment war er ihr wieder gegenwärtig. Wie töricht von ihr. Arthur Dixon: ihr Hauslehrer. Der unglückliche junge Mann mit den Hängeschultern, der Prudence irgendwie die französische Sprache eingetrichtert und Alma freudlos dabei geholfen hatte, sich das Griechische einzuverleiben. Arthur Dixon, diese traurige Kreatur mit den feuchten Seufzern und dem sorgenvollen Hüsteln. Diese Verkörperung der Langeweile, dieses Gesicht, an das Alma nicht ein einziges Mal gedacht hatte, seit sie es das letzte Mal sah, und das war … wann eigentlich? Vor vier Jahren? Als er White Acre verließ, um Professor für alte Sprachen an der Universität von Pennsylvania zu werden? Nein, falsch, schoss es ihr durch den Kopf. Sie hatte Arthur Dixon erst unlängst gesehen, auf der Beerdigung ihrer Mutter. Sie hatte sogar mit ihm gesprochen. Er hatte ihr sein tief empfundenes Beileid ausgedrückt, und sie hatte sich gefragt, was um alles in der Welt er auf Beatrix' Beerdigung suchte.

Nun, jetzt wusste sie es. Er war offenbar mit dem Ziel gekommen, seiner früheren Schülerin den Hof zu machen, die, nebenbei bemerkt, die schönste junge Frau von ganz Philadelphia war und zudem – auch dies sollte gesagt sein – möglicherweise eine der reichsten.

»Wann hat diese Verlobung stattgefunden?«

»Kurz bevor unsere Mutter starb.«

»Und wie?«

»Nach herkömmlichen Gepflogenheiten«, erwiderte Prudence nüchtern.

»Haben diese Ereignisse gleichzeitig stattgefunden?«, fragte Alma weiter. Die Vorstellung machte sie krank. »Hast du dich zu der Zeit mit Mr Dixon verlobt, als es auch zur Verlobung zwischen Retta Snow und George Hawkes kam?«

»Von den Angelegenheiten anderer habe ich keine Kenntnis«, erwiderte Prudence. Doch dann wurde sie ein wenig umgänglicher und räumte ein: »Es scheint wohl tatsächlich so gewesen zu sein, zumindest gab es eine zeitliche Nähe. Zu meiner Verlobung scheint es einige Tage früher gekommen zu sein. Auch wenn dies nicht die geringste Bedeutung hat.«

»Weiß Vater es?«

»Er wird es früh genug erfahren. Arthur beabsichtigte, zunächst unsere Trauerzeit abzuwarten und alsdann um Vaters Erlaubnis zu bitten.«

»Aber wie um alles in der Welt will er das anstellen, Prudence? Der arme Mann hat doch panische Angst vor Vater. Ich kann es mir beim besten Willen nicht vorstellen. Wie will Arthur es fertigbringen, dieses Gespräch zu überstehen, ohne vor lauter Panik die Besinnung zu verlieren? Und was gedenkst du den Rest deines Lebens zu tun – als Gattin eines *Universitätsgelehrten*?«

Prudence richtete sich zu ihrer vollen Größe auf und strich sich die Röcke glatt. »Ich frage mich, ob dir bewusst ist, Alma, dass eine herkömmlichere Reaktion auf die Bekanntmachung einer Verlobung doch wohl darin besteht, der zukünftigen Braut Jahre des Glückes und der Gesundheit zu wünschen – insbesondere, wenn es sich bei der zukünftigen Braut um die eigene Schwester handelt.«

»Oh, Prudence, ich bitte um Verzeihung …«, stammelte Alma, zum x-ten Mal an diesem Tag zutiefst beschämt.

»Lass es gut sein«, antwortete Prudence und wandte sich zur Tür. »Ich hatte nichts anderes erwartet.«

•

In unser aller Leben gibt es Tage, die wir am liebsten aus dem Gedächtnis unserer Existenz streichen würden. Vielleicht hegen wir diesen Wunsch, weil ein bestimmter Tag so verheerenden Kummer über uns brachte, dass wir den Gedanken daran nicht ertragen können. Oder wir möchten den Mantel des Vergessens über ein Ereignis legen, das uns zutiefst beschämt: Möglicherweise war unser Verhalten über die Maßen selbstsüchtig oder töricht. Denkbar auch, dass wir einen anderen Menschen verletzt haben und unsere Schuld vergessen möchten. Tragischerweise gibt es Tage im Leben, an denen all diese Dinge zusammentreffen: Tage, an denen wir nicht nur todunglücklich sind und uns töricht benehmen, sondern obendrein anderen in unverzeihlicher Weise weh tun. In Almas Fall war der 10. Januar des Jahres 1821 solch ein Tag. Sie hätte alles getan, um ihn aus der Chronik ihres Lebens zu löschen.

Sie konnte es sich nicht verzeihen, dass sie auf die frohen Neuigkeiten ihrer lieben Freundin und ihrer armen Schwester so schäbig reagiert hatte: mit Eifersucht, Gedankenlosigkeit und – zumindest was Retta betraf – sogar mit körperlicher Gewalt. Was hatte Beatrix sie gelehrt? *Nichts ist wichtiger als Würde, Mädchen. Die Zeit wird zeigen, wer sie hat und wem sie fehlt.* Alma jedenfalls hatte sich am 10. Januar 1821 wie eine junge Frau aufgeführt, die bar jeder Würde war.

Viele Jahre lang sollte Alma dieser Tag zusetzen. In quälenden Gedankenschleifen malte sie sich immer wieder aus, wie sie sich verhalten hätte, wenn sie nicht die Gewalt über ihre Leidenschaften verloren hätte. In ihren bereinigten Gesprächen mit Retta umarmte sie die Freundin voller Zärtlichkeit und verkündete bei der bloßen Erwähnung von George Hawkes' Namen mit mustergültiger Freude: »Er darf sich glücklich schätzen, dass er dein Herz erobert hat!« In ihren bereinigten Gesprächen mit Prudence wiederum verzichtete sie selbstverständlich darauf, ihre Schwester des Verrats zu verdächtigen. Desgleichen verzichtete sie darauf, Retta zu beschuldigen, dass sie ihr George Hawkes weggenommen habe. Und als Prudence die Verlobung mit Arthur Dixon verkündete, schenkte sie der Schwester ein herzliches Lächeln, ergriff liebevoll ihre Hand und sagte: »Ich könnte mir keinen passenderen Ehemann für dich vorstellen!«

Bedauerlicherweise ist einem nach solchen verpatzten Momenten die zweite Chance in aller Regel verwehrt.

Allerdings sollte fairerweise gesagt sein, dass Alma ab dem 11. Januar 1821 – mit anderen Worten einen Tag später! – ein sehr viel besserer Mensch war. Sie rief sich, so schnell sie konnte, zur Ordnung. Sie fasste den feierlichen Entschluss, beiden Verlobungen fortan mit einer uneingeschränkt wohlwollenden Haltung zu begegnen. Sie zwang sich, die Rolle einer gelassenen jungen Frau zu spielen, die sich aufrichtig über das Glück der anderen freut. Und als im darauffolgenden Monat im Abstand von nur einer Woche beide Hochzeiten gefeiert wurden, gelang es ihr, bei diesen Anlässen jedes Mal ein angenehmer, heiterer Gast zu sein. Sie zeigte sich hilfsbereit gegenüber den Bräuten und war höflich zu jedem Bräutigam. Niemand sah einen Riss.

Doch Alma litt.

Sie hatte George Hawkes verloren. Ihre Schwester und ihre einzige Freundin waren fort. Unmittelbar nach der Hochzeit zogen Prudence wie auch Retta ins Stadtzentrum auf der anderen Seite des Flusses. Mit Fiedel, Gabel, Löffel war es nun vorbei. Die Einzige, die in White Acre bleiben würde, war Alma.

Einen gewissen Trost schöpfte Alma aus der Tatsache, dass außer Prudence niemand von ihrer verflossenen Liebe zu George Hawkes wusste. Die leichtsinnigen Bekenntnisse, die sie im Laufe der Jahre gegenüber Prudence abgelegt hatte (mein Gott, wie sehr sie das nun bereute!), konnte Alma nicht aus der Welt schaffen, doch immerhin war Prudence verschwiegen wie ein Grab und würde dieses Geheimnis niemals preisgeben. Was George betraf, so schien er nicht zu ahnen, dass Alma jemals zärtliche Gefühle für ihn gehegt oder gar geglaubt hatte, er könne diese Gefühle erwidern. Er behandelte Alma nach seiner Hochzeit nicht anders als vor seiner Hochzeit. Er war früher freundlich und professionell, und er war auch jetzt freundlich und professionell. Alma empfand dies als ebenso tröstlich wie erschütternd. Es war tröstlich, weil so die Schmach verborgen blieb und kein Unbehagen aufkam. Und es war erschütternd, weil offenbar niemals auch nur das Geringste zwischen ihnen gewesen war – bis auf das, wovon zu träumen Alma sich gestattet hatte.

Im Rückblick war die ganze Geschichte schrecklich beschämend. Betrüblicherweise ließen sich Rückblicke indessen nicht immer vermeiden. Zudem sah nun alles danach aus, als würde Alma für immer in White Acre bleiben. Ihr Vater brauchte sie. Das wurde mit jedem Tag deutlicher. Henry hatte Prudence widerstandslos gehen lassen (tatsächlich hatte er seine Adoptivtochter mit einer durchaus großzügigen Mitgift beglückt und sich nicht einmal unfreundlich gegenüber Arthur Dixon gezeigt, auch wenn der Mann ein Langweiler und Presbyterianer war), doch Alma würde er so nicht gehen lassen, niemals. So wertlos Prudence in Henrys Augen war, so unentbehrlich war ihm Alma, insbesondere seit Beatrix' Tod.

Folglich hatte Alma den Platz ihrer Mutter eingenommen. Im Grunde war sie gezwungen, Beatrix' Rolle zu übernehmen, denn niemand außer ihr wurde mit Henry fertig. Alma schrieb ihm seine Briefe, zahlte seine Rechnungen, lauschte seinen Klagen, hatte ein Auge auf seinen Rumkonsum, nahm Stellung zu seinen Plänen und glättete die Wogen seiner Empörungen. Zu allen erdenklichen Tages- und Nachtzeiten in sein Arbeitszimmer gerufen, durfte Alma jedes Mal gespannt darauf sein, was ihr Vater nun wieder von ihr wollte und wie langwierig die Aufgabe sein würde. Es konnte passieren, dass sie ihn an seinem Schreibtisch vorfand, mit einer Nadel an einem Haufen Goldmünzen kratzend, von denen er sich fragte, ob es Falschgold war, und dazu Almas Meinung einholen wollte. Oder er langweilte sich einfach nur und bat sie um eine Tasse Tee, eine Partie Cribbage oder darum, ihm den Text eines alten Liedes in Erinnerung zu rufen. An Tagen, da ihn sein Körper peinigte, ihm ein Zahn gezogen oder ein Brustwickel angelegt worden war, ließ er Alma in sein Arbeitszimmer kommen, um ihr lediglich mitzuteilen, wie schrecklich schlecht es ihm ginge. Mitunter kam es auch vor, dass er aus heiterem Himmel den Wunsch verspürte, das gesamte Hauswesen einer kritischen Bestandsaufnahme zu unterziehen. (»Warum muss Lamm in diesem Hause eigentlich immer schmecken wie Hammel?«, hieß es dann, oder: »Warum müssen die Hausmädchen ständig die Teppiche verschieben? Wie soll ein Mann da noch wissen, wo er hintreten soll, ohne zu stolpern? Wie viele Stürze wollen sie mir damit noch bescheren?«)

An rüstigeren, geschäftigeren Tagen hatte Henry zuweilen auch echte Arbeit für Alma, etwa das Aufsetzen eines Drohbriefs an einen in Zahlungsrückstand geratenen Schuldner. »Sag ihm, dass er innerhalb der nächsten zwei Wochen anfangen soll, mir mein Geld zurückzuzahlen, sonst sorge ich dafür, dass seine Kinder den Rest ihres Lebens im Armenhaus verbringen«, diktierte Henry, und Alma schrieb: »Sehr geehrter Herr, mit dem Ausdruck größten Respekts darf ich Sie bitten, nunmehr alle Anstrengungen zu unternehmen, Ihre Schuld zu begleichen …« Wenn Henry, was auch hin und wieder vorkam, eine Sammlung getrockneter Pflanzen aus Übersee erhalten hatte, gab er

Alma den Auftrag, diese rasch in Wasser einzulegen und zu zeichnen, ehe die kostbare Fracht vermodert war. Einmal verlangte er von ihr, einen Brief an irgendeinen Handlanger in Tasmanien aufzusetzen, der sich am anderen Ende der Welt für die Whittaker Company mit dem Sammeln exotischer Pflanzen zu Tode schuftete.

»Sag diesem faulen Trottel«, befahl Henry und knallte Alma wutentbrannt einen Bogen Briefpapier auf den Tisch, »dass er mir nichts Gutes tut, wenn er mir mitteilt, dass dieses oder jenes Pflanzenexemplar am Ufer eines Bächleins gefunden wurde, dessen Namen er sich wahrscheinlich selbst ausgedacht hat – ich jedenfalls kann beim besten Willen nicht erkennen, auf welcher existierenden Karte es eingezeichnet sein soll. Sag ihm, dass ich *nützliche* Informationen brauche. Sag ihm, dass mich Auskünfte über seine sich verschlechternde Gesundheit einen feuchten Kehricht interessieren. Auch meine Gesundheit lässt nach, belästige ich ihn deshalb mit meinen Wehwehchen? Sag ihm, dass ich ihm für jede Pflanzenart einen Hundertpreis von zehn Dollar garantiere, aber er muss *präzise* arbeiten, und die Pflanze muss *identifizierbar* sein. Außerdem soll er aufhören, seine getrockneten Pflanzen auf Papier zu *kleben*, denn davon gehen sie kaputt, was er inzwischen verdammt noch mal wissen müsste. Sag ihm, dass er in jedem Ward'schen Kasten *zwei* Thermometer anbringen soll – das eine direkt an der Glaswand, das andere in der Erde. Und er soll erst wieder Pflanzen verschiffen, wenn er die Matrosen irgendwie davon überzeugt hat, die Kästen nachts, wenn Frost droht, unter Deck zu bringen. Denn von mir kriegt er für die nächste Lieferung keinen lumpigen Holzzahn, wenn in den Kisten anstelle von Pflanzen wieder nur schwarzer Moder herumliegt. Sag ihm auch noch, dass ich ihm seinen Lohn nicht mehr vorschieße. Er kann sich glücklich schätzen, diese Anstellung überhaupt noch zu haben, schließlich tut er, was er kann, um mich zugrunde zu richten. Sag ihm, dass ich ihm wieder Geld gebe, wenn er es verdient hat.« (»Lieber Herr«, schrieb Alma, »die Whittaker Company erweist Ihnen ihren aufrichtigen Dank für Ihre jüngsten Mühen und bittet um Verzeihung für alle Unannehmlichkeiten, denen Sie möglicherweise ausgesetzt sind …«)

Diese Arbeit konnte niemand anders leisten. Es musste Alma sein. Alles war genau so, wie Beatrix es auf dem Sterbebett verfügt hatte: Alma konnte ihren Vater nicht verlassen.

Hatte Beatrix den Verdacht gehegt, dass ihre leibliche Tochter niemals heiraten würde? Wahrscheinlich, dachte Alma jetzt. Wer hätte sie auch haben wollen? Wer hätte einen weiblichen, mit Wissen vollgestopften Riesen ihrer Größe genommen, mit Haaren so rot und abstehend wie ein Hahnenkamm? George Hawkes wäre der ideale – und eigentlich auch einzige – Anwärter gewesen, doch nun war er vergeben. Alma wusste, dass es ein hoffnungsloses Unterfangen war, jemals einen passenden Ehemann für sie aufzutreiben. Als sie eines Tages mit Hanneke de Groot die Buchsbäume im griechischen Garten ihrer Mutter stutzte, brachte sie ebendies zur Sprache.

»Meine Zeit wird nicht mehr kommen, Hanneke«, erklärte Alma unvermittelt. Nach Selbstmitleid klang dies nicht, nur ehrlich und unverblümt. Wenn Alma holländisch sprach (was mit Hanneke stets der Fall war), neigte sie dazu, ehrlich und unverblümt zu sein. Das hing irgendwie mit der Sprache zusammen.

»Hab Geduld«, erwiderte Hanneke, die genau wusste, was Alma meinte. »Vielleicht kommt auch für dich noch ein Ehemann.«

»Du treue Hanneke«, sagte Alma liebevoll. »Machen wir uns doch nichts vor. Wer wird jemals einen Ring an diese riesigen, grobschlächtigen Hände stecken? Wer wird jemals dieses Lexikon küssen, das da als Kopf auf meinem Hals sitzt?«

»Ich«, antwortete Hanneke und zog Alma zu sich herab, um ihr die Stirn zu küssen. »Bitte schön. So, das wäre damit erledigt, und nun hör auf zu jammern. Du tust immer, als wüsstest du alles, aber du weißt beileibe nicht alles. Deine Mutter hatte denselben Fehler. Ich habe weit mehr vom Leben gesehen als du, und ich sage dir, dass du noch nicht zu alt fürs Heiraten bist – du kannst sogar noch eine Familie gründen. Es gibt keinen Grund zur Eile. Sieh dir Mrs Kingston an, aus der Locust Street. Fünfzig Jahre alt, und nun hat sie ihrem Mann Zwillinge geschenkt. Fast so wie Abrahams Frau. Jemand sollte mal ihren Mutterschoß untersuchen.«

»Ich muss gestehen, Hanneke, dass ich nicht glaube, dass Mrs Kingston bereits fünfzig Jahre alt ist. Und gewiss möchte sie nicht, dass wir ihren Mutterschoß untersuchen.«

»Ich will damit ja nur sagen, Kind, dass du die Zukunft nicht so gut kennst, wie du vielleicht glaubst. Im Übrigen gibt es noch etwas, das ich dir sagen muss.« Hanneke unterbrach ihr Tun, und ihre Stimme wurde ernst. »Jeder Mensch erlebt Enttäuschungen, Kind.«

Kindje hieß das bei Hanneke. Alma liebte den Klang dieses Wortes. *Kindje.* Es war der Kosename, den Hanneke früher verwendet hatte, als Alma klein und ängstlich war und in tiefster Nacht ins Bett der Haushälterin gekrochen kam. *Kindje.* Es war der Inbegriff von Wärme.

»Mir ist durchaus bewusst, dass jeder Mensch Enttäuschungen erlebt, Hanneke.«

»Da bin ich mir nicht so sicher. Du bist noch jung, deshalb denkst du nur an deine eigene Person. Du merkst nichts von den Kümmernissen anderer. Spar dir deinen Protest; es stimmt. Ich verurteile dich nicht. In deinem Alter war ich genauso selbstsüchtig wie du. Die Jugend ist nun einmal selbstsüchtig. Heute bin ich klüger. Schade, dass wir einen alten Kopf nicht auf junge Schultern setzen können, dann wärest du jetzt schon klug. Irgendwann wirst du freilich verstehen, dass niemand imstande ist, ohne Leid durchs Leben zu gehen – wie auch immer du das vermeintliche Glück der anderen einschätzen magst.«

»Aber was tun wir mit unserem Leid?«, fragte Alma.

Diese Frage hätte sie keinem Pfarrer, Philosophen oder Dichter jemals gestellt, doch auf Hanneke de Groots Antwort war sie gespannt.

»Nun, Kind, mit *deinem* Leid kannst du tun und lassen, was du willst«, antwortete Hanneke freundlich. »Es gehört dir. Doch ich will dir sagen, was ich mit meinem tue. Ich packe es an den Haaren, werfe es zu Boden und zermalme es unter den Absätzen meiner Stiefel. Ich schlage vor, dass du lernst, es genauso zu halten.«

•

Und das tat Alma. Sie lernte, ihre Enttäuschungen unter den Absätzen ihrer Stiefel zu zermalmen. Sie besaß stabile Stiefel, war also bestens gerüstet. Sie mühte sich, ihren Gram zu grobem Staub zu zerstampfen, der sich in die Abflussrinne befördern ließ. Sie tat es Tag für Tag, mitunter sogar mehrmals an ein und demselben Tag, und so schritt sie voran.

Die Monate vergingen. Alma half ihrem Vater, sie half Hanneke, sie arbeitete in den Gewächshäusern, und mitunter arrangierte sie zu Henrys Zeitvertreib offizielle Dinnereinladungen in White Acre. Ihre alte Freundin Retta sah sie selten. Noch seltener sah sie Prudence, wenn es auch hin und wieder vorkam. Aus reiner Gewohnheit ging Alma sonntags zum Gottesdienst, wobei sie diesen Kirchenbesuchen schändlicherweise Besuche in der Bindekammer folgen ließ, um ihren Kopf zu leeren, indem sie ihren Körper berührte. Die Bindekammer war kein Ort der Freude mehr, doch wenigstens brachte sie ihr ein wenig Entspannung.

Trotz aller Bemühungen, stets beschäftigt zu sein, war Alma nicht beschäftigt genug. Nach einem Jahr wurde sie gewahr, dass eine zunehmende Lethargie von ihr Besitz ergriffen hatte, und das erschreckte sie. Sie sehnte sich nach einer Betätigung, einem Vorhaben, in dem sie ihre beträchtlichen intellektuellen Energien entfalten könnte. In dieser Hinsicht waren die geschäftlichen Angelegenheiten ihres

Vaters zunächst durchaus dienlich, denn die Arbeit füllte ihre Tage mit einem beängstigenden Berg an Pflichten; doch bald wurde ihr die eigene Tüchtigkeit zur Feindin. Sie meisterte ihre Arbeit für die Whittaker Company zu gut und zu schnell. Nachdem sie alles gelernt hatte, was sie über den Pflanzenimport und -export wissen musste, war sie binnen kurzem in der Lage, sich innerhalb von täglich vier bis fünf Stunden sämtlicher Aufgaben zu entledigen. Das war einfach nicht genug. Der Tag hatte noch zu viele freie Stunden, und freie Stunden waren gefährlich. Freie Stunden gaben Alma Gelegenheit, sich mit Enttäuschungen zu befassen, die sie eigentlich unter ihren Stiefelabsätzen zermalmt glaubte.

In dieser Zeit – dem Jahr, nachdem alle geheiratet hatten – gelangte Alma darüber hinaus zu einer bedeutsamen, ja erschütternden Erkenntnis: Entgegen allen Überzeugungen ihrer Kindheit wurde ihr bewusst, dass White Acre im Grunde genommen nicht besonders groß war. Eigentlich traf sogar das Gegenteil zu: White Acre war verschwindend klein. Sicher, das Anwesen war auf über tausend Morgen angewachsen, mit einem Flussufer, das sich über mehr als eine Meile erstreckte, einer beträchtlichen Fläche unberührten Waldes, einem riesigen Herrenhaus, einer spektakulären Bibliothek, einer Vielzahl von Stallungen, Gewächshäusern, Teichen und Bächen – doch wenn damit die Grenzen der eigenen Welt abgesteckt waren (und dies war bei Alma ja nun der Fall), dann war White Acre alles andere als groß. Ein Ort, den man nicht verlassen konnte, war immer überschaubar – zumal für eine Naturforscherin!

Das Problem bestand darin, dass Alma die Natur von White Acre ihr Leben lang studiert hatte; sie kannte das Anwesen zu gut. Sie kannte jeden Baum, jeden Felsen, jeden Vogel, jeden Königsfrauenschuh. Sie kannte jede Spinne, jeden Käfer, jede Ameise. Es gab nichts Neues mehr zu erforschen. Sicher, sie hätte die neuartigen tropischen Pflanzen studieren können, die Woche für Woche in den imposanten

Gewächshäusern ihres Vaters eintrafen, doch mit Entdecken hatte dies bedauerlicherweise nichts zu tun. Schließlich hatte ein anderer Forscher die Pflanzen bereits entdeckt! Allein, die Aufgabe eines Naturforschers bestand nach Almas Auffassung nun einmal im Entdecken. Doch genau dies war ihr für alle Zeiten verwehrt. Als Botanikerin hatte sie ihre Grenzen bereits erreicht. Diese Einsicht schreckte Alma so sehr, dass sie nächtelang wach lag, was ihre Angst noch verstärkte. Sie spürte eine lauernde Rastlosigkeit, vor der sie sich fürchtete. Es war, als hörte sie den eigenen Geist durch ihren Schädel tigern wie ein gefangenes Tier; die bedrohliche Last der Lebensjahre, die noch vor ihr lagen, wog zentnerschwer.

Da stand sie nun: eine Botanikerin, wie geboren dafür, neue Pflanzenarten zu bestimmen, doch es fehlten die Pflanzen. Alma hielt ihr Unbehagen in Schach, indem sie stattdessen andere Dinge ordnete. In den Papieren ihres Vaters führte sie eine alphabetische Gliederung sämtlicher Vorgänge ein. Sie verschönerte die Bibliothek und musterte wertlose Bücher aus. Sie sortierte die Sammelgefäße in ihren Regalen nach Größe und ersann immer raffiniertere, wenn auch überflüssige Archivierungssysteme. So kam es, dass Alma Whittaker eines frühen Morgens im Juni des Jahres 1822 in ihrem Studierzimmer saß und über den Artikeln brütete, die sie für George Hawkes geschrieben hatte. Sollte sie die alten Ausgaben der *Botanica Americana* nach thematischen oder chronologischen Kriterien sortieren? Im Grunde ein müßiges Unterfangen, doch es würde eine Stunde ausfüllen.

Am unteren Ende des Stapels stieß Alma auf ihren ersten Artikel, den sie im zarten Alter von sechzehn Jahren über den Fichtenspargel – *Monotropa hypopitys* – geschrieben hatte. Sie las ihn durch. Ihre Handschrift war noch etwas kindlich, ihr Wissen jedoch fundiert, und auch die These, dass es sich bei dieser lichtscheuen Pflanze um einen intelligenten, blutleeren Parasiten handele, erschien ihr nach wie vor stichhaltig. Nur als sich Alma ihre alten Zeichnungen ansah, stieg ein Lächeln auf ihre Lippen, so unbeholfen erschienen sie ihr. Zeichnungen wie von einem Kind, was Alma ja damals im Grunde auch war. Im Laufe der Jahre hatte sie sich zwar nicht zu einer glänzenden Künstlerin entwickelt, doch diese frühen Illustrationen waren schon sehr ungelenk. Dennoch hatte George die Freundlichkeit besessen, alle zu veröffentlichen. Almas *Monotropa*-Pflanze, die eigentlich auf einer Moosschicht gedeihen sollte, schien bedauerlicherweise aus einer verklumpten alten Matratze zu sprießen. Niemand wäre auf die Idee gekommen, die traurige, undefinierbare Masse am unteren Rand der Zeichnung als Moos zu identifizieren. Alma hätte viel mehr ins Detail gehen müssen. Als gute Naturforscherin hätte sie präzise die Vielfalt der Moosarten abbilden müssen, auf denen *Monotropa hypopitys* gedieh.

Bei genauerer Betrachtung wurde Alma indessen bewusst, dass sie die Vielfalt der Moosarten, auf denen *Monotropa hypopitys* gedieh, gar nicht kannte. Und bei noch näherer Betrachtung musste sie sich eingestehen, dass sie nicht einmal wusste, ob sie überhaupt irgendwelche Moosarten voneinander zu unterscheiden vermochte. Wie viele waren es eigentlich? Ein paar? Ein Dutzend? Mehrere hundert? Die Erkenntnis traf sie wie ein Schlag: Sie wusste es nicht.

Doch woher hätte sie es auch wissen sollen? Wer hatte jemals über Moosgewächse geschrieben? Nach Almas Kenntnis gab es nicht ein einziges Standardwerk über dieses Thema. Keine Karriere war jemals auf Moos gegründet worden. Wer hätte das gewollt? Moospflanzen waren schließlich keine Orchideen. Keine Libanonzedern. Sie waren weder groß noch schön noch auffällig. Und auch keine gewinnbringenden Heilpflanzen, mit denen ein Mann wie Henry Whittaker zu Reichtum gelangen konnte. (Wobei seine wertvollen Chinarindensamen den Transport nach Java wohl nur deshalb heil überstehen konnten, weil Henry sie in getrocknetes Moos gepackt hatte, eine Geschichte, an die sich Alma gut erinnerte.)

Ob Gronovius etwas über Moos geschrieben hatte? Vielleicht. Doch die Studien des alten Holländers, die inzwischen fast siebzig Jahre zurücklagen, waren nicht nur völlig veraltet, sondern auch denkbar lückenhaft. Es lag klar auf der Hand, dass niemand dieser Materie jemals Bedeutung beigemessen hatte. Sogar Alma hatte in der Remise die zugigen Mauerritzen mit zusammengeknülltem Moos ausgestopft wie mit ganz gewöhnlichem Dämmmaterial.

Sie hatte es schlicht und ergreifend übersehen.

Alma sprang auf, schlang sich ein Tuch um die Schultern und lief, ausgerüstet mit einer großen Lupe, ins Freie. Es war frisch, ein kühler, leicht bedeckter Morgen. Die Lichtverhältnisse waren ideal. Sie brauchte nicht weit zu gehen. Am Flussufer gab es eine erhöhte Stelle, von der sie wusste, dass dort im Schatten einer Baumreihe zahlreiche Kalksteinbrocken aus dem feuchten Erdreich ragten. Dort würde sie Moos finden, denn sie entsann sich, dass sie auf diesem Gelände das Material für die Isolierung ihres Studierzimmers gesammelt hatte.

Ihre Erinnerung hatte nicht getrogen. An der Baumlinie fand Alma bald den ersten Kalkbrocken wieder. Er war größer als ein liegender Ochse. Was sie vermutet und gehofft hatte, bestätigte sich: Der Felsen war über und über mit Moos bedeckt. Alma kniete sich ins hohe Gras und brachte ihr Gesicht nah heran. Vor ihren Augen erhob sich ein winziger, allenfalls zwei Zentimeter hoher und dennoch gigantischer Wald. Nichts regte sich in dieser grünen Welt. Alma war ihr so nah, dass sie sie riechen konnte: ein schwerer, nasskalter, ergiebiger Geruch. Vorsichtig legte sie ihre Hand auf den dichten Miniaturwald. Klaglos gab er unter dem Gewicht ihrer Handfläche nach und schnellte, als sie die Hand wieder hob, in seine ursprüngliche Form zurück. Seine Reaktion hatte etwas Faszinierendes. Das Moos fühlte sich weich an, warm, einige Grade wärmer als die Umgebungsluft, und zudem sehr viel feuchter, als Alma erwartet hatte. Es schien sein eigenes Klima zu haben.

Alma hielt sich die Lupe vors Auge, und von einer Sekunde zur nächsten präsentierte sich der Miniaturwald in stattlicher Größe. Es war atemberaubend. Vor Almas Augen tat sich ein unverhofftes, ungeahntes Reich auf. Dies war der Amazonas-Urwald, wie er sich auf dem Rücken einer Harpyie aus luftiger Höhe darbot. Sie ließ ihren Blick über diese verblüffende Landschaft schweifen, folgte ihren Pfaden in alle Richtungen. Da gab es üppige Täler mit winzigen Bäumen aus geflochtenem Nixenhaar und einem filigranen Geflecht feinster Ranken. Da gab es Flüsse, die im Verborgenen durch den Dschungel strömten, und eine Senke im Zentrum des Felsens, in die sich das Wasser ergoss wie in einen Miniaturozean.

Auf der anderen Seite dieses Ozeans – der nur halb so groß war wie Almas Schultertuch – entdeckte sie einen weiteren Kontinent aus Moos. Auf diesem Kontinent war alles anders. Ob hier mehr Sonnenlicht auf den Felsen fiel?, überlegte Alma. Oder etwas weniger Regen? Das Klima war jedenfalls gänzlich verschieden. Hier bildete das Moos aus eleganten, bizarr geformten Büscheln dunkelgrüne, armlange Gebirgszüge. In einem anderen Segment desselben Felsens fand Alma verschwindend kleine Wüstenflecken, besiedelt von einer robusten, trockenen, fast schuppigen Moosart, die wie ein Kakteengewächs anmutete. Andernorts begegneten ihr zierliche, tiefe Moosfjorde, in denen Spuren winterlichen Eises überdauert hatten, aber auch warme Meeresarme, Miniaturgipfel und Tropfsteinhöhlen von der Größe ihres Daumens.

Als Alma endlich wieder aufsah, erblickte sie das Ausmaß dessen, was sich vor ihr auftat: nicht *ein* Felsen, nein, Dutzende von Felsblöcken, mehr als sie zählen konnte, jeder mit einem ähnlichen Teppich aus Moos bedeckt und doch keiner so wie der andere. Alma holte tief Luft. Vor ihr lag die Welt. Nein, mehr als die Welt: das Firmament des Universums, dargeboten durch eines von William Herschels bahnbrechenden Teleskopen. Planetarisch und von unermesslicher Weite. Endlose, unerforschte Galaxien – und das alles zum Greifen nah! Von hier konnte man das Herrenhaus noch sehen. Und auch die alten, vertrauten Boote auf dem Schuylkill. In der Ferne waren sogar die Stimmen der Landschaftsgärtner zu hören, die in der Pfirsichplantage arbeiteten. Und hätte Hanneke in diesem Moment zum Essen geläutet, so hätte Alma auch dies gehört.

Almas Reich und das Reich der Moosgewächse berührten sich nicht nur, sie waren geradezu miteinander und ineinander verwoben. Und so weitläufig, lärmend und schnell die eine Welt war, so langsam, so still und so klein schien die andere, die sich bei genauerem Hinsehen jedoch als unermesslich groß erwies.

Als Alma einen Finger in den grünen Teppich tauchte, wurde sie von einer unbändigen Vorfreude erfasst. All dies konnte ihr gehören! Noch nie hatte ein Botaniker den Entschluss gefasst, sein gesamtes Studium ausschließlich dieser gering bewerteten, unterschätzten Pflanzenart zu widmen. Doch genau das hatte Alma nun vor. Sie verfügte nicht nur über die notwendige Zeit, sondern auch über die gebotene Geduld. Sie besaß das erforderliche Wissen. Sie besaß die erforderlichen Mikroskope. Und sie hatte sogar – auch dies ein unverzichtbares Element – einen Verleger, denn was auch immer zwischen ihnen vorgefallen war (oder eben nicht vorgefallen war), George Hawkes würde sich nicht zweimal bitten lassen, sämtliche Forschungsergebnisse von A. Whittaker zu veröffentlichen.

Unter dem Eindruck dieser Entdeckung empfand Alma ihre gesamte Existenz plötzlich als größer, bedeutender und zugleich sehr viel kleiner. Die Welt war auf ein wohltuendes Maß geschrumpft, endlose Zentimeter voller Möglichkeiten. Ein reiches, ausgefülltes Leben *en miniature*, so sollte es sein. Und das Beste war, dass Alma niemals imstande sein würde, *alles* über die Moosgewächse zu erfahren – dafür gab es einfach zu viele auf dieser Welt, existierten sie doch landauf, landab in unermesslicher Vielfalt. Sollte sie eines Tages an Altersschwäche sterben, hätte sie wahrscheinlich nicht einmal die Hälfte dessen erfasst, was allein auf den Kalksteinen am Schuylkill vor sich ging. Halleluja! Für den Rest ihres Lebens war Alma mit Arbeit versorgt. Es war nicht nötig, die Hände in den Schoß zu legen. Es war nicht nötig, unglücklich zu sein. Möglicherweise war es nicht einmal nötig, einsam zu sein.

Sie hatte eine Aufgabe.

Sie würde Moospflanzen studieren.

Wäre Alma römisch-katholischen Glaubens gewesen, so hätte sie sich nun bekreuzigt, um Gott zu danken für diese wunderbare Entdeckung, der das schwerelose Gefühl einer religiösen Offenbarung innewohnte. Doch Alma war kein Mensch von nennenswerter religiöser Inbrunst. Dessen ungeachtet schwoll ihr das Herz vor Freude und Hoffnung. Und die Worte, die alsbald über ihre Lippen kamen, klangen fast wie ein Gebet:

»Gelobt seien die Anstrengungen und Mühen, die vor mir liegen«, sagte sie. »Wohlan!«

Aerides Odoratum, Lour.

Teil 3

Verstörende Botschaften

Kapitel 12

Es war das Jahr 1848. Alma Whittaker hatte soeben die Arbeit an ihrem neuen Buch *Heimische Moosgewächse Nordamerikas: eine vollständige Bestandsaufnahme* begonnen. In den vergangenen sechsundzwanzig Jahren hatte sie bereits zwei Bände veröffentlicht – *Heimische Moosgewächse Pennsylvanias: eine vollständige Bestandsaufnahme* und *Heimische Moosgewächse des Nordostens der Vereinigten Staaten: eine vollständige Bestandsaufnahme*, zwei ausführliche, umfassende Studien, die Almas alter Freund George Hawkes aufwendig und ansprechend verlegt hatte.

Die botanische Fachwelt hatte Almas Publikationen freundlich aufgenommen. In einigen der seriöseren Zeitschriften waren schmeichelhafte Rezensionen erschienen, und Alma galt als Koryphäe der *Bryophyta*-Taxonomie. Dazu hatte ihr nicht nur das Studium der Moose von White Acre verholfen; Alma hatte sich darüber hinaus immer wieder Moosproben aus aller Welt beschafft, die sie anderen Sammlern abkaufte, abschwatzte oder sie gegen Pflanzen aus ihrem Besitz eintauschte. Für Alma ein leichtes Spiel: Sie kannte sich im Pflanzenimport aus, und Moos ließ sich problemlos transportieren. Getrocknet und in Kisten verpackt auf ein Schiff verfrachtet, überstand es mühelos jede Reise. Weil Moos wenig Raum benötigte und ein verschwindend geringes Gewicht hatte, nahmen die Kapitäne es bereitwillig als Beiladung mit. Es vermoderte nie. Aufgrund seiner bemerkenswerten Eignung für den Transport wurde getrocknetes Moos schon seit Jahrhunderten als Verpackungsmaterial verwendet. So hatte Alma denn auch zu Beginn ihrer Forschungen in den väterlichen Lagerhallen am Hafen Hunderte von Moosarten aus allen Teilen der Welt entdeckt, achtlos in dunkle Ecken oder verwitterte Kisten gestopft und mit völliger Nichtachtung gestraft – bis Alma sie unter ihr Mikroskop legte.

Dank solcher Funde und ihrer Importe war es Alma im

Laufe dieser vergangenen sechsundzwanzig Jahre gelungen, ein mit nahezu achttausend Moosarten einzigartiges Herbarium zusammenzutragen, das sie auf dem trockenen Heuboden der Remise verwahrte. Ihr Wissensfundus im Bereich der allgemeinen Bryologie war beeindruckend, obschon sie Pennsylvania niemals verlassen hatte. Sie korrespondierte mit Botanikern aus aller Welt, von Feuerland bis in die Schweiz, und verfolgte aufmerksam die komplizierten taxonomischen Debatten, die in den Fachzeitschriften darüber geführt wurden, ob dieser oder jener *Neckera-* oder *Poponatum-*Ableger eine eigene Spezies darstellte oder lediglich die Variante einer bereits dokumentierten Art war. Gelegentlich beteiligte sie sich mit eigenen Beiträgen, die stets präzise und minutiös ausgearbeitet waren.

Überdies publizierte Alma nun unter ihrem vollständigen Namen. Sie war nicht mehr »A. Whittaker«, sondern schlicht »Alma Whittaker«. Ohne Zusatz irgendwelcher Initialen, die einen akademischen Grad oder die Mitgliedschaft in einer distinguierten wissenschaftlichen Vereinigung bewiesen hätten. Sie war nicht einmal eine »Mrs« mit allem, was dieser Titel einer Dame an Würde verlieh. Dass sie eine Frau war, hatte sich inzwischen freilich herumgesprochen. Es spielte de facto keine Rolle. Moos war kein Wissensgebiet, um das man wetteiferte, und vielleicht war deshalb der Widerstand gegen Almas Versuche, in dieser Domäne Fuß zu fassen, relativ gering. Deshalb, und sicherlich auch aufgrund ihres eisernen Beharrungsvermögens.

Je tiefer Alma im Laufe der Jahre in die Welt der Moose eindrang, desto klarer wurde ihr, warum sich noch niemand eingehend damit befasst hatte: Ein unschuldiger Betrachter ging wie selbstverständlich davon aus, dass es eigentlich nichts zu studieren gab. Bei der Beschreibung von Moosen wurde stets auf das verwiesen, woran es ihnen gebrach, und nicht auf das, was sie auszeichnete, und den Moosgewächsen mangelte es in der Tat an einigem. Sie trugen keine Früchte. Sie besaßen keine Wurzeln. Sie erreichten kaum mehr als ein paar Zentimeter Wuchshöhe, da sie über kein Stützgewebe verfügten. Sie konnten kein Wasser durch ihren Körper leiten. Nicht einmal so etwas wie geschlechtliche Fortpflanzung schienen sie zu kennen. Zumindest nicht im gleichen Maße wie Lilien oder Apfelbäume, die wie alle Blüten tragenden Pflanzen ihre männlichen und weiblichen Geschlechtsorgane offen zur Schau stellten. Die Moose hingegen gaben dem bloßen Auge nichts dergleichen preis, weshalb man ihnen auch den Namen *Cryptogamia*, »heimliche Brautleute«, verliehen hatte.

Moos wurde also in jeder Hinsicht als langweilig, simpel, belanglos, wenn nicht gar primitiv wahrgenommen. Jedes noch so gewöhnliche Unkraut, das aus den Ritzen eines armseligen städtischen Trottoirs wucherte, schien das Moos an Raffinesse bei weitem zu übertreffen. Gleichwohl gab es einen Sachverhalt, der den meisten entgangen war, mit dem sich Alma in diesen Jahren jedoch vertraut gemacht hatte: Moosgewächse waren unvorstellbar stark. Moos kann ganze Steine auffressen, doch gibt es umgekehrt etwas, wovon sich Moos fressen lässt? Wohl kaum. Moos tut sich mit schleichender, zerstörerischer Kraft an Felsbrocken gütlich – ein Schmaus, der sich über Jahrhunderte hinzieht. Eine einzige Mooskolonie kann eine ganze Felswand zunächst in Kies und später in Muttererde verwandeln. Man muss ihr nur genug Zeit lassen. Kalkgesimse werden von Moosgewächsen bevölkert, die sich wie feuchte, lebendige Schwämme ans Gestein klammern und das kalkhaltige Wasser heraussaugen. Im Laufe der Zeit entsteht ein Gemisch aus Moosen und Mineralien, das sich in Travertin verwandelt. Die harte, gelblich-helle Oberfläche des Travertin ist von blauen, grünen und grauen Adern durchzogen – Spuren der vorgeschichtlichen Moosbesiedelung. Der Petersdom, errichtet aus diesem Stein, ist somit von den Leibern winziger, uralter Moose durchsetzt.

Moos wächst, wo nichts anderes wachsen kann. Auf Ziegelsteinen. Auf Baumrinden und Dachschiefern. Jenseits des nördlichen Polarkreises ebenso wie in milden tropischen Gefilden. Auf dem Fell von Faultieren, auf dem Rücken von Schlangen und auf modernden Menschenknochen. Mit Moos, so erfuhr Alma, kündigt sich auf verbrannter Erde oder verkarstetem Boden die Rückkehr pflanzlichen Lebens an. Moos ist imstande, einem ganzen Wald neue Lebenskraft zu verleihen. Es ist ein Meister der Wiederauferstehung. Ein Büschel Moos versteht es, vierzig Jahre lang ausgetrocknet vor sich hin zu schlummern, um dann – einmal in Wasser getaucht – schlagartig zu neuem Leben zu erwachen.

Moose benötigen lediglich Zeit, und Alma begann zu begreifen, dass die Erde in dieser Hinsicht einiges zu bieten hatte. Auch andere Wissenschaftler trugen sich mit solchen Gedanken. Lange vor ihrem vierzigsten Geburtstag hatte Alma bereits die *Grundsätze der Geologie* von Charles Lyell gelesen, der die Behauptung aufstellte, die Erde sei sehr viel älter, als man bisher geglaubt habe – möglicherweise sogar um mehrere Millionen Jahre. Sie hegte auch große Bewunderung für das neuere Werk von John Phillips, dessen 1841 präsentierte geologische Zeitachse über Lyells Schätzungen noch hinausging. Phillips glaubte, dass die Erde bereits drei naturgeschichtliche Epochen durchlaufen habe (das Paläozoikum, das Mesozoikum und das Känozoikum), und hatte aus der Flora und Fauna jeder dieser Perioden Fossilien identifiziert, darunter einige versteinerte Moospflanzen.

Die Auffassung, dass die Erde ein unfassbar alter Planet sei, schockierte viele Menschen, widersprach sie doch der biblischen Lehre. Alma konnte indessen nichts Schockierendes daran finden. Sie hatte ihre eigenen Zeittheorien, denen die fossilen Überlieferungen aus dem Schiefergestein des Urmeers, auf die Lyell und Phillips in ihren Studien verwiesen, gerade recht kamen. Alma war zu der Überzeugung gelangt, dass im Kosmos verschiedene Zeitkategorien nebeneinander existierten und ihre Wirkung entfalteten. Als eifrige Systematikerin hatte sie ihnen sogar schon Namen verliehen. Zunächst einmal gab es nach Almas Auffassung so etwas wie eine »Menschenzeit«, die, basierend auf einer mit Fehlern durchsetzten Geschichtsschreibung, nur das Erinnerbare erfasste. Die Menschenzeit war ein kurzer, horizontaler Vorgang. Sie reichte wie eine schmale Linie von der jüngeren Vergangenheit in die kaum vorstellbare Zukunft. Das hervorstechendste Merkmal der Menschenzeit war ihre erstaunliche Kürze: Inmitten des Universums war sie nicht mehr als ein Fingerschnipsen. Bedauerlicherweise gehörte Almas irdisches Leben – wie das aller Sterblichen – in die Domäne der Menschenzeit. Somit war ihr schmerzlich bewusst, dass sie nicht lange auf dieser Welt verweilen würde. Wie ihre Mitmenschen war auch sie nicht mehr als ein Fingerschnipsen inmitten des Universums.

Am anderen Ende der Skala gab es etwas, das Alma die »göttliche Zeit« getauft hatte: eine unfassbare Ewigkeit, in der Galaxien entstanden – zugleich sich aber auch die Heimstatt Gottes befand. Sie wusste nichts über die göttliche Zeit. Niemand wusste etwas darüber. Menschen, die von sich behaupteten, ein wie auch immer geartetes Verständnis davon zu besitzen, erzürnten Alma. Sie verspürte keinerlei Interesse, die göttliche Zeit zu ergründen, denn als Mensch – so ihre feste Überzeugung – war man außerstande, sie zu begreifen. Es war eine Zeit außerhalb der Zeit, und Alma zog es vor, sie sich selbst zu überlassen. Dennoch spürte sie, dass diese Zeit existierte, und sie versuchte, sie sich als einen Zustand unendlicher Weite vorzustellen.

Was nun den Planeten Erde betraf, so glaubte Alma, dass es eine dritte Zeitkategorie gab, die sie als »geologische Zeit« bezeichnete – jene Zeit, über die Charles Lyell und John Phillips unlängst in so überzeugender Weise geschrieben hatten. Alle naturgeschichtlichen Ereignisse fielen in diese Kategorie. Die geologische Zeit bewegte sich in einem Tempo, das beinahe den Eindruck von Ewigkeit erweckte und insofern dem Göttlichen nahekam. Sie bewegte sich mit der Geschwindigkeit von Steinen und Gebirgen. Jede Form von Hast war der geologischen Zeit fremd, denn sie folgte, wie einige Wissenschaftler nun behaupteten, einem sehr viel langwierigeren, umfassenderen Plan als bislang vermutet.

Irgendwo zwischen der geologischen Zeit und der Menschenzeit gab es allerdings noch etwas, das Alma die »Mooszeit« nannte. Verglichen mit der geologischen Zeit legte die Mooszeit ein geradezu atemberaubendes Tempo vor, denn Moos vermochte sich innerhalb von tausend Jahren in einer Weise zu entwickeln, von der Steine über einen Zeitraum von einer Million Jahren nicht einmal träumen durften. Im Vergleich zur Menschenzeit war die Mooszeit indessen von quälender Langsamkeit. Dem ungeübten menschlichen Auge präsentierte sich das Moos völlig regungslos, wie aus Erz gegossen. Und doch bewegte es sich, noch dazu mit bemerkenswerten Folgen. Lange schien sich nicht das Geringste zu verändern, doch dann, vielleicht nach einem Jahrzehnt, war auf einen Schlag alles anders. Moose entwickelten sich nun einmal so langsam, dass der größte Teil der Menschheit ihre Bewegungen nicht wahrnahm.

Alma indessen nahm sie wahr. Schon lange vor dem Jahr 1848 hatte sie gelernt, die Welt, so gut sie konnte, durch das schleichende Uhrwerk der Mooszeit zu betrachten. An den Rändern ihrer Kalkfelsen hatte sie kleine bunte Wimpel in den Stein gebohrt, um das Wachstum der einzelnen Mooskolonien zu markieren, und seit nunmehr sechsundzwanzig Jahren verfolgte sie dieses langwierige Schauspiel als aufmerksame Beobachterin. Welche Moosart wucherte über den Felsblock, welche zog sich zurück? Wie viel Zeit nahm dies in Anspruch? Allmählich wurde sie Zeugin, wie die stillen grünen Territorien vor ihren Augen expandierten oder schrumpften. Diese Entwicklungen ließen sich nur in Fingernagellängen und Dekaden messen.

Beim Studium der Mooszeit versuchte Alma, sich über die eigene Sterblichkeit keine Gedanken zu machen. Auch sie war gefangen in ihrer Zeit, der Menschenzeit, doch daran ließ sich nun einmal nichts ändern. Insofern hatte sie keine andere Wahl: Sie musste aus dem Geschenk ihrer kurzen Existenz das Beste machen, auch wenn es nur ein Wimpernschlag war. Für eine Mooskolonie waren achtundvierzig Jahre nichts, für eine Frau hingegen eine durchaus beträchtliche Anzahl von Jahren. Ihre Menstruation hatte bereits aufgehört. Ihr Haar war ergraut. Mit etwas Glück blieben ihr zum Leben und Studieren noch zwanzig oder dreißig Jahre. Bestenfalls vierzig. Darauf durfte sie hoffen, und das tat sie Tag für Tag. Es gab noch so viel zu lernen, und die Zeit reichte nicht.

Hätte das Moos geahnt, dachte Alma häufig, wie bald diese Alma Whittaker aus dem Leben scheiden würde, so hätte es womöglich Mitleid mit ihr gehabt.

•

Unterdessen nahm das Leben auf White Acre unverändert seinen Lauf. Das Geschäft mit den Pflanzen war seit Jahren nicht expandiert, doch es war auch kein Rückgang zu erkennen; es hatte sich eingespielt wie ein gut geöltes Räderwerk, das zuverlässige Gewinne abwarf. Die Gewächshäuser waren immer noch die besten von ganz Amerika; zum damaligen Zeitpunkt verfügte das Anwesen über eine Pflanzenvielfalt von mehr als sechstausend Arten. Eine Welle der Begeisterung für Farne und Palmen hatte das Land erfasst (»Pteridomanie«, wie despektierliche Journalisten diese Modeerscheinung tauften), und Henry profitierte davon, indem er allerlei exotische Farnwedel züchtete und verkaufte. Auch mit den Mühlen und Farmen, die er besaß, ließ sich einiges Geld verdienen, und ein erklecklicher Teil seines Landes war in den vergangenen Jahren gewinnbringend an die Eisenbahngesellschaften verkauft worden. Im Gegenzug hatte Henry Interesse am sich entwickelnden Kautschukhandel gefasst und unlängst seine Kontakte nach Brasilien und Bolivien genutzt, um erste Investitionen in dieses ungewisse neue Geschäft zu tätigen.

Henry Whittaker war also noch überaus rege, was eigentlich an ein Wunder grenzte. Seine Gesundheit schien im Alter von achtundachtzig Jahren kaum nachzulassen – eine bemerkenswerte Tatsache, wenn man bedachte, wie kräftezehrend er gelebt und wie lautstark er zeit seines Lebens gejammert hatte. Sicher, die Augen bereiteten ihm Kummer, doch mit seiner Lupe und einer guten Lampe gelang es ihm, die wichtigsten Papiere im Blick zu behalten. An trockenen Nachmittagen reichte ihm ein stabiler Gehstock, um sein Anwesen in alter Gutsherrenmanier abzuschreiten, gewandet wie eh und je im Pomp des achtzehnten Jahrhunderts.

Die internationalen Interessen der Whittaker Company vertrat mit unverändertem Geschick Dick Yancey – Henrys abgerichtetes Krokodil –, der begonnen hatte, neue, lukrative Heilpflanzen wie Simaruba und Chondrodendron zu importieren. Der Quäker James Garrick, Henrys einstiger Geschäftspartner, war verstorben, doch James' Sohn John hatte die Apotheke übernommen, und mit den Heilmitteln der Marke Garrick & Whittaker ließen sich über die Grenzen von Philadelphia hinaus nach wie vor hübsche Gewinne erzielen. Was Henrys Vorherrschaft im internationalen Chinin-Handel betraf, so hatte ihm die französische Konkurrenz einen kräftigen Dämpfer versetzt, doch in heimischeren Gefilden schlug er sich weiterhin wacker. Zudem hatte er unlängst ein neues Produkt auf den Markt gebracht, »Garrick & Whittaker's Kraftpillen«, ein Mittelchen aus Jesuitenrinde, Myrrhe, Sassafrasöl und destilliertem Wasser, von dem es hieß, es heile jede menschliche Krankheit, von Hautausschlägen über Dreitagefieber bis hin zu Frauenleiden und vielem mehr. Die Pillen hatten durchschlagenden Erfolg. Sie ließen sich kostengünstig herstellen und brachten kontinuierliche Gewinne, insbesondere im Sommer, wenn in der Stadt Fieber und Krankheiten ausbrachen und alle Familien, ob reich oder arm, die Pest fürchteten. Was auch immer der Gesundheit ihrer Kinder zusetzte – die Mütter griffen zu Henrys Kraftpillen.

Die Stadt war über White Acre hinausgewachsen. Wo

einstmals ruhige Farmen standen, waren geschäftige Wohnviertel aus dem Boden geschossen. Es gab Omnibusse, Kanäle, Bahntrassen, gepflasterte Straßen, Zollschranken und Fähren. Die Bevölkerung von Pennsylvania hatte sich verdoppelt, seit die Whittakers im Jahre 1792 eingetroffen waren. In alle Himmelsrichtungen ratterten Züge, die glühende Kohlestücke und heiße Asche in die Luft spien. Pfarrer und Moralisten äußerten ihre Sorge, die Enge der Waggons und das Gerüttel der schnellen Fahrt könne wankelmütige Frauen in sexuelle Ekstase versetzen. Dichter verfassten Oden an die Natur, die sich vor ihren Augen davonstahl. Und Henry Whittaker, in Philadelphia seinerzeit der einzige Millionär, war nun nur noch einer unter vielen. Das alles war neu. Doch Cholera, Gelbfieber, Diphtherie und der Tod existierten nach wie vor. Da war alles beim Alten. Folglich blieb die Pharmazie ein umsatzstarkes Geschäft.

Nach Beatrix' Tod hatte Henry keinerlei Interesse an einer neuerlichen Heirat bekundet. Er brauchte keine Frau; er hatte ja Alma. Alma war gut zu Henry, und manchmal – vielleicht einmal im Jahr – lobte er sie sogar dafür. Sie hatte gelernt, ihr eigenes Leben so zu organisieren, dass es sich bestmöglich mit Henrys Marotten und Ansprüchen in Einklang bringen ließ. Im Großen und Ganzen war sie gern mit ihm zusammen – ihre Zuneigung zu Henry blieb unerschütterlich –, auch wenn ihr schmerzlich bewusst war, dass jede mit dem Vater verbrachte Stunde Zeit war, die ihr für das Studium der Moose fehlte. Sie schenkte Henry ihre Nachmittage und Abende, doch die Vormittage nutzte sie für ihre Arbeit. Da ihm mit dem Älterwerden das Aufstehen immer schwerer fiel, funktionierte dieser Zeitplan gut. Hin und wieder wünschte er sich Gäste, wozu es jedoch immer seltener kam. Wurden einst an vier Abenden pro Woche Gäste zu Tisch gebeten, hatte man nun auf White Acre allenfalls vier Mal pro Jahr Gesellschaft.

Henry blieb launisch und schwierig. Bisweilen wurde Alma nachts von Hanneke de Groot geweckt, an der das

Alter im Übrigen spurlos vorüberzugehen schien. »Dein Vater ruft dich, Kind«, hieß es dann. Worauf sich Alma erhob, einen warmen Morgenrock überstreifte und ins Arbeitszimmer ging, wo sie einen hellwachen, gereizten, in einem Berg von Papieren wühlenden Henry vorfand, der sie um drei Uhr morgens um einen Schluck Gin und eine Partie Backgammon bat. Alma kam seinem Wunsch klaglos nach, denn sie wusste, dass Henry am nächsten Tag umso müder sein würde, was ihr zusätzliche Stunden des Studiums in Aussicht stellte.

»Habe ich dir schon mal von Ceylon erzählt?«, fragte er, und sie hörte zu, wie er sich in den Schlaf redete. Mitunter nickte auch sie über seinen alten Geschichten ein. Zusammengesunken in ihren Sesseln, fiel das erste Tageslicht auf den alten Mann und seine weißhaarige Tochter, zwischen beiden das angefangene Backgammon-Spiel. Dann erhob sich Alma und brachte das Zimmer in Ordnung. Sie rief nach Hanneke und dem Butler, damit sie dem Vater ins Bett halfen. Derweil schlang sie hastig das Frühstück herunter und begab sich in ihr Studierzimmer in der Remise oder zu den Moosfelsen, um sich abermals ihren Forschungen zu widmen.

So hatte es sich in den letzten zweieinhalb Jahrzehnten zugetragen. Und so würde es bleiben, dachte sie. Es war ein ruhiges, nicht unglückliches Leben für Alma Whittaker.

Nein, unglücklich war dieses Leben beileibe nicht.

•

Andere hatten es weniger gut.

Almas alter Freund George Hawkes zum Beispiel, dem in der Ehe mit Retta Snow kein Glück beschieden war. Auch Retta war in keiner Hinsicht glücklich. Dieses Wissen schenkte Alma weder Trost noch Freude. Eine andere Frau hätte vielleicht – aus finsterer Rache für ihr gebrochenes Herz – darüber gejubelt, doch Alma vermochte aus dem

Leid anderer keine Befriedigung zu ziehen. Hinzu kam, dass sie, sosehr sie diese Heirat auch einst geschmerzt hatte, George Hawkes inzwischen nicht mehr liebte. Das Feuer war schon vor Jahren erloschen. Ihn weiter zu lieben wäre angesichts der gegebenen Umstände über die Maßen töricht gewesen, und sie hatte sich schon zu lange wie eine Närrin benommen. Dennoch tat George ihr leid. Er war eine gute Seele, und er war ihr immer ein treuer Freund gewesen, aber noch nie hatte ein Mann in Sachen Heirat eine schlechtere Wahl getroffen.

Anfangs hatte er, der seriöse wissenschaftliche Verleger, lediglich mit einer gewissen Verwirrung auf seine sprunghafte, kapriziöse Gemahlin reagiert; im Laufe der Zeit war diese Verwirrung indessen einem wachsenden Unmut gewichen. In den ersten Jahren ihrer Ehe hatten George und Retta das ein oder andere Mal auf White Acre diniert, doch Alma war nicht entgangen, dass sich Georges Miene verfinsterte, wann immer seine Frau das Wort ergriff. Ängstlich schien er darauf zu lauern, was sie wohl wieder von sich geben würde. Irgendwann stellte George das Sprechen bei Tisch vollständig ein – in der Hoffnung, so schien es, dass auch seine Frau folglich das Sprechen einstellen würde. Bedauerlicherweise ging sein Wunsch nicht in Erfüllung. Im Gegenteil, die Schweigsamkeit ihres Gatten machte Retta zusehends unruhig, was dazu führte, dass sie immer verzweifelter weiterplapperte und er immer entschlossener schwieg.

Innerhalb weniger Jahre hatte Retta eine bizarre Gestik entwickelt, deren Anblick Alma quälte. Beim Sprechen fuchtelte sie nervös mit den Händen vor dem Mund herum, als wollte sie die Wörter, die unaufhaltsam ihren Lippen entwichen, einfangen und dorthin zurückverfrachten, woher sie gekommen waren. Gelegentlich geriet Retta, während sie einen wirren Gedanken vorbrachte, mitten im Satz ins Stocken und hielt sich krampfhaft die Hand vor den Mund, um jedes weitere Hervorquellen von Worten zu unterbinden. Diesem Kampf beizuwohnen war, selbst wenn er siegreich endete, außerordentlich bedrückend, denn der letzte, unvollendete Satz schwebte unbehaglich über den Köpfen der Anwesenden, während die gepeinigte Retta ihren stummen Gatten mit aufgerissenen Augen entschuldigend ansah.

Nachdem sich solche verstörenden Szenen etliche Male wiederholt hatten, stellten Mr und Mrs Hawkes ihre Besuche ein. Alma sah sie nur noch, wenn sie sich in die Arch Street begab, um mit George über verlegerische Details zu sprechen.

Es zeigte sich, dass der Ehestand Mrs Retta Snow Hawkes ganz und gar nicht behagte. Sie war einfach nicht dafür geschaffen. Das ganze Erwachsensein behagte ihr nicht. Beides ging mit zu vielen Einschränkungen einher, zu viel Ernsthaftigkeit, zu vielen Erwartungen. Retta konnte nun nicht mehr das kleine, törichte Mädchen sein, das in seiner zweirädrigen Chaise nach Lust und Laune durch die Stadt vagabundierte. Als Gattin und Gefährtin eines der angesehensten Verleger von Philadelphia erwartete man von ihr, sich dementsprechend zu verhalten. Es schickte sich nicht mehr für Retta, allein ins Theater zu gehen. Nun, eigentlich hatte es sich noch nie geschickt, doch in der Vergangenheit hatte es ihr niemand verboten. George verbot es ihr. Er selbst fand keinen Gefallen am Theater. Des Weiteren verlangte George von seiner Frau, mehrmals wöchentlich den Gottesdienst zu besuchen, wo Retta, sich windend vor Langeweile wie ein Kind, die Zeit absaß. Seit ihrer Hochzeit durfte sie sich auch nicht mehr so farbenfroh kleiden und kein Liedchen mehr trällern, wann immer es ihr in den Sinn kam. Sie hätte es vielleicht tun können und tat es auch dann und wann, doch es gehörte sich nicht und brachte ihren Gatten zur Weißglut.

Was die Mutterschaft betraf, so hatte sich Retta auch dieser Verantwortung nicht stellen können. Binnen eines Jahres nach Eheschluss hatte sich im Hause Hawkes eine Schwangerschaft eingestellt, die jedoch mit einer Fehlgeburt endete. Im nächsten Jahr erfolgte abermals eine missglückte Schwangerschaft, ein Jahr später die nächste. Als Retta ihr fünftes Kind verlor, zog sie sich in blindwütiger Verzweiflung in ihr Zimmer zurück. Die Nachbarn, so hieß es, konnten noch einige Häuser weiter ihr Schluchzen hören. Der arme George Hawkes hatte keine Ahnung, was er mit seiner aufgelösten Frau tun sollte; tagelang hielt ihn Rettas Umnachtung von der Arbeit fern. Schließlich schickte er eine Nachricht nach White Acre mit der Bitte, Alma möge in die Arch Street kommen und ihrer alten, untröstlichen Freundin beistehen.

Als Alma eintraf, schlief Retta schon, mit einem Daumen im Mund, die Strähnen ihres prachtvollen Haars auf dem Kissen wie schwarze, nackte Äste vor einem bleichen Winterhimmel. Die Apotheke habe ein wenig Laudanum geschickt, erklärte George, und es scheine wohl zu wirken.

»Bitte, George, versuchen Sie, dies nicht zur Gewohnheit werden zu lassen«, hatte Alma ihn gewarnt. »Retta verfügt über eine ungewöhnlich empfindsame Konstitution, zu viel Laudanum könnte ihr schaden. Ich weiß, dass ihr Verhalten bisweilen etwas widersinnig sein kann und mitunter geradezu desaströs. Ich denke aber, dass Retta lediglich Geduld und Liebe braucht, um den Weg zurück in ein glückliches Leben zu finden. Vielleicht lassen Sie ihr noch ein bisschen Zeit …«

»Es tut mir leid, Sie belästigt zu haben«, sagte George.

»Das haben Sie doch nicht«, erwiderte Alma. »Ich stehe Ihnen jederzeit zur Verfügung. Ihnen und natürlich auch Retta.«

Alma hätte gern noch etwas hinzugefügt – doch was? Sie spürte, dass sie vielleicht schon zu frei gesprochen, ja ihn vielleicht sogar als Ehegatten kritisiert hatte. Armer Mann. Er war ausgelaugt.

»Seien Sie meiner Freundschaft gewiss«, sagte sie und legte ihm eine Hand auf den Arm. »Und nutzen Sie sie. Sie können mich jederzeit rufen.«

Nun, das tat er. Er rief Alma, als sich Retta im Jahre 1826 die Haare abschnitt. Er rief Alma, als Retta im Jahre 1835 drei

Tage lang vermisst wurde, bis man sie in Fish Town wiederfand, schlafend inmitten einer Horde von Straßenkindern. Er rief sie im Jahre 1842, als Retta mit einer Schneiderschere auf ein Hausmädchen losging, von dem sie behauptete, es sei ein Geist. Das Hausmädchen erlitt keine ernstlichen Verletzungen, doch von nun an war niemand mehr bereit, Retta das Frühstück zu bringen. Und er rief Alma im Jahre 1846, als Retta begonnen hatte, lange, unverständliche Briefe zu verfassen, bei denen mehr Tränen flossen als Tinte.

George wusste mit derartigen Szenen und Wirrnissen nicht umzugehen. Für ihn waren es schauderhafte Episoden, die ihn von seinen Geschäften und seiner geistigen Arbeit ablenkten. Inzwischen brachte er jedes Jahr über fünfzig Bücher heraus, dazu eine Reihe von wissenschaftlichen Fachzeitschriften sowie einen in der Planung befindlichen, aufwendigen Oktavband exotischer Pflanzen, der vierteljährlich im Abonnement erhältlich sein sollte, illustriert mit riesigen, handkolorierten Lithographien bester Qualität. All diese Unternehmungen verlangten seine uneingeschränkte Aufmerksamkeit. Er hatte keine Zeit für eine verrückte Ehefrau.

Auch Alma hatte keine Zeit, doch sie kam trotzdem. In besonders schlechten Phasen verbrachte sie zuweilen sogar die Nacht bei Retta, im Hawkes'schen Ehebett, die Arme fest um ihre zitternde Freundin geschlungen, während George in der benachbarten Druckerei auf einer Pritsche schlief. Sie konnte sich des Eindrucks nicht erwehren, dass er ohnedies ständig dort schlief.

»Wirst du mich noch mögen und lieb zu mir sein«, wollte Retta einmal in tiefster Nacht von Alma wissen, »wenn ich der Teufel bin?«

»Ich werde dich immer liebhaben«, versicherte Alma der einzigen Freundin, die sie jemals gehabt hatte. »Außerdem kannst du gar kein Teufel sein, Retta. Du musst dich nur ausruhen und zusehen, dass du dir selbst und anderen keinen Kummer mehr bereitest …«

Nach solchen Nächten nahm man am nächsten Morgen im Speisezimmer der Hawkes gemeinsam das Frühstück ein. Anheimelnd waren diese Zusammenkünfte nie. George war schon unter idealen Bedingungen kein Meister der Konversation, und Retta wirkte – abhängig von der jeweiligen Laudanum-Dosis, die man ihr in der Nacht verabreicht hatte – überreizt oder benommen. Lichte Augenblicke wurden immer seltener. Hin und wieder kaute Retta auf einem Tuch herum, das sie sich partout nicht aus der Hand nehmen ließ. Derweil suchte Alma nach einem Thema, das allen behagte, doch solch ein Thema existierte nicht, hatte niemals existiert. Sie konnte mit Retta über unsinnige Dinge reden und mit George über Botanik, ihr Bemühen um ein Gespräch zu dritt blieb erfolglos.

•

Im April des Jahres 1848 ereilte Alma wieder ein Ruf von George Hawkes. Sie war gerade in der Remise damit befasst, ein schlecht erhaltenes *Dicranum consorbrinum*-Exemplar zu rekonstruieren, das ihr ein Amateursammler aus Minnesota kürzlich zugesandt hatte, da traf aus heiterem Himmel ein berittener Bursche mit einer dringenden Nachricht ein: Miss Whittakers Anwesenheit in der Arch Street im Hause Hawkes sei dringend erbeten, es habe einen Unfall gegeben.

»Was denn für einen Unfall?« Alma hatte sich erschrocken von ihrem Labortisch erhoben.

»Ein Brand!«, rief der Junge mit einer Begeisterung, die er kaum zu verbergen wusste. Welcher junge Bursche war nicht von Bränden fasziniert?

»Du lieber Himmel! Ist jemand verletzt worden?«

»Nein, Ma'am«, lautete die hörbar enttäuschte Antwort.

Wie Alma bald erfuhr, hatte Retta in ihrem Schlafzimmer Feuer gelegt. Aus irgendeinem Grund hatte sie beschlossen, ihr Bettzeug und ihre Vorhänge zu verbrennen. Es war ein feuchter Tag, weshalb der Stoff gottlob nicht in Flammen aufging, sondern nur verglomm. Gleichwohl war durch die extreme Rauchbildung erheblicher Schaden im Zimmer angerichtet worden. Der Schaden, den die Stimmung unter den Bediensteten nahm, war noch ärger. Zwei weitere Hausangestellte hatten gekündigt. Man konnte niemandem mehr zumuten, weiter unter einem Dach mit Retta zu leben. Wer hätte diese verrückte Herrin noch ertragen können?

Als Alma eintraf, war George bleich, erschöpft und heillos überfordert. Retta lag schlafend hingestreckt auf einem Sofa; man hatte ihr ein Beruhigungsmittel verabreicht. Es roch nach Nässe und verbranntem Holz.

»Alma!« George eilte ihr entgegen und ergriff ihre Hand. Das hatte er bis dahin nur ein einziges Mal getan, vor über drei Jahrzehnten. Doch nun war es anders. Allein der Gedanke an das letzte Mal beschämte Alma. Aus Georges aufgerissenen Augen sprach Panik.

»Sie kann nicht mehr hierbleiben.«

»Sie ist Ihre Ehefrau, George.«

»Ich weiß, dass sie das ist! Ich weiß, dass sie das ist. Aber sie kann nicht hierbleiben, Alma. Sie ist nicht mehr in Sicherheit hier, niemand ist mehr in Sicherheit. Sie hätte uns umbringen und auch noch die Druckerei anzünden können. Sie müssen etwas finden, wo sie bleiben kann.«

»Ein Krankenhaus?«, fragte Alma. Retta war schon so oft im Krankenhaus gewesen; nie hatte man etwas für sie tun können. Wenn sie heimkam, war sie jedes Mal noch erregter und getriebener als zuvor.

»Nein, Alma. Sie braucht eine dauerhafte Bleibe. Ein anderes Zuhause. Sie wissen, was ich meine! Ich kann sie keine Nacht mehr hierbehalten. Sie muss hier fort. Sie müssen mir das verzeihen, Alma. Sie sind besser informiert als jeder andere, und nicht einmal Sie wissen in vollem Umfang, was aus ihr geworden ist. Ich habe die ganze letzte Woche kein Auge zugetan. Niemand findet noch Schlaf in diesem Haus, aus Furcht vor dem, was passieren kann. Tag und Nacht müssen zwei Personen bei ihr sein, damit sie sich oder anderen keinen Schaden zufügt. Zwingen Sie mich nicht, mehr zu sagen! Ich weiß, dass Sie begriffen haben, worum ich Sie bitte. Sie müssen sich dieser Sache annehmen.«

Und das tat Alma, ohne auch nur einen einzigen Gedanken daran zu verschwenden, warum eigentlich sie diejenige war, die sich dieser Sache annehmen musste. Es bedurfte lediglich einiger Briefe an die geeigneten Adressaten, um die Aufnahme ihrer Freundin in die Griffon-Irrenanstalt in Trenton, New Jersey, in die Wege zu leiten. Das Gebäude war erst im vergangenen Jahr errichtet worden, und Dr. Griffon – einst Gast auf White Acre und in Philadelphia eine höchst angesehene Person – hatte es selbst entworfen, um den gestörten Seelen größtmögliche Ruhe angedeihen zu lassen. In Amerika zählte er zu den führenden Verfechtern einer moralischen Inobhutnahme von Geistesgestörten, und seine Methoden waren, so hieß es, recht human. So wurden seine Patienten beispielsweise nicht angekettet, wie es etwa in der Krankenanstalt von Philadelphia einmal mit Retta geschehen war. Die Irrenanstalt, so hieß es, sei ein ansprechender, friedlicher Ort mit schönen Gärten und den erwartbaren hohen Mauern. Alles in allem sei es kein unerfreuliches Umfeld, erzählte man sich. Und nicht einmal teuer, wie Alma feststellen durfte, als sie im Voraus die Kosten für das erste Jahr von Rettas Aufenthalt beglich. Sie hatte George nicht damit behelligen wollen, und Rettas Eltern waren längst verschieden, wobei sie ihrer Tochter ohnehin nichts als Schulden hinterlassen hatten.

Es war eine traurige Angelegenheit, all diese Vorkehrungen zu treffen, wenn auch alle darin übereinkamen, dass es wohl das Beste sei. Retta sollte in Griffon ein eigenes Zimmer haben, damit sie nicht Gefahr lief, andere Patienten zu verletzen; ferner würde jederzeit eine Pflegerin bei ihr sein. Diese Gewissheit war tröstlich. Darüber hinaus wurden in dieser Anstalt moderne, wissenschaftliche Therapien angewandt. So sollte Rettas Verrücktheit mit Hydrotherapie, Rotationsbrett und einer human gestalteten moralischen

Unterweisung behandelt werden. Zugang zu Feuer oder Scheren war ihr grundsätzlich verwehrt. Letzteres war Alma von Dr. Griffon persönlich zugesichert worden, der Rettas Störung bereits als eine »Erschöpfung des Nervenreservoirs« diagnostiziert hatte.

So traf Alma sämtliche Vorkehrungen. George musste nur noch die Bescheinigung über Rettas Unzurechnungsfähigkeit unterschreiben und seine Frau gemeinsam mit Alma nach Trenton begleiten. Sie nahmen sich eine Kutsche, da die Zugfahrt mit Retta ein zu großes Risiko dargestellt hätte. Alma hatte vorsichtshalber einen Gurt im Gepäck, um ihre Freundin gegebenenfalls bändigen zu können, doch Retta verhielt sich unauffällig und summte sogar unbekümmert das eine oder andere Liedchen vor sich hin.

Als sie die Irrenanstalt erreichten, marschierte George entschlossen zwischen den weiten Rasenflächen auf den Haupteingang zu, hinter ihm Alma und Retta, Arm in Arm, plaudernd wie bei einer sonntäglichen Promenade.

»Wie hübsch dieses Haus ist!«, sagte Retta und zeigte voller Bewunderung auf das elegante Backsteingebäude.

»Das finde ich auch«, antwortete Alma erleichtert. »Ich bin froh, dass es dir hier gefällt, Retta, denn von nun an wirst du hier leben.« Ob Retta den Sinn dieser Reise eigentlich begriffen hatte, ließ sich kaum feststellen, doch sie machte keinen beunruhigten Eindruck.

»Die Gärten sind entzückend«, fuhr sie fort.

»Das finde ich auch«, erwiderte Alma.

»Obwohl ich nicht mit ansehen kann, wie Blumen geschnitten werden.«

»Aber Retta, wie kannst du so etwas Närrisches sagen! Einen Strauß frisch geschnittener Blumen liebst du doch über alles!«

»Man bestraft mich für diese abscheulichsten Vergehen«, entgegnete Retta mit ruhiger Stimme.

»Du wirst doch nicht bestraft, mein Vögelchen.«

»Am allermeisten graut es mir vor Gott.«

»Aber Retta! Gott hat dir gegenüber keinerlei Beschwerden!«

»Ich werde von seltsamen Schmerzen in der Brust gepeinigt. Manchmal fühlt es sich an, als würde mir das Herz zerquetscht. Augenblicklich nicht, doch es kann jederzeit über mich kommen.«

»Du wirst hier Freunde haben, die dir helfen können.«

»Als ich ein junges Mädchen war«, fuhr Retta seelenruhig fort, als hätte sie Almas Worte gar nicht gehört, »habe ich oft kompromittierende Spaziergänge mit Männern unternommen. Hast du das gewusst, Alma?«

»Sei still, Retta.«

»Du brauchst mich nicht zum Schweigen zu bringen, George weiß das. Ich habe es ihm mehrmals gesagt. Ich habe diesen Männern gestattet, alles mit mir zu tun, wonach ihnen der Sinn stand, und ich habe mir sogar erlaubt, Geld von ihnen zu nehmen – obwohl ich dieses Geld niemals gebraucht habe, das weißt du ja.«

»Still, Retta. Du sagst unvernünftige Dinge.«

»Hast du dir jemals gewünscht, kompromittierende Spaziergänge mit Männern zu unternehmen? Ich meine, als du jung warst?«

»Retta, bitte …«

»Die Frauen in der Molkerei von White Acre taten es auch. Sie haben mir gezeigt, wie man Dinge mit Männern macht, und mir gesagt, wie viel Geld ich für meine Dienste nehmen sollte. Von dem Geld habe ich mir Handschuhe und Bänder gekauft. Einmal habe ich sogar ein Band für dich gekauft!«

Alma verlangsamte ihre Schritte, um den Abstand zu George zu vergrößern. Sie wusste, dass er bereits alles gehört hatte. »Retta, du bist so erschöpft, du musst deine Stimme schonen …«

»Hast du das denn nie getan, Alma? Ich meine, hast du dir niemals gewünscht, kompromittierende Dinge zu tun? Hast du denn nie diese verwerflichen Begierden in deinem

Körper gespürt?« Retta umklammerte den Arm ihrer Freundin und suchte verzweifelt Almas Blick, bis sie resigniert in sich zusammensackte. »Nein, natürlich nicht. Du bist ja sittsam und gut. Prudence und du, ihr seid beide sittsam und gut. Aber ich bin der Teufel in Person.«

Alma zerriss es das Herz. Ihr Blick fiel auf den breiten, gekrümmten Rücken von George Hawkes. Sie schämte sich zutiefst. Ob sie sich niemals gewünscht hatte, kompromittierende Dinge mit Männern zu tun? Oh, wenn Retta nur wüsste! Alma war eine achtundvierzigjährige, unverheiratete Jungfer mit ausgedörrtem Schoß, die dennoch mehrere Male im Monat den Weg in die Bindekammer fand. Viele Male sogar! Zudem waren die verbotenen Texte ihrer Jugend – *Cum Grano Salis* und all die anderen – in ihrer Erinnerung außerordentlich lebendig geblieben. Hin und wieder kramte sie sogar eins der Bücher aus den auf dem Heuboden versteckten Schrankkoffern, um es nochmals zu lesen. Wer, wenn nicht Alma, kannte sich aus mit verwerflichen Begierden?

Sie spürte, dass es unmoralisch gewesen wäre, diesem kleinen, gebrochenen Geschöpf eine beruhigende, loyale Antwort zu verwehren. Sollte sie Retta etwa in dem Glauben lassen, sie wäre die einzige lasterhafte Frau auf der Welt? Doch wenige Meter vor ihnen ging George Hawkes, der gewiss alles hören konnte. So spendete Alma ihrer Freundin weder Trost noch Mitgefühl. Sie sagte nur: »Wenn du dich erst einmal in deinem neuen Zuhause eingerichtet hast, meine liebe kleine Retta, kannst du jeden Tag durch diese Gärten spazieren. Dann wirst du deinen Frieden finden.«

•

Auf der Rückfahrt waren Alma und George weitestgehend stumm.

»Man wird sich gut um sie kümmern«, sagte Alma schließlich. »Dr. Griffon hat es mir persönlich zugesichert.«

»Wir alle werden in ein Leben voller Ungemach hineingeboren«, gab George zur Antwort. »Es ist ein trauriges Los, überhaupt das Licht dieser Welt zu erblicken.«

»Das mag vielleicht zutreffen«, erwiderte Alma vorsichtig, erstaunt über die Heftigkeit seiner Worte. »Und doch müssen wir die Geduld und Demut aufbringen, alle Beschwernisse, die sich vor uns erheben, durchzustehen.«

»Ja. So lehrt man uns«, entgegnete George. »Wissen Sie, Alma, es gab Zeiten, da habe ich mir gewünscht, Retta möge im Tod Erleichterung finden, anstatt diese fortwährenden Qualen zu erdulden und mir und anderen aufzuerlegen.«

Alma fühlte sich außerstande, darauf zu antworten. George sah sie unverwandt an, das Gesicht finster und schmerzverzerrt. Nach einiger Zeit brachte sie zögernd folgende Worte heraus: »Wo Leben ist, George, da gibt es noch Hoffnung. Der Tod ist so erschreckend endgültig. Er holt uns früh genug. Ich hätte Bedenken, jemandem zu wünschen, der Tod möge ihn vorzeitig ereilen.«

George schloss die Augen und schwieg. Er schien die Antwort nicht als tröstlich zu empfinden.

»Ich werde es mir zur Gewohnheit machen, Retta einmal im Monat in Trenton zu besuchen«, sagte Alma, um einen leichtherzigeren Ton bemüht. »Wenn Sie es wünschen, dürfen Sie mich gern begleiten. Ich werde Retta die neuesten Ausgaben von *Joy's Lady's Book* mitbringen. Darüber wird sie sich freuen.«

In den nächsten zwei Stunden blieb George stumm. Eine Zeitlang schien es, als dämmerte er vor sich hin. Doch als sie sich Philadelphia näherten, schlug er die Augen auf und starrte schweigend ins Leere. Noch nie hatte Alma einen Menschen so unglücklich gesehen. Aus Mitleid beschloss sie, das Thema zu wechseln. Einige Wochen zuvor hatte George ihr ein neues, unlängst in London veröffentlichtes Buch über Molche geliehen. Vielleicht würde dessen Erwähnung seine Stimmung heben. Sie dankte ihm also für die Leihgabe, äußerte sich, während die Kutsche langsam auf die Stadt zufuhr, über einige Details des Textes und kam schließlich zu dem Schluss: »Alles in allem kann ich sagen, dass dieses Buch über ein ganz beachtliches Gedankengut und eine präzise Analytik verfügt, obwohl es abscheulich geschrieben und verheerend gestaltet ist. Und deshalb möchte ich Sie auch fragen, George: Gibt es in England eigentlich keine fähigen Verleger?«

George blickte unvermittelt von seinen Füßen auf und sagte: »Der Gatte Ihrer Schwester hat sich in letzter Zeit einige Unannehmlichkeiten zugezogen.«

Offenbar hatte er nicht ein Wort von Almas Ausführungen gehört. Der Themenwechsel überraschte Alma. George war kein Klatschmaul, und es befremdete sie, dass er überhaupt von Prudence' Ehemann sprach. Vielleicht hatten ihn die Ereignisse des Tages so aufgewühlt, dass er nicht mehr Herr seiner selbst war. Um jedes Unbehagen zu vermeiden, nahm sie dennoch den Gesprächsfaden auf, als hätten sie sich von jeher über solche Dinge ausgetauscht.

»Was hat er denn getan?«, fragte sie.

»Arthur Dixon hat ein leichtsinniges Pamphlet veröffentlicht«, erklärte George müde. »Zudem war er so töricht, es unter seinem richtigen Namen in Umlauf zu bringen. Er vertritt darin die Meinung, dass sich die Regierung der Vereinigten Staaten von Amerika aufgrund ihrer fortwährenden Beteiligung an der Versklavung von Menschen eines moralischen Vergehens schuldig macht.«

Diese Neuigkeit war alles andere als schockierend. Prudence und Arthur Dixon waren seit vielen Jahren engagierte Abolitionisten. Ihre Ablehnung der Sklaverei, die durchaus eine radikale Tendenz hatte, war in ganz Philadelphia wohlbekannt. In ihrer knapp bemessenen freien Zeit brachte Prudence in einer ortsnahen Quäkerschule freien Schwarzen das Lesen bei. Zudem kümmerte sie sich um die Insassen des Heims für farbige Waisen und hielt des Öfteren Vorträge bei Versammlungen von Frauenvereinen, die sich für die Abschaffung der Sklaverei einsetzten. Arthur Dixon veröffentlichte häufig, um nicht zu sagen unablässig Pamphlete und gehörte zwischenzeitlich dem Redaktionsgremium der Wochenzeitschrift *The Liberator* an. Wenn man ehrlich war, hatten viele Leute in Philadelphia inzwischen genug von diesen Dixons mit ihren Pamphleten, Artikeln und Vorträgen. (»Für einen Mann, der sich einbildet, ein Aufwiegler zu sein«, hörte man Henry ein ums andere Mal sagen, »ist Arthur Dixon ein entsetzlicher Langweiler.«)

»Na und?«, entfuhr es Alma. »Wir wissen alle, dass meine Schwester und ihr Mann für solche Dinge eintreten.«

»Diesmal ist Professor Dixon noch einen Schritt weiter gegangen, Alma. Er verlangt nicht nur die sofortige Abschaffung der Sklaverei, sondern vertritt zudem die Meinung, dass wir als Bürger weder Steuern zahlen noch das amerikanische Gesetz achten sollten, bis die Erfüllung seiner Forderungen, so unwahrscheinlich dies auch sein mag, eingetreten ist. Er will uns dazu animieren, mit lodernden Fackeln auf die Straße zu gehen und die unverzügliche Befreiung aller schwarzen Menschen zu fordern.«

»Arthur Dixon?« Alma hatte unwillkürlich den vollständigen Namen ihres faden Schwagers und früheren Hauslehrers in den Mund genommen. »Lodernde Fackeln? Das sieht ihm gar nicht ähnlich.«

»Lesen Sie es selbst, Alma. Dixon ist in aller Munde. Es heißt, er könne sich glücklich schätzen, seinen Posten an der Universität noch nicht verloren zu haben. Ihre Schwester scheint sich in übereinstimmender Weise geäußert zu haben.«

Alma dachte nach. »Das ist allerdings besorgniserregend«, pflichtete sie George schließlich bei.

»Wir alle werden in ein Leben voller Ungemach hineingeboren«, wiederholte George und rieb sich erschöpft das Gesicht.

»Und doch müssen wir die Geduld und Demut aufbringen …«, setzte Alma abermals an, doch George fiel ihr ins Wort.

»Ihre arme Schwester«, sagte er. »Und dabei hat sie noch kleine Kinder im Haus. Lassen Sie mich bitte wissen, Alma, wenn ich irgendetwas tun kann, um Ihrer Familie zu helfen. Sie waren immer so freundlich zu uns.«

Kapitel 13

Ihre arme Schwester?

Nun, möglich war es … doch ganz so sicher war sich Alma dessen nicht.

Es war nicht eben einfach, mit Prudence Whittaker Dixon Mitleid zu empfinden, und geradezu unmöglich, sie zu verstehen, woran sich auch im Laufe der Jahre nichts geändert hatte. Am nächsten Tag dachte Alma, während sie auf White Acre ihre Mooskolonien begutachtete, lange über das Geschehene nach.

Die Eheleute Dixon gaben ihrer Umwelt wahrlich Rätsel auf! Im Übrigen handelte es sich hier um eine weitere Ehe, die alles andere als glücklich schien. Prudence und ihr ehemaliger Hauslehrer waren nun seit über fünfundzwanzig Jahren verheiratet und hatten sechs Kinder in die Welt gesetzt, und doch hatte Alma bei dem Paar nicht ein einziges Mal ein Zeichen von Zuneigung oder Eintracht erlebt. Auch hatte sie die beiden kaum jemals lächeln sehen, genauso wenig wie sie jemals Zeugin eines Zornausbruchs geworden war. Was war das nur für eine Ehe, bei der man in beflissenem Stumpfsinn jahrelang nebeneinander herlebte?

Das Eheleben ihrer Schwester hatte freilich schon immer Fragen aufgeworfen – angefangen mit jenem brennenden Geheimnis, das in Philadelphia seit Arthurs und Prudence' Hochzeit den Klatsch und Tratsch befeuerte: Was war mit der Aussteuer geschehen? Henry Whittaker hatte seine Adoptivtochter anlässlich ihrer Hochzeit mit einer unerhörten Geldsumme beglückt, doch nichts deutete darauf hin, dass auch nur ein Penny davon jemals ausgegeben worden wäre. Die Dixons lebten wie Almosenempfänger von Arthurs kleinem Universitätssalär. Sie besaßen nicht einmal ein eigenes Haus. Auch gaben sie fürs Heizen kaum Geld aus. Da Arthur nichts von Luxus hielt, ließ er in seinem Heim eine spartanische, blutleere Strenge walten, die seiner eigenen, spröden Natur entsprach. In der Familie führte er ein Regiment der Enthaltsamkeit, Bescheidenheit, Gelehrsamkeit und Frömmigkeit, dem sich Prudence ungefragt unterworfen hatte. Vom ersten Tag ihres Gattinnendaseins an hatte Prudence auf jedweden Putz verzichtet und begonnen, sich beinahe wie eine Quäkerin zu kleiden: Flanell, Wolle, dunkle Farben, dazu schlichte Schutenhüte, wie sie unscheinbarer nicht hätten sein können. Kein Schmuckstück, keine Uhrkette, ja nicht einmal das kleinste Stückchen Spitze zierte ihre äußere Erscheinung.

Prudence' Enthaltsamkeit beschränkte sich freilich nicht nur auf die Wahl ihrer Garderobe: Ihre Ernährung, die allem Anschein nach im Wesentlichen aus Maisbrot und Molassesirup bestand, war nicht minder genügsam. Nie sah man sie ein Glas Wein trinken, nicht einmal Tee oder Limonade. Die Kinder, die sich nach und nach einstellten, erzog Prudence zu einer ebenso kargen Lebensweise. Schon eine Birne, an einem Baum in der Nachbarschaft gepflückt, war ein Leckerbissen für ihre Jungen und Mädchen, die darauf gedrillt wurden, von verführerischeren Gaumenfreuden das Gesicht abzuwenden. Auch die Garderobe der Kinder entsprach selbstverständlich dem, wie sich Prudence kleidete: bescheiden und säuberlich geflickt. Prudence schien beinahe den Wunsch zu hegen, dass ihre Kinder ärmlich aussahen. Vielleicht waren sie ja wirklich arm, wenn es auch an und für sich keinen Grund dafür gab.

»Was zum Teufel hat sie mit ihren Kleidern angestellt?«, ereiferte sich Henry, sooft Prudence, wie in Lumpen gehüllt, zu Besuch nach White Acre kam. »Hat sie ihre Matratzen damit gestopft?«

Doch Alma hatte Prudence' Matratzen gesehen: Sie waren mit Stroh gefüllt.

Und so wurde in der Gerüchteküche von Philadelphia genüsslich darüber spekuliert, was Prudence und ihr Gatte mit der Whittaker'schen Aussteuer angestellt hatten. War Arthur Dixon ein Spieler, der mit Pferderennen und Hundekämpfen den ganzen Reichtum verprasst hatte? Hielt er sich in einer anderen Stadt eine zweite Familie, die im Luxus lebte? Oder hortete das Paar einen geheimen Schatz unvorstellbaren Ausmaßes, den sie hinter der ärmlichen Fassade versteckt hielten?

Im Laufe der Zeit kam die Wahrheit ans Licht: Das gesamte Vermögen war für abolitionistische Ziele verwendet worden. Kurz nach der Hochzeit hatte Prudence den größten Teil ihrer Mitgift still und leise der Abolitionistischen Gesellschaft von Philadelphia übertragen. Das restliche Geld hatten die Dixons darauf verwendet, Sklaven freizukaufen, was mitunter über 1300 Dollar pro Leben kostete. So waren sie für den Transport mehrerer entflohener Sklaven ins sichere Kanada aufgekommen. Zudem hatten sie die Veröffentlichung unzähliger Pamphlete und Traktate finanziert. Und sie hatten sogar einen Verein gegründet, der Schwarze darin schulte, mit Argumenten für ihre Sache einzutreten.

All diese Details waren im Jahre 1838 bekannt geworden, durch einen im *Inquirer* veröffentlichten Artikel über Prudence Whittaker Dixons absonderlichen Lebensstil. Nachdem ein aufgebrachter Mob eine Versammlungshalle von Sklavereigegnern niedergebrannt hatte, suchte die Zeitung nach interessanten, man könnte auch sagen kurzweiligen Geschichten über die abolitionistische Bewegung. Als sich ein prominenter Sklavereigegner lobend über die verschwiegene Großzügigkeit der Whittaker-Erbin äußerte, wurde ein Reporter auf Prudence Dixon aufmerksam. Die Neugier des Zeitungsmannes war sofort geweckt; schließlich stand der Name Whittaker in Philadelphia bis dato nicht gerade für das, was man gemeinhin als Großherzigkeit bezeichnet. Prudence' strahlende Schönheit, die immer noch Aufmerksamkeit erregte, tat ein Übriges. Der Gegensatz zwischen ihrem betörenden Antlitz und ihrem kargen Lebensstil machte sie zu einem wahrhaft faszinierenden Thema. Der zarte Hals und die eleganten weißen Handgelenke, die aus groben, tristen Kleidern hervorlugten, verliehen ihr alle Attribute einer Königin in Gefangenschaft – Aphrodite, festgehalten im Kloster. Der Zeitungsmann hatte ihr nicht widerstehen können.

Die Geschichte erschien auf der Titelseite mitsamt einem schmeichelhaften Porträt in Form eines Kupferstichs. Der Artikel lieferte größtenteils bereits bekannte Informationen über den Abolitionismus im Allgemeinen. Etwas anderes aber beflügelte die Phantasie der Leser: Aufgewachsen in den prunkvollen Hallen von White Acre, verkündete Prudence Dixon in aller Öffentlichkeit, dass sie sich und ihrer Familie seit Jahren jedweden Luxus versage, der durch Sklavenarbeit entstanden sei.

»Es mag harmlos erscheinen, Baumwolle aus South Carolina zu tragen«, wurde sie zitiert, »doch das ist es nicht, denn es verschafft dem Bösen Einlass in unsere Häuser. Es mag ein argloses Vergnügen sein, unsere Kinder mit Zuckernaschereien zu verwöhnen, doch auch dieses Vergnügen wird zur Sünde, wenn der Zucker von Menschen erzeugt wurde, die man in unaussprechlichem Elend hält. Aus demselben Grund trinken wir in unserem Hause weder Kaffee noch Tee. Ich mahne alle Bewohner von Philadelphia, die über ein christliches Gewissen verfügen, es genauso zu halten. Wenn wir unsere Stimme gegen die Sklaverei erheben und uns zugleich an ihren verwerflichen Früchten erfreuen, sind wir nichts als Heuchler. Sollen wir glauben, dass der Herr lächelnd auf unsere Heuchelei herabschaut?«

Einige Zeilen tiefer im selben Artikel ging Prudence noch weiter: »Mein Mann und ich wohnen in nachbarschaftlicher Nähe zu einer Familie. Es sind befreite Sklaven, ein guter, anständiger Mann namens John Harrington, seine Frau Ruth und ihre drei Kinder. Sie sind arm, ihr Leben ist ein einziger Kampf. Wir sorgen dafür, dass wir nicht in größerem Reichtum leben als sie. Wir sorgen dafür, dass unser Haus nicht schöner ist als ihres. Oftmals arbeiten die Harringtons Seite an Seite mit uns in unserem Haus, und wir arbeiten in ihrem. Seite an Seite mit Sadie Harrington schrubbe ich meinen Herd. Seite an Seite mit John Harrington schlägt mein Mann Holz. Seite an Seite mit den Kindern der Harringtons lernen meine Kinder lesen und rechnen. Immer wieder essen sie abends mit uns an einem Tisch. Wir verzehren dieselben Speisen wie sie, und wir kleiden uns wie sie. Wenn es bei den Harringtons im Winter nicht zum Heizen reicht, verzichten auch wir darauf. Was uns wärmt, ist der Gedanke, uns nicht schämen zu müssen, und das Wissen, dass Christus dasselbe getan hätte. Sonntags besuchen wir dieselben Gottesdienste wie die Harringtons – in ihrer einfachen schwarzen Methodisten-Kirche. Ihre Kirche verfügt über keinerlei Annehmlichkeiten – warum sollte es bei uns anders sein? Ihren Kindern fehlt es mitunter an Schuhwerk – warum sollten es unsere Kinder anders haben?«

Damit war Prudence zu weit gegangen.

In den folgenden Tagen wurde die Zeitung mit zornigen Reaktionen auf Prudence' Äußerungen überschüttet. Einige dieser Briefe stammten von entsetzten Müttern (»Henry Whittakers Tochter lässt ihre Kinder barfuß herumlaufen!«), die meisten jedoch von erzürnten Männern (»Wenn Mrs Dixon die Schwarzafrikaner so liebt, soll sie doch die bezauberndste ihrer weißen Töchter mit dem tintenschwärzesten Sohn ihrer Nachbarn vermählen – ich brenne darauf, das zu sehen!«).

Auch Alma empfand den Artikel als ärgerlich, ob sie wollte oder nicht. Die ganze Lebensweise ihrer Schwester nährte den Verdacht, dass Prudence eine gewisse Überheblichkeit, wenn nicht gar Eitelkeit in sich trug. Natürlich konnte man Prudence nicht die Eitelkeit einer Normalsterblichen nachsagen: Alma hatte ihre Schwester noch nie dabei ertappt, dass sie auch nur einen Blick in den Spiegel warf. Und doch konnte sie sich des Gefühls nicht erwehren, dass Prudence mit ihrer demonstrativen Enthaltsamkeit auf andere, subtilere Weise nicht minder selbstgefällig war.

Seht doch, wie wenig ich brauche!, schien Prudence sagen zu wollen. Seht doch, wie gütig ich bin!

Darüber hinaus fragte sich Alma, ob Prudence' schwarze Nachbarn, diese Harringtons, nicht den Wunsch verspürten, abends auch einmal mehr als nur Maisbrot und Molassesirup zu essen – warum konnten ihnen die Dixons dies nicht ermöglichen, anstatt selbst zu hungern und die Solidarität zu einer hohlen Geste verkommen zu lassen?

Die Veröffentlichung des Artikels brachte denn auch einige Unannehmlichkeiten. Bald gab es erste Drohungen und Angriffe gegen die Harringtons, die in einer Weise drangsaliert wurden, dass sie sich letztlich zum Umzug genötigt sahen. Dann wurde Arthur auf dem Weg zu seiner Arbeit an der Universität von Pennsylvania mit Pferdemist beworfen. Mütter verboten ihrem Nachwuchs jeglichen Umgang mit den Dixon-Kindern. An die Gartenpforte der Dixons wurden Baumwollstreifen aus South Carolina geklebt, und vor ihrer Haustür türmten sich ein ums andere Mal kleine Zuckerhäufchen; all dies waren seltsame und auf ihre Weise durchaus erfinderische Warnungen. Und dann, eines Tages in der Mitte des Jahres 1838, fand Henry Whittaker einen anonymen Brief in seiner Post, in dem es hieß: »Sie sollten Ihrer Tochter lieber das Maul stopfen, Mr Whittaker, sonst können Sie bald zusehen, wie Ihre Lagerhallen in Flammen aufgehen.«

Nun, so etwas konnte Henry nicht dulden. Es war schon schimpflich genug, dass seine Tochter die großzügige Mitgift verschleudert hatte, doch jetzt waren seine Wirtschaftsgebäude in Gefahr. Er zitierte Prudence nach White Acre, um ihr, wie er dachte, ein wenig Vernunft beizubringen.

»Sei behutsam mit ihr, Vater«, mahnte ihn Alma im Voraus. »Prudence ist gewiss erschüttert und verängstigt. Die Geschehnisse der letzten Wochen werden ihr zugesetzt haben, und wahrscheinlich macht sie sich mehr Sorgen um die Sicherheit ihrer Kinder als du um die Sicherheit deiner Lagerhallen.«

»Das bezweifle ich«, knurrte Henry böse.

Tatsächlich wirkte Prudence weder verängstigt noch in irgendeiner Weise bestürzt. Vielmehr marschierte sie wie eine pennsylvanische Jeanne d'Arc mit langen Schritten in Henrys Arbeitszimmer und baute sich unerschrocken vor ihrem Vater auf. Alma versuchte es mit einer freundlichen Begrüßung, doch Prudence zeigte kein Interesse an solcherlei Artigkeiten. Dasselbe galt für Henry. Ungestüm eröffnete er das Scharmützel. »Weißt du eigentlich, was du angerichtet hast? Erst bringst du Schande über die Familie, und nun treibst du einen aufgebrachten Mob vor die Tür deines Vaters! Ist das der Dank für alles, was ich dir gegeben habe?«

»Ich sehe keinen aufgebrachten Mob«, erwiderte Prudence ungerührt.

»Nun, das wird sich möglicherweise bald ändern!« Empört drückte er ihr den Drohbrief in die Hand, den sie ohne äußere Regung las. »Eins sage ich dir, Prudence, es wird mir keine Freude sein, in den verkohlten Überresten eines zerstörten Wirtschaftsgebäudes meine Geschäfte zu führen. Was sind das für Spielchen? Was denkst du dir dabei? Warum stellst du dich in den Zeitungen derart zur Schau? Wo ist deine Würde? Beatrix hätte so ein Verhalten nicht gebilligt.«

»Ich bin stolz darauf, dass meine Worte schriftlich festgehalten wurden«, entgegnete Prudence. »Und ich würde voller Stolz wieder dieselben Worte äußern, vor jedem Zeitungsmann dieser Welt.«

Ihr lag offensichtlich nichts daran, die Situation zu entschärfen.

»Du kommst in Lumpen hierher«, schimpfte Henry mit immer erbosterer Stimme. »Ohne einen Penny in der Tasche – trotz meiner Großzügigkeit. Du kommst aus der Hölle des Elends, in die dich dein mittelloser Mann gebracht hat, um deine Armut vor uns zur Schau zu stellen und uns in dein Jammertal hineinzuziehen. Du mischst dich in Dinge ein, in die du dich nicht einmischen solltest, du stachelst zum Aufruhr an in einer Sache, die diese Stadt zerreißen und mein Geschäft zerstören wird! Noch dazu ohne jeden Grund! In Pennsylvania gibt es keine Sklaverei, Prudence! Warum reitest du überhaupt darauf herum? Soll der Süden doch zusehen, wie er mit seinen Sünden zurechtkommt!«

»Ich bedaure, dass du meine Überzeugungen nicht teilst, Vater«, sagte Prudence.

»Deine Überzeugungen sind mir schnurz. Aber ich schwöre dir, wenn meine Lagerhäuser Schaden nehmen …«

»Du bist ein einflussreicher Mann«, unterbrach ihn Prudence. »Dein Wort könnte dieser Sache nützen, und dein Geld könnte in unserer sündhaften Welt sehr viel Gutes tun. Ich rufe dein Herz als Zeugen an –«

»Ach, vergiss mein verfluchtes Herz! Du machst jedem hart arbeitenden Geschäftsmann in dieser Stadt das Leben zur Hölle!«

»Was soll ich also tun, Vater?«

»Den Mund halten, Mädchen, und dich um deine Familie kümmern.«

»Die Leidenden sind meine Familie.«

»Zum Teufel, erspar mir deine verfluchten Moralpredigten – nein, das sind sie nicht. Die Menschen in diesem Zimmer sind deine Familie!«

»Nicht mehr als andere auch«, sagte Prudence.

Dieser letzte Satz brachte Henry ins Stocken. Er raubte ihm buchstäblich den Atem. Auch für Alma war es ein Schlag ins Gesicht. Ihre Augen brannten mit einem Mal, als hätte ihr jemand einen Hieb auf den Nasenrücken versetzt.

»Du betrachtest uns nicht als deine Familie?«, fragte Henry, kaum dass er sich wieder gefangen hatte. »Nun gut. So entlasse ich dich also aus dieser Familie.«

»Aber Vater, du kannst doch nicht …«, protestierte Alma in blankem Entsetzen, doch Prudence fiel ihrer Schwester mit einer Replik ins Wort, so ruhig und auf den Punkt genau formuliert, als wäre sie jahrelang einstudiert worden. Und vielleicht war das ja auch so.

»Wie du wünschst«, antwortete Prudence. »Aber wisse, dass du eine Tochter deines Hauses verweist, die dir stets ergeben war und ein Anrecht darauf hat, nach Zärtlichkeit und Mitgefühl des Mannes zu trachten, den sie, soweit ihre Erinnerung reicht, ›Vater‹ genannt hat. Es ist nicht nur grausam, sondern wird, so glaube ich, deinem Gewissen Qualen auferlegen. Ich werde für dich beten, Henry Whittaker. Und in meinen Gebeten werde ich Gott fragen, was mit der moralischen Gesinnung meines Vaters geschehen ist – falls er jemals eine hatte.«

Henry sprang auf und schlug außer sich vor Wut mit beiden Fäusten donnernd auf den Tisch.

»Du kleine Idiotin!«, brüllte er. »Natürlich hatte ich nie eine!«

•

So war es zehn Jahre zuvor geschehen, und seitdem hatte Henry seine Tochter Prudence nicht mehr gesehen, wie auch Prudence keinen Versuch unternommen hatte, Henry zu sehen. Sogar Alma hatte ihre Schwester seit damals lediglich einige Male besucht – sporadische, angestrengte Demonstrationen von Zuwendung, bei denen sie vermeintlich spontan im Hause Dixon vorbeischaute. Unter dem Vorwand, ohnehin in der Gegend gewesen zu sein, kam sie mit kleinen Geschenken für ihre Nichten und Neffen vorbei oder brachte ihnen für die Weihnachtstage einen Korb Leckereien. Alma wusste, dass ihre Schwester diese Geschenke an eine bedürftigere Familie weitergeben würde, doch sie wollte dennoch nicht auf diese Gesten verzichten. Zu Beginn des familiären Zerwürfnisses hatte Alma ihrer Schwester sogar Geld angeboten, was Prudence jedoch erwartungsgemäß ablehnte.

Eine herzliche Angelegenheit waren die Besuche bei den Dixons nie, und Alma verspürte stets ein Gefühl der Erleichterung, wenn sie hinter ihr lagen. Sooft sie Prudence sah, empfand Alma Scham. Sicher, die moralische Unnachgiebigkeit und Härte ihrer Schwester waren ein Ärgernis, dennoch konnte sich Alma des Gefühls nicht erwehren, dass das Verhalten ihres Vaters wie auch ihr eigenes bei dieser letzten Begegnung mit Prudence zu wünschen übrig gelassen hatte. Der Vorfall warf kein gutes Licht auf Alma und Henry: Während Prudence felsenfest und rechtschaffen auf der Seite des Guten stand, hatte Henry lediglich sein geschäftliches Eigentum verteidigt und seine Adoptivtochter verstoßen. Und Alma? Nun, Alma hatte de facto Partei für Henry Whittaker ergriffen, weil sie erstens ihre Schwester nicht energischer verteidigt hatte und zweitens nach Prudence' Abgang auf White Acre geblieben war.

Aber ihr Vater brauchte sie! Henry mochte es an Großzügigkeit und Güte fehlen, doch er war ein einflussreicher Mann, und er brauchte Alma. Er konnte ohne sie nicht leben. Sie allein vermochte seine Geschäfte zu führen, und seine Geschäfte waren umfangreich und bedeutsam.

Hinzu kam, dass der Kampf gegen die Sklaverei Alma im Grunde nicht am Herzen lag. Selbstverständlich war ihr die Sklaverei zuwider, doch sie beschäftigte sich mit so vielen anderen Dingen, dass die Frage nicht täglich an ihrem Gewissen nagte. Immerhin lebte Alma in der Mooszeit; sie war schlicht und ergreifend nicht in der Lage, sich auf ihre Arbeit zu konzentrieren, für ihren Vater zu sorgen und gleichzeitig auf der Bühne menschlich-politischer Alltagsdramen eine tragende Rolle zu spielen. Natürlich war die Sklaverei ein altes Unrecht, das es aus der Welt zu schaffen galt. Doch es gab viele Ungerechtigkeiten. Etwa die Armut oder die Tyrannei oder auch Diebstahl und Mord. Es war einfach ein Ding der Unmöglichkeit, jedes Unrecht aus der Welt schaffen zu wollen, nebenher bedeutende Bücher über amerikanische Moosgewächse zu verfassen und zugleich die komplizierten Geschäfte eines weltweit agierenden Familienunternehmens zu führen.

Oder etwa nicht?

Warum war Prudence eigentlich in solcher Weise darauf erpicht, ihre Mitmenschen – verglichen mit den unerhörten Opfern, die sie selbst erbrachte – als engherzig und unmoralisch hinzustellen?

»Danke für deine Freundlichkeit«, lautete Prudence' immer gleiche Antwort, wenn Alma mit einem Geschenk oder einem Korb vor der Tür stand. Nie ging sie so weit, einer echten Zuneigung oder Dankbarkeit Ausdruck zu verleihen. Prudence war von geradezu vollendeter Höflichkeit, doch herzlich war sie nicht. Wenn Alma nach diesen Besuchen in der armseligen Bleibe der Dixons ins luxuriöse White Acre zurückkehrte, fühlte sie sich ausgelaugt wie nach einer schweren Prüfung – als hätte man sie einem strengen Richter vorgeführt, vor dem sie nicht zu bestehen vermochte. So war es kaum verwunderlich, dass Alma ihre Schwester im Laufe der Jahre immer seltener aufsuchte und die beiden sich immer weiter voneinander entfernten.

Und nun hatte Alma von George Hawkes erfahren, dass Arthur Dixons aufrührerisches Pamphlet Prudence' Familie möglicherweise in weitere Schwierigkeiten gebracht hatte. Während sie sich im Frühjahr 1848 an den Kalkfelsen Notizen über die Entwicklung ihrer Mooskolonien machte, fragte sie sich, ob sie ihre Schwester nicht aufsuchen sollte. Sollte die Stellung ihres Schwagers an der Universität tatsächlich bedroht sein, wäre die Lage ernst. Doch was sollte Alma sagen? Was konnte sie tun? Was konnte sie Prudence anbieten? Würde sich ihre Schwester aus Bescheidenheit, Stolz und Eigensinn nicht gegen jede Hilfe wehren?

Und überhaupt – waren die Dixons nicht selbstverschuldet in diese Klemme geraten? War dies alles nicht die logische Folge ihres radikalen, extremen Lebensstils? Und wie stand es eigentlich um Arthurs und Prudence' elterliche Pflichten? Brachten sie nicht das Leben ihrer sechs Kinder in Gefahr? Sie traten für eine gefährliche Sache ein. Abolitionisten wurden häufig verprügelt und durch die Straßen getrieben – sogar im nördlichen Amerika! Im Norden der

Vereinigten Staaten hatte man zwar für die Sklaverei nichts übrig, dafür aber umso mehr für Ruhe und Ordnung, und Abolitionisten störten die Ruhe. Überdies gab es auch hier Leute, die es nicht gern sahen, wenn weiße Frauen Seite an Seite mit farbigen Knaben und Männern arbeiteten. Das Heim für farbige Waisen, wo Prudence häufig tätig war, hatte bereits mehrere Angriffe aufgewiegelter Massen erlebt. Und erst das schreckliche Schicksal, das den Abolitionisten Elijah Lovejoy in Illinois ereilt hatte! Ermordet hatten sie ihn, seine Druckerpressen zerstört und in den Fluss geworfen! Solche Dinge konnten auch in Philadelphia geschehen. Prudence und ihr Mann mussten vorsichtiger sein.

Alma konzentrierte sich wieder auf ihre moosbewachsenen Felsen. Sie hatte zu tun. In den vergangenen Wochen war sie durch Rettas Einweisung in Dr. Griffons Irrenanstalt ins Hintertreffen geraten, und sie gedachte nicht, noch weiter in ihrem Zeitplan zurückzufallen, bloß weil sie eine unbesonnene, uneinsichtige Schwester besaß. Es gab Messungen, die durchgeführt und notiert werden mussten. Und zwar sofort.

Auf einem der größten Steine wuchsen drei deutlich voneinander abgegrenzte *Dicranum*-Kolonien. Alma beobachtete diese drei kleinen Kolonien seit sechsundzwanzig Jahren, und in letzter Zeit war deutlich zu erkennen, dass sich eine dieser *Dicranum*-Arten vorwärtsbewegte, während die anderen beiden den Rückzug angetreten hatten. Alma nahm neben dem Felsen Platz und verglich ihre Notizen und Zeichnungen aus über zwei Jahrzehnten. Sie wurde einfach nicht schlau daraus.

Den *Dicranum*-Moosen galt Almas größte Leidenschaft, an ihnen machte sich ihre ganze Besessenheit fest. Die Erde war mit Hunderten und Aberhunderten von *Dicranum*-Arten bedeckt, und jede Varietät wies haarkleine Besonderheiten auf. Obschon Alma mehr darüber wusste als jeder andere Mensch, gab ihr diese Pflanzengattung immer noch so viele Rätsel auf, dass es ihr nachts den Schlaf raubte. Ihr Leben lang hatte Alma über biologische Entstehungsmechanismen gegrübelt, und doch warf diese komplizierte kleine Pflanze immer noch brennende Fragen auf, die Alma nicht losließen. Wie hatte sich *Dicranum* entwickelt? Warum diese bemerkenswerte Diversifizierung? Warum hatte die Natur keine Mühen gescheut, jeder Varietät minimale Besonderheiten zu verleihen? Warum waren manche *Dicranum*-Arten widerstandsfähiger als ihre nahen Verwandten? Hatte es schon immer eine so unübersehbare Vielfalt gegeben, oder hatte eine Art Metamorphose stattgefunden, die Umwandlung einer Art in eine andere, durch die sich *Dicranum*-Moose – ausgehend von einem gemeinsamen Vorfahren – allmählich weiterentwickelt hatten?

In Wissenschaftskreisen war unlängst viel über die Transformation der Arten diskutiert worden. Alma hatte diese Debatten gespannt verfolgt. Es war keine gänzlich neue Diskussion. Jean-Baptiste de Lamarck hatte sie bereits vor vierzig Jahren in Frankreich losgetreten, als er behauptete, alle existierenden Arten hätten sich seit ihrer Urzeugung weiterentwickelt, da sie einem »inneren Gefühl« folgend nach Vervollkommnung strebten. In jüngerer Zeit hatte Alma das Buch *Spuren der Naturgeschichte der Schöpfung* gelesen, dessen anonymer britischer Autor ebenfalls behauptete, Arten seien in der Lage, sich zu verändern. Er entwickelte keine überzeugende Theorie, *wie* sich eine Art zu ändern vermochte, trat aber dezidiert für die These der Transformation ein.

Solche Ansichten waren höchst umstritten. Der Gedanke, jedes Wesen könne sich im Laufe der Zeit aus sich selbst heraus wandeln, stellte die Herrschaft Gottes unmittelbar in Frage. Aus christlicher Sicht hatte Gott alle Arten dieser Erde an einem Tage erschaffen, und an dieser Schöpfung hatte sich seit Anbeginn der Zeit nichts verändert. Doch die Dinge *hatten* sich ja seit Anbeginn der Zeit verändert, dachte Alma; daran schien es immer weniger Zweifel zu geben. Sie selbst hatte Moosfossilien untersucht, die ganz offensichtlich mit keiner der jetzigen Arten übereinstimmten. Und hier zeigte sich die Natur ja nur in kleinstem Maßstab! Wie ließen sich die riesigen Echsenknochen erklären, denen Richard Owen unlängst den Namen *Dinosaurier* gegeben hatte? Dass diese Tiere einst auf der Erde umherspaziert waren, es heute jedoch ganz offensichtlich nicht mehr taten, war unbestritten. Die Dinosaurier hatten sich in etwas anderes verwandelt oder waren schlicht und ergreifend ausgelöscht worden. Wie ließen sich Transformationen dieser Größenordnung erklären?

Natura non facit saltum, hatte der große Carl von Linné geschrieben.

Die Natur macht keine Sprünge.

Alma indessen vermutete, dass die Natur möglicherweise doch Sprünge machte, auch wenn es vielleicht nur kleine Hüpfer und Hopser waren. In der Natur vollzogen sich Veränderungen, Umformungen. Allein die Hunde- und Schafzucht zeigte dies, und auch hier am Waldrand von White Acre, wo die territorialen Machtverhältnisse zwischen verschiedenen Mooskolonien einem steten Wandel unterlagen, konnte man dieses Phänomen beobachten. Alma verfügte über einige Erklärungsansätze, doch es wollte ihr einfach nicht gelingen, sie zu einem Ganzen zusammenzufügen. Sie war sich sicher, dass einige *Dicranum*-Arten aus anderen, älteren Arten hervorgegangen waren. Sie war sich sicher, dass Kolonien voneinander abstammen oder sich gegenseitig ausrotten konnten. *Wie* es geschah, war ihr bislang verschlossen geblieben, doch sie glaubte fest daran, *dass* es geschah.

Alma spürte ein Ziehen in der Brust, jenes altvertraute Gefühl von Dringlichkeit und Tatendrang. Für die Arbeit an den Kalkfelsen blieben ihr an diesem Tag nur noch zwei Stunden, dann würde der Vater nach ihr verlangen. Sie brauchte Zeit, viel mehr Zeit, wenn sie ihre Studien mit dem gebührenden Ernst vorantreiben wollte. Es würde ihr immer an Zeit fehlen. Allein in dieser Woche hatte sie bereits so viele Stunden verloren. Gab es eigentlich irgendjemanden auf dieser Welt, der nicht glaubte, über Almas Zeit verfügen zu dürfen? Wie sollte sie sich unter solchen Gegebenheiten jemals der wissenschaftlichen Forschung verschreiben?

Beim Betrachten der untergehenden Sonne beschloss Alma, dass sie Prudence keinen Besuch abstatten würde. Sie hatte einfach keine Zeit dafür. Auch würde sie Arthurs jüngstes Pamphlet für die Abschaffung der Sklaverei am besten gar nicht erst lesen. Wie hätte Alma den Dixons auch beistehen sollen? Ihre Schwester wollte weder ihre Meinung hören noch ihre Hilfe annehmen. Alma empfand Mitleid mit Prudence, doch ein Besuch hätte, wie alle bisherigen, nichts als Unbehagen verursacht.

Sie wandte sich wieder den Felsen zu, zückte das Maßband und beeilte sich, ihre Mooskolonien zu vermessen. Hastig notierte sie die Zahlen.

Nur noch zwei Stunden.

Vor ihr lag so viel Arbeit.

Arthur und Prudence Dixon würden lernen müssen, besser auf sich selbst achtzugeben.

Kapitel 14

Im selben Monat erhielt Alma eine Nachricht von George Hawkes, der sie in die Arch Street bat, um seiner Druckerei einen Besuch abzustatten und sich etwas ganz und gar Außergewöhnliches anzusehen.

»Um Ihrem ungläubigen Staunen nicht vorzugreifen, ziehe ich es vor, an dieser Stelle keine weiteren Einzelheiten zu verraten«, schrieb er. »Ich glaube, dass es Ihnen Freude bereiten wird, sich alles in einem Moment der Muße mit eigenen Augen anzusehen.«

Nun, in Almas Leben gab es keine Mußestunden, was sich bei George im Übrigen nicht anders verhielt, und allein deshalb empfand sie seine Nachricht als einmaligen Vorgang. In der Vergangenheit hatte George sie nur in verlegerischen Angelegenheiten kontaktiert oder in Retta betreffenden Notfällen. Seit Rettas Unterbringung in der Irrenanstalt gab es derlei Notfälle nicht mehr, und zurzeit arbeiteten George und Alma an keinem gemeinsamen Buch. Was mochte also derart dringlich sein?

Neugierig nahm sie eine Kutsche in die Arch Street.

Sie fand George in einem Hinterzimmer, tief über einen langen Tisch gebeugt. Als Alma näher trat, erkannte sie, dass der Grund für ihr Kommen eine atemberaubende Sammlung von Orchideen-Bildern war, ganze Stapel von Gemälden, Lithographien, Zeichnungen und Radierungen.

»Es sind die schönsten Arbeiten, die ich jemals gesehen habe«, lautete Georges Begrüßung. »Sie sind gestern aus Boston gekommen. Eine merkwürdige Geschichte. Schauen Sie, es sind wahre Meisterwerke!«

George reichte Alma die Lithographie einer gesprenkelten *Catasetum*-Orchidee. Ihre Darstellung war so prachtvoll, dass die Blume aus dem Papier herauszuwachsen schien. Ihre gelben, rot gesprenkelten Lippen schimmerten lebendig und feucht. Die Blätter waren fleischig, üppig, und die Wurzelknollen muteten so echt an, als ließe sich noch Erde von ihnen abschütteln. Alma hatte noch nicht aufgehört zu staunen, da gab ihr George bereits die nächste Graphik, eine überwältigende *Peristeria barkeri*, deren goldene, pralle Blütentrauben nur so vor Leben strotzten. Wer auch immer diese Lithographie koloriert hatte, war ein Meister der Farbe und ihrer Textur; die Blütenblätter wirkten so weich wie ungeschorener Samt, und das an den Spitzen aufgetragene Albumin ließ jede Blüte wie von Tau benetzt glänzen.

Als George Alma die nächste Graphik reichte, rang sie unwillkürlich nach Luft. Noch nie hatte Alma eine vergleichbare Orchidee zu Gesicht bekommen. Sie glich einem wundersamen Kostüm, wie es eine Fee zum Maskenball getragen hätte. Etwas so Zartes, Delikates hatte Alma noch nie gesehen, und sie kannte sich aus in der Kunst der Lithographie. Vier Jahre vor ihrer Geburt war diese Technik erfunden worden, und Alma hatte für die Bibliothek von White Acre einige der besten Lithographien zusammengetragen, die jemals entstanden waren. Auch George Hawkes kannte sich mit dieser Kunst aus, besser als jeder andere in Philadelphia. Und so reichte er Alma mit zitternder Hand das nächste Blatt, die nächste Orchidee. Er brannte vor Ungeduld, ihr die Bilder zu zeigen, alle und am liebsten alle auf einmal. Auch Alma konnte es kaum erwarten, mehr zu sehen, doch zunächst musste sie etwas über die Hintergründe erfahren.

»Warten Sie, George, lassen Sie uns einen Moment innehalten. Erst müssen Sie mir sagen: Wer hat diese Bilder gemacht?« Es gab eigentlich keinen guten Pflanzenillustrator, von dem Alma nicht wusste – doch dieser Künstler war ihr vollkommen unbekannt. Nicht einmal Walter Hood Finch wäre zu so etwas imstande gewesen. Und hätte Alma jemals in ihrem Leben botanische Illustrationen dieser Qualität gesehen, nun, das wüsste sie.

»Offenbar ein ganz außergewöhnlicher Bursche«, antwortete George. »Sein Name ist Ambrose Pike.«

Den Namen hatte Alma noch nie gehört.

»Wer publiziert seine Arbeiten?«, fragte sie.

»Niemand!«

»Und wer hat diese Arbeiten in Auftrag gegeben?«

»Es steht nicht fest, ob sie überhaupt in Auftrag gegeben wurden«, erklärte George. »Mr Pike hat die Lithographien höchstselbst angefertigt, in der Druckerei eines Freundes in Boston. Er hat die Orchideen entdeckt, die Zeichnungen gemacht, die Graphiken hergestellt und sie sogar eigenhändig koloriert. Mir hat er sie ohne weitere Erklärungen zugeschickt. Sie sind gestern hier eigetroffen, in einer Kiste, wie sie primitiver nicht sein könnte. Mr Pike hat nach eigener Auskunft die vergangenen achtzehn Jahre in Guatemala und Mexiko zugebracht und ist erst kürzlich nach Massachusetts heimgekehrt. Die Orchideen, die er hier dokumentiert, sind das Ergebnis seiner Zeit im Dschungel. Niemand kennt ihn. Wir müssen ihn nach Philadelphia holen, Alma. Vielleicht könnten Sie ihn nach White Acre einladen. Sein Brief war sehr bescheiden. Er hat sein gesamtes Leben in den Dienst dieser Sache gestellt. Er möchte wissen, ob ich die Arbeiten für ihn veröffentliche.«

»Das werden Sie doch, oder?« Alma sah bereits alles vor sich: verschwenderisch schöne Drucke, von George Hawkes perfekt zur Geltung gebracht.

»Selbstverständlich werde ich sie veröffentlichen! Sobald ich mich einigermaßen beruhigt habe. Einige dieser Orchideen habe ich tatsächlich noch nie gesehen, Alma. Und erst recht keine Illustrationen dieser Art.«

»Ich auch nicht«, stellte Alma fest, wandte sich zum Tisch und blätterte weiter in den Bildern. Sie waren so schön, dass sie sich beinahe scheute, sie zu berühren. Man hätte sie alle ausnahmslos unter Glas legen müssen. Selbst die kleinsten Skizzen waren Meisterwerke. Alma sah zur Decke hinauf, um sich der Unversehrtheit des Daches zu vergewissern, denn Feuchtigkeit hätte die Kunstwerke zerstört. Dann erwog sie die Gefahr eines Feuers oder Einbruchs. George musste dieses Zimmer unbedingt verriegeln.

Sie bedauerte zudem, keine Handschuhe mitgebracht zu haben.

»Haben Sie jemals …«?, fing George an, doch er war so überwältigt, dass ihm die Stimme versagte. Noch nie hatte sie eine solche Leidenschaft in seinem Gesicht erblickt.

»Nein«, flüsterte sie. »In meinem ganzen Leben noch nicht.«

•

Am selben Abend schrieb Alma einen Brief an Mr Ambrose Pike, wohnhaft in Massachusetts.

In ihrem Leben hatte Alma bereits Tausende und Abertausende von Briefen geschrieben, darunter etliche Lobeshymnen und Einladungen; doch wie sie diesen beginnen sollte, war ihr vollkommen schleierhaft. Wie richtete man das Wort an ein wahres Genie? Zu guter Letzt beschloss Alma, nichts Geringeres zu tun, als ehrlich zu sein.

Lieber Mr Pike,
ich fürchte, Sie haben mir großes Leid zugefügt. Sie haben mich für immer ins Unglück gestürzt, denn von nun an werde ich außerstande sein, anderen botanischen Illustrationen als den Ihren die geringste Bewunderung entgegenzubringen. Nachdem ich Ihre Orchideen gesehen habe, werden mir sämtliche Zeichnungen, Gemälde und Lithographien, die die Welt zu bieten hat, glanzlos, trist und fade erscheinen. Ich nehme an, dass Sie in Kürze nach Philadelphia reisen werden, um mit meinem teuren Freund George Hawkes an der Publikation eines Buches zu arbeiten. Ich frage mich, ob ich Sie während Ihres Aufenthaltes in unserer Stadt zu einem ausgedehnten Besuch nach White Acre bitten dürfte, auf das Anwesen meiner Familie? Unsere Gewächshäuser sind mit einer Fülle von Orchideen ausgestattet, von denen einige in der Realität beinahe so schön sind wie die Ihren auf dem Papier. Ich wage zu behaupten, dass sie Ihnen gefallen

würden. Vielleicht könnten Sie sogar einige davon zeichnen. Jede unserer Blumen würde es als eine Ehre betrachten, von Ihnen porträtiert zu werden! Für meinen Vater und mich wäre es ohne jeden Zweifel ein außerordentliches Vergnügen, Ihre Bekanntschaft zu machen. Wenn Sie mich über Ihre voraussichtliche Ankunft unterrichten möchten, schicke ich gerne eine Privatkutsche zum Bahnhof, um Sie dort abholen zu lassen. Seien Sie gewiss, dass in unserer Obhut für sämtliche Bedürfnisse Ihrerseits gesorgt sein wird. Bitte fügen Sie mir kein neuerliches Leid zu, indem Sie mir eine Absage erteilen!

Ihre sehr ergebene Alma Whittaker

•

Er traf Mitte Mai 1848 ein.

Alma arbeitete gerade in ihrem Studierzimmer am Mikroskop, als sie die Kutsche vor dem Haus vorfahren sah. Ein großer, schlanker, rotblonder junger Mann in einem braunen Cordanzug stieg aus. Von weitem schien er allenfalls zwanzig Jahre alt zu sein, wiewohl Alma wusste, dass dies unmöglich war. Er trug nur einen kleinen Lederkoffer bei sich, der nicht allein aussah, als wäre er bereits mehrmals um die Welt gereist, sondern auch den Verdacht schürte, dass er sich binnen kurzem in Wohlgefallen auflösen würde.

Anstatt sogleich hinauszugehen und ihren Gast zu begrüßen, beobachtete ihn Alma einen Augenblick lang. Im Laufe der Jahre hatte sie viele Menschen auf White Acre eintreffen sehen und die Erfahrung gemacht, dass alle Besucher, die zum ersten Mal kamen, das Gleiche taten: Sie blieben wie angewurzelt stehen und bestaunten mit offenem Mund das Gebäude, das sich vor ihnen erhob, denn das Herrenhaus von White Acre entfaltete tatsächlich eine ehrfurchtgebietende Pracht, insbesondere beim ersten Anblick. Schließlich war es dazu bestimmt, Gäste einzuschüchtern, und nur wenige konnten ihren Respekt, ihren Neid oder ihre Scheu verhehlen, zumal, wenn sie sich unbeobachtet glaubten.

Mr Pike indessen würdigte das Herrenhaus keines Blickes. Vielmehr wandte er dem Gebäude sogleich den Rücken zu und nahm stattdessen Beatrix' alten griechischen Garten in Augenschein, den Alma und Hanneke Mrs Whittaker zu Ehren seit Jahrzehnten hegten und pflegten. Mr Pike trat einige Schritte zurück, wie um auf diese Weise besser sehen zu können, und tat dann etwas höchst Befremdliches: Er stellte den Koffer ab, zog die Jacke aus, begab sich in die nordwestliche Ecke des Gartens und ging von dort, die Anlage mit langen Schritten diagonal durchquerend, in die südöstliche Ecke. Dort verharrte er einen Moment lang, blickte sich um und schritt dann das Terrain in seiner Länge und Breite ab wie ein Geometer, der eine Eigentumsgrenze vermisst. Als er die nordwestliche Ecke wieder erreicht hatte, nahm er den Hut ab, kratzte sich am Kopf, hielt kurz inne und brach sodann in schallendes Gelächter aus. Alma konnte sein Lachen nicht hören, doch es war deutlich zu sehen.

Nun vermochte sie sich nicht mehr zu bremsen und eilte aus der Remise, um ihn zu begrüßen.

»Mr Pike«, sagte sie und ging mit ausgestreckter Hand auf ihn zu.

»Sie müssen Miss Whittaker sein«, antwortete er lächelnd und ergriff ihre Hand. »Meine Augen möchten nicht glauben, was sie hier erblicken! Bitte, erklären Sie mir, Miss Whittaker – welches verrückte Genie hat solche Mühen auf sich genommen, in exakter Übereinstimmung mit dem euklidischen Symmetrieprinzip solch einen Garten anzulegen?«

»Es war eine Eingebung meiner Mutter, Sir. Wenn sie nicht schon vor vielen Jahren dahingeschieden wäre, hätte Sie mit Begeisterung vernommen, dass Sie ihre Ziele erkannt haben.«

»Wer würde so etwas nicht erkennen? Das ist der Goldene

Schnitt! Hier die Doppelquadrate mit ihrem gleichmäßigen Geflecht von Dreiecken, und dort die Wege, die das Ganze halbieren, wodurch mehrere 3-4-5-Dreiecke entstehen. Ich finde das außerordentlich reizvoll! Wie ungewöhnlich, dass jemand solche Anstrengungen unternimmt, und überdies in einem so prachtvollen Rahmen. Auch die Buchsbäume sind perfekt. Sie scheinen die Funktion von Gleichheitszeichen zu erfüllen. Ihre Mutter muss ein wunderbarer Mensch gewesen sein.«

»Ein wunderbarer Mensch …« Alma sann über diese Möglichkeit nach. »Nun, meine Mutter verfügte zweifelsohne über einen Geist von wunderbarer Präzision.«

»Wie überaus bemerkenswert«, antwortete er.

Das Herrenhaus schien er immer noch nicht zu bemerken.

»Es ist mir wirklich eine Freude, Sie kennenzulernen, Mr Pike«, sagte Alma.

»Die Freude ist ganz meinerseits, Miss Whittaker. Ihr Brief war außerordentlich großherzig. Ich muss sagen, dass ich die Fahrt in der Privatkutsche, übrigens die erste in meinem langen Leben, sehr genossen habe. Ich bin es derart gewohnt, in enger Berührung mit schreienden Kindern, verzagten Tieren und lauten, Zigarren qualmenden Männern zu reisen, dass ich in der unerwarteten Stille und Einsamkeit kaum etwas mit mir anzufangen wusste.«

»Und was haben Sie letztlich mit sich angefangen?« Seine Begeisterung entlockte Alma ein Schmunzeln.

»Ich habe mir die ruhige Betrachtung der Straße zur Freundin gemacht.«

Noch ehe Alma auf diese charmante Replik eingehen konnte, wurde sie gewahr, dass sich ein Schatten der Besorgnis auf Ambroses Gesicht gelegt hatte. Sie drehte sich um und sah, was er sah: Ein Diener war im Begriff, durch die gebieterische Eingangstür von White Acre zu treten und mit Mr Pikes kleinem Gepäckstück im Herrenhaus zu verschwinden.

»Mein Koffer …«, sagte Mr Pike und streckte unwillkürlich die Hand aus.

»Wir bringen ihn lediglich auf Ihr Zimmer, Mr Pike. Er wird dort neben Ihrem Bett auf Sie warten.«

Er schüttelte beschämt den Kopf. »Natürlich … natürlich …«, stammelte er. »Wie töricht von mir. Bitte entschuldigen Sie. Ich bin an Bedienstete und dergleichen nicht gewöhnt.«

»Ziehen Sie es vor, Ihren Koffer bei sich zu haben, Mr Pike?«

»Nein, nein, ganz und gar nicht. Ich bitte Sie, mir meine Reaktion nachzusehen, Miss Whittaker. Aber wenn sich – wie in meinem Falle – alles, was man im Leben besitzt, auf einen Gegenstand beschränkt, ist es ein wenig beunruhigend, zu sehen, wie ein fremder Mensch ihn forträgt!«

»Sie besitzen doch weitaus mehr im Leben, Mr Pike: Sie besitzen ein ungewöhnlich großes künstlerisches Talent – weder Mr Hawkes noch ich haben je etwas Vergleichbares gesehen.«

Er lachte. »Oh, das ist überaus freundlich von Ihnen, Miss Whittaker. Doch alles, was ich darüber hinaus besitze, befindet sich in diesem Koffer, und vielleicht messe ich solchen kleinen Habseligkeiten ja sehr viel größeren Wert zu!«

Nun musste auch Alma lachen. Wenn sich zwei Menschen zum ersten Mal begegnen, herrscht üblicherweise eine gewisse Scheu, doch davon war schon jetzt nichts mehr zu spüren. Vielleicht hatte diese Scheu ja niemals existiert.

»Aber nun sagen Sie mir, Miss Whittaker«, fragte Mr Pike munter, »was kann man bei Ihnen auf White Acre noch bewundern? Habe ich recht gehört, dass Sie Moosgewächse studieren? Was hat es damit auf sich?«

Und so kam es, dass die beiden, noch ehe eine Stunde vergangen war, zwischen Almas Kalkfelsen standen und über *Dicranum*-Moose diskutierten. Dabei hatte Alma vorgehabt, ihm zunächst die Orchideen zu zeigen. Genaugenommen hatte sie eigentlich gar nicht beabsichtigt, ihn mit ihren

Moosfelsen, für die sich noch nie jemand interessiert hatte, überhaupt zu behelligen; doch nachdem sie begonnen hatte, über ihre Arbeit zu sprechen, beharrte er darauf, sich alles persönlich anzuschauen.

»Ich sollte Sie warnen, Mr Pike«, erklärte Alma, während sie gemeinsam das Grundstück überquerten. »Die meisten Menschen finden Moos eher langweilig.«

»Das schreckt mich nicht«, antwortete er. »Themen, die andere Menschen langweilen, haben mich zeit meines Lebens fasziniert.«

»Darin sind wir uns also gleich«, stellte Alma fest.

»Aber sagen Sie mir, Miss Whittaker, was ist es, womit diese Moosgewächse Ihre Bewunderung erregen?«

»Ihre Würde«, erwiderte Alma, ohne zu zögern. »Und auch ihre Ruhe und Intelligenz. Als Forscherin schätze ich überdies das Unergründete an ihnen. Sie sind nicht wie andere, bedeutendere Pflanzen, über die bereits Horden von Botanikern hergefallen sind. Ich denke, ich bewundere auch ihre Bescheidenheit. Moospflanzen legen, was die eigene Schönheit betrifft, eine außergewöhnlich elegante Zurückhaltung an den Tag. Verglichen mit dem Moos erweckt alles andere im Reich der Botanik einen so ungehobelten, geradezu aufdringlichen Eindruck. Verstehen Sie, was ich meine? Ist Ihnen nicht auch schon einmal aufgefallen, wie töricht und hilflos die größeren, prachtvolleren Blumen zuweilen anmuten, wenn sie mit prahlerisch aufgerissenen Mäulern auf ihren Stielen posieren?«

»Ich darf Ihnen gratulieren, Miss Whittaker. Sie haben soeben eine meisterhafte Beschreibung der Orchidee geliefert.«

Erschrocken schlug Alma die Hand vor den Mund. »Oh weh, nun habe ich Sie gekränkt!«

Doch Mr Pike lächelte. »Nicht im mindesten. Ich necke Sie nur ein wenig. Noch nie habe ich eine Lanze für die Intelligenz der Orchideen gebrochen und werde es auch niemals tun. Ich liebe sie, muss jedoch gestehen, dass sie tatsächlich nicht sonderlich gescheit daherkommen – nicht wenn man den Maßstäben Ihrer Beschreibung folgt. Zeuge zu sein, wie sich jemand für die Intelligenz der Moosgewächse starkmacht, bereitet mir große Freude! Es klingt beinahe, als wollten Sie ein persönliches Empfehlungsschreiben für diese Gewächse aufsetzen.«

»Irgendjemand muss sich doch für sie starkmachen, Mr Pike! Bislang wurden sie vollkommen ignoriert, trotz ihres edlen Charakters! Ich finde sogar, dass diese Welt *en miniature* gerade deshalb so besticht, weil ihre Größe im Verborgenen liegt. Es ist mir eine besondere Ehre, sie studieren zu dürfen.«

Ihre Ausführungen langweilten Ambrose Pike offenbar kein bisschen. Als sie die Felsen erreicht hatten, bestürmte er Alma mit Fragen und betrachtete die Mooskolonien aus solcher Nähe, dass sein Bart mit dem Moos zu verschmelzen schien. Aufmerksam lauschte er Almas Beschreibungen der einzelnen Arten und setzte sich mit ihrer im Entstehen begriffenen Transformationstheorie auseinander. Möglicherweise redete sie zu viel. Ihre Mutter hätte dies bemängelt. Und auch Alma fürchtete beinahe, den armen Mann mit ihrem Redefluss in einen komatösen Zustand zu versetzen. Doch er wirkte so aufgeschlossen! Sie spürte, wie sich die Schleusen ihres Verstands öffneten und ein Schwall von Ideen aus den überquellenden Reservoirs sprudelte. Wahre Begeisterung verlangt danach, sich einer verwandten Seele mitzuteilen, und lässt sich nicht ewig im Schrein eines Herzens bewahren – bei Alma war dieser Augenblick des Teilens schon seit Jahrzehnten überfällig.

Bald hatte sich Mr Pike der Länge nach auf den Boden gelegt, um unter den Rand eines großen Felsens zu schauen und den dort verborgenen Moosteppich zu begutachten. Zappelnd vor Begeisterung, ragten die langen Beine unter dem Stein hervor. Alma war, als hätte sie noch nie im Leben solche Freude empfunden. Wie sehr hatte sie sich gewünscht, das alles jemandem zeigen zu können.

»Und nun habe ich eine Frage, Miss Whittaker«, hallte Mr Pikes Stimme unter dem Felsvorsprung hervor. »Was ist der wahre Charakter Ihrer Mooskolonien? Moose beherrschen, wenn ich recht verstehe, die Kunst, einen Eindruck stiller Bescheidenheit zu erwecken. Dabei verfügen sie nach allem, was Sie mir berichtet haben, über eine Reihe von beachtlichen Fähigkeiten. Sind Ihre Moose nun freundliche Pioniere? Oder feindselige Plünderer?«

»Sie meinen, Farmer oder Piraten?«, fragte Alma.

»Genau.«

»Ich kann es nicht mit Gewissheit sagen«, antwortete Alma. »Vielleicht haben sie von beidem etwas. Auch ich stelle mir diese Frage unaufhörlich. Vielleicht wird es noch einmal fünfundzwanzig Jahre brauchen, dies herauszufinden.«

»Ich bewundere Ihre Geduld«, bemerkte er, während er wieder unter dem Felsen hervorkroch und sich zwanglos im Gras ausstreckte. Im Laufe ihres weiteren Kennenlernens sollte Alma feststellen, dass es zu Ambrose Pikes Spezialitäten zählte, sich hinzulegen, wo und wann immer es ihm gefiel. Wenn ihm danach war, brachte er es sogar fertig, sich in der steifen Atmosphäre eines Salons freudig auf den Teppich niedersinken zu lassen – vorzugsweise dann, wenn ihm die Unterhaltung wie auch der Fluss seiner Gedanken Freude bereiteten. Die Welt war sein Diwan. Darin lag so viel Freiheit. Alma konnte sich nicht vorstellen, jemals so frei zu sein. Während er sich im Gras lümmelte, setzte sie sich artig auf einen nahe gelegenen Stein.

Inzwischen hatte Alma erkannt, dass Mr Pike weitaus älter war, als es anfangs schien. Das lag im Grunde auf der Hand, denn wäre er so jung gewesen, wie er zunächst gewirkt hatte, hätte er unmöglich ein derart umfangreiches Werk schaffen können. Es lag an seiner überschwänglichen Körpersprache, seiner flotten Gangart und dem bescheidenen braunen Anzug, dass er aus der Ferne wie ein junger, mittelloser Universitätsstudent wirkte. Aus der Nähe sah man ihm sein Alter freilich an – gerade jetzt, da er sich ohne Hut im Gras rekelte. Sein sommersprossiges Gesicht war vom Wetter gegerbt und von feinen Falten überzogen, und an den Schläfen färbte sich das rotblonde Haar bereits grau. Alma schätzte sein Alter auf fünfunddreißig, vielleicht sechsunddreißig. Mindestens zehn Jahre jünger als sie, aber eben auch kein Kind mehr.

»Gewiss ist es von großem Gewinn, die Welt aus solcher Nähe zu studieren«, fuhr Ambrose Pike fort. »Zu viele Menschen kehren sich, wie ich finde, von den kleinen Wundern des Lebens ab. Dabei bergen Details viel mehr Kraft als Allgemeinheiten, doch den meisten Gemütern gelingt es nicht, sich im Stillsitzen zu üben.«

»Dennoch fürchte ich mitunter, dass meine Welt *zu* detailliert, zu kleinteilig geworden ist«, wandte Alma ein. »Ich brauche Jahre, um meine Moosbücher zu schreiben, und sie sind so kompliziert, dass ich sie mit persischen Miniaturen vergleiche, die man nur durch die Lupe zu studieren vermag. Meine Arbeit bringt mir keinen Ruhm. Auch Einnahmen bringt sie mir nicht: Sie sehen also, wie klug ich meine Zeit nutze.«

»Mr Hawkes erwähnte aber, dass Ihre Bücher gut besprochen würden.«

»Das werden sie ganz gewiss – von jener Handvoll Gentlemen auf Erden, die sich brennend für Fragen der Bryologie interessieren.«

»Eine Handvoll!«, rief Mr Pike aus. »So viele! Bedenken Sie, Madam, dass Sie mit einem Mann sprechen, der in seinem langen Leben noch nichts veröffentlicht hat und dessen arme Eltern fürchten müssen, ihr Sohn fröne dem Müßiggang.«

»Aber Ihre Werke sind großartig, Mr Pike.«

Er winkte ab. »Können Sie Ihrer Arbeit so etwas wie Würde abgewinnen?«, fragte er.

»Ja, ganz gewiss«, antwortete Alma nach kurzem Nachdenken. »Obwohl ich mich manchmal frage, warum. Ich denke, die Mehrheit der Menschen – insbesondere jene, die unter Armut leiden – wäre glücklich, nicht mehr arbeiten zu müssen. Warum also arbeite ich mit solchem Einsatz an einem Gegenstand, der so wenigen Menschen am Herzen liegt? Warum begnüge ich mich nicht damit, die Moospflanzen zu bewundern, meinethalben auch zu zeichnen, wenn mir ihr Äußeres so gefällt? Warum muss ich an ihren Geheimnissen rühren und sie anflehen, mir Auskünfte über die Beschaffenheit des Lebens zu geben? Ich befinde mich, wie Sie sehen, in der glücklichen Lage, aus einer vermögenden Familie zu stammen, so dass für mich keinerlei Notwendigkeit besteht, jemals zu arbeiten. Warum reicht es mir nicht, mich glücklich dem Nichtstun hinzugeben und zuzulassen, dass sich mein ganzes Sein so frei und unbekümmert entfaltet wie diese Gräser hier?«

»Weil Sie Interesse an der Schöpfung hegen«, lautete Ambrose Pikes einfache Antwort. »An der Schöpfung und ihrer wunderbaren Ordnung.«

Alma errötete. »Aus Ihrem Mund klingt das erhaben.«

»Es ist erhaben«, erwiderte er.

Eine Zeitlang saßen sie schweigend da. Irgendwo in den Bäumen sang eine Drossel.

»Welch schönes Privatkonzert!«, seufzte Mr Pike, nachdem sie lange gelauscht hatten. »Man möchte Beifall klatschen!«

»Für Vogelgesang gibt es hier auf White Acre wirklich keine bessere Jahreszeit«, bemerkte Alma. »An manchen Tagen, da können Sie morgens, auf dieser Wiese unter einem einzigen Kirschbaum sitzend, alle Stimmen eines ganzen Vogelorchesters hören, das nur für Sie zu spielen scheint.«

»Wie gern würde ich solch ein Konzert einmal hören. Ich habe unsere amerikanischen Singvögel von ganzem Herzen vermisst, als ich im Dschungel war.«

»Aber dort müssen doch die auserlesensten Vögel leben, Mr Pike!«

»Ja – auserlesen und exotisch. Doch das ist nicht dasselbe. Wissen Sie, früher oder später wird man krank vor Heimweh nach den vertrauten Geräuschen der Kindheit. Es gab Zeiten, da hörte ich im Traum das Gurren der Trauertauben. Es klang so lebensecht, dass es mir das Herz zerriss. Es weckte den Wunsch in mir, nie wieder aufzuwachen.«

»Mr Hawkes sagte mir, Sie hätten viele Jahre im Dschungel verbracht.«

»Achtzehn«, antwortete er mit einem beinahe beschämten Lächeln.

»Vornehmlich in Mexiko und Guatemala?«

»Ausschließlich in Mexiko und Guatemala. Ich hoffte ursprünglich, mehr von der Welt zu sehen, doch irgendwie gelang es mir nicht, diese Region zu verlassen, da ich immer wieder auf neue Dinge stieß. Sie wissen, wie das ist: Man findet einen interessanten Ort und beginnt sich umzusehen, und dann offenbaren sich Geheimnisse, immer mehr, bis man nicht mehr fortkann. So fand ich in Guatemala einige Orchideen – scheue, zurückgezogen lebende Epiphyten –, die mir einfach nicht den Gefallen taten, zu blühen. Ich weigerte mich abzureisen, ehe ich sie in voller Blüte gesehen hätte. Diesbezüglich entwickelte ich einen gewissen Eigensinn. Doch auch sie waren eigensinnig. Einige ließen mich fünf oder sechs Jahre warten, bis sie mir einen flüchtigen Blick gewährten.«

»Und warum sind Sie zu guter Letzt doch heimgekehrt?«

»Aus Einsamkeit.«

Seine Offenheit war wirklich überraschend. Alma kam aus dem Staunen nicht mehr heraus. Niemals hätte sie es über sich gebracht, eine Schwäche wie das Gefühl von Einsamkeit zuzugeben.

»Darüber hinaus«, fuhr er fort, »wurde ich zu krank, um dieses raue Leben fortzusetzen. Ich hatte periodisch wiederkehrende Fieberschübe. Allerdings muss ich sagen, dass sie auch ihre erfreulichen Seiten hatten. Im Fieber sah ich bemerkenswerte Bilder und hörte sogar Stimmen. Manchmal war die Versuchung groß, ihnen zu folgen.«

»Den Bildern oder den Stimmen?«

»Beiden! Doch das konnte ich meiner Mutter nicht antun. Es hätte ihrer Seele zu viele Qualen zugefügt, im Dschungel einen Sohn zu verlieren. Sie hätte sich fortwährend gefragt, was aus mir geworden ist. Wiewohl ich jede Wette eingehe, dass sie sich auch jetzt fragt, was aus mir geworden ist! Doch immerhin weiß sie, dass ich lebe.«

»Dann werden Sie Ihrer Familie in all den Jahren gefehlt haben.«

»Oh, meine arme Familie! Ich habe sie schrecklich enttäuscht, Miss Whittaker. Sie sind alle so ehrenwert, während ich mein Leben in ungeregelte Bahnen gelenkt habe. Ich empfinde Mitleid mit ihnen, insbesondere mit meiner Mutter. Sie glaubt – und ich vermute, durchaus zu Recht –, dass ich gewissermaßen die Sau bin, der unerhört viele Perlen vorgeworfen wurden. Sehen Sie, ich verließ Harvard nach nur einem Jahr. Man hielt mich für vielversprechend – was auch immer so ein Wort beinhalten mag –, doch das akademische Leben behagte mir nicht. Eine Eigentümlichkeit meines Nervensystems führte dazu, dass ich es schlichtweg nicht ertrug, in Hörsälen zu sitzen. Auch vermochte ich den fröhlichen Umgang mit Geselligkeitsvereinen und jungen Männerbünden nicht zu pflegen. Sie werden es vielleicht nicht wissen, Miss Whittaker, doch das universitäre Leben kreist in erster Linie um Geselligkeitsvereine und junge Männerbünde. Und wie meine Mutter so schön sagte, wollte ich immer nur eins: in einer Ecke sitzen und Pflanzen malen.«

»Dem Himmel sei Dank dafür!«, rief Alma aus.

»Vielleicht. Ich glaube nicht, dass meine Mutter dem zustimmen würde, und mein Vater nahm den Zorn über die Wahl meines beruflichen Werdegangs mit ins Grab – sofern man es überhaupt als beruflichen Werdegang bezeichnen kann. Zum Glück für meine leidgeprüfte Mutter erblickte nach mir mein Bruder Jacob das Licht der Welt, um ein beispielhafter, pflichtbewusster Sohn zu werden. Er folgte mir an die Universität und war im Unterschied zu mir imstande, dort für die erwartete Dauer zu verweilen. Er studierte tapfer, erwarb sich Ehren und Lorbeeren – obwohl ich selbst zeitweilig fürchtete, er werde seinem Geiste durch solche Strapazen Schaden zufügen –, und nun predigt er in Framingham von derselben Kanzel, auf der einst mein Vater und Großvater vor ihrer Gemeinde standen. Mein Bruder ist ein guter Mensch und hat es zu etwas gebracht. Er macht dem Namen Pike alle Ehre. Die Gemeinde bewundert ihn. Ich habe ihn sehr gern. Doch ich beneide ihn nicht um sein Leben.«

»Dann stammen Sie aus einer Familie von Geistlichen?«

»In der Tat – und auch ich sollte diesen Weg beschreiten.«

»Was ist geschehen?«, fragte Alma forsch. »Haben Sie sich von Gott entfernt?«

»Nein«, antwortete Mr Pike. »Eher das Gegenteil. Ich fühle mich dem Herrn zu nah.«

Gern hätte sich Alma nach dem tieferen Sinn dieser kuriosen Äußerung erkundigt, doch war sie nach ihrem eigenen Empfinden bereits zu weit gegangen, und ihr Gast lieferte von sich aus keine weiteren Erklärungen. Sie schwiegen und lauschten dem Gesang der Drossel. Nach einer Weile bemerkte Alma, dass Mr Pike eingeschlafen war. Wie plötzlich dies geschehen war! Gerade noch wach, und jetzt in tiefem Schlummer! Sicher war er übermüdet von der langen Reise, dachte Alma – und sie hatte nichts Besseres zu tun gehabt, als ihn mit Fragen zu überschütten und mit Theorien über Bryophyten und Transformationsprozesse zu behelligen.

Leise stand sie auf und entfernte sich, um in einem anderen Teil des Felsenterrains weiter über ihre Mooskolonien nachzusinnen. Sie war glücklich und vollkommen gelöst. Welch angenehmer Mensch, dieser Mr Pike! Sie fragte sich, wie lange er auf White Acre bleiben würde. Vielleicht konnte sie ihn dazu überreden, den ganzen Sommer hier zu verbringen. Es wäre ein großes Vergnügen, einen so freundlichen, wissbegierigen Menschen um sich zu haben. Wie einen jüngeren Bruder. Der Gedanke an einen jüngeren Bruder hatte sie bis dahin noch nie beschäftigt, doch nun sehnte sie sich diesen Bruder herbei und wünschte sich, es wäre Ambrose Pike. Sie würde mit ihrem Vater darüber sprechen. Bestimmt könnten sie Ambrose in einem der alten Molkereigebäude ein Atelier einrichten, sollte er länger bleiben wollen.

Eine halbe Stunde mochte vergangen sein, da bemerkte sie, dass sich Mr Pike im Gras zu regen begann. Sie ging wieder zu ihm.

»Sie sind eingeschlafen«, sagte sie lächelnd.

»Nein«, stellte er richtig. »Der Schlaf hat mich übermannt.«

Er streckte seine Glieder wie eine Katze oder ein kleines Kind. Es schien ihm in keiner Weise unangenehm zu sein, dass er in Almas Gegenwart eingeschlummert war; somit war es auch ihr nicht unangenehm.

»Sie müssen ermattet sein, Mr Pike.«

»Ich bin seit Jahren ermattet.« Er richtete sich auf, gähnte und setzte den Hut wieder auf. »Was sind Sie nur für ein großmütiger Mensch, dass Sie mir diese Ruhepause gestattet haben. Ich danke Ihnen.«

»Nun, Sie waren so großmütig, mir zuzuhören, als ich über die Moose sprach.«

»Es war mir ein Vergnügen. Und ich hoffe, noch mehr davon zu hören. Als ich eingenickt bin, dachte ich just darüber nach, welch beneidenswertes Leben Sie führen, Miss Whittaker. Wenn ich mir vorstelle … sein ganzes Dasein allein der Beschäftigung mit diesen schönen, mannigfaltigen Gewächsen zu widmen – umgeben von einer liebevollen Familie und allem, was dies an Annehmlichkeiten mit sich bringt.«

»Ich hätte vielmehr vermutet, dass mein Leben einem Mann, der selbst achtzehn Jahre in den Urwäldern von Zentralamerika verbracht hat, langweilig erscheint.«

»Nicht im mindesten. Im Gegenteil, ich sehne mich wohl

eher nach einem etwas langweiligeren Leben als dem, das mir bisher beschieden war.«

»Geben Sie acht darauf, was Sie sich wünschen, Mr Pike. Ein langweiliges Leben ist nicht so interessant, wie Sie vielleicht glauben!«

Ambrose Pike lachte. Alma trat näher und setzte sich neben ihn, direkt ins Gras, die Röcke um die Beine zusammengerafft.

»Ich muss Ihnen etwas gestehen, Mr Pike«, sagte sie. »Gelegentlich beschleicht mich die Angst, dass meine Arbeit an diesen Moosfelsen nicht den geringsten Nutzen oder Wert haben könnte. Dann wünsche ich mir, ich könnte der Welt etwas Funkelnderes, Prachtvolleres bieten – etwas, dem wohl Ihre Orchideenbilder näherkommen. Ich bin fleißig und diszipliniert, doch ich verfüge über keine hervorstechende Begabung.«

»Sie meinen, Sie sind tüchtig, aber kein Genie?«

»Ja!«, antwortete Alma. »Genau das! Ganz genau.«

»Ach was!«, erwiderte er. »Das überzeugt mich nicht. Und ich frage mich, warum Sie sich überhaupt einen so törichten Gedanken einreden.«

»Sie sind überaus freundlich, Mr Pike. Heute Nachmittag hat Ihr Interesse mich alte Dame jedenfalls sehr beglückt. Doch ich mache mir über mein Leben keine Illusionen. Meine Arbeit an diesen Mooskolonien interessiert allenfalls die Kühe und Krähen, die mir tagtäglich dabei zusehen.«

»Niemand kennt sich in Fragen des Genies besser aus als Kühe und Krähen, Miss Whittaker. Das dürfen Sie mir aufs Wort glauben – ich male und zeichne seit vielen Jahren ausschließlich zu deren Belustigung.«

•

An diesem Abend war auch George Hawkes zu einem gemeinsamen Dinner nach White Acre geladen. Es sollte Georges erste persönliche Begegnung mit Ambrose Pike sein, und er war schrecklich aufgeregt oder zumindest so aufgeregt, wie ein ernsthafter Gentleman seines Schlages zu sein vermochte.

»Es ist mir eine Ehre, Sie kennenzulernen, Sir«, sagte George lächelnd. »Ihre Arbeit hat mir einen außergewöhnlichen, beispiellosen Genuss verschafft.«

Georges Aufrichtigkeit berührte Alma. Sie wusste, was ihr Freund verschwiegen hatte, verschweigen musste: die Tatsache, dass im vergangenen Jahr großes Leid über die Familie Hawkes gekommen war und dass nur Ambrose Pikes Orchideen George zeitweilig den Fängen der Betrübnis entrissen hatten.

»Ich möchte Ihnen meinen aufrichtigen Dank für Ihre Unterstützung ausdrücken«, erwiderte Mr Pike. »Bedauerlicherweise ist dieser Dank die einzige Gegenleistung, die ich Ihnen derzeit bieten kann, doch er kommt aus tiefstem Herzen.«

Was Henry Whittaker betraf, so befand er sich ausgerechnet an diesem Abend in einer überaus garstigen Gemütslage. Alma sah es ihm aus zehn Schritten Entfernung an und wünschte, er hätte sich gar nicht erst zu ihnen gesellt. Sie hatte es versäumt, ihren Gast vor der schroffen Natur ihres Vaters zu warnen, was sie nun bedauerte. Unwissentlich war der arme Mr Pike im Begriff, sich einem Wolf zum Fraß vorzuwerfen, der zudem sichtlich hungrig und gereizt war. Ferner bedauerte Alma, dass weder sie noch George Hawkes daran gedacht hatten, eines der überwältigenden Orchideenbilder mitzubringen und ihrem Vater zu zeigen. Folglich hatte Henry keine Ahnung, wer dieser Ambrose Pike überhaupt war, wenn nicht ein Orchideenjäger und Künstler und somit eine Sorte Mensch, der von Henrys Seite alles andere als Bewunderung entgegenschlug.

Kein Wunder also, dass die Veranstaltung einen recht bescheidenen Auftakt nahm.

»Wer ist diese Person?«, fragte Henry und starrte seinen neuen Gast unverblümt an.

»Das ist Mr Ambrose Pike«, antwortete Alma. »Wie ich dir bereits erzählt habe, ist er ein Naturforscher und Maler, den George unlängst entdeckt hat. Von ihm stammen die vorzüglichsten Orchideen-Darstellungen, die ich je gesehen habe, Vater.«

»Sie malen Orchideen?«, fragte Henry in einem Ton, den andere angeschlagen hätten, um zu sagen: »Sie rauben Witwen aus?«

»Nun, ich bemühe mich, Sir.«

»Jeder bemüht sich, Orchideen zu malen«, erwiderte Henry. »Wo ist hier das Neue?«

»Das ist eine berechtigte Frage.«

»Was ist denn so besonders an Ihren Orchideen?«

Mr Pike dachte nach. »Ich wüsste es nicht zu sagen«, räumte er schließlich ein. »Ich weiß nicht, ob irgendetwas besonders an ihnen ist – abgesehen vielleicht von der Tatsache, dass ich nichts anderes tue, als Orchideen zu malen. Seit beinahe zwanzig Jahren widme ich mich nichts anderem.«

»Nun, das ist ein sinnloser Broterwerb.«

»Da muss ich Ihnen widersprechen, Mr Whittaker«, entgegnete der Künstler gelassen. »Wenn auch nur, weil ich es ganz und gar nicht als Broterwerb bezeichnen würde.«

»Und wie bestreiten Sie Ihr Leben?«

»Abermals werfen Sie eine berechtigte Frage auf. Doch wie Sie schon meiner Garderobe unschwer entnehmen können, ist es fraglich, ob ich mein Leben überhaupt bestreite.«

»Ich würde diesen Umstand nicht als Qualitätsmerkmal preisen, junger Mann.«

»Glauben Sie mir, Sir, nichts liegt mir ferner.«

Henry sah seinen Gast durchdringend an, musterte den verschlissenen Anzug, den unfrisierten Bart. »Was ist passiert?«, fragte er. »Warum sind Sie so arm? Haben Sie als Lebemann ein Vermögen verprasst?«

»Vater …«, setzte Alma an.

»Bedauerlicherweise nicht«, erwiderte Mr Pike ohne jedes Anzeichen von Verstimmung. »In meiner Familie hat niemals ein Vermögen existiert, das man hätte verprassen können.«

»Und wie bestreitet Ihr Vater sein Leben?«

»Derzeit weilt er bereits im Jenseits. Vorher war er Pfarrer in Framingham, Massachusetts.«

»Und warum sind Sie dann nicht auch Pfarrer geworden?«

»Meine Mutter ist darüber gleichermaßen erstaunt, Mr Whittaker. Unglücklicherweise stellen sich mir, was die Religion betrifft, zu viele Fragen, als dass ich ein guter Pfarrer sein könnte.«

»Die Religion?« Henry runzelte die Stirn. »Was zum Teufel hat die Religion damit zu tun, ob jemand ein guter Pfarrer ist? Es ist ein Beruf wie jeder andere, junger Mann. Man erfüllt seine Aufgabe und hält mit seinen Meinungen hinterm Berg. So machen es alle guten Pfarrer – sollten sie zumindest!«

Mr Pike lachte. »Hätte mir das doch nur jemand vor zwanzig Jahren gesagt, Sir!«

»Für einen jungen Mann, der gesund und bei klarem Verstand ist, gibt es in diesem Land keine Ausrede, erfolglos zu sein. Selbst ein Pfarrerssohn sollte imstande sein, irgendwo eine einträgliche Beschäftigung zu finden.«

»Dem würden viele zustimmen«, räumte Mr Pike ein. »Auch mein seliger Vater. Dennoch lebe ich seit Jahren unterhalb meiner gesellschaftlichen Stellung.«

»Und ich oberhalb der meinen – und das schon seit Ewigkeiten! Als ich nach Amerika kam, war ich ein junger Bursche, etwa in Ihrem Alter. Überall lag Geld herum, im ganzen Land. Ich brauchte es nur mit der Spitze meines Gehstocks aufzuspießen. Wie lautet also Ihre Entschuldigung dafür, dass Sie arm sind?«

Ambrose Pike blickte Henry fest in die Augen und sagte ohne jeden Anflug von Ironie oder Sarkasmus: »Es mangelt wohl an einem guten Gehstock.«

Alma schluckte und senkte den Blick auf ihren Teller.

George Hawkes tat es ihr gleich. Henry indessen schien gar nichts gehört zu haben. Es gab wahrlich Momente, da konnte Alma dem Himmel nur danken für die zunehmende Schwerhörigkeit ihres Vaters. Er hatte seine Aufmerksamkeit längst dem Butler zugewandt.

»Eins sage ich Ihnen, Becker«, knurrte er, »wenn Sie mir diese Woche noch ein einziges Mal Hammelfleisch vorsetzen, lasse ich hier jemanden erschießen.«

»In Wahrheit lässt er niemanden erschießen«, flüsterte Alma ihrem Gast beruhigend zu.

»Das dachte ich mir«, raunte Mr Pike zurück. »Sonst wäre ich bereits tot.«

Während des restlichen Mahls führten George, Alma und Ambrose Pike – weitestgehend zu dritt – eine angenehme Unterhaltung, während Henry schnaubend und hustend über mancherlei Aspekte seines Essens lamentierte und sogar mehrmals mit auf die Brust gesunkenem Kinn einnickte. Immerhin war er achtundachtzig. Glücklicherweise schien nichts davon Mr Pike zu bekümmern, und da George Hawkes mit Henrys Gebaren bestens vertraut war, ließ auch Almas Anspannung schließlich ein wenig nach.

»Bitte sehen Sie es meinem Vater nach«, wandte sie sich mit leiser Stimme an Ambrose Pike, als Henry wieder einmal eingeschlummert war. »George kennt seine Stimmungen, wer aber noch keine Erfahrungen mit unserem Henry Whittaker gemacht hat, der wird vielleicht mit einer gewissen Bestürzung auf seine Ausbrüche reagieren.«

»Ja, er ist tatsächlich ein echter Brummbär«, erwiderte Mr Pike in beinahe bewunderndem Ton.

»Oh ja, das ist er«, pflichtete Alma ihm bei. »Gott sei Dank ein Brummbär, der hin und wieder Winterschlaf hält und uns somit manche Atempause gönnt!«

Almas Bemerkung entlockte sogar George Hawkes ein Lächeln, während ihr Gast, in die Betrachtung des schlafenden Henrys vertieft, über etwas nachzusinnen schien.

»Wissen Sie, mein Vater war immer so ernst und würdevoll«, sagte er. »Sein Schweigen jagte mir Angst ein. Ich möchte meinen, dass es höchst erfreulich ist, einen Vater zu haben, der so frei spricht und handelt. Man weiß jedenfalls immer, woran man ist.«

»Ja, das weiß man allerdings«, stimmte ihm Alma zu.

»Mr Pike«, meldete sich nun George, das Thema wechselnd, wieder zu Wort, »darf ich Sie fragen, wo Sie derzeit leben? Die Adresse, an die ich meinen Brief schickte, war in Boston, doch eben erwähnten Sie, dass Ihre Familie in Framingham ansässig ist, daher meine Nachfrage.«

»Derzeit bin ich heimatlos«, antwortete Ambrose. »Die Adresse in Boston, von der Sie sprachen, ist der Wohnsitz meines alten Freundes Daniel Tupper, der seit den Tagen meines kurzen Werdegangs in Harvard stets freundlich zu mir war. Seine Familie besitzt eine kleine Druckerei in Boston – nichts, was sich mit Ihrem Etablissement vergleichen ließe, doch gut geführt und durchaus respektabel. Die Tuppers haben sich in erster Linie mit Broschüren, Werbeplakaten und Ähnlichem einen Namen gemacht. Als ich Harvard verließ, arbeitete ich einige Jahre lang als Schriftsetzer für die Familie und stellte fest, dass ich ein Händchen dafür habe. Dort habe ich auch die Kunst der Lithographie erlernt. Man hatte mich gewarnt, es sei eine schwierige Domäne, aber ich konnte diese Ansicht niemals teilen. Im Grunde ist es kaum anders als Zeichnen, nur eben auf Stein.«

»Und was hat Sie nach Mexiko und Guatemala geführt, Mr Pike?«

»Auch das verdanken wir meinem Freund Tupper. Orchideen haben mich immer schon fasziniert, und so heckte Tupper irgendwann den Plan aus, ich solle für einige Jahre zum Zeichnen in die Tropen reisen. Anschließend würden wir gemeinsam ein schönes Buch über tropische Orchideen herausbringen. Leider glaubte er, wir beide könnten damit einigermaßen reich werden. Wissen Sie, wir waren jung, und sein Vertrauen in mich immens.

So legten wir denn sämtliche Mittel zusammen, und Tupper brachte mich an Bord eines Schiffes. Er wies mich an, in die Welt hinauszugehen und viel Wind um mich zu machen. Bedauerlicherweise zählt das Windmachen nicht zu meinen herausragenden Qualitäten. Noch bedauerlicher war vielleicht die Tatsache, dass aus den paar Jahren im Dschungel zu guter Letzt achtzehn Jahre wurden, wie ich Miss Whittaker bereits berichtet habe. Sparsamkeit und Beharrlichkeit hielten mich über fast zwei Jahrzehnte am Leben, und ich kann mit einigem Stolz von mir behaupten, dass ich nach Tuppers anfänglicher Investition nie mehr Geld von ihm oder jemand anderem empfangen habe. Gleichwohl vermute ich, dass der arme Tupper sich heute des Gefühls nicht erwehren kann, dass sein Glaube an mich etwas töricht war. Als ich letztes Jahr schließlich heimkehrte, war er immerhin so freundlich, mir die Druckerpresse seiner Familie zur Verfügung zu stellen, um einige der Lithographien, die Sie gesehen haben, herzustellen. Der Wunsch, ein Buch mit mir zu machen, ist ihm – verzeihlicherweise – schon vor langer Zeit abhandengekommen. Ich bin zu langsam für ihn. Er hat jetzt eine Familie und kann mit derart aufwendigen Projekten nicht seine Zeit vertändeln. Nichtsdestoweniger ist er mir unverzagt ein guter, treuer Freund geblieben. Er gestattet mir jederzeit, in seinem Hause auf dem Sofa zu schlafen, und seit meiner Rückkehr nach Amerika durfte ich wieder einige Zeit in seiner Druckerei aushelfen.«

»Und Ihre Pläne?«, fragte Alma.

Mr Pike hob mit einer fast flehenden Geste die Hände. »Wissen Sie, ich fasse schon seit langem keine Pläne mehr.«

»Aber was würden Sie gern tun?«, beharrte Alma.

»Diese Frage ist mir noch nie gestellt worden.«

»Ich stelle sie nun, Mr Pike. Und ich möchte, dass Sie mir eine aufrichtige Antwort geben.«

Aus seinen hellbraunen Augen sah er Alma an. Mit einem Mal wirkte er unsäglich erschöpft. »Dann will ich es Ihnen sagen, Miss Whittaker«, erklärte er. »Ich möchte nie wieder reisen. Gern verbrächte ich die mir verbleibende Zeit an einem Ort, der es mir erlauben würde, bedächtig in meiner Arbeit voranzuschreiten, einem Ort, so ruhig und so still, dass ich dort leben und mir dabei zuhören kann.«

George und Alma tauschten Blicke. Und als hätte Henry plötzlich gespürt, dass man ihn seit geraumer Zeit ignorierte, fuhr er aus dem Schlaf und lenkte die Aufmerksamkeit wieder auf sich.

»Alma!«, brummte er. »Dieser Brief von Dick Yancey, letzte Woche. Hast du ihn gelesen?«

»Ja, ich habe ihn gelesen, Vater«, antwortete Alma in verändertem Ton.

»Und was hältst du davon?«

»Ich denke, dass es missliche Neuigkeiten sind.«

»Ja, das kann man wohl sagen. Seit diesem Brief ist meine Stimmung abscheulich. Was sagen deine Freunde dazu?« Henry deutete mit dem Weinglas auf George und Ambrose Pike.

»Ich glaube nicht, dass sie über die Situation informiert sind«, erwiderte Alma.

»Dann erklär ihnen die Situation, Tochter. Ich brauche Meinungen.«

Dies war eine ungewöhnliche Reaktion. Im Allgemeinen scherte sich Henry nicht um anderer Leute Meinungen. Da er jedoch weiterhin auffordernd mit seinem Glas herumfuchtelte, wandte sich Alma an George und Mr Pike.

»Nun … also … es geht um Vanille«, fing sie an. »Vor ungefähr fünfzehn Jahren hat sich mein Vater von einem Franzosen davon überzeugen lassen, in eine Vanilleplantage auf Tahiti zu investieren. Nun haben wir erfahren, dass die Plantage daniederliegt und der Franzose verschwunden ist.«

»Und mit ihm mein Kapital«, fügte Henry hinzu.

»Und mit ihm das Kapital meines Vaters«, bestätigte Alma.

»Eine beträchtliche Summe«, betonte Henry.

»Eine überaus beträchtliche Summe«, bekräftigte Alma.

Sie wusste, wovon sie sprach, schließlich hatte sie selbst damals die Zahlungsanweisungen getätigt.

»Eigentlich hätte es funktionieren müssen«, sagte Henry. »Das Klima ist ideal. Und die Pflanzen wuchsen ja auch! Dick Yancey hat sie mit eigenen Augen gesehen. Bis zu fünfundsechzig Fuß lange Ranken! Der verfluchte Franzose meinte, Vanille würde dort wunderbar gedeihen, und damit hatte er recht. Die Blüten waren faustgroß. Genauso, wie er versprochen hatte. Was hat dieser kleine Franzmann noch gleich gesagt, Alma? Auf Tahiti Vanille anzubauen ist leichter, als im Schlaf zu furzen.«

Alma erbleichte und warf ihren Gästen einen peinlich berührten Blick zu. George war höflich damit befasst, die Serviette auf seinem Schoß zu falten, während Ambrose Pike mit unverhohlener Belustigung zuhörte.

»Was ist also schiefgegangen, Sir?«, erkundigte er sich. »Wenn ich so neugierig fragen darf?«

Henry starrte ihn zornig an. »Die Pflanzen haben keine Früchte getragen! Die Knospen sind aufgegangen, erblüht und abgestorben – nicht eine verdammte Schote haben sie hervorgebracht!«

»Darf ich erfahren, woher die Pflanzen ursprünglich kamen?«

»Mexiko«, knurrte Henry und funkelte Mr Pike herausfordernd an. »Na los, junger Mann, Sie sind derjenige, der es mir verraten wird – was ist schiefgegangen?«

Alma fiel es wie Schuppen von den Augen. Wie hatte sie ihren Vater derart unterschätzen können? Gab es jemals etwas, das dem alten Mann entging? Trotz garstigster Laune, und obwohl er nicht nur halb taub, sondern sogar bei Tisch *eingeschlafen* war, hatte er begriffen, wer da plötzlich an seiner Tafel saß: ein Orchideen-Experte, der soeben einen fast zwanzigjährigen Studienaufenthalt in und um Mexiko beendet hatte. Und Vanillepflanzen gehörten, wie Alma sich nun erinnerte, zur Familie der Orchideen. Ihr Gast wurde gerade einer Prüfung unterzogen.

»*Vanilla planifolia*«, sagte er denn auch.

»Exakt«, bestätigte Henry und stellte sein Weinglas auf den Tisch. »Genau die haben wir in Tahiti angepflanzt. Fahren Sie fort.«

»Diese Pflanze habe ich in Mexiko vielerorts gesehen. Vor allem rund um Oaxaca. Ihr Geschäftspartner in Polynesien, dieser Franzose, hatte recht: Es handelt sich um eine robuste Kletterpflanze, und ich vermute, dass sie sich mit dem Klima im Südpazifik bestens anzufreunden vermag.«

»Und warum haben diese verdammten Pflanzen dann keine Früchte getragen?«, fragte Henry.

»Das kann ich nicht mit Gewissheit sagen«, antwortete Mr Pike, »da ich die fragliche Pflanze nicht mit eigenen Augen gesehen habe.«

»Dann sind Sie wohl doch nur ein nutzloser kleiner Orchideenzeichner!«, blaffte Henry.

»Vater …«

»Immerhin, Sir«, ergriff Mr Pike, gleichgültig gegenüber Henrys Beleidigung, wieder das Wort, »könnte ich eine Theorie aufstellen. Als Ihr Franzose zur Beschaffung seiner Vanillepflanzen in Mexiko weilte, hat er vielleicht versehentlich eine *Vanilla planifolia*-Art erstanden, die unter den Eingeborenen *oreja de burro* – Eselsohr – heißt. Diese Vanilleart trägt generell keine Früchte.«

»Dann war er ein Dummkopf!«, schimpfte Henry.

»Nicht unbedingt, Mr Whittaker. Es braucht schon ein sehr geschultes Auge, um den Unterschied zwischen früchtetragenden und nicht früchtetragenden Arten der *Planifolia* zu erkennen. Da kommt es häufig zu Verwechslungen. Sogar den Eingeborenen unterläuft dieser Fehler. Und nur wenige Botaniker sind imstande, den Unterschied auszumachen.«

»Können Sie ihn erkennen?«, fragte Henry.

Ambrose Pike zögerte. Offensichtlich stand ihm nicht der Sinn danach, einen Mann, den er gar nicht kannte, zu diffamieren.

»Ich habe Ihnen eine Frage gestellt, Junge. Können Sie den Unterschied zwischen den beiden *Planifolia*-Arten erkennen oder nicht?«

»Sie meinen, im Allgemeinen, Sir? Ja. Ich kann den Unterschied erkennen.«

»Dann war dieser Franzmann sehr wohl ein Dummkopf«, folgerte Henry. »Und der größte Dummkopf war ich selbst, dass ich ihm mein Geld anvertraut habe, denn jetzt habe ich fünfunddreißig Morgen gutes Tiefland vergeudet, indem ich dort fünfzehn Jahre lang unfruchtbare Vanillepflanzen angebaut habe! Alma, du schreibst Dick Yancey noch heute Abend einen Brief und sagst ihm, dass er alle Vanilleranken aus dem Boden reißen und an die Schweine verfüttern soll. Sag ihm, er soll stattdessen Süßkartoffeln anpflanzen. Sag ihm außerdem, wenn ihm dieses Dreckstück von Franzose jemals wieder über den Weg läuft, soll er ihn auch an die Schweine verfüttern!«

Mit diesen Worten erhob sich Henry und humpelte aus dem Zimmer, zu aufgebracht, um sein Mahl zu beenden. In stummer Verwunderung schauten ihm George und Mr Pike nach, wie er sich hinkend entfernte, erzürnt und so wunderlich in seinen alten, samtenen Kniehosen und der Perücke.

In Alma indessen stieg ein Gefühl des Triumphes hoch. Der Franzose hatte verloren, Henry Whittaker hatte verloren, und auch die Vanilleplantage in Tahiti war höchstwahrscheinlich verloren. Ambrose Pike jedoch – dessen war sie gewiss – hatte an diesem Abend, bei seinem ersten Auftritt an der Tafel von White Acre, gewonnen.

Es mochte ein kleiner Sieg sein, aber ein Sieg mit vielleicht unabsehbaren Folgen.

•

In dieser Nacht wurde Alma von seltsamen Geräuschen geweckt.

Aus heiterem Himmel, als hätte ihr jemand eine Ohrfeige versetzt, schrak sie aus einem tiefen, traumlosen Schlaf. War jemand in ihrem Zimmer? Hanneke? Nein, niemand. Sie sank in die Kissen zurück. Die Nacht war friedlich und kühl. Was hatte ihren Schlummer unterbrochen? Stimmen. Zum ersten Mal seit Jahren fühlte sich Alma an die Nacht erinnert, in der die kleine Prudence nach White Acre gekommen war, blutverschmiert und von Männern umringt. Arme Prudence. Alma sollte ihr wirklich einen Besuch abstatten. Sie sollte sich mehr um ihre Schwester bemühen. Doch ihr fehlte einfach die Zeit. Ringsum war alles still. Alma begann wieder einzudösen.

Was war das nur für ein Geräusch? Jetzt hörte sie es wieder. Alma schlug zum zweiten Mal die Augen auf. Ja, es waren tatsächlich Stimmen. Wer mochte zu dieser Stunde noch wach sein?

Sie stieg aus dem Bett, warf sich ihr Schultertuch über und zündete mit geübter Hand die Lampe an. Sie ging zum Treppenabsatz und schaute über das Geländer. Im Salon war Licht. Sie konnte es durch die Türritze sehen. Dann hörte sie das Lachen ihres Vaters. Wer war bei ihm? Führte er Selbstgespräche? Warum war sie nicht geweckt worden, wenn Henry sie brauchte?

Sie tappte die Treppe hinunter und fand ihren Vater auf dem Sofa vor, neben ihm niemand anders als Ambrose Pike. Die beiden sahen sich Zeichnungen an. Henry trug ein langes weißes Nachthemd, dazu eine altmodische Schlafmütze, und er war vom Trinken erhitzt. Mr Pike war nach wie vor mit dem braunen Cordanzug bekleidet, sein Haar allerdings war noch zerzauster als einige Stunden zuvor.

»Wir haben Sie geweckt«, entfuhr es Mr Pike, als er Alma bemerkte. »Bitte entschuldigen Sie.«

»Kann ich irgendwie behilflich sein?«, fragte sie.

»Alma!«, schrie Henry. »Dein Bürschlein hier hat sich etwas Brillantes einfallen lassen! Zeigen Sie's ihr, mein Sohn!«

Alma erkannte, dass Henry gar nicht betrunken war. Nein, er war einfach nur enthusiastisch.

»Ich hatte Mühe einzuschlafen, Miss Whittaker«, erklärte Ambrose Pike, »weil mir die Vanillepflanzen auf Tahiti nicht aus dem Sinn gingen. Mir fiel ein, dass es möglicherweise noch einen anderen Grund dafür gibt, dass sie keine Früchte tragen. Ich hätte bis morgen früh warten sollen, um hier im Haus niemanden zu belästigen, doch ich wollte nicht, dass mir die Idee verlorenging. So stand ich auf, kam herunter und machte mich auf die Suche nach einem Blatt Papier. Ich fürchte, dabei habe ich Ihren Vater geweckt.«

»Hier, schau dir an, was er gemacht hat!«, brüllte Henry und drückte Alma ein Blatt in die Hand. Es war eine außergewöhnlich hübsche und detailgetreue Zeichnung einer Orchideenblüte, auf deren anatomische Besonderheiten allerlei Pfeile hinzuweisen schienen. Henry sah Alma erwartungsvoll an, während sie verständnislos auf das Blatt starrte.

»Ich bitte um Entschuldigung«, sagte sie. »Ich bin gerade erst wach geworden, es fehlt meinem Denken vielleicht noch an der nötigen Klarheit ...«

»Die Bestäubung, Alma!«, grölte Henry, klatschte in die Hände und bedeutete seinem Gast, ihr alles Weitere zu erklären.

»Miss Whittaker, ich halte es – wie ich Ihrem Vater bereits erläutert habe – für möglich, dass der Franzose in Mexiko sehr wohl die richtige Vanilleart ausgewählt hat. Möglicherweise ist der Grund für die ausbleibende Fruchtbildung eher darin zu suchen, dass es an der Bestäubung hapert.«

Auch in tiefster Nacht aus dem Schlaf gerissen, war Almas Kopf eine so beängstigend gut geölte Denk- und Rechenmaschine, dass sie förmlich hören konnte, wie die Abakusperlen der Botanik in ihrem Gehirn zu klackern begannen.

»Welche Bestäuber hat die Gewürzvanille?«, fragte sie.

»Ich kann es nicht mit Bestimmtheit sagen«, erwiderte Mr Pike. »Niemand weiß es genau. Es könnten Ameisen sein, Bienen oder irgendeine Schmetterlingsart. Was auch immer es ist, Ihr Franzose hat es jedenfalls nicht mit nach Tahiti genommen, und die in Französisch-Polynesien beheimateten Insekten und Vögel scheinen außerstande, die Vanilleblüten, die ja eine sehr spezifische Form haben, zu bestäuben. Mithin gibt es auch keine Früchte. Und keine Schoten.«

Henry klatschte abermals in die Hände. »Und keinen Gewinn!«, fügte er hinzu.

»Was können wir also tun?«, fragte Alma. »Sollen wir alle Insekten- und Vogelarten, die im mexikanischen Dschungel beheimatet sind, einfangen und bei lebendigem Leibe in den Südpazifik verschiffen, in der Hoffnung, dass auch der Bestäuber dabei ist?«

»Ich glaube, das ist nicht erforderlich«, entgegnete Mr Pike. »Im Übrigen hat mir genau diese Frage den Schlaf geraubt, aber ich glaube, ich habe eine Antwort gefunden. Ich glaube, man könnte die Bestäubung selbst vornehmen, von Hand. Schauen Sie, ich habe einige Zeichnungen angefertigt. Was die Bestäubung der Gewürzvanille so beschwerlich macht, ist ihre ungewöhnlich lange Säule – sehen Sie, hier –, die sowohl die männlichen als auch die weiblichen Organe enthält. Das Rostellum – hier – trennt die beiden voneinander, damit sich die Pflanze nicht selbst bestäuben kann. Es würde reichen, das Rostellum anzuheben, einen kleinen Zweig in die Pollinien einzubringen und mit diesem Zweig anschließend die Narbe einer anderen Blüte zu berühren. Im Grunde übernähme man die Rolle der Biene oder Ameise, jedenfalls des Tieres, das in der freien Natur dergestalt tätig wird. Der Mensch wäre freilich viel effizienter, weil sich von Menschenhand ausnahmslos alle Blüten bestäuben ließen.«

»Wer könnte das machen?«, fragte Alma.

»Ihre Arbeiter«, antwortete Ambrose. »Die Pflanze blüht nur einmal im Jahr, und es würde kaum mehr als eine Woche dauern, sich dieser Aufgabe zu entledigen.«

»Würden die Arbeiter die Blüten nicht beschädigen?«

»Nicht, wenn man sie gewissenhaft einweist.«

»Aber muss man nicht außerordentlich zart und behutsam für solch eine Tätigkeit sein?«

Mr Pike lächelte. »Sie brauchen im Grunde nichts weiter als Stöckchen und kleine Knaben mit kleinen Fingern. Denen wird eine solche Aufgabe gewiss Freude bereiten. Ich selbst hätte als Kind Freude daran gehabt. Auf Tahiti gibt es doch sicher Stöckchen und kleine Knaben im Überfluss.«

»Hört, hört!«, sagte Henry. »Was denkst du, Alma?«

»Ich halte es für eine brillante Idee, Mr Pike.« Des Weiteren dachte sie, dass sie Ambrose Pike am nächsten Morgen als Erstes in die Bibliothek von White Acre führen würde, um ihm die aus dem sechzehnten Jahrhundert stammende Ausgabe des *Codex Florentinus* zu zeigen, namentlich die frühen spanisch-franziskanischen Illustrationen von Vanillepflanzen. Er würde dies zu schätzen wissen. Sie konnte es kaum erwarten. Die Bibliothek hatte sie ihm noch gar nicht gezeigt. Eigentlich hatte sie ihm so gut wie gar nichts gezeigt. Es gab auf White Acre noch so viel zu erkunden!

»Allerdings ist es ja wirklich nicht mehr als eine Idee«, stellte Mr Pike fest. »Vermutlich hätte es auch bis zum Tagesanbruch warten können.«

Alma hörte ein Geräusch und drehte sich um. In der Tür stand Hanneke de Groot: stämmig, verschwollen und gereizt in ihrem Nachtgewand.

»Jetzt habe ich das ganze Haus aufgeweckt«, entschuldigte sich Mr Pike. »Es tut mir aufrichtig leid.«

»Is er een probleem?«, fragte Hanneke und sah Alma an.

»Nein, wir haben kein Problem, Hanneke«, erwiderte Alma. »Die Herren und ich haben lediglich ein Gespräch geführt.«

»Um zwei Uhr morgens?«, wunderte sich Hanneke. *»Is dit een bordeel?«*

Sind wir hier im Bordell?

»Was sagt sie?«, fragte Henry. Von seinem nachlassenden

Gehör einmal abgesehen, war er des Holländischen nicht mächtig, trotz jahrzehntelanger Ehe mit einer Holländerin und trotz des Umstands, dass er große Teile seines Lebens mit Niederländisch sprechenden Menschen zusammengearbeitet hatte.

»Sie will wissen, ob jemand einen Tee oder Kaffee möchte«, antwortete Alma. »Mr Pike? Vater?«

»Ich will Tee«, sagte Henry.

»Das ist überaus freundlich von Ihnen, doch ich möchte mich nun wirklich empfehlen«, verkündete Mr Pike. »Ich kehre in mein Zimmer zurück und verspreche, dass ich niemanden mehr stören werde. Überdies ist mir soeben bewusst geworden, dass morgen Sonntag ist. Sie werden sicher alle früh aufstehen, um in die Kirche zu gehen?«

»Ich nicht!«, entgegnete Henry.

»Sie werden feststellen, Mr Pike«, erklärte Alma, »dass in diesem Hause manche den Sonntag ehren und andere nicht, während ihn wieder andere nur in Teilen ehren.«

»Ich verstehe«, erwiderte er. »In Guatemala geschah es häufig, dass ich den Lauf der Wochentage aus den Augen verlor, und ich fürchte, dass ich zahlreiche Sonntage versäumt habe.«

»Werden die Sonntage in Guatemala denn geachtet, Mr Pike?«

»Bedauerlicherweise nur durch Lustbarkeiten wie Trinkgelage, Schlägereien und Hahnenkämpfe.«

»Na, dann auf nach Guatemala!«, grölte Henry.

Alma hatte ihren Vater seit Jahren nicht mehr so ausgelassen erlebt.

Ambrose Pike lachte. »Reisen Sie ruhig nach Guatemala, Mr Whittaker. Ich wage zu behaupten, dass man Sie dort willkommen heißen wird. Ich für meinen Teil habe freilich mit jedweder Art von Dschungel abgeschlossen. Und für heute Abend werde ich mich nun ohne weitere Umstände in mein Zimmer begeben. Wenn ich schon einmal die Gelegenheit habe, in einem anständigen Bett zu nächtigen, sollte ich nicht so töricht sein, sie zu vergeuden. Ich wünsche Ihnen beiden eine gute Nacht und bitte Ihre Haushälterin nochmals aufrichtig um Vergebung.«

Nach Mr Pikes Abschied saßen Alma und ihr Vater eine Zeitlang schweigend da. Henry starrte auf Ambroses Blütenzeichnung, und Alma konnte förmlich hören, was in seinem Kopf vor sich ging. Sie kannte ihren Vater einfach zu gut. Während sie noch darauf wartete, dass er es aussprach – sie wusste genau, was es sein würde –, überlegte sie bereits, wie sie dagegen vorgehen sollte.

Unterdessen kehrte Hanneke mit einem Tablett zurück, auf dem der Tee für Henry und Alma sowie ihr eigener Kaffee stand. Mit einem grummelnden Seufzer stellte sie das Tablett ab und ließ sich gegenüber Henry in einen Sessel plumpsen. Die Wirtschafterin schenkte sich ein und legte ihren alten, gichtkranken Knöchel auf einen kunstvoll bestickten französischen Schemel. Sie überließ es Henry und Alma, sich selbst zu bedienen. In Fragen des Protokolls hatte sich im Laufe der Jahre ein lockerer Umgang eingestellt – ein wenig zu locker womöglich.

»Wir sollten ihn nach Tahiti schicken«, sagte Henry schließlich, nach fünfminütigem Schweigen. »Wir übertragen ihm die Leitung der Vanilleplantage.«

So, nun war es heraus. Genau das, womit Alma gerechnet hatte.

»Eine interessante Idee«, antwortete sie.

Selbstverständlich würde sie nicht zulassen, dass ihr Vater Mr Pike in die Südsee entsandte. Noch nie in ihrem Leben war sie sich einer Sache so sicher gewesen. Zunächst einmal würde der Künstler selbst diese Mission keinesfalls begrüßen. Was hatte er eben noch gesagt? Er habe abgeschlossen mit jedweder Form von Dschungel. Er wünschte nicht mehr zu reisen. Er war ermattet und heimwehkrank. Dabei besaß er nicht einmal ein Heim. Der Mann brauchte ein Zuhause. Er brauchte Ruhe. Er brauchte einen Ort, um zu arbeiten, einen Ort, um sich den Gemälden und Drucken zu widmen, für die er bestimmt war, einen Ort, wo er leben und sich dabei zuhören könnte.

Und außerdem ... brauchte Alma Mr Pike. Sie empfand das wilde, unbändige Bedürfnis, diesen Menschen für immer auf White Acre zu halten. Wie konnte sie so etwas beschließen, wo sie ihn kaum einen Tag kannte! Doch seit Ambrose Pike gekommen war, fühlte sich Alma um zehn Jahre verjüngt. Es war der strahlendste, lichteste Tag gewesen, den sie seit Jahrzehnten, wenn nicht gar seit ihrer Kindheit erlebt hatte, und Ambrose Pike war der Quell dieser Erleuchtung.

Alma musste plötzlich daran denken, wie sie als Kind im Wald ein Fuchsjunges gefunden hatte, verwaist und geradezu herzerschütternd klein. Sie hatte es heimgebracht und ihre Eltern angefleht, es behalten zu dürfen. Es war die glückliche Zeit vor Prudence gewesen, jene Zeit, da Alma ungestüm durchs Universum wirbeln durfte. Während Henry beinahe der Versuchung erlegen wäre, hatte Beatrix dem Plan ein Ende gesetzt. *Wilde Geschöpfe gehören in die Wildnis.* Der kleine Fuchs wurde ihr weggenommen und ward nie wieder gesehen.

Nun, diesen Fuchs würde Alma behalten. Und Beatrix, die es hätte verhindern können, war nicht mehr da.

»Gleichwohl denke ich, dass es ein Fehler wäre, Vater«, fing Alma vorsichtig an. »Es wäre Verschwendung, einen Mann wie Ambrose Pike nach Polynesien zu schicken. Eine Vanilleplantage kann jeder leiten. Du hast doch seine Erklärungen gehört. Es ist ganz einfach. Er hat sogar schon eine Anleitung gezeichnet. Schick die Zeichnungen an Dick Yancey und sag ihm, er soll jemanden einstellen, der das Befruchtungsprogramm durchführt. Ich glaube, dass es für Mr Pike hier auf White Acre eine bessere Verwendung gibt.«

»Und die wäre?«, fragte Henry.

»Du hast seine Arbeiten noch nicht gesehen, Vater. George Hawkes hält Mr Pike für den besten Lithographen unserer Generation.«

»Und wofür brauche ich einen Lithographen?«

»Vielleicht ist es an der Zeit, ein Buch über die botanischen Schätze von White Acre zu veröffentlichen. In deinen Gewächshäusern gedeihen Pflanzen, wie sie die zivilisierte Welt noch nie gesehen hat. Sie sollten dokumentiert werden.«

»Warum soll ich so etwas Kostspieliges tun, Alma?«

»Ich will dir sagen, was mir unlängst zu Ohren gekommen ist«, erwiderte Alma. »Die Gärten von Kew planen die Publikation eines Katalogs mit hochwertigen Drucken und Illustrationen der seltensten Pflanzen aus den dortigen Gewächshäusern. Wusstest du das?«

»Zu welchem Zweck?«, fragte Henry statt einer Antwort.

»Zum Zweck der Prahlerei«, erwiderte Alma. »Ich habe es von einem der jungen Lithographen gehört, die in der Arch Street für George Hawkes arbeiten. Die Briten haben dem jungen Mann ein kleines Vermögen geboten, um ihn nach Kew zu locken. Er ist recht talentiert, wenn auch kein Ambrose Pike. Er denkt darüber nach, die Einladung anzunehmen. Ihm zufolge soll das Buch die besten Pflanzen-Lithographien versammeln, die jemals gedruckt worden sind. Königin Victoria höchstpersönlich stellt Geld zur Verfügung. Fünffarbenlithographien, dazu die besten europäischen Aquarellmaler. Zudem soll es ein stattlicher Band werden, fast zwei Fuß groß, sagt der junge Lithograph, und so dick wie die Bibel. Jeder Pflanzensammler wird ein Exemplar davon haben wollen. Es soll die Renaissance von Kew einläuten.«

»Die Renaissance von Kew!«, höhnte Henry. »Kew wird nie mehr das sein, was es einmal war, jetzt, wo Banks tot ist.«

»Da habe ich aber anderes gehört, Vater. Seit sie das Palmenhaus gebaut haben, behaupten alle, Kew werde wieder in altem Glanz erstrahlen.«

War es schamlos von ihr oder gar frevelhaft, Henrys alten Konkurrenzkampf mit Kew zu schüren? Alles, was sie gesagt hatte, entsprach doch der Wahrheit. Alles. Sollte Henrys alte Feindschaft ruhig wieder aufleben, entschied Alma. Was war verkehrt daran, solche Kräfte zu mobilisieren? In den letzten Jahren war White Acre in Apathie versunken. Ein bisschen Konkurrenz würde niemandem schaden. Alma hoffte doch nur, Henry Whittakers alte Knochen ein bisschen in Schwung zu bringen, und ihre eigenen gleich dazu. Die Familie brauchte neuen Elan!

»Kein Mensch hat jemals von Ambrose Pike gehört, Vater«, fuhr sie beharrlich fort. »Doch wenn George Hawkes erst einmal seine Orchideen-Sammlung veröffentlicht hat, wird jeder den Namen Pike kennen. Und wenn die Gärten von Kew dann auch noch *ihr* Buch veröffentlichen, wird jeder botanische Garten, jedes Gewächshaus dieser Welt sein eigenes Florilegium in Auftrag geben wollen – man wird sich um Ambrose Pike reißen. Wir sollten nicht darauf warten, ihn an die Konkurrenz zu verlieren. Binden wir ihn an White Acre, indem wir ihm Obdach gewähren und ihn unter unsere Schirmherrschaft stellen. Investiere in ihn, Vater. Du hast gesehen, wie gescheit und begabt er ist. Gib ihm diese Gelegenheit. Lass uns eine Folioausgabe der Pflanzensammlung von White Acre veröffentlichen, die alles übertrifft, was die Welt an botanischen Illustrationen jemals gesehen hat.«

Henry sagte nichts. Jetzt konnte Alma hören, wie bei ihm die Abakusperlen klackerten. Sie wartete. Er nahm sich Zeit zum Nachdenken. Zu viel Zeit. Unterdessen schlürfte Hanneke mit provozierender Ungezwungenheit ihren Kaffee. Das Geräusch schien Henry abzulenken. Am liebsten hätte Alma der alten Frau die Tasse aus der Hand geschlagen.

Stattdessen hob sie die Stimme und unternahm eine letzte Anstrengung: »Es dürfte nicht schwer sein, Vater, Mr Pike davon zu überzeugen, bei uns zu bleiben. Der Mann braucht vielleicht ein Zuhause, doch zum Leben braucht er herzlich wenig, es wäre also ein Leichtes, ihn zu versorgen. Sein irdisches Hab und Gut füllt einen Koffer, der ohne weiteres auf deinem Schoß Platz finden würde. Und wie du heute Abend erleben durftest, ist er von außergewöhnlich angenehmem Umgang. Ich glaube, dass es dich sogar erfreuen könnte, ihn um dich zu haben. Aber was auch immer du tust, Vater, schick diesen Mann um keinen Preis nach Tahiti. Jeder Dummkopf kann Vanille anbauen. Such dir einen anderen Franzosen für diese Aufgabe oder engagier einen Missionar, der sich langweilt. Jeder Hohlkopf kann eine Plantage leiten. Aber niemand reicht an Ambrose Pike heran, wenn es um Pflanzenillustrationen geht. Lass dir die Gelegenheit nicht entgehen, ihn an dich zu binden. Ich erteile dir selten einen so nachdrücklichen Rat, Vater, doch heute Abend sehe ich mich gezwungen, dir in aller Deutlichkeit zu sagen: Pass auf, dass du diesen Mann nicht verlierst. Du würdest es bereuen.«

Wieder folgte ein langes Schweigen. Wieder das unüberhörbare Schlürfen von Hanneke.

»Er wird ein Atelier brauchen«, sagte Henry schließlich. »Druckerpressen und solche Dinge.«

»Er kann die Remise mit mir teilen«, erklärte Alma. »Ich habe jede Menge Platz für ihn.«

Es war also entschieden.

Henry humpelte zu Bett. Zurück blieben Alma und Hanneke, die sich einander musterten. Hanneke schwieg, doch ihr Gesichtsausdruck gefiel Alma gar nicht.

»*Wat?*«, sagte Alma schließlich.

»*Wat voor spelletje speel je?*«, fragte Hanneke.

»Ich weiß nicht, wovon du redest«, entgegnete Alma. »Ich spiele kein Spiel.«

Die alte Wirtschafterin zuckte die Achseln. »Wenn du darauf bestehst«, sagte sie in geflissentlich betontem Englisch. »Du bist die Hausherrin.«

Damit stand Hanneke auf, schlürfte die letzten Tropfen ihres Kaffees und begab sich in ihre Gemächer im Kellergeschoss – ungeachtet des Durcheinanders im Salon, dessen Beseitigung sie anderen überließ.

Kapitel 15

Sie wurden unzertrennlich, Alma und Ambrose. Bald verbrachten sie beinahe jede Sekunde miteinander. Alma wies Hanneke an, Ambrose aus dem Gästeflügel unverzüglich in Prudence' altes Zimmer übersiedeln zu lassen, das sich im zweiten Geschoss des Hauses direkt gegenüber von Almas Zimmer befand. Hanneke protestierte gegen das Eindringen eines Fremden in den privaten Wohnbereich der Familie (es sei nicht schicklich, sagte sie, berge Gefahren, und vor allem: *Wir kennen ihn nicht*), doch Alma wies ihre Einwände zurück, und der Umzug wurde vollzogen. In der Remise schuf sie in der früheren kleinen Sattelkammer gleich neben ihrem Studierzimmer eigenhändig Platz für Ambrose. Zwei Wochen später traf seine erste Druckerpresse ein. Und Alma kaufte ihm einen schönen Sekretär mit Sortierfächern und Schubkästen für seine Zeichnungen.

»Noch nie habe ich einen eigenen Schreibtisch besessen«, erklärte ihr Ambrose. »Er verleiht mir ein Gefühl von Bedeutung, das mir bisher gänzlich fremd war. Ich fühle mich wie ein General.«

Eine einzige Tür trennte die beiden Arbeitszimmer, und diese Tür wurde niemals geschlossen. Den ganzen Tag spazierten Alma und Ambrose zwischen ihren Zimmern hin und her, begutachteten ihre jeweiligen Fortschritte, inspizierten gemeinsam ein interessantes Fundstück in einem Sammelgefäß oder auf dem Objektträger eines Mikroskops. Gemeinsam verzehrten sie zum Frühstück Buttertoast, veranstalteten rustikale Picknicks in freier Natur und blieben abends lange wach, um Henry bei der Korrespondenz zu helfen oder in der Bibliothek die Schätze von White Acre zu bewundern. An Sonntagen ließ sich Alma von Ambrose in den öden, geistlosen Gottesdienst der schwedisch-lutherischen Kirche begleiten, wo er pflichterfüllt an ihrer Seite Gebete hersagte.

Es war unerheblich, ob sie miteinander sprachen oder

miteinander schwiegen; wo der eine war, da war der andere nicht weit.

Wenn Alma draußen ihre Moosstudien betrieb, streckte sich Ambrose unweit der Felsen behaglich im Gras aus und las. Und wenn Ambrose im Orchideenhaus zeichnete, zog sich Alma einen Stuhl heran und arbeitete in seiner Nähe an ihrer Korrespondenz. Im Orchideenhaus hatte sie früher kaum Zeit verbracht, doch mit Ambroses Ankunft war dieses Gewächshaus der atemberaubendste Ort von ganz White Acre geworden. Es besaß Hunderte von Glasscheiben, die Ambrose zwei Wochen lang Stück für Stück so blank geputzt hatte, dass die Sonne nun in leuchtenden, gleißenden Lichtsäulen einfiel. Er scheuerte und bohnerte die Böden, bis sie glänzten. Ja, er polierte sogar – so erstaunlich dies klingen mag – sämtliche Orchideenblätter mit Bananenschalen, bis auch sie glänzten und funkelten wie ein von treuen Dienern geputztes Teeservice.

»Und was kommt als Nächstes, Mr Pike?«, neckte ihn Alma. »Sollen wir allen Farnen von White Acre die Wedel auskämmen?«

»Ich glaube, die Farne hätten nichts dagegen einzuwenden.«

Seit Ambrose neuen Glanz ins Orchideenhaus gebracht hatte, war etwas Kurioses geschehen: Verglichen mit dem Orchideenhaus mutete ganz White Acre plötzlich trist und reichlich heruntergekommen an. Als hätte jemand einen alten, trüb gewordenen Spiegel an einer einzigen Stelle so blank geputzt, dass er nun erst richtig schmutzig aussah. Bis dahin hatte es niemand bemerkt, doch mit einem Mal war es unübersehbar, und Alma konnte nun endlich einer Wahrheit ins Auge blicken, für die sie bis dahin blind gewesen war: Trotz aller Eleganz war White Acre im Laufe des vergangenen Vierteljahrhunderts immer mehr in einen Zustand der Verwahrlosung geraten.

Ausgehend von dieser Feststellung war es nur noch ein kleiner Schritt, dem Vorbild des Orchideenhauses zu folgen und auch auf dem restlichen Anwesen die alte Pracht wiederherzustellen. Wann war eigentlich in irgendeinem Gewächshaus zum letzten Mal auch nur eine Scheibe geputzt worden? Alma konnte sich nicht daran erinnern. Wo sie auch hinsah, Schimmel und Staub. Sämtliche Zäune mussten gestrichen und repariert werden, die Kiesauffahrt war von Unkraut überwuchert und die Bibliothek voller Spinnweben. Die Läufer mussten ausgeklopft und sämtliche Öfen instand gesetzt werden. Im großen Gewächshaus drohten die Palmen, die seit Jahren nicht mehr zurückgeschnitten worden waren, das Dach zu sprengen. Vertrocknete Tierknochen – Überreste jahrelanger Katzen-Raubzüge – lagen in den Ecken der Scheunen, die ehemals glänzenden Messingteile der Kutschen waren stumpf, und die Uniformkleider der Dienstmädchen sahen aus, als wären sie schon vor Jahrzehnten aus der Mode gekommen, was durchaus den Tatsachen entsprach.

Alma stellte Schneiderinnen ein, die unverzüglich für alle Bediensteten neue Kleider zu nähen begannen, und in Erwartung des Sommers gab sie sogar zwei neue Leinenkleider für sich selbst in Auftrag. Auch Ambrose bot sie einen neuen Anzug an, doch er bat stattdessen um vier neue Pinsel. Genau vier. Sie bot ihm fünf an. Die brauche er nicht, entgegnete er. Vier seien schon Luxus genug. Sie engagierte ein ganzes Bataillon von jungen, unverbrauchten Angestellten, die dem Anwesen zu neuem Glanz verhelfen sollten. Im Laufe der Jahre waren zahlreiche Arbeiter gestorben oder entlassen worden, und Alma wurde gewahr, dass man sie nie ersetzt hatte. Auf dem gesamten Anwesen war nur noch ein Drittel so viel Personal beschäftigt wie vor fünfundzwanzig Jahren, und das war einfach nicht genug.

Anfangs wehrte sich Hanneke gegen die Neuankömmlinge. »Ich habe nicht mehr die körperliche und geistige Kraft, aus schlechten Arbeitern gute zu machen«, klagte sie.

»Aber Hanneke«, redete Alma ihr zu. »Sieh doch, mit welcher Raffinesse Mr Pike das Orchideenhaus auf Hochglanz poliert hat! Wollen wir nicht alle, dass ganz White Acre wieder so schön wird?«

»Raffinesse, Raffinesse – davon hat die Welt schon viel zu viel«, erwiderte Hanneke. »Was fehlt, ist gesunder Menschenverstand. Dein Mr Pike sorgt nur dafür, dass andere noch mehr Arbeit haben. Deine Mutter würde sich im Grab umdrehen, wenn sie wüsste, dass sich hier Leute damit abgeben, Blumen zu polieren.«

»Nicht die Blumen werden poliert«, stellte Alma richtig. »Nur die Blätter.«

Nach und nach strich Hanneke jedoch die Segel, und es dauerte nicht lange, da wurde Alma Zeugin, wie sie das junge Personal sogar anwies, die alten Mehlfässer aus dem Keller zu schleppen und in der Sonne trocknen zu lassen, eine lästige Arbeit, die – soweit sich Alma erinnerte – zum letzten Mal in Zeiten der Präsidentschaft von Andrew Jackson durchgeführt worden war.

»Treiben Sie es mit der Reinlichkeit nur nicht zu weit, Alma«, warnte Ambrose. »Ein wenig Vernachlässigung kann durchaus von Vorteil sein. Vielleicht haben Sie schon einmal bemerkt, dass der prachtvollste Flieder neben verfallenen Scheunen und verlassenen Schuppen wächst? Schönheit muss sich mitunter ein wenig übergangen fühlen, um sich weidlich zu entfalten.«

»So spricht ein Mann, der seine Orchideen mit Bananenschalen zum Glänzen bringt!«, entgegnete Alma lachend.

»Nun, es sind eben Orchideen«, verteidigte sich Ambrose. »Das ist etwas anderes. Orchideen sind heilige Reliquien, denen man mit Ehrfurcht begegnen muss.«

»Also wirklich, Ambrose«, erwiderte Alma. »Ganz White Acre war auf dem besten Weg, sich in eine heilige Reliquie zu verwandeln – nämlich in ein Relikt aus uralten Zeiten!«

Inzwischen sprachen sich die beiden mit »Alma« und »Ambrose« an.

Der Mai verging. Der Juni verging. Der Juli kam.

War Alma jemals so glücklich gewesen?

Nein, noch nie war sie so glücklich gewesen.

Bis zu dem Tag, an dem Ambrose Pike nach White Acre kam, hatte Alma ein leidlich gutes Leben geführt. Ihre Welt mochte klein sein und ihre Tage monoton, doch nichts davon war unerträglich für sie. Sie hatte das Beste aus ihrem Schicksal gemacht. Das Studium der Moose beschäftigte ihren Geist, und sie wusste, dass ihre Forschungen redlich und unanfechtbar waren. Sie hatte ihre Fachzeitschriften, ihr Herbarium, ihre Mikroskope, ihre botanischen Abhandlungen, ihre Briefe von Sammlern aus Übersee, ihre Pflichten gegenüber dem Vater. Sie hatte ihre Gepflogenheiten, ihre Angewohnheiten und ihre Aufgaben. Sie hatte ihre Würde. Zweifelsohne war sie wie ein Buch, in dem seit beinahe dreißig Jahren Tag für Tag dieselbe Seite aufgeschlagen wurde – doch so schlecht war diese Seite nicht. Alma war zufrieden gewesen, heiter. Es war durchaus ein gutes Leben gewesen.

Doch nun war ihr die Rückkehr in dieses Leben für alle Zeiten verwehrt.

•

Im Juli des Jahres 1848 stattete Alma ihrer Freundin Retta – zum ersten Mal seit deren Einweisung in die Griffon-Irrenanstalt – einen Besuch ab. Alma hatte das George Hawkes gegebene Versprechen, Retta jeden Monat zu besuchen, nicht gehalten; auf White Acre hatte seit Ambroses Ankunft ein so reges Treiben geherrscht, dass Retta darüber in Vergessenheit geraten war. Erst in der Mitte des Monats Juli begann sich Almas Gewissen zu regen, und sie traf sogleich alle Vorkehrungen für die Kutschreise nach Trenton. Sie schickte George Hawkes eine Nachricht mit der Frage, ob er sie begleiten wolle, doch er verneinte ohne Angabe von Gründen. Alma wusste, dass er es einfach nicht ertragen konnte, Retta in ihrem derzeitigen Zustand zu sehen. Ambrose hingegen bot Alma seine Begleitung an.

»Aber Sie haben doch so viel zu tun«, wandte Alma ein. »Zudem wird es wohl kaum ein erquicklicher Besuch.«

»Die Arbeit kann warten. Ich würde Ihre Freundin gern kennenlernen. Und ich gestehe, dass ich eine gewisse Neugier verspüre, was Erkrankungen des Geistes betrifft. Es würde mich interessieren, dieses Irrenhaus zu sehen.«

Nach einer reibungslosen Fahrt nach Trenton und einem kurzen Gespräch mit dem behandelnden Arzt wurden Alma und Ambrose in Rettas Zimmer geführt. Es war ein kleiner Raum, ausgestattet mit einem ordentlichen Bett, einem Tisch samt Stuhl, einem schmalen Teppich und einem Flecken an der Wand, wo einst ein Spiegel gehangen hatte, bevor er – wie die Schwester erklärte – entfernt wurde, weil er die Patientin in Unruhe versetzte.

»Wir haben eine Zeitlang versucht, sie mit einer anderen Dame das Zimmer teilen zu lassen«, berichtete die Schwester. »Aber dazu war sie nicht in der Lage, wurde gewalttätig. Sie bekam Anfälle von panischer Erregung. Man muss tatsächlich um jeden bangen, der allein mit ihr ist. Da ist ein Einzelzimmer besser.«

»Was tun Sie, wenn sie solche Anfälle erleidet?«, fragte Alma.

»Eisbäder«, antwortete die Schwester. »Und wir verbinden ihr Augen und Ohren. Das scheint sie zu beruhigen.«

Alles in allem war es kein unerfreulicher Raum. Lichtdurchflutet, mit Blick auf die hinteren Gärten, und doch spürte Alma die Einsamkeit, die ihre Freundin umgab. Retta war ordentlich gekleidet, das Haar sauber und sorgsam geflochten, aber irgendwie sah sie gespenstisch aus. Aschfahl. Nach wie vor war sie ein hübsches Ding, inzwischen jedoch wirklich nur noch ein Ding. Sie wirkte weder erfreut noch beunruhigt, Alma zu sehen, und zeigte keinerlei Interesse an Ambrose. Alma setzte sich neben Retta und nahm ihre Hand. Sie ließ es widerspruchslos geschehen. Einige Fingerspitzen waren verbunden.

»Was ist da passiert?«, fragte Alma die Schwester.

»Nachts beißt sie sich«, erklärte diese. »Wir können sie nicht daran hindern.«

Alma hatte Retta eine kleine Tüte Zitronenbonbons und einige in Papier gewickelte Veilchen mitgebracht, doch Retta starrte auf die Geschenke, als fragte sie sich, was davon zu essen und was zu bewundern war. Nicht einmal die neueste Ausgabe von *Joy's Lady's Book*, die Alma unterwegs noch erstanden hatte, erregte ihr Interesse. Alma wurde den Verdacht nicht los, dass die Blumen, das Damenjournal wie auch die Bonbons am Ende der Schwester den Heimweg versüßen würden.

»Wir sind gekommen, um dich zu besuchen«, sagte sie etwas lahm.

»Warum seid ihr dann nicht hier?«, fragte Retta mit dumpfer, verwaschener Stimme. Laudanum, dachte Alma.

»Wir sind doch hier, Liebes. Wir sind bei dir.«

Retta sah Alma ausdruckslos an, dann wanderte ihr Blick wieder zum Fenster.

»Ich hatte ihr ein Prisma mitbringen wollen«, sagte Alma zu Ambrose. »Und nun bin ich losgefahren und habe es vergessen. Sie hat Prismen immer geliebt.«

»Sie sollten ihr ein Lied vorsingen«, schlug Ambrose leise vor.

»Ich bin keine Sängerin«, sagte Alma.

»Ich glaube nicht, dass sie Einwände erheben wird.«

Doch Alma hatte Mühe, sich auch nur eines einzigen Liedes zu entsinnen. Stattdessen neigte sie sich zu Rettas Ohr und flüsterte: »Wer liebt dich sehr? Wer liebt dich mehr? Wer denkt an dich, wenn andere ruhen?«

Retta blieb eine Antwort schuldig.

Mit einem Anflug von Panik wandte sich Alma zu Ambrose und fragte ihn: »Kennen Sie ein Lied?«

»Ich kenne viele Lieder, Alma. Doch Rettas Lied kenne ich nicht.«

•

Auf der Heimfahrt waren Alma und Ambrose nachdenklich und still. Schließlich fragte Ambrose: »War sie immer so?«

»So benommen? Nein, überhaupt nicht. Sie war zwar immer ein bisschen verrückt, aber als junges Mädchen einfach entzückend. Sie besaß einen wilden Humor und einigen Charme. Man musste sie einfach liebhaben. Selbst meiner Schwester und mir brachte sie Fröhlichkeit und Gelächter – dabei war es uns beiden, wie ich ja schon erzählt habe, bis dahin nicht vergönnt, Momente der Fröhlichkeit miteinander zu teilen. Doch im Laufe der Jahre nahmen Rettas Störungen zu. Und jetzt … Sie haben es ja gesehen …«

»Ja. Ich habe es gesehen. Armes Geschöpf. Geisteskranke erwecken solches Mitgefühl bei mir. Sooft ich in ihrer Nähe bin, empfinde ich dies bis in die Tiefen meines Gemüts. Ich glaube im Übrigen, wer behauptet, sich niemals dem Wahnsinn nahe gefühlt zu haben, der lügt.«

Alma dachte über Ambroses Äußerung nach. »Ich glaube ungelogen, dass ich mich niemals dem Wahnsinn nahe gefühlt habe«, stellte sie schließlich fest. »Ich frage mich, ob ich damit die Unwahrheit sage. Aber ich glaube nicht.«

Ambrose lächelte. »Natürlich nicht. Ich hätte Sie davon ausnehmen sollen, Alma. Sie sind anders. Ihr Denken ist von großer Festigkeit und Substanz. Ihre Gefühle sind beständig und unverwüstlich. Darum geben Sie den Menschen in Ihrer Nähe ein so starkes Gefühl der Sicherheit.«

»Tue ich das?« Almas Erstaunen war durch und durch echt.

»Ja, allerdings.«

»Das ist ein wunderlicher Gedanke, den ich noch nie gehört habe.« Alma sah aus dem Kutschfenster und sann nach. Dann fiel ihr etwas ein. »Oder vielleicht doch. Wissen Sie, Retta sagte mir einmal, ich hätte ein beruhigendes Kinn.«

»Ihr ganzes Wesen strahlt etwas Beruhigendes aus, Alma. Selbst Ihre Stimme ist beruhigend. Für diejenigen unter uns, die zuweilen das Gefühl erfasst, dass sie durchs Leben getrieben werden wie Streu über einen Mühlenboden, ist Ihre Gegenwart ein unschätzbarer Trost.«

Alma wusste keine Antwort auf diese überraschende Erklärung und versuchte einfach, sie abzutun. »Ach was, Ambrose«, sagte sie. »Sie sind doch selbst ein so ausgeglichener, gefasster Mensch – gewiss haben auch Sie sich noch nie dem Wahnsinn nahe gefühlt.«

Er dachte einen Augenblick nach und wählte die folgenden Worte mit Bedacht: »Ein gewisses Gefühl der Vertrautheit mit Zuständen wie denen Ihrer Freundin Retta Snow lässt sich nicht leugnen.«

»Nicht doch, Ambrose!«

Als seine Antwort auf sich warten ließ, wurde ihr bang ums Herz.

»Nicht doch, Ambrose«, wiederholte sie, diesmal leiser. »Oder?«

Wieder übte er sich in Vorsicht und nahm sich Zeit. »Ich spreche von einem Gefühl des Herausgerissenseins aus dieser Welt – gepaart mit einer Orientierung hin zu einer anderen Welt.«

»Welcher anderen Welt?«, fragte Alma.

Sein Zögern ließ erahnen, dass sie zu weit gegangen war, weshalb sie sogleich in ungezwungenerem Ton hinzufügte: »Ich bitte um Entschuldigung, Ambrose. Ich habe die schreckliche Angewohnheit, zu fragen und zu fragen, bis ich eine zufriedenstellende Antwort erhalte. Das liegt, so leid es mir tut, nun einmal in meiner Natur. Ich hoffe, Sie halten mich nicht für unhöflich.«

»Sie sind nicht unhöflich«, erwiderte Ambrose. »Ich weiß Ihre Neugier zu schätzen. Ich frage mich lediglich, wie ich Ihnen eine zufriedenstellende Antwort geben soll. Man möchte die Zuneigung der Menschen, die man bewundert, nicht verlieren, indem man zu viel von sich preisgibt.«

Womit Alma den Gegenstand ad acta legte in der Hoffnung, die Geisteskrankheit werde als Thema nie wieder Erwähnung finden. Um den Anschein von Normalität zu erwecken, nahm sie ein Buch aus der Tasche und versuchte zu lesen. Allein, das Rütteln und Holpern der Kutsche war einer bequemen Lektüre nicht zuträglich, und auch das eben Gehörte lenkte ihren Geist ab; dennoch gab sie vor, in ihr Buch vertieft zu sein.

Nach längerer Zeit ergriff Ambrose wieder das Wort: »Ich habe Ihnen noch nicht verraten, warum ich Harvard vor vielen Jahren den Rücken kehrte.«

Alma ließ das Buch sinken und sah ihn an.

»Ich erlitt einen Anfall, Alma«, sagte er.

»Von Wahnsinn?«, fragte Alma. Wie gewohnt sprach sie ohne Umschweife, obwohl sich ihr Magen in banger Erwartung der Antwort zusammenzog.

»Möglicherweise. Mir fehlt die Gewissheit, als was man es bezeichnen sollte. Meine Mutter hielt es für Wahnsinn. Meine Freunde hielten es für Wahnsinn. Die Ärzte glaubten, es sei Wahnsinn. Ich selbst fühlte, dass es etwas anderes war.«

»Nämlich?«, fragte sie trotz wachsender Beklemmung in möglichst normalem Ton.

»Besessenheit von Geistern vielleicht? Von magischen Kräften? Ein Überschreiten stofflicher Grenzen? Vom Feuer beflügelte Inspiration?« Er lächelte nicht. Er meinte es durchaus ernst.

Ambroses Bekenntnis gab Alma derart zu denken, dass sie nichts zu erwidern wusste. In ihrer Gedankenwelt war für ein Überschreiten stofflicher Grenzen kein Platz. Nichts verlieh Alma Whittakers Leben mehr Sicherheit und Stabilität als die ermutigende Gewissheit, dass es stoffliche Grenzen gab.

Ambrose warf ihr einen fast ängstlichen Blick zu. Er beäugte Alma wie einen Kompass, dem er – je nach Beschaffenheit der ablesbaren Reaktion – die weitere Marschrichtung entnehmen würde. Sie mühte sich, alle Anzeichen von Besorgnis aus ihrem Gesicht zu vertreiben. Offenbar stellte ihn das, was er sah, zufrieden.

»Als ich neunzehn war«, fuhr er fort, »stieß ich in der Bibliothek von Harvard auf mehrere Bücher von Jacob Böhme. Kennen Sie ihn?«

Natürlich kannte sie ihn. Seine Bücher waren auch in der Bibliothek von White Acre vertreten, und Alma hatte Böhme gelesen, doch ihre Bewunderung hielt sich in Grenzen. Jacob Böhme war ein deutscher Schuhmacher des sechzehnten Jahrhunderts, in dessen Denken mystische Pflanzenvisionen eine zentrale Rolle spielten. Viele betrachteten ihn als frühen Botaniker. Almas Mutter hingegen betrachtete ihn als einen Sumpf, in dem Reste mittelalterlichen Aberglaubens fortwirkten. Es gab also, was Jacob Böhme betraf, beträchtliche Meinungsunterschiede.

Der alte Schuhmacher hatte an etwas geglaubt, das er als *signatura rerum* bezeichnete, eine Art himmlische Zeichensprache: Gott habe zur Vervollkommnung der Menschheit verborgene Hinweise in der Struktur jeder Blume oder Frucht, jedes Baumes oder Blattes auf Erden hinterlegt. Die ganze Welt der Natur sei ein göttlicher Geheimcode, behauptete Böhme, durch den der Schöpfer Zeugnis seiner Liebe ablege. Aus diesem Grunde ähnelten Arzneipflanzen den jeweiligen Gebrechen, für deren Heilung sie bestimmt seien, oder den Organen, für deren Behandlung sie sich eigneten. So sei etwa Basilikum mit seinen leberförmigen Blättern ein unverkennbares Heilmittel bei Erkrankungen der Leber. Das Schöllkraut, welches einen gelben Saft erzeugt, könne zur Behandlung der gelblichen Hautverfärbung verwendet werden, die mit der Gelbsucht einhergeht. Walnüsse, deren Form der des menschlichen Gehirns ähnelt, seien bei Kopfschmerzen hilfreich. Huflattich, der unweit von kalten Bächen erblüht, könne den durch ein Bad in eisigem Wasser hervorgerufenen Husten oder Schüttelfrost heilen. *Polygonum* mit seinen blutrot gesprenkelten Blättern sei geeignet für die Behandlung offener Fleischwunden. So ging es immer weiter, eine Liste, die sich bis ins Unendliche fortführen ließ. Beatrix Whittaker hatte für solcherlei Theorien nichts als beißenden Spott übrig (»Die meisten Pflanzenblätter ähneln der menschlichen Leber – sollen wir sie deshalb alle essen?«), und Alma hatte sich die mütterliche Skepsis zu eigen gemacht.

Doch dies war nicht der rechte Moment für Skepsis, denn Ambrose hatte, wie Alma erst jetzt bemerkte, wieder begonnen, in ihrem Gesicht zu lesen. Verzweifelt schien er darin die Erlaubnis zu suchen, sich weiter zu offenbaren. Alma setzte abermals eine gleichmütige Miene auf, obschon sie in höchstem Maß beunruhigt war. Und so ergriff Ambrose wieder das Wort.

»Ich weiß, dass die heutige Wissenschaft Einwände gegen Böhmes Ideen erhebt«, sagte er. »Ich kann diese Vorbehalte durchaus verstehen. Jacob Böhmes Arbeitsweise widersprach jeder wissenschaftlichen Methodik. Die Strenge systematischen Denkens war ihm fremd. Seine Schriften waren ein Sammelsurium von Eingebungen, versprengt und zersplittert wie die Scherben eines Spiegels. Er war irrational. Er war leichtgläubig. Er sah nur, was er zu sehen wünschte. Was seinen Gewissheiten widersprach, das ignorierte er. Erst kamen seine Überzeugungen und dann die äußeren Gegebenheiten, welche er seinen Vorstellungen unterzuordnen suchte. Als wissenschaftlich darf man so etwas folglich nicht bezeichnen.«

Beatrix Whittaker hätte es nicht treffender formulieren können, dachte Alma, beschränkte sich jedoch wieder auf ein Nicken.

»Aber andererseits …« Alma ließ ihrem Freund Zeit, seine Gedanken zu sammeln. Er verstummte. Sie glaubte schon, er werde es dabei bewenden lassen. Doch dann, nach langem Schweigen, fuhr er fort: »Aber andererseits hat Böhme gesagt, Gott habe seinen mannigfaltigen *Abdruck* in der Welt hinterlassen, und es sei an uns, diese Zeichen zu erkennen.«

Abdruck? Die Parallele lag auf der Hand, und Alma sprach den Gedanken unwillkürlich aus: »Wie ein Drucker.«

Bei diesen Worten blickte Ambrose auf und sah Alma durchdringend an. Die Dankbarkeit und Erleichterung stand ihm ins Gesicht geschrieben. »Ja!«, entfuhr es ihm. »Genau das. Sie verstehen mich. Können Sie ermessen, was mir dieser Gedanke bedeutet hat, als ich jung war? Böhme zufolge ist diese *imprimatur* eine Form von heiliger Magie. Er sagt, dass diese Magie die einzige Theologie ist, derer wir bedürfen. Seiner Überzeugung nach können wir lernen, Gottes Abdrücke zu lesen, doch müssen wir uns zunächst ins Feuer begeben.«

»Uns ins Feuer begeben ...«, wiederholte Alma, um einen ruhigen, neutralen Ton bemüht.

»Ja. Indem wir uns von der materiellen Welt lossagen. Indem wir uns von der Kirche mit ihren Steinwänden und Liturgien lossagen. Indem wir uns von allem Ehrgeiz, allem Studium und allen Begehrlichkeiten des Körpers lossagen. Indem wir uns von Besitzgier und Selbstsucht lossagen. Indem wir sogar darauf verzichten zu sprechen. Erst dann können wir sehen, was Gott im Augenblick der Schöpfung gesehen hat. Erst dann vermögen wir die Botschaften zu lesen, die uns der Herr hinterlassen hat. Ich konnte kein Pfarrer mehr werden, nachdem ich von diesen Dingen gehört hatte, verstehen Sie, Alma? Und auch kein Student. Kein Sohn. Ja, offenbar nicht einmal ein Mann mit voller Lebenskraft.«

»Was sind Sie stattdessen geworden?«, fragte Alma.

»Ich versuchte, selbst Teil des Feuers zu werden. Ich stellte sämtliche Betätigungen des normalen Lebens ein. Ich hörte auf zu sprechen. Ja, sogar das Essen stellte ich ein. Ich glaubte, nur von Sonne und Regen leben zu können. Eine ganze Weile gelang es mir – so unglaublich dies auch klingen mag –, tatsächlich nur von Sonne und Regen zu leben. Mich selbst überraschte es nicht. Ich glaubte daran. Wissen Sie, Alma, von allen Kindern meiner Mutter war ich schon immer das gottesfürchtigste. Während meine Brüder über Logik und Verstand verfügten, war mir ein sehr viel instinktiveres Gespür für die Liebe des Schöpfers eigen. Als Kind pflegte ich mich derart ins Gebet zu versenken, dass mich die Mutter in der Kirche anstieß und dafür bestrafte, dass ich, wie sie glaubte, während der Messe eingeschlafen sei. Doch ich war nicht eingeschlafen. Im Gegenteil, ich hatte … kommuniziert. Angeregt durch die Lektüre von Jacob Böhme suchte ich später nach einer noch innigeren Begegnung mit dem Göttlichen. So trennte ich mich von allem Weltlichen, selbst von der Nahrungsaufnahme.«

»Was geschah dann?«, fragte Alma beklommen.

»Ich begegnete dem Göttlichen«, antwortete Ambrose mit leuchtenden Augen. »Zumindest erschien es mir so. Ich hatte die unvorstellbarsten Gedanken. Ich konnte die in den Bäumen verborgene Sprache lesen. Ich sah Engel, die in Orchideen lebten. Ich sah eine neue Religion, die sich einer neuen Pflanzensprache bediente. Ich hörte ihre Choräle. Diese Musik ist mir heute nicht mehr gegenwärtig, doch sie war überwältigend. Zwei Wochen lang war ich zudem imstande, die Gedanken anderer Menschen zu hören. Ich wünschte mir, sie könnten auch die meinen hören, doch dazu schienen sie nicht in der Lage zu sein. Ich lebte wie in einem Taumel der Glückseligkeit. Ich fühlte, dass mir niemand jemals wieder etwas anhaben könnte. Ich fügte niemandem Schaden zu, doch etwas anderes geschah: Das Verlangen nach dieser Welt kam mir abhanden. Und es geschah noch mehr. Unglaubliche Kenntnisse wurden mir zuteil! So gab ich, um ein Beispiel zu nennen, allen Farben neue Namen! Ja, ich sah sogar neue Farben, verborgene Farben. Wussten Sie, dass es eine Farbe namens *swissen* gibt, ein heller Türkiston? Außer Motten vermag ihn niemand zu sehen. Es ist die Farbe, in der sich Gottes Zorn äußert. Man sollte nicht glauben, dass Gottes Zorn von blassblauer Farbe ist. Doch genau so verhält es sich.«

»Das wusste ich nicht«, sagte Alma vorsichtig.

»Nun, ich habe es gesehen«, erklärte Ambrose. »Ich sah, dass bestimmte Bäume und Menschen in Strahlenkränze der

Farbe *swissen* getaucht waren. Und ich sah ein freundliches Leuchten an Orten, wo es eigentlich keinerlei Licht hätte geben dürfen. Dieses Licht hatte keinen Namen, doch es besaß einen Klang. Sooft ich es sah – oder hörte, um genau zu sein –, folgte ich ihm. Leider wurde ich bald darauf beinahe vom Tode ereilt. Mein Freund Daniel Tupper entdeckte mich in einer Schneeverwehung. Manchmal glaube ich, dass ich, wenn der Winter nicht gekommen wäre, vielleicht imstande gewesen wäre weiterzumachen.«

»Ohne Nahrung, Ambrose?«, fragte Alma. »Wohl kaum …«

»Manchmal glaube ich es. Ich maße mir nicht an, dass es rational ist, doch ich glaube daran. Mein Wunsch, eine Pflanze zu werden, war groß. Und manchmal glaube ich, dass ich mich für einen kurzen Moment – getragen von meiner tiefen Überzeugung – tatsächlich in eine Pflanze verwandelt habe. Wie hätte ich sonst zwei Monate lang nur von Sonne und Regen leben können? Ich rief mir Jesaja 40 in Erinnerung: ›Alles Fleisch ist Gras … ja, Gras ist das Volk‹.«

Zum ersten Mal seit Jahren dachte Alma daran zurück, wie sie sich als Kind gewünscht hatte, eine Pflanze zu sein. Das kleine Mädchen, das sich vonseiten des Vaters mehr Geduld und Zuneigung wünschte … Was auch immer damals ihre Gründe waren, sie hatte jedenfalls nie daran geglaubt, wirklich eine Pflanze zu sein.

»Als mich meine Freunde im Schnee fanden«, fuhr Ambrose fort, »brachten sie mich in eine Heilanstalt für Geisteskranke.«

»Einen Ort wie den, wo wir herkommen?«, fragte Alma.

Ambrose schenkte ihr ein unendlich trauriges Lächeln. »Oh nein, Alma. Ganz und gar nicht. Kein Ort wie der, wo wir herkommen.«

»Das tut mir leid«, antwortete Alma bestürzt. In Philadelphia hatte sie erfahren, wie es in herkömmlichen Heilanstalten aussah – immer dann, wenn sich George und sie aus purer Verzweiflung dazu durchgerungen hatten, Retta für kurze Zeit in eines dieser Häuser einzuweisen. Sie konnte sich ihren sanftmütigen, liebenswürdigen Freund Ambrose beim besten Willen nicht an einem solchen Ort des Elends und Leids vorstellen.

»Man muss darüber nicht traurig sein«, bemerkte Ambrose. »Es ist vorüber. Zu meinem Glück kann ich sagen, dass ich das meiste, was dort geschehen ist, vergessen habe. Allerdings bin ich seit den Erfahrungen in dieser Heilanstalt etwas ängstlicher, als ich es zuvor war. Zu ängstlich, um jemals wieder gänzlich Vertrauen zu fassen. Als ich entlassen wurde, nahmen sich Daniel Tupper und seine Familie meiner an. Sie waren gut zu mir. Sie gaben mir Obdach und ließen mich in der Druckerei arbeiten. Ich hoffte darauf, dass es mir vielleicht nochmals gelingen würde, den Engeln zu begegnen, dieses Mal jedoch auf greifbarerem Wege. Auf geschützterem Wege, wäre vielleicht der treffendere Ausdruck. Ich hatte den Mut verloren, mich ins Feuer zu begeben. Also brachte ich mir die Kunst des Druckens bei – ich weiß, es klingt frevelhaft und vermessen, doch ich gestehe, dass ich es Gott gleichtun wollte. Ich wollte den Abdruck meiner Empfindungen in der Welt hinterlassen, auch wenn mir dies bislang nicht in der von mir erhofften Weise gelungen ist. Doch es ist eine Beschäftigung. Und so meditierte ich über Orchideen. Die Orchideen brachten mir Trost.«

Alma zögerte. »Ist es Ihnen gelungen, den Engeln nochmals zu begegnen?«

»Nein.« Ambrose lächelte. »Leider nicht. Doch die Arbeit brachte mir die ihr eigenen Freuden und Zerstreuungen. Tuppers Mutter ist es zu verdanken, dass ich wieder zu essen begann. Freilich war ich nicht mehr derselbe Mensch. Ich mied alle Bäume und Menschen, von denen ich gesehen hatte, dass sie in Gottes zorniges *swissen* getaucht waren. Ich sehnte mich nach den Chorälen der neuen Religion, die ich gehört hatte, doch ihre Worte waren mir entfallen. Bald darauf ging ich in den Dschungel. Meine Familie hielt dies für einen Fehler – der Wahnsinn würde mich dort wieder einholen, dachten sie, und die Einsamkeit würde meiner Konstitution schaden.«

»War dem so?«

»Vielleicht. Es ist schwer zu sagen. Wie ich bereits berichtet habe, erlitt ich dort Fieberschübe. Das Fieber schwächte mich zwar, doch es war mir durchaus willkommen. Denn im Fieber erlebte ich Momente, in denen ich Gottes *imprimatur* beinahe wieder zu sehen vermochte, wenn auch nur beinahe. Ich sah, dass auf Blättern und Ranken Gebote und Bestimmungen geschrieben standen. Ich sah, wie sich Äste um mich herum zu verstörenden Botschaften krümmten. Überall sah ich Zeichen, zusammenfließende Linien, doch ich war außerstande, sie zu lesen. Ich hörte Klänge der alten, vertrauten Musik, doch ich konnte sie nicht einfangen. Nichts offenbarte sich. Wenn ich krank daniederlag, war es mir hin und wieder vergönnt, einen kurzen Blick auf die in den Orchideen verborgenen Engel zu erhaschen – doch nie war es mehr als ein Kleidersaum. Und auch das nur bei klarem Licht und vollkommener Stille. All dies reichte mir nicht. Es war nicht das, was ich zuvor gesehen hatte. Wenn man die Engel einmal erblickt hat, Alma, gibt man sich nicht mit einem Kleidersaum zufrieden. Nach achtzehn Jahren wusste ich, dass ich nie wieder Zeuge dessen werden würde, was ich einst gesehen hatte – weder im Fieberdelirium noch in der tiefsten Einsamkeit des Dschungels –, und so kehrte ich heim. Ich vermute jedoch, dass ich mich immer nach etwas anderem sehnen werde.«

»Was ist es genau, wonach Sie sich sehnen?«, fragte Alma.

»Reinheit«, antwortete er, »und Zwiesprache.«

Während Alma all diese Dinge in sich aufnahm, wurde sie von einer großen Traurigkeit erfasst wie auch von der bohrenden Angst, dass sie im Begriff war, etwas Wunderschönes zu verlieren. Sie wusste nicht, wie sie Ambrose Trost spenden sollte, zumal er nicht einmal darum zu bitten schien. War er geistesgestört? Er wirkte nicht geistesgestört.

In gewisser Weise sollte sie es vielleicht als Ehre betrachten, dass er ihr diese Geheimnisse anvertraut hatte. Aber was für besorgniserregende Geheimnisse! Was sollte sie damit anfangen? Noch nie hatte sie Engel gesehen oder die verborgenen Farben von Gottes Zorn, und auch ins Feuer hatte sie sich niemals begeben. Sie konnte nicht einmal mit Gewissheit sagen, was dies eigentlich bedeutete: sich ins Feuer begeben. Wie tat man es? Und warum eigentlich?

»Was haben Sie nun vor?«, fragte Alma. Während sie diese Worte aussprach, verfluchte sie ihren behäbigen, alles andere als ätherischen Geist, der nur in weltlichen Kategorien denken konnte: *Der Mann spricht von Engeln, und du fragst ihn nach seinen Plänen.*

Doch Ambrose lächelte. »Ich wünsche mir ein friedliches Dasein, wenn ich auch nicht davon überzeugt bin, es tatsächlich verdient zu haben. Ich bin dankbar, dass Sie mir einen Ort gegeben haben, wo ich leben kann. Es ist mir eine große Freude, hier zu sein. White Acre ist eine Art Himmel für mich – jedenfalls kommt es dem Himmel so nahe, wie man ihm auf Erden nur sein kann. Ich bin übersättigt von der Welt und wünsche mir Ruhe und Frieden. Ich mag Ihren Vater, der mich nicht zu verurteilen scheint und mir erlaubt, hierzubleiben. Ich bin dankbar, dass ich etwas produzieren kann, denn das gibt mir eine Beschäftigung und erfüllt mich. Und am dankbarsten bin ich für Ihre Gesellschaft. Ich muss gestehen, dass ich mich seit dem Jahre 1828 einsam gefühlt habe – seit mich meine Freunde aus dem Schnee zogen und in die Welt zurückbrachten. Nach allem, was ich gesehen habe und seitdem nicht mehr zu sehen vermag, bin ich immer ein wenig einsam. Ich stelle allerdings fest, dass ich in Ihrer Gesellschaft weniger einsam bin als in anderen Momenten.«

Alma war den Tränen nahe, als sie diese Worte vernahm. Sie überlegte, was sie antworten sollte. Ambrose war immer so großzügig im Kundtun von Vertraulichkeiten, während sie noch nie etwas Derartiges preisgegeben hatte. Sein Umgang mit Geständnissen war couragiert. Und auch wenn ihr seine Offenbarungen Angst einflößten, fühlte sie sich verpflichtet, ihm seinen Mut in irgendeiner Weise zu vergelten.

»Auch Sie lindern meine Einsamkeit«, brachte sie schließlich heraus. Es fiel ihr schwer, dieses Geständnis abzulegen. Sie war außerstande, ihn dabei anzusehen, doch wenigstens bebte ihre Stimme nicht.

»Nie wäre ich auf diesen Gedanken verfallen, liebe Alma«, sagte Ambrose sanft. »Sie wirken immer so unerschütterlich.«

»Niemand von uns ist unerschütterlich«, erwiderte Alma.

•

Sie kehrten nach White Acre zurück, froh, ihren angenehmen, arbeitsamen Alltag wiederaufnehmen zu können – doch das Gespräch in der Kutsche ließ Alma keine Ruhe. Wenn Ambrose in sein Tun vertieft war – die Skizze einer Orchidee oder die Vorbereitung des Steins für eine Lithographie –, beobachtete sie ihn mitunter und suchte nach Anzeichen für einen kranken Geist. Doch sie fand nichts, was darauf hingedeutet hätte. Falls er unter Wahnvorstellungen oder unheimlichen Halluzinationen litt – oder sich selbige herbeiwünschte –, ließ er nichts davon durchblicken. Es gab keinerlei Hinweise auf eine geistige Störung.

Sooft Ambrose aufsah und ihrem Blick begegnete, lächelte er. Er war so unbekümmert, so sanftmütig und arglos. Dass er beobachtet wurde, schien ihn nicht zu beunruhigen. Er schien nichts verheimlichen zu wollen. Und es hatte auch nicht den Anschein, als bedauerte er, sich Alma geöffnet zu haben. Im Gegenteil, seine Herzlichkeit hatte sogar zugenommen. Er war wohlwollender, hilfsbereiter und aufmunternder denn je. Auf die Ruhe seines Gemüts war stets Verlass. Er zeigte Geduld im Umgang mit Henry, mit Hanneke, mit wem auch immer. Dass er bisweilen erschöpft wirkte, war nicht überraschend, denn er arbeitete hart, genauso wie Alma. Eine gewisse Erschöpfung ließ sich da nicht vermeiden. Ansonsten war er Alma weiterhin ein lieber, treuherziger Freund, nichts hatte sich daran verändert. Im Übrigen konnte Alma keinerlei Neigung zu Frömmelei bei ihm feststellen. Abgesehen von den pflichtschuldigen Kirchgängen, die er sonntags mit ihr absolvierte, sah sie ihn niemals beten. Er schien in jeder Hinsicht ein braver, aufrechter Mann zu sein, mit sich und der Welt im Reinen.

Gleichwohl hatte das in der Kutsche geführte Gespräch Almas Phantasie entfacht. Sie konnte sich keinen Reim darauf machen und hungerte nach einer plausiblen Antwort auf ihre Frage: War Ambrose Pike verrückt? Und wenn nicht verrückt, was war er dann? Alma hatte Mühe, sich mit der Existenz übernatürlicher Erscheinungen und Wunder anzufreunden, doch es fiel ihr nicht minder schwer, ihren lieben Freund als Irrenhäusler zu betrachten. Was hatte er in der Phase geistiger Verwirrung also gesehen? Alma war dem Göttlichen weder begegnet, noch hatte sie jemals ein Verlangen danach gespürt. Sie hatte ihr ganzes bisheriges Leben dem Verständnis des Realen, der materiellen Welt gewidmet. Als ihr einmal vor langer Zeit unter Einfluss von Äther ein Zahn gezogen wurde, hatte sie Sterne vor ihren Augen tanzen sehen – doch war das, wie sie schon damals wusste, eine normale Wirkung der Droge und nichts, was ihren Aufstieg in den Himmel befördert hätte. Ambrose hingegen hatte bei seinen Visionen nicht unter Einfluss von Äther gestanden. Sein Wahnsinn hatte sich … nun ja, bei klarem Kopf eingestellt.

In den folgenden Wochen erwachte Alma häufig in tiefster Nacht, um sich alsbald hinunter in die Bibliothek zu schleichen, wo sie sich in die Bücher von Jacob Böhme vertiefte. Seit ihrer Jugend hatte sie die Werke des alten deutschen Schuhmachers nicht mehr studiert und versuchte nun, den Texten unvoreingenommen und mit Respekt zu begegnen. Sie wusste, dass auch John Milton Böhme gelesen und dass Newton ihn gar bewundert hatte. Wenn so ausgewiesene Koryphäen Weisheit in seinen Schriften fanden und wenn Böhme einen so außergewöhnlichen Menschen wie Ambrose bis ins Mark getroffen hatte – warum war dann bei Alma nichts dergleichen geschehen?

Doch wie sie die Sache auch drehte und wendete, sie konnte in Böhmes Texten nichts entdecken, was sie in einen Zustand überirdischen Staunens versetzt hätte. In Almas Augen waren sie gespickt mit längst überholten Grundsätzen, undurchsichtig und okkult. Böhme gehörte dem alten Denken an, dem Denken des Mittelalters, in dem Bezoarsteine und Alchemie ihr Unwesen trieben. Er glaubte, dass Edelsteine und Metalle über göttliche Kräfte und Eigenschaften verfügten. In einem Stück Kohl erblickte er das Kreuz Gottes. Alles hienieden war gestaltgewordene Offenbarung der grenzenlosen göttlichen Liebe und Macht. Jedes Stück Natur war ein *verbum fiat* – ein gesprochenes Wort Gottes, ein fleischgewordenes Wunder. Böhme glaubte, dass Rosen die Liebe nicht symbolisierten, sondern Liebe *waren*: greifbar gemachte Liebe. Er war ein Apokalyptiker und Utopist. Mit dieser Welt müsse es bald zu Ende gehen, schrieb er; die Menschheit müsse einen paradiesischen Zustand erreichen, in dem sich alle Männer in männliche Jungfrauen verwandeln würden und das Leben Freude und Spiel wäre. Gottes Weisheit, so behauptete er, sei weiblich und eine ewige Jungfrau – kein Eheweib, sondern makellose Keuschheit und Reinheit als Abbild Seiner selbst … In ihr, so schrieb Böhme, erblicke der Heilige Geist das Bild der Engel. Und obschon sie allen Früchten Leib gebe, sei sie nicht die Leiblichkeit der Früchte, sondern die Anmut und Schönheit in ihnen …

Solche Sätze ergaben für Alma keinerlei Sinn. Einige erzürnten sie sogar. Und ganz gewiss erweckten sie kein Verlangen in ihr, das Essen, Studieren oder Sprechen einzustellen oder den Freuden des Körpers zu entsagen und von Sonne und Regen zu leben. Im Gegenteil, Böhmes Schriften steigerten nur Almas Sehnsucht nach ihren Moosen und Mikroskopen, nach den Annehmlichkeiten des Greifbaren, Konkreten. Warum reichte die materielle Welt Menschen wie Jacob Böhme nicht? War das, was man sehen, berühren und für wahr befinden konnte, nicht wunderbar? Nicht wunderbar genug?

Wahres Leben stehe im Feuer, schrieb Böhme, und dann jage ein Mysterium das nächste.«

So gern sich Alma an dieser Jagd beteiligt hätte – ihr Geist wollte sich einfach nicht entzünden. Allerdings kam er auch nicht zur Ruhe. Die Böhme-Lektüre wies ihr den Weg zu anderen Werken aus der Bibliothek von White Acre – verstaubten Abhandlungen, die allesamt an der Schnittstelle zwischen Botanik und Gottesgelehrsamkeit zu verorten waren. Skepsis und Empörung gingen bei Alma Hand in Hand. Sie blätterte in den Werken alter Theologen und abstruser Thaumaturgen. Sie nahm Albertus Magnus in Augenschein. Pflichtbewusst las sie, was Mönche vierhundert Jahre zuvor über Alraune und Einhörner geschrieben hatten. Aus wissenschaftlicher Sicht standen all diese Abhandlungen auf unbeschreiblich tönernen Füßen. In der Logik des Denkens dieser Autoren klafften solche Löcher, dass Alma zu hören glaubte, wie der Wind durch ihre Argumente pfiff. Seinerzeit war man von den absonderlichsten Dingen ausgegangen – dass Fledermäuse Vögel seien, dass Störche unter Wasser überwinterten, dass Stechmücken dem Tau von Blättern entsprangen, dass sich Gänse aus Rankenfußkrebsen entwickelten und Rankenfußkrebse auf Bäumen wüchsen. Als historische Phänomene waren solche Dinge durchaus interessant – doch warum, fragte sich Alma, sollte man derartigen Theorien Anerkennung zollen? Warum hatte sich Ambrose von mittelalterlicher Gelehrsamkeit verführen lassen? Sicher, es waren faszinierende Gedankenwege, jedoch Wege voller Irrtümer.

In einer heißen Nacht gegen Ende des Monats Juli saß Alma beim Schein der Lampe in der Bibliothek und sah sich mit der Brille auf der Nase ein aus dem siebzehnten Jahrhundert stammendes Exemplar eines *Arboretum Sacrum* an, dessen Autor ähnlich wie Böhme versucht hatte, in sämtliche Bibelpflanzen heilige Botschaften hineinzulesen. Plötzlich erschien Ambrose. Alma fuhr zusammen, während er einen ruhigen, gelassenen Eindruck erweckte. Wenn überhaupt, so schien er sich um Alma zu sorgen. Er nahm neben ihr an dem langen Tisch mitten in der Bibliothek Platz. Er trug dieselbe Kleidung wie schon am Tage. Entweder hatte er mit Rücksicht auf Alma sein Nachtgewand abgelegt, oder aber er war an diesem Abend noch gar nicht schlafen gegangen.

»Sie sollten nicht so viele Nächte dem Bett fernbleiben, meine liebe Alma«, bemerkte er.

»Ich nutze die ruhigen Stunden für meine Studien«, erwiderte Alma. »Ich hoffe, ich habe Sie nicht gestört.«

Er warf einen Blick auf die Titel der großen, alten Bücher, die vor ihr lagen. »Aber Sie lesen ja gar nichts über Moose«, sagte er mit ruhiger Stimme. »Was interessiert Sie an all diesen Dingen?«

Es fiel ihr schwer, Ambrose zu belügen. Alma war ohnehin keine Meisterin im Verbreiten von Unwahrheiten, doch gerade Ambrose wollte sie keinesfalls täuschen. »Es will mir einfach nicht gelingen, Ihrer Geschichte einen Sinn zu geben«, gestand sie. »In diesen Büchern suche ich danach.«

Er nickte stumm.

»Angefangen habe ich mit Böhme«, fuhr Alma fort, »den ich schlichtweg unverständlich finde, und nun suche ich weiter und lese … alle anderen.«

»Ich habe Ihnen mit meinem Geständnis Sorgen bereitet, Alma. Ich hatte befürchtet, dass genau dies geschehen würde. Hätte ich doch geschwiegen!«

»Nein, Ambrose. Wir sind einander so gute, liebe Freunde. Sie dürfen sich mir immer anvertrauen. Und Sie dürfen mir bisweilen auch Sorgen bereiten. Es ist mir eine Ehre, dass Sie mir solcherlei Geheimnisse anvertraut haben. Doch mit dem Wunsch, Sie besser zu verstehen, habe ich mir wohl leider zu viel zugemutet.«

»Was sagen Ihnen diese Bücher über mich?«

»Nichts«, antwortete Alma. Sie musste lachen, und Ambrose zögerte nicht, sich ihrer Heiterkeit anzuschließen. Alma war sehr erschöpft, und auch Ambrose wirkte ermattet.

»Warum fragen Sie mich dann nicht selbst?«

»Weil ich Ihren Unmut nicht erregen möchte.«

»Sie könnten niemals meinen Unmut erregen.«

»Es ärgert mich einfach, Ambrose – all die Irrtümer in diesen Büchern. Und ich frage mich, warum diese Irrtümer Sie nicht verärgern. Bei Böhme gibt es derart viele Gedankensprünge, Widersprüche, Verwirrungen. Es ist, als wollte er sich kraft einer Logik, deren Flügel nicht tragen, in den Himmel aufschwingen.« Sie zog das Buch über die Tischplatte zu sich hin und schlug es auf. »Hier, nehmen wir zum Beispiel dieses Kapitel, da versucht er, den in der Bibel genannten Pflanzen einen Schlüssel zu Gottes Geheimnissen zu entlocken. Was soll man damit anfangen, wenn die Fakten schlechterdings unzutreffend sind? Er verwendet ein ganzes Kapitel darauf, die ›Lilien auf dem Felde‹ zu deuten, die im Matthäusevangelium Erwähnung finden. Er nimmt jede Silbe, jeden Buchstaben des Wortes ›Lilien‹ unter die Lupe, als ließe sich darin eine Offenbarung finden ... Doch bedauerlicherweise handelt es sich bei den ›Lilien auf dem Felde‹ ganz eindeutig um eine Fehlübersetzung. Christus kann in seiner Bergpredigt nicht von Lilien gesprochen haben. Es gibt in Palästina nur zwei heimische Lilienarten, von denen die eine so selten ist wie die andere. Sie hätten niemals in solcher Fülle geblüht, dass sie eine ganze Wiese bedeckt hätten. Zudem wären sie dem einfachen Volk nicht geläufig gewesen. Aufgrund dessen ist es sehr viel naheliegender, dass Christus, der seine Predigten stets einer größtmöglichen Hörerschaft verständlich machen wollte, für diese Metapher eine bekanntere Blume ausgewählt hätte. Möglicherweise hätte er von den Windröschen auf dem Felde gesprochen –

vermutlich der *Anemone coronaria* –, wobei wir dies natürlich nicht mit Gewissheit behaupten können …«

Alma verstummte. Was sie sagte, klang oberlehrerhaft und lächerlich.

Tatsächlich lachte Ambrose auf. »Welch eine Dichterin Sie doch sind, Alma! Wie gern würde ich Ihre Übersetzung der Heiligen Schrift lesen: ›*Schaut die Lilien auf dem Felde an, wie sie wachsen: sie arbeiten nicht, auch spinnen sie nicht – gleichwohl es sich höchstwahrscheinlich nicht um Lilien handelt, sondern vermutlich eher um die* Anemone coronaria, *wobei wir dies natürlich nicht mit Gewissheit behaupten können, jedoch ungeachtet dessen davon ausgehen dürfen, dass sie nicht arbeiten und auch nicht spinnen.*‹ Welch klangvoller Lobgesang! Wie gern möchte man ihn aus den Kehlen einer zum Gottesdienst versammelten Gemeinde hören. Und nun sagen Sie mir, Alma, wo wir gerade beim Thema sind, was machen Sie mit den Weiden von Babel, an welche die Israeliten ihre Harfen hängten und weinten?«

»Jetzt verspotten Sie mich«, entgegnete Alma, in ihrem Stolz gekränkt. »Aber in Anbetracht der Gegend vermute ich, dass es wohl Pappeln waren.«

»Und der Apfel von Adam und Eva?«, bohrte Ambrose weiter.

So töricht sie sich dabei vorkam, der Drang, eine Antwort zu geben, war zu groß: »Es handelte sich entweder um eine Aprikose oder eine Quitte. Wobei die Wahrscheinlichkeit größer ist, dass es sich um eine Aprikose handelte«, dozierte sie, »da Quitten nicht so süß sind, als dass sie das Interesse einer jungen Frau geweckt hätten. Jedenfalls kann es kein Apfel gewesen sein. Im Heiligen Land gab es keine Äpfel, Ambrose, und der Baum im Garten Eden wird häufig als schattenspendendes Gewächs mit silbrigen Blättern beschrieben, eine Darstellung, die auf die meisten Aprikosenarten zutrifft. Wenn Jacob Böhme also von Äpfeln spricht, von Gott und dem Garten Eden …«

Sie hielt inne, denn Ambrose war in so heftiges Gelächter ausgebrochen, dass er sich die Tränen aus den Augenwinkeln wischen musste. »Meine liebe Miss Whittaker«, sagte er in einem Ton, der kaum zärtlicher hätte sein können, »Ihr Denkvermögen gibt wahrlich immer wieder Anlass zum Staunen. Ein so gefährliches Räsonnement war im Übrigen genau das, was Gott befürchtet hatte, sollte jemals eine Frau vom Baum der Erkenntnis essen. Sie sind ein abschreckendes Beispiel für das weibliche Geschlecht! Sie müssen dieser Intelligenz unverzüglich Einhalt gebieten und zur Mandoline greifen, zu einer Handarbeit oder einer wie auch immer gearteten nutzlosen Tätigkeit!«

»Sie finden mich lächerlich«, stellte Alma fest.

»Nein, nein, ganz und gar nicht. Ich finde Sie bemerkenswert. Es rührt mich, wie sehr Sie um das Verständnis meiner Person ringen. Gibt es in puncto Freundschaft einen größeren Beweis der Zuneigung? Was mich indessen am meisten rührt, ist die Tatsache, dass Sie mit den Mitteln rationalen Denkens etwas zu verstehen suchen, das sich jedem rationalen Verständnis entzieht. Sie werden keine exakten Grundprinzipien finden. Das Göttliche ist unfassbar, unergründlich – es liegt außerhalb der Welt, wie wir sie erfahren. Und genau hierin unterscheiden wir uns, liebste Alma: Ich möchte mich von Flügeln getragen zur Offenbarung aufschwingen, während Sie unverdrossen zu Fuß voranmarschieren, mit dem Vergrößerungsglas in der Hand. Ich bin, was das Wandern betrifft, ein Stümper, der lieber in den Lüften nach Gott Ausschau hält und nach neuen Erkenntniswegen sucht. Sie stehen auf festem Grund und untersuchen Stück für Stück, was greifbar vor Ihnen liegt. Ihre Vorgehensweise ist rationaler, methodischer, doch ich kann die meine nicht ändern.«

»Ja, meine Leidenschaft, Dinge zu verstehen, ist schrecklich«, räumte Alma ein.

»Eine Leidenschaft ist es wahrhaftig, doch schrecklich ist sie nicht«, entgegnete Ambrose. »Sie ist die natürliche Reaktion eines jeden, der mit einem so klaren, präzisen Geist wie dem Ihren das Licht der Welt erblickt. Bei mir verhält es sich anders: Wenn ich die Welt nur mit Hilfe des Verstandes wahrzunehmen suche, ist es, als tastete ich im Dunkeln mit dick vermummten Händen nach Gottes Gesicht. Das Studieren, Darstellen und Beschreiben reicht nicht aus. Ab und an muss man auch … einen Sprung wagen.«

»Hin zu welchem Gott? Das zu begreifen, ist mir schlechterdings unmöglich«, entgegnete Alma.

»Müssen Sie es denn begreifen?«

»Ja, weil ich Sie besser kennen möchte, Ambrose.«

»Dann fragen Sie mich direkt, Alma. Suchen Sie nicht in diesen Büchern nach mir. Hier bin ich, und ich werde Ihnen alles über mich sagen, was Sie wünschen.«

Energisch klappte Alma den dicken Wälzer zu, der vor ihr lag. So energisch, dass ihm ein ungutes, dumpfes Geräusch entwich. Dann rückte sie ihren Stuhl zu Ambrose hin, faltete die Hände im Schoß und sagte: »Was ich nicht zu begreifen vermag, ist Ihre Deutung der Natur. Das wiederum erweckt eine gewisse Sorge in mir, was Ihren Geisteszustand betrifft, Ambrose. Ich begreife nicht, wie Sie es fertigbringen, sich über die Widersprüche und Torheiten hinwegzusetzen, von denen diese alten, obskuren Theorien geradezu wimmeln. Sie mutmaßen, dass Ihr Gott ein gütiger Botaniker sei, der zum Wohle der Menschheit in jeder Pflanzenart auf Erden verborgene Hinweise hinterlegt habe – ich sehe jedoch keine stichhaltigen Beweise für diese Theorie. In unserer Welt existieren Pflanzen, die uns vergiften, und solche, die uns heilen, in gleicher Zahl. Warum etwa schenkt uns der Botanikergott die Lavendelheide oder den Liguster, wenn sie doch unsere Pferde und Kühe töten? Welche Offenbarung soll sich in diesen Gewächsen verbergen?«

»Aber warum sollte unser Herr kein Botaniker sein?«, beharrte Ambrose. »In welchem Berufszweig sähen Sie Ihren Gott lieber?«

Alma dachte ernsthaft über die Frage nach. »Vielleicht

sähe ich ihn lieber als Mathematiker«, entschied sie. »Als jemanden, der grübelt und verwirft, zu Papier bringt und wieder ausradiert. Als jemanden, der zusammenzählt und abzieht, multipliziert und teilt, mit Theorien und neuen Gedankenfolgen spielt. Fehler korrigiert. Diese Vorstellung erscheint mir vernünftiger.«

»Aber die Mathematiker, Alma, deren Bekanntschaft ich machen durfte, sind nicht gerade von mitfühlendem Gemüt und auch dem Leben nicht eben zugetan.«

»Das ist es ja gerade«, entgegnete Alma. »Es würde das Leiden der Menschheit erklären und die Zufälligkeiten, denen unser Schicksal unterliegt – schließlich wären wir die Bausteine, die Gott als Mathematiker zusammenzählt und abzieht, teilt oder ausradiert.«

»Welch düstere Sicht der Dinge! Ich wünschte, Ihr Blick auf das Leben wäre nicht gar so freudlos, Alma. Alles in allem kann ich in dieser Welt immer noch mehr Wunder als Leid erkennen.«

»Ich weiß«, antwortete Alma. »Und deshalb sorge ich mich um Sie. Sie sind ein Idealist und somit dazu auserkoren, enttäuscht, wenn nicht gar verletzt zu werden. Sie laufen einem Evangelium der Nächstenliebe und göttlichen Wundertaten hinterher, in dem für die Sorgen des Daseins kein Raum ist. Sie sind genauso wie William Paley, der behauptet hat, die Perfektion der Organismen unseres Universums sei ein Beweis für Gottes Liebe. Erinnern Sie sich noch an Paleys These, der zufolge der Mechanismus des menschlichen Handgelenks – welches sich in hervorragender Weise für die Beschaffung von Nahrung wie auch die Herstellung schönster Kunstgegenstände eignet – ein Zeichen der Zuneigung Gottes ist? Bedauerlicherweise eignet sich das menschliche Handgelenk in gleicher Weise dafür, mordlustig das Beil zu schwingen und auf den Nachbarn einzuschlagen. Welcher Liebesbeweis mag nun darin liegen? Darüber hinaus geben Sie, Ambrose, mir das Gefühl, dass ich eine grässliche kleine Spielverderberin bin, weil ich hier sitze, langweilige Vorträge halte und Ihrem strahlenden Vorbild nicht folgen kann!«

Stumm saßen sie voreinander. Schließlich fragte Ambrose: »Streiten wir uns gerade, Alma?«

Alma dachte sorgfältig nach. »Möglicherweise.«

»Wie kann es sein, dass wir aneinandergeraten?«

»Verzeihen Sie mir, Ambrose, ich bin erschöpft.«

»Sie sind erschöpft, weil Sie nächtelang in dieser Bibliothek gesessen und Männer, die seit Jahrhunderten tot sind, mit Fragen überschüttet haben.«

»Mein Leben lang habe ich mit solchen Männern Zwiesprache gehalten, Ambrose. Und ich kann Ihnen versichern, dass einige sogar noch älter waren.«

»Und weil die Antworten dieser Männer nicht nach Ihrem Geschmack sind, greifen Sie nun mich an. Wie soll ich Ihnen zufriedenstellende Antworten geben, Alma, wenn schon Männer, die mir an Geisteskraft weit überlegen sind, Sie enttäuscht haben?«

Alma stützte den Kopf in die Hände. Sie fühlte sich angespannt und ausgelaugt.

Ambrose sprach weiter, doch seine Stimme war wieder weicher geworden. »Denken Sie doch nur, wie viel wir lernen könnten, wenn wir uns von der Idee des Fechtens mit Worten, des Diskutierens befreien würden.«

Alma blickte auf und sah ihm fest in die Augen. »Ich kann mich nicht von der Idee des Diskutierens befreien, Ambrose. Vergessen Sie nicht, dass ich die Tochter eines Henry Whittaker bin. Ich wurde in eine Welt der Argumente hineingeboren. Diskussionen haben mich geformt und mich, seit ich denken kann, überallhin begleitet. Überdies glaube ich an ihren Nutzen, und ich liebe es, Argumente auszutauschen. Diskussionen sind der verlässlichste Weg zur Wahrheit, denn sie sind die einzige ausgewiesene Waffe gegen abergläubisches Denken und substanzloses Geschwätz.«

»Wenn man aber am Ende in Worten ertrinkt und nicht mehr hört …«

»Nicht mehr hört? *Was* nicht mehr hört?«

»Einander vielleicht? Nicht die Worte, sondern die Gedanken des anderen, seinen Geist. Wenn Sie mich fragen, woran ich glaube, Alma, so möchte ich Ihnen Folgendes sagen: Die ganze Sphäre der Luft, die uns umgibt, wimmelt von unsichtbaren Anziehungskräften elektrischer, magnetischer, feuriger oder gedanklicher Art. Es gibt einen universellen Einklang um uns herum. Es gibt einen verborgenen Weg zur Erkenntnis. Dessen bin ich gewiss, habe ich es doch am eigenen Leib erlebt. Als ich mich in jungen Jahren ins Feuer begab, sah ich, dass die Wissensspeicher des menschlichen Geistes ihre Tore nur selten ganz öffnen. Öffneten sie sich ganz, so gäbe es nichts mehr, was sich uns nicht offenbaren würde. Wenn wir imstande wären, in und um uns herum alle Diskussionen und Wortgefechte einzustellen, könnten sich unsere wahren Fragen Gehör verschaffen und die richtigen Antworten finden. Darin liegt die Kraft. Das ist das Buch der Natur, das weder in griechischer noch in lateinischer Sprache geschrieben ist. Das ist der Gipfel des Zaubers, ein Gipfel, von dem ich mir immer vorgestellt und erhofft habe, man könnte ihn teilen.«

»Sie sprechen in Rätseln«, erwiderte Alma.

»Und Sie sprechen zu viel«, entgegnete Ambrose.

Hierauf wusste Alma nichts zu erwidern. Jedenfalls nicht, ohne abermals zu sprechen. Sie war verwirrt und fühlte sich angegriffen. Tränen brannten in ihren Augen.

»Bringen Sie mich irgendwohin, wo wir gemeinsam schweigen können, Alma«, sagte Ambrose und neigte sich zu ihr. »Mein Vertrauen kennt keine Grenzen, und ich glaube, dass auch Sie mir vertrauen. Ich möchte mich nicht mehr mit Ihnen streiten. Ich möchte mit Ihnen sprechen, aber ohne Worte. Gestatten Sie mir den Versuch, Ihnen zu zeigen, was ich meine.«

Dies war eine höchst erstaunliche Bitte.

»Können wir denn nicht hier gemeinsam schweigen, Ambrose?«

Er ließ seinen Blick durch die elegante, imposante Bibliothek schweifen. »Nein«, entschied er. »Das geht nicht. Der Raum ist zu groß, zu laut, mit all den toten Männern und ihren Wortgefechten. Bringen Sie mich an einen verborgenen, ruhigen Ort, wo wir einander hören können. Ich weiß, es klingt verrückt, aber das ist es nicht. Wenn es etwas gibt, dessen ich gewiss bin, dann dies: Um wahre Zwiesprache zu halten, müssen wir lediglich beide einwilligen. Ich glaube inzwischen, dass ich aus eigener Kraft nicht imstande bin, zu dieser wahren Zwiesprache zu gelangen, denn ich bin zu schwach. Doch seit ich Ihnen begegnet bin, Alma, fühle ich mich stärker. Lassen Sie es mich nicht bereuen, Ihnen bereits so viel von mir anvertraut zu haben. Es ist nur eine Kleinigkeit, die ich Ihnen abverlange, Alma, doch ich muss darauf beharren, denn ich sehe keine andere Möglichkeit, mich Ihnen zu erklären, und wenn ich Ihnen nicht zeigen darf, woran ich glaube, werden Sie mich immerfort für gestört oder närrisch halten.«

»Nein, Ambrose«, protestierte sie, »ich wäre außerstande, so etwas zu denken …«

»Sie tun es ja schon!«, fiel er ihr verzweifelt ins Wort. »Jedenfalls wird es irgendwann dazu kommen. Dann werden Sie mich bemitleiden oder verabscheuen, und ich verliere die Gefährtin, die mir das Liebste auf der Welt ist, und versinke in Kummer und Trübsal. Ehe wir diesen traurigen Markstein erreichen – falls es dafür nicht schon zu spät ist –, erlauben Sie mir, Ihnen zu zeigen, was ich meine, wenn ich sage, dass sich die Natur in ihrer Unendlichkeit über die Grenzen unserer sterblichen Vorstellungskraft hinwegsetzt. Gestatten Sie mir den Versuch, Ihnen zu zeigen, dass wir ohne Worte miteinander sprechen können. Ich glaube, zwischen uns fließt so viel Liebe und Zuneigung, dass wir dies vollbringen können, liebste Freundin. Ich hatte immer die stille Hoffnung, eines Tages jemanden zu finden, mit dem ich imstande wäre, schweigend zu kommunizieren. Seit ich Ihnen begegnet bin, Alma, ist meine Hoffnung erblüht, denn wir scheinen ein natürliches, mitfühlendes Verständnis füreinander zu haben, das über die profanen, gewöhnlichen Formen der Zuneigung weit hinausgeht ... Ist es nicht so? Empfinden Sie nicht auch ein Gefühl der Stärke, wenn ich Ihnen nahe bin?«

Das ließ sich nicht leugnen – aus Gründen des Anstands und Stolzes allerdings auch nicht eingestehen.

»Was erwarten Sie von mir?«, war alles, was Alma einfiel.

»Ich wünsche mir, dass Sie meinem Geist und meiner Seele lauschen. Und ich wünsche mir, Ihrem Geist und Ihrer Seele lauschen zu dürfen.«

»Sie sprechen von Gedankenlesen, Ambrose. Das ist ein Gesellschaftsspiel.«

»Nennen Sie es, wie Sie wollen. Ich glaube dennoch, dass sich ohne das Hemmnis der Sprache alles offenbart.«

»Ich hingegen vermag so etwas nicht zu glauben«, erwiderte Alma.

»Sie sind eine Frau der Wissenschaft, Alma – warum versuchen Sie es also nicht? Sie haben nichts zu verlieren, dafür aber die Aussicht auf eine neue Erfahrung. Um unser Ziel zu erreichen, benötigen wir jedoch einen Ort tiefster Stille. Einen Ort ungestörtester Ruhe. Bitte, Alma, es ist nur dieser eine Wunsch, mit dem ich an Sie herantrete. Führen Sie mich an den stillsten, verborgensten Ort, den Sie kennen. Lassen Sie uns dort den Versuch unternehmen, Zwiesprache zu halten. Gestatten Sie mir, Ihnen zu zeigen, was ich nicht zu erklären vermag.«

Hatte sie eine andere Wahl?

Sie führte ihn in die Bindekammer.

•

Nun hatte Alma vom Phänomen des Gedankenlesens durchaus schon gehört. Es schien sich hierbei um eine neue Mode zu handeln, und mitunter konnte sich Alma des Eindrucks nicht erwehren, dass in Philadelphia derzeit jede zweite

Dame ein göttliches Medium war. Wo man auch hinsah, gab es Seelenbotschafter, deren Dienste man stundenweise in Anspruch nehmen konnte. Einige dieser Experimente schlugen sich sogar in den seriöseren medizinischen Fachzeitschriften nieder, was bei Alma blankes Entsetzen hervorrief. So hatte sie unlängst einen Artikel über das Thema des Pathetismus entdeckt – der Vorstellung, durch Hypnose Zufälle herbeiführen zu können, in ihren Augen eine Idee, die eher zur Jahrmarktsbelustigung taugte. Es gab Menschen, die derlei Dinge als Wissenschaft bezeichneten, doch Alma sah darin nichts weiter als ein Amüsement, noch dazu eine nicht eben ungefährliche Form des Amüsements.

In gewisser Weise ähnelte Ambrose – der feinnervige, sehnsuchtsvolle Ambrose – diesen Spiritualisten, wenn er sich auch in anderer Hinsicht gänzlich von ihnen unterschied. Zunächst einmal hatte er selbst noch nie von ihnen gehört. Er führte ein viel zu abgeschiedenes Leben, um von diesen mystischen Modeerscheinungen überhaupt Kenntnis zu nehmen. Er abonnierte keine Fachzeitschriften für Phrenologie, in denen die siebenunddreißig Fähigkeiten, Neigungen und Empfindungen, die sich an den Buckeln und Einkerbungen des menschlichen Schädels ablesen ließen, Diskussionsgegenstand waren. Auch ein Medium hatte er noch nie aufgesucht. Er zählte nicht zu den Lesern der transzendentalistischen Zeitschrift *The Dial*. Namen wie Bronson Alcott oder Ralph Waldo Emerson hatte er Alma gegenüber niemals erwähnt – ganz einfach deshalb, weil ihm diese Namen noch nie begegnet waren. Trost und Verbundenheit suchte er bei Autoren des Mittelalters, nicht bei denen der Gegenwart.

Darüber hinaus strebte er in gleicher Weise nach Nähe zum biblischen Gott wie zu den Geistern der Natur. Wenn er sonntags mit Alma die schwedisch-lutherischen Gottesdienste besuchte, kniete und betete er in demütigem Einvernehmen. Redlich saß er auf der harten Kirchbank aus Eichenholz und lauschte den Predigten ohne jedes Unbehagen. Wenn er nicht ins Gebet vertieft war, arbeitete er schweigend an seinen Druckerpressen, porträtierte fleißig Orchideen, half Alma bei ihren Moosen oder absolvierte lange Backgammon-Partien mit Henry. Ambrose hatte nicht die leiseste Ahnung, was in der übrigen Welt vor sich ging. Wenn überhaupt, so versuchte er, dieser Welt zu entfliehen – was Alma als Beweis dafür ansah, dass er sein wunderliches Ideenkonvolut aus eigener Kraft ersonnen hatte. Er wusste nicht, dass man derzeit in halb Amerika und in allen Teilen Europas versuchte, anderer Leute Gedanken zu lesen. Er wollte nur Almas Gedanken lesen und sie dazu bringen, die seinen zu lesen.

Das konnte sie ihm nicht verwehren.

Und so geschah es, dass sie den jungen Mann, als er sie bat, ihn an einen verborgenen, ruhigen Ort zu bringen, in die Bindekammer führte. Ein anderer Ort kam ihr nicht in den Sinn. Durchs halbe Haus zu marschieren, um eines der entfernteren Zimmer aufzusuchen, brachte die Gefahr mit sich, jemanden aufzuwecken. Außerdem wollte sie keinesfalls mit Ambrose in einem der Schlafzimmer angetroffen werden. Zudem war ihr kein ruhigerer, geheimerer Ort bekannt. Dies war Almas Liste von Gründen, ihn zur Bindekammer zu führen. Nicht auszuschließen, dass sie es tatsächlich aus diesen Gründen tat.

Er hatte nie bemerkt, dass sich dort eine Tür befand. Niemand wusste davon, so geschickt war der Türrahmen in die stuckverzierte Wand eingefügt. Seit Beatrix' Tod war Alma der einzige Mensch, der die Bindekammer jemals betrat. Vielleicht wusste Hanneke von ihr, doch die alte Wirtschafterin kam nur selten in diesen entfernten Flügel des Hauses, in dem sich die Bibliothek befand. Henry wusste vermutlich ebenfalls davon – schließlich hatte er das Gebäude entworfen –, doch auch er begab sich nur noch selten in die Bibliothek. Wahrscheinlich hatte er die Existenz der Bindekammer schon vor Jahren vergessen.

Alma hatte keine Lampe mitgebracht. Die Umrisse des

winzigen Kämmerchens waren ihr wohlvertraut. Es gab den Schemel, auf dem sie saß, wenn sie ihre schändlich-lustvollen Momente der Einsamkeit genoss, und es gab einen kleinen Arbeitstisch, auf dem nun Ambrose ihr gegenüber Platz nehmen konnte. Alma zeigte es ihm. Als sie die Tür geschlossen und verriegelt hatte, waren sie in völlige Dunkelheit getaucht, gemeinsam in dieser winzigen, verborgenen, stickigen Kammer. Weder die Dunkelheit noch die Enge schienen Ambrose zu ängstigen. Um nichts anderes hatte er schließlich gebeten.

»Darf ich Ihre Hände halten?«, fragte er.

Vorsichtig tastend streckte Alma beide Hände ins Dunkel, bis ihre Fingerspitzen seine Arme berührten. Gemeinsam fanden sie sich. Ambroses Hände waren schlank und leicht. Die ihren fühlten sich schwer an und feucht. Ambrose legte die Handrücken auf seine Knie, und sie ließ ihre Handflächen auf die seinen sinken. Was diese erste Berührung auslöste, hatte Alma unmöglich vorhersehen können: Wie aus dem Nichts brach ein tosender, gewaltiger Sturm der Liebe über sie herein. Er erfasste sie wie ein Schluchzen.

Was hatte sie auch erwartet? Hätte es denn weniger sein können als ein so wildes, überschwängliches Gefühl? Noch nie war Alma von einem Mann berührt worden. Besser gesagt erst zwei Mal – das erste Mal im Frühling des Jahres 1818, als George Hawkes Almas Hand zwischen die seinen gedrückt und ihre Meisterschaft bei der Bedienung des Mikroskops gelobt hatte, und ein weiteres Mal im Jahre 1848, erneut von George, als dieser sich wegen Retta in Nöten befand –, doch in beiden Fällen war nur *eine* ihrer Hände wie versehentlich mit dem Körper eines Mannes in Kontakt geraten. Niemals hatte sich indessen eine auch nur annähernd vertrauliche oder gar intime Berührung ereignet. Über Jahrzehnte hinweg hatte Alma unzählige Male hinter dieser verriegelten Tür auf diesem Schemel gesessen, um mit gespreizten Schenkeln und über die Taille gezogenen Röcken, den Rücken an die Wand gepresst, so gut wie möglich von eigener Hand ihre Gelüste zu stillen. Falls sich die Moleküle in diesem Raum von den anderen Molekülen auf White Acre unterschieden – wenn nicht gar von denen der restlichen Welt –, dann wohl deshalb, weil sie als stete Zeugen von Almas lüsternem Tun und Treiben entsprechend aufgeladen waren. Und nun saß Alma hier, im vertrauten Dunkel dieser Kammer, ihrer Bindekammer, von aufgeladenen Molekülen umringt und allein mit einem zehn Jahre jüngeren Mann.

Was hätte sie gegen den Sturm der Liebe tun sollen?

»Horchen Sie auf meine Frage«, sagte Ambrose, dessen Finger Almas Hände leicht umfingen. »Und dann stellen Sie mir die Ihre. Weiterer Worte wird es nicht bedürfen. Sobald wir uns gehört haben, werden wir beide es wissen.«

Ambrose verstärkte den Druck seiner Hände. Sofort strömte ein wundervolles Gefühl durch Almas Arme.

Wie konnte sie dieses Erlebnis verlängern?

Schon deshalb überlegte Alma, Ambrose glauben zu lassen, sie läse tatsächlich seine Gedanken; zudem dachte sie darüber nach, ob es eine Möglichkeit gab, ein solches Beisammensein in Zukunft zu wiederholen. Doch was wäre, wenn man sie hier entdeckte? Was würden die Leute sagen? Was würden sie von Ambrose denken, dessen Absichten wie immer von größter Reinheit und Unverdorbenheit zu sein schienen? Er würde wie ein Wüstling dastehen. Man würde ihn davonjagen. Und auch ihr brächte es Schande.

Nein, Alma begriff, dass es kein zweites Mal geben würde. Dies sollte der eine Moment ihres Lebens sein, in dem sich Männerhände um die ihren legten.

Sie schloss die Augen und lehnte sich zurück, bis das ganze Gewicht ihres Rückens gegen die Wand drückte. Er löste seinen Griff nicht. Ihre Knie streiften beinahe die seinen. Einige Zeit verstrich. Zehn Minuten? Eine halbe Stunde? Sie schwelgte im Genuss seiner Berührung. Sie nahm sich vor, das alles nie wieder zu vergessen.

Das angenehme Gefühl, das in ihren Handtellern seinen Ausgang genommen hatte und durch die Arme aufwärts gewandert war, drang nun weiter in ihren Oberkörper vor, um sich schließlich zwischen den Beinen zu bündeln. Hatte sie etwas anderes erwartet? Ihr Körper war wie abgerichtet auf diesen Raum – und nun gab es zudem einen neuen, zusätzlichen Reiz. Eine Zeitlang erwehrte sie sich des Gefühls. Dankbar nahm sie zur Kenntnis, dass auch ihr Gesicht im Dunkeln lag, denn jeder Lichtschimmer hätte eine glühende Grimasse offenbart. Obgleich sie selbst diesen Moment gewissermaßen erzwungen hatte, konnte sie es kaum glauben: Ihr gegenüber saß tatsächlich ein Mann, hier, in der Dunkelheit der Bindekammer, mitten in ihrem Allerheiligsten.

Alma bemühte sich, gleichmäßig zu atmen. Noch widerstand sie ihren Empfindungen, doch der Widerstand schien das zwischen ihren Beinen erwachte Gefühl der Lust zu begünstigen. Es gibt ein holländisches Wort, *uitwaaien*, welches so viel bedeutet wie *aus Lust gegen den Wind anrennen*. Genauso empfand sie es. Ohne ihren Körper zu bewegen, stemmte sich Alma mit ganzer Kraft gegen den immer kräftiger blasenden Wind, der sie mit gleicher Wucht zurückdrängte, was ihre Lust von Mal zu Mal steigerte.

Wieder verging Zeit. Abermals zehn Minuten? Eine halbe Stunde? Ambrose rührte sich nicht. Auch Alma bewegte sich nicht. Seine Hände verrieten nichts, nicht das leiseste Beben. Und doch war Alma erfüllt von ihm. Sie konnte ihn überall spüren, in ihrem Inneren wie auch um sie herum. Sie fühlte, wie er die Härchen in ihrem Genick zählte und die Nervenbündel am unteren Ende ihrer Wirbelsäule in Augenschein nahm.

Die Vorstellungskraft sei weich, hatte Jacob Böhme geschrieben, weich und dem Wasser ähnlich. Das Verlangen hingegen sei hart und trocken wie Hunger.

Alma spürte beides. Sie spürte das Wasser und den Hunger. Sie spürte die Vorstellungskraft und das Verlangen. Und bald erkannte sie mit einem gewissen Entsetzen, in das sich eine fast närrische Freude mischte, dass sie bereits im Begriff war, vom altvertrauten Strudel der Wollust mitgerissen zu werden. Rasch schwoll das Gefühl in ihrer Scheide, und dann gab es kein Halten mehr.

Ohne dass Ambrose etwas anderes berührte als ihre Hände, ohne dass sie selbst sich berührte, ohne hochgeschlagene Röcke, regungslos und ohne auch nur schneller zu atmen, taumelte Alma dem Höhepunkt entgegen. Für einen Augenblick nahm sie ein weißes Blitzen wahr, hell wie das Wetterleuchten an einem sternenlosen Sommerhimmel. Hinter ihren geschlossenen Augen wurde die Welt in einen milchigen Farbton getaucht. Geblendet versank sie in Verzückung und dann, fast im selben Moment, in Scham. Scham, wie sie grauenhafter nicht hätte sein können.

Was hatte sie bloß getan? Und was hatte *er* empfunden? Was hatte er gehört? Lieber Gott, was hatte er gerochen? Doch ehe Alma reagieren oder zurückweichen konnte, spürte sie bereits etwas anderes. Obgleich Ambrose immer noch keine Regung zeigte, hatte Alma mit einem Mal die Empfindung, dass er ihr beharrlich über die Fußsohlen streichelte. Bald erkannte sie, dass dieses Streicheln in Wahrheit eine Frage war – eine *Äußerung*, die wie aus dem Boden heraus Gestalt annahm. Sie spürte, dass sie ihre Fußsohlen durchdrang und sich durch die Beinknochen einen Weg nach oben bahnte. Dann spürte sie, wie die Frage in ihren Schoß kroch und durch den feuchten Pfad ihrer Scheide watete. Es war, als glitte eine Stimme durch sie hindurch. Ambrose fragte sie etwas, aus dem Inneren ihres Körpers heraus. Jetzt konnte sie es hören. Seine Frage war nun laut und deutlich zu vernehmen:

Nimmst du dies von mir an?

Almas Puls überbrachte lautlos die Antwort: Ja.

Bald spürte sie, dass noch etwas geschah. Die Frage, die Ambrose durch ihren Körper geschickt hatte, begann sich zu verformen und in etwas anderes zu verwandeln. Aus seiner Frage wurde *ihre* Frage. Sie hatte nicht gewusst, dass sie eine Frage an Ambrose richten wollte, doch nun war sie da, brennend und keinerlei Aufschub duldend. Sie ließ sie durch

Oberkörper und Arme in ihre Hände strömen, um sie dort in Ambroses wartende Handflächen zu legen:

Ist es das, was du von mir willst?

Sie hörte, wie er scharf die Luft einzog. Er hielt ihre Hände so fest umklammert, dass es beinahe schmerzte. Dann brach er das Schweigen mit einem einzigen Wort:

»Ja.«

Kapitel 16

Einen Monat später waren sie verheiratet.

In den kommenden Jahren sollte Alma unzählige Male über die Vorgänge nachsinnen, die zu dieser Entscheidung geführt hatten – diesen unerwarteten, geradezu unfassbaren Sprung in den Ehestand –, doch in den Tagen nach den Ereignissen in der Bindekammer schien das Ehebündnis unausweichlich. Was die Dinge betraf, die sich tatsächlich in der winzigen Kammer zugetragen hatten (von Almas keuschem Höhepunkt bis hin zur lautlosen Gedankenübertragung), so kam dies alles einem Wunder gleich oder war doch zumindest ein Phänomen. Alma vermochte keine logische Erklärung für das Geschehene zu finden. Menschen sind nicht in der Lage, anderer Leute Gedanken zu hören. Alma wusste um diese Wahrheit. Menschen sind nicht in der Lage, durch reines Berühren der Hände eine solche Spannung durch ihre Körper zu leiten, zu solchen Sehnsüchten, solch handfesten erotischen Ergüssen. Und dennoch war es geschehen. Keine Frage, es war geschehen.

Als Alma und Ambrose in jener Nacht aus der Bindekammer traten, hatte er sich ihr mit gerötetem, verzücktem Gesicht zugewandt und gesagt: »Bis ans Ende meiner Tage möchte ich jede Nacht an deiner Seite schlafen und für immer deinen Gedanken lauschen.«

Ja, das hatte er gesagt! Nicht auf telepathische Weise, sondern laut. Und er hatte sie geduzt! Alma war so überwältigt, dass es ihr die Sprache verschlug. Nur ein Nicken vermochte ihrem Einverständnis, ihrer Zustimmung, ihrem Staunen Ausdruck zu verleihen. Dann begaben sich beide in ihre gegenüberliegenden Zimmer, wenn auch in Almas Fall an Schlaf selbstverständlich nicht zu denken war. Wie auch?

Als sie am darauffolgenden Tag gemeinsam zu den Moosfeldern spazierten, ergriff Ambrose zwanglos das Wort, als würde er lediglich ein längst begonnenes Gespräch wiederaufnehmen. Aus heiterem Himmel stellte er fest: »Möglicherweise sind wir beide auf so unterschiedliche Weise ins Leben gestellt, dass dies letztlich folgenlos bleibt. Ich besitze nichts auf Erden, was sich irgendjemand ersehnen würde, während du alles besitzt. Vielleicht leben wir in solchen Extremen, dass sich unsere Verschiedenartigkeit in ein stabiles Gleichgewicht bringen lässt?«

Alma hatte nicht die leiseste Ahnung, wohin er diesen Gesprächsfaden zu führen gedachte, und so ließ sie ihn weitersprechen.

»Aufgrund dessen habe ich mich gefragt«, fuhr er mit sanfter Stimme fort, »ob zwei derart verschiedene Menschen imstande wären, ein harmonisches Ehebündnis zu schließen.«

Almas Herz tat einen Sprung, als sie das Wort vernahm: Ehebündnis. Handelte es sich hier um eine rein theoretische Überlegung, oder war Ambroses Äußerung wörtlich zu verstehen? Sie wartete.

Er sprach weiter, wenn auch seine Ausführungen nach wie vor alles andere als direkt waren: »Ich nehme an, dass man mich hier und dort beschuldigen würde, nach deinem Reichtum zu greifen. Nichts könnte der Wahrheit ferner sein. Ich lebe mein Leben in strengster Sparsamkeit, Alma, aus Gewohnheit, aber auch, weil ich es vorziehe. Ich kann dir keinen Wohlstand bieten, doch ich würde dir auch nichts wegnehmen. Du wirst nicht reicher, wenn du mich heiratest, ärmer wird es dich freilich auch nicht machen. Diese Tatsache mag deinen Vater nicht zufriedenstellen, doch ich hoffe, sie wird dir genügen. Unsere Liebe ist ohnedies keine typische Liebe, wie Mann und Frau sie üblicherweise empfinden. Wir teilen etwas anderes – etwas Direkteres, Wertvolleres. Vom ersten Moment unserer Begegnung an habe ich das in aller Klarheit empfunden, und ich bete, dass es für dich nicht minder augenfällig war. Ich wünsche mir, dass wir beide für immer gemeinsam ein glückliches, erbauliches Leben in steter Strebsamkeit führen können.«

Erst später an diesem Nachmittag, als Ambrose fragte:

»Sprichst du mit deinem Vater, oder soll ich es tun?«, gelang es Alma, die Teile zu einem Ganzen zusammenzufügen. Es war tatsächlich ein Heiratsantrag gewesen. Oder besser gesagt ein Heirats*postulat.* Ambrose hielt nicht im eigentlichen Sinn um Almas Hand an, sondern ging offensichtlich davon aus, dass sie ihm selbige bereits gewährt hatte. Sie konnte nicht leugnen, dass dies der Wahrheit entsprach. Sie hätte ihm alles gewährt. Sie liebte ihn so innig, dass es schmerzte. Erst jetzt gestand sie sich dieses Gefühl ein. Ihn zu verlieren wäre einer Amputation gleichgekommen. Auch wenn diese Liebe freilich keinen Sinn ergab. Sie war fast fünfzig und er ein noch einigermaßen junger Mann. Sie war unscheinbar, er schön. Sie kannten sich erst seit wenigen Wochen. Sie glaubten an unterschiedliche Welten: Ambrose an die Welt des Göttlichen, Alma an die des Faktischen. Und dennoch – so dachte sie – war es ohne jeden Zweifel Liebe. Ja, Alma Whittaker war ohne jeden Zweifel im Begriff, Ehefrau zu werden.

»Ich spreche selbst mit Vater«, antwortete sie mit einer Freude, der sie kaum noch Einhalt gebieten konnte.

Am selben Abend, kurz vor dem Essen, suchte sie ihren Vater im Arbeitszimmer auf, wo er in allerlei Papiere vertieft war.

»Hör dir diesen Brief an«, sagte er zur Begrüßung. »Der Mann hier erklärt, dass er seine Mühle nicht mehr betreiben kann. Sein Sohn – dieses tumbe, würfelspielende Stück Sohn – hat die Familie ruiniert. Jetzt lässt mich der Mann wissen, er habe den Vorsatz gefasst, seine Schulden abzubezahlen, denn er wolle unbelastet sterben. Dabei hat er in zwanzig Jahren nicht einen Funken gesunden Menschenverstand an den Tag gelegt. Nun gut, jetzt hat er die Gelegenheit dazu!«

Alma wusste weder, wer der betreffende Mann war, noch um welchen Sohn es sich handelte oder welche Mühle überhaupt auf dem Spiel stand. Warum redeten heute eigentlich alle mit ihr, als würden sie ein längst begonnenes Gespräch wiederaufnehmen?

»Vater«, begann sie. »Ich möchte etwas mit dir besprechen. Ambrose Pike hat um meine Hand angehalten.«

»Schön«, antwortete Henry. »Aber hör mal, Alma – dieser Verrückte hier will mir eine Parzelle seiner Getreidefelder verkaufen, und jetzt versucht er doch tatsächlich auch noch, mich dazu zu überreden, seinen alten Kornspeicher am Schiffsanleger zu erwerben, dieses alte Ding, das schon halb im Fluss versinkt. Du weißt welcher, Alma, du kennst ihn. Was glaubt er eigentlich, was diese Ruine noch wert ist, und warum denkt er, ich würde sie mir freiwillig aufhalsen?«

»Du hörst mir nicht zu, Vater.«

Henry blickte nicht einmal von seinem Schreibtisch auf. »Ich höre dir zu«, antwortete er, während er den Brief in seiner Hand umdrehte und weiter darauf starrte. »Ich höre dir gebannt zu.«

»Ambrose und ich möchten bald heiraten«, erklärte Alma. »Feierlichkeiten oder Festivitäten sind nicht erforderlich, doch es wäre schön, wenn es schnell geschehen könnte. Im Idealfall wären wir gerne noch vor Monatsende vermählt. Du darfst dir sicher sein, dass wir nicht die Absicht hegen, White Acre zu verlassen. Wir werden dir beide erhalten bleiben.«

Da hob Henry doch den Kopf und sah Alma zum ersten Mal, seit sie den Raum betreten hatte, direkt an.

»Selbstverständlich werdet ihr mir beide erhalten bleiben«, stellte er fest. »Warum solltet ihr White Acre auch verlassen? Oder glaubst du, dass der Bursche dir in gewohnter Weise Unterhalt bieten kann vom Salär eines – wie nennt sich noch gleich sein Beruf – Orchideenmalers?«

Henry lehnte sich auf seinem Stuhl zurück, verschränkte die Arme vor der Brust und sah seine Tochter über die Messingränder seiner altmodischen Brille hinweg durchdringend an. Alma zögerte.

»Ambrose ist ein guter Mann«, brachte sie schließlich hervor. »Einem wie ihm verlangt es nach keinerlei Reichtum.«

»Ich vermute, dass du damit durchaus richtigliegst«, erwiderte Henry. »Freilich spricht die Tatsache, dass er die Armut dem Reichtum vorzieht, nicht unbedingt für seinen Charakter. Trotzdem habe ich mir in Erwartung einer solchen Situation bereits vor Jahren meine Gedanken gemacht – lange bevor wir von einem Ambrose Pike auch nur gehört hatten.«

Henry erhob sich etwas wackelig von seinem Stuhl und drehte sich zu dem Bücherschrank um, der hinter ihm stand. Er zog ein Buch über englische Segelschiffe heraus – ein Band, den Alma, seit sie denken konnte, in diesem Regal hatte stehen sehen, ohne dass sie ihn jemals auch nur berührt hatte, denn wenn es etwas gab, was sie nicht interessierte, dann waren es englische Segelschiffe. Henry blätterte in dem Buch, bis er einen gefalteten, mit Wachssiegel verschlossenen Papierbogen darin fand. Auf dem Siegel stand »Alma«. Er reichte ihr das Papier.

»Ich habe diese Schriftstücke mit Unterstützung deiner Mutter um das Jahr 1817 aufgesetzt. Das andere habe ich bereits deiner Schwester Prudence übergeben, als sie ihren gestutzten Cockerspaniel geheiratet hat. Es handelt sich um eine von deinem Gatten zu unterschreibende Verfügung, der zufolge er niemals Besitzer von White Acre wird.«

Henry wirkte überaus gelassen. Wortlos ließ sich Alma die Verfügung geben. In dem schnörkellosen, energischen A ihres Vornamens erkannte sie auf Anhieb die mütterliche Handschrift.

»Ambrose benötigt White Acre nicht und wünscht es auch nicht zu besitzen«, erklärte Alma wie zu ihrer Ehrenrettung.

»Ausgezeichnet. Dann wird er ja nichts dagegen haben, dieses Papier zu unterschreiben. Selbstverständlich wird es eine Aussteuer geben, doch mein Vermögen, mein Anwesen – nichts davon wird jemals ihm gehören. Ich darf davon ausgehen, dass wir uns verstanden haben?«

»Durchaus«, antwortete Alma.

»Wunderbar. Was nun Mr Pikes Eignung als Ehemann betrifft, so ist das natürlich ausschließlich deine Sache. Du bist eine erwachsene Frau. Wenn du der Meinung bist, dass dich solch ein Mann im Ehebund zufriedenstellen kann, dann hast du meinen Segen.«

»Mich im Ehebund zufriedenstellen?«, brauste Alma auf. »Kannst du mir bitte sagen, wann es jemals schwierig war, mich als Person zufriedenzustellen, Vater? Gibt es überhaupt etwas, worum ich jemals gebeten hätte? Was habe ich jemals verlangt? Welche Unannehmlichkeiten könnte ich irgendjemandem als Ehefrau bereiten?«

Henry zuckte die Achseln. »Das kann ich dir nicht sagen. Das musst du selbst in Erfahrung bringen.«

»Zwischen Ambrose und mir besteht ein natürliches Einvernehmen, Vater. Ich weiß, von außen betrachtet mag es eine ungewöhnliche Verbindung sein, doch ich empfinde …«

»Rechtfertige dich nicht, Alma, niemals«, fiel ihr Henry ins Wort. »Es erweckt einen Eindruck von Schwäche. Ich habe ja gar nichts gegen den Burschen.«

Damit wandte er sich wieder den Papieren auf seinem Schreibtisch zu.

War dies nun als väterlicher Segen zu begreifen? Alma war sich dessen nicht sicher. Sie wartete, ob Henry noch mehr sagen würde. Er tat es nicht. Insgesamt schien es, als wäre die Heiratserlaubnis erteilt worden. Zumindest war sie nicht verwehrt worden.

»Danke, Vater.« Sie wandte sich zur Tür.

»Eins noch«, sagte Henry und blickte noch einmal auf. »Vor der Hochzeitsnacht ist es üblich, dass die Braut in einigen Angelegenheiten unterwiesen wird, die das eheliche Gemach betreffen – vorausgesetzt, dass du in solchen Dingen noch ahnungslos bist, wovon ich ausgehe. Als Mann und als dein Vater kann ich dich nicht unterweisen. Deine Mutter ist tot, sonst hätte sie es getan. Spar dir die Mühe, Hanneke zu fragen – sie ist eine alte, unbedarfte Jungfer und würde einen tödlichen Schock erleiden, wenn sie erführe, was sich zwischen Mann und Frau im Bett abspielt. Ich rate dir, deiner Schwester Prudence einen Besuch abzustatten. Sie ist seit langem verheiratet und Mutter von einem halben Dutzend Kindern. Sie dürfte in der Lage sein, dich über diese Aspekte der Eheführung in Kenntnis zu setzen. Erröte nicht, Alma – du bist zu alt, um zu erröten, es sieht lächerlich aus. Da du nun einmal beschlossen hast, einen Versuch in Sachen Ehe zu unternehmen, solltest du es, bei Gott, richtig anpacken. Sei also vorbereitet, wenn du dich ins Ehebett begibst, genauso vorbereitet, wie du auch anderen Lebenslagen begegnest. Vielleicht ist es die Mühe wert. Und gib morgen diese Briefe für mich auf, wenn du sowieso in die Stadt fährst.«

•

Im Grunde hatte Alma noch gar keine Zeit gehabt, sich über die Ehe als solche wahrhaft Gedanken zu machen, und nun war offenbar schon alles beschlossen und arrangiert. Ihr eigener Vater hatte im Handumdrehen die Frage des Erbbesitzes wie auch des Ehebetts aufs Tapet gebracht. Seitdem schien alles in fliegender Hast vonstattenzugehen. Am nächsten Tag begaben sich Alma und Ambrose zu Fuß in die 16. Straße, um eine Daguerreotypie anfertigen zu lassen: das Hochzeitsporträt. Alma war noch nie photographiert worden, ebenso wenig wie Ambrose. Das Ergebnis war so erschreckend lebensecht, dass Alma zunächst zögerte, überhaupt dafür zu bezahlen. Nachdem sie einen Blick auf das Porträt geworfen hatte, wollte sie es nie wieder sehen. Sie wirkte so viel älter als Ambrose! Ein Fremder hätte Alma beim Anblick dieses Photos für die bedauernswürdige Mutter des jüngeren Mannes halten können, grobknochig und breitgesichtig sah sie aus! Daneben wirkte Ambrose ausgezehrt und wie gefangen in seinem Sessel, während er mit irrem Blick aus dem Bild starrte. Eine Hand war verwackelt. Sein zerzaustes Haar erweckte den Eindruck, als hätte man ihn gerade erst unsanft aus einem unruhigen Schlaf gerissen. Daneben bot Almas schief sitzende Frisur einen ebenso verheerenden Anblick. Alma wurde unendlich traurig. Doch Ambrose lachte nur, als er das Bild sah.

»Oha, welch eine Beleidigung!«, rief er aus. »Welch grausames Schicksal, sich so ehrlich abgebildet zu sehen! Gleichwohl werde ich das Bild meiner Familie in Boston zusenden. Man kann nur hoffen, dass sie ihren eigenen Sohn darauf erkennen.«

Verhielt es sich generell so, auch bei anderen Menschen, die sich verlobt hatten, dass alles in solcher Eile vonstattenging? Alma vermochte es nicht zu sagen. Von all diesen Dingen – Brautwerbung, Verlobung, Vermählungsrituale – war ihr noch nicht viel zu Ohren gekommen. Nie hatte sie sich in Damenjournale vertieft und auch keine leichten Liebesromane gelesen, die sich an eine blauäugige, unschuldige Leserschaft richteten. Gewiss, sie hatte obszöne Bücher über den Geschlechtsakt verschlungen, doch diese trugen nicht eben viel zur Klärung der Situation bei. Kurzum, Alma war das Gegenteil einer in Liebesdingen geschulten Dame von Welt. Möglicherweise lag es tatsächlich an ihrer extremen Unerfahrenheit, dass sie die Brautwerbung, wie sie sich in ihrem Fall darstellte, nicht als brüsk oder befremdlich empfand. In den drei Monaten ihrer Bekanntschaft hatten sie und Ambrose nicht einen Liebesbrief, nicht ein Gedicht, nicht eine Umarmung getauscht. Die Zuneigung, die sie verband, war deutlich und konstant, doch bar jeder Leidenschaft. Jede andere Frau hätte diesen Sachverhalt mit Argwohn zur Kenntnis genommen. Alma indessen war wie betrunken; sie stellte sich so viele Fragen, dass ihr ganz schwindlig davon wurde. Fragen, die nicht zwangsläufig unerquicklich waren, doch in verstörender Zahl durch ihren Kopf schwirrten. War Ambrose nun ihr Geliebter? Konnte sie ihn tatsächlich als solchen bezeichnen? Gehörte sie zu ihm? Durfte sie nun jederzeit seine Hand halten? Wie sah er sie? Wie würde die

Haut unter seiner Kleidung aussehen? Würde ihr Körper ihn befriedigen? Was erwartete er von ihr? Auf keine dieser Fragen konnte sie die Antwort auch nur erahnen.

Kurzum, sie war hoffnungslos verliebt.

Alma hatte Ambrose vom ersten Augenblick an eine außerordentlich große Zuneigung entgegengebracht, doch bis zu dem Moment seines Heiratsantrags wäre sie niemals so weit gegangen, sich ihrer Verehrung derart bedingungslos hinzugeben; es wäre ihr verwegen, wenn nicht gar gefährlich vorgekommen. Alma wäre im Gegenteil bereit gewesen, Ambrose für alle Zeiten nur als lieben Gefährten zu betrachten, wenn sie ihn damit auf White Acre hätte halten können. Jeden Morgen Buttertoast mit ihm teilen oder in sein verklärtes Gesicht schauen zu dürfen, wenn er mit glühenden Worten von Orchideen sprach, täglich seine meisterhafte Drucktechnik bewundern oder miterleben zu dürfen, wie er sich auf ihren Diwan warf, um ihren Theorien über die Transformation und das Aussterben der Arten zu lauschen – das alles wäre für Alma ein unvergleichliches Geschenk gewesen. Niemals hätte sie sich angemaßt, auf mehr zu hoffen. Ambrose als Freund – als Bruder: Das war für Alma mehr als genug.

Selbst nach den Ereignissen in der Bindekammer hätte sie von sich aus nicht mehr verlangt. Es hätte ihr keinerlei Mühe bereitet, das in der Dunkelheit zwischen ihr und Ambrose Geschehene als einmaligen Moment, ja vielleicht sogar als einvernehmliche Halluzination zu betrachten. Sie hätte sich einreden können, dass sie sich alles eingebildet habe: den stillen Kommunikationsfluss und sogar die Zügellosigkeiten, die durch bloßes Berühren der Hände in ihrem reglosen Körper gewütet hatten. Mit der Zeit hätte sie womöglich sogar gelernt, zu vergessen, dass sich diese Dinge jemals zugetragen hatten. Selbst nach der Zusammenkunft in der Bindekammer hätte sie sich niemals gestattet, ihn so inbrünstig, so bedenkenlos, so ganz und gar zu lieben – nicht ohne seine Erlaubnis.

Doch nun waren sie im Begriff, sich zu vermählen, und die Erlaubnis war somit erteilt. Alma hatte keinerlei Möglichkeit, ja keinerlei Grund mehr, ihre Liebe zu zähmen. Und so ließ sie sich hineinfallen: voller Staunen entflammt, entfesselt, beseelt und wie entrückt. Das Leuchten in Ambroses Antlitz wurde in ihren Augen zu einem himmlischen Leuchten. Seine gefälligen Gliedmaßen waren nun die einer römischen Statue. Seine Stimme glich einer Abendandacht. Bei jedem noch so flüchtigen Blick seinerseits schwoll ihr das Herz in banger Freude.

Zum ersten Mal ins Reich der Liebe geschickt, strotzte Alma vor Energie und einem so unfassbaren Schaffensdrang, dass sie sich kaum wiedererkannte. Ihr Leistungsvermögen schien grenzenlos. Sie benötigte kaum noch Schlaf. Sie fühlte sich imstande, ein Boot eine Bergflanke hinaufzurudern. Wie in einen Feuerkranz getaucht, ging sie durch die Welt. Sie war das pure Leben. Ihr freudig erregter Blick galt nicht nur Ambrose, nein, alles schien wie über Nacht einem Wunder gleich. Wo sie auch hinsah, erblickte sie Harmonie und Anmut. Die kleinsten Dinge wurden zur Offenbarung. Zudem war sie plötzlich mit einem erstaunlichen Selbstbewusstsein gesegnet, das jedes normale Maß überstieg. Im Handumdrehen wusste sie botanische Probleme zu lösen, mit denen sie jahrelang gekämpft hatte. Sie schrieb wutentbrannte Briefe an distinguierte Botaniker (Männer, deren Reputation sie stets eingeschüchtert hatte) und warf ihnen, was sie sich nie zuvor erlaubt hätte, den Fehdehandschuh hin.

»Sie haben Ihr *Zygodon campylphyllus* mit sechzehn Zilien und ohne äußeres Peristom dargestellt!«, schimpfte sie.

Oder: »Warum sind Sie sich so sicher, dass dies eine *Polytrichum*-Kolonie ist?«

Oder: »Ich stimme mit Professor Marshalls Schlussfolgerungen nicht überein. Mir ist durchaus bewusst, wie beschwerlich es sein kann, auf dem Gebiet der Kryptogamie einen Konsens zu finden, und doch muss ich Sie davor warnen, zu überstürzt die Existenz einer neuen Spezies zu verkünden – noch ehe Sie die gesammelten Nachweise und Belege eingehend studiert haben. Heutzutage erlebt man immer wieder, dass ein Spezimen so viele Namen erhält, wie es Bryologen gibt, die sich damit befassen, was aber noch lange nicht heißt, dass es sich bei diesem Spezimen tatsächlich um eine neue oder seltene Pflanze handelt. Ich selbst verfüge beispielsweise in meinem privaten Herbarium bereits über vier Exemplare.«

Niemals zuvor hätte sie es gewagt, solche Vorwürfe zu erheben, doch die Liebe gab ihr Mut und beflügelte ihren Geist, der so präzise und zuverlässig arbeitete wie ein Uhrwerk. Eine Woche vor der Hochzeit fuhr Alma eines Nachts wie elektrisiert aus dem Schlaf, plötzlich mit der Erkenntnis konfrontiert, dass es eine Verbindung zwischen Algen und Moosen gab. Seit Jahrzehnten beschäftigte sie sich mit Algen und Moosgewächsen, doch nie hatte sie der Wahrheit ins Auge geblickt: Die beiden waren Cousin und Cousine. Sie hatte nicht den geringsten Zweifel daran. Moospflanzen sahen nicht nur aus wie dem Wasser entstiegene Algen; Moospflanzen *waren* dem Wasser entstiegene Algen. Wie sich diese komplizierte Verwandlung der Algen von aquatischen Lebewesen zu Landbewohnern vollzogen hatte, das wusste Alma nicht. Doch sie wusste, dass beide Spezies eine gemeinsame Geschichte hatten. Es konnte nicht anders sein. Lange bevor sie von Alma oder wem auch immer beobachtet worden waren, hatten die Algen beschlossen, sich aus dem Wasser zu wagen und zu verwandeln. Die Mechanismen dieser Verwandlung waren Alma unbekannt, doch sie wusste, dass es sich so und nicht anders zugetragen hatte.

Wie gern wäre sie mit ihrer neuen Erkenntnis über den Flur gelaufen und zu Ambrose ins Bett gesprungen – zu ihm, der solche Leidenschaften in ihrem Körper und ihrem Denken entfacht hatte. Wie gern hätte sie ihm alles erzählt, ihm alles gezeigt, ihm die Funktionsweise des ganzen Universums erklärt. Ungeduldig erwartete sie den Tagesanbruch und den Moment, da sie beim Frühstück wieder mit ihm sprechen würde. Ungeduldig wartete sie darauf, sein Gesicht wieder vor sich zu sehen. Ungeduldig wartete sie auf die Zeit, da sie nie mehr gezwungen sein würden, sich voneinander zu trennen – nicht einmal nachts, nicht einmal im Schlaf. So lag sie in ihrem Bett, aufgewühlt und bebend vor Erwartung.

Wie weit ihre beiden Zimmer doch auseinanderlagen!

Was Ambrose betraf, so schien es, als würde er mit jedem Tag, den der Hochzeitstermin näher rückte, heiterer, zuvorkommender und gelassener. Sein Verhalten gegenüber Alma war an Liebenswürdigkeit kaum zu übertreffen. Mitunter beschlich sie die Angst, er könnte sich doch noch anders entschließen, aber darauf deutete nichts hin. Beklommen hatte sie ihm Henry Whittakers Verfügung überreicht, die Ambrose klaglos und ohne jedes Zögern unterschrieben hatte, ohne sie auch nur zu lesen. Abends, wenn sich Alma und er auf ihre Zimmer begaben, drückte er oberhalb der Fingerknöchel einen Kuss auf ihre sommersprossige Hand. »Meine andere, meine zweite Seele« nannte er sie.

»Ich bin ein so absonderlicher Mann, Alma«, sagte er. »Bist du sicher, dass du meine seltsamen Gepflogenheiten ertragen kannst?«

»Ja, das kann ich«, versprach sie.

Sie spürte, dass sie Gefahr lief, in Flammen aufzugehen.

Sie fürchtete, vor Freude zu sterben.

•

Drei Tage vor der Vermählung – deren schlichte Zeremonie im Salon von White Acre erfolgen sollte –, stattete Alma endlich ihrer Schwester Prudence einen Besuch ab. Ihre letzte Begegnung lag schon einige Monate zurück. Es wäre zutiefst unhöflich gewesen, ihre Schwester nicht zur Hochzeit einzuladen, und so hatte Alma ihr eine Nachricht geschickt, in der sie ihre bevorstehende Eheschließung mit einem Freund von Mr George Hawkes ankündigte. Ferner hatte sie einen kurzen Besuch ins Auge gefasst und dem väterlichen Rat folgend beschlossen, in Gegenwart von Prudence die Frage des Ehebetts anzuschneiden. Es war kein Gespräch, dem sie freudig entgegenblickte, doch sie wollte um jeden Preis vermeiden, sich unvorbereitet in Ambroses Armen wiederzufinden, und wusste nicht, wen sie sonst hätte fragen sollen.

Am frühen Abend Mitte des Monats August traf Alma vor dem Haus der Dixons ein. Ihre Schwester war in der Küche, wo sie gerade einen Senfumschlag für ihren jüngsten Sohn Walter herstellte, der mit wehem Bauch zu Bett lag, weil er zu viele grüne Wassermelonen gegessen hatte. Derweil gingen die anderen Kinder diversen häuslichen Pflichten nach und liefen geschäftig in der Küche umher. Es war stickig und heiß im Raum. In einer Ecke saß Prudence' dreizehnjährige Tochter Sarah mit zwei kleinen schwarzen Mädchen, die Alma nie zuvor gesehen hatte; sie spannen gemeinsam Wolle. Alle Mädchen, ob weiß oder schwarz, waren in Kittel gehüllt, wie man sie sich ärmlicher kaum vorstellen konnte. Artig kamen sie zu Alma, gaben ihr einen höflichen Begrüßungskuss, nannten sie Tante und wandten sich wieder ihren Aufgaben zu.

Alma bot Prudence Hilfe bei der Herstellung des Senfumschlags an, was diese jedoch ablehnte. Einer der Jungen brachte Alma einen Zinnbecher voll Wasser aus der Pumpe im Garten. Das Wasser war warm, trüb und wenig verlockend. Alma zog es vor, nicht davon zu trinken. Sie nahm auf einer langen Bank Platz und wusste nicht, wohin mit dem Becher. Auch zu sagen wusste sie nichts. Prudence, die einige Tage zuvor Almas Briefchen erhalten hatte, gratulierte ihrer Schwester zur bevorstehenden Vermählung, doch es war nur eine Formalie, mit der das Thema angeschnitten und sogleich beendet war. Alma bewunderte die Kinder, die Sauberkeit der Küche, den Senfumschlag, und dann gab es nichts mehr, was sie noch hätte bewundern können. Prudence sah schmal aus, erschöpft, doch sie klagte weder, noch teilte sie Alma irgendwelche Neuigkeiten mit. Alma erkundigte sich auch nicht. Sie scheute sich davor, nähere Details aus dem Leben der Familie zu erfahren.

Nach einer Weile fasste sie sich schließlich ein Herz und fragte: »Prudence, dürfte ich vielleicht ein paar Worte unter vier Augen mit dir wechseln?«

Wenn Prudence überrascht war, so zeigte sie es nicht. Allerdings war ihr glattes, ebenmäßiges Gesicht noch nie imstande gewesen, einem so niederen Gefühl wie dem der Verwunderung Ausdruck zu verleihen.

»Sarah«, sagte Prudence zu ihrer ältesten Tochter. »Geh mit den anderen nach draußen.«

Die Kinder marschierten in feierlichem Gänsemarsch aus der Küche wie kleine Soldaten auf dem Weg in die Schlacht. Prudence hatte nicht etwa Platz genommen, sondern lehnte mit dem Rücken an der großen Holzplatte, die als Küchentisch diente, die Hände hübsch gefaltet auf ihre saubere Schürze gelegt.

»Ja?«, fragte sie.

Wie sollte Alma anfangen? Sie dachte fieberhaft nach. Alle Sätze, die ihr einfielen, nahmen sich unmanierlich, wenn nicht gar vulgär aus. Mit einem Mal bereute sie es, dem Rat ihres Vaters gefolgt zu sein. Am liebsten wäre sie davongerannt, fort aus diesem Haus – zurück zu den Annehmlichkeiten von White Acre, zu Ambrose und ihrem Zuhause, wo das Wasser kühl und frisch aus der Pumpe sprudelte. Doch vor ihr stand Prudence und sah sie durchdringend an, stumm, erwartungsvoll. Irgendetwas würde sie sagen müssen.

»Da ich nun also im Begriff bin, in den Stand der Ehe zu treten …«, begann Alma, verstummte und starrte ihre Schwester an, hilflos und in der unbegründeten Hoffnung, dass Prudence dieser unvollständigen Äußerung ausgerechnet das entnehmen würde, was Alma sie fragen wollte.

»Ja?«, wiederholte Prudence.

»… fehlt es mir gleichwohl an jeglicher Erfahrung«, brachte Alma ihren Satz kraftlos zu Ende.

Prudence sah sie an, unverwandt und in unerschütterlichem Schweigen. *Nun hilf mir doch, Mädchen!*, hätte Alma beinahe gerufen. Wäre jetzt doch nur Retta Snow da gewesen! Nicht die neue, verrückte Retta, sondern die alte, ausgelassene, zügellose Retta. Wären sie doch nur wieder junge Mädchen gewesen! Zu dritt hätten sie sich dem Thema vielleicht gefahrlos nähern können, irgendwie. Retta hätte etwas Amüsantes daraus gemacht, über das man frisch von der Leber weg sprechen konnte. Retta hätte Prudence aus der Reserve gelockt und Alma die Scham genommen. Doch es gab niemanden mehr, der den Schwestern hätte helfen können, sich wie Schwestern zu benehmen. Überdies schien Prudence keinerlei Interesse daran zu haben, das Gespräch mitzugestalten, denn sie schwieg hartnäckig.

»Nun ja, es fehlt mir vor allem an Erfahrung, was den Vollzug der Ehe betrifft«, stellte Alma schließlich mit dem Mut der Verzweiflung klar. »Vater schlug mir vor, dich um Rat zu fragen bezüglich des Themas … nun ja … wie man einen Ehegatten beglückt.«

Prudence hob akkurat eine Augenbraue. »Es betrübt mich zu hören, dass er mich für eine Expertin hält«, antwortete sie.

Es war wirklich eine törichte Idee, dachte Alma, doch nun gab es kein Zurück mehr.

»Du verstehst mich falsch«, protestierte sie. »Es ist doch nur deshalb, weil du schon so lange verheiratet bist, weißt du, und weil du so viele Kinder hast …«

»Die Ehe umfasst mehr als das, worauf du anspielst, Alma. Zudem hege ich gewisse moralische Vorbehalte, über derlei Dinge zu sprechen.«

»Natürlich, Prudence. Ich möchte dein Taktgefühl nicht verletzen und dir auch in keiner Weise zu nahe treten. Aber das, wovon ich spreche, entzieht sich gründlich meiner Kenntnis. Ich brauche keinen Arzt zu konsultieren; die Mechanismen der Anatomie sind mir im Wesentlichen bekannt. Was ich brauche, ist das klärende Gespräch mit einer verheirateten Frau, damit ich darüber im Bilde bin, was meinem Gatten willkommen und was ihm möglicherweise weniger willkommen sein wird. Wie ich mich präsentieren sollte, ich meine, im Hinblick auf die Kunst des Gefallens …«

»Mit einer Kunst sollte dies wenig gemein haben«, entgegnete Prudence, »es sei denn, man ist eine käufliche Frau.«

»Prudence!«, entfuhr es Alma mit einer Heftigkeit, die sie selbst vielleicht am meisten erstaunte. »Sieh mich doch an! Siehst du denn nicht, wie schlecht ich vorbereitet bin? Sehe ich aus wie eine junge Frau? Glaubst du etwa, jemand könnte mich begehren?«

Bis zu diesem Augenblick war sich Alma nicht darüber im Klaren gewesen, wie ängstlich sie der Hochzeitsnacht entgegenblickte. Selbstverständlich liebte sie Ambrose und fieberte dem Tag ihrer Vermählung entgegen, doch zugleich empfand sie geradezu panische Angst. Diese Panik erklärte in Teilen, warum sie in den letzten Wochen nachts immer wieder aufwachte und zitternd im Bett lag: Sie wusste nicht, wie sie sich als Ehefrau eines Mannes zu verhalten hatte. Obwohl Alma jahrzehntelang in den üppigsten und ungebührlichsten Phantasien geschwelgt hatte, war sie die Unschuld in Person. Die Phantasie ist eine Sache; zwei aufeinandertreffende Körper sind etwas gänzlich anderes. Wie würde Ambroses Blick auf ihr ruhen? Wie sollte sie ihn betören? Er war jünger als Alma und ein schöner Mann. Eine realistische Bewertung ihres achtundvierzigjährigen Erscheinungsbilds hingegen ließ nur eine Wahrheit zu: Alma war keine Rose, sondern eher ein Brombeergestrüpp.

Irgendwie schien sich etwas in Prudence zu regen.

»Du musst nur willig sein«, sagte sie. »Ein gesunder Mann bedarf angesichts einer willigen, gefügigen Ehefrau keines längeren Zuredens.«

Diese Information brachte Alma nichts. Prudence schien es zu ahnen, denn sie fügte sogleich hinzu: »Ich versichere dir, dass die ehelichen Pflichten nicht allzu unerquicklich sind. Wenn dein Mann sanft mit dir umzugehen versteht, wird er dir kaum weh tun.«

In diesem Moment wäre Alma am liebsten weinend zu Boden gesunken. Glaubte Prudence wirklich, Alma habe Angst davor, man könne ihr weh tun? Wer oder was hätte Alma Whittaker weh tun können? Alma Whittaker, der es mit ihren schwieligen Händen und ihren starken Armen ein Leichtes gewesen wäre, die Eichenholzplatte, an der Prudence so anmutig lehnte, hochzustemmen und durch den Raum zu schleudern? Alma Whittaker, deren Nacken von der Sonne verbrannt war und auf deren Kopf ein Haarschopf aufragte wie ein Distelstrauch? Nein, Alma fürchtete nicht, in ihrer Hochzeitsnacht Schmerzen zu erleiden, sondern Demütigungen. Die Schmach war das, wovor ihr graute. Verzweifelt suchte sie in Erfahrung zu bringen, wie sie es anstellen sollte, Ambrose in Gestalt einer Orchidee gegenüberzutreten, so wie ihre Schwester, und nicht als moosbewachsener Felsen, so wie sie. Doch solche Dinge lassen sich nicht erlernen. Somit war es ein sinnloses Gespräch und möglicherweise bereits der Auftakt zu ihrer Schmach.

»Ich habe dir schon zu viel Zeit gestohlen«, sagte Alma und erhob sich. »Du hast ein krankes Kind zu pflegen. Bitte verzeih mir.«

Einen Moment lang zögerte Prudence, als wollte sie ihre Schwester vielleicht bitten, noch ein wenig zu bleiben. Doch dann verstrich der Moment, und es war, als hätte es ihn niemals gegeben. Sie sagte nur: »Es freut mich, dass du uns besucht hast.«

Warum sind wir nur so unterschiedlich? Warum können wir uns nicht nahe sein?, fragte sich Alma verzweifelt, ohne es auszusprechen.

Stattdessen sagte sie: »Werdet ihr am Samstag zur Hochzeit kommen?«, obwohl sie bereits ahnte, wie die Antwort lauten würde.

»Ich fürchte nein«, erwiderte Prudence denn auch. Einen

Grund fügte sie nicht an. Beide kannten ihn: Weil Prudence White Acre nie wieder betreten würde. Henry würde das nicht dulden, ebenso wenig wie Prudence.

»Dann wünsche ich euch alles Gute.«

»Euch gleichfalls«, erwiderte Prudence.

Erst als das Haus der Dixons längst hinter ihr lag, wurde Alma bewusst, was sie soeben getan hatte: Sie hatte nicht nur eine erschöpfte, achtundvierzigjährige Mutter – noch dazu mit einem kranken Kind im Haus! – um eine Einführung in die Kunst des Beischlafs gebeten, nein, sie hatte *die Tochter einer Hure* um eine Einführung in die Kunst des Beischlafs gebeten. Wie hatte sie Prudence' schimpfliche Herkunft nur vergessen können! Prudence hatte ihre Herkunft gewiss nicht vergessen und führte vermutlich ein Leben, wie es strenger und ehrbarer nicht hätte sein können, um der infamen Sittenlosigkeit ihrer leiblichen Mutter etwas entgegenzusetzen. Und dennoch war Alma in dieses bescheidene, respektable, enge Haus hineinspaziert und hatte sich allen Ernstes nach den Kniffen und Schlichen der Verführung erkundigt.

Niedergeschlagen sank sie auf ein leeres, ausrangiertes Fass. Wie gern wäre sie umgekehrt, um sich bei Prudence zu entschuldigen, aber wie? Was hätte sie sagen können, ohne dass alles noch schmerzlicher wurde?

Wie konnte sie nur so taktlos und dumm sein?

Wo um alles in der Welt hatte sie ihren gesunden Menschenverstand gelassen?

•

Am Nachmittag vor der Hochzeit traf zweierlei mit der Post ein, das für Alma von Interesse war.

Das erste war ein in Framingham, Massachusetts, abgestempelter Umschlag, der in der Absenderecke mit dem Namen »Pike« beschriftet war. Alma unterstellte sogleich, dass es sich um einen Brief an Ambrose handeln müsse, offenbar von seiner Familie, doch der Umschlag war eindeutig an sie adressiert. Also öffnete sie ihn.

Liebe Miss Whittaker,
ich bitte um Entschuldigung dafür, Ihrer Vermählung mit meinem Sohn Ambrose nicht beiwohnen zu können, doch angesichts meines gebrechlichen Zustands liegt eine so lange Reise bedauerlicherweise jenseits meiner Möglichkeiten. Gleichwohl habe ich die Nachricht, dass Ambrose bald in den heiligen Stand der Ehe treten wird, mit Freude vernommen. Mein Sohn hat sich vor so vielen Jahren aus der Familie und der Gesellschaft zurückgezogen, dass ich seit längerem die Hoffnung aufgegeben hatte, er werde sich jemals eine Frau nehmen. Zudem hat vor langer Zeit ein Verlust sein junges Herz beschädigt – der Tod eines von ihm sehr bewunderten und geliebten Mädchens aus einer guten, christlichen Familie unserer Gemeinde, von dem wir alle glaubten, dass er es heiraten würde –, und mithin fürchtete ich, seine Empfindungen seien so unwiderruflich verletzt, dass ihm das Glück einer natürlichen Zuneigung nie wieder hold sein würde. Vielleicht sollte ich nicht so frei zu Ihnen sprechen, doch gewiss hat er Ihnen bereits alles erzählt. Ich habe die Nachricht seiner Verlobung also zutiefst begrüßt, zeugt sie doch von einem genesenen Herzen.
Ihr Hochzeitsporträt habe ich erhalten. Sie scheinen eine tüchtige Frau zu sein. Ich entdecke keinerlei Anzeichen von Torheit oder Leichtfertigkeit in Ihrem Antlitz. Und so darf ich ohne jedes Zögern sagen, dass mein Sohn eine Frau wie Sie braucht. Er ist ein kluger Junge – wohl der klügste meiner Söhne –, und als Kind hat er mir größte Freude bereitet, doch dann brachte er allzu viele Jahre mit müßigen Betrachtungen von Wolken, Sternen und Blumen zu. Ich fürchte auch, dass er annimmt, dem christlichen Glauben ein Schnippchen geschlagen zu haben. Vielleicht sind Sie die Frau, die ihn von dieser irrigen Vorstellung befreien kann. Betet man doch dafür, dass ihn eine geeignete Heirat davon heilen wird, die

Moral pflichtvergessen beiseitezuschieben. Kurzum, ich bedaure es, meinen verheirateten Sohn nicht von Angesicht zu Angesicht sehen zu können, setze jedoch große Hoffnungen in Ihre und seine Verbindung. Es würde das Herz einer Mutter erwärmen, wenn sie wüsste, dass ihr Kind sich durch Bibelstudien und regelmäßiges Gebet in Gott versenkt und seinen Geist erbaut. Bitte sorgen Sie dafür, dass er dieses tut.

Seine Brüder und ich heißen Sie in der Familie willkommen. Ich denke, das versteht sich von selbst. Gleichwohl sollte es gesagt sein.

Ihre Constance Pike

Was Alma dem Brief entnahm, war in erster Linie dies: Es hatte ein von Ambrose *sehr bewundertes und geliebtes Mädchen* gegeben. Den mütterlichen Gewissheiten zum Trotz, dass er sicher bereits alles erzählt habe, hatte Ambrose rein gar nichts erzählt. Wer war dieses Mädchen gewesen? Wann war sie gestorben? Ambrose hatte Framingham schon mit siebzehn Jahren verlassen, um nach Harvard zu gehen, und seitdem nie wieder dort gelebt. Die Liebesgeschichte, so es denn überhaupt eine Liebesgeschichte war, musste sich also schon vor diesem zarten Alter zugetragen haben. Wenn, dann waren die beiden ja fast noch Kinder gewesen. Bestimmt war es ein ganz reizendes Mädchen gewesen. Alma ließ sie vor ihrem inneren Auge Gestalt annehmen: ein süßes kleines Ding, hübsch, blauäugig und mit kastanienbraunem Haar, ein Ausbund an Schönheit, wenn sie mit honigsüßer Stimme Choräle sang und mit dem jungen Ambrose durch blühende Obstgärten spazierte. Hatte ihr Tod zu seinem geistigen Zusammenbruch beigetragen? Und wie lautete ihr Name?

Warum hatte Ambrose nicht darüber gesprochen? Aber warum hätte er eigentlich darüber sprechen sollen? Hatte er nicht ein Recht darauf, Teile seines früheren Lebens zu verschweigen? Hatte Alma ihm etwa von ihrer sinnlosen, fehlgeleiteten Liebe zu George Hawkes erzählt? Hätte sie ihm davon erzählen sollen? Im Grunde gab es ja nichts zu erzählen. Nicht einmal George Hawkes hatte gewusst, dass er eine tragende Rolle in einer Liebesgeschichte spielte, so gesehen hatte eigentlich niemals eine Liebesgeschichte existiert.

Was sollte Alma nun mit diesem neuen Wissen anfangen? Und vor allem, was sollte sie mit dem Brief tun? Sie las ihn abermals, prägte sich den Inhalt ein und versteckte ihn. Sie würde Mrs Pike später antworten, mit einem unverfänglichen, nichtssagenden Schreiben. Sie wünschte, sie hätte diesen Schrieb niemals bekommen. Sie würde sich darin üben müssen, das, was sie soeben erfahren hatte, wieder zu vergessen.

Wie lautete der Name des Mädchens?

Erfreulicherweise war noch eine zweite Sendung eingetroffen, die es Alma erlaubte, sich abzulenken: ein Päckchen, in braunes Wachspapier eingeschlagen und mit einer Kordel verschnürt. Zu Almas großer Überraschung war die Absenderin Prudence Dixon. Beim Öffnen des Päckchens entdeckte Alma ein spitzenbesetztes Nachtkleid aus weichem, weißem Leinen. Es schien die passende Größe für Alma zu haben. Ein schlichtes, hübsches Gewand, züchtig und doch feminin, mit üppig aufspringenden Falten, hohem Kragen, Elfenbeinknöpfen und bauschigen Ärmeln. Das Oberteil zierte eine dezent schimmernde hellgelbe Blumenstickerei aus feinstem Seidengarn. Das Nachtkleid war säuberlich gefaltet, von einem weißen Band umschlungen und duftete nach Lavendel. Unter dem Band steckte ein Kärtchen, auf dem in Prudence' mustergültiger Handschrift geschrieben stand: »Mit den besten Wünschen«.

Wo hatte Prudence ein derart luxuriöses Kleidungsstück aufgetrieben? Sie konnte unmöglich Zeit gefunden haben, es selbst zu nähen; also hatte sie es wohl bei einer geübten Schneiderin erstanden. Bestimmt hatte es sie ein Vermögen gekostet! Doch woher hatte sie das Geld? Das Kleid war ausschließlich aus Materialien gearbeitet, auf die man bei den Dixons seit langem verzichtete: Seide, Spitze, importierte Knöpfe, Gepränge jeglicher Art. Prudence selbst hatte etwas so Elegantes seit beinahe drei Jahrzehnten nicht mehr getragen. Dieses Geschenk hatte ihr gewiss nicht nur finanziell, sondern auch moralisch eine Menge abverlangt. Alma war so gerührt, dass sie schlucken musste. Was hatte sie jemals für Prudence getan, dass ihr die Schwester nun diese Freundlichkeit zuteilwerden ließ? Wie konnte sie Alma – gerade in Anbetracht ihrer jüngsten Begegnung – solch ein Geschenk machen?

Einen Moment lang glaubte Alma, es ablehnen zu müssen. Sie musste dieses Nachtgewand wieder einpacken und an Prudence zurückschicken. Dann könnte ihre Schwester es in Stücke schneiden und daraus hübsche Kleider für ihre Töchter nähen oder den Stoff – was die wahrscheinlichere Variante war – für die Sache der Abolitionisten verkaufen. Doch das wäre unhöflich und undankbar gewesen. Nein, Geschenke durften nicht zurückgegeben werden. Das hatte sogar Beatrix ihre Töchter gelehrt. Geschenke durften niemals zurückgegeben werden. Ein Geschenk war ein Akt der Gnade. Somit musste es gnädig angenommen werden. Alma musste demütig und dankbar sein.

Erst später, als sie sich in ihr Zimmer begab, die Tür zuzog, sich vor ihren hohen, schmalen Spiegel stellte und das Nachtgewand anlegte, begriff sie in vollem Umfang, was ihr die Schwester mit diesem Geschenk aufgetragen hatte und warum es keinesfalls zurückgegeben werden konnte: Alma sollte dieses schöne Kleid in ihrer Hochzeitsnacht tragen.

Sie sah wahrhaftig hübsch darin aus.

Kapitel 17

Die Hochzeit fand am 29. August 1848, einem Dienstag, im Salon von White Acre statt. Alma trug ein Kleid aus brauner Seide, das extra für den Anlass angefertigt worden war. Als Trauzeugen waren Henry Whittaker und Hanneke de Groot zugegen. Henry war bestens gelaunt, Hanneke weniger. Ein Richter aus dem Westteil von Philadelphia, mit dem Henry bereits häufig geschäftlich zu tun gehabt hatte, vollzog die Zeremonie, um dem Hausherrn eine Gefälligkeit zu erweisen.

»So lasset euch denn von Freundschaft leiten«, schloss er, nachdem das Ehegelübde getauscht worden war. »Bleibet aufmerksam gegen des anderen Leid und bestärkt einander in euren Freuden.«

»Partner in Wissenschaft, Geschäft und Leben!«, polterte Henry ganz unvermittelt los und putzte sich dann mit großem Nachdruck die Nase.

Weitere Freunde oder Verwandte waren nicht gekommen. George Hawkes schickte ein Kistchen Birnen als Geschenk, ließ aber ausrichten, er liege mit Fieber zu Bett und könne nicht kommen. Tags zuvor war außerdem ein großer Blumenstrauß vom Pharmazeuten Garrick eingetroffen. Was Ambrose anging, so war von seiner Seite niemand anwesend. Daniel Tupper, sein Freund aus Boston, hatte am Morgen ein Telegramm geschickt, des schlichten Inhalts: »GUT GEMACHT PIKE«, er selbst blieb der Hochzeit indessen fern. Boston lag zwar mit dem Zug nur eine halbe Tagesreise entfernt – trotzdem war niemand an Ambroses Seite.

Als Alma um sich schaute, wurde ihr klar, wie sehr ihr Haushalt inzwischen geschrumpft war. Diese Festgemeinde war viel zu klein. Gerade so viele Menschen, dass es für eine rechtsgültige Trauung reichte. Wie hatten sie bloß so vereinsamen können? Alma dachte an den Ball zurück, den ihre Eltern im Jahr 1808 gegeben hatten, auf den Tag genau vor vierzig Jahren: Auf der Veranda und dem großen Rasen hatte es von Tanzenden und Musikanten gewimmelt, und sie war mit ihrer Fackel zwischen ihnen umhergerannt. Heute konnte man sich gar nicht mehr vorstellen, dass White Acre jemals der Schauplatz eines solchen Spektakels gewesen war, von so viel Gelächter und Ausgelassenheit erfüllt. Es hatte sich in ein Sonnensystem der Stille verwandelt.

Alma schenkte Ambrose zur Hochzeit eine besonders schöne antiquarische Ausgabe von Thomas Burnets *Telluris Theoria Sacra* von 1684. Der Theologe Burnet ging davon aus, die Erde sei vor der Sintflut eine makellose Kugel von absoluter Perfektion gewesen, sie habe die Schönheit der Jugend und der blühenden Natur besessen, »frisch und fruchtbar, ohne jede Runzel, jedes Mal, jede Wunde an ihrem ganzen Leibe; ohne Felsen oder Berge, ohne tiefe Höhlen oder gähnende Schluchten, sondern ganz und gar ebenmäßig und gleichförmig«. Das war, in Burnets Terminologie, die »Erste Erde«. Alma vermutete, dass ihr Mann daran Gefallen finden würde, und so war es auch. Die Vorstellung von Perfektion, der Traum von unverdorbener Vollendung – das alles entsprach Ambrose durch und durch.

Ambrose seinerseits verehrte Alma ein Blatt wunderschönen italienischen Papiers, das er kunstvoll zu einem winzigen Umschlag gefaltet und mit vier verschiedenfarbigen Wachsen verschlossen hatte. Jede Falz war einzeln versiegelt, und kein Siegel war wie das andere. Es war hübsch anzusehen – so klein, dass sie es auf der flachen Hand halten konnte –, doch es war auch ein sonderbares Objekt, fast geheimnisvoll. Alma drehte das erstaunliche kleine Etwas zwischen den Fingern.

»Wie öffnet man ein solches Geschenk?«, fragte sie.

»Es ist nicht zum Öffnen da«, sagte Ambrose. »Ich möchte dich bitten, es niemals zu öffnen.«

»Was ist denn darin?«

»Eine Liebesbotschaft.«

»Tatsächlich?«, rief Alma erfreut. »Eine Liebesbotschaft! Die würde ich zu gerne sehen!«

»Mir wäre es lieber, wenn du sie dir vorstellst.«

»Meine Vorstellungskraft ist nicht so reich wie deine, Ambrose.«

»Wenn man das Wissen so sehr liebt wie du, Alma, dann tut es der Vorstellungskraft durchaus gut, sich eine Illusion zu bewahren. Wir werden einander so gut kennenlernen, du und ich. Lassen wir doch etwas unentdeckt.«

Sie schob das Geschenk in die Tasche. Dort blieb es den ganzen Tag über – eine sonderbare, zarte, rätselhafte Präsenz.

Am Abend speisten sie mit Henry und seinem Freund, dem Richter. Henry und der Richter sprachen dem Portwein ausgiebigst zu. Alma trank nichts, ebenso wenig wie Ambrose. Jedes Mal, wenn sie zu ihrem Mann hinübersah, lächelte er sie an – doch das hatte er ja stets getan, auch bevor er ihr Mann war. Es war ein Abend wie jeder andere auch, mit dem Unterschied, dass sie nun Mrs Ambrose Pike war. Die Sonne ging an diesem Abend nur langsam unter, wie eine alte Frau, die lange braucht, um die Treppe hinabzuhumpeln.

Schließlich, nach dem Essen, zogen sich Alma und Ambrose zum ersten Mal gemeinsam in Almas Zimmer zurück. Alma setzte sich auf die Bettkante, und Ambrose tat es ihr gleich. Er griff nach ihrer Hand. Nach langem Schweigen sagte sie: »Wenn du mich kurz entschuldigen möchtest …«

Sie wollte ihr neues Nachthemd anziehen, sich aber nicht vor ihm entkleiden. So nahm sie das Nachthemd mit in den kleinen Waschraum gleich neben dem Zimmer – denselben, der in den dreißiger Jahren eingebaut und mit einer Badewanne und fließend kaltem Wasser versehen worden war. Alma zog sich aus und streifte das Gewand über. Unschlüssig überlegte sie, ob sie ihr Haar hochgesteckt lassen oder es lösen sollte. Es sah nicht immer vorteilhaft aus, wenn sie es offen trug, doch mit Haarnadeln und Spangen schlief es sich nicht sonderlich bequem. Nach kurzem Zögern beschloss sie, es hochgesteckt zu lassen.

Als sie wieder ins Zimmer kam, hatte auch Ambrose sein Nachthemd angezogen: ein schlichtes Leinengewand, das ihm bis zu den Schienbeinen reichte. Seine Kleider lagen ordentlich gefaltet auf einem Stuhl. Er stand auf der anderen Seite des Bettes. Die Aufregung sprengte über Alma hinweg wie eine Kavallerie. Ambrose wirkte kein bisschen aufgeregt. Er äußerte sich nicht zu ihrem Nachtgewand. Er winkte sie nur ins Bett, und so stieg sie hinein. Er kam von der anderen Seite, und sie trafen sich in der Mitte. Augenblicklich überfiel sie der schreckliche Gedanke, dass dieses Bett viel zu klein für sie beide zusammen war. Ambrose und sie waren doch so groß. Wo sollten sie mit ihren Beinen hin? Wo mit ihren Armen? Was, wenn sie ihn im Schlaf versehentlich trat? Was, wenn sie ihm unabsichtlich den Ellbogen ins Auge stieß?

Sie drehte sich auf die Seite, er ebenfalls, und sie sahen einander an.

»Hort meiner Seele«, sagte er, griff wieder nach ihrer Hand, führte sie an die Lippen und küsste sie, gleich oberhalb der Knöchel, so wie er es den ganzen letzten Monat seit ihrer Verlobung getan hatte. »Du hast mir so viel Frieden gebracht.«

»Ambrose«, erwiderte sie, überwältigt von seinem Namen, überwältigt von seinem Gesicht.

»Wenn wir schlafen, können wir die Macht des Geistes am ehesten erahnen«, fuhr er fort. »Unsere Gedanken werden über diese kurze Distanz hinweg zueinander sprechen. Hier, vereint in nächtlicher Stille, werden wir uns endlich von Zeit und Raum lösen können, von den Naturgesetzen und den Gesetzen der Physik. In unseren Träumen werden wir die Welt nach Lust und Laune durchstreifen. Wir werden mit Verstorbenen reden, uns in Tiere und Gegenstände verwandeln, durch die Zeiten fliegen. Unser Verstand ist dann nirgends mehr zu finden, und unser Gemüt wird entfesselt.«

»Danke«, sagte Alma töricht. Ihr fiel nichts anderes ein,

was als Antwort auf eine so unerwartete Ansprache gepasst hätte. Sollte dies eine Art Annäherung sein? Machte man das so, dort in Boston? Sie hatte Angst, dass ihr Atem vielleicht nicht süß duftete. Seiner duftete süß. Wenn er bloß das Licht löschen würde! Als hätte er ihre Gedanken gelesen, drehte er sich um und löschte das Licht. Im Dunkeln war es besser, angenehmer. Sie wollte sich auf ihn zutreiben lassen. Da spürte sie, wie er wieder ihre Hand nahm und sie erneut an die Lippen drückte.

»Gute Nacht, meine Gemahlin«, sagte er.

Er behielt ihre Hand in seiner. Sekunden später – sie hörte es an seinen Atemzügen – war er eingeschlafen.

•

Alma hatte sich so vieles ausgemalt, erhofft oder auch befürchtet, was in ihrer Hochzeitsnacht geschehen könnte, doch dieses Szenario war ihr nie in den Sinn gekommen.

Ambrose schlummerte weiter fest und friedlich neben ihr, die Hand leicht und vertrauensvoll um ihre geschlossen, während Alma reglos in der sich ausbreitenden Stille lag und mit weit geöffneten Augen in die Dunkelheit starrte. Klebrig und dumpf senkte sich die Verwirrung über sie. Sie suchte nach möglichen Erklärungen für diesen merkwürdigen Vorfall, blätterte im Register ihrer Gedanken eine Interpretation nach der anderen durch, so wie es ein Wissenschaftler tut, wenn ihm ein Experiment grandios missglückt ist.

Vielleicht würde er ja bald aufwachen, und sie konnten ihre ehelichen Freuden wiederaufnehmen – oder überhaupt erst aufnehmen. Hatte ihm vielleicht ihr Nachthemd nicht gefallen? War sie etwa zu schamhaft aufgetreten? Oder zu schamlos? Sehnte er sich eigentlich nach der Toten? Dachte er an seine verlorene Liebe aus Framingham, die schon so viele Jahre zurücklag? Vielleicht hatte ihn auch einfach die Nervosität überwältigt. War er den Pflichten der Liebe womöglich gar nicht gewachsen? Doch keine dieser Erklärungen schien zu passen, am allerwenigsten die letzte. Alma wusste genug von solchen Dingen, um zu begreifen, dass die Unfähigkeit zum Geschlechtsakt einen Mann auf die denkbar schrecklichste Weise beschämte – doch Ambrose wirkte ganz und gar nicht beschämt. Er hatte ja nicht einmal den Versuch zu einem Geschlechtsakt unternommen. Im Gegenteil: Er schlief so selig, wie ein Mensch nur schlafen konnte. Er schlief wie ein reicher Ehrenmann in einem noblen Gasthaus. Er schlief wie ein König nach einem langen Tag der Eberjagd und der Turnierkämpfe. Er schlief wie ein mohammedanischer Prinz, beglückt von einem Dutzend hübscher Haremsdamen. Er schlief wie ein Kind unter einem Baum.

Alma indessen schlief nicht. Es war heiß, es war ihr unbequem, so lange auf der Seite zu liegen, und doch wagte sie nicht, sich zu bewegen, wagte nicht, ihm ihre Hand zu entziehen. Die Haarnadeln und Spangen in ihrer Frisur bohrten sich in die Kopfhaut. Die Schulter, auf der sie lag, wurde taub. Nach geraumer Zeit löste sie sich schließlich aus seinem Griff und drehte sich auf den Rücken, doch es hatte alles keinen Sinn: Die Ruhe wollte sich in dieser Nacht nicht einfinden. Steif und verstört lag sie da, mit offenen Augen und feuchten Achselhöhlen, und suchte im Geiste erfolglos nach einer beruhigenden Begründung für diese höchst unerwartete und widrige Wendung der Dinge.

Als der Morgen dämmerte, stimmte draußen jeder Vogel auf Erden sein Lied an, als gäbe es keine Angst, wie Alma sie empfand. Alma gestattete sich den winzigen Funken Hoffnung, ihr Ehemann möge im Morgengrauen erwachen und sie in die Arme schließen. Vielleicht würden ja mit dem Tag auch all die erhofften Vertraulichkeiten des Ehelebens anbrechen.

Ambrose erwachte tatsächlich, schloss sie freilich nicht in die Arme. In kürzester Zeit war er wach, frisch und zufrieden. »Was für Träume!«, rief er aus und reckte die Arme genüsslich über den Kopf. »Schon seit Jahren hatte ich keine solchen Träume mehr. Welche Ehre, die Strömungen deines Daseins teilen zu dürfen. Ich danke dir, Alma! Was für ein Tag nun vor uns liegt! Hast du auch so viel geträumt?«

Natürlich hatte Alma nicht das Geringste geträumt. Sie hatte die Nacht eingekerkert in hellwachem Grauen verbracht. Dennoch nickte sie. Sie wusste nicht, was sie sonst tun sollte.

»Du musst mir versprechen«, sagte Ambrose, »dass wir, wenn wir sterben – wer von uns auch immer vor dem anderen geht –, noch über die Grenzen der Sterblichkeit hinweg Schwingungen aneinander aussenden werden.«

Wieder nickte Alma töricht. Es fiel ihr leichter, als Worte zu formen.

Schweigend und benommen sah sie zu, wie ihr Mann aufstand und sich am Zimmerbecken das Gesicht wusch. Dann nahm er seine Kleider vom Stuhl, zog sich artig in den kleinen Waschraum zurück und kam voll bekleidet und bester Laune wieder heraus. Was lauerte hinter diesem warmen Lächeln? Alma entdeckte nichts als noch mehr Wärme dahinter. Er sah noch immer genau so aus wie an dem Tag, da sie ihn zum ersten Mal erblickt hatte: wie ein schöner, kluger, begeisterungsfähiger Mann von zwanzig Jahren.

Was für eine Närrin sie war!

»Ich werde dich nun allein lassen«, sagte er, »und dich unten zum Frühstück erwarten. Welch ein Tag vor uns liegt!«

Alma verspürte Schmerzen am ganzen Körper. Halb benommen vor Steifheit und Verzweiflung erhob sie sich schwerfällig wie ein Krüppel aus dem Bett und kleidete sich an. Sie warf einen Blick in den Spiegel. Das hätte sie besser nicht getan. In einer einzigen Nacht war sie um zehn Jahre gealtert.

Als Alma endlich hinunterkam, saß Henry bereits am Frühstückstisch. Er plauderte leichthin mit Ambrose. Hanneke brachte Alma eine frische Kanne Tee und warf ihr einen prüfenden Blick zu – einen Blick, wie ihn jede Frau am Morgen nach ihrer Hochzeit über sich ergehen lassen muss –, doch Alma vermied es, sie anzusehen. Sie gab sich Mühe, nicht allzu verschlafen oder mürrisch dreinzuschauen, doch ihre Gedanken waren von der Müdigkeit verlangsamt, und sie wusste, dass sie rote Augen hatte. Sie fühlte sich wie von Schimmel befallen. Doch den Männern fiel das offenbar nicht auf. Henry erzählte gerade eine Geschichte, die Alma bereits Dutzende Male gehört hatte: wie er einmal in einer verdreckten Herberge in Peru das Bett mit einem großspurigen kleinen Franzosen teilen musste, der mit dem denkbar stärksten französischen Akzent sprach, trotzdem aber eisern behauptete, kein Franzose zu sein.

»Immer wieder«, erzählte Henry, »sagt dieser Hohlkopf zu mir: ›*Isch bihn Angländer!*‹, und ich sage zu ihm: ›Sie sind kein Engländer, Sie Armleuchter, Sie sind Franzose! Hören Sie sich doch mal Ihren verfluchten Akzent an!‹ Aber nein, der Hohlkopf hält sich dran: ›*Isch bihn Angländer!*‹ Schließlich sage ich zu ihm: ›Dann erklären Sie mir doch bitte mal: Wie soll das gehen, dass Sie Engländer sind?‹ Und er quiekt: ›*Isch bihn Angländer, weil isch 'abe anglische Frau!*‹«

Ambrose wollte gar nicht aufhören zu lachen. Alma musterte ihn wie eines ihrer Pflanzenpräparate.

»Nach der Logik«, schloss Henry, »wäre ich dann also Holländer!«

»Und ich wäre ein Whittaker!«, setzte Ambrose immer noch lachend hinzu.

»Noch Tee?«, fragte Hanneke und musterte Alma erneut mit bohrendem Blick.

Alma schloss energisch den Mund, der, wie sie erst jetzt bemerkte, ein bisschen weit offen stand. »Vielen Dank, Hanneke, ich habe genug.«

»Die Burschen fahren heute das letzte Heu ein«, sagte Henry. »Kümmere dich darum, Alma, dass sie es auch ordentlich machen.«

»Natürlich, Vater.«

Henry wandte sich wieder Ambrose zu. »Die kann was,

deine Frau, vor allem, wenn es Arbeit zu erledigen gibt. Ein richtiger Bauersmann im Rock ist das.«

•

Die zweite Nacht verlief ebenso wie die erste – und auch die dritte, die vierte und die fünfte. Alle Nächte, die folgten, verliefen gleich. Ambrose und Alma zogen sich jeder für sich aus, stiegen ins Bett und wandten sich einander zu. Er küsste ihre Hand, pries ihre Güte und löschte das Licht. Dann fiel er in den tiefen Schlummer einer verwunschenen Märchengestalt, und Alma lag in stummer Qual neben ihm. Nichts änderte sich, nur dass es Alma mit der Zeit gelang, zumindest ein paar Stunden unruhigen Schlafes pro Nacht zu bekommen, wenngleich nur deshalb, weil ihr Körper der Erschöpfung nicht mehr standhielt. Doch ihre Nachtruhe blieb von beklemmenden Träumen durchsetzt und von scheußlichen Phasen ruhelos schweifender, schlafloser Grübeleien.

Tagsüber waren Alma und Ambrose weiterhin Gefährten im Forschen und im Denken. Er schien ihr zugetan wie nie zuvor. Sie ging hölzern ihrer Arbeit nach und half ihm mit der seinen. Er wollte stets in ihrer Nähe sein – so nah bei ihr wie nur möglich. Ihr Unbehagen bemerkte er offenbar nicht, und sie versuchte, es ihm nicht zu zeigen. Sie hoffte immer weiter auf eine Änderung. Wochen vergingen. Es wurde Oktober. Die Nächte wurden kühler. Nichts änderte sich.

Ambrose wirkte so sehr im Einklang mit diesem ehelichen Arrangement, dass Alma – zum ersten Mal in ihrem Leben – fürchtete, den Verstand zu verlieren. Da begehrte sie ihn mit Haut und Haaren, und er war völlig damit zufrieden, den einen Zoll Haut unter dem mittleren Fingerknöchel ihrer linken Hand zu küssen. Sie war Whittaker genug, um bei dem Gedanken, man könnte sie zum Narren gehalten haben, vor Zorn zu beben. Doch dann sah sie Ambrose an, sah sein Gesicht, das dem eines Halunken nicht weniger hätte gleichen können, und ihr Zorn wich erneut trauriger Verwirrung.

Anfang Oktober genoss ganz Philadelphia die letzten Tage des Altweibersommers. Die Morgende erstrahlten in kühler Frische und blauem Himmel, die Nachmittage waren mild und träge. Ambrose wirkte beflügelter denn je, er sprang aus dem Bett, als hätte man ihn aus einer Kanone abgefeuert. Es war ihm gelungen, im Orchideenhaus eine seltene *Aerides odorata* zum Blühen zu bringen. Henry hatte die Pflanze vor vielen Jahren von den Ausläufern des Himalaya mitgebracht, doch es war nie auch nur eine Knospe herangereift, bis Ambrose sie aus ihrem Topf am Boden genommen und sie in einem Nest aus Rinde und feuchtem Moos an die Dachsparren gehängt hatte, mitten hinein ins strahlende Sonnenlicht. Da war sie mit einem Mal zu voller Blüte erwacht. Henry war begeistert. Ambrose war begeistert. Er zeichnete sie aus jeder denkbaren Perspektive. Sie würde das Prunkstück des *Florilegiums* von White Acre darstellen.

»Wenn man etwas nur genug liebt, offenbart es einem schließlich sein Geheimnis«, sagte Ambrose zu Alma.

Hätte er sie nach ihrer Meinung gefragt, Alma wäre anderer Ansicht gewesen. Sie selbst hätte Ambrose unmöglich noch mehr lieben können, und doch wartete er nicht mit Geheimnissen auf. Sein Triumph mit der *Aerides odorata* rief unerquickliche Neidgefühle in ihr hervor. Sie beneidete die Orchidee um die Pflege, die er ihr angedeihen ließ. Sie konnte sich kaum noch auf ihre Arbeit konzentrieren, während seine florierte. Seine Gegenwart in der Remise wurde ihr immer mehr zuwider. Warum unterbrach er sie bloß ständig? Seine Druckerpressen machten Lärm und stanken nach erhitzter Tinte. Alma konnte es nicht länger ertragen. Sie fühlte sich, als würde sie verfaulen. Sie wurde reizbar. Eines Tages ging sie durch den Gemüsegarten von White Acre, als sie einen jungen Arbeiter entdeckte, der an seinem Spaten lehnte und sich träge einen Splitter aus dem Daumen pulte. Er war ihr bereits früher aufgefallen, dieser kleine Splitterpuler. Man sah ihn deutlich häufiger an seinem Spaten lehnen als mit ihm graben.

Mit freundlichem Lächeln trat sie auf ihn zu. »Du heißt doch Robert, nicht wahr?«, fragte sie ihn.

»Ich bin Robert«, bestätigte er und sah mit kaum verhohlenem Desinteresse zu ihr hoch.

»Worin besteht deine heutige Aufgabe, Robert?«

»Ich soll das olle Erbsenbeet hier umgraben, Ma'am.«

»Und hattest du vor, damit auch irgendwann anzufangen, Robert?«, erkundigte sie sich mit gefährlich leiser Stimme.

»Ja, wissen Sie, ich hab da diesen Splitter …«

Alma beugte sich über ihn, bis sie seinen schmächtigen Körper ganz überschattete. Sie packte ihn am Kragen, hob ihn einen halben Meter vom Boden weg und brüllte, während sie ihn wie einen Sack Tierfutter schüttelte: »Du machst dich jetzt sofort wieder an die Arbeit, du nichtsnutziger kleiner Hosenscheißer, sonst schlage ich dir mit deinem eigenen Spaten die Eier ab!«

Dann ließ sie ihn wieder fallen. Er schlug hart auf den Boden auf. Wie ein verschreckter Hase krabbelte er aus ihrem Schatten hervor und fing eifrig, ziellos und verängstigt zu graben an. Alma entfernte sich, schüttelte im Gehen die Arme aus und widmete sich umgehend wieder ihren Grübeleien über ihren Mann. War es möglich, dass Ambrose es einfach nicht besser wusste? Konnte ein Mensch so ahnungslos sein, dass er eine Ehe einging, ohne die damit einhergehenden Pflichten zu kennen oder etwas von den geschlechtlichen Vorgängen zwischen Mann und Frau zu wissen? Ihr fiel ein Buch ein, das sie vor Jahren gelesen hatte, als sie gerade damit begonnen hatte, solche unzüchtigen Schriften auf dem Dachboden der Remise zu sammeln. Fast zwei Jahrzehnte hatte sie nicht mehr an dieses Buch gedacht. Im Vergleich zu den anderen war es eine eher eintönige Lektüre gewesen, doch nun kam es ihr wieder in den Sinn. Der Titel lautete: *Die Freuden der Ehe: Dem Gatten eine Anleitung zur körperlichen Mäßigung und dem verheirateten Paare eine Handreichung*, und verfasst war es von einem gewissen Doktor Horscht.

Angeblich hatte dieser Doktor Horscht das Buch nach einem Gespräch mit einem jungen christlichen Paar verfasst, das vor lauter Sittsamkeit keinerlei theoretisches oder praktisches Wissen über die Beziehungen zwischen den Geschlechtern besaß und sich selbst sowie einander im ehelichen Bett mit so eigentümlichen Gefühlen und Empfindungen begegnete, dass beide bereits befürchteten, verhext zu sein. Ein paar Wochen nach der Hochzeit hatte der geplagte junge Bräutigam schließlich einen Freund zu Rate gezogen, welcher ihn mit der schockierenden Aussage konfrontierte, der frischgebackene Ehemann müsse sein Glied direkt in das »Wasserloch« seiner Braut einführen, damit den ehelichen Beziehungen Genüge getan sei. Diese Vorstellung erfüllte den bedauernswerten jungen Mann mit so viel Scham und Entsetzen, dass er umgehend zu Doktor Horscht eilte, um sich bei ihm zu erkundigen, ob ein so abwegig erscheinender Akt überhaupt durchführbar, geschweige denn sittlich sein könne. Aus Mitleid mit der arglosen jungen Seele hatte Doktor Horscht einen Leitfaden über die Triebwerke des Geschlechtlichen verfasst, der jung verheirateten Männern als Unterstützung dienen sollte.

Alma hatte das Buch damals mit einiger Geringschätzung gelesen. Dass man als junger Mann so wenig über die Funktionsweisen des eigenen Geschlechts- und Ausscheidungsorgans wissen sollte, erschien ihr vollkommen lächerlich. Solche Leute konnte es doch unmöglich geben?

Nun aber geriet sie ins Nachdenken.

Musste sie es ihm etwa zeigen?

•

Am folgenden Samstagnachmittag zog sich Ambrose schon früh in das gemeinsame Zimmer zurück und kündigte an, vor dem Essen noch ein Bad nehmen zu wollen. Alma folgte ihm aufs Zimmer. Sie setzte sich aufs Bett und lauschte dem Wasser, das hinter der geschlossenen Tür in die große Keramikwanne lief. Sie hörte ihn vor sich hin summen. Er war glücklich. Doch in ihr schwelten Kummer und Zweifel. Jetzt entkleidete er sich wohl. Sie hörte ein leises Platschen, als er in die Wanne stieg, dann sein zufriedenes Seufzen. Danach war es still.

Sie stand auf und zog sich ebenfalls aus. Sie legte alles ab, die Unterhose und das Leibchen, sogar die Nadeln, die ihr Haar hielten. Hätte sie noch mehr ablegen können, sie hätte auch das getan. Ihr nackter Körper war nicht schön, das wusste sie, doch einen anderen besaß sie nicht. Sie trat an die Tür des Waschraums, drückte das Ohr daran, lauschte. Sicher, sie brauchte das nicht zu tun. Es gab andere Wege. Sie konnte lernen, die Dinge so zu nehmen, wie sie waren. Sie konnte sich geduldig in ihr Leid fügen, in diese sonderbare, unmögliche Ehe-und-doch-nicht-Ehe. Sie konnte lernen, all das zu besiegen, was Ambrose in ihr auslöste: ihren Hunger nach ihm, ihre Enttäuschung, das Gefühl von quälender Abwesenheit, wann immer sie in seiner Nähe war. Wenn sie lernte, ihr Begehren zu unterdrücken, dann konnte sie ihren Mann behalten – so, wie er war.

Nein. Nein, das konnte sie nicht lernen.

Sie drehte den Türknauf, schob die Tür auf und trat so geräuschlos wie möglich ein. Er wandte den Kopf zu ihr, und seine Augen weiteten sich voller Schrecken. Sie sagte nichts, und auch er sagte nichts. Sie wandte den Blick von seinen Augen ab und erlaubte sich, seinen Körper zu betrachten, der gerade so vom kühlen Badewasser bedeckt war. Da war er, in seiner ganzen nackten Pracht. Seine Haut war milchweiß – so viel weißer an Brust und Beinen als an den Armen. Nur wenige Haare bedeckten seinen Rumpf. Er hätte nicht vollkommener und schöner sein können.

Hatte sie etwa befürchtet, er könne gar kein Geschlechtsteil besitzen? Hatte sie geglaubt, darin läge die Ursache?

Nun, so war es nicht. Er besaß ein Geschlechtsteil – ein völlig zureichendes, sogar imposantes Geschlechtsteil. Sie gestattete sich, sein hübsches Anhängsel eingehend zu betrachten – dieses blasse, bewegliche Unterwassergeschöpf, das da in einem Dickicht aus feuchtem Haar zwischen seinen Beinen schwamm. Ambrose rührte sich nicht. Auch sein Penis zeigte keine Regung. Er wollte nicht betrachtet werden, das sah Alma sofort. Sie hatte genügend Zeit im Wald zugebracht und scheue Tiere beobachtet, um zu wissen, wann ein Geschöpf nicht gesehen werden wollte, und bei dem Wesen dort zwischen Ambroses Beinen war dies eindeutig der Fall. Dennoch sah sie es an, weil sie den Blick nicht abwenden konnte. Ambrose ließ sie gewähren – wenn auch nicht aus Freizügigkeit, sondern weil er wie gelähmt war.

Schließlich schaute sie ihm wieder ins Gesicht, verzweifelt auf der Suche nach einer Öffnung, einem Weg in sein Inneres. Er schien starr vor Angst. Wieso Angst? Sie sank vor der Wanne auf die Knie. Fast sah es aus, als kniete sie wie eine Bittstellerin vor ihm. Nein: Sie kniete ja tatsächlich als Bittstellerin vor ihm. Seine rechte Hand mit den langen, sich verjüngenden Fingern hielt den Keramikrand der Wanne umklammert. Alma löste die Hand, einen Finger nach dem anderen. Er ließ es zu. Sie umfasste seine Hand und führte sie an ihre Lippen. Dann steckte sie drei seiner Finger in den Mund. Sie konnte nicht anders. Sie musste etwas von ihm in sich spüren. Am liebsten hätte sie noch zugebissen, gerade so fest, dass ihr seine Finger nicht mehr entgleiten konnten. Sie wollte ihm keine Angst machen, aber freigeben wollte sie ihn auch nicht. Anstatt zuzubeißen, fing sie an zu saugen. Sie war ganz auf ihr Verlangen konzentriert. Ihre Lippen machten ein Geräusch dabei – ein obszönes, feuchtes Schmatzen.

Da erwachte Ambrose plötzlich wieder zum Leben. Er keuchte auf und riss ihr die Hand aus dem Mund. Mit lautem Platschen richtete er sich auf und bedeckte sein Glied mit beiden Händen. Er sah aus, als würde er gleich vor Angst sterben.

»Bitte …«, sagte sie.

Sie starrten einander an, wie eine Frau und der Eindringling in ihrer Schlafkammer – doch hier war Alma der Eindringling und Ambrose das verängstigte Opfer. Er sah sie an, als wäre sie eine Fremde, die ihm ein Messer an den Hals hielt, als wollte sie ihr zutiefst verdorbenes Vergnügen mit ihm haben, um ihm anschließend den Kopf abzutrennen, ihm die Gedärme herauszureißen und mit einer langen, spitzen Gabel sein Herz zu verzehren.

Alma gab nach. Was blieb ihr auch anderes übrig? Sie richtete sich auf, verließ langsam den Waschraum und zog sanft die Tür hinter sich zu. Zog sich an. Ging nach unten. Ihr Herz war derart gebrochen, dass sie kaum verstand, wie sie überhaupt noch am Leben sein konnte.

Sie fand Hanneke de Groot damit beschäftigt, die Ecken des Esszimmers auszufegen. Mit gepresster Stimme bat sie die Hauswirtschafterin, sie möge das Gästezimmer im Ostflügel für Mr Pike herrichten, der vorläufig dort schlafen werde, bis eine andere Lösung gefunden sei.

»*Waarom?*«, fragte Hanneke.

Doch Alma konnte ihr nicht sagen, warum. Am liebsten wäre sie Hanneke weinend in die Arme gesunken, doch sie widerstand der Versuchung.

»Darf eine alte Frau denn keine Fragen mehr stellen?«, bohrte Hanneke weiter.

»Ich bitte dich, Mr Pike über das neue Arrangement in Kenntnis zu setzen«, sagte Alma und wandte sich ab. »Ich sehe mich dazu selbst nicht in der Lage.«

•

In der folgenden Nacht schlief Alma auf dem Diwan in der Remise und ließ das Abendessen aus. Sie dachte an Hippokrates, dem zufolge die Gefäße des Herzens nicht dazu dienten, Blut durch den Körper zu pumpen, sondern Luft. Er hielt das Herz für eine Erweiterung der Lunge – eine Art großen Blasebalg aus Muskelmasse, der das Feuer des Körpers anfachte. In jener Nacht schien es Alma, als hätte er recht damit. Sie spürte das gewaltige Wehen und Tosen eines Sturms in ihrer Brust. Es kam ihr vor, als würde ihr Herz nach Luft schnappen. Und was die Lunge betraf, so musste sie wohl voller Blut sein. Alma ertrank mit jedem Atemzug ein wenig mehr. Sie konnte dieses Gefühl zu ertrinken nicht abschütteln. Sie spürte den Wahnsinn. Sie kam sich vor wie die kleine verrückte Retta Snow, die auch immer hier auf dem Diwan geschlafen hatte, wenn die Welt ihr zu große Angst machte.

Am Morgen suchte Ambrose sie auf. Er war bleich, und sein Gesicht war von Schmerz verzerrt. Er kam zu ihr, setzte sich neben sie und griff nach ihren Händen. Sie entzog sie ihm. Er sah sie lange unverwandt an, ohne etwas zu sagen.

»Falls du gerade versuchst, mir stumm etwas mitzuteilen, Ambrose«, sagte Alma schließlich, mit vor Zorn halb erstickter Stimme, »dann werde ich das kaum hören können. Ich bitte dich, direkt mit mir zu sprechen. Erweise mir zumindest diese Gefälligkeit.«

»Verzeih mir«, sagte er.

»Erst musst du mir sagen, was ich dir verzeihen soll.«

Er stockte. »Diese Ehe …«, begann er, doch dann fehlten ihm die Worte.

Alma stieß ein hohles Lachen aus. »Was ist eine Ehe, Ambrose, wenn sie um die ehrbaren Freuden betrogen bleibt, die jeder Mann und jede Frau mit allem Recht erwarten kann?«

Er nickte. Er wirkte verzweifelt.

»Du hast mich mutwillig getäuscht«, sagte sie.

»Dabei war ich der Ansicht, wir hätten ein Einverständnis.«

»So? Und was glaubtest du, worin dieses Einverständnis

besteht? Sag es mir mit Worten. Was sollte diese Ehe für dich sein?«

Er rang um eine Antwort. Schließlich sagte er: »Ein Austausch.«

»Von was genau?«

»Von Liebe. Von Gedanken und Geborgenheit.«

»Das dachte ich ebenfalls, Ambrose. Ich dachte nur, es würde auch noch anderes ausgetauscht. Wenn du das Leben eines Shakers führen willst, warum bist du dann nicht losgezogen und hast dich ihnen angeschlossen?«

Er sah sie verständnislos an. Er hatte keine Vorstellung davon, wer die Shaker waren. Großer Gott, es gab so vieles, was dieser Knabe nicht wusste!

»Lass uns einander keine Vorwürfe machen, Alma, und auch nicht in Streit verharren«, bat er.

»Sehnst du dich nach dem Mädchen, das gestorben ist? Liegt es daran?«

Erneut die verständnislose Miene.

»Das Mädchen, Ambrose, das gestorben ist«, wiederholte sie. »Deine Mutter hat mir von ihr erzählt. Sie starb vor vielen Jahren in Framingham. Du hast sie geliebt.«

Seine Verwirrung kannte keine Grenzen. »Du hast mit meiner Mutter gesprochen?«

»Sie hat mir geschrieben. Und mir von diesem Mädchen erzählt – von deiner wahren Liebe.«

»Meine Mutter hat dir geschrieben? Wegen Julia?« Die Fassungslosigkeit ließ Ambroses Züge schier verschwimmen. »Aber Alma, ich habe Julia nie geliebt. Sie war ein reizendes Kind, die Freundin meiner jungen Jahre, aber geliebt habe ich sie nicht. Meine Mutter mag den Wunsch gehegt haben, ich könnte sie lieben, weil sie aus einer angesehenen Familie stammte, aber Julia war nie mehr für mich als das unschuldige Nachbarskind. Wir haben gemeinsam Blumen gezeichnet. Sie besaß dafür eine große Begabung. Aber sie starb mit vierzehn Jahren. Ich habe seit vielen Jahren nicht mehr an sie gedacht. Weshalb reden wir bloß von Julia?«

»Warum kannst du mich nicht lieben?«, fragte Alma und schalt sich selbst für die Verzweiflung in ihrer Stimme.

»Ich könnte dich unmöglich noch mehr lieben«, sagte Ambrose, und die Verzweiflung in seiner Stimme stand der ihren in nichts nach.

»Ich bin hässlich, Ambrose. Dieser Umstand war mir nie verborgen. Außerdem bin ich alt. Und doch vermag ich dir einiges von dem zu geben, was du ersehnt hast, Annehmlichkeiten, Kameradschaft. All das hättest du freilich haben können, ohne mich durch eine Ehe zu demütigen. Ich hatte es dir längst gewährt und hätte es dir auf ewig weiter gewährt. Ich war damit zufrieden, dich wie eine Schwester zu lieben, vielleicht sogar wie eine Mutter. Du warst es, der eine Heirat wollte. Du hast den Gedanken an eine Ehe an mich herangetragen. Du hast zu mir gesagt, du wollest jede Nacht an meiner Seite schlafen. Du hast zugelassen, dass ich mich nach etwas sehnte, wonach ich das Verlangen längst überwunden glaubte.«

Sie konnte nicht mehr weitersprechen. Ihre Stimme wurde lauter und brüchig. Dies war der Gipfel aller Schmach.

»Ich brauche keinen Reichtum«, sagte Ambrose, und die Qual ließ ihm die Augen feucht werden. »Das weißt du doch von mir.«

»Und dennoch profitierst du davon.«

»Du verstehst mich nicht, Alma.«

»In der Tat, Mr Pike, ich verstehe Sie nicht im Geringsten. Klären Sie mich bitte auf.«

»Ich habe dich doch gefragt«, sagte er. »Ich habe dich gefragt, ob du eine Ehe der Seelen eingehen willst – eine *mariage blanche*.« Als sie nicht sogleich antwortete, setzte er hinzu: »Das ist eine keusche Ehe, ohne jeden körperlichen Austausch.«

»Ich weiß, was eine *mariage blanche* ist, Ambrose«, fauchte Alma. »Ich konnte bereits Französisch, da warst du noch gar nicht auf der Welt. Ich begreife nur nicht, wie du glauben konntest, dass ich so etwas will.«

»Weil ich dich gefragt habe. Ich habe dich gefragt, ob du dies von mir annimmst, und du hast zugestimmt.«

»Aber wann?« Alma war sich sicher, dass sie ihm sämtliche Haare vom Kopf reißen würde, wenn er sich nicht endlich klarer und wahrheitsgetreuer äußerte.

»Damals nachts in der Buchbindekammer, nachdem ich dich in der Bibliothek gefunden hatte. Als wir gemeinsam in der Stille saßen. Da habe ich dich stumm gefragt: ›Nimmst du dies von mir an?‹, und du hast ja gesagt. Ich habe doch gehört, wie du ja gesagt hast. Ich habe gespürt, wie du es sagtest! Leugne es nicht, Alma – du hast meine Frage über alle Grenzen hinweg gehört, und du hast mir deine Zustimmung gegeben! War es nicht so?«

Er sah sie aus schreckensweiten Augen an. Nun war es an ihr, sich wie vor den Kopf gestoßen zu fühlen.

»Und du hast mir ebenfalls eine Frage gestellt«, fuhr Ambrose fort. »Du hast mich stumm gefragt, ob ich das tatsächlich von dir will. Ich habe ja gesagt, Alma! Wenn mich nicht alles täuscht, habe ich es sogar laut ausgesprochen! Ich hätte mich nicht klarer äußern können!«

Alma dachte zurück an jene Nacht in der Bindekammer, an die stumme Explosion erotischen Genusses, an das Gefühl, als seine Frage sie erfüllt hatte und ihre Frage ihn. Was hatte sie da gehört? So klar wie einen Glockenschlag hatte sie ihn fragen hören: »Nimmst du dies von mir an?« Und natürlich hatte sie ja gesagt. Sie hatte schließlich geglaubt, er meine: »Nimmst du solch sinnliche Genüsse wie diesen von mir an?« Und als sie ihn ihrerseits fragte: »Ist es das, was du von mir willst?«, da meinte sie: »Willst du solch sinnliche Genüsse mit mir teilen?«

Gütiger Gott im Himmel, sie hatten beide die Frage des anderen missverstanden! Sie hatten einander *übersinnlich* missverstanden. Da geschah ein einziges Mal ein klar als solches klassifizierbares Wunder in Alma Whittakers Leben, und sie hatte es falsch gedeutet! Es war mit Abstand der schlechteste Scherz, den sie jemals gehört hatte.

»Ich habe dich nur gefragt«, erwiderte sie müde, »ob du mich willst. Mit anderen Worten: ob du mich ganz und gar willst, so wie Liebende einander gemeinhin wollen. Und ich dachte, du fragst mich dasselbe.«

»Aber ich würde niemanden je darum bitten, mir seinen leibhaftigen Körper auf die von dir erwähnte Weise zu überlassen«, sagte Ambrose.

»Warum denn nicht?«

»Weil ich nicht daran glaube.«

Alma konnte kaum fassen, was sie da hörte. Eine Zeitlang brachte sie kein Wort heraus. Dann fragte sie: »Bist du etwa der Ansicht, dass der eheliche Akt – selbst zwischen Mann und Frau – verkommen und lasterhaft ist? Es ist dir doch sicherlich bekannt, Ambrose, was andere Leute in ehelicher Intimität miteinander teilen? Hältst du mich für verderbt, weil ich mir wünsche, dass mein Mann auch wirklich mein Mann ist? Du hast doch sicher schon von solchen Freuden zwischen Mann und Frau gehört?«

»Ich bin nicht wie andere Männer, Alma. Kann dich das denn noch überraschen, nachdem wir einander so lange kennen?«

»Für was hältst du dich dann, wenn nicht für einen Mann?«

»Es geht nicht um das, wofür ich mich halte, Alma – es geht um das, was ich zu sein wünsche. Oder genauer: was ich einst war und wieder zu werden wünsche.«

»Und das wäre, Ambrose?«

»Ein Engel Gottes«, sagte Ambrose in einem Ton unsagbarer Traurigkeit. »Ich hatte die Hoffnung, wir könnten gemeinsam Engel Gottes sein. Dies ist jedoch nur möglich, wenn wir uns von den Fesseln des Fleisches befreien und einander in himmlischer Güte verbunden sind.«

»Ach, bei der gottverdammten Gnade der verfluchten Mutter Gottes!«, wetterte Alma. Sie wollte ihn am Kragen packen und schütteln, so wie sie kürzlich Robert, den Gärtnersjungen, geschüttelt hatte. Sie wollte den Katechismus mit ihm erörtern. Die Frauen von Sodom, wollte sie ihn anschreien, hatten sich Jehovas Strafe zugezogen, weil sie mit Engeln verkehrt hatten – *aber sie hatten immerhin die Gelegenheit dazu!* Das sah ihrem Schicksal wieder ähnlich, dass ausgerechnet sie einen so schönen und dabei so unzugänglichen Engel geschickt bekam.

»Komm schon, Ambrose!«, sagte sie. »Wach endlich auf! Wir leben hier nicht im Himmelreich – du nicht und erst recht nicht ich. Wie kannst du nur so töricht sein? Sieh mich an mit deinen Augen, Kind! Mit deinen echten, deinen sterblichen Augen. Sehe ich etwa aus wie ein Engel, Ambrose Pike?«

»Ja«, antwortete er ebenso schlicht wie traurig.

Almas Zorn verließ sie, und an seine Stelle trat bleierne, bodenlose Trauer.

»Dann hast du dich aufs Schwerste getäuscht«, sagte sie, »und wir beide stecken jetzt in einem Mordsschlamassel.«

•

Er konnte nicht auf White Acre bleiben.

Das offenbarte sich bereits nach Ablauf einer Woche – einer Woche, während der Ambrose im Gästequartier im Ostflügel nächtigte und Alma auf dem Diwan in der Remise und sie beide das Grinsen und Kichern der jungen Dienstmädchen über sich ergehen lassen mussten. Noch keinen Monat verheiratet und schliefen schon nicht nur in getrennten Zimmern, sondern gar in getrennten *Gebäuden* … wie hätten die Klatschmäuler auf dem Anwesen einem derart prächtigen Skandal widerstehen sollen?

Hanneke tat ihr Bestes, das Personal im Zaum zu halten, doch die Gerüchte stoben und flatterten umher wie Fledermäuse in der Dämmerung. Sie erzählten sich, Alma sei so alt und hässlich, dass Ambrose es nicht ertragen könne, ganz gleich, wie viel Geld sie in ihrer vertrockneten Möse versteckt hielt. Sie erzählten sich, Ambrose sei beim Stehlen erwischt worden. Sie erzählten sich, Ambrose sei hübschen jungen Frauen zugetan und mit der Hand am Hintern eines Melkmädchens ertappt worden. Sie erzählten sich, was immer sie erzählen wollten, und Hanneke konnte schließlich nicht alle entlassen. Alma hörte selbst einiges davon mit an, und was sie nicht hörte, konnte sie sich unschwer ausmalen. Verächtlich genug waren die Blicke, die sie erntete.

An einem späten Montagnachmittag Ende Oktober rief ihr Vater sie in sein Arbeitszimmer.

»Was ist da eigentlich los?«, fragte er. »Hast du dein neues Spielzeug schon wieder über?«

»Keinen Spott, Vater – ich schwöre dir, das kann ich nicht ertragen.«

»Dann gib mir eine Erklärung.«

»Es ist zu schändlich, um es zu erklären.«

»Das kann ich mir nun wirklich nicht vorstellen. Glaubst du etwa, ich hätte die Unmenge von Gerüchten nicht mitbekommen? Was könntest du mir noch erzählen, das schändlicher wäre als das, was die Leute ohnehin längst reden?«

»Es gibt vieles, Vater, was ich dir nicht sagen kann.«

»War er dir untreu? Jetzt schon?«

»Du kennst ihn doch, Vater. Das würde er nicht tun.«

»Keiner von uns kennt ihn so recht, Alma. Also, was ist es? Hat er dich bestohlen – *mich* bestohlen? Reitet er dich halb zu Tode? Schlägt er dich mit dem Lederriemen? Nein, das kann ich mir alles kaum vorstellen. Raus mit der Sprache, Mädchen. Was hat er verbrochen?«

»Er kann nicht bleiben, und ich kann dir den Grund dafür nicht sagen.«

»Hältst du mich etwa für einen Mann, der angesichts der Wahrheit in Ohnmacht fällt? Ich bin zwar alt, Alma, aber eingesargt bin ich noch lange nicht. Glaubst du, ich finde es nicht ohnehin heraus, wenn ich dich nur lange genug ausfrage? Bist du frigid? Ist es das? Oder fehlt es ihm an Manneskraft?«

Alma schwieg.

»Aha«, meinte ihr Vater. »Dann ist es wohl etwas in der Art. Es kam also nicht zum Vollzug der ehelichen Pflichten?«

Sie schwieg erneut.

Henry schlug die Hände zusammen. »Und, was ist dabei? Ihr habt doch trotzdem Freude an der Gesellschaft des anderen. Das ist mehr, als manchem in der Ehe zuteilwird. Du bist ohnehin zu alt, um noch Kinder zu bekommen, und viele Ehen sind hinter der Schlafzimmertür nicht glücklich. Im Grunde die wenigsten. Paare, die nicht zueinanderpassen, gibt es wie Sand am Meer. Deine Ehe mag nun schneller sauer geworden sein als andere, aber du wirst dich ermannen und es ertragen, Alma, so wie wir das alle tun – oder getan haben. Bist du denn nicht dazu erzogen worden, dich zu ermannen und die Dinge zu ertragen? Du wirst nicht zulassen, dass ein einziger Fehlschlag dir das Leben vergällt. Mach das Beste daraus. Und wenn er dich unter der Bettdecke nicht zureichend reizt, betrachte ihn als Bruder. Er gibt gar keinen schlechten Bruder ab. Und wir haben ihn alle gern um uns.«

»Ich brauche keinen Bruder. Ich sage dir, Vater, er kann nicht bleiben. Du musst ihn fortschicken.«

»Und ich sage dir, Tochter, vor nicht einmal drei Monaten standen wir genau hier in diesem Zimmer, und ich musste mir anhören, wie du darauf beharrtest, den Mann unbedingt zu heiraten – einen Mann, über den ich nichts wusste und du nur eine Winzigkeit mehr. Und jetzt willst du, dass ich ihn verjage? Bin ich etwa dein Bullterrier? Ich sage dir ganz offen, ich halte nichts davon, nein, rein gar nichts. Es entbehrt jeglicher Würde. Sind es die Tratschereien, die dich stören? Dann tritt ihnen entgegen wie eine Whittaker. Zeig dich denen, die dich verspotten. Und wenn es dir nicht passt, wie sie dich ansehen, dann zieh einfach irgendwem die Ohren lang. Das wird ihnen eine Lehre sein. Und bald werden sie über andere Dinge tratschen. Aber diesen jungen Mann auf ewig zu verbannen, weil er ... ja, was eigentlich verbrochen hat? Weil du nicht genug Spaß mit ihm hast? Schnapp dir einen von den Gärtnern, wenn du unbedingt einen jungen Bock im Bett brauchst. Es gibt auch Männer, die man für solche Vergnügungen bezahlen kann, nicht nur Frauen. Leute, die Geld brauchen, machen alles, und du hast wahrhaftig Geld genug. Wenn du willst, setz deine Mitgift dafür ein, dir einen Harem aus jungen Kerlen zu halten.«

»Bitte, Vater ...«, flehte sie.

»Und außerdem, was soll ich denn deiner Meinung nach anstellen mit unserem Mr Pike?«, fuhr Henry fort. »Ihn teeren und federn und an einen Karren gebunden durch die Straßen von Philadelphia schleifen lassen? Ihn samt einem Fass mit Steinen im Schuylkill versenken? Ihm die Augen verbinden und ihn an die Wand stellen?«

Alma konnte nichts weiter tun, als voller Scham und Pein vor ihm zu stehen und zu schweigen. Was hatte sie denn von ihrem Vater erwartet? Nun, so närrisch es jetzt auch scheinen mochte: Sie hatte geglaubt, Henry würde sie verteidigen. Sie hatte geglaubt, er wäre um ihretwillen erzürnt. Fast hatte sie erwartet, er werde wie früher in einen seiner berüchtigten theatralischen Tobsuchtsanfälle ausbrechen und mit wedelnden Armen durch das Haus toben wie der Darsteller einer Schmierenkomödie: *Wie konnten Sie meiner Tochter das antun?*, oder etwas Vergleichbares. Etwas jedenfalls, das in Grad und Tiefe ihrem eigenen Zorn, ihrem eigenen Verlustgefühl entsprach. Aber wie war sie eigentlich darauf gekommen? Hatte sie je erlebt, dass Henry Whittaker jemanden verteidigte? Und wenn er sich in diesem Fall überhaupt auf eine Seite schlug, so war es allem Anschein nach die von Ambrose.

Anstatt ihr beizustehen, demütigte ihr Vater sie nur noch weiter. Und damit nicht genug: Alma erinnerte sich an das Gespräch, das sie vor nicht einmal drei Monaten mit Henry über die Ehe mit Ambrose geführt hatte. Henry hatte sie gewarnt, zumindest aber die Frage aufgeworfen, ob »solch ein Mann« sie im Ehebund tatsächlich zufriedenstellen könne. Was hatte er damals gewusst und nicht geäußert? Was wusste er jetzt?

»Warum hast du mich nicht daran gehindert, ihn zu heiraten?«, fragte sie schließlich. »Du hast doch etwas geahnt. Warum hast du nichts gesagt?«

Henry zuckte die Achseln. »Es stand mir vor drei Monaten nicht zu, deine Entscheidungen für dich zu treffen. Es steht mir auch jetzt nicht zu. Wenn mit dem jungen Mann etwas geschehen soll, musst du schon selber dafür sorgen.«

Diese Äußerung verblüffte Alma zutiefst: Henry hatte doch immer alle Entscheidungen für sie getroffen, von Kindesbeinen an. Zumindest hatte sie es stets so wahrgenommen.

Auch jetzt konnte sie sich die Frage nicht verkneifen: »Aber was soll ich denn deiner Meinung nach mit ihm anstellen?«

»Was immer du willst, Alma! Es ist deine Entscheidung. Ich bin nicht zuständig für Mr Pike. Du hast dieses Subjekt in unser Haus gebracht, nun sieh auch zu, wie du es wieder loswirst – wenn du das denn unbedingt willst. Und ich rate dir, beeile dich damit. Ein klarer Schnitt ist immer besser als ein unordentlicher Riss. So oder so will ich, dass die Sache schnell ein Ende findet. Diese Familie hat in den letzten Monaten einiges an gesundem Menschenverstand eingebüßt, und ich wünsche, dass selbiger wieder Einzug hält. Wir haben zu viel zu tun, um uns mit derartigem Unfug aufzuhalten.«

•

In späteren Jahren sollte Alma sich stets einzureden versuchen, Ambrose und sie hätten die Entscheidung darüber, wohin das Leben ihn weiter führen würde, gemeinsam getroffen – doch nichts hätte der Wahrheit ferner liegen können. Ambrose Pike war kein Mann, der eigene Entscheidungen traf. Er war wie ein entfesselter Ballon, aufs Ungeheuerlichste dem Einfluss derer ausgeliefert, die mehr Kraft besaßen als er – und im Grunde besaß jeder mehr Kraft als er. Stets hatte er genau das getan, was man ihm sagte.

Seine Mutter hatte ihm gesagt, er solle nach Harvard gehen, und so war er nach Harvard gegangen. Seine Freunde hatten ihn aus einer Schneewehe geklaubt und in eine Anstalt für dem Wahnsinn Verfallene gegeben, und er hatte sich gehorsam wegsperren lassen. Daniel Tupper aus Boston hatte ihm gesagt, er solle in den mexikanischen Urwald reisen und Orchideen malen, und so war er in den Urwald gereist und hatte Orchideen gemalt. George Hawkes hatte ihn nach Philadelphia eingeladen, und er war nach Philadelphia gekommen. Alma hatte ihn nach White Acre geholt und ihn beauftragt, ein großes *Florilegium* der botanischen Sammlung ihres Vaters zu erstellen, und er hatte sich ohne weitere Fragen an die Arbeit gemacht. Wohin man ihn auch führte, Ambrose Pike war stets dorthin gegangen.

Er wollte ein Engel Gottes sein, doch bei Gott!, er war nicht mehr als ein Lamm.

Hatte Alma ernsthaft versucht, in ihren Plänen zu berücksichtigen, was das Beste für ihn wäre? Später redete sie sich dies ein. Sie würde sich nicht von ihm scheiden lassen; es gab keinen Anlass, ihn und sich selbst einem solchen Skandal auszusetzen. Sie würde ihn mit ausreichend Geld versorgen: Er hatte sie zwar nie darum gebeten, doch es war nur recht und billig. Und sie würde ihn auch nicht nach Massachusetts zurückschicken, nicht nur, weil seine Mutter ihr zuwider war (ein Brief, und schon war seine Mutter ihr zuwider!), sondern weil sie der Gedanke peinigte, Ambrose könnte bis ans Ende seiner Tage auf dem Sofa seines Freundes Tupper schlafen. Auch nach Mexiko konnte sie ihn nicht wieder schicken, das stand fest. Dort war er schon einmal fast dem Fieber erlegen.

In Philadelphia konnte sie ihn jedoch auch nicht bleiben lassen, denn seine Anwesenheit quälte sie viel zu sehr. Grundgütiger, wie viel von ihr hatte er zunichtegemacht! Und dennoch liebte sie immer noch sein Gesicht – so bleich und kummervoll es auch geworden war. Allein der Anblick dieses Gesichts löste ein so gewaltiges, schamloses Verlangen in ihr aus, dass sie es kaum ertrug. Er musste fort – an einen weit entfernten Ort. Sie konnte es nicht riskieren, ihm in den kommenden Jahren weiterhin zu begegnen.

So schrieb sie einen Brief an Dick Yancey, den Mann, der mit eiserner Faust die Geschäfte ihres Vaters führte und der sich augenblicklich in Washington aufhielt, wo es einiges mit dem dort entstehenden botanischen Garten zu regeln gab. Alma wusste, dass Yancey sich schon bald auf einem Walfänger mit Kurs auf den Südpazifik einschiffen würde. Er sollte nach Tahiti reisen, um auf der kränkelnden Vanilleplantage der Whittaker Company nach dem Rechten zu sehen und nach Möglichkeit die künstliche Bestäubungstechnik, die Ambrose selbst Almas Vater an seinem ersten Abend in White Acre vorgeschlagen hatte, in die Tat umzusetzen.

Yancey würde innerhalb der nächsten vierzehn Tage nach Tahiti aufbrechen. Es empfahl sich, in See zu stechen, ehe die spätherbstlichen Stürme losbrachen und der Hafen zufror.

All das wusste Alma. Warum sollte Ambrose also nicht einfach mit Dick Yancey nach Tahiti reisen? Das war eine ehrbare, fast schon ideale Lösung. Ambrose konnte die Verwaltung der Vanilleplantage selbst übernehmen. Würde er darin nicht überragend sein? Die Vanille war schließlich eine Orchideenpflanze, oder etwa nicht? Und Henry Whittaker würde dem Plan erfreut zustimmen; schließlich hatte er Ambrose ja ursprünglich selbst nach Tahiti entsenden wollen, bis Alma es ihm, zu ihrem unermesslichen Schaden, ausgeredet hatte.

War das eine Verbannung? Alma versuchte, diesen Gedanken zu vermeiden. Immerhin, sagte sie sich, galt Tahiti doch gemeinhin als Paradies. Man konnte es kaum als Strafkolonie betrachten. Sicher, Ambrose war nicht robust, doch Dick Yancey würde schon dafür sorgen, dass ihm nichts zustieß. Die Arbeit würde ihn interessieren. Und das Klima dort war mild und der Gesundheit zuträglich. Wer würde ihn nicht um die Gelegenheit beneiden, die sagenumwobenen Ufer Polynesiens zu sehen? Jeder Botaniker und jeder Kaufmann musste sich doch um eine solche Chance reißen – zumal, wenn sie ihm auch noch zur Gänze bezahlt wurde.

Also überhörte Alma die Stimmen in ihrem Inneren, die ihr beharrlich zuraunten, doch, es sei durchaus eine Verbannung – und eine grausame noch dazu. Sie übersah, was sie doch nur zu gut wusste: dass Ambrose nämlich weder Botaniker noch Kaufmann war, sondern vielmehr ein außerordentlich empfindsames und begabtes Geschöpf, um dessen Verstand es nicht allzu gut bestellt war und das sich womöglich ganz und gar nicht dafür eignete, der langen Reise an Bord eines Walfängers oder dem Leben auf einer Plantage in der fernen Südsee standzuhalten. Ambrose war mehr Kind als Mann, und er hatte Alma gegenüber mehr als einmal geäußert, dass er sich im Leben nichts sehnlicher wünsche als häusliche Geborgenheit und eine liebevolle Gefährtin.

Nun, sagte sich Alma, wir bekommen eben nicht immer alles, was wir uns im Leben wünschen.

Außerdem gab es einfach keinen anderen Ort für ihn.

Nachdem sie alles entschieden hatte, quartierte Alma ihren Mann für zwei Wochen im United States Hotel ein – gleich gegenüber der großen Bank, in der das Geld ihres Vaters in riesigen Geheimtresoren ruhte –, während sie selbst darauf wartete, dass Dick Yancey aus Washington zurückkehrte.

•

Und in der Hotelhalle des United States machte Alma ihren Mann denn auch vierzehn Tage später mit Dick Yancey bekannt – dem hünenhaften, schweigsamen Dick Yancey mit den furchteinflößenden Augen und dem Kinn wie aus Granit, der keine Fragen stellte und immer nur tat, was man ihm auftrug. Nun, auch Ambrose tat nur, was man ihm auftrug. Bleich und gebeugt, stellte auch er keine Fragen. Er wollte nicht einmal wissen, wie lange er denn in Polynesien bleiben sollte. Auf eine solche Frage hätte Alma auch keine Antwort gewusst. Es war keine Verbannung, das sagte sie sich weiterhin. Doch auch sie wusste nicht, wie lange es währen sollte.

»Mr Yancey wird sich von nun an um dich kümmern«, sagte sie zu Ambrose. »Für dein Wohlergehen wird gesorgt, soweit das möglich ist.«

Sie kam sich vor, als ließe sie einen Säugling in der Obhut eines abgerichteten Krokodils zurück. In diesem Augenblick liebte sie Ambrose noch ebenso sehr, wie sie ihn immer geliebt hatte: ganz und gar. Bei der Vorstellung, dass er ans andere Ende der Welt reisen würde, verspürte sie jetzt eine klaffende Lücke. Doch andererseits verspürte sie solch eine klaffende Lücke bereits seit ihrer Hochzeitsnacht. Sie wollte ihn an sich ziehen, doch sie hatte ihn ja immer schon an sich ziehen wollen und konnte es nicht. Er hatte es ihr nicht gestattet. Sie wollte sich an ihn klammern, ihn anflehen zu bleiben, ihn anflehen, sie zu lieben. Doch nichts davon war gestattet. Es hatte keinen Sinn.

Sie reichten einander die Hand, so wie sie es im griechischen Garten ihrer Mutter getan hatten, an jenem Tag, als sie sich zum ersten Mal begegnet waren. Zu Ambroses Füßen stand derselbe kleine, abgewetzte Lederkoffer, der all seine Habseligkeiten enthielt. Er trug denselben braunen Cordanzug. Er hatte nichts aus White Acre mitgenommen.

Ihre letzten Worte an ihn lauteten: »Ich bitte dich, Ambrose, mir eine Gefälligkeit zu erweisen: Sprich mit niemandem, den du triffst, über unsere Ehe. Kein Mensch braucht zu wissen, was zwischen uns vorgefallen ist. Du wirst nicht als Henry Whittakers Schwiegersohn reisen, sondern als sein Angestellter. Alles Weitere würde nur Fragen nach sich ziehen, und ich lege keinen Wert darauf, dass die Welt mir Fragen stellt.«

Er nickte nur. Er sagte kein Wort mehr. Er sah angegriffen und erschöpft aus.

Dick Yancey brauchte Alma nicht darum zu bitten, ihre Vorgeschichte mit Mr Pike geheim zu halten. Das Hüten von Geheimnissen war sein täglich Brot; genau deswegen hatten die Whittakers ihn ja auch schon so lange in ihren Diensten.

In dieser Hinsicht war Dick Yancey wirklich nützlich.

Kapitel 18

In den folgenden drei Jahren hörte Alma kein Wort von Ambrose; ja, sie hörte nicht einmal allzu viel *über* ihn. Im Frühsommer 1849 traf die Nachricht von Dick Yancey ein, dass sie nach einer ereignislosen Überfahrt wohlbehalten auf Tahiti angekommen seien. Alma wusste, dass dies nicht gleichbedeutend mit einer einfachen Überfahrt war: Für Dick Yancey war jede Reise ereignislos, die nicht in einem Schiffbruch oder einer Entführung durch Piraten endete. Ambrose, so berichtete er, habe man in der Matavai-Bucht zurückgelassen, in der Obhut eines botanisierenden Missionars, des Reverend Francis Welles, und Mr Pike sei bereits an die Aufgaben auf der Vanilleplantage herangeführt worden. Dick Yancey selbst hatte Tahiti kurz darauf verlassen, um sich weiteren Whittaker-Geschäften in Hongkong zu widmen. Danach kamen keine Nachrichten mehr.

Es war eine Zeit tiefer Verzweiflung für Alma. Verzweiflung ist eine eintönige Angelegenheit, und so kam es, dass jeder Tag zum monotonen Abbild des vorangegangenen wurde: traurig, einsam und ununterscheidbar. Der erste Winter war der schlimmste. Die Monate erschienen ihr kälter und dunkler als alle Wintermonate, die sie je erlebt hatte, und sooft sie den Weg zwischen Herrenhaus und Remise zurücklegte, fühlte sie sich, als kreisten unsichtbare Raubvögel über ihr. Die kahlen Bäume sahen ihr trostlos entgegen, flehten um Wärme und schützende Kleidung. Der Schuylkill fror so rasch und fest zu, dass die Männer nachts Lagerfeuer auf der Eisfläche entzündeten und Ochsen am Spieß brieten. Wann immer Alma nach draußen trat, traf sie der Wind, erfasste sie und legte sich um sie wie ein starrer, eisiger Mantel.

Sie schlief nicht mehr in ihrem Zimmer. Im Grunde schlief sie überhaupt nicht mehr. Seit ihrer Auseinandersetzung mit Ambrose war sie praktisch ganz in die Remise gezogen; sie konnte sich nicht vorstellen, jemals wieder in ihrem Brautgemach zu nächtigen. Den gemeinsamen Mahlzeiten im Hause blieb sie fern, und zum Abendessen nahm sie stets dasselbe zu sich wie bereits zum Frühstück: Brot und Brühe, Milch und Melasse. Sie fühlte sich antriebslos, tragisch und ein wenig mordlüstern. Den Menschen, die sich am meisten um sie sorgten – Hanneke de Groot beispielsweise –, begegnete sie reizbar und ungeduldig, und an Leuten wie ihrer Schwester Prudence oder ihrer armen alten Freundin Retta verlor sie jegliches Interesse. Ihren Vater mied sie. Sie vernachlässigte ihre offiziellen Aufgaben auf White Acre. Sie beklagte sich bei Henry, er behandele sie ungerecht – er habe sie immer schon wie eine Dienstbotin behandelt.

»Ich habe auch nie behauptet, gerecht zu sein!«, polterte er und scheuchte sie zurück in ihre Remise, bis sie wieder Herrin ihrer selbst sei.

Sie glaubte, die ganze Welt verspotte sie, und so fiel es ihr schwer, der Welt gegenüberzutreten.

Alma hatte stets über eine robuste Konstitution verfügt, sie war nie der Trostlosigkeit eines langen Krankenlagers ausgesetzt gewesen, doch in jenem ersten Winter nach Ambroses Abreise gelang es ihr kaum, am Morgen aufzustehen. Sie verlor die Geduld für ihre Forschungen. Sie konnte sich kaum mehr vorstellen, weshalb sie sich einmal für Moose interessiert hatte – oder überhaupt für irgendetwas. All ihre früheren Leidenschaften waren wie von Unkraut überwuchert. Sie lud keine Gäste mehr nach White Acre ein. Sie hatte einfach nicht die Kraft. Konversation war unerträglich ermüdend, Schweigen noch schlimmer. Ihre Gedanken waren ein infektiöser Nebel, der ihr nur schadete. Wenn ein Dienstmädchen oder ein Gärtnersjunge es einmal wagte, ihr über den Weg zu laufen, konnte es geschehen, dass sie ausrief: »Kann ich denn nicht einmal einen Moment allein sein?«, und in die entgegengesetzte Richtung davonstürmte.

Auf der Suche nach Antworten durchforstete sie Ambroses Atelier, das er unberührt zurückgelassen hatte. In der obersten Schublade seines Schreibtischs entdeckte sie ein Notizbuch mit Aufzeichnungen von ihm. Sie wusste, dass es ihr eigentlich nicht zustand, in diesen Hort des Privaten einzudringen, doch sie sagte sich, dass Ambrose seine tiefsten Gedanken wohl kaum an einem so zugänglichen Ort wie der unverschlossenen obersten Schublade seines Schreibtischs aufbewahrt hätte, wenn ihm daran gelegen gewesen wäre, sie geheim zu halten. Allein, auch das Notizbuch barg keine Antworten. Vielmehr verwirrte und beunruhigte es Alma nur noch mehr. Die Seiten enthielten weder Bekenntnisse noch Sehnsüchte, noch handelte es sich um ein schlichtes Verzeichnis alltäglicher Geschehnisse, wie sie es von den Tagebüchern ihres Vaters kannte. Kein einziger Eintrag war datiert. Und viele Sätze waren nicht einmal richtige Sätze – nur Fragmente, durchbrochen von langen Gedankenstrichen und Auslassungspunkten.

Was ist Dein Wille –? … Ein ewiges Vergessen aller Ärgernisse … zu verlangen einzig nach dem, was rein ist und heil, sich verschreiben einzig dem göttlichen Leitsatz der Selbstbestimmung … Überall das Liebgewonnene enthalten finden … Winden sich Engel so schmerzerfüllt gegen sich selbst und das stinkende Fleisch? Möge alles Verdorbene in mir unermüdlich sein und wiedergewonnen in nicht-selbst-verstümmelnder Läuterung! … Durch und Durch – wieder geboren! – in gütiger Standhaftigkeit! … Nur durch geraubtes Feuer oder geraubtes Wissen schreitet die Weisheit voran! … In der Wissenschaft keine Kraft, doch im Zusammenschluss aus beidem – die Achse, auf der das Feuer Wasser gebiert … Christus, sei mein Verdienst, erschaffe das Exempel in mir! … SENGENDER Hunger, der gestillt wird, gebiert nur noch mehr Hunger!

So ging das seitenweise. Es waren Denkschnipsel. Sie begannen nirgends, führten nirgendwo hin, kamen nirgends an. In der Welt der Botanik hätte man eine solch wirre Sprache als *Nomina Dubia* oder *Nomina Ambigua* bezeichnet – irreführende und verrätselte Pflanzenbezeichnungen, die eine Klassifizierung der Präparate unmöglich machen.

Eines Nachmittags schließlich wurde Alma schwach und brach die Siegel des aufwendig gefalteten Papiers, das Ambrose ihr zur Hochzeit geschenkt hatte – das sonderbare Objekt, die Liebesbotschaft, die niemals zu öffnen er sie ausdrücklich gebeten hatte. Sie öffnete die zahllosen Falzen und strich es glatt. In der Mitte der Seite stand ein einziges Wort in seiner eleganten, unverkennbaren Handschrift: ALMA.

Unbrauchbar.

Wer war dieser Mensch? Oder besser: Wer war er gewesen? Und wer war Alma, nun, da er fort war? *Was* war sie, fragte sie sich weiter. Eine verheiratete Jungfrau, die kaum mehr als einen Monat lang ein keusches Bett mit ihrem hinreißenden jungen Gatten geteilt hatte. Durfte sie sich denn überhaupt Ehefrau nennen? Wohl kaum. Es war ihr unmöglich, sich weiterhin als »Mrs Pike« anreden zu lassen. Der Name war wie ein grausamer Scherz, und sie fuhr jeden an, der es wagte, ihn zu verwenden. Sie war immer noch Alma Whittaker, so wie sie stets Alma Whittaker gewesen war.

Sie konnte sich des Gedankens nicht erwehren, dass sie ihren Mann doch noch hätte überzeugen können, sie so zu lieben, wie es einem Ehemann entsprach, wenn sie nur schöner oder auch jünger gewesen wäre. Wie war Ambrose denn darauf gekommen, sie als Kandidatin für eine *mariage blanche* auszuwählen? Sicherlich doch, weil sie der Rolle äußerlich entsprach: eine unansehnliche Person ohne jeden Reiz. Auch quälte sie sich mit der Frage, ob sie nicht doch hätte lernen können, die Demütigungen dieser Ehe zu ertragen, so wie der Vater es ihr geraten hatte. Vielleicht hätte sie sich ja in Ambroses Bedingungen fügen sollen. Wenn sie es bloß geschafft hätte, ihren Stolz zu besiegen, ihr Begehren zu ersticken, dann hätte sie ihn jetzt noch an ihrer Seite – als Gefährten ihrer Tage. Einem stärkeren Charakter wäre dies womöglich gelungen.

Noch ein Jahr zuvor war sie eine zufriedene, patente, umtriebige Frau gewesen, die nie etwas von Ambrose Pike gehört hatte, und nun vergällte er ihr das ganze Dasein. Dieser Mensch war einfach aufgetaucht, er hatte Licht in ihr Leben gebracht, sie mit der Ahnung von Wundern und Schönheit in seinen Bann geschlagen, er hatte sie zugleich verstanden und missverstanden, er hatte sie geheiratet, ihr das Herz gebrochen, sie mit seinen tieftraurigen, hoffnungslosen Augen angesehen, er hatte seine Verbannung akzeptiert, und nun war er fort. Wie überwältigend und erbarmungslos das Leben doch war, dass eine solche Naturgewalt so plötzlich einfallen und wieder verschwinden und dabei so viel Zerstörung hinterlassen konnte!

•

Die Jahreszeiten zogen schwerfällig dahin. Inzwischen schrieb man das Jahr 1850. Eines Nachts Anfang April schrak Alma aus einem grauenvollen, gesichtslosen Alptraum hoch. Mit beiden Händen fuhr sie sich an den Hals, weil sie glaubte, an den letzten trockenen Krümeln der Angst ersticken zu müssen. In ihrer Panik tat sie etwas höchst Merkwürdiges. Sie sprang von ihrem Diwan in der Remise und rannte barfuß über den eisigen Hof, die kiesbedeckte Auffahrt entlang, durch den griechischen Garten ihrer Mutter, auf das Herrenhaus zu. Sie bog um die Ecke und drückte die hintere Küchentür auf, mit hämmerndem Herzen, nach Atem ringend. Sie rannte in der Dunkelheit treppab – ihre Füße kannten jede ausgetretene Holzstufe – und blieb erst stehen, als sie vor den Gitterstäben rund um Hanneke de Groots Schlafkammer stand, im wärmsten Winkel des Kellers. Sie fasste nach den Stäben und rüttelte daran wie ein Häftling am Rande des Wahnsinns.

»Hanneke!«, rief Alma. »Hanneke, ich habe Angst!«

Hätte sie zwischen Aufwachen und Losrennen nur eine Sekunde nachgedacht, sie hätte sich vielleicht zusammengerissen. Eine Fünfzigjährige, die sich in die Arme ihrer alten

Kinderfrau flüchtete! Das war lächerlich. Doch sie hatte sich nicht zusammengerissen.

»*Wie ist daar?*«, rief Hanneke erschrocken.

»*Ik ben het. Alma!*«, antwortete Alma und verfiel selbst in das vertraute, tröstliche Holländisch. »Du musst mir helfen! Ich habe schlecht geträumt.«

Mürrisch und verwirrt erhob sich Hanneke und öffnete die Tür. Alma warf sich in ihre Arme – in diese schweren, salzschinkengleichen Arme – und weinte wie ein kleines Kind. Verblüfft, aber schnell wieder gefasst, führte Hanneke sie zum Bett und drückte sie darauf nieder, legte die Arme um sie und ließ sie schluchzen.

»Na, na«, sagte Hanneke. »Du stirbst schon nicht daran.«

Doch Alma glaubte, sie *müsse* daran sterben, an diesem abgrundtiefen Schmerz. Sie konnte nicht einmal erahnen, wo er endete. Seit anderthalb Jahren sank sie immer tiefer hinab und fürchtete, auf ewig weiter darin zu versinken. An Hannekes Schulter weinte sie sich aus, schluchzte heraus, was schon so lange ihr verdunkeltes Gemüt erfüllte. Sie ließ wohl eine Tonnenladung Tränen an Hannekes Busen fließen, doch Hanneke hielt ganz still und sagte nichts, nur immer wieder: »Na, na, Kind. Du stirbst schon nicht daran.«

Als Alma sich schließlich wieder ein wenig gefasst hatte, griff Hanneke nach einem sauberen Handtuch und trocknete sie beide mit beiläufiger Sorgfalt ab, so wie sie in der Küche die Tische wischte.

»Wovor man nicht fliehen kann, das muss man ertragen«, sagte sie, während sie Alma das Gesicht abwischte. »Du wirst nicht sterben an deinem Schmerz – ebenso wenig wie wir anderen an unserem.«

»Aber wie kann man es denn ertragen?«, flehte Alma.

»Indem man würdig und gemessen seine Pflicht erfüllt«, erwiderte Hanneke. »Hab keine Angst vor der Arbeit, Kind. Du wirst Trost darin finden. Wenn du kräftig genug zum Weinen bist, dann bist du auch kräftig genug zum Arbeiten.«

»Aber ich habe ihn geliebt«, sagte Alma.

Hanneke seufzte. »Dann hast du einen kostspieligen Fehler begangen. Du hast einen Mann geliebt, der glaubte, die Welt wäre aus Butter gemacht. Du hast einen Mann geliebt, der am helllichten Tag die Sterne sehen wollte. Er war ein Einfaltspinsel.«

»Er war doch kein Einfaltspinsel.«

»Er *war* ein Einfaltspinsel«, wiederholte Hanneke.

»Er war einzigartig«, sagte Alma. »Er wollte nicht in einem sterblichen Körper leben. Er wollte ein himmlisches Wesen sein – und er wollte, dass auch ich eines werde.«

»Nun, Alma, du zwingst mich, es noch einmal zu sagen: Er war ein Einfaltspinsel. Gleichwohl hast du ihn behandelt, als wäre er vom Himmel herabgestiegen. Ihr alle habt ihn so behandelt!«

»Hältst du ihn etwa für einen Halunken? Glaubst du, er war ein böser Mensch?«

»Nein. Aber vom Himmel herabgestiegen war er auch nicht. Er war einfach nur ein kleiner Einfaltspinsel, das sage ich dir doch. Und er hätte auch ein harmloser Einfaltspinsel bleiben können, aber du bist auf ihn hereingefallen. Nun, Kind, wir fallen alle einmal auf irgendwelche Einfaltspinsel herein, und manchmal sind wir sogar so dumm, sie zu lieben.«

»Kein Mann wird mich je besitzen«, sagte Alma.

»Vermutlich nicht«, beschied Hanneke energisch. »Aber das musst du nun ertragen – du bist ganz sicher nicht die Erste. Du erlaubst dir schon viel zu lange, dich im Sumpf der Trauer zu suhlen; deine Mutter würde sich für dich schämen. Du verweichlichst, und das ist eine Schande. Glaubst du, du bist die Einzige, die leidet? Lies die Bibel, Alma: Diese Welt ist kein Paradies, sondern ein Tal der Tränen. Glaubst du, Gott macht für dich eine Ausnahme? Schau dich doch um, was siehst du da? Qualen allenthalben. Du triffst auf Leid, wohin du dich auch wendest. Und wenn du das Leid nicht auf den ersten Blick entdeckst, musst du einfach nur genauer hinsehen. Dann wirst du es bald erkennen.«

Hannekes Worte waren streng, doch allein der Klang ihrer Stimme wirkte beruhigend. Das Holländische war keine schöne Sprache wie das Französische, es war nicht kraftvoll wie das Griechische oder edel wie Latein, doch auf Alma wirkte es so tröstlich wie Haferbrei. Am liebsten hätte sie den Kopf in Hannekes Schoß gebettet und sich bis in alle Ewigkeit schelten lassen.

»Schüttele die Staubschicht endlich ab!«, fuhr Hanneke fort. »Deine Mutter wird mir noch als Geist erscheinen, wenn ich dir weiter erlaube, so weinerlich hier herumzulaufen und an den kümmerlichen Resten deines Leidens zu nuckeln, wie du es seit Monaten tust. Deine Knochen sind alle intakt, also stell dich gefälligst wieder auf deine eigenen Füße. Würdest du von uns erwarten, dass wir ewig um dich trauern? Hat dir etwa jemand einen Splitter ins Auge gesteckt? Nein, das ist nicht der Fall – also lass diese Leichenbittermiene! Hör auf, wie ein Hund auf dem Diwan in der Remise zu schlafen. Kümmere dich um deine Pflichten. Kümmere dich um deinen Vater – siehst du nicht, dass er alt und gebrechlich ist und nicht mehr lange leben wird? Und lass mich in Frieden. Ich bin wahrhaftig zu alt für solche Kindereien, und du auch. An diesem Punkt deines Lebens, nach allem, was du gelernt hast, wäre es ein Jammer, wenn du dich nicht besser beherrschen könntest. Geh auf dein Zimmer zurück, Alma – auf dein richtiges Zimmer, hier in diesem Haus. Morgen früh wirst du dein Frühstück mit uns allen gemeinsam einnehmen, so wie immer, und ich erwarte von dir, dass du angemessen gekleidet bist, wenn du dich zu Tisch setzt. Du wirst jeden Bissen deines Frühstücks verzehren, und du wirst dich bei der Köchin dafür bedanken. Du bist eine Whittaker, Kind. Reiß dich zusammen. Es reicht.«

•

Und Alma tat wie geheißen. Sie kehrte, wenn auch geschlagen und mit hängendem Kopf, in ihr Zimmer zurück. Sie kehrte an den Frühstückstisch zurück und auch zu ihren Pflichten gegenüber dem Vater und der Verwaltung von White Acre. So weit wie möglich nahm sie das Leben wieder auf, das sie vor Ambroses Ankunft geführt hatte. Gegen die Tratschereien der Dienstmädchen und der Gärtnersjungen gab es kein Mittel, doch wie Henry prophezeit hatte, wandten sie sich bald anderen Skandalen und dramatischen Ereignissen zu und stellten das Gerede über Almas Kummer weitestgehend ein.

Alma indessen vergaß ihren Kummer keineswegs, doch sie flickte die Risse im Gewebe ihres Lebens, so gut sie konnte, und machte weiter. Erst jetzt bemerkte sie, dass die Gesundheit ihres Vaters tatsächlich nachließ, und zwar stetig, wie Hanneke de Groot es gesagt hatte. Das hätte sie im Grunde nicht überraschen dürfen – der Mann war schließlich neunzig! –, doch sie hatte ihn immer als einen solchen Koloss, ein solches Paradebeispiel menschlicher Unverwüstlichkeit betrachtet, dass seine plötzliche Hinfälligkeit sie ebenso erstaunte wie beunruhigte. Henry war über immer längere Zeiträume bettlägerig und zeigte sich gänzlich desinteressiert an wichtigen geschäftlichen Fragen. Sein Gehör verschlechterte sich, das Augenlicht ebenso. Um überhaupt noch etwas zu verstehen, benötigte er ein Hörrohr. Und Alma benötigte er sowohl mehr als auch weniger als je zuvor: mehr als Pflegerin und weniger als Sekretärin. Von Ambrose sprach er nie. Niemand sprach von ihm. Dick Yancey schickte Nachricht, dass die Vanilleplantage auf Tahiti endlich Früchte trage. Näheres als das hörte Alma nicht von ihrem verlorenen Ehemann.

Und doch hörte sie niemals auf, an ihn zu denken. Die Stille des Ateliers neben ihrem Studierzimmer in der Remise erinnerte sie beständig daran, dass er fort war, ebenso wie das vernachlässigte, langsam verstaubende Orchideenhaus und die Eintönigkeit an der Abendtafel. Es gab Gespräche mit George Hawkes über die bevorstehende Veröffentlichung von Ambroses Orchideenbuch zu führen, die nun in Almas Obhut lag. Auch das war eine Erinnerung, und eine schmerzliche noch dazu. Doch gegen all das ließ sich nichts unternehmen. Man kann nicht jede Erinnerung auslöschen. Genaugenommen kann man keine einzige Erinnerung auslöschen. Almas Traurigkeit war unermesslich, doch sie hielt sie in einem kleinen, überschaubaren Winkel ihres Herzens verschlossen. Mehr vermochte sie nicht zu tun.

Und wie bereits in anderen einsamen Momenten ihres Lebens wandte sie sich auch jetzt ihren Forschungen zu, um Trost und Ablenkung darin zu finden. Sie setzte ihre Arbeit an den *Heimischen Moosgewächsen Nordamerikas* fort. Sie kehrte zu ihren Felskolonien zurück und prüfte ihre kleinen Wimpel und Markierungen. Erneut beobachtete sie, wie eine Moosart eine andere entweder überflügelte oder ihr unterlag. Sie befasste sich auch wieder mit dem Einfall, den sie zwei Jahre zuvor – in jenen rauschhaften, freudvollen Wochen kurz vor ihrer Hochzeit – hinsichtlich der Ähnlichkeiten zwischen Moosen und Algen gehabt hatte. Zu dem ursprünglichen, unbändigen Vertrauen in diese Idee fand sie zwar nicht mehr zurück, doch es schien ihr immer noch durchaus im Bereich des Möglichen, dass die Landpflanze aus der Wasserpflanze entstanden war. Es gab da etwas, irgendeine Form des Gleichklangs, der Verbindung, doch es gelang ihr nicht, das Rätsel zu lösen.

Auf der Suche nach Antworten – und nach Ablenkung – wandte sie sich erneut der herrschenden Debatte um die Veränderlichkeit der Arten zu. Sie las noch einmal und mit großer Aufmerksamkeit Lamarck. Er hatte vermutet, biologische Transformationen entstünden durch den übermäßigen oder verminderten Gebrauch eines bestimmten Körperteils. So behauptete er beispielsweise, die Giraffe habe deswegen einen so langen Hals, weil sich einzelne Giraffen im Lauf der Zeit besonders hoch hinaufgestreckt hätten, um das Laub von den Baumkronen zu fressen, und dadurch tatsächlich noch zu Lebzeiten ihren Hals zum Wachsen angeregt hätten. Dieses Merkmal – den verlängerten Hals – hätten sie dann an ihre Jungen vererbt. Umgekehrt besäßen die Pinguine so nutzlose Flügel, weil sie sie nicht einsetzten. Durch den mangelnden Gebrauch seien die Flügel verkümmert, und auch dieses Merkmal – zwei stummelige, fluguntüchtige Extremitäten – sei an die Pinguinjungen weitergegeben worden und habe so zur Herausbildung der Art beigetragen.

Es war eine provokante These, allein Alma fand sie nicht ganz schlüssig. So wie Lamarck argumentierte, überlegte sie, müsste es auf der Welt doch sehr viel mehr Transformationen geben, als sich tatsächlich nachweisen ließen. Nach dieser Logik, so dachte sie weiter, müssten doch die Juden mit ihrer jahrhundertealten Praxis der Beschneidung bereits vor langer Zeit Söhne ohne Vorhaut zur Welt gebracht haben. Männer, die sich ihr Leben lang rasierten, müssten Söhne ohne Bartwuchs zeugen. Frauen, die ihr Haar täglich mit der Lockenschere bearbeiteten, müssten Töchter mit lockigem Haar gebären. Nichts davon war jedoch der Fall.

Und trotzdem gab es Veränderungen – dessen war sich Alma gewiss. Sie war mit dieser Überzeugung auch keineswegs allein. Fast die ganze wissenschaftliche Welt debattierte über die Möglichkeit, dass sich Arten von einem in etwas anderes verwandeln konnten – vielleicht nicht direkt vor aller Augen, aber doch über lange Zeiträume hinweg. Erstaunlich waren sie, die vielen Theorien und Kämpfe, die um dieses Thema in vollem Gange waren. Der englische Begriff »scientist«, »Wissenschaftler«, war erst unlängst von dem Universalgelehrten William Whewell geprägt worden. Viele andere Gelehrte stießen sich an der kruden neuen Bezeichnung, die klanglich so fatal an das scheußliche Wort »Atheist« erinnerte: Warum konnten sie sich nicht einfach weiterhin »Naturphilosophen« nennen? War das nicht der sehr viel gottesfürchtigere, reinere Begriff? Doch inzwischen zog man Grenzen zwischen dem Reich der Natur und dem Reich der Philosophie. Geistliche, die sich zugleich als Botaniker oder Geologen betätigten, wurden zunehmend seltener, da ihre Naturforschungen zu viele Zweifel an biblischen Wahrheiten aufkommen ließen. Einst offenbarte sich Gott in den Wundern der Natur – nun stellten dieselben Wunder Gott in Frage. Und die Gelehrten mussten sich plötzlich für eine der beiden Seiten entscheiden.

Während alte Überzeugungen ins Wanken gerieten und auf dem immer brüchiger werdenden Untergrund erzitterten, gab sich Alma Whittaker – allein auf White Acre – ihren eigenen gefährlichen Gedanken hin. Sie grübelte über Thomas Malthus und seine Theorien zum Bevölkerungswachstum, zu Krankheiten, Katastrophen, Hungersnöten und Vernichtung. Sie grübelte über John William Drapers großartige neue Photographien des Mondes. Sie grübelte über Louis Agassiz' These, die Welt sei einst von einer Eiszeit heimgesucht worden. Eines Tages unternahm sie einen langen Spaziergang zum Museum in der Sansom Street, um sich das gänzlich rekonstruierte Skelett eines mächtigen Mastodons anzusehen, was sie wiederum dazu führte, über das hohe Alter dieses und im Grunde aller Planeten nachzusinnen. Sie befasste sich weiter mit Algen und Moosen und der Frage, wie sich eins ins andere verwandelt haben könnte. Vor allem widmete sie sich wieder dem *Dicranum* und fragte sich aufs Neue, wie diese Moosgattung in so vielen Formen vorkommen konnte, die sich nur in Winzigkeiten unterschieden. Was war es, das all diese Hunderte und Aberhunderte von Umrissen und Anordnungen geformt hatte?

Zum Ende des Jahres 1850 brachte George Hawkes Ambroses Orchideenbuch heraus, eine umfassende, aufwendige und kostspielige Publikation mit dem Titel *Die Orchideen Guatemalas und Mexikos*. Wer immer mit dem Buch in Berührung kam, erklärte Ambrose Pike zum besten botanischen Künstler des Jahrhunderts. Die angesehensten botanischen Gärten wollten Mr Pike mit der Dokumentation ihrer Sammlung beauftragen – doch Ambrose Pike war fort, verschollen auf einer Vanilleplantage am anderen Ende der Welt, unerreichbar. Alma verspürte Scham und Schuldgefühle, wusste jedoch nicht, was sie unternehmen sollte. Sie blätterte jeden Tag in dem Buch. Die Schönheit von Ambroses Arbeiten schmerzte sie, doch fernbleiben konnte sie ihnen auch nicht. Sie sorgte dafür, dass George Hawkes ein Exemplar des Buches zu Ambrose nach Tahiti schickte, erfuhr jedoch nie, ob es eingetroffen war. Sie veranlasste, dass Ambroses Mutter, die schreckliche Mrs Constance Pike, sämtliche Erträge aus dem Verkauf des Buches erhielt. Das zog eine höfliche Korrespondenz zwischen Alma und ihrer Schwiegermutter nach sich. Mrs Constance Pike stand fatalerweise unter dem Eindruck, ihr Sohn sei seiner Frischangetrauten davongelaufen, um seinen waghalsigen Träumen nachzujagen – und Alma beließ sie noch fatalererweise in diesem irrigen Glauben.

Einmal im Monat besuchte Alma ihre alte Freundin Retta in der Griffon-Anstalt. Retta wusste längst nicht mehr, wer Alma war – und offenbar auch nicht, wer sie selber war.

Ihre Schwester Prudence besuchte Alma nicht, doch hin und wieder erhielt sie Nachricht von ihr. Armut und Abolitionismus, Abolitionismus und Armut – immer die gleiche grausige Geschichte.

Alma machte sich Gedanken darüber, wusste jedoch nicht recht, was sie davon halten sollte. Warum hatte sich ihrer aller Leben so und nicht anders entwickelt? Wieder dachte sie an die vier verschiedenen Varianten von Zeit, wie sie sie einst benannt hatte: die göttliche Zeit, die geologische Zeit, die Menschenzeit und die Mooszeit. Fast schien es ihr, als habe sie ihr ganzes Leben lang den Wunsch gehegt, im gemächlichen, mikroskopisch kleinen Reich der Mooszeit zu leben. Das allein war schon eine reichlich sonderbare Sehnsucht, doch dann hatte sie Ambrose Pike kennengelernt, dessen Wünsche die ihren noch bei weitem übertrafen: Er wollte sein Leben in der endlosen Leere der göttlichen

Zeit fristen – mit anderen Worten: ganz und gar außerhalb der Zeit leben. Und er wollte, dass sie dort mit ihm lebte.

Eines stand indessen fest: Die Menschenzeit war die traurigste, schaurigste, verstörendste Variante der Zeit, die man sich denken konnte. Alma gab sich größte Mühe, sie nicht weiter zu beachten.

Und doch, die Tage vergingen.

•

An einem kühlen, regnerischen Morgen Anfang Mai 1851 traf auf White Acre ein Brief ein, der an Henry Whittaker adressiert war. Es stand kein Absender darauf, doch der Umschlag war mit einem Rand aus schwarzer Tinte versehen worden, was für eine Trauernachricht sprach. Alma las Henrys gesamte Korrespondenz, und so öffnete sie auch diesen Brief, als sie pflichtbewusst die Post im Arbeitszimmer ihres Vaters durchsah.

Sehr geehrter Mr Whittaker,
zum einen schreibe ich Ihnen heute, um mich vorzustellen, zum anderen, um Ihnen eine traurige Mitteilung zu machen. Ich bin Reverend Francis Welles und seit siebenunddreißig Jahren als Missionar in der Matavai-Bucht auf Tahiti tätig. In der Vergangenheit hatte ich des Öfteren mit Ihrem geschätzten Abgesandten Mr Yancey zu tun, der mich als begeisterten Laien auf dem Feld der Botanik kennt. Für Mr Yancey habe ich Pflanzenproben gesammelt, ihn an Orte von botanischem Interesse geführt und dergleichen mehr. Zudem habe ich ihm maritime Proben verkauft, Korallen und Muscheln, denen mein besonderes Interesse gilt.
Seit geraumer Zeit unterstütze ich Mr Yancey auch bei dem Versuch, Ihre hiesige Vanilleplantage zu erhalten – ein Unterfangen, dem vor allem die Ankunft eines Ihrer jüngeren Angestellten im Jahr 1849 zuträglich war, eines gewissen Mr Ambrose Pike. Es ist meine traurige Pflicht, Sie in Kenntnis

zu setzen, dass Mr Pike von uns gegangen ist, infolge einer Infektion, die bei dem hier herrschenden heißen Klima leider nur allzu leicht zu einem raschen und vorzeitigen Ableben des Erkrankten führen kann.

Sicherlich möchten Sie seiner Familie mitteilen, dass Gott der Herr Ambrose Pike am 30. November des Jahres 1850 zu sich gerufen hat. Sie dürfen die Angehörigen außerdem in Kenntnis setzen, dass Mr Pike ein christliches Begräbnis zuteilwurde und ich dafür Sorge getragen habe, dass ein kleiner Grabstein seine letzte Ruhestätte ziert. Ich selbst bedauere sein Hinscheiden zutiefst. Er war ein höchst tugendhafter Gentleman von makellosem Charakter, wie man ihn in diesen Breiten nur selten findet. Ich bezweifle, dass mir je wieder ein Mensch wie er begegnen wird.

Ich kann Ihnen keinen Trost spenden, wiewohl ich überzeugt bin, dass er nun an einem besseren Ort weilt, wo er von den Mühseligkeiten des Alterns verschont bleiben wird.

Hochachtungsvoll
Reverend F. P. Welles

Die Nachricht traf Alma mit der Wucht einer Axt, die auf Granit schlägt: Sie hallte ihr in den Ohren nach, ließ sie bis ins Mark erzittern und Funken vor ihren Augen tanzen. Die Nachricht trennte ein Stück von ihr ab – ein Stück eines ungeheuer wichtigen Teils von ihr –, und dieses Stück segelte nun durch die Luft, um auf ewig unauffindbar zu bleiben. Hätte sie nicht gesessen, sie wäre zu Boden gestürzt. So sank sie nur vornüber auf den Schreibtisch ihres Vaters, drückte den so freundlichen und anteilnehmenden Brief des Reverend F. P. Welles ans Gesicht und weinte, als wollte sie jede einzelne Wolke am Himmelszelt leeren.

•

Wie konnte sie überhaupt noch mehr um Ambrose trauern, als sie es bereits getan hatte? Und doch, sie konnte. Es gab, wie sie bald erfuhr, Leid jenseits des Leides, so wie Schicht unter Schicht auf dem Meeresgrund lag – und man, wenn man weiter grub, auf immer neue Schichten stieß. Ambrose war schon so lange nicht mehr bei ihr, sie musste doch gewusst haben, dass er für immer fort war, und doch hatte sie nie damit gerechnet, dass er vor ihr sterben könnte. Das hätte allein der schlichte Zauber der Rechenkunst verhindern müssen: Er war doch jünger als sie. Wie konnte er als Erster sterben? Er war der Inbegriff der Jugend. Er versammelte alle Unschuld auf sich, die der Jugend je zu eigen gewesen war. Und dennoch war er tot, und sie lebte. Sie hatte ihn in den Tod geschickt.

Es gibt eine Ebene, auf der die Trauer so tief wird, dass sie gar nichts mehr von Trauer an sich hat. Der Schmerz ist so massiv, dass der Körper ihn nicht mehr zu empfinden vermag. Die Trauer verätzt sich selbst, vernarbt, verhindert jede weitere Empfindung. Eine solche Taubheit ist wie eine Gnade. Auf dieser Ebene der Trauer war Alma angelangt, als sie das Gesicht schließlich wieder vom Schreibtisch ihres Vaters hob und ihr Schluchzen versiegt war.

Sie handelte wie von einer dumpfen, unerbittlichen äußeren Kraft getrieben. Zunächst überbrachte sie ihrem Vater die traurige Nachricht. Sie fand ihn im Bett, die Augen geschlossen, das Gesicht so grau und müde, dass es aussah wie seine eigene Totenmaske. Sie musste die Nachricht von Ambroses Tod schmählich in Henrys Hörrohr brüllen, damit er überhaupt begriff, was vorgefallen war.

»Na, das war das«, sagte er und schloss die Augen wieder.

Sie erzählte es auch Hanneke de Groot, die die Lippen schürzte, die Hände an die Brust drückte und nur »Gott!« sagte – ein Wort, das auf Holländisch genauso klang wie auf Englisch.

Alma schrieb einen Brief an George Hawkes, um ihm zu erklären, was sich ereignet hatte, und ihm dafür zu danken, dass er Ambrose so freundlich empfangen hatte und sein Andenken durch das wunderbare Orchideenbuch in Ehren gehalten wurde. George reagierte postwendend mit einem Schreiben voll liebevoller Anteilnahme und höflicher Betroffenheit.

Wenig später erhielt Alma einen Brief von ihrer Schwester Prudence, in dem sie ihr Beileid bekundete. Alma wusste nicht, wer Prudence von Ambroses Tod erzählt hatte. Sie fragte auch nicht danach. Sie antwortete Prudence mit einem Dankesschreiben.

Reverend Francis Welles schrieb sie einen Brief, den sie mit dem Namen ihres Vaters unterzeichnete, dankte ihm für die Übermittlung der traurigen Nachricht vom Tod seines hochgeschätzten Angestellten und erkundigte sich, ob die Familie Whittaker sich ihm gegenüber auf irgendeine Weise erkenntlich zeigen könne.

Auch an Ambroses Mutter schrieb sie und zitierte das Schreiben des Reverend Francis Welles Wort für Wort. Sie scheute sich, den Brief abzuschicken. Schließlich wusste sie, dass Ambrose der Liebling seiner Mutter gewesen war, ungeachtet dessen, was Mrs Pike seine »irrigen Vorstellungen« nannte. Und wie auch nicht? Ambrose war doch jedermanns Liebling. Mrs Pike würde an der Nachricht zerbrechen. Und schlimmer noch: Alma konnte sich des Gefühls nicht erwehren, den Lieblingssohn dieser Frau in den Tod geschickt zu haben – den Besten, das Prunkstück, den Engel von Framingham. Als sie den schrecklichen Brief endlich aufgab, hegte sie nur die Hoffnung, dass Mrs Pikes christlicher Glaube sie zumindest ein wenig gegen diesen Schlag wappnen würde.

Alma selbst zog keinen Trost aus einem solchen Glauben. Sie glaubte zwar an den Schöpfer, hatte jedoch in Momenten der Verzweiflung nie Zuflucht bei ihm gesucht und plante auch jetzt nichts dergleichen. So war ihr Glaube nicht. Alma achtete und bewunderte Gott als Planer und Erste Ursache des Universums, doch für ihre Begriffe war Er eine abschreckende, ferne und sogar erbarmungslose Gestalt. Ein Wesen, das eine derart leiderfüllte Welt schuf, war ganz sicher nicht die Instanz, bei der man Trost für die Widrigkeiten ebendieser Welt suchte. Solchen Trost fand man nur bei Leuten wie Hanneke de Groot.

Nachdem ihre traurigen Pflichten erfüllt, all die vielen Briefe bezüglich Ambroses Tod geschrieben und aufgegeben waren, blieb Alma nichts weiter, als sich in ihren Witwenstand, ihre Schuldgefühle und ihre Trauer zu fügen. Mehr aus Gewohnheit als aus einem Bedürfnis heraus wandte sie sich wieder ihren Moosstudien zu. Sie fürchtete, ohne diese Aufgabe selbst sterben zu müssen. Ihr Vater verfiel zusehends. Ihre Verantwortung wuchs. Ihre Welt wurde immer kleiner.

Und so hätte wohl Almas ganzes weiteres Leben ausgesehen, wäre nicht – kaum fünf Monate später – Dick Yancey eingetroffen, der eines strahlenden Morgens im Oktober die Stufen von White Acre erklomm, in der Hand den kleinen, abgewetzten Lederkoffer, der einst Ambrose Pike gehört hatte, und ein Gespräch unter vier Augen mit Alma Whittaker verlangte.

Kapitel 19

Alma führte Dick Yancey ins Studierzimmer ihres Vaters und schloss die Tür. Noch nie zuvor war sie mit ihm allein gewesen. Er gehörte zu ihrem Leben, seit sie denken konnte, doch sie hatte sich in seiner Gegenwart stets befangen und unwohl gefühlt. Seine gewaltige Statur, die leichenblasse Haut, der glänzende kahle Schädel, der eisige Blick, das messerscharfe Profil – all das vereinte sich zu einer wahrhaft bedrohlichen Erscheinung. Selbst jetzt, da sie ihn seit bald fünfzig Jahren kannte, konnte Alma nicht einschätzen, wie alt er sein mochte. Er schien unsterblich. Das machte ihn nur noch furchterregender. Alle Welt fürchtete sich vor Dick Yancey, und genau so wollte Henry Whittaker es haben. Alma hatte nie begriffen, worauf sich Yanceys Loyalität Henry gegenüber gründete und wie es Henry gelang, ihn unter Kontrolle zu halten, doch eines stand fest: Ohne diesen unheimlichen Menschen wäre die Whittaker Company verloren gewesen.

»Mr Yancey.« Alma deutete auf einen Sessel. »Bitte, machen Sie es sich doch bequem.«

Er setzte sich nicht. Er blieb mitten im Zimmer stehen, Ambroses Koffer locker in einer Hand. Alma versuchte, nicht zu auffällig darauf zu starren – auf den einzigen Besitz ihres verstorbenen Mannes. Auch sie setzte sich nicht. Ganz offensichtlich würden sie es sich nicht bequem machen.

»Wollten Sie etwas mit mir besprechen, Mr Yancey? Oder möchten Sie doch lieber meinen Vater sehen? Es geht ihm in letzter Zeit nicht gut, das ist Ihnen ja bekannt, aber heute ist einer von den besseren Tagen, und er ist ganz bei Sinnen. Wenn es Ihnen recht ist, kann er Sie in seinem Schlafgemach empfangen.«

Dick Yancey sagte immer noch kein Wort. Für diese Taktik war er berüchtigt: Schweigen als Waffe. Wenn Dick Yancey schwieg, füllten andere die Stille aus lauter Nervosität mit Worten. Und sagten dabei mehr, als sie wollten. Dick

Yancey beobachtete aus seiner Festung des Schweigens, wie die Geheimnisse umherflogen. Und anschließend brachte er all diese Geheimnisse mit sich nach White Acre. Darin bestand ein Teil seiner Macht.

Alma war entschlossen, nicht in seine Falle zu tappen und unbedacht drauflloszureden. So standen sie sicherlich zwei Minuten lang schweigend voreinander. Schließlich hielt Alma es nicht mehr aus. Sie ergriff wieder das Wort: »Wie ich sehe, haben Sie den Koffer meines verstorbenen Mannes bei sich. Ich nehme an, Sie waren auf Tahiti und haben ihn von dort mitgebracht? Sind Sie hier, um ihn mir zurückzugeben?«

Immer noch rührte er sich nicht und sagte kein Wort.

Alma fuhr fort: »Falls Sie sich fragen, ob ich den Koffer überhaupt zurückhaben möchte, Mr Yancey, so lautet die Antwort ja – ich möchte ihn sehr gern zurückhaben. Mein verstorbener Mann besaß nur wenig, und es würde mir viel bedeuten, den einzigen Gegenstand als Andenken zu behalten, von dem ich weiß, dass er ihm viel bedeutet hat.«

Yancey sagte immer noch nichts. Wollte er, dass sie darum bettelte? Sollte sie ihn dafür bezahlen? Wollte er sonst irgendeine Gegenleistung? Oder – der Gedanke durchzuckte sie wie ein verirrter, vernunftwidriger Blitz – zögerte er etwa aus einem bestimmten Grund? War er sich unsicher? Bei Dick Yancey wusste man nie. Er war undurchschaubar. Alma wurde immer ungeduldiger und zugleich immer beunruhigter.

»Mr Yancey«, sagte sie, »ich muss darauf bestehen, dass Sie sich mir erklären.«

Doch Dick Yancey war kein Mann, der sich erklärte. Das wusste Alma so gut wie jeder andere. Er verschwendete keine Worte für nichtige Anlässe wie eine Erklärung. Er verschwendete überhaupt keine Worte. Von frühester Kindheit an hatte Alma ihn kaum einmal mehr als drei Wörter am Stück sagen hören. Auch an diesem Tag gelang es Dick Yancey, sein Anliegen in drei Wörter zu fassen, die er jetzt aus dem Mundwinkel hervorknurrte, während er an Alma vorüber zur Tür stapfte und ihr im Vorbeigehen den Koffer in die Hand drückte.

»Verbrennen Sie den«, sagte er.

•

Eine Stunde lang saß Alma allein im Arbeitszimmer ihres Vaters und starrte den Koffer an, als wollte sie durch das abgenutzte, salzverkrustete Leder hindurch erkennen, was sich darin verbarg. Was in aller Welt hatte Dick Yancey bewogen, so etwas zu sagen? Warum machte er sich die Mühe, den Koffer vom anderen Ende des Erdballs herzubringen, nur um ihr dann zu sagen, sie solle ihn verbrennen? Wenn er verbrannt gehörte, warum hatte er ihn dann nicht selbst verbrannt? Und hatte er gemeint, sie solle ihn verbrennen, *nachdem* sie ihn geöffnet und den Inhalt begutachtet hatte, oder schon vorher? Weshalb hatte er so lange gezögert, bevor er ihr den Koffer ausgehändigt hatte?

Es war natürlich schlechterdings unmöglich, ihm auch nur eine dieser Fragen zu stellen: Er war längst fort. Dick Yancey bewegte sich mit geradezu überirdischer Geschwindigkeit; inzwischen konnte er gut und gerne schon wieder halb in Argentinien sein. Doch selbst wenn er noch auf White Acre geblieben wäre, hätte er ihr auf keine weitere Nachfrage geantwortet. Das wusste sie. Derartige Unterredungen gehörten nicht zu Dick Yanceys Dienstleistungen. Alma wusste nur, dass Ambroses geliebter Koffer sich nun wieder in ihrem Besitz befand – und mit ihm ein Dilemma.

Sie beschloss, ihn mit in ihr Studierzimmer zu nehmen, in die Remise, wo sie sich ungestörter damit befassen konnte. Sie legte ihn auf den Diwan in der Ecke – dorthin, wo Retta vor so vielen Jahren mit ihr geplaudert, wo Ambrose behaglich die langen Beine von sich gestreckt und wo Alma in den dunklen Monaten nach seiner Abreise genächtigt hatte. Sie betrachtete den Koffer. Er war etwa zwei Fuß lang, anderthalb Fuß breit und sechs Zoll tief: ein schmuckloser Quader aus billigem honigfarbenem Leder. Er war verbeult, zerkratzt und schäbig. Der Griff war gleich mehrfach mit Draht und Schuhriemen geflickt. Die Beschläge waren von der Salzluft und den Jahren angelaufen. Oberhalb des Griffs erkannte man gerade noch die eingeprägten Initialen: »A. P.«. Zwei Lederriemen waren um den Koffer geschlungen und hielten ihn so fest umschlossen wie zwei Sattelgurte den Bauch eines Pferdes.

Ein Schloss war nicht vorhanden, was Ambrose ganz und gar entsprach. Er besaß so ein vertrauensvolles Wesen – oder hatte es zu Lebzeiten besessen. Hätte der Koffer ein Schloss gehabt, Alma hätte ihn womöglich gar nicht geöffnet. Vielleicht hätte es ja nur eines winzigen Anzeichens von Geheimniskrämerei bedurft, um sie zurückzuhalten. Vielleicht aber auch nicht. Alma war von Natur aus so veranlagt, den Dingen auf den Grund zu gehen, ungeachtet aller Konsequenzen, selbst wenn dazu ein Schloss aufgebrochen werden musste.

Sie öffnete den Koffer ohne Schwierigkeiten. Darin lag sorgfältig gefaltet eine Jacke aus braunem Cord, die sie sofort erkannte und deren Anblick ihr unwillkürlich die Kehle zuschnürte. Sie nahm die Jacke heraus und drückte sie ans Gesicht, in der Hoffnung, noch etwas von Ambrose in dem Stoff zu riechen, doch sie erschnupperte nur einen leicht modrigen Geruch. Unter der Jacke fand sie einen dicken Stapel Papier: Skizzen und Zeichnungen auf breiten, grobkörnigen, eierschalenfarbenen Bögen. Die oberste Zeichnung zeigte einen tropischen Schraubenbaum, anhand der spiralförmig angeordneten Blätter und des schweren Wurzelwerks klar zu identifizieren. Ambroses großes botanisches Geschick offenbarte sich darin, gewohnt präzise bis in die kleinste Einzelheit. Es war nur eine Bleistiftzeichnung, und doch war sie prachtvoll. Alma betrachtete sie und legte sie dann beiseite. Unter der Zeichnung lag eine weitere – das Detail einer Vanilleblüte, mit Tusche gezeichnet und so zart koloriert, dass sie beinahe auf dem Blatt zu schweben schien.

Alma spürte Zuversicht in sich aufkeimen. Dann enthielt der Koffer also Ambroses botanische Impressionen aus der Südsee. Das war ihr in vielfacher Hinsicht ein Trost. Zum einen hieß es, dass Ambrose auch auf Tahiti Zuflucht in seiner Kunst gefunden hatte und nicht nur in träger Verzweiflung dahingesiecht war. Und zum anderen würde Alma, nun, da sich diese Blätter in ihrem Besitz befanden, wieder etwas von Ambrose haben: etwas Wunderschönes, Greifbares, das sie an ihn erinnerte. Und nicht zuletzt öffneten die Zeichnungen ihr ein Fenster auf seine letzten Lebensjahre: Sie würde sehen können, was er gesehen hatte, so als würde sie mit seinen Augen darauf blicken.

Die dritte Zeichnung zeigte eine Kokospalme, schlicht und rasch hingeworfen, unvollendet. Doch die vierte Zeichnung ließ Alma stocken. Sie zeigte ein Gesicht. Das überraschte, denn Ambrose hatte, soweit Alma wusste, nie Interesse an Darstellungen der menschlichen Gestalt gezeigt. Er war kein Porträtzeichner und erhob auch keinen Anspruch darauf. Und doch war dies ein Porträt, mit Feder und Tusche gezeichnet von Ambroses akkurater Hand. Es zeigte den Kopf eines jungen Mannes von rechts im Profil. Die Züge deuteten auf polynesische Herkunft hin. Breite Wangenknochen, eine flache Nase, volle Lippen. Stark und attraktiv. Das Haar jedoch war kurz geschnitten, nach Art der Europäer.

Alma betrachtete die nächste Zeichnung: ein weiteres Porträt desselben jungen Mannes, diesmal von links im Profil. Das nächste Blatt zeigte einen männlichen Arm. Er gehörte nicht Ambrose. Die Schulter war breiter, der Unterarm kräftiger. Danach folgte die detaillierte Darstellung eines menschlichen Auges. Es gehörte nicht Ambrose (Alma hätte sein Auge überall erkannt). Es gehörte jemand anderem, die Wimpern waren dicht und fedrig.

Dann folgte die Ganzkörperstudie eines jungen Mannes,

ein Akt von hinten, während er sich scheinbar vom Künstler entfernte. Der Rücken war breit und muskulös. Jeder Wirbel war aufs Sorgfältigste wiedergegeben. Ein zweiter Akt zeigte den jungen Mann an eine Kokospalme gelehnt. Sein Gesicht war Alma nun bereits vertraut: dieselbe stolze Stirn, dieselben vollen Lippen, dieselben mandelförmigen Augen. Hier wirkte er ein wenig jünger als auf den anderen Zeichnungen – kaum mehr als ein Knabe. Vielleicht siebzehn oder achtzehn Jahre alt.

Es fanden sich keine weiteren botanischen Studien. Alle übrigen Zeichnungen, Skizzen und Tuschebilder im Koffer waren Akte. Insgesamt waren es wohl über hundert – und alle zeigten sie denselben jungen Polynesier mit dem kurzen europäischen Haarschnitt. Auf einigen sah es aus, als schliefe er. Auf anderen rannte er, schleuderte einen Speer, hob einen Stein auf oder holte ein Fischernetz ein, ganz ähnlich den Athleten und Halbgöttern auf alten griechischen Amphoren. Und auf keinem der Bilder trug er auch nur einen Fetzen am Leib – nicht einmal einen Schuh. Die meisten Studien zeigten seinen Penis schlaff und entspannt. Auf anderen aber war eindeutig das Gegenteil der Fall, und der junge Mann wandte dem Porträtisten zudem noch mit freimütiger, vielleicht sogar belustigter Offenheit das Gesicht zu.

»Mein Gott«, hörte Alma sich sagen, und ihr wurde klar, dass sie das schon die ganze Zeit vor sich hin murmelte, immer wieder, bei jedem weiteren, schockierenden Bild.

Mein Gott, mein Gott, mein Gott.

Alma Whittaker war eine Frau von rascher Auffassungsgabe und durchaus bewandert in Fragen der Sinnlichkeit. Der Inhalt dieses Koffers ließ nur einen Schluss zu: Ambrose Pike – dieser Ausbund an Keuschheit, der Engel von Framingham – war ein Sodomit.

Almas Gedanken flogen zurück zu seinem allerersten Abend auf White Acre. Beim Essen hatte er sie beide, Henry und Alma, mit seiner Idee verblüfft, die Vanillepflanzen auf Tahiti von Hand zu bestäuben. Wie hatte er das noch gleich formuliert? Es sei ganz einfach, hatte er versichert: *Sie brauchen im Grunde nichts weiter als Stöckchen und kleine Knaben mit kleinen Fingern.* Es hatte sich so spaßig angehört. Doch nun, im Nachhall, klang es verderbt. Und es erklärte manches. Ambrose war nicht etwa unfähig gewesen, ihre Ehe zu vollziehen, weil Alma alt war, weil sie hässlich war oder weil er es den Engeln gleichtun wollte – sondern weil er sich nach kleinen Knaben mit kleinen Fingern sehnte. Oder auch, wenn man sich die Zeichnungen ansah, nach größeren Knaben.

Großer Gott, was hatte er sie erleiden lassen! Was für Lügen hatte er ihr erzählt! Was für Finten! Und wie sehr sie sich verabscheut hatte wegen ihrer eigenen, völlig natürlichen Gelüste! Allein der Blick, mit dem er sie von der Badewanne aus gemustert hatte, an jenem Nachmittag, als sie seine Finger in den Mund nahm: als wäre sie ein teuflischer Sukkubus, der sich an seinem Fleisch gütlich tun wollte. Ein Satz von Montaigne fiel ihr ein; sie hatte ihn Jahre zuvor gelesen, doch er hatte sich ihr unauslöschlich eingeprägt, und nun erhielt er mit einem Mal eine grausige Bedeutung: »Bei unsereinem aber habe ich stets zwei Dinge in besonders engem Zusammenspiel gesehen: überhimmlisches Denken und unterweltliches Tun.« Ambrose hatte sie zum Narren gehalten mit seinem überhimmlischen Denken, mit seinen hochfliegenden Träumen, seiner falschen Unschuld, seiner vorgespiegelten Frömmigkeit, seinen großen Reden von der Zwiesprache mit dem Göttlichen – und wohin hatte es ihn schließlich verschlagen? In ein üppig wucherndes Paradies, zu einem willigen Lustknaben mit einem ansehnlich strammstehenden Schwanz!

»Du scheinheiliger Hurensohn«, sagte Alma laut.

•

Manch andere Frau hätte wohl Dick Yanceys Rat befolgt und den Koffer verbrannt, samt allem, was darin war. Alma indessen war zu sehr Wissenschaftlerin, um auch nur ein einziges Beweisstück zu verbrennen. Sie schob den Koffer unter den Diwan in ihrem Studierzimmer. Dort würde ihn niemand finden. Kein Mensch kam jemals hier herein. Und weil sie fürchtete, ihre Arbeit könnte in Unordnung geraten, hatte sie auch nie jemandem gestattet, dort sauberzumachen, sondern erledigte das selbst. Keiner interessierte sich dafür, was eine alte Jungfer wie Alma dort in ihrem Zimmer trieb, zwischen ihren albernen Mikroskopen, den langatmigen Büchern und den Glasgefäßen mit getrocknetem Moos. Sie war lächerlich. Ihr ganzes Leben war eine Farce – eine schauderhafte, traurige Farce.

Beim Abendessen achtete sie nicht darauf, was sie aß.

Wer hatte noch davon gewusst?

In den Monaten nach ihrer Hochzeit hatte sie die schlimmsten Gerüchte über Ambrose gehört – oder das zumindest geglaubt –, doch niemals hatte sie mitbekommen, dass ihn jemand als Uranisten bezeichnet hätte. Hatte er also die Stallburschen besprungen? Oder die Gärtnersjungen? War er darauf aus gewesen? Aber wann hätte er das tun sollen? Irgendwer hätte sicherlich geplaudert. Sie waren doch ständig zusammen gewesen, Alma und Ambrose, und derart schlüpfrige Geheimnisse blieben nie lange verborgen. Ein Geheimnis ist eine Währung, die dem Besitzer Löcher in die Tasche brennt und schließlich unweigerlich ausgegeben werden muss. Und doch hatte kein Mensch ein Wort gesagt.

Hatte Hanneke davon gewusst?, fragte sich Alma, während sie die alte Hauswirtschafterin betrachtete. Hatte sie Ambrose deshalb so abgelehnt? *Wir kennen ihn nicht*, das hatte sie ein ums andere Mal gesagt …

Und wie stand es mit Daniel Tupper aus Boston, Ambroses engstem Freund? War er mehr als nur ein Freund gewesen? Das Telegramm, das er zur Hochzeit geschickt hatte: GUT GEMACHT PIKE – war das womöglich ein anzüglicher Code gewesen? Aber Daniel Tupper, erinnerte sich Alma, war ein verheirateter Mann mit einem Stall voller Kinder. Zumindest hatte Ambrose das behauptet. Was aber letztlich auch keine Rolle spielte. Offenbar konnte ein Mensch ja vieles sein und alles gleichzeitig.

Und seine Mutter? Hatte Mrs Constance Pike davon gewusst? Hatte sie das gemeint, als sie schrieb: »Betet man doch dafür, dass ihn eine geeignete Heirat davon heilen wird, die Moral pflichtvergessen beiseitzuschieben«? Warum hatte Alma den Brief damals nicht aufmerksamer gelesen? Warum hatte sie nicht weiter nachgeforscht?

Wie hatte ihr das bloß entgehen können?

Nach dem Abendessen durchmaß sie rastlos ihr Zimmer. Sie fühlte sich versehrt und erschüttert. Überschwemmt von Neugier und blankgewetzt von Zorn. Sie konnte nicht anders, sie kehrte in die Remise zurück und betrat das Atelier, das sie vor über drei Jahren so sorgsam (und kostspielig) für Ambrose eingerichtet hatte. Alle Maschinen und auch die Möbel waren inzwischen unter Laken verschwunden. Alma zog noch einmal Ambroses Notizbuch aus der obersten Schublade seines Schreibtischs. Sie schlug wahllos eine Seite auf und las ein Stück der vertrauten, mystischen Faseleien:

Bis auf den GEIST existiert nichts, und dieser wird angetrieben von KRAFT … Den Tag nicht verdunkeln, nicht erglitzern in Wankelmut … Hinfort mit dem Äußeren, hinfort damit!

Sie klappte das Buch zu und stieß einen abfälligen Laut aus. Kein weiteres Wort ertrug sie mehr davon. Warum konnte sich dieser Mann nicht einmal klar äußern?

Sie kehrte in ihr Studierzimmer zurück und zog den Koffer unter dem Diwan hervor. Diesmal besah sie sich den Inhalt genauer. Es war keine angenehme Aufgabe, doch sie spürte, dass es unvermeidlich war. Sie tastete die Winkel des Koffers ab, auf der Suche nach einem Geheimfach oder irgendetwas anderem, das sie vielleicht beim ersten Mal übersehen hatte. Sie durchstöberte die Taschen von Ambroses altersschwacher Jacke, fand jedoch nur einen Bleistiftstummel darin.

Dann wandte sie sich wieder den Bildern zu – den drei kunstvollen Pflanzendarstellungen und den Dutzenden obszöner Zeichnungen des immergleichen schönen jungen Mannes. Sie fragte sich, ob sie bei einer genaueren Sichtung nicht vielleicht zu einem anderen Schluss kommen würde – doch nein: Die Porträts waren einfach zu freizügig, zu sinnlich, zu intim. Sie ließen sich nicht anders deuten. Alma drehte eine der Aktzeichnungen um und sah, dass auf der Rückseite etwas stand, in Ambroses schöner, eleganter Handschrift. Ganz klein unten in der Ecke, wie eine unauffällige Signatur. Doch es war keine Signatur. Es waren nur zwei Wörter, beide klein geschrieben: *tomorrow morning*, »morgen früh«.

Alma drehte eine weitere Aktzeichnung um und sah auch hier, in der rechten unteren Ecke, dieselben Wörter: *tomorrow morning*. Nacheinander drehte sie jede einzelne Zeichnung um. Und auf jeder einzelnen stand dasselbe, in der immergleichen eleganten, vertrauten Handschrift: *tomorrow morning, tomorrow morning, tomorrow morning* …

Was sollte das nun wieder heißen? Musste denn wirklich alles erst dechiffriert werden?

Alma nahm ein Blatt Papier und zerlegte die beiden Wörter in ihre einzelnen Buchstaben, bildete andere Ausdrücke und Satzteile daraus:

Ringt Norm Moor wo?

Gnom worin? Rom Ort?

Trog wir Mono Norm.

Nichts davon ergab einen Sinn. Und es brachte auch keine Erleuchtung, die englischen Wörter ins Französische, Holländische, Lateinische, Griechische oder Deutsche zu übersetzen. Es half nichts, sie rückwärts zu lesen oder ihnen die Zahlen ihrer Stellung im Alphabet zuzuweisen. Möglicherweise war es ja gar kein Code. Vielleicht war es ein Aufschub. Vielleicht gab es mit diesem Knaben immer etwas, das *morgen früh*, *tomorrow morning* geschehen sollte, zumindest Ambrose zufolge. Das sah ihm durchaus ähnlich, geheimnisvoll und abweisend, wie er war. Vielleicht hatte er die Vereinigung mit seinem hübschen eingeborenen Musensohn ja immer wieder aufgeschoben: »Nein, junger Mann, jetzt werde ich dich nicht bespringen, aber gleich *morgen früh* wird das meine erste Amtshandlung sein!« Vielleicht hielt er sich auf diese Weise im Angesicht der Versuchung rein. Vielleicht hatte er den Knaben nie angerührt. *Aber wieso hatte er ihn dann nackt gezeichnet?*

Alma kam noch ein anderer Gedanke: Waren diese Zeichnungen vielleicht Auftragsarbeiten? Hatte jemand – ein anderer Sodomit vielleicht, der dazu noch vermögend war – Ambrose dafür bezahlt, den Knaben zu zeichnen? Doch wozu sollte Ambrose Geld benötigt haben, wo Alma doch dafür Sorge getragen hatte, dass es ihm an nichts fehlte? Und warum sollte er einen solchen Auftrag angenommen haben, wo er doch ein so empfindsamer Geist war – oder dies zumindest vorgab? Falls seine strikte Moral nur aufgesetzt gewesen war, so hatte er diese Fassade ganz offensichtlich auch aufrechterhalten, nachdem er White Acre verlassen hatte. Gleichwohl konnte sein Ruf auf Tahiti nicht der eines Degenerierten gewesen sein, sonst hätte sich Reverend Francis Welles wohl kaum die Mühe gemacht, Ambrose Pike als »höchst tugendhaften Gentleman von makellosem Charakter« zu preisen.

Wozu also? Wozu dieser junge Mann? Wozu überhaupt ein nackter, erregter junger Mann? Wozu ein so schöner junger Begleiter mit einem so einprägsamen Gesicht? Wozu die ganze Mühe, ihn so oft zu zeichnen? Warum hatte er nicht stattdessen Blumen gezeichnet? Ambrose hatte Blumen geliebt, und auf Tahiti wimmelte es doch von Blumen! Wer war diese männliche Muse? Und warum war Ambrose in den Tod gegangen, wenn er doch vorhatte, noch irgendetwas mit diesem jungen Mann anzustellen – und es für Zeit und Ewigkeit auf *morgen früh* zu verschieben?

Kapitel 20

Henry Whittaker lag im Sterben. Das hätte nicht weiter erschreckend sein dürfen, er war immerhin einundneunzig Jahre alt, doch Henry war selbst ebenso erschrocken wie erzürnt darüber, sich in einem so hinfälligen Zustand zu befinden. Er war seit Monaten nicht mehr auf den Beinen gewesen und kaum noch imstande, einen tiefen Atemzug zu tun, und doch konnte er nicht glauben, was ihm bevorstand. Ans Bett gefesselt, schwach und abgemagert, wanderte sein Blick haltlos durch den Raum, als suchte er nach einer Fluchtmöglichkeit. Es schien, als wollte er versuchen, jemanden zu finden, den er mit Gewalt, Bestechung oder Schmeicheleien dazu bringen konnte, ihn am Leben zu halten. Er konnte kaum fassen, dass es keinen Ausweg geben sollte. Er war empört.

Und je empörter Henry wurde, desto mehr tyrannisierte er seine bedauernswerten Pflegerinnen. Ständig wollte er, dass man ihm die Beine massierte, und weil er fürchtete, seine entzündete Lunge könnte ihm die Luftzufuhr abschneiden, verlangte er, dass sein Krankenlager fast senkrecht aufgestellt wurde. Er wollte keinerlei Kissen, aus Angst, im Schlaf darunter zu ersticken. Mit jedem Tag wurde er streitlustiger, während er zugleich verfiel. »Wie gottserbärmlich hast du dieses Bett nur wieder zugerichtet!«, schrie er dem Mädchen hinterher, das bleich und verängstigt aus dem Zimmer eilte. Alma fragte sich, woher er die Kraft nahm, zu kläffen wie ein Hund an der Kette, obwohl er auf seinem Lager immer weniger wurde. Es war mühsam mit ihm, doch es lag auch etwas Bewundernswertes in seinem Kampfgeist, und seine Weigerung, einfach still zu sterben, hatte etwas Majestätisches.

Er wog kaum noch etwas. Sein Körper war eine lockere Hülle, voll langer, spitzer Knochen, übersät von wunden Stellen. Er konnte nur noch Rinderbrühe zu sich nehmen und auch davon nicht allzu viel. Doch bei alledem war

Henrys Stimme das Letzte, was ihn verließ. Das war in mancher Hinsicht bedauerlich. Henrys Stimme quälte die rechtschaffenen Dienstmädchen und Krankenschwestern, die sich um ihn kümmerten, denn wie ein tapferer englischer Matrose, der mit seinem Schiff untergeht, so ging auch Henry dazu über, zotige Lieder zu singen, als wollte er sich im Angesicht des Untergangs Mut machen. Der Tod griff mit beiden Händen nach ihm, um ihn mit sich zu ziehen, doch Henry sang ihn einfach weg.

Der Mensch, der ist ein Erdenkloß, gefüllt mit roter Tinte;
Das Arschloch ist ein Taler groß, und vorne hängt die Flinte!

»Vielen Dank, Kate, Sie können jetzt gehen«, sagte Alma dann zu dem bedauernswerten Mädchen, das gerade den Dienst versah, und führte es zur Tür, während Henry bereits weitersang: *»Ich kannt 'ne Kate in Liverpool, die hatte da 'ne Hurenschul'!«*

Henry hatte sich nie allzu sehr um Höflichkeiten geschert, doch nun scherte er sich keinen Deut mehr darum. Er sagte, was immer er sagen wollte – und womöglich, so schien es Alma, sogar noch mehr, als er eigentlich sagen wollte. Er war indiskret bis zum Äußersten. Er krakeelte über Geld, über vereitelte Geschäftsabschlüsse. Er beschuldigte und bohrte, attackierte und parierte. Selbst mit den Toten geriet er in Streit. Er lieferte sich Wortgefechte mit Sir Joseph Banks und versuchte erneut, ihn zu überzeugen, am Fuße des Himalaya Chinarindenbäume anzupflanzen. Er wetterte auf den längst verstorbenen Vater seiner verblichenen Frau: »Wirst schon sehen, du stinktierköpfiger alter Mistkäfer von Holländer, was für ein reicher Mann ich einmal werde!« Seinen eigenen längst verstorbenen Vater beschimpfte er als kriecherischen Stiefellecker. Er verlangte, man solle Beatrix herholen, damit sie sich um ihn kümmere und ihm Apfelwein bringe. Wo steckte seine Frau? Wozu hielt man sich denn eine Frau, wenn sie einen nicht einmal auf dem Krankenbett pflegte?

Und dann, eines Tages, sah er Alma direkt ins Gesicht

und sagte: »Und du glaubst, ich weiß nicht, was dein sogenannter Ehemann für einer war!«

Alma zögerte einen Augenblick zu lang damit, die Schwester aus dem Zimmer zu schicken. Sie hätte es sofort tun sollen, doch stattdessen wartete sie, weil sie nicht wusste, worauf ihr Vater hinauswollte.

»Glaubst du, ich wäre auf meinen Reisen nicht oft genug solchen Männern begegnet? Glaubst du, ich wäre nicht selbst mal so einer gewesen? Glaubst du, die haben mich auf der *Resolution* angeheuert, weil ich so ein fähiger Seemann war? Ich war ein haarloser kleiner Knabe, Plum – eine haarlose kleine Landratte, noch grün hinter den Ohren, mit einem hübschen, unverbrauchten Arschloch. Ich schäme mich nicht, das zuzugeben!«

Er sagte »Plum« zu ihr. Diesen Namen hatte er seit Jahren, ach was, seit Jahrzehnten nicht mehr verwendet. Manches Mal in den letzten Monaten hatte er sie nicht einmal erkannt. Doch jetzt, da er sie bei dem geliebten alten Kosenamen nannte, wusste er offenbar genau, wer sie war – und damit wohl auch genau, was er da sagte.

»Sie können jetzt gehen, Betsy«, sagte Alma, zur Krankenschwester gewandt, doch die hatte es mit einem Mal nicht mehr eilig, das Zimmer zu verlassen.

»Frag dich doch mal, was sie da auf dem Schiff mit mir angestellt haben, Plum! Ich war der jüngste Grünschnabel von allen! Bei Gott, die hatten ihren Spaß mit mir!«

»Vielen Dank, Betsy.« Alma erhob sich, um die Schwester höchstpersönlich zur Tür zu geleiten. »Und schließen Sie bitte die Tür hinter sich. Vielen Dank. Sie waren uns eine große Hilfe. Besten Dank. Nun gehen Sie schon.«

Henry stimmte derweil ein scheußliches Lied an, das Alma bisher noch nie gehört hatte: *»Besprungen hab'n sie mich, Mann für Mann; der Maat, der nahm mich so richtig ran.«*

»Vater«, sagte Alma, »du musst aufhören.« Sie trat an sein Bett und legte ihm die Hände auf die Brust. »Du musst jetzt damit aufhören.«

Henry hörte auf zu singen und sah sie aus flammenden Augen an. Seine knochigen Finger schlossen sich um ihre Handgelenke.

»Frag dich doch mal, warum er dich geheiratet hat, Plum«, sagte er mit einer Stimme, so klar und kräftig wie die Jugend selbst. »Nicht des Geldes wegen, würd ich wetten! Und auch nicht wegen deines kleinen unverbrauchten Arschlochs. Dann muss es wohl was anderes gewesen sein. Du verstehst es nicht, was? Und ich sag dir was, ich versteh's auch nicht.«

Alma löste ihre Hände aus seinem Griff. Sein Atem roch faulig. Ein großer Teil von ihm war bereits tot.

»Lass jetzt das Reden, Vater, und trink ein wenig Brühe«, sagte sie, setzte ihm die Tasse an die Lippen und wich seinem Blick aus. Sie hatte das unbestimmte Gefühl, dass die Krankenschwester noch draußen an der Tür lauschte.

Er fing wieder an zu singen: *»Lichtet den Anker und Leinen los! Unser Herz ist schwarz und die Gier so groß!«*

Sie versuchte, ihm etwas Brühe einzuflößen – und sei es nur, um ihn am Weitersingen zu hindern –, doch er spuckte sie wieder aus und stieß Almas Hand weg. Die Brühe ergoss sich über das Bett, die Tasse schlitterte über den Boden. Er hatte immer noch Kraft genug, der alte Recke. Erneut griff er nach Almas Handgelenken und bekam eines zu fassen.

»Sei nicht töricht, Plum«, sagte er. »Glaub niemals auch nur ein Wort von dem, was die Fotzen und Hurensöhne dieser Welt dir sagen. *Geh und finde es selbst heraus!*«

Im Laufe der nächsten Woche, während Henry dem Tod immer näher kam, sagte und sang er noch so manches – vieles davon schlüpfrig und alles unangebracht –, doch dieser eine Satz erschien Alma so triftig und absichtsvoll, dass sie ihn stets als letzte Worte ihres Vaters im Gedächtnis behielt: *Geh und finde es selbst heraus*.

•

Henry Whittaker starb am 19. Oktober 1851. Es war wie ein Sturm auf hoher See. Bis zum Schluss schlug er um sich, kämpfte bis zum letzten Atemzug. Die Ruhe, die eintrat, als er schließlich doch verschied, schien überwältigend. Niemand konnte so recht glauben, dass sie ihn überlebt hatten. Hanneke wischte sich eine Träne weg, die mindestens so sehr der Erschöpfung wie der Trauer geschuldet war, und sagte: »Ach, ihr, die ihr schon im Himmel wartet – ich wünsche euch viel Glück mit dem, was da kommt!«

Alma half, den Toten zu waschen. Dann bat sie, noch einmal mit ihm allein gelassen zu werden. Sie wollte nicht beten. Sie wollte auch nicht weinen. Es gab da etwas, was sie wissen musste. Sie hob das Laken von der nackten, toten Hülle ihres Vaters und tastete die Haut rund um den Bauch ab, suchte mit Fingern und Augen nach einer Art Narbe, einer Art Knoten, nach einer kleinen Merkwürdigkeit, die dort nicht hinpasste. Sie suchte den Smaragd, von dem Henry vor Jahren, als sie noch ein Kind war, geschworen hatte, er habe ihn sich unter die Haut genäht. Sie scheute sich nicht, danach zu tasten. Sie war Naturforscherin. Wenn da ein Stein war, würde sie ihn auch finden.

So ein letztes Bestechungsgeld braucht man, Plum.

Aber da war kein Stein.

Alma war verblüfft. Sie hatte immer alles geglaubt, was ihr der Vater erzählt hatte. Aber vielleicht, dachte sie, hatte er den Smaragd ja dem Tod angeboten, kurz vor dem Ende. Als die Lieder nichts mehr nützten und sein Mut nichts mehr nützte und ihm auch sonst keine List einen Weg aus diesem letzten, endgültigen Vertrag weisen konnte, vielleicht hatte er da gesagt: »Dann nimm noch meinen besten Smaragd!« Und der Tod, dachte Alma, hatte ihn wohl genommen – und Henry gleich noch dazu. Nicht einmal ihr Vater konnte sich von diesem Abkommen loskaufen. Henry Whittaker war tot, und seine letzte Finte war mit ihm verschwunden.

•

Sie erbte alles. Das Testament – das schon am Tag nach der Beisetzung von Henrys altem Notar eröffnet wurde – war das schlichteste Dokument, das man sich denken konnte, und nur wenige Sätze lang. Henry Whittaker, so wollte es das Testament, hinterließ sein gesamtes Vermögen »seiner einzigen leiblichen Tochter«. Alles Land, alle Geschäftsinteressen, alles Geld, aller Pachtbesitz – es sollte alles Alma allein gehören. Sonst war für niemanden Vorsorge getroffen. Weder Henrys Adoptivtochter, Prudence Whittaker Dixon, noch seine getreuen Angestellten wurden auch nur erwähnt. Hanneke ging leer aus; Dick Yancey ebenso.

Damit war Alma Whittaker eine der reichsten Frauen der Neuen Welt. Sie leitete das größte botanische Importunternehmen Amerikas, dessen Belange sie bereits die letzten fünf Jahre hindurch ganz allein verwaltet hatte, und war Mitbesitzerin der florierenden Garrick & Whittaker Pharmaceutical Company. Sie war Alleinerbin eines der prächtigsten Privatanwesen im Bundesstaat Pennsylvania, verfügte über etliche lukrative Patente und besaß mehrere tausend Morgen fruchtbaren Landes. Zahllose Dienstboten und Angestellte unterstanden ihrem direkten Befehl, und weltweit waren unüberschaubare Mengen weiterer Menschen auf Vertragsbasis für sie tätig. Ihre Gewächs- und Glashäuser machten selbst den besten botanischen Gärten Europas Konkurrenz.

Doch wie ein Segen erschien ihr das alles nicht.

Natürlich war Alma erschöpft und tieftraurig über den Tod ihres Vaters, vor allem jedoch fühlte sie sich durch dieses gewaltige Vermächtnis mehr belastet als geehrt. Was interessierte sie ein riesiger botanischer Importkonzern oder auch ein gutgehendes pharmazeutisches Herstellungswerk? Was sollte sie mit einem Halbdutzend Mühlen und Minen in ganz Pennsylvania anfangen? Wozu brauchte sie ein Herrenhaus mit vierunddreißig Zimmern, reich gefüllt mit seltenen Schätzen und aufmüpfigem Personal? Und wie viele Gewächshäuser benötigte eine einzelne Botanikerin, um ihre Moosstudien zu treiben? Diese letzte Frage zumindest ließ sich ganz leicht beantworten: nicht eines. Und doch gehörte ihr das alles.

Nachdem der Notar sich verabschiedet hatte, machte sich Alma, überwältigt und voller Selbstmitleid, auf die Suche nach Hanneke de Groot. Sie sehnte sich nach dem Trost der vertrautesten Person, die ihr auf dieser Welt noch geblieben war. Sie fand die alte Hauswirtschafterin aufrecht im großen, erloschenen Kamin in der Küche stehend, wo sie mit einem Besenstiel im Schornstein herumstocherte, um ein Schwalbennest zu beseitigen, und sich dabei einem Regen aus Ruß und Dreck aussetzte.

»Das kann doch sicher jemand anders für dich machen, Hanneke«, sagte Alma anstelle einer Begrüßung auf Holländisch zu ihr. »Ich rufe eines der Mädchen.«

Verdrießlich und verdreckt kroch Hanneke aus dem Kamin hervor. »Glaubst du, die hätte ich nicht schon gefragt?«, brummte sie. »Aber welcher der anderen Christenmenschen hier im Haus würde denn freiwillig den Kopf in den Schornstein stecken, wenn nicht ich?«

Alma brachte Hanneke ein feuchtes Tuch, damit sie sich das Gesicht säubern konnte, und die beiden Frauen setzten sich an den Küchentisch.

»Ist der Notar schon wieder fort?«, fragte Hanneke.

»Schon seit fünf Minuten«, sagte Alma.

»Das ging ja schnell.«

»Es war auch keine komplizierte Sache.«

Hanneke runzelte die Stirn. »Dann hat er also alles dir hinterlassen?«

»Allerdings«, sagte Alma.

»Und Prudence nichts?«

»Gar nichts«, sagte Alma und registrierte, dass Hanneke sich nicht nach ihrem eigenen Erbteil erkundigt hatte.

»Dann soll ihn der Teufel holen«, sagte Hanneke nach kurzem Schweigen.

Alma fuhr zusammen. »Sei barmherzig, Hanneke. Mein Vater ist noch keinen Tag unter der Erde.«

»Und ich sage, ihn soll der Teufel holen«, wiederholte die Hauswirtschafterin. »Der Teufel soll ihn holen, den sturen alten Sünder, dass er seine zweite Tochter so missachtet.«

»Sie hätte doch ohnehin nichts von ihm angenommen, Hanneke.«

»Wer weiß, Alma, ob das wirklich so gewesen wäre! Sie ist Teil dieser Familie oder sollte es zumindest sein. Deine Mutter, Gott hab sie selig, wünschte, dass sie Teil der Familie ist. Ich gehe davon aus, du wirst nun selbst für Prudence Sorge tragen?«

Alma war verblüfft. »Wie soll ich das denn anfangen? Meine Schwester hegt kaum einmal den Wunsch, mich zu sehen, und sie lehnt alle Geschenke ab. Nicht einmal einen Kuchen zum Tee kann ich mitbringen, ohne dass sie mir zu verstehen gibt, das sei zu viel. Du wirst doch nicht im Ernst glauben, sie würde zulassen, dass ich das Vermögen unseres Vaters mit ihr teile?«

»Sie ist wahrhaftig ein stolzes Geschöpf«, sagte Hanneke und klang dabei mehr bewundernd als besorgt.

Alma versuchte, das Thema zu wechseln. »Wie soll es nun hier auf White Acre werden, Hanneke, ganz ohne meinen Vater? Ich habe kein Verlangen danach, das Anwesen ohne ihn zu führen. Es ist, als wäre diesem Haus sein großes, lebendiges Herz entrissen.«

»Ich werde nicht erlauben, dass du deine Schwester missachtest«, fuhr Hanneke fort, als hätte Alma kein Wort gesagt. »Es mag ja noch angehen, dass Henry sich vom Grab aus so dumm und selbstsüchtig versündigt, aber es geht ganz und gar nicht an, dass du im Leben dasselbe tust.«

Alma war empört. »Ich suche Trost und Rat bei dir, Hanneke, und du willst mich nur kränken.« Sie stand auf, als wollte sie aus der Küche gehen.

»Nun setz dich wieder, Kind. Ich will niemanden kränken. Ich will dir nur sagen, dass du tief in der Schuld deiner Schwester stehst und dass du dafür sorgen solltest, diese Schuld zu begleichen.«

»Ich stehe doch nicht in der Schuld meiner Schwester.«

Hanneke hob die immer noch rußschwarzen Hände. »Bist du denn wirklich so blind, Alma?«

»Falls du auf den Mangel an Zuneigung anspielst, der zwischen mir und Prudence herrscht, dann bitte ich dich, Hanneke, die Schuld daran nicht ausschließlich bei mir zu suchen. Der Fehler lag ebenso sehr bei ihr wie bei mir. Wir beide haben unsere gegenseitige Gesellschaft nie allzu sehr geschätzt, und seit vielen Jahren ist sie es, die mich auf Abstand hält.«

»Ich spreche nicht von schwesterlicher Zuneigung, Kind. Es gibt viele Schwestern, die einander keine große Wärme entgegenbringen. Ich spreche von Opfern. Ich weiß alles, was in diesem Haus vorgeht, Kind. Glaubst du denn, du warst die Einzige, die je in Tränen zu mir kam? Glaubst du, du warst die Einzige, die je an Hannekes Tür geklopft hat, wenn der Schmerz zu groß wurde? Ich kenne sämtliche Geheimnisse.«

Verwirrt versuchte Alma, sich auszumalen, wie ihre spröde Schwester der Hauswirtschafterin schluchzend in die Arme sank. Nein, das war unvorstellbar. Prudence war Hanneke nie so nahe gewesen wie Alma. Sie kannte Hanneke nicht von der ersten Stunde an und konnte schließlich auch kein Holländisch. Wie hätte solche Nähe denn entstehen sollen?

Und doch, Alma musste fragen: »Was denn für Geheimnisse?«

»Warum fragst du das nicht Prudence selbst?«, gab Hanneke zurück.

Doch nun hatte Alma das Gefühl, dass sich die Hauswirtschafterin absichtlich spröde gab, und sie war entschlossen, das nicht zu dulden. »Ich kann dich nicht dazu anhalten, mir alles zu erzählen, Hanneke«, sagte sie auf Englisch, zu aufgebracht, um weiterhin das altvertraute Holländisch zu verwenden. »Deine Geheimnisse sind dein Eigentum, wenn du sie denn bewahren willst. Aber ich halte dich dazu an, keine Spiele mit mir zu treiben. Falls dir Informationen über die Familie vorliegen, von denen du glaubst, ich sollte sie kennen, dann wünsche ich, dass du sie mir offenbarst. Falls es dir aber Vergnügen bereitet, hier zu sitzen und dich über meine Ahnungslosigkeit zu mokieren, während ich nicht einmal ahnen kann, worauf sich diese Ahnungslosigkeit bezieht, dann kann ich nur bedauern, dich heute überhaupt aufgesucht zu haben. Ich stehe vor wichtigen Entscheidungen, den ganzen Haushalt betreffend, und ich betrauere das Dahinscheiden meines Vaters zutiefst. Ich habe jetzt viel Verantwortung zu tragen. Und ich verfüge weder über die Zeit noch über die Kraft, um mit dir Rätselraten zu spielen.«

Hanneke musterte Alma eingehend aus leicht zusammengekniffenen Augen. Am Ende dieser kleinen Ansprache nickte sie, wie um Ton und Tenor von Almas Worten Anerkennung zu zollen.

»Also gut«, sagte sie. »Hast du dich je gefragt, warum Prudence Arthur Dixon geheiratet hat?«

»Hör auf, in Rätseln zu sprechen, Hanneke«, fauchte Alma. »Ich warne dich, ich kann das heute nicht ertragen.«

»Ich spreche keineswegs in Rätseln, Kind. Ich versuche nur, dir etwas mitzuteilen. Frag dich doch selbst – hast du dich nie über diese Ehe gewundert?«

»Aber natürlich. Wer würde schon Arthur Dixon heiraten?«

»Ja, wer? Glaubst du, Prudence hat ihren Lehrer jemals geliebt? Du hast sie jahrelang zusammen erlebt, als er hier im Hause wohnte und euch beide unterrichtet hat. Hast du jemals beobachtet, dass sie ihm ein Zeichen der Zärtlichkeit gegeben hätte?«

Alma überlegte. »Nein«, räumte sie dann ein.

»Nun, sie hat ihn auch nicht geliebt. Sie liebte einen anderen, immer schon. Alma, deine Schwester liebte George Hawkes.«

»George Hawkes?« Mehr als den Namen brachte Alma nicht heraus. Plötzlich stand ihr der Verleger botanischer Publikationen wieder vor Augen – nicht, wie er heute war, ein verhärmter Mann von sechzig Jahren, mit krummem Rücken und einer Frau im Irrenhaus, sondern wie er damals vor dreißig Jahren gewesen war, als sie selbst ihn geliebt hatte: eine solide, tröstliche Gestalt mit zerzaustem braunem Haar und einem scheuen, freundlichen Lächeln. »George *Hawkes*?«, wiederholte sie noch einmal aufs Törichtste.

»Deine Schwester Prudence hat George Hawkes geliebt«, bekräftigte Hanneke. »Und ich werde dir noch mehr sagen: George Hawkes hat sie ebenfalls geliebt. Ich wette, sie liebt ihn immer noch, und ich wette, auch er liebt sie immer noch, bis heute.«

Alma begriff das alles nicht. Es war, als hätte man ihr erklärt, ihre Eltern seien gar nicht ihre wahren Eltern oder ihr Name sei nicht Alma Whittaker oder sie lebe gar nicht in Philadelphia – als würde eine große und schlichte Wahrheit urplötzlich ins Wanken gebracht.

»Aber wie kam Prudence denn dazu, George Hawkes zu lieben?«, fragte sie, viel zu verblüfft, um eine klügere Frage zu stellen.

»Weil er freundlich zu ihr war. Glaubst du denn, Alma, es ist ein Segen, so schön zu sein wie deine Schwester? Erinnerst du dich noch daran, wie sie mit sechzehn Jahren aussah? Erinnerst du dich daran, wie die Männer sie anglotzten? Alte Männer, junge Männer, verheiratete Männer, Arbeiter – alle, wie sie da waren. Kein Mann trat je über diese Schwelle, der deine Schwester nicht angesehen hätte, als wollte er sich für eine Nacht ihre Gunst erkaufen. So war das immer, selbst als sie noch ein Kind war. Bei ihrer Mutter war es ebenso, doch ihre Mutter war schwach, sie hat sich tatsächlich verkauft. Prudence aber war ein sittsames und gutes Mädchen. Was glaubst du, warum deine Schwester bei Tisch nie ein Wort gesagt hat? Weil sie zu dumm war, um eine eigene Meinung zu haben? Was glaubst du, warum sie ihre Miene immer so ganz und gar ausdruckslos hielt? Weil sie nichts empfunden hat? Nein, Alma, Prudence wollte immer nur eines: nicht gesehen werden. Du kannst nicht ermessen, wie es ist, sein Leben lang von Männern angeglotzt zu werden, als stünde man auf dem Versteigerungspodest.«

Das konnte Alma nun nicht bestreiten. Wie sich das anfühlte, wusste sie wahrhaftig nicht.

Hanneke fuhr fort: »George Hawkes war der einzige Mann, der deine Schwester jemals freundlich angesehen hat – nicht wie einen Gegenstand, sondern wie eine Seele. Du kennst Mr Hawkes sehr gut, Alma. Kannst du nicht begreifen, dass sich eine junge Frau bei einem solchen Mann sicher fühlt?«

Das konnte sie allerdings. Auch sie, Alma, hatte sich bei George Hawkes stets sicher gefühlt. Sicher und wahrgenommen.

»Und hast du dich nie gefragt, Alma, weshalb Mr Hawkes unablässig hier auf White Acre war? Glaubst du, er kam so häufig, um deinen Vater zu sehen?« Hanneke besaß den Anstand, nicht hinzuzufügen: »Glaubst du, er kam so häufig, um *dich* zu sehen?«, dennoch hing der Satz unausgesprochen in der Luft. »Er hat deine Schwester geliebt, Alma. Er hat ihr auf seine stille Art den Hof gemacht. Und mehr noch, sie liebte ihn auch.«

»Wie du nicht müde wirst zu versichern«, warf Alma ein. »Es fällt mir schwer, das zu hören, Hanneke. Weißt du, ich habe George Hawkes einst selbst geliebt.«

»Ja, glaubst du denn, das weiß ich nicht?«, rief Hanneke aus. »Natürlich hast du ihn geliebt, Kind, denn er war zuvorkommend zu dir! Und du warst unschuldig genug, deiner Schwester diese Liebe anzuvertrauen. Glaubst du, eine so prinzipientreue junge Frau wie Prudence hätte George Hawkes noch geheiratet, nachdem sie wusste, was du für ihn empfindest? Glaubst du, das hätte sie dir angetan?«

»Sie wollten heiraten?«, fragte Alma fassungslos.

»Selbstverständlich wollten sie heiraten! Sie waren jung und liebten einander! Aber sie wollte dir das nicht antun, Alma. Kurz vor dem Tod eurer Mutter hat George um ihre Hand angehalten. Sie hat ihn abgelehnt. Er hielt noch einmal um sie an. Sie lehnte erneut ab. Er hat es noch etliche weitere Male versucht. Sie hat ihm die Gründe für ihre Ablehnung nie offenbart, weil sie dich schützen wollte. Und als er immer wieder vorsprach, da hat sie sich schließlich Arthur Dixon an den Hals geworfen, weil er der nächstliegende und einfachste Heiratskandidat war. Sie kannte Dixon gut genug, um gewiss zu sein, dass er ihr zumindest nichts antun würde. Er würde sie nicht schlagen oder sie auf irgendeine Weise demütigen. Sie empfand sogar eine gewisse Achtung für ihn. Als er noch euer Hauslehrer war, hatte er sie mit dem Gedankengut der Abolitionisten bekannt gemacht, und diese Gedanken lasteten schwer auf ihrem Gewissen – das tun sie ja bis heute. Sie brachte Mr Dixon also Respekt entgegen, doch geliebt hat sie ihn nicht, und sie liebt ihn auch heute nicht. Sie musste einfach jemanden heiraten, *irgendwen*, um sich für George unerreichbar zu machen, und zwar in der Hoffnung, auch das muss ich dir noch sagen, dass er dann *dich* heiraten würde. Sie wusste, dass George dich als Freundin schätzte, und hoffte, er könnte lernen, dich auch als Frau zu lieben, und dich glücklich machen. Das, Kind, hat deine Schwester Prudence für dich getan. Und du sitzt hier vor mir und willst mir erzählen, du stündest nicht tief in ihrer Schuld.«

Alma brachte lange Zeit kein Wort heraus.

Schließlich sagte sie dümmlich: »Aber George Hawkes hat doch Retta geheiratet.«

»Dann hat es wohl nicht geklappt – was, Alma?«, erwiderte Hanneke streng. »Begreifst du? Deine Schwester hat den Mann, den sie liebte, umsonst geopfert. Er hat dann doch nicht dich geheiratet. Stattdessen hat er genau dasselbe getan wie Prudence: Er hat sich der Nächstbesten an den Hals geworfen, die des Weges kam, um einfach nur irgendwen zu heiraten.«

Und mich hat er gar nicht in Erwägung gezogen, dachte Alma. Zu ihrer Schande war dies ihr allererster Gedanke, noch ehe sie anfing, das Opfer ihrer Schwester in seinem ganzen Ausmaß zu begreifen.

Er hat mich gar nicht in Erwägung gezogen.

Aber George hatte ja auch nie etwas anderes in Alma gesehen als eine Kollegin und Botanikerin, die mit Meisterschaft ihr Mikroskop bediente. Mit einem Mal ergab alles Sinn. Wie hätte er Alma je bemerken sollen? Wie hätte er in Alma überhaupt eine Frau erkennen sollen, wenn Prudence, das Schmuckstück, gleich neben ihr stand? George hatte niemals auch nur geahnt, dass Alma ihn liebte, doch Prudence hatte es gewusst. Prudence hatte es von Anfang an gewusst. Und Prudence, das erkannte Alma nun mit wachsendem Kummer, musste wohl auch geahnt haben, dass es auf Erden nicht allzu viele Männer gab, die als Ehemann für Alma in Frage kamen, und dass George vermutlich die hoffnungsvollste Option war. Prudence selbst hingegen konnte jeden haben. So musste sie das wohl betrachtet haben.

Und so hatte Prudence George für Alma aufgegeben – oder es wenigstens versucht. Doch es war alles umsonst gewesen. Ihre Schwester hatte der Liebe entsagt, um ein Leben in Armut und Verzicht an der Seite eines knauserigen Gelehrten zu führen, der weder Wärme noch Zuneigung zeigen konnte. Sie hatte der Liebe entsagt und den brillanten Denker George Hawkes dazu gebracht, sein Leben mit einer ebenso verrückten wie hübschen kleinen Ehefrau zu verbringen, die nie auch nur ein Buch gelesen hatte und nun ihr Dasein in einer Anstalt fristete. Sie hatte der Liebe entsagt und damit Alma dazu gebracht, ein Leben in völliger Einsamkeit zu führen – und in fortgeschrittenem Alter den Reizen eines Mannes wie Ambrose Pike zu erliegen, der sich von ihrem Verlangen abgestoßen fühlte und selbst nur den Wunsch hegte, ein Engel zu sein (beziehungsweise, wie man nun vermuten musste, nackte junge Tahitianer zu lieben). Welch verschwendete Geste der Rücksichtnahme Prudence' jugendliches Opfer also gewesen war! Welch lange Kette des Leids es für alle Beteiligten nach sich gezogen hatte! Welch schreckliches Chaos, das alles, und welch eine Aneinanderreihung schwerwiegender Fehler!

Arme Prudence, dachte Alma – endlich. Und einen endlosen Augenblick später setzte sie in Gedanken hinzu: *Armer George!* Und: *Arme Retta!* Und schließlich auch noch: *Armer Arthur Dixon!*

Sie waren allesamt zu bedauern.

»Wenn es stimmt, was du sagst, Hanneke«, sagte Alma, »dann erzählst du mir da eine zutiefst traurige Geschichte.«

»Und ob es stimmt, was ich sage.«

»Warum hast du mir nie davon erzählt?«

Hanneke zuckte die Achseln. »Was hätte das genützt?«

»Aber warum hat Prudence so etwas für mich getan?«, wollte Alma wissen. »Sie hat mich doch nicht einmal gemocht.«

»Es spielt keine Rolle, was sie von dir hielt. Sie ist ein guter Mensch, und sie lebt ihr Leben nach den richtigen Überzeugungen.«

»Hatte sie Mitleid mit mir, Hanneke? War es das?«

»Vor allem hat sie dich bewundert. Sie hat stets versucht, dir nachzueifern.«

»Unfug! Das hat sie nicht.«

»Der Unfug, Alma, steckt in dir! Natürlich hat sie dich stets bewundert, Kind. Denk doch einmal, wie du ihr erschienen sein musst, als sie hierher ins Haus kam! Denk an all das, was du wusstest, an all das, was du konntest. Sie hat stets versucht, deine Bewunderung zu erringen. Du aber hast sie ihr nie gegeben. Hast du sie je gelobt? Hast du jemals auch nur zur Kenntnis genommen, wie angestrengt sie sich bemüht hat, dich in ihren Studien einzuholen? Hast du je ihre Talente gewürdigt, oder hast du sie missachtet, weil sie dir weniger wert zu sein schienen als deine eigenen? Hast du ihre bewundernswerten Eigenschaften überhaupt je bemerkt?«

»Ich habe ihre bewundernswerten Eigenschaften nie begriffen.«

»Nein, Alma – du hast nie daran geglaubt. Gib es zu. Du

hältst ihre Rechtschaffenheit für eine Pose. Du glaubst, sie sei eine Schwindlerin.«

»Aber wenn sie doch immer diese Maske trägt …«, murmelte Alma, verzweifelt bemüht, noch etwas Boden zu finden, auf den sie ihre Verteidigung gründen konnte.

»Die trägt sie allerdings, denn sie möchte weder gesehen noch erkannt werden. Aber ich kenne sie, und ich sage dir, hinter dieser Maske steckt die beste, die großherzigste, die bewunderungswürdigste aller Frauen. Wie kannst du das bloß nicht erkennen? Siehst du denn nicht, wie verdienstvoll sie bis heute ist – wie aufrichtig in ihren guten Taten? Was muss sie denn noch alles unternehmen, Alma, um sich deine Achtung zu verdienen? Und dennoch hattest du nie ein lobendes Wort für sie, und nun willst du deine Schwester auch noch vollends verschmähen, ohne den kleinsten Gewissensbiss, während dein toter Tölpel von Vater dir einen ganzen Piratenschatz von Reichtümern vererbt – wo er doch selbst mindestens so blind war wie du, wenn es um die Leiden und Entsagungen anderer ging.«

»Nimm Rücksicht, Hanneke«, warnte Alma, die gegen eine Flutwelle der Trauer kämpfte. »Du hast mir einen großen Schock versetzt, und nun greifst du mich an, während ich noch wie vor den Kopf gestoßen bin. Ich muss dich wirklich bitten: Nimm heute Rücksicht auf mich, Hanneke.«

»Aber es haben doch alle stets so viel Rücksicht auf dich genommen, Alma«, erwiderte die alte Hauswirtschafterin ohne einen Anflug von Erbarmen. »Vielleicht nimmt man ja schon viel zu lange Rücksicht auf dich.«

•

Erschüttert flüchtete sich Alma in ihr Studierzimmer in der Remise. Sie sank auf den verschlissenen Diwan in der Ecke, weil ihre Füße nicht bereit schienen, ihr Gewicht noch länger zu tragen. Ihr Atem ging rasch und flach. Sie erschien sich selbst wie eine Fremde. Ihre innere Kompassnadel, die sich immer an den einleuchtendsten Wahrheiten ihrer Welt ausgerichtet hatte, trudelte wild und suchte nach einem sicheren Punkt, an den sie sich halten konnte, wurde aber nicht fündig.

Ihre Mutter war tot. Ihr Vater war tot. Ihr Mann – ganz gleich, was er sonst noch gewesen oder nicht gewesen war – war ebenfalls tot. Ihre Schwester Prudence hatte sich um Almas willen das Leben ruiniert, ohne dass irgendjemand einen Nutzen daraus gezogen hätte. George Hawkes war eine Jammergestalt. Retta Snow ein zerstörter und zerrupfter kleiner Unglücksrabe. Und nun sah es auch noch ganz danach aus, als hätte Hanneke de Groot – der letzte lebende Mensch, den Alma liebte und bewunderte – keinen Funken Hochachtung vor ihr. Noch dazu mit vollem Recht.

Allein in ihrem Studierzimmer zwang sich Alma schließlich zu einer ehrlichen Bestandsaufnahme ihres eigenen Lebens. Sie war eine einundfünfzigjährige Frau, gesund an Leib und Seele, stark wie ein Pferd, gebildet wie ein Jesuitenmönch und so reich wie der reichste Adlige im ganzen Land. Zugegeben, schön war sie nicht, doch sie besaß noch fast all ihre Zähne und wurde auch sonst von keinem einzigen körperlichen Leiden oder Zipperlein geplagt. Worüber hätte sie sich je beklagen sollen? Von Geburt an war sie von allen erdenklichen Annehmlichkeiten umgeben gewesen. Sicher, sie hatte keinen Mann, doch dafür hatte sie auch keine Kinder oder Eltern, für die sie sorgen musste. Sie war tüchtig, intelligent, gewissenhaft und – das hatte sie immer von sich geglaubt, obwohl sie sich dessen augenblicklich nicht mehr gar so sicher war – mutig. Ihre Vorstellungskraft war mit den gewagtesten wissenschaftlichen Ideen und Erfindungen konfrontiert worden, die das Jahrhundert zu bieten hatte, und sie hatte an ihrer Tafel einige der größten Geister ihrer Zeit empfangen. Sie besaß eine Bibliothek, angesichts derer jeder Medici in Tränen der Sehnsucht ausgebrochen wäre, und sie hatte diese ganze Bibliothek mehrfach durchgelesen.

Doch was hatte Alma mit all ihrer Bildung und all ihren Privilegien aus ihrem Leben gemacht? Sie war die Autorin zweier unbedeutender Werke zur Bryologie – Bücher, auf die die Welt nicht eben hufescharrend gewartet hatte – und arbeitete gegenwärtig an einem dritten. Nicht einen einzigen Augenblick ihrer Zeit hatte sie dem Wohle anderer geopfert, abgesehen von ihrem selbstsüchtigen Vater. Sie war Jungfrau, Witwe, Waise, Erbin und alte Frau, und sie war die größte Närrin von allen.

Sie hatte immer geglaubt, so viel zu wissen, dabei wusste sie gar nichts.

Sie wusste nichts über ihre Schwester.

Sie wusste nicht, wie man Opfer brachte.

Sie wusste nichts über den Mann, den sie geheiratet hatte.

Sie wusste nichts über die unsichtbaren Mächte, die ihr Leben lenkten.

Sie hatte sich stets als würdevolle, weltgewandte Dame betrachtet, doch im Grunde war sie nur eine verdrossene, alternde, inzwischen alles andere als taufrische Prinzessin, die nie etwas Wertvolles aufs Spiel gesetzt hatte und nie weiter aus Philadelphia hinausgekommen war als bis zu einer Irrenanstalt in Trenton, New Jersey.

Es hätte unerträglich sein müssen, sich dieser trostlosen Inventur zu stellen, doch aus irgendeinem Grund war dem nicht so. Kurioserweise verhielt es sich gerade umgekehrt: Es war eine Erleichterung. Almas Atem ging ruhiger. Ihre Kompassnadel kam zum Stillstand. Sie saß einfach da, beide Hände im Schoß. Sie rührte sich nicht. Sie nahm die neuen Wahrheiten in sich auf, und sie schreckte vor keiner einzigen davon zurück.

•

Am nächsten Morgen ritt Alma ganz allein zu den Geschäftsräumen des langjährigen Notars ihres Vaters. Dort verbrachte sie die nächsten neun Stunden mit dem Mann am Schreibtisch, setzte Dokumente auf, formulierte Zusatzklauseln und schlug alle Einwände in den Wind. Der Notar billigte nichts von dem, was sie vorhatte. Sie hörte nicht auf ihn. Er schüttelte seinen alten vergilbten Kopf, bis all seine Kinne wackelten, doch er konnte sie beim besten Willen nicht umstimmen. Die Entscheidung lag allein bei ihr, das war ihnen beiden nur allzu klar.

Nachdem diese Dinge erledigt waren, lenkte Alma ihr Pferd in die 39. Straße, zum Haus ihrer Schwester. Es war bereits Abend, und die Familie Dixon hatte soeben ihre Mahlzeit beendet.

»Begleite mich auf einen kleinen Spaziergang«, sagte Alma zu Prudence, die sich, falls sie sich über den unerwarteten Besuch ihrer Schwester wunderte, diesbezüglich nichts anmerken ließ.

Die beiden Frauen gingen die Chestnut Street entlang und hielten einander artig untergehakt.

»Dir ist ja bekannt«, begann Alma, »dass unser Vater von uns gegangen ist.«

»Ja«, sagte Prudence.

»Ich möchte dir für deine Beileidsbekundung danken.«

»Keine Ursache«, sagte Prudence.

Sie war nicht zur Beisetzung erschienen. Doch damit hätte auch niemand gerechnet.

»Ich habe den ganzen Tag beim Notar verbracht«, fuhr Alma fort. »Wir sind das Testament durchgegangen. Es steckte voller Überraschungen.«

»Ehe du weitersprichst«, unterbrach sie Prudence, »muss ich dir sagen, dass ich unmöglich guten Gewissens irgendeine Geldsumme von unserem verstorbenen Vater annehmen kann. Es gab einen Bruch zwischen uns, den zu beheben ich weder fähig noch willens war, und es wäre unmoralisch von mir, nun, nach seinem Ableben, von seiner Freigiebigkeit zu profitieren.«

»Mach dir keine Sorgen.« Alma blieb stehen und wandte

sich ihrer Schwester direkt zu. »Er hat dir nichts hinterlassen.«

Prudence, beherrscht wie immer, zeigte keine Reaktion. Sie sagte nur: »Dann ist es ja nicht weiter kompliziert.«

»Nein, Prudence«, sagte Alma und ergriff die Hand ihrer Schwester. »Es ist durchaus kompliziert. Denn Vater hat etwas höchst Erstaunliches getan, und ich bitte dich, mir aufmerksam zuzuhören. Er hat das gesamte Anwesen White Acre mitsamt dem Großteil seines Vermögens der Abolitionistischen Gesellschaft von Philadelphia hinterlassen.«

Prudence zeigte immer noch keine Regung oder Reaktion. *Beim Himmel, sie ist zäh*, dachte Alma bei sich und hätte sich am liebsten vor Bewunderung für diese außerordentliche Beherrschtheit vor ihrer Schwester verneigt. Beatrix wäre stolz auf sie gewesen.

Alma fuhr fort: »Es gibt jedoch eine zusätzliche Klausel im Testament. Er hat verfügt, dass das Anwesen den Abolitionisten nur unter der Bedingung zufällt, dass das Haus in eine Schule für schwarze Kinder umgewandelt wird und dass du, Prudence, diese Schule leitest.«

Prudence sah Alma durchdringend an, als suchte sie nach Anzeichen für Unwahrheit in Almas Gesicht. Alma indessen fiel es nicht weiter schwer, eine ehrliche Miene aufzusetzen, denn so stand es ja tatsächlich in dem Dokument – oder besser gesagt: So stand es *jetzt* in dem Dokument.

»Er hat einen recht langen erläuternden Brief hinterlassen«, berichtete Alma weiter, »den ich gerne für dich zusammenfasse. Er schreibt, er habe den Eindruck, in seinem Leben wenig Gutes getan zu haben, obwohl er selbst so begünstigt gewesen sei. Er habe der Welt nichts von Wert hinterlassen, als Gegenleistung für sein ungeheuer glückliches Los. Und er sei der Ansicht, dass du genau der richtige Mensch bist, dafür zu sorgen, dass White Acre künftig ein Hort der Nächstenliebe werde.«

»Das hat er so geschrieben?«, fragte Prudence, misstrauisch wie immer. »In genau diesen Worten, Alma? Unser

Vater, Henry Whittaker, soll von einem ›Hort der Nächstenliebe‹ gesprochen haben?«

»Das waren seine Worte«, bestätigte Alma. »Die Urkunden und die übrigen Dokumente liegen alle schon bereit. Falls du die Zusatzklausel nicht akzeptierst – falls du also nicht nach White Acre zurückkehrst und dort eine Schule einrichtest, wie es der Wunsch unseres Vaters ist –, gehen Geld und Besitz schlicht und einfach an uns beide, und wir müssen alles verkaufen oder es auf andere Weise unter uns aufteilen. Angesichts dessen wäre es doch ein Jammer, seine Wünsche nicht zu respektieren.«

Erneut sah Prudence Alma forschend in die Augen. »Ich glaube dir nicht«, sagte sie schließlich.

»Du musst mir auch nicht glauben«, erwiderte Alma. »Es ist dennoch so, wie ich sage. Hanneke wird bleiben, um das Personal zu beaufsichtigen und dir die Verwaltung von White Acre anfangs zu erleichtern. Vater hat zwar auch sie mit einem großzügigen Erbteil bedacht, doch ich weiß, sie wird bleiben und dich unterstützen wollen. Sie bewundert dich sehr, und zudem macht sie sich gerne nützlich. Auch die Gärtner und die Gartenplaner werden bleiben, um die Parkanlagen zu erhalten. Die Bibliothek wird zur Erbauung der Schüler intakt gehalten. Mr Dick Yancey wird sich weiterhin um die Geschäftsinteressen unseres Vaters im Ausland kümmern, und er übernimmt auch den Anteil der Whittakers am pharmazeutischen Unternehmen, dessen Profite allesamt in die Schule, die Gehälter der Angestellten und die Anliegen der Abolitionisten fließen werden. Hast du das verstanden?«

Prudence gab keine Antwort.

Alma fuhr fort: »Oh, und es gibt noch eine weitere Klausel. Vater hat ein großzügiges Erbteil dafür eingesetzt, die Unterhaltskosten unserer Freundin Retta in der Griffon-Anstalt zu begleichen, bis ans Ende ihrer Tage, damit George Hawkes mit ihrer Pflege nicht weiter belastet wird.«

Nun schien es, als würden Prudence' Züge doch entgleisen. Ihre Augen wurden feucht, genau wie ihre Hand, die Almas Hand immer noch umklammert hielt.

»Nichts, was du jemals sagen kannst«, flüsterte sie, »wird mich davon überzeugen, dass unser Vater all diese Dinge gewünscht hat.«

Doch Alma blieb unverdrossen. »Das sollte dich nicht so sehr erstaunen. Du weißt doch, was für ein unberechenbarer Mensch er war. Und du wirst sehen, Prudence, die Besitzurkunden und die Überschreibungsdokumente sind allesamt eindeutig und rechtens.«

»Ich weiß genau, Alma, dass es dir ein Leichtes ist, rechtmäßige Dokumente auszufertigen.«

»Aber du kennst mich doch schon so lange, Prudence. Hast du je erlebt, dass ich irgendetwas getan hätte, was unser Vater mir nicht erlaubt, mir nicht aufgetragen hat? Denk nach, Prudence! Hast du das je erlebt?«

Prudence wandte den Blick ab. Dann fiel ihre Miene in sich zusammen, ihre Beherrschung zerbrach, und sie zerfloss in Tränen. Alma zog ihre Schwester – ihre unbeschreibliche, tapfere, so wenig gekannte Schwester – in ihre Arme, und so standen die beiden Frauen lange da und hielten einander umschlungen, während Prudence weinte.

Schließlich löste sie sich von Alma und trocknete sich die Augen. »Und was hat er dir hinterlassen, Alma?«, fragte sie mit bebender Stimme. »Was hat unser großzügiger Vater inmitten all dieser gänzlich unerwarteten Wohltätigkeit dir zugedacht?«

»Das braucht dich jetzt nicht zu kümmern, Prudence. Ich habe sehr viel mehr, als ich jemals brauchen werde.«

»Aber was genau hat er dir hinterlassen? Das musst du mir noch sagen.«

»Ein wenig Geld«, sagte Alma. »Und die Remise noch dazu – genauer gesagt, all meine Besitztümer darin.«

»Sollst du denn jetzt auf ewig in der Remise leben?«, fragte Prudence überwältigt und verwirrt und griff erneut nach Almas Hand.

»Nein, Liebes. Ich werde nie wieder irgendwo auf White Acre wohnen, niemals mehr. Es gehört jetzt ganz und gar dir. Doch meine Bücher und meine Besitztümer sollen in der Remise bleiben, während ich eine Zeitlang fortgehe. Sobald ich mich dauerhaft niederlasse, werde ich nach allem schicken, was ich benötige.«

»Aber wo willst du denn hin?«

Alma konnte sich das Lachen nicht verkneifen. »Ach, Prudence«, sagte sie. »Wenn ich dir das erzähle, wirst du doch nur glauben, ich sei verrückt geworden!«

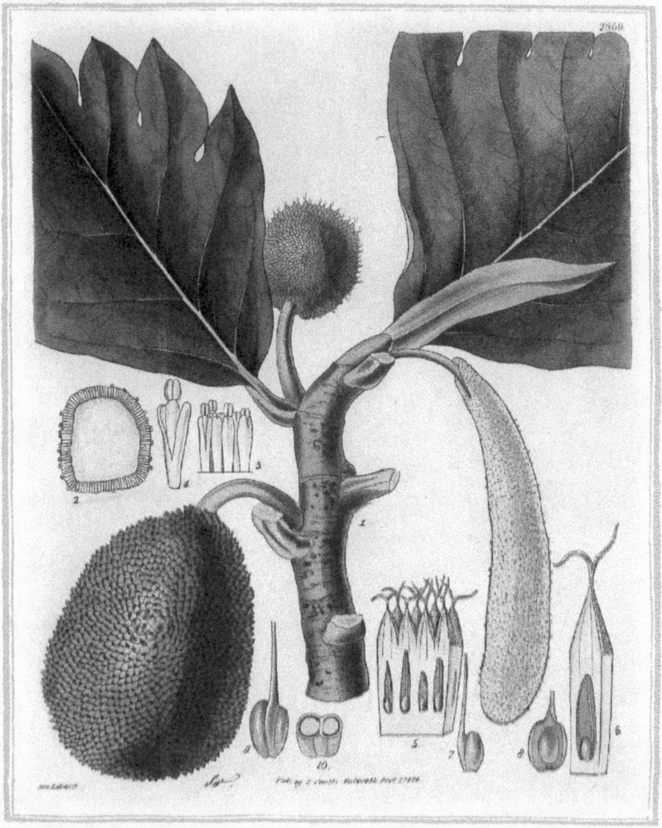

Artocarpus Incisa

Teil 4

Missionen und ihre Folgen

Kapitel 21

Alma brach am 13. November des Jahres 1851 nach Tahiti auf.

In London hatte man soeben den Crystal Palace für die Weltausstellung errichtet. Im Pariser Panthéon war das foucaultsche Pendel aufgehängt worden. Der erste Weiße hatte das Yosemite Valley erblickt. Unter dem Atlantik wurde das erste See-Telegraphenkabel verlegt. John James Audubon war an Altersschwäche verstorben, Richard Owen bekam für seine paläontologischen Arbeiten die Copley-Medaille verliehen, am Female Medical College of Pennsylvania stand der erste Jahrgang von acht Ärztinnen kurz vor dem Abschluss, und Alma Whittaker war im Alter von einundfünfzig Jahren zahlende Passagierin an Bord eines Walfängers mit Kurs auf die Südsee.

Sie stach ohne Dienstboten, ohne Freunde, ohne Führung in See. Hanneke de Groot war ihr weinend um den Hals gefallen, als sie hörte, dass Alma fortgehen wolle, hatte sich jedoch rasch wieder gefangen und eine praktische Reisegarderobe für Alma in Auftrag gegeben: schlichte Kleider aus Leinen und Wolle und mit verstärkten Knöpfen, ganz ähnlich denen, die Hanneke selbst von jeher trug und die ohne die Hilfe von Dienstboten instand zu halten waren. Alma sah in dieser Aufmachung im Grunde selbst wie ein Dienstmädchen aus, empfand die neue Garderobe indessen als ausgesprochen bequem, weil sie sich frei darin bewegen konnte. Sie fragte sich, warum sie sich nicht schon ihr Leben lang so kleidete. Als alles fertig war, gab Alma Hanneke den Auftrag, in die Säume verborgene Taschen einzunähen, um die Gold- und Silbermünzen darin zu verstecken, mit denen Alma unterwegs ihre Auslagen zu begleichen gedachte. Diese versteckten Münzen machten einen Großteil des materiellen Besitzes aus, der ihr noch verblieben war. Es war keineswegs ein Vermögen zu nennen, doch es würde – so hoffte Alma inständig – eine genügsame Reisende für zwei oder drei Jahre versorgen.

»Du warst immer so gut zu mir«, sagte Alma zu Hanneke, als die Kleider gebracht wurden.

»Nun, ich werde dich vermissen«, gab Hanneke zurück, »und wenn du aufbrichst, werde ich wieder weinen. Aber seien wir ehrlich, Kind: Wir sind beide schon zu alt, um die großen Veränderungen des Lebens noch zu fürchten.«

Prudence schenkte Alma ein Erinnerungsarmband, das aus Strähnen von Prudence' eigenem Haar (immer noch hell und fein wie gesponnener Zucker) und Hannekes Haar (grau wie polierter Stahl) geflochten war. Sie knotete es Alma eigenhändig ums Handgelenk, und Alma schwor, es niemals abzulegen.

»Ich könnte mir kein schöneres Geschenk denken«, sagte sie und meinte das ganz ernst.

Gleich nachdem die Entscheidung, nach Tahiti zu reisen, gefallen war, hatte Alma dem Missionar in der Matavai-Bucht, Reverend Francis Welles, einen Brief geschrieben, um ihm anzukündigen, dass sie kommen und auf unbestimmte Zeit bleiben werde. Sie wusste, dass sie höchstwahrscheinlich vor ihrem Brief in Papeete eintreffen würde, doch daran ließ sich nichts ändern. Sie musste Philadelphia verlassen, ehe das Hafenbecken zufror. Sie wollte nicht so lange warten, dass ihr Entschluss womöglich noch ins Wanken geriet. So blieb nur zu hoffen, dass eine Unterkunft für sie bereit sein würde, wenn sie auf Tahiti eintraf.

Alma brauchte drei Wochen, um zu packen. Was sie mitnehmen sollte, wusste sie ganz genau, nachdem sie seit Jahrzehnten botanische Forscher darin beriet, ein vernünftiges und zweckmäßiges Reisegepäck zusammenzustellen. Und so packte sie Arsenseife, Schusterpech, Zwirn, Kampfer, Pinzetten, Kork, Insektenkästen, eine Botanisierpresse, etliche wasserfeste Beutel aus Kautschuk, zwei Dutzend strapazierfähiger Bleistifte, drei Fässchen mit schwarzer Tinte, eine Büchse Aquarellpigment, Pinsel, Nadeln, Netze, Linsen, Kitt, Messingdraht, ein paar kleine Skalpelle, Waschlappen, Nähseide, einen Apothekerkasten sowie fünfundzwanzig Ries Papier ein, schlichtes braunes Papier zum Löschen und zum Schreiben. Sie zog auch eine Waffe in Erwägung, doch da sie keine allzu erfahrene Schützin war, beschloss sie schließlich, dass bei einem Angriff aus nächster Nähe ein Skalpell ausreichen musste.

Bei ihren Vorbereitungen hatte sie die Stimme ihres Vaters im Ohr und dachte an die vielen Male zurück, die sie zum Diktat bei ihm gesessen oder mit angehört hatte, wie er einen jungen Botaniker instruierte. *Sei wach und wachsam*, hörte sie Henry sagen. *Trag Sorge dafür, dass in deiner Reisegesellschaft außer dir noch jemand ist, der einen Brief schreiben oder lesen kann. Wenn du Wasser brauchst, folge einem Hund. Wenn du halb verhungert bist, iss lieber Insekten, als dass du unnötige Kraft bei der Jagd vergeudest. Alles, was ein Vogel frisst, kannst auch du essen. Die größte Gefahr droht dir nicht von Schlangen, Löwen oder Kannibalen; die größte Gefahr droht dir von Blasen an den Füßen, Unachtsamkeit oder Erschöpfung. Sorg immer dafür, dass deine Aufzeichnungen und Karten leserlich geschrieben sind; falls du stirbst, können deine Notizen künftigen Reisenden von Nutzen sein. Im allerschlimmsten Fall kannst du immer noch mit Blut schreiben.*

Alma wusste, dass man in den Tropen helle Farben tragen musste, um die Hitze zu mildern. Sie wusste, dass ein Kleidungsstück perfekt vor Wasser geschützt war, wenn man es mit Seifenschaum bearbeitete und über Nacht trocknen ließ. Sie wusste, dass man direkt auf der Haut nur Flanellstoff tragen sollte. Sie wusste, dass es ratsam war, Geschenke mitzubringen, sowohl für den Missionar (aktuelle Zeitungen, Gemüsesamen, Chinin, Werkzeug und Glasgefäße) als auch für die Eingeborenen (Stoffe, Knöpfe, Spiegel und Bänder). Auch eines ihrer geliebten Mikroskope nahm sie mit, das kleinste, obwohl sie große Befürchtungen hegte, es könnte auf der Reise Schaden nehmen. Sie packte auch ein nagelneues Chronometer sowie ein kleineres Reisethermometer ein.

All das verstaute sie in Truhen und Holzkisten – liebevoll

gepolstert mit getrocknetem Moos –, die sie sodann vor der Remise zu einer kleinen Pyramide stapelte. Ein Anflug von Panik befiel sie, als sie ihre Habseligkeiten auf dieses Häuflein reduziert sah. Wie sollte sie bloß mit so wenig auskommen? Was sollte sie ohne eine Bibliothek anfangen? Ohne ihr Herbarium? Wie würde es sein, mitunter ein halbes Jahr auf Nachrichten von der Familie oder der Wissenschaft warten zu müssen? Was, wenn das Schiff sank und all diese lebensnotwendigen Dinge verlorengingen? Mit einem Mal verspürte Alma tiefes Mitgefühl mit all den jungen Männern, die sie und ihr Vater früher auf Forschungsexpeditionen zu schicken pflegten – wie viel Angst und Unsicherheit sie empfunden haben mussten, obwohl sie sich größte Mühe gaben, zuversichtlich zu wirken! Von manchen dieser jungen Männer hatten sie nie wieder etwas gehört.

Beim Vorbereiten und Packen war Alma sehr darauf bedacht, sich den Anschein einer *botaniste voyageuse* zu geben, doch in Wahrheit reiste sie keineswegs nach Tahiti, um nach Pflanzen zu suchen. Ihr eigentlicher Antrieb fand sich in einem Gegenstand, der ganz zuunterst in einer der größten Kisten lag: Ambroses Lederkoffer, fest verschlossen und gefüllt mit den Aktzeichnungen des jungen Tahitianers. Diesen Knaben – sie hatte sich angewöhnt, ihn bei sich stets *den Knaben* zu nennen – wollte sie finden. Falls nötig, würde sie die ganze Insel Tahiti nach ihm absuchen, mit geradezu botanischer Akribie, als wäre er eine seltene Orchideenart. Sobald sie ihn sah, würde sie ihn erkennen, das wusste sie einfach. Sein Gesicht hatte sich ihr bis ans Ende ihrer Tage eingeprägt. Immerhin war Ambrose ein genialischer Künstler, und die Züge des Knaben wirkten außerordentlich lebensecht. Es war, als hätte Ambrose ihr eine Landkarte hinterlassen, der sie nun folgte.

Sie wusste nicht, was sie mit dem Knaben anfangen würde, wenn sie ihn gefunden hatte. Doch finden würde sie ihn.

•

Alma nahm den Zug nach Boston, verbrachte dort drei Nächte in einem preiswerten Hotel am Hafen, wo es nach Gin, Tabak und dem Schweiß früherer Gäste roch, und schiffte sich von dort aus ein. Sie reiste auf der *Elliot*, einem hundertzwanzig Fuß langen Walfänger, stämmig und robust wie ein alter Ackergaul, der nun zum dutzendsten Mal seit seiner Fertigstellung Kurs auf die Marquesas nahm. Für ein beachtliches Honorar hatte der Kapitän sich bereit erklärt, den Umweg von achthundertfünfzig Meilen auf sich zu nehmen und Alma nach Tahiti zu bringen.

Der Kapitän war ein gewisser Mr Terrence aus Nantucket. Dick Yancey, der Alma ihren Platz an Bord verschafft hatte, bewunderte ihn sehr für seine Fähigkeiten als Seemann. Mr Terrence, versicherte Yancey, sei so streng, wie ein Kapitän zu sein habe, und er rang seinen Männern so viel Gehorsam ab wie kein Zweiter. Er mochte zwar mehr zum Wagemut als zur Vorsicht neigen – so war er beispielsweise bekannt dafür, die Segel im Sturm zu hissen, anstatt sie einzuholen, in der Hoffnung, durch die Windböen schneller voranzukommen –, doch er war auch ein frommer, nüchterner Mann, der selbst auf See nach Moral und Sittlichkeit strebte. Dick Yancey vertraute ihm und war schon viele Male mit ihm gesegelt. Selbst stets in Eile, bevorzugte er Kapitäne, die flink und furchtlos zum Ziel kamen, und ein solcher war Kapitän Terrence.

Alma war noch nie an Bord eines Schiffes gewesen. Genauer gesagt war sie zwar an Bord zahlloser Schiffe gewesen, als sie ihren Vater noch zum Hafen von Philadelphia begleitete, um die eingehende Fracht zu begutachten, doch sie war noch nie mit einem Schiff gesegelt. Als die *Elliot* das Dock verließ, stand Alma an Deck, und ihr Herz klopfte, als wollte es den Brustkorb sprengen. Sie sah die letzten Pfähle des Kais vor sich, und dann, in atemberaubender Geschwindigkeit, lagen sie auf einmal hinter ihr. Dann flog das Schiff förmlich durch das riesige Hafenbecken von Boston, und die kleinen Fischerboote tanzten in seinem Kielwasser.

Und am späten Nachmittag war Alma zum ersten Mal in ihrem Leben auf dem offenen Meer.

»Ich werde Ihnen jeden Dienst erweisen, der in meiner Macht steht, damit Sie es auf dieser Reise behaglich haben«, hatte Kapitän Terrence ihr versprochen, als sie an Bord kam. Sie wusste seine Fürsorge zu schätzen, doch bald schon wurde ihr klar, dass von Behaglichkeit auf dieser Reise kaum die Rede sein konnte. Ihre Kajüte, gleich neben der des Kapitäns, war klein und düster, und es roch nach Abwasser darin. Das Trinkwasser roch nach Tümpel. Das Schiff sollte eine Ladung Maultiere nach New Orleans transportieren, und die Tiere beschwerten sich pausenlos. Das Essen war ebenso schlecht wie schwer verdaulich – Steckrüben und Salzzwieback zum Frühstück, Trockenfleisch und Zwiebeln zum Abendbrot – und das Wetter bestenfalls eine unsichere Angelegenheit. Während der ersten drei Wochen ihrer Reise sah Alma die Sonne nicht ein einziges Mal. Die *Elliot* geriet in Stürme, die in beachtlichem Ausmaß Geschirr zu Bruch und Seeleute zu Boden gehen ließen. Mitunter musste sich Alma am Tisch des Kapitäns festbinden, um unbeschadet ihr Trockenfleisch und ihre Zwiebeln verzehren zu können. Doch sie aß stets mit Anstand und ohne zu klagen.

Außer ihr war keine weitere Frau an Bord und auch kein gebildeter Mann. Die Besatzung spielte bis spät in die Nacht hinein Karten, lachte und grölte und hinderte sie am Schlafen. Manchmal tanzten die Männer wie besessen an Deck, bis Kapitän Terrence drohte, ihre Fiedeln zu zerschlagen, wenn sie nicht endlich aufhörten. Es waren lauter Raubeine an Bord der *Elliot*. Vor der Küste North Carolinas fing einer der Matrosen einen Falken, beschnitt ihm die Flügel und amüsierte sich darüber, ihn hilflos auf Deck herumhüpfen zu sehen. Alma fand das scheußlich, doch sie schwieg. Am nächsten Tag veranstaltete die gelangweilte, Zerstreuung suchende Besatzung eine Hochzeit mit zwei Maultieren, die sie zu diesem Anlass mit festlichen Papierkragen versahen. Das gab wildes Gejohle und Geschrei. Der Kapitän ließ sie gewähren; er fand nichts Verwerfliches dabei – vielleicht ja, dachte Alma, weil es immerhin eine christliche Hochzeit war. Sie selbst hatte nie zuvor ein derartiges Benehmen erlebt.

Es gab niemanden, mit dem sie über ernsthafte Fragen hätte sprechen können, und so beschloss sie, nicht mehr über ernsthafte Fragen zu sprechen. Sie entschloss sich, guter Laune zu sein und mit allen zu plaudern. Sie nahm sich vor, sich keine Feinde zu machen. Das schien ihr die vernünftigste Strategie zu sein, da sie ja die nächsten fünf bis sieben Monate gemeinsam auf See verbringen würden. Sie gestattete sich sogar, über die Scherze der Männer zu lachen, solange sie nicht zu derb wurden. Um ihr Wohlergehen fürchtete sie nicht: Kapitän Terrence duldete keine Vertraulichkeiten, und die Männer benahmen sich Alma gegenüber nicht im mindesten anzüglich. (Was Alma nicht weiter wunderte: Wenn sich schon kein Mann für sie interessiert hatte, als sie neunzehn war, würde sich nun, mit einundfünfzig, doch wohl erst recht keiner mehr für sie interessieren.)

Ihr vertrautester Gefährte wurde der kleine Affe, den Kapitän Terrence sich hielt. Er hörte auf den Namen »Little Nick« und hockte oft stundenlang bei Alma, um sie immer nach neuen Merkwürdigkeiten abzusuchen, als lauste er eine Artgenossin. Er war ein überaus kluges und neugieriges Geschöpf. Mehr als alles andere fesselte ihn das Armband aus geflochtenem Haar, das Alma ums Handgelenk trug. Und nie überwand er seine Verwunderung darüber, dass sie am anderen Handgelenk kein ebensolches Armband trug – allmorgendlich überprüfte er, ob nicht vielleicht über Nacht ein weiteres dort gewachsen war. Dann seufzte er und musterte Alma mit resigniertem Blick, als wollte er sagen: »Verstehst du denn wirklich gar nichts von Symmetrie?« Im Laufe der Zeit gewöhnte Alma sich an, ihren Schnupftabak mit Little Nick zu teilen. Er schob sich mit zierlicher Geste einen Krümel davon ins Nasenloch, tat ein reinigendes Niesen, um anschließend auf Almas Schoß einzuschlafen.

Sie hätte nicht gewusst, was ohne seine Gesellschaft aus ihr geworden wäre.

Sie umrundeten die Spitze von Florida und legten in New Orleans an, um die Maultiere abzuliefern. Niemand weinte ihnen eine Träne nach. In New Orleans erblickte Alma den erstaunlichsten dichten Nebel über dem Pontchartrain-See. Sie sah Baumwollballen und Zuckerfässer, die am Kai darauf warteten, verladen zu werden. Sie sah lange Reihen von Dampfern, so weit das Auge reichte, die bereitstanden, den Mississippi hinaufzufahren. In New Orleans erwiesen sich ihre Französischkenntnisse als vorteilhaft, auch wenn der dortige Akzent sie verwirrte. Sie bewunderte die kleinen Häuser mit ihren Gärten voller Muscheln und gestutzter Büsche, und sie war wie geblendet von den Frauen und ihren aufwendigen Kleidern. Gern hätte sie sich dort noch länger umgesehen, doch schon bald rief man sie an Bord zurück.

Nun segelten sie an der mexikanischen Küste entlang gen Süden. An Bord brach ein schweres Fieber aus, das kaum einen verschonte. Es war zwar ein Arzt auf dem Schiff, doch der taugte nicht viel, und so verabreichte bald Alma Abführ- und Brechmittel aus ihrem eigenen kostbaren Vorrat. Sie verstand sich nicht allzu gut auf das Pflegen von Kranken, doch ihre pharmazeutischen Kenntnisse waren beachtlich, und ihr Beistand brachte ihr ein Grüppchen von Bewunderern ein.

Es dauerte nicht lange, da erkrankte Alma selbst und musste die Koje hüten. Das Fieber bescherte ihr trügerische Träume und glasklare Angstvisionen. Sie konnte die Finger nicht von ihrer Scheide lassen und schrak dann hoch, geschüttelt von Schmerz und Lust zugleich. Ihre Träume waren ständig von Ambrose erfüllt. Bis dahin hatte sie tapfer versucht, nicht an ihn zu denken, doch das Fieber schwächte die Festung ihrer Gedanken, und die Erinnerung an ihn verschaffte sich gewaltsam Einlass – jedoch in scheußlich entstellter Form. Im Traum sah sie ihn in der Badewanne, so nackt, wie sie ihn an jenem Nachmittag gesehen hatte, doch nun stand sein Penis wunderschön aufrecht, er grinste sie lüstern an und befahl ihr, daran zu saugen, bis sie kaum noch Luft bekam. In anderen Träumen sah sie Ambrose in der Badewanne ertrinken und erwachte in heller Panik, überzeugt, sie habe ihn umgebracht. Eines Nachts hörte sie seine Stimme flüstern: »Dann bist nun also du das Kind und ich die Mutter«, und sie fuhr schreiend und um sich schlagend hoch. Doch es war niemand da. Er hatte Deutsch gesprochen. Warum Deutsch? Was hatte das zu bedeuten? Den Rest der Nacht lag Alma wach und versuchte verzweifelt, das deutsche Wort »Mutter« zu verstehen, das in der Alchemie auch den Schmelztiegel bezeichnet. Sie konnte den Sinn dieses Traums nicht begreifen, doch er lastete auf ihr wie ein Fluch.

Ihr kamen erste Zweifel an dieser Reise.

Am Tag nach Weihnachten erlag einer der Seeleute dem Fieber. Er wurde in Segeltuch gewickelt, mit einer Kanonenkugel beschwert und ohne viel Aufhebens im Meer versenkt. Die Männer nahmen seinen Tod ohne sichtbare Anzeichen von Trauer hin und verschacherten seine Habseligkeiten untereinander. Schon am Abend war es, als hätte es ihn nie gegeben. Alma malte sich aus, wie diese Gesellen ihre, Almas, Habseligkeiten untereinander verschacherten. *Was sie wohl von Ambroses Zeichnungen halten würden?* Wer konnte das schon sagen? Womöglich besaß eine solche Fundgrube sodomitischer Sinnesfreuden unter diesen Männern einen gewissen Wert. Schließlich fuhren die unterschiedlichsten Arten von Männern zur See. Das wusste Alma nur zu gut.

Sie erholte sich von ihrer Krankheit. Ein gnädiger Wind brachte sie nach Rio de Janeiro, wo Alma portugiesische Sklavenschiffe auf dem Weg nach Norden, Richtung Kuba, sah. Sie sah wunderschöne Strände, wo die Fischer ihr Leben auf Flößen riskierten, die kaum stabiler wirkten als das Dach eines Hühnerstalls. Sie sah gewaltige Fächerpalmen, größer als alle ihre Artgenossen in den Gewächshäusern von White Acre, und wünschte sich so inständig, dass es schmerzte, sie

Ambrose zeigen zu können. Es war ihr unmöglich, ihn aus ihren Gedanken zu verbannen. Ob er diese Palmen wohl auch gesehen hatte, als er hier Station machte?

Um sich abzulenken, unternahm sie unermüdliche Spaziergänge. Sie sah Frauen, die keine Hauben trugen und auf offener Straße Zigarren rauchten. Sie sah Flüchtlinge, Kaufleute, abgerissene Kreolen und würdevolle Schwarze, Halbwilde und elegante Mestizen. Sie sah Männer, die Papageien und Eidechsen zum Verzehr anboten. Alma tat sich ausgiebig an Orangen, Zitronen und Limonen gütlich. Sie aß so viele Mangos – die eine oder andere teilte sie mit Little Nick –, dass sie Ausschlag davon bekam. Sie sah Pferderennen und Tanzvergnügungen. Sie nächtigte in einem Hotel, das von einem gemischtrassigen Paar geführt wurde – das erste Mal, dass Alma mit Derartigem in Berührung kam. (Die Frau, eine freundliche, tüchtige Schwarze, war flink und rührig; der Mann, ein alter Weißer, rührte keinen Finger.) Kein Tag verging, an dem sie nicht Männer sah, die Sklaven durch die Straßen von Rio trieben und diese gefesselten Gestalten zum Kauf feilboten. Alma konnte den Anblick kaum ertragen. Es machte sie krank vor Scham, diesen Ungeheuerlichkeiten so viele Jahre lang keinerlei Beachtung geschenkt zu haben.

Zurück an Bord, hielten sie auf Kap Hoorn zu. Auf dem Weg dorthin wurde das Wetter so unwirtlich für die Jahreszeit, dass Alma, bereits in allerlei Schichten Wolle und Flanell gehüllt, ihre Garderobe um einen Soldatenmantel und eine geliehene russische Mütze erweiterte. Derart vermummt war sie von den Männern an Bord nicht mehr zu unterscheiden. Sie sah die Berge von Feuerland, doch das Schiff konnte wegen des grimmigen Wetters nicht anlegen. Es folgten fünfzehn grauenvolle Tage, während sie das Kap umrundeten. Der Kapitän beharrte darauf, alle Segel gehisst zu lassen, und es war Alma ein Rätsel, wie die Masten standhielten. Das Schiff wurde erst auf die eine, dann auf die andere Seite geworfen. Fast schien es, als brüllte die *Elliot* vor Schmerz, so sehr hieb und drosch das Meer auf die arme hölzerne Seele ein.

»Wenn es Gottes Wille ist, dann kommen wir auch durch«, erklärte Terrence und ließ alle Segel gehisst, entschlossen, vor Einbruch der Dunkelheit weitere zwanzig Knoten zurückzulegen.

»Aber was geschieht, wenn jemand umkommt?«, schrie Alma über den Sturm hinweg.

»Seebestattung«, brüllte der Kapitän zurück und setzte die Fahrt fort.

Darauf folgten fünfundvierzig Tage bitterer Kälte. Die Wellen peitschten pausenlos heran. Mitunter waren die Unwetter so heftig, dass die älteren Seeleute Psalmen anstimmten, um sich zu beruhigen. Andere fluchten und wetterten, und einige wenige blieben still – so, als wären sie bereits tot. Der Sturm riss die Hühnerkäfige aus ihren Halterungen und trieb die Hühner flatternd über Deck. Eines Nachts zerbarst der Bugspriet zu lauter kleinen Spänen, mit denen man ein Feuer hätte entzünden können. Am nächsten Tag versuchte die Besatzung, einen neuen Bugspriet anzubringen, scheiterte jedoch daran. Einer der Männer stürzte, von einer Welle aus dem Gleichgewicht gebracht, in den Frachtraum und brach sich mehrere Rippen.

Alma schwebte die ganze Zeit zwischen Hoffen und Bangen und war überzeugt, jeden Augenblick sterben zu müssen – doch sie schrie nicht ein einziges Mal in Panik und erhob auch nicht angstvoll die Stimme. Und als es vorüber war und das Wetter wieder aufklarte, da sagte Kapitän Terrence zu ihr: »Sie sind ja eine wahre Neptunstochter, Miss Whittaker«, und Alma glaubte, nie im Leben ein größeres Lob gehört zu haben.

Schließlich, Mitte März, legten sie in Valparaiso an, wo die Seeleute in den zahllosen Bordellen ihre amourösen Entbehrungen wettmachen konnten, während Alma die lebendige und gastfreundliche Stadt erkundete. Die Gegend rund um den Hafen war ein verkommener Sumpf, doch die

Häuser an den steilen Hängen ringsum waren wunderschön. Tagelang durchwanderte sie die Berge und spürte, wie ihre Beine wieder an Kraft gewannen. In Valparaiso traf sie beinahe so viele Amerikaner wie in Boston – und alle waren sie unterwegs nach San Francisco, um dort nach Gold zu suchen. Alma aß sich an Birnen und Kirschen satt. Sie begegnete einer frommen Prozession, fast eine halbe Meile lang, zu Ehren eines ihr völlig unbekannten Heiligen, und folgte ihr den ganzen Weg bis zu einer eindrucksvollen Kathedrale. Sie las Zeitungen und schrieb Briefe an Prudence und Hanneke in der Heimat. An einem kühlen, klaren Tag erklomm sie den höchsten Punkt von Valparaiso und konnte in weiter, diesiger Ferne die schneebedeckten Gipfel der Anden ausmachen. Sie spürte das Fehlen ihres Vaters wie einen dumpfen Schmerz. Sonderbarerweise war es ein Gefühl der Erleichterung, Henry zu vermissen und endlich einmal nicht Ambrose.

Dann stachen sie wieder in See, hinaus in die endlosen Weiten des Pazifiks. Es wurde wärmer. Die Besatzung wurde ruhiger. Man schrubbte die Zwischendecks, entfernte alten Schimmel und Reste von Erbrochenem und summte bei der Arbeit vor sich hin. Am Morgen, inmitten des allgemeinen geschäftigen Treibens, hatte das Schiff etwas von einem kleinen, ländlichen Dorf. Alma war es inzwischen gewohnt, sich nicht zurückziehen zu können, und empfand die ständige Gegenwart der Besatzung als tröstlich. Die Männer waren ihr vertraut, und sie war froh, sie um sich zu haben. Sie brachten ihr Seemannsknoten und Shantys bei, und sie verband ihre Wunden und öffnete ihre Geschwüre. Alma aß einen Albatros, den ein junger Matrose geschossen hatte. Sie passierten den dahintreibenden, aufgedunsenen Kadaver eines Wals – mit dem Speck hatten sich bereits andere Walfänger davongemacht –, doch ein lebendiger Wal begegnete ihnen nicht.

Der Pazifik erstreckte sich endlos und leer vor ihnen. Zum ersten Mal begriff Alma, weshalb die Europäer so lange gebraucht hatten, inmitten dieses ungeheuren Gewässers die

Terra Australis zu finden. Die frühen Forscher waren davon ausgegangen, dass es hier unten irgendwo einen südlichen Kontinent von der Größe Europas geben müsse, um die Erde perfekt im Gleichgewicht zu halten. Doch sie irrten. Hier unten gab es kaum etwas anderes als Wasser. Wenn überhaupt, so war die südliche Halbkugel das Gegenteil Europas: ein gewaltiger Meereskontinent, durchsetzt von winzigen, weit auseinanderliegenden Festlandseen.

Tag um Tag blauer Einöde verging. Überall, so weit ihre Gedanken nur reichten, sah Alma nichts als Prärien aus Wasser. Wale indessen sahen sie immer noch nicht. Auch Vögel waren keine zu entdecken, dafür sahen sie das Wetter hundert Meilen im Voraus, und das war oft kein schöner Anblick. Die Luft blieb stumm, bis das Unwetter sie erreicht hatte, dann heulte der Wind laut auf vor Qual.

Anfang April widerfuhr ihnen ein äußerst bedrohlicher Wetterumschwung, der den Himmel vor ihren Augen schwarz färbte und dem Tageslicht mitten am Nachmittag den Todesstoß versetzte. Die Luft war schwer und drückend. Der plötzliche Wandel erschreckte Kapitän Terrence so sehr, dass er tatsächlich sämtliche Segel einholen ließ, während aus allen Richtungen in schneller Folge Blitze auf sie niederfuhren. Die Wellen schwollen zu schwarzen Bergen an. Dann verschwand das Unwetter wieder, so schnell, wie es gekommen war, und der Himmel klarte auf. Doch anstatt erleichtert zu sein, schrien die Männer nun entsetzt auf, denn sie sahen eine Wasserhose herannahen. Der Kapitän befahl Alma, unter Deck zu gehen, sie rührte sich nicht: Es war ein viel zu atemberaubender Anblick. Gleich darauf erhob sich erneut Geschrei, als die Männer entdeckten, dass nicht eine, sondern wahrhaftig *drei* Wasserhosen das Schiff aus bedrohlicher Nähe umzingelten. Alma war wie hypnotisiert. Einer der Wirbelstürme kam so nah heran, dass sie die einzelnen, langen Wasserstränge erkennen konnte, die sich als gewaltige, kreiselnde Säule aus dem Meer bis hinauf in den Himmel wanden. Nie hatte sie etwas so Majestätisches erblickt, nie etwas so Erhabenes, nie etwas so Furchteinflößendes. Der Luftdruck war derart hoch, dass sie fürchtete, ihre Trommelfelle müssten platzen, und es kam einem Kampf gleich, überhaupt noch Luft zu holen. Fünf Minuten lang war Alma so überwältigt, dass sie nicht mehr wusste, ob sie tot oder lebendig war. Sie wusste nicht mehr, in welcher Welt sie sich befand. Dann kam ihr der Gedanke, dass ihre Zeit auf dieser Welt zu Ende war. Zu ihrer Überraschung störte sie das nicht. Es gab niemanden, nach dem sie sich sehnte. Kein Mensch, den sie je gekannt hatte, kam ihr in den Sinn, weder Ambrose noch sonst jemand. Sie bereute nichts. Sie stand einfach da in sprachlosem Staunen, auf alles gefasst, was da kommen sollte.

Als die Wasserhosen schließlich vorbeigezogen waren und das Meer wieder ruhig lag, schien es Alma, als wäre sie im Leben noch nie so glücklich gewesen.

Sie segelten weiter.

Südlich von ihnen, fern und unvorstellbar, lag die eisige Antarktis. Nördlich von ihnen lag anscheinend nichts – zumindest behaupteten das die gelangweilten Seeleute. Die *Elliot* selbst segelte nach Westen. Alma vermisste die Freuden des Wanderns und den Duft von Erde. Weil es keine anderen botanischen Studien zu betreiben gab, bat sie die Männer, Meerespflanzen für sie an Bord zu ziehen. Sie kannte sich nicht allzu gut aus mit Meerespflanzen, doch sie wusste, wie man ein Ding vom anderen unterschied, und bald schon hatte sie herausgefunden, dass manche Gewächse Wurzelstränge besaßen und andere Wurzelballen. Manche waren knotig, andere glatt. Sie rätselte, wie man diese Pflanzen zum weiteren Studium konservieren könnte, ohne dass sie schimmelten oder zu schwärzlichen Flöckchen zerfielen. Ganz gelang es ihr nicht, doch es gab ihr eine Beschäftigung. Zudem stellte sie begeistert fest, dass die Seeleute ihre Harpunenspitzen in getrocknetes Moos verpackt aufbewahrten, denn damit hatte sie ein weiteres, wunderbar vertrautes Studienobjekt.

Alma lernte, die Seeleute zu bewundern. Sie konnte nicht begreifen, wie sie es ertrugen, über so lange Zeit hinweg auf die Annehmlichkeiten des Festlands zu verzichten. Wie kam es, dass sie nicht wahnsinnig wurden? Alma war vom Meer überwältigt und beunruhigt zugleich. Nichts hatte je einen so starken Eindruck auf ihr gesamtes Wesen gemacht. Das Meer erschien ihr wie die Quintessenz der Materie, das Meisterwerk jeglichen Mysteriums. Eines Nachts durchsegelten sie ein Diamantfeld aus Meeresleuchten. Im Vorwärtsgleiten wühlte das Schiff merkwürdige Moleküle aus Grün und Purpurrot auf, bis es aussah, als zöge die *Elliot* einen langen leuchtenden Schleier hinter sich her, der sich weit über das Meer erstreckte. Es war so schön, dass Alma sich fragte, warum die Männer sich nicht einfach in die Tiefe stürzten, in den Tod gelockt von diesem betörenden Zauber.

In anderen Nächten, wenn sie nicht schlafen konnte, lief sie barfuß über Deck, um ihre Fußsohlen für Tahiti abzuhärten. Sie sah die länglichen Spiegelbilder der Sterne wie Fackeln auf dem ruhigen Wasser leuchten. Der Himmel über ihr war ihr ebenso fremd wie das Meer ringsum. Ein paar Sternbilder, die sie sah – Orion und die Plejaden –, erinnerten sie noch an zu Hause, doch der Polarstern war verschwunden und der Große Wagen ebenfalls. Das Fehlen dieser Schätze am Himmelszelt führte dazu, dass Alma sich halt- und hoffnungslos desorientiert fühlte. Doch wie um sie zu entschädigen, gab es neue Kostbarkeiten am Himmel zu entdecken. Alma konnte nun das Kreuz des Südens sehen, die Zwillinge und die weiten, ausladenden Nebel der Milchstraße.

Von den Sternbildern fasziniert, sagte Alma eines Abends zu Kapitän Terrence: *»Nihil astra praeter vidit et undas.«*

»Was heißt das?«, fragte er.

»Das ist aus den Oden des Horaz«, erklärte sie. »Es heißt, dass ringsum nur Sterne zu sehen sind und Gewässer.«

»Latein beherrsche ich leider nicht, Miss Whittaker«, entschuldigte sich der Kapitän. »Ich bin kein Katholik.«

Einer der älteren Seeleute, der viele Jahre im Südpazifik gelebt hatte, erzählte Alma, dass die Tahitianer den Stern, den sie sich als Orientierungspunkt für die Schifffahrt auswählten, *aveia* nannten – den Gott, der sie führe. Die gebräuchlichere Bezeichnung für einen Stern, berichtete er weiter, sei auf Tahiti aber *fetia*. Mars beispielsweise sei der rote Stern: der *fetia ura*. Der Morgenstern sei der *fetia ao*: der Stern des Lichts. Die Tahitianer seien begnadete Seefahrer, erzählte der Seemann mit unverhohlener Bewunderung. Selbst in einer stern- und mondlosen Nacht könnten sie noch navigieren und sich allein anhand der Meeresströmung orientieren. Sie kannten sechzehn verschiedene Arten von Wind.

»Ich hab mich immer gefragt, ob sie nicht schon mal bei uns im Norden waren, bevor wir zu ihnen in den Süden gekommen sind«, sagte er. »Ich frag mich, ob sie mit ihren Kanus nicht schon in Liverpool waren oder in Nantucket. Imstande wären sie. Die hätten einfach da vorbeipaddeln können, uns ein Weilchen beim Schlafen zusehen und dann wieder wegpaddeln, bevor wir sie bemerken. Ich wär kein bisschen überrascht, wenn's so gewesen wär.«

Nun beherrschte Alma also ein paar Wörter auf Tahitianisch. Sie wusste, was »Stern« hieß, was »rot« und was »Licht«. Sie bat den Seemann, ihr noch mehr beizubringen. Er tat, was er konnte, um ihr von Nutzen zu sein, doch er kannte, wie er selbst entschuldigend anmerkte, fast nur Ausdrücke aus dem Bereich der Seefahrt und all die Dinge, die man hübschen Mädchen sage.

Wale sahen sie weiterhin nicht.

Die Männer waren enttäuscht. Sie langweilten sich, wurden unruhig. Das Meer war halb leer gejagt. Der Kapitän fürchtete den Bankrott. Und einige der Männer – zumindest die, mit denen Alma sich angefreundet hatte – hätten auch gern ihr Jagdgeschick zur Schau gestellt.

»Das ist ein Kitzel, wie Sie ihn noch nie erlebt haben«, versprachen sie.

Täglich hielten sie nach Walen Ausschau. Auch Alma hielt Ausschau. Doch sie bekam nicht einen einzigen zu Gesicht, denn im Juni 1852 erreichten sie Tahiti. Die Besatzung wandte sich in die eine Richtung und Alma in die andere, und sie sollte nie wieder etwas von der *Elliot* hören.

Kapitel 22

Der erste Blick auf Tahiti, wie er sich Alma vom Schiff aus bot, zeigte schroffe Berggipfel, die steil in einen wolkenlos blauen Himmel ragten. Sie war gerade aufgewacht an diesem schönen, klaren Morgen und an Deck gekommen, um die Welt in Augenschein zu nehmen. Was sie sah, hatte sie nicht erwartet. Der Anblick Tahitis raubte Alma den Atem: nicht, weil er so schön gewesen wäre, sondern weil er so fremd war. Zeit ihres Lebens hatte sie von dieser Insel erzählen hören, hatte Zeichnungen und Gemälde gesehen, doch sie war nicht auf den Gedanken gekommen, dass dieser Ort so *hoch aufragend* und so ungewöhnlich sein könnte. Diese Berge hatten nichts mit den sanften Hügeln Pennsylvanias gemein; es waren wilde, überwucherte Hänge, erschreckend steil, beängstigend schroff, schwindelerregend hoch und blendend grün. Die ganze Insel war über und über von Grün umhüllt. Bis an die Küste hinab war alles maßlos üppig und grün. Die Kokospalmen schienen direkt aus dem Meer heraus zu wachsen.

Alma war wie vor den Kopf gestoßen. Da war sie nun, buchstäblich am anderen Ende der Welt – mitten zwischen Australien und Peru –, und konnte sich die Frage nicht verkneifen: *Wieso gab es hier überhaupt eine Insel?* Tahiti war wie eine geisterhafte Unterbrechung im gewaltigen, endlosen Einerlei des Pazifiks – eine ebenso unheimliche wie willkürliche Kathedrale, die sich ohne jeden Anlass mitten im Meer erhob. Alma hatte fest damit gerechnet, die Insel als eine Art Paradies zu empfinden, denn so war ihr Tahiti stets geschildert worden. Sie hatte damit gerechnet, von Schönheit überwältigt zu werden, sich zu fühlen, als legte sie im Garten Eden an. Hatte nicht Bougainville Tahiti *La Nouvelle Cytherne* genannt, nach Kythira, der Insel, an der die schaumgeborene Aphrodite an Land gestiegen sein sollte? Doch Almas erste Reaktion war schlicht und einfach Angst. An diesem strahlenden Morgen, inmitten des milden

Klimas, empfand sie nichts als ein Gefühl der Bedrohung, als dieses sagenumwobene Utopia so plötzlich vor ihr auftauchte. Was mochte Ambrose wohl davon gehalten haben? Hier wollte sie keinesfalls allein zurückbleiben.

Doch wo sollte sie sonst hin?

Sanft glitt das alte Schlachtross von Schiff in den Hafen von Papeete, wo Dutzende unterschiedlichster Seevögel die Masten umschwirrten, so schnell, dass Alma sie kaum zu zählen, geschweige denn zu identifizieren vermochte. Sie wurde samt ihrem Gepäck auf dem geschäftigen, kunterbunten Kai abgeladen. Kapitän Terrence war so freundlich, sich nach einem Wagen umzusehen, der Alma in die Mission an der Matavai-Bucht bringen sollte.

Nach den langen Monaten auf See zitterten Alma die Knie, und die Nerven gingen beinahe mit ihr durch. Ringsum sah sie Menschen jeder Couleur: Matrosen und Seeoffiziere und Kaufleute und einen Mann in Holzpantinen, der wohl ein holländischer Händler sein musste. Sie sah zwei chinesische Perlenhändler mit langen Zöpfen, die ihnen den ganzen Rücken hinunterreichten. Sie sah Eingeborene und Halbeingeborene und Gott weiß was sonst noch alles. Sie sah einen stämmigen Tahitianer in einer Kapitänsjacke aus schwerer Wolle, die er wohl von einem britischen Offizier bekommen haben musste – doch er trug dazu keine Hosen, nur einen Bastrock, und sein Oberkörper unter der Jacke war erschreckend nackt. Sie sah eingeborene Frauen, die auf unterschiedlichste Weise gekleidet waren. Manche der Älteren stellten geradezu schamlos ihre Brüste zur Schau, während die jüngeren Frauen meist lange Gewänder trugen, die an Nachthemden erinnerten, und sich das Haar zu züchtigen Zöpfen flochten. Das mussten wohl die Christinnen sein, dachte Alma. Eine Frau, die fremdartige Früchte verkaufte, hatte sich allem Anschein nach in ein Tischtuch gehüllt und trug dazu europäische Männerschuhe aus Leder, die ihr um einiges zu groß waren. Alma sah auch einen erstaunlich gekleideten Gesellen, der sich eine Art Jacke aus einer europäischen Hose fabriziert hatte, während auf seinem Kopf eine Blätterkrone prangte. Sie fand diesen Anblick höchst ungewöhnlich, doch sonst schien niemand davon Notiz zu nehmen.

Die Eingeborenen hier waren größer als die Menschen, die Alma sonst umgaben. Manche Frauen waren beinahe so stattlich wie Alma selbst. Und die Männer waren noch um einiges stattlicher. Ihre Haut hatte die Farbe polierten Kupfers. Manche der Männer hatten langes Haar und wirkten furchterregend; andere trugen das Haar kurz und wirkten ganz zivilisiert.

Alma sah, wie sich eine jämmerliche Schar Dirnen in eindeutiger Absicht auf die Besatzung der *Elliot* stürzte, kaum dass die Männer an Land gekommen waren. Die Frauen trugen das Haar offen, es fiel ihnen in glänzenden schwarzen Wellen bis zur Taille. Von hinten sahen sie alle gleich aus. Von vorn jedoch unterschieden sie sich in Alter und Schönheit. Alma beobachtete, wie die Verhandlungen ihren Lauf nahmen. Sie fragte sich, was so etwas wohl kostete. Sie fragte sich, was genau diese Frauen anboten. Sie fragte sich, wie lang ein solcher Geschäftsverkehr wohl dauerte und wo er vonstattenging. Und sie fragte sich, wohin die Seeleute wohl gingen, wenn sie statt Mädchen Männer kaufen wollten. Am Kai schien nichts dergleichen stattzufinden. Vermutlich suchte man dafür diskretere Orte auf.

Sie sah kleine und größere Kinder in rauen Mengen: bekleidet und unbekleidet, im oder am Wasser, um sie herum oder direkt vor ihren Füßen. Die Kinder bewegten sich wie Schwärme von Fischen oder Vögeln, bei denen jeder Entschluss in sofortigen, kollektiven Gleichklang mündete: *Jetzt springen wir! Jetzt rennen wir! Jetzt betteln wir! Jetzt albern wir!* Sie sah einen alten Mann, dessen entzündetes Bein auf doppelten Umfang angeschwollen war. Seine Augen waren vor Blindheit weiß. Sie sah winzige Kutschwagen, gezogen von den traurigsten Ponys, die man sich nur denken konnte. Sie sah ein paar kleine, scheckige Hunde, die im Schatten miteinander balgten. Sie sah drei französische Matrosen, die einander untergehakt hielten und aus voller Kehle sangen, bereits betrunken an diesem schönen Morgen. Sie sah die Schilder einer Billardhalle und, erstaunlich genug, einer Druckerei. Das Festland schwankte unter ihren Füßen. Sie schwitzte in der Sonne.

Ein stattlicher schwarzer Hahn erspähte Alma und kam beflissenen Schrittes auf sie zu, als wäre er ein Abgesandter, der sie willkommen heißen sollte. Er wirkte so würdevoll, dass sie kaum überrascht gewesen wäre, eine hochoffizielle Schärpe über seiner Brust zu sehen. Der Hahn blieb direkt vor ihr stehen, wachsam und gebieterisch. Alma rechnete fast damit, dass er das Wort an sie richten oder ein amtliches Schriftstück von ihr verlangen würde. Weil sie nicht wusste, was sie sonst tun sollte, bückte sie sich und streichelte den hochherrschaftlichen Vogel wie einen Hund. Zu ihrer Überraschung ließ er es geschehen. Sie streichelte ihn noch ein Weilchen, und er gackerte voller Zufriedenheit vor sich hin. Schließlich ließ er sich zu ihren Füßen nieder und spreizte in malerischer Ruhepose die Flügel. Er erweckte ganz den Anschein, als wäre die Kontaktaufnahme genau nach seinen Wünschen verlaufen. Und Alma empfand diesen schlichten Austausch als durchaus tröstlich. Die Ruhe und Gelassenheit des Hahns beruhigte auch sie.

So verharrten sie beide – Frau und Vogel – schweigend zusammen am Kai, in Erwartung dessen, was da kommen würde.

•

Von Papeete bis zur Matavai-Bucht waren es sieben Meilen. Alma bedauerte das arme Pony, das ihr Gepäck ziehen musste, so sehr, dass sie selbst aus dem Wagen stieg und neben ihm ging. Nach den trägen Monaten auf See genoss sie es, endlich wieder die Beine zu bewegen. Der Weg war schön und wurde von einem Gitterwerk aus Palmen und Brotfruchtbäumen überschattet. Die Landschaft erschien Alma vertraut und verwirrend zugleich. Viele der Palmenarten kannte sie bereits aus den Gewächshäusern ihres Vaters, doch andere waren fremdartige Gebilde aus plissierten Blättern und glitschig-ledriger Rinde. Und weil sie Palmen nur aus dem Gewächshaus kannte, merkte Alma bald, dass sie nun zum ersten Mal überhaupt Palmen *hörte*. Der Wind, der durch die Wedel strich, machte ein Geräusch wie raschelnde Seide. Manchmal, wenn eine stärkere Böe kam, knarzten die Stämme der Bäume wie alte Türen. Sie waren allesamt so laut und lebendig. Die Brotfruchtbäume hingegen waren imposanter und eleganter, als Alma sich je hätte träumen lassen. Sie sahen aus wie die Ulmen daheim: glanzvoll und großherzig.

Den Fahrer – einen alten Tahitianer mit bestürzend tätowiertem Rücken und eingeöltem Brustkorb – verwirrte es, dass Alma zu Fuß gehen wollte. Anscheinend befürchtete er, es könnte ihn seinen Lohn kosten. Um ihn zu beruhigen, versuchte Alma, ihm die Hälfte vorab zu geben. Das führte zu noch größerer Verwirrung. Kapitän Terrence hatte einen Preis ausgehandelt, doch diese Vereinbarung schien jetzt null und nichtig zu sein. Alma wollte mit amerikanischen Münzen zahlen, aber der Mann schickte sich an, ihr dafür eine Handvoll dreckiger spanischer Piaster und bolivianischer Pesos als Wechselgeld zu geben. Es war ihr schleierhaft, wie er den Wechselkurs berechnete, bis ihr klarwurde, dass er bloß seine unansehnlichen alten Münzen gegen ihre glänzenden neuen tauschen wollte.

Sie wurde im spärlichen Schatten einer Bananenplantage mitten in der Mission an der Matavai-Bucht abgesetzt. Der Fahrer stapelte ihr Gepäck zu einer ordentlichen Pyramide; es sah genauso aus wie sieben Monate zuvor, draußen vor der Remise auf White Acre. Allein zurückgeblieben, nahm Alma ihre Umgebung in Augenschein. Sie fand die Siedlung durchaus ansprechend, wenn auch bescheidener, als sie erwartet hatte. Die Kirche war ein schlichter Bau, weiß gestrichen und strohgedeckt, und ringsherum scharte sich eine kleine Ansammlung ganz ähnlicher weiß gestrichener und strohgedeckter Hütten. Insgesamt lebten hier wohl nicht mehr als ein paar Dutzend Personen.

Die Siedlung, wenn man sie so nennen konnte, lag am Ufer eines kleinen Flusses, der direkt ins Meer mündete. Er teilte den Strand, der lang und kurvig und von schwerem, schwarzem vulkanischem Sand bedeckt war, in zwei Teile. Wegen der Farbe des Sandes in der Bucht war das Meer hier nicht von jenem strahlenden Türkisblau, das man sonst mit der Südsee verbindet; es zeigte stattdessen ein gediegenes, schweres, träges Tintenblau. Gut neunhundert Fuß vom Strand entfernt, nahm ein Riff der Brandung ihre Wucht. Selbst auf diese Entfernung hörte Alma die Wellen dagegen schlagen. Sie hob eine Handvoll rußfarbenen Sand auf und ließ ihn durch die Finger rieseln. Er war wie warmer Samt und hinterließ keine Spuren an ihren Fingern.

»Die Matavai-Bucht«, sagte sie laut.

Sie konnte kaum fassen, dass sie tatsächlich hier war. Alle großen Forscher des letzten Jahrhunderts waren hier gewesen. Wallis und Vancouver und Bougainville. Kapitän Bligh hatte ein halbes Jahr lang sein Lager an diesem Strand aufgeschlagen. Doch am meisten beeindruckte Alma, dass es derselbe Strand war, an dem Kapitän Cook 1769 erstmals den Fuß auf die Insel Tahiti gesetzt hatte. Links von ihr, gar nicht weit entfernt, lag jene Landzunge, von der aus Cook die Venuspassage beobachtet hatte – jene alles entscheidende Wanderung einer kleinen schwarzen Scheibe über das Antlitz der Sonne, die zu sehen er ans andere Ende der Welt gereist war. Der freundliche kleine Fluss zu Almas Rechten war die letzte historisch belegte Grenze, die Briten und Tahitianer getrennt hatte. Gleich nach Cooks Landung hatten sich die beiden Völker an seinen beiden Ufern gegenübergestanden und einander mehrere Stunden lang mit misstrauischer Neugier beäugt. Die Tahitianer glaubten, die Briten seien direkt vom Himmel herabgesegelt, und hielten ihre gewaltigen, eindrucksvollen Schiffe für Inseln, *motu*, die sich von den Sternen gelöst hätten. Und die Engländer versuchten zu ergründen, ob diese Indianer womöglich angriffslustig oder gefährlich waren. Die einheimischen Frauen kamen bis an den Rand des Flusses heran und neckten die englischen Seeleute am anderen Ufer mit spielerisch aufreizenden Tänzen. Da beschloss Kapitän Cook, dass hier wohl keine Gefahr drohte, und ließ seine Männer auf die Mädchen los. Sie schenkten den Frauen Eisennägel im Austausch gegen erotische Gefälligkeiten. Die Frauen nahmen die Nägel und pflanzten sie in die Erde, in der Hoffnung, auf diese Weise noch mehr von dem kostbaren Eisen zu erhalten, so wie man Bäume aus Ablegern zieht.

Almas Vater war damals nicht mit dabei gewesen. Henry Whittaker kam erst acht Jahre später nach Tahiti, auf Cooks dritter Expedition, im August 1777. Zu dieser Zeit hatten sich Engländer und Tahitianer bereits aneinander gewöhnt – und mochten einander. Manche der britischen Seeleute hatten sogar Ehefrauen auf der Insel, die sich unter den am Hafen wartenden Frauen befanden, und auch Kinder. Die Tahitianer nannten Kapitän Cook »Toote«, weil sie seinen Namen nicht aussprechen konnten. All das wusste Alma aus Erzählungen ihres Vaters, an die sie jahrzehntelang nicht mehr gedacht hatte. Nun fielen sie ihr alle wieder ein. Ihr Vater hatte als junger Mann in diesem Fluss hier gebadet. Von Beginn an, das wusste Alma, nutzten die Missionare den Fluss für ihre Taufen.

Sie war unschlüssig, was sie nun, da sie endlich am Ziel war, tun sollte. Es war kein Mensch zu sehen, bis auf einen kleinen Jungen, der allein im Fluss spielte. Er war höchstens drei Jahre alt, splitternackt und schien sich nicht weiter daran zu stören, allein im Wasser zurückgeblieben zu sein. Alma wollte ihr Gepäck nicht aus den Augen lassen, und so setzte sie sich einfach neben ihre Besitztümer und wartete darauf, dass jemand kam. Sie hatte schrecklichen Durst. Und weil sie am Morgen zu aufgeregt gewesen war, um ihr Schiffsfrühstück einzunehmen, war sie obendrein hungrig.

Nach längerer Zeit kam aus einer der entlegeneren Hütten eine stämmige Tahitianerin in einem langen, züchtigen Kleid und einer weißen Haube. Sie hielt eine Harke in der Hand. Als sie Alma sah, blieb sie stehen. Alma rappelte sich hoch und strich sich das Kleid glatt. *»Bonjour!«*, rief sie. Tahiti gehörte inzwischen offiziell zu Frankreich, und so hielt sie Französisch für die beste Wahl.

Die Frau ließ ein wunderhübsches Lächeln sehen. »Wir sprechen hier Englisch!«, rief sie zurück.

Alma wäre gern zu ihr hingegangen, damit sie einander nicht anschreien mussten, doch sie fühlte sich törichterweise immer noch außerstande, ihr Gepäck zu verlassen. »Ich suche Reverend Francis Welles!«, rief sie.

»Der ist heute auf der Farm!«, antwortete die Frau fröhlich, dann bog sie in die Straße nach Papeete ein und ließ Alma erneut mit ihrem Gepäck allein.

Auf der Farm? Wurde hier etwa Viehzucht betrieben? Falls ja, so sah und roch Alma nichts, was dafür gesprochen hätte. Was mochte die Frau gemeint haben?

In den folgenden Stunden passierten weitere Tahitianer Alma und ihren Stapel aus Kisten und Koffern. Alle waren freundlich, doch keiner schien sich groß darüber zu wundern, dass sie da war, und keiner sprach lange mit ihr. Sie hatten alle dasselbe zu berichten: Reverend Francis Welles sei heute auf der Farm. Wann er zurückkomme von der Farm? Das wusste niemand. Man wolle doch hoffen, vor Einbruch der Dunkelheit.

Ein paar kleine Jungen umringten Alma und widmeten sich dem waghalsigen Spiel, Steinchen nach ihrem Gepäck und hin und wieder sogar nach ihren Füßen zu werfen, bis sie von einer üppigen älteren Frau mit finsterer Miene verscheucht wurden und davonstoben, um stattdessen im Fluss zu planschen. Als der Tag weiter fortschritt, gingen Männer mit kleinen Angelruten an Alma vorbei und wateten ins

Meer. Bis zum Hals standen sie in der sanften Dünung und angelten nach Fischen. Almas Durst und Hunger wuchs ins Unermessliche. Gleichwohl wagte sie es nicht, sich vom Fleck zu rühren und ihr Gepäck unbeaufsichtigt zu lassen.

Die Dämmerung bricht in den Tropen schnell herein. Das wusste Alma bereits von ihrer Zeit auf See. Die Schatten wurden länger. Die Kinder kraxelten aus dem Fluss und verschwanden in den Häusern. Alma sah, wie die Sonne rasch hinter den steilen Gipfeln der Insel Morea, auf der anderen Seite der Bucht, versank. Sie wurde von Panik erfasst. Wo sollte sie heute Nacht schlafen? Mücken schwirrten ihr um den Kopf. Für die Tahitianer war sie inzwischen unsichtbar. Ringsum ging man seinen Beschäftigungen nach, als wären Alma und ihr Gepäck ein altes Denkmal, das schon seit Anbeginn der Zeiten dort am Strand stand. Die Schwalben kamen zwischen den Bäumen hervor und machten sich auf die abendliche Jagd. Die Wasseroberfläche warf mit loderndem Schein das Licht der untergehenden Sonne zurück.

Da entdeckte Alma etwas auf den Wellen, das auf den Strand zuhielt. Es war ein kleiner, schmaler Einbaum. Sie schirmte die Augen mit der Hand ab und blinzelte in den Widerschein der Abendsonne, um die Gestalten darin auszumachen. Nein, es war nur eine Gestalt, doch die paddelte mit Feuereifer. Das Kanu landete mit bemerkenswertem Tempo am Strand wie ein kleiner, schwungvoller Pfeil, und heraus sprang ein Elf. Zumindest war dies Almas erster Gedanke: Das ist ein Elf! Bei genauerem Hinsehen entpuppte sich der Elf jedoch als Mann, ein Weißer mit einem wilden Kranz aus schlohweißem Haar und dem dazu passenden, wallenden Bart. Er war zierlich, o-beinig und flink und zog das Kanu mit einer ob seiner Statur überraschenden Kraft ans Ufer.

»Reverend Welles?«, rief Alma voller Hoffnung und winkte in einer Geste, die jeglicher Würde entbehrte, mit beiden Armen.

Der Mann kam näher. Man konnte kaum sagen, was ungewöhnlicher an ihm war: die geringe Größe oder die magere Gestalt. Er war nur halb so groß wie Alma und hatte den Körper eines Kindes, und einen ausgemergelten obendrein. Die Wangen waren hohl, die Schultern unter dem Hemd knochig und spitz. Seine Hose wurde von einer doppelt genommenen Schnur in der dürren Taille gehalten. Der Bart reichte ihm bis an die Brust. Er trug eigenartige Sandalen, die ebenfalls aus Schnur gefertigt schienen. Einen Hut trug er nicht, und sein Gesicht war sonnenverbrannt. Seine Kleider hingen zwar nicht ganz in Fetzen, aber doch nahezu. Er sah aus wie ein kleiner, kaputter Sonnenschirm. Er sah aus wie ein gealterter Schiffbrüchiger im Miniaturformat.

»Reverend Welles?«, fragte Alma erneut, diesmal zögernd, als er fast bei ihr war.

Mit strahlenden, offenen blauen Augen sah er zu ihr auf – weit zu ihr hinauf. »Ich bin Reverend Welles«, sagte er. »Zumindest gehe ich davon aus, dass ich das immer noch bin, nicht wahr!«

Er sprach mit feinem, schwer zuzuordnendem britischem Akzent.

»Reverend Welles, mein Name ist Alma Whittaker. Ich hoffe, Sie haben meinen Brief erhalten?«

Er legte den Kopf schief: vogelhaft, interessiert und ungerührt. »Ihren Brief?«

Es war wie befürchtet: Man hatte sie hier nicht erwartet. Alma holte tief Luft und überlegte, wie sie sich ihm am besten erklären sollte. »Ich bin auf Besuch hier, Reverend Welles, und würde gern ein Weilchen bleiben – wie Sie ja sehen.« Sie deutete verlegen auf die Gepäckpyramide. »Ich interessiere mich sehr für Botanik und möchte Ihre hiesigen Pflanzen studieren. Sie selbst sind ja, soviel ich weiß, auch Naturforscher. Ich bin aus Philadelphia angereist, aus Amerika. Und außerdem möchte ich mir die Vanilleplantage ansehen, die meiner Familie gehört. Mein Vater war Henry Whittaker.«

Der Reverend hob die buschigen weißen Brauen. »Sie sagten, Ihr Vater *war* Henry Whittaker?«, fragte er. »Ist der gute Mann etwa von uns gegangen?«

»Leider ja, Reverend Welles. Vergangenes Jahr.«

»Das tut mir leid zu hören. Möge der Herr ihn in Seine Obhut nehmen. Ich habe im Laufe der Jahre meinen eigenen kleinen Beitrag zur Unterstützung Ihres Vaters geleistet, nicht wahr. Ich habe ihm viele Pflanzenproben verkauft, für die er mich freundlicherweise fürstlich entlohnt hat. Ich bin Ihrem Vater ja nie begegnet, nicht wahr, ich habe immer mit seinem Abgesandten verhandelt, mit Mr Yancey. Aber er war stets ein höchst großzügiger und aufrechter Mann, Ihr Herr Vater. Wie oft in den vielen Jahren haben Mr Whittakers Zuwendungen unsere kleine Siedlung hier gerettet! Wir können ja nicht immer darauf zählen, dass die London Missionary Society uns beispringt. Aber auf Mr Yancey und Mr Whittaker war jederzeit Verlass, nicht wahr. Sagen Sie, kennen Sie Mr Yancey?«

»Ich kenne ihn sehr gut, Reverend Welles. Ich kenne ihn schon mein Leben lang. Er hat meine Überfahrt hierher organisiert.«

»Aber sicher! Aber ja! Dann wissen Sie ja selbst, was für ein guter Mensch er ist.«

Alma konnte zwar kaum behaupten, dass sie Dick Yancey jemals unterstellt hätte, ein »guter Mensch« zu sein, nickte aber dennoch. Ebenso wenig hatte sie je gehört, dass man ihren Vater als großzügig, aufrecht und freundlich bezeichnete. An diese Attribute musste sie sich erst einmal gewöhnen. Sie erinnerte sich an einen Mann aus Philadelphia, der ihren Vater einmal »Raubtier auf zwei Beinen« genannt hatte. Dieser Mann wäre sicherlich überrascht, könnte er hören, wie sehr der Name des Raubtiers hier, mitten in der Südsee, geachtet wurde! Bei der Vorstellung musste Alma lächeln.

»Ich würde mich glücklich schätzen, Ihnen die Vanilleplantage zeigen zu dürfen«, fuhr Reverend Welles fort.

»Ein Eingeborener hier aus der Siedlung hat die Verwaltung übernommen, seit Mr Pike von uns gegangen ist. Kannten Sie Ambrose Pike?«

Almas Herz schlug einen Salto in ihrer Brust, doch nach außen hin verzog sie keine Miene. »Ja, ich kannte ihn ein wenig. Mein Vater und ich haben stets eng zusammengearbeitet, Reverend Welles, und es war unsere gemeinsame Entscheidung, Mr Pike nach Tahiti zu entsenden.«

Bereits vor Monaten, noch ehe sie aus Philadelphia aufgebrochen war, hatte Alma beschlossen, niemandem auf Tahiti von ihrer Beziehung zu Ambrose zu erzählen. Sie hatte die ganze Reise als »Miss Whittaker« absolviert und aller Welt gestattet, sie als unverheiratet zu betrachten. In gewisser Weise war sie ja auch unverheiratet. Kein Mensch im Vollbesitz seiner geistigen Kräfte konnte ihre Ehe mit Ambrose als vollwertige Ehe betrachten. Außerdem sah sie ja auch aus wie eine alte Jungfer – und fühlte sich so. Im Allgemeinen hielt Alma nichts davon, die Unwahrheit zu sagen, doch sie war hierhergekommen, um Ambrose Pikes Geschichte zu ergründen, und sie bezweifelte, dass noch jemand offen mit ihr sprechen würde, wenn man wüsste, dass sie mit Ambrose verheiratet gewesen war. Vorausgesetzt, Ambrose hatte ihre Bitte respektiert und niemandem von ihrer Ehe erzählt, konnte Alma sich nicht vorstellen, wie jemand jenseits der Tatsache, dass Mr Pike für ihren Vater gearbeitet hatte, eine Verbindung zwischen ihnen erahnen sollte. Sie selbst war einfach eine Naturforscherin auf Reisen sowie die Tochter eines bekannten botanischen Importhändlers und Pharmazeutik-Moguls; es durfte also im Grunde nicht erstaunen, dass sie aus eigenem Antrieb nach Tahiti gekommen war, um die dortigen Moose zu erforschen und die familieneigene Vanilleplantage zu besichtigen.

»Nun, wir vermissen Mr Pike schmerzlich«, sagte Reverend Welles mit einem reizenden Lächeln. »Und ich vermisse ihn wohl am meisten. Sein Tod war ein schwerer Verlust für unsere kleine Siedlung, nicht wahr. Es wäre zu wünschen, dass alle Fremden, die jemals hier bei uns waren, den Eingeborenen ein so leuchtendes Vorbild gewesen wären wie Mr Pike. Er war den Verwaisten und Gestrauchelten ein Freund, allem Groll und allen Lastern abhold und dergleichen mehr, nicht wahr. Ein freundlicher Mensch war er, Ihr Mr Pike. Ich habe ihn bewundert, nicht wahr, denn ich spürte, dass er zu dem fähig war, wozu so viele Christenmenschen nicht fähig sind: den Eingeborenen vorzuleben, worin ein wahrhaft christliches Wesen besteht. Das Verhalten so manches durchreisenden Christen scheint oft wenig dazu angetan, nicht wahr, das Ansehen unserer Religion in den Augen dieser schlichten Gemüter zu fördern. Doch Mr Pike war der Inbegriff des Guten. Mehr noch, er besaß die Gabe, sich der Eingeborenen auf eine Weise anzunehmen, wie ich es bei anderen noch selten erlebt habe. Er sprach mit allen auf eine so klare und offene Art, nicht wahr. Leider ist das nicht immer der Fall, wenn jemand aus der Fremde auf unsere Insel kommt. Tahiti, nicht wahr, kann ein gefährliches Paradies sein. Für jemanden, der die … sagen wir einmal *gestrengere* moralische Umgebung der europäischen Gesellschaft kennt, bergen die Insel und ihre Menschen mitunter Versuchungen, denen nur schwer zu widerstehen ist. Mancher Besucher nutzt das aus, nicht wahr. Selbst mancher Missionar, das muss ich leider sagen, treibt Raubbau mit diesem Volk, einem kindlichen, unschuldigen Volk, nicht wahr, das wir jedoch mit Gottes Hilfe dazu zu erziehen versuchen, besser auf sich zu achten. Mr Pike war kein solcher Mensch – kein solcher Ausbeuter, nicht wahr.«

Alma war sprachlos. Das war wohl die bemerkenswerteste Einstandsrede, die sie je gehört hatte (vielleicht mit Ausnahme ihrer ersten Begegnung mit Retta Snow). Reverend Welles hatte nicht einmal den Versuch gemacht zu ergründen, weshalb Alma Whittaker den ganzen Weg von Philadelphia hierher zurückgelegt hatte und nun auf einem Stapel Kisten und Koffer mitten in seiner Mission saß – stattdessen waren sie bereits mitten in der schönsten

Unterhaltung über Ambrose Pike! Das hatte sie nicht erwartet. Und sie hatte auch nicht erwartet, ihren Ehemann mit seinem Koffer voller geheimer, wollüstiger Zeichnungen so leidenschaftlich als leuchtendes moralisches Vorbild präsentiert zu bekommen.

»Ganz recht, Reverend Welles«, stotterte sie.

Doch der Reverend hatte sogar noch mehr zu dem Thema zu sagen: »Und außerdem, nicht wahr, war mir Mr Pike auch als geschätzter Freund ans Herz gewachsen. Sie machen sich keinen Begriff davon, wie tröstlich es sein kann, an einem einsamen Ort wie diesem einen klugen Gefährten zu haben. Wahrhaftig, ich wäre bereit, viele Meilen zurückzulegen, um ihn noch einmal zu sehen und seine Hand noch einmal freundschaftlich zu umfassen, wenn das nur möglich wäre – doch ein solches Wunder wird sich niemals vollziehen, solange ich lebe, nicht wahr, denn Mr Pike wurde heimgerufen ins Himmelreich, Miss Whittaker, und wir bleiben allein zurück.«

»Ganz recht, Reverend Welles«, wiederholte Alma. Was sollte sie sonst auch sagen?

»Sie dürfen mich Bruder Welles nennen«, fuhr er fort, »wenn ich auch Schwester Whittaker zu Ihnen sagen darf?«

»Selbstverständlich, Bruder Welles«, erwiderte Alma.

»Ich würde Sie bitten, mit uns die Abendandacht zu halten, Schwester Whittaker. Wir sind ein wenig in Eile, nicht wahr. Wir werden heute später beginnen als üblich, denn ich habe den ganzen Tag auf der Korallenfarm verbracht, nicht wahr, und dabei die Zeit aus dem Blick verloren.«

Ach, dachte Alma, die Korallenfarm! Natürlich! Er hatte sich den ganzen Tag am Korallenriff aufgehalten, nicht bei der Viehzucht.

»Vielen Dank«, sagte sie. Dann fiel ihr Blick erneut auf das Gepäck, und sie zögerte. »Ich frage mich nur, ob es vielleicht einen sicheren Ort gibt, an dem ich derweil mein Gepäck lassen kann? In meinem Brief, Bruder Welles, hatte ich Sie gefragt, ob ich eine Zeitlang in Ihrer Siedlung bleiben darf. Wissen Sie, ich erforsche Moose, und ich hatte gehofft, mir die Insel genauer …« Sie brach ab. Der offene Blick seiner blauen Augen brachte sie ganz durcheinander.

»Aber sicher!«, rief er. Sie wartete darauf, dass er fortfuhr, doch er sagte nichts weiter. Wie vorbehaltlos er doch war! Er hätte sie kaum bedenkenloser willkommen heißen können, wenn sie diese Zusammenkunft seit zehn Jahren geplant hätten.

»Ich verfüge über eine ansehnliche Summe Geld«, sagte Alma unbehaglich, »die ich der Mission als Gegenleistung für eine Bleibe zur Verfügung stellen könnte …«

»Aber sicher!«, wiederholte er munter.

»Ich bin mir noch nicht schlüssig, wie lange ich bleiben werde … Aber ich werde mir alle Mühe geben, Ihnen nicht zur Last zu fallen … Ich erwarte auch keinerlei Komfort …« Wieder brach sie ab. Sie beantwortete Fragen, die er gar nicht gestellt hatte. Im Laufe der Zeit sollte sie feststellen, dass Reverend Welles niemandem jemals irgendwelche Fragen stellte, doch für den Moment erschien es ihr höchst ungewöhnlich.

»Aber sicher!«, rief er ein drittes Mal. »Und nun halten Sie die Abendandacht mit uns, Schwester Whittaker.«

»Aber sicher«, sagte Alma resignierend.

Er führte sie fort von ihrem Gepäck – fort von allem, was sie besaß, von allem, was ihr noch etwas bedeutete – und marschierte auf die Kirche zu. Ihr blieb nichts weiter übrig, als ihm zu folgen.

•

Die Kapelle maß in der Länge kaum mehr als zwanzig Fuß. Sie war mit schlichten Bänken bestückt, und die Wände waren säuberlich weiß gestrichen. Vier Tranlampen sorgten für eine schummrige Beleuchtung. Alma zählte achtzehn Gläubige, allesamt tahitianische Eingeborene. Elf Frauen und sieben Männer. Soweit es ihr möglich war – sie wollte ja nicht unhöflich erscheinen –, musterte Alma die Gesichter aller Männer. Keiner von ihnen war der Knabe von Ambroses Zeichnungen. Die Männer trugen Hosen und Hemden nach Art der Europäer, die Frauen jene langen lockeren Nachthemden, die Alma seit ihrer Ankunft ständig sah. Die meisten Frauen trugen auch Hauben, nur eine – die Alma als die Frau mit der finsteren Miene erkannte, die die kleinen Jungen verscheucht hatte – trug einen Strohhut mit breiter Krempe, aufwendig mit frischen Blumen besteckt.

Es folgte die merkwürdigste Messe, der Alma je beigewohnt hatte, und mit Abstand die kürzeste. Zunächst wurde ein Lied auf Tahitianisch gesungen, obwohl niemand ein Gesangbuch hatte. Die Musik klang fremd für Almas Ohren – dissonant und grell, mit verschiedenen Stimmen, die einander in undurchschaubaren Tonfolgen überlagerten, und begleitet nur von einer Trommel, die ein etwa vierzehnjähriger Junge schlug. Soweit Alma das beurteilen konnte, passte der Rhythmus der Trommel absolut nicht zum Lied. Die Stimmen der Frauen erhoben sich durchdringend schrill über den Gesang der Männer. Alma erkannte keine Melodie in diesen eigentümlichen Klängen. Sie lauschte auf irgendein vertrautes Wort – Jesus, Christus, Gott, Herr oder Jehova –, doch nichts kam ihr bekannt vor. Es war ihr unangenehm, so schweigend dazusitzen, während die Frauen ringsum aus voller Kehle sangen. Sie hatte nichts beizutragen.

Als der Gesang verklungen war, erwartete Alma, dass Reverend Welles eine Predigt halten würde, doch er blieb sitzen und hielt den Kopf zum Gebet gesenkt. Er sah nicht einmal auf, als die üppige Tahitianerin mit den Blumen auf dem Hut sich erhob und an die schmucklose Kanzel trat. Sie las ein kurzes Stück auf Englisch aus dem Evangelium nach Matthäus. Es erstaunte Alma, dass die Frau des Lesens mächtig war, noch dazu auf Englisch. Obwohl sie nie viel für Gebete übriggehabt hatte, wirkten die vertrauten Worte doch beruhigend auf sie. Selig sind, die da geistlich arm sind, selig sind die Sanftmütigen, die Barmherzigen, die,

die reinen Herzens sind, die Friedfertigen, die, die um der Gerechtigkeit willen verfolgt werden. Selig, selig, selig. So viel Segen, und so reichlich verteilt.

Dann klappte die Frau die Bibel zu und hielt – immer noch auf Englisch – eine kurze, vernehmliche und eigentümliche Predigt.

»Wir werden *geboren*!«, rief sie. »Wir *krabbeln*! Wir *laufen*! Wir *schwimmen*! Wir *arbeiten*! Wir bekommen *Kinder*! Wir werden *alt*! Wir gehen am *Stock*! Aber nur in Gott ist *Frieden*!«

»Frieden!«, echote die Gemeinde.

»Wenn wir zum Himmel fliegen, dann ist Gott *da*! Wenn wir in See stechen, dann ist Gott *da*! Wenn wir über Land laufen, dann ist Gott *da*!«

»Da!«, sagte die Gemeinde.

Die Frau breitete die Arme aus, schloss und öffnete in rascher Folge die Fäuste, mehrmals hintereinander. Dann öffnete und schloss sie ebenso rasch den Mund. Sie kasperte herum wie eine Marionette. Ein paar Gemeindemitglieder kicherten. Die Frau schien sich an dem Gelächter nicht zu stören. Schließlich hielt sie in ihren Bewegungen inne und rief: »Seht uns an! Wir sind klug *gebaut*! Wir sind voller *Scharniere*!«

»Scharniere!«, echote die Gemeinde.

»Aber die Scharniere werden *rosten*! Wir werden *sterben*! Nur Gott *bleibt*!«

»Bleibt!«, echote die Gemeinde.

»Der König der Körper hat selbst keinen *Körper*! Aber er bringt uns *Frieden*!«

»Frieden!«, echote die Gemeinde.

»Amen!«, sagte die Frau mit dem blumenbestückten Hut und kehrte an ihren Platz zurück.

»Amen!«, sagte die Gemeinde.

Dann trat Reverend Welles an den Altar und erteilte die Kommunion. Alma reihte sich hinter den anderen ein. Reverend Welles war so winzig, dass sie sich tief hinunterbeugen musste, um seine Gaben zu empfangen. Wein war nicht vorhanden, stattdessen diente die Milch einer Kokosnuss als Blut Christi. Der Leib Christi war ein kleines Bällchen aus etwas Klebrigem, Süßem, das Alma nicht benennen konnte. Es war ihr dennoch willkommen, ausgehungert, wie sie war.

Dann schloss Reverend Welles mit einem beeindruckend kurzen Gebet. »Gib uns den Willen, oh Herr, alle Leiden zu ertragen, die unser Los sind. Amen.«

»Amen«, sagte die Gemeinde.

Und damit war die Messe beendet. Sie konnte kaum länger als eine Viertelstunde gedauert haben. Und doch war so viel Zeit vergangen, dass es, als Alma wieder ins Freie trat, bereits völlig dunkel war und ihr Gepäck samt und sonders verschwunden.

•

»Aber wohin denn?«, fragte Alma. »Und von wem?«

»Hmm.« Reverend Welles kratzte sich am Kopf und musterte die Stelle, an der noch vor kurzem Almas Gepäck gestanden hatte. »Tja, das ist nicht ganz so leicht zu sagen. Vermutlich haben die Jungen es fortgebracht, nicht wahr. In solchen Fällen sind es meist die Jungen. Aber es wurde eindeutig fortgebracht.«

Eine wenig hilfreiche Feststellung.

»Bruder Welles«, begann Alma, außer sich vor Bestürzung. »Ich habe Sie doch gefragt, wo man es sicher verwahren kann! Ich brauche diese Gegenstände dringend! Wir hätten sie doch alle in ein Haus schaffen können, vielleicht hinter eine verschließbare Tür! Warum haben Sie das denn nicht vorgeschlagen?«

Er nickte ernst, zeigte aber sonst kein Zeichen von Unruhe. »Sicher, wir hätten Ihr Gepäck in ein Haus schaffen können. Aber es wäre trotz allem fortgebracht worden, nicht wahr. Entweder sie nehmen es gleich, nicht wahr, oder sie nehmen es später.«

Alma dachte an ihr Mikroskop, an ihr Papier, ihre Tusche, ihre Bleistifte, an ihre Medikamente und ihre Sammelgläser. Und was war mit ihrer Kleidung? Großer Gott, was war mit Ambroses Koffer, der all die gefährlichen, unaussprechlichen Zeichnungen enthielt? Sie war den Tränen nahe.

»Aber ich hatte den Eingeborenen doch Geschenke mitgebracht, Bruder Welles. Sie hätten mich nicht zu bestehlen brauchen. Ich hätte ihnen etwas geschenkt. Ich hatte ihnen Scheren und Bänder mitgebracht!«

Reverend Welles lächelte strahlend. »Nun, offensichtlich haben Ihre Geschenke Anklang gefunden, nicht wahr!«

»Aber es gibt da Dinge, die ich zurückbekommen muss – Dinge von unschätzbarem Wert, an denen mein Herz hängt.«

Er zeigte durchaus ein gewisses Verständnis. Das musste sie ihm lassen. Er nickte freundlich und nahm ihre Bedrängnis zumindest ansatzweise zur Kenntnis. »Das muss Ihnen großen Kummer bereiten, Schwester Whittaker. Aber seien Sie versichert: Nichts davon ist auf ewig gestohlen. Es wurde nur mitgenommen, womöglich auch nur vorübergehend. Manches bekommen Sie vielleicht zurück, wenn Sie Geduld haben. Falls Ihnen etwas davon besonders am Herzen liegt, kann ich auch direkt danach fragen. Manchmal tauchen Gegenstände wieder auf, wenn ich die richtigen Fragen stelle.«

Alma dachte an all das, was sie eingepackt hatte. Was davon benötigte sie am meisten? Nach dem Koffer mit Ambroses sodomitischen Zeichnungen konnte sie unmöglich fragen, sosehr es sie auch quälte, ihn verloren zu wissen, denn er war ihr wichtigster Besitz.

»Mein Mikroskop«, sagte sie schließlich mit schwacher Stimme.

Reverend Welles nickte erneut. »Das dürfte schwierig werden, nicht wahr. Ein Mikroskop besitzt in dieser Gegend beträchtlichen Neuheitswert. Niemand wird je zuvor eines gesehen haben. Ich glaube sogar, ich habe selbst noch nie eines gesehen! Dennoch, ich werde umgehend danach fragen. Wir können nur hoffen, nicht wahr! Für heute müssen wir Ihnen erst einmal eine Unterkunft beschaffen. Unten am Strand, eine Viertelmeile von hier, liegt das kleine Haus, das wir zusammen mit Mr Pike für ihn erbaut haben, als er hier eintraf. Es ist noch ganz so, wie es war, als er von uns ging, Gott hab ihn selig. Ich hatte gedacht, einer der Eingeborenen würde sich dort einrichten wollen, aber wie es scheint, wagt sich keiner von ihnen hinein. Der Tod haftet daran, nicht wahr – natürlich nur in ihrer Wahrnehmung. Es ist ein abergläubisches Völkchen, nicht wahr. Aber das Haus ist hübsch und komfortabel eingerichtet, und falls Sie nicht abergläubisch sind, werden Sie sich dort wohl fühlen. Sie sind doch nicht abergläubisch, Schwester Whittaker? Sie machen mir nicht den Eindruck. Wollen wir es uns ansehen?«

Alma glaubte, jeden Halt zu verlieren. »Bruder Welles«, sagte sie und konnte ihre Stimme nur mit Mühe am Zittern hindern. »Bitte vergeben Sie mir. Ich habe einen weiten Weg hinter mir. Ich bin fern von allem, was mir vertraut wäre. Ich bin zutiefst bestürzt, meinen gesamten Besitz verloren zu haben, der mir auf fünfzehntausend Reisemeilen unbeschadet erhalten geblieben und gerade eben erst verschwunden ist! Bis auf Ihre Heilige Kommunion habe ich seit dem Abendessen auf dem Walfänger gestern Nachmittag nichts mehr zu mir genommen. Es ist alles neu und verwirrend. Ich bin zutiefst erschüttert und durcheinander. Sie müssen mir vergeben …« Sie brach ab. Das Ziel ihrer Ansprache war ihr abhandengekommen. Sie wusste nicht mehr, wofür genau sie um Vergebung bat.

Der Reverend schlug die Hände zusammen. »Essen! Aber natürlich, Sie müssen ja essen! Ich muss mich entschuldigen, Schwester Whittaker! Ich pflege selbst nicht zu essen, nicht wahr – oder nur sehr selten. Da vergesse ich mitunter, wie wichtig es für andere ist! Meine Frau würde mich teeren und federn, wenn sie von meinen schlechten Manieren wüsste!«

Damit flitzte er davon, ohne ein weiteres Wort und ohne

weitere Erklärungen seine Frau betreffend, und klopfte an die Tür des Häuschens gleich neben der Kirche. Die üppige Tahitianerin, die die Predigt gehalten hatte, öffnete ihm. Sie wechselten ein paar Worte. Dann sah die Frau zu Alma hinüber und nickte. Reverend Welles eilte federnden, o-beinigen Schrittes zu Alma zurück.

Ob das wohl seine Frau ist?, fragte sich Alma.

»Es ist alles geklärt!«, rief Reverend Welles. »Schwester Manu kümmert sich um Sie. Wir essen hier sehr bescheiden, aber sicher, essen müssen Sie ja zumindest! Sie bringt Ihnen etwas in Ihr Haus. Außerdem habe ich sie gebeten, Ihnen ein *ahu taoto* zu bringen – ein Schlaftuch, wie wir es hier des Nachts verwenden. Ich werde Ihnen auch eine Lampe bringen. Nun machen wir uns auf den Weg. Mir fällt nichts mehr ein, was Sie sonst noch benötigen könnten.«

Alma wäre so einiges eingefallen, was sie sonst noch benötigen könnte, doch für den Augenblick genügte ihr die Aussicht auf Nahrung und Schlaf. Sie folgte Reverend Welles den schwarzen Sandstrand entlang. Für jemanden mit so kurzen, krummen Beinen bewegte er sich mit erstaunlicher Geschwindigkeit. Alma hatte trotz ihrer langen Beine Mühe, mit ihm Schritt zu halten. Er schwenkte eine Laterne in der Hand, zündete sie aber nicht an, denn inzwischen war der Mond aufgegangen und schien hell vom Himmel herab. Alma erschrak über die großen, dunklen Schatten, die vor ihnen über den Sand huschten. Erst glaubte sie, es seien Ratten, doch bei näherem Hinsehen stellte sie fest, dass es Krabben waren. Alma fand sie beunruhigend. Sie waren von beträchtlicher Größe und besaßen jede eine einzelne große Schere, die sie beim Dahinhuschen scheußlich klappernd neben sich herzogen. Sie kamen Almas Füßen erschreckend nahe. Ratten wären ihr da fast lieber gewesen. Sie war froh, dass sie Schuhe trug. Reverend Welles war seit der Messe irgendwie seiner Sandalen verlustig gegangen, doch die Krabben schienen ihn nicht weiter zu stören. Er plapperte den ganzen Weg über weiter.

»Ich bin sehr gespannt, wie Tahiti Ihnen gefallen wird, Schwester Whittaker, aus botanischer Perspektive, nicht wahr«, sagte er. »Für viele ist es ja eine Enttäuschung. Das Klima sorgt für üppigen Wuchs, doch unsere Insel ist klein, nicht wahr, deshalb finden Sie hier mehr Fülle als Vielfalt. Sir Joseph Banks zumindest empfand Tahiti als höchst mangelhaft, rein botanisch, versteht sich. Er fand die Menschen hier deutlich fesselnder als die Pflanzen. Womöglich hatte er damit nicht unrecht! Wir haben hier nur zwei Orchideenarten – zu Mr Pikes großem Bedauern, obwohl er aufs Eifrigste nach weiteren suchte –, und wenn Sie die Palmen erst einmal durchschaut haben, was Ihnen sicherlich im Handumdrehen gelingt, gibt es auch da nicht mehr allzu viel zu entdecken. Es gibt hier einen Baum, den *apage*, nicht wahr, der Sie an einen Gummibaum erinnern wird und bis zu vierzig Fuß hoch werden kann – aber das dürfte eine Dame, die in den tiefen Wäldern Pennsylvanias groß geworden ist, kaum weiter beeindrucken, würde ich wetten! Hahaha!«

Alma fehlte die Kraft, den Reverend darauf hinzuweisen, dass sie keineswegs im tiefen Wald groß geworden war.

Er plauderte weiter: »Und eine hübsche Lorbeerart haben wir, den *tamanhu* – sehr schön und nützlich. Ihre Möbel sind daraus gefertigt. Schädlinge können ihm nichts anhaben, nicht wahr. Und eine Art Magnolie, die *hutu*, die ich Ihrem seligen Vater im Jahre 1838 überstellt habe. An der Küste wachsen überall Hibiskus und Mimosen. Und die Kastanie, die *mape*, die wird Ihnen gefallen – vielleicht haben Sie sie ja bereits am Flussufer bemerkt? Ich halte sie für den schönsten Baum der ganzen Insel. Die Frauen fertigen ihre Kleider aus der Rinde einer Art Papiermaulbeere – sie sagen *tapa* dazu –, doch inzwischen bevorzugen viele die Baumwoll- und Kattunstoffe, die die Seeleute mitbringen.«

»Ich hatte auch Kattun dabei«, murmelte Alma bedrückt. »Für die Frauen.«

»Oh, da werden sie sich aber freuen!«, rief der Reverend fröhlich, als wäre ihm bereits entfallen, dass Almas ganzer

Besitz gestohlen worden war. »Haben Sie auch Papier dabei? Und Bücher?«

»Hatte ich«, sagte Alma und wurde mit jedem Moment trübsinniger.

»Nun, mit Papier hat man es hier nicht leicht, wie Sie feststellen werden. Der Wind, der Sand, das Salz, der Regen, die Insekten – es gibt kaum ein Klima, das Büchern weniger zuträglich wäre! Ich musste mit ansehen, nicht wahr, wie all meine Papiere vor meinen Augen verschwanden!«

Fast hätte Alma erwidert: *Das ging mir eben nicht anders.* Sie hatte das Gefühl, im Leben noch nicht so hungrig und so müde gewesen zu sein.

»Ich wollte, ich hätte ein Gedächtnis wie die Tahitianer«, fuhr Reverend Welles fort. »Dann bräuchte man gar kein Papier! Was wir in unseren Bibliotheken bewahren, das behalten sie im Kopf. Im Vergleich mit ihnen komme ich mir regelrecht töricht vor. Hier kennt noch der kleinste Fischerjunge zweihundert Sterne beim Namen! Und was die Alten alles wissen, das können Sie sich gar nicht vorstellen. Früher habe ich Aufzeichnungen gemacht, doch dann wurde ich es überdrüssig zuzusehen, wie sie zerfielen, während ich noch daran schrieb. Das fruchtbare Klima hier erzeugt Früchte und Blumen im Überfluss, nicht wahr, aber auch Fäulnis und Schimmel. Dies ist kein Land für Gelehrte! Aber was, frage ich Sie, ist uns schon die Geschichte? Wir weilen doch nur so kurz auf dieser Welt! Wozu machen wir uns die Mühe, unser flüchtiges Leben aufzuzeichnen? Falls Ihnen die Mücken abends lästig werden, bitten Sie doch Schwester Manu, dass sie Ihnen zeigt, wie man getrockneten Schweinedung vor der Tür verbrennt; das hält sie eine Zeitlang fern. Schwester Manu wird Ihnen von großem Nutzen sein. Früher habe ich immer selbst gepredigt, aber ihr macht es so viel mehr Freude als mir, und die Eingeborenen bevorzugen ihre Predigten, daher ist sie nun unsere Predigerin. Und weil sie keine Familie hat, kümmert sie sich auch um die Schweine. Sie füttert sie mit eigener Hand, nicht wahr, damit sie nahe bei der Siedlung bleiben. Auf ihre Weise ist sie eine wohlhabende Frau. Für eines ihrer Ferkel wird sie einen Monat lang mit Fisch und anderen Gütern versorgt. Die Tahitianer schätzen gebratenes Ferkel. Früher glaubten sie, der Duft des Bratens locke Götter und Geister an. Manche glauben das ja bis heute, obwohl sie Christen sind, hahaha! Jedenfalls ist Schwester Manu eine wertvolle Bekanntschaft. Sie hat eine eindrucksvolle Singstimme. Für europäische Ohren entbehrt die tahitianische Musik ja jeglichen Wohlklangs, doch mit der Zeit gewöhnt man sich daran.«

Dann war Schwester Manu also nicht seine Frau, dachte Alma. Aber wer war es dann? Wo war die Frau des Reverend?

Er redete unermüdlich weiter: »Erschrecken Sie nicht, wenn Sie nachts Lichter in der Bucht sehen. Das sind nur die Männer, die mit Laternen fischen. Eine höchst pittoreske Sitte. Das Licht lockt die Fliegenden Fische an, und sie springen geradewegs in die Kanus. Manche der jungen Männer fangen sie sogar mit der Hand. Ich sage Ihnen, was immer Tahiti an Vielfalt zu Lande entbehrt, macht es durch eine Fülle an Wundern zu Wasser wieder wett! Wenn Sie mögen, zeige ich Ihnen morgen unsere Korallenfarm, draußen am Riff. Dort finden Sie die eindrucksvollsten Belege für Gottes Einfallsreichtum. Und da sind wir schon – das ist Mr Pikes Haus! Nun wird es Ihr Haus sein! Oder sagen wir lieber: Ihr *fare*! Hier auf Tahiti nennen wir unsere Häuser *fare*. Es ist nie zu früh, ein paar Brocken der Sprache zu lernen, nicht wahr.«

Alma wiederholte das Wort im Geiste: *faa-reh*. Sie prägte es sich ein. Sie war zwar erschöpft, doch so erschöpft konnte Alma gar nicht sein, dass sie bei einer neuen, unbekannten Sprache nicht aufgehorcht hätte. Im schwachen Licht des Mondes sah sie auf einer leichten Anhöhe oberhalb des Strandes das kleine *fare* unter einem Gitter aus Palmwedeln. Es war kaum größer als der kleinste Schuppen auf White Acre, doch es bot einen hübschen Anblick. Am ehesten erinnerte es an ein englisches Küstenhäuschen, wenngleich um einiges kleinformatiger. Vom Strand führte ein eigentümlicher Zickzackpfad aus zerstoßenen Muscheln zur Tür hinauf.

»Ich weiß, es ist ein merkwürdiger Pfad, doch so machen das die Tahitianer«, erklärte Reverend Welles lachend. »Sie sehen keinen Vorteil darin, einen geraden Weg anzulegen, nicht einmal für die kürzeste Strecke! Sie werden sich an all diese Absonderlichkeiten schon noch gewöhnen! Aber es ist gut, ein Stück vom Strand entfernt zu wohnen. Das Haus liegt vier Fuß oberhalb der Flutgrenze.«

Vier Fuß! Allzu viel erschien ihr das nicht.

Alma und Reverend Welles folgten dem gewundenen Pfad hin zum Häuschen. Schon von weitem sah Alma, dass hier ein schlichter Vorhang aus verflochtenen Palmenblättern die Funktion einer Tür erfüllte. Reverend Welles schob ihn beiläufig beiseite. Ein Schloss gab es offensichtlich nicht – und es hatte auch nie eines gegeben. Drinnen zündete der Reverend die Laterne an. Sie standen nebeneinander in einem einzigen, offenen Zimmer unter einem einfachen Strohdach. Alma konnte gerade eben aufrecht stehen, ohne sich am niedrigsten Balken den Kopf zu stoßen. An der Wand huschte eine Eidechse entlang. Der Boden bestand aus getrocknetem Gras, das unter ihren Füßen raschelte. Eine kleine, unbehauene Bank ohne Polster, doch immerhin mit Rücken- und Armlehnen, stand im Raum. Außerdem gab es einen Tisch mit drei Stühlen, von denen einer kaputt und umgekippt war. Es sah aus wie in einem ärmlichen Kinderzimmer. Nach allen Seiten hin öffneten sich Fenster ohne Vorhänge und ohne Scheiben. Auch ein kleines Bett war vorhanden, kaum größer als die Bank, mit einer dünnen Matratze, die offenbar aus altem Segeltuch bestand und mit irgendetwas ausgestopft war. Alles in allem hätte das Zimmer besser zu jemandem von der Größe des Reverend Welles gepasst als zu jemandem von Almas Statur.

»Mr Pike wollte wie die Eingeborenen leben«, erläuterte Reverend Welles, »in einem einzigen Zimmer also. Aber falls Sie Trennwände möchten, können wir sicherlich welche für Sie anbringen.«

Alma konnte sich beim besten Willen nicht vorstellen, wo man auf so geringem Raum noch Trennwände anbringen sollte. Wie wollte man ein Nichts aufteilen?

»Möglicherweise möchten Sie irgendwann nach Papeete zurückkehren, Schwester Whittaker. Das geht den meisten so. In der Hauptstadt geht es dann wohl doch zivilisierter zu. Natürlich gibt es dort auch mehr Laster und mehr Unrecht. Aber Sie finden dort Chinesen, die Ihre Wäsche machen, und dergleichen mehr. Und es gibt zahllose Portugiesen und Russen – Strandgut, das mit den Walfängern kommt und uns erhalten bleibt. Nicht, dass Portugiesen und Russen bereits eine Zivilisation garantieren, aber es ist doch ein abwechslungsreicherer Umgang, nicht wahr, als Sie ihn hier in unserer kleinen Siedlung finden werden.«

Alma nickte, doch sie war sich sicher, dass sie die Matavai-Bucht nicht mehr verlassen würde. Ambrose war hierher verbannt worden; nun würde es auch ihr Exil sein.

»Hinter dem Haus, im Garten, finden Sie eine Feuerstelle zum Kochen«, sagte Reverend Welles. »Sie sollten aber nicht zu viel von diesem Garten erwarten, auch wenn Mr Pike nach Kräften versucht hat, ihn zu bestellen. Das versucht jeder, doch wenn die Schweine und die Ziegen ihre Raubzüge erst einmal beendet haben, bleiben für unsereins nicht mehr viele Kürbisse übrig! Wenn Sie frische Milch möchten, stellen wir Ihnen gerne eine Ziege zur Verfügung. Fragen Sie einfach Schwester Manu.«

Als hätte ihr Name allein sie herbeizitiert, trat Schwester Manu durch die Tür. Sie musste gleich hinter ihnen gewesen sein. Das Häuschen schien kaum noch Platz für sie zu bieten, da Alma und der Reverend bereits darin standen. Alma bezweifelte sogar, dass Schwester Manu mit ihrem breitkrempigen, blumengeschmückten Hut überhaupt durch die Tür passen würde. Doch irgendwie passten sie alle hinein. Schwester Manu faltete ein Bündel auseinander und richtete auf dem kleinen Tisch die Speisen an, wobei sie Bananenblätter als Teller verwendete. Alma musste ihre ganze Selbstbeherrschung aufbieten, um sich nicht gleich auf das Essen zu stürzen. Sodann reichte Schwester Manu ihr ein Bambusrohr, das mit einem Korken verschlossen war.

»Wasser für Sie, zum *Trinken*!«, sagte sie.

»Vielen Dank«, erwiderte Alma. »Das ist sehr freundlich von Ihnen.«

Dann musterten sie einander eine Zeitlang schweigend: Alma mit müdem, Schwester Manu mit misstrauischem und der Reverend mit munterem Blick.

Schließlich neigte Reverend Welles den Kopf und sagte: »Wir danken Dir, Herr Jesus Christus, und Dir, allmächtiger Vater im Himmel, für die sichere Ankunft Deiner Dienerin Schwester Whittaker. Mögen Dein Segen und Dein Schutz sie begleiten. Amen.«

Dann brach er gemeinsam mit Schwester Manu auf, und Alma griff mit beiden Händen nach dem Essen und verschlang es so gierig und schnell, dass ihr nicht einmal Zeit blieb herauszufinden, was sie da eigentlich aß.

•

Mitten in der Nacht erwachte sie mit einem warmen, eisenartigen Geschmack im Mund. Sie roch Blut und Fell. Da musste ein Tier bei ihr sein. Ein Säugetier. Dieser Umstand war ihr bereits klar, noch ehe sie sich darauf besonnen hatte, wo sie sich befand. Ihr Herz klopfte heftig, während sie versuchte, sich zurechtzufinden. Auf dem Schiff war sie nicht. In Philadelphia war sie auch nicht. Sie war auf Tahiti – so, nun hatte sie die Orientierung wieder. Sie war auf Tahiti, in jenem Häuschen, wo Ambrose gelebt hatte und gestorben war. Wie lautete noch gleich das Wort für ihr Häuschen?

Fare. Sie war in ihrem *fare*, und da war ein Tier bei ihr im Raum.

Sie hörte eine Art Winseln, hell und unheimlich. Sie setzte sich in dem kleinen, unbequemen Bett auf und sah sich um. Durch das Fenster fiel ausreichend Mondlicht herein, um ihn zu sehen: den Hund, der mitten im Zimmer stand. Es war ein kleiner Hund, er wog höchstens zwanzig Pfund. Er hatte die Ohren angelegt und fletschte sie mit gebleckten Zähnen an. Ihre Blicke trafen sich. Das Winseln des Hundes ging in ein Knurren über. Alma stand der Sinn nicht danach, sich mit einem Hund anzulegen. Nicht einmal mit einem kleinen Hund. Diesen Gedanken fasste sie ganz schlicht, gelassen sogar. Neben ihrem Bett lag das Bambusrohr mit dem frischen Wasser, das Schwester Manu ihr mitgebracht hatte. Es war der einzige greifbare Gegenstand, der sich als Waffe eignete. Alma versuchte abzuwägen, ob sie nach dem Bambusrohr greifen konnte, ohne den Hund noch weiter zu reizen. Nein, sie war wirklich nicht gewillt, sich mit einem Hund anzulegen, aber falls es doch dazu kam, wollte sie einen ausgeglichenen Kampf. Langsam, ohne den Blick von dem Tier zu wenden, streckte sie den Arm Richtung Boden aus. Der Hund bellte und kam näher heran. Alma zog den Arm zurück. Sie versuchte es abermals. Wieder bellte der Hund, diesmal deutlich wütender. Sie sollte wohl keine Gelegenheit erhalten, sich zu bewaffnen.

Nun denn. Sie war viel zu müde, um Angst zu haben.

»Was hast du denn gegen mich einzuwenden?«, fragte sie den Hund mit matter Stimme.

Als er ihre Stimme hörte, ließ der Hund einen ganzen Schwall von Einwendungen auf sie los und bellte so nachdrücklich, dass es seinen kleinen Körper fast vom Boden hob. Alma musterte ihn ungerührt. Es war mitten in der Nacht. Sie hatte kein Schloss an ihrer Tür. Sie hatte kein Kopfkissen. Alles, was sie besaß, war verschwunden, und sie war gezwungen, in ihrem schmutzigen Reisekleid zu schlafen, mit den im Saum eingenähten Münzen – ihrem einzigen Besitz, jetzt, da ihre Sachen gestohlen waren. Sie hatte keine andere Waffe zur Hand als ein Stück Bambusrohr, und nicht einmal danach konnte sie greifen. Ihr Haus war von Krabben umzingelt und von Eidechsen befallen. Und jetzt stand auch noch ein zorniger tahitianischer Hund bei ihr im Zimmer. Erschöpft, wie sie war, empfand sie fast so etwas wie Langeweile.

»Verschwinde«, sagte sie.

Der Hund bellte noch lauter. Alma gab auf. Sie wandte ihm den Rücken zu, drehte sich auf die Seite und versuchte von neuem, auf der dünnen Matratze eine halbwegs behagliche Position zu finden. Er bellte immer weiter. Seine Empörung kannte keine Grenzen. Dann fall mich meinetwegen an, dachte Alma. Zu den Klängen seiner Unmutsäußerungen schlief sie ein.

Einige Stunden später erwachte sie erneut. Das Licht hatte sich verändert: Der Morgen dämmerte bereits. Diesmal saß ein kleiner Junge im Schneidersitz mitten im Raum und starrte sie an. Alma blinzelte und glaubte an Zauberei. Was für ein Magier mochte gekommen sein und den Hund in ein Kind verwandelt haben? Der Junge hatte langes Haar und ein ernstes Gesicht. Sie schätzte ihn auf etwa acht Jahre. Er trug kein Hemd, doch zu Almas Erleichterung befand er sich immerhin im Besitz einer Hose – auch wenn deren eines Bein nahezu komplett abgerissen war, so als hätte er sich aus einer Falle befreien und den Großteil des Kleidungsstücks zurücklassen müssen.

Als hätte er nur darauf gewartet, dass sie endlich erwachte, sprang der Junge auf. Alma wich erschrocken zurück, doch dann sah sie, dass er etwas in der Hand hielt, mehr noch, dass er es ihr hinstreckte. Das Ding auf seiner Handfläche glitzerte im dämmrigen Morgenlicht. Es war etwas Schmales, Messingfarbenes. Der Junge legte es auf den Bettrand. Es war das Okular ihres Mikroskops.

»Oh!«, rief sie aus.

Beim Klang ihrer Stimme rannte der Junge davon. Das

inexistente Etwas, das sich Tür schimpfte, fiel lautlos hinter ihm ins nicht vorhandene Schloss.

Danach konnte Alma nicht wieder einschlafen, doch aufstehen wollte sie auch nicht. Sie war noch genauso müde wie in der Nacht zuvor. Wer würde wohl als Nächstes in ihrem Zimmer stehen? Was war das hier bloß für ein Ort? Irgendwie musste sie die Tür verbarrikadieren – doch womit? Vielleicht konnte sie nachts den kleinen Tisch davorstellen, doch der ließ sich ohne Schwierigkeiten fortschieben. Und was nützte es schon, die Tür zu verbarrikadieren, wenn die Fenster nichts weiter waren als Löcher in der Wand? Verdattert und voller Sehnsucht drehte sie das Messingokular in der Hand. Wo war der Rest ihres geliebten Mikroskops? Sie hätte dem Jungen nachlaufen, herausfinden sollen, wo er ihren ganzen Besitz versteckt hielt.

Alma schloss die Augen und lauschte auf die fremdartigen Geräusche ringsum. Fast schien es ihr, als könnte sie die Morgendämmerung hören. Ganz sicher hörte sie die Wellen, die sich direkt vor ihrer Haustür brachen. Die Brandung war beunruhigend nahe. Sie hätte das Meer lieber etwas weiter weg gewusst. Alles erschien hier zu nah, zu bedrohlich. Auf dem Dach direkt über ihr hockte ein Vogel und ließ seinen wunderlichen Ruf hören. Ein wenig klang es wie: *»Denk! Denk! Denk!«*

Als ob sie je etwas anderes täte!

Schließlich fügte sich Alma in die Schlaflosigkeit und stand auf. Sie überlegte, wo sie wohl einen Abort finden sollte oder auch nur eine Stelle, die als Abort dienen konnte. Am Abend zuvor hatte sie sich einfach hinter dem *fare* hingehockt, doch sie hoffte, irgendwo in der Nähe eine komfortablere Möglichkeit zu finden. Als sie aus der Tür trat, wäre sie fast über etwas gestolpert. Sie sah zu Boden und erblickte – direkt auf ihrer Schwelle, soweit man von einer Schwelle sprechen konnte – Ambroses Koffer, der dort artig auf sie wartete, ungeöffnet und so fest verschnürt wie eh und je. Sie fiel auf die Knie, riss den Koffer auf und sah rasch den Inhalt durch. Alle Zeichnungen waren noch da.

Am Strand, so weit ihr Auge in der Morgendämmerung reichte, war nichts und niemand zu sehen – kein Mann und keine Frau, kein kleiner Junge und kein Hund.

»Denk!«, kreischte der Vogel über ihrem Kopf. *»Denk!«*

Kapitel 23

Die Zeit hat die Eigenschaft, unaufhaltsam zu verstreichen, selbst in den abstrusesten, ungewohntesten Lebenslagen, und so verstrich auch für Alma die Zeit in der Matavai-Bucht. Langsam und zögernd begann sie, ihre neue Welt zu begreifen.

Wie einst als Kind, als das Bewusstsein nach und nach in ihr erwachte, erforschte sie zunächst einmal ihr Haus. Das nahm nicht allzu viel Zeit in Anspruch, denn ihr winziges tahitianisches *fare* war ja nicht White Acre. Es gab dort nur das eine Zimmer, die halbherzige Tür, die drei leeren Fensterhöhlen, die grob zusammengezimmerten Möbel und das strohgedeckte Dach, in dem die Eidechsen hausten. An jenem ersten Morgen suchte Alma das Haus aufs Gründlichste nach Spuren von Ambrose ab, doch da war nichts. Noch ehe sie sich auf die (vollkommen fruchtlose) Suche nach ihrem verlorenen Gepäck begab, hielt sie Ausschau nach Hinweisen auf ihn. Aber was hatte sie sich bloß erhofft? Eine Botschaft für sie, an die Wand geschrieben? Weitere verborgene Zeichnungen? Ein Bündel Briefe vielleicht oder ein Tagebuch, das endlich etwas anderes offenbarte als undurchschaubare, mystische Sehnsüchte? Doch es war nichts von ihm zu finden.

Ergeben borgte Alma sich einen Besen von Schwester Manu und fegte die Spinnweben von den Wänden. Das alte trockene Gras auf dem Boden ersetzte sie durch frisches trockenes Gras. Sie schüttelte die Matratze auf und fand sich damit ab, dass dieses *fare* nun ihr gehörte. Auch fand sie sich, so wie der Reverend es ihr geraten hatte, mit der unerfreulichen Tatsache ab, dass ihre Habseligkeiten entweder irgendwann wieder auftauchen würden oder eben nicht und dass sie darauf keinen – nicht den geringsten – Einfluss hatte. So bestürzend dieser Umstand auch war, schien er doch merkwürdig passend und sogar gerechtfertigt. Es kam einer sofortigen Buße gleich, alles verloren zu haben, was ihr wertvoll war. In gewisser Weise fühlte sie sich Ambrose dadurch näher. Sie waren beide nach Tahiti gekommen, um dort alles zu verlieren.

Und so machte Alma sich daran, in ihrem einzigen verbliebenen Kleid ihre Umgebung zu erkunden.

Hinter dem Haus befand sich ein sogenannter *himaa*, ein offener Ofen, auf dem sie schon bald Wasser erhitzen und eine bescheidene Anzahl Speisen zubereiten konnte. Schwester Manu brachte ihr bei, wie man mit den einheimischen Früchten und Gemüsen verfuhr. Alma vermutete zwar, dass die Ergebnisse ihrer Kochversuche vielleicht nicht ganz so sehr nach Ruß und Sand schmecken sollten, doch sie blieb hartnäckig und war stolz darauf, sich selbständig ernähren zu können. (Autotroph war sie geworden, dachte sie mit wehmütigem Lächeln; wie stolz Retta Snow auf sie gewesen wäre!) Sie besaß ein klägliches Fleckchen Garten, mit dem jedoch wenig anzufangen war; Ambrose hatte sein Haus auf heißen Sand gebaut, somit war jeder Kultivierungsversuch zum Scheitern verurteilt. Auch gegen die Eidechsen ließ sich nichts unternehmen: Sie glitten die ganze Nacht über die Deckenbalken. Immerhin trugen sie dazu bei, die Mücken zu dezimieren, und so bemühte sich Alma, sie nicht weiter zu beachten. Sie wusste, dass sie ihr nichts Böses wollten, trotzdem wäre sie gern sicher gewesen, dass sie nachts nicht auf ihr herumkrochen. Sie konnte von Glück sagen, dass es keine Schlangen waren. Auf Tahiti gab es dankenswerterweise keine Schlangen.

Krabben allerdings gab es, doch Alma lernte bald, sich nicht an diesen Kreaturen zu stören, die am Strand in jeder Größe um ihre Füße wuselten. Auch sie wollten Alma nichts Böses. Sobald sie ihrer mit den beweglichen Stielaugen ansichtig wurden, eilten sie in heller, scherenklappernder Panik in die andere Richtung davon. Alma gewöhnte sich an, barfuß zu laufen, nachdem sie gemerkt hatte, wie viel ungefährlicher das war. Für Schuhe war es auf Tahiti einfach zu heiß, zu feucht, zu sandig und zu glitschig. Glücklicherweise war die Umgebung nackten Füßen wohlgesinnt: Es gab nicht eine dornige Pflanze auf der Insel, und die meisten Wege bestanden aus Sand oder glattem Stein.

Alma lernte Gestalt und Charakter des Strandes kennen und die allgemeinen Gewohnheiten der Gezeiten. Obgleich sie nicht schwimmen konnte, wagte sie sich jede Woche ein Stückchen weiter in das träge, dunkle, wogende Wasser der Matavai-Bucht hinein. Sie war dankbar für das Riff, das die Brandung in der Bucht einigermaßen eindämmte.

Sie lernte, jeden Morgen mit den anderen Frauen aus der Siedlung, die alle ebenso stämmig und kräftig waren wie sie, im Fluss zu baden. Die Tahitianerinnen achteten peinlichst auf Sauberkeit und wuschen sich jeden Tag das Haar und den ganzen Körper mit dem schäumenden Saft der Ingwerpflanzen, die am Ufer wuchsen. Bald fragte sich Alma, die an tagtägliches Baden nicht gewöhnt war, weshalb sie es nicht schon ihr Leben lang so gehalten hatte. Sie lernte auch, den kleinen Jungen, die in Grüppchen am Flussufer standen und über die nackten Frauen kicherten, keine weitere Beachtung zu schenken. Es war ohnehin nichts dagegen zu tun; es gab keinen Zeitpunkt, weder tagsüber noch bei Nacht, zu dem man vor den Kindern sicher war.

Die Tahitianerinnen hatten nichts gegen das Gekicher der Kinder. Viel mehr Sorge bereitete ihnen offenbar Almas krauses, widerspenstiges, farbloses Haar, das sie ebenso mitleidig wie betroffen begutachteten. Sie hatten alle so wunderschönes Haar, das ihnen in schwarzen Wellen den Rücken hinabwallte, und es schmerzte sie zutiefst, dass Alma dieses großartige Merkmal nicht besaß. Auch Alma schmerzte das zutiefst. Eine Entschuldigung für ihr Haar gehörte zu den allerersten Sätzen, die sie auf Tahitianisch formulieren konnte. Sie fragte sich, ob es wohl irgendwo auf Erden einen Ort gab, an dem man ihr Haar nicht als Tragödie betrachtete. Wohl kaum, vermutete sie.

Alma eignete sich so viel Tahitianisch an, wie sie eben konnte, und lernte von jedem, der auch nur ein paar Worte mit ihr wechselte. Die Einheimischen erwiesen sich als freundlich und hilfsbereit und ermunterten Alma in ihren Bemühungen, als wäre es eine Art Spiel. Anfangs versuchte sie, die alltäglichen Dinge rings um die Matavai-Bucht zu benennen: die Bäume, die Eidechsen, die Fische, den Himmel und die reizenden kleinen Tauben, die *uuairo* genannt wurden (ein Wort, das haargenau so klang wie ihr zarter, perlender Ruf). Sobald sie dazu in der Lage war, wandte sie sich der Grammatik zu. Die Bewohner der Missionssiedlung sprachen unterschiedlich gut Englisch – manche beherrschten es fließend, andere waren einfach nur kreativ –, doch Alma, ganz die Sprachgelehrte, war bestrebt, ihre Gespräche so weit wie möglich auf Tahitianisch zu führen.

Allein, das Tahitianische war, wie sie feststellen musste, keine leichte Sprache. Für Almas Ohren klang es eher nach Vogelgezwitscher als nach Sprache, und sie war nicht musikalisch genug, um es richtig zu beherrschen. Außerdem kam sie zu dem Schluss, dass das Tahitianische auch keine verlässliche Sprache war. Es besaß keine unverbrüchlichen Gebote wie das Lateinische oder das Griechische. Und die Bewohner der Matavai-Bucht verfuhren besonders spielerisch und hinterlistig mit ihren Wörtern: Sie änderten sie von Tag zu Tag. Bisweilen mischten sie auch ein wenig Englisch oder Französisch hinein und schufen phantasievolle neue Ausdrücke. Die Tahitianer hatten eine Vorliebe für komplizierte Wortspiele, die Alma allenfalls dann verstanden hätte, wenn schon ihre Ururgroßeltern hier geboren worden wären. Zudem sprachen die Leute aus der Matavai-Bucht auch noch ganz anders als die Leute im nur sieben Meilen entfernten Papeete, und die Leute dort sprachen wiederum anders als die Tahitianer in Taravao oder in Teahupo. Man konnte nicht darauf vertrauen, dass derselbe Satz auf der einen Seite der Insel dasselbe bedeutete wie auf der anderen oder dass er heute noch dasselbe bedeutete wie gestern.

Um das Wesen dieses eigenartigen Ortes zu ergründen,

studierte Alma sorgfältig die Menschen ringsum. Schwester Manu war besonders wichtig, denn sie kümmerte sich nicht nur um die Schweine, sondern beaufsichtigte das ganze Dorf. Sie war eine gestrenge Zeremonienmeisterin und achtete akribisch auf Etikette und Entgleisungen. So sehr die Missionsgemeinde Reverend Welles liebte, so sehr fürchtete sie Schwester Manu. Manu – ihr Name bedeutete »Vögelchen« – war ebenso groß wie Alma und dabei so muskulös wie ein Mann. Sie hätte Alma auf dem Rücken davontragen können. Es gab wahrhaftig nicht allzu viele Frauen, von denen man dies behaupten konnte.

Schwester Manu trug stets ihren breitkrempigen Strohhut, der jeden Tag mit neuen frischen Blumen geschmückt wurde, doch beim Baden im Fluss hatte Alma gesehen, dass Manus Stirn von einem Geflecht aus hässlichen weißen Narben überzogen war. Zwei oder drei der anderen älteren Frauen trugen ähnlich rätselhafte Male auf der Stirn, doch Manu war noch auf andere Weise gezeichnet: An beiden Händen fehlte ihr das letzte Glied des kleinen Fingers. Alma fand diese Verletzung höchst sonderbar, so ordentlich und symmetrisch. Sie konnte sich nicht vorstellen, wie man es fertigbrachte, sich beider Fingerglieder so säuberlich zu entledigen. Zu fragen wagte sie nicht.

Jeden Morgen und jeden Abend läutete Schwester Manu die Glocke zur Andacht, und die Dorfbewohner – achtzehn an der Zahl – kamen pflichtschuldigst herbei. Auch Alma gab sich Mühe, die Messen in der Matavai-Bucht niemals zu versäumen, denn das hätte Schwester Manu verstimmt, und Alma war auf ihr Wohlwollen angewiesen. Zudem hatte sie festgestellt, dass diese Messen sich ohne viel Aufwand überstehen ließen. Sie dauerten selten länger als eine Viertelstunde, und die Predigten, die Schwester Manu in ihrem spröden Englisch hielt, waren stets kurzweilig. Wären die lutheranischen Zusammenkünfte in Philadelphia ebenso schlicht und unterhaltsam gewesen, dachte Alma, dann wäre sie womöglich eine bessere Lutheranerin geworden. Sie lauschte aufmerksam, und schließlich gelang es ihr, einzelne Wörter und Phrasen aus den kompakten tahitianischen Gesängen herauszuhören.

Te rima atua: die Hand Gottes.

Te mau pure atua: das Volk Gottes.

Was nun den kleinen Jungen betraf, der Alma in jener ersten Nacht das Okular ihres Mikroskops zurückgebracht hatte, so fand sie bald heraus, dass er zu einer Bande von fünf Knirpsen gehörte, die durch die Missionssiedlung stromerten und offenbar keine andere Aufgabe hatten, als so lange unermüdlich zu spielen, bis sie erschöpft in den Sand fielen und – kleinen Hunden gleich – einfach schliefen, wo sie gerade lagen. Alma brauchte mehrere Wochen, bis sie die Jungen auseinanderhalten konnte. Derjenige, der in ihr Zimmer gekommen war und ihr das Okular überreicht hatte, hieß Hiro. Er hatte das längste Haar und genoss in der Bande besonderes Ansehen. (Später erfuhr Alma, dass Hiro in der tahitianischen Mythologie der Name des Königs der Diebe war. Es erheiterte sie, dass ihre erste Begegnung mit diesem kleinen König der Diebe aus der Matavai-Bucht darin bestanden hatte, dass er ihr höchstpersönlich etwas zurückbrachte.) Hiros Bruder war ein Junge namens Makea, obwohl sie möglicherweise gar keine leiblichen Brüder waren. Sie behaupteten nämlich auch, die Brüder von Papeiha und Tinomana sowie eines weiteren Makea zu sein, doch das erschien Alma denkbar unwahrscheinlich, da alle fünf Jungen gleich alt zu sein schienen und zwei von ihnen denselben Namen trugen. Sie konnte beim besten Willen nicht sagen, wer ihre Eltern waren. Es gab keinerlei Anzeichen dafür, dass sich jemand anders um diese Kinder kümmerte als die Kinder selbst.

Es gab auch noch andere Kinder in der Matavai-Bucht, doch die gingen das Leben um einiges ernsthafter an als diese fünf Knirpse, die Alma für sich »Hiro und Konsorten« nannte. Diese anderen Kinder besuchten jeden Nachmittag die Missionsschule, wo sie Englisch und Lesen lernten, selbst wenn ihre Eltern nicht in der Siedlung des Reverend Welles wohnten. Es waren kleine Jungen mit ordentlich kurzgeschnittenem Haar und kleine Mädchen mit wunderschönen Zöpfen, langen Kleidern und einem strahlenden Lächeln. Sie wurden in der Kirche unterrichtet, und zwar von der fröhlichen jungen Frau, die Alma am ersten Tag zugerufen hatte, dass man hier Englisch spreche. Sie hieß Etini – »weiße Blumen am Wegesrand« –, und sie sprach fließend Englisch, mit einem klaren britischen Akzent. Es hieß, sie sei als Kind von der Frau des Reverend Welles persönlich unterrichtet worden, und heute galt Etini als beste Englischlehrerin auf der ganzen Insel.

Alma war beeindruckt von den adretten, eifrigen Schulkindern, doch die fünf wilden, ungebildeten Jungen, Hiro und Konsorten, faszinierten sie ungleich mehr. Nie zuvor hatte sie Kinder erlebt, die so frei waren wie Hiro, Makea, Papeiha, Tinomana und der zweite Makea. Frei und ledig waren sie, wie es in der Bibel hieß, und fröhlich noch dazu. Wie mythologische Mischwesen aus Fisch, Vogel und Affe schienen sie gleichermaßen im Meer, in den Bäumen und auf dem Boden zu Hause. Sie baumelten an Lianen und ließen sich unter furchtlosem Juchzen in den Fluss fallen. Sie paddelten auf kleinen Holzbrettern bis zum Riff hinaus, und dort – unfassbar! – stellten sie sich auf diese Bretter und segelten aufrecht über die hohen, schäumenden, heranbrandenden Wellen. Sie nannten diesen Zeitvertreib *faheei*, und Alma konnte sich kaum ausmalen, was sie an Wendigkeit und Zuversicht besitzen mussten, um so behände auf der Brandung zu reiten. Zurück am Strand, balgten und knufften sie sich unermüdlich. Sie bastelten sich Stelzen, stäubten sich am ganzen Körper mit einer Art weißem Puder ein, hielten sich mit kleinen Zweigen die Lider offen und jagten einander als riesige, ungestalte Monster über den Sand. Sie ließen einen *uo* steigen, einen Drachen aus getrockneten Palmwedeln. In ruhigeren Augenblicken spielten sie eine Art Astragaloi, wobei sie statt der Knöchelchen kleine Steine verwendeten. Sie hielten sich ein wechselndes Gefolge aus Katzen, Hunden, Papageien und sogar Aalen – Letztere wurden in mit Steinen abgetrennte Wassergehege gesperrt, und wenn die Jungs pfiffen, reckten sie ihre schaurigen Köpfe aus dem Wasser, um sich mit Obststückchen füttern zu lassen. Mitunter verspeisten Hiro und Konsorten ihre Haustiere auch, häuteten sie und brieten sie an improvisierten Spießen. Es war hier ganz und gar üblich, Hunde zu essen. Reverend Welles erklärte Alma, tahitianisches Hundefleisch sei mindestens so schmackhaft wie englisches Lamm – allerdings hatte er seit geraumer Zeit kein englisches Lamm mehr zu sich genommen, und so traute sie seiner Aussage nicht recht. Sie konnte nur hoffen, dass niemand Roger verspeisen würde.

Denn Roger, so hatte Alma herausgefunden, war der Name des kleinen rostroten Hundes, der sie in der ersten Nacht in ihrem *fare* besucht hatte. Roger gehörte offensichtlich niemandem, anscheinend hatte er jedoch eine gewisse Zuneigung zu Ambrose gefasst, dem er auch seinen ebenso ehrenwerten wie handfesten Namen verdankte. Das erfuhr Alma von Schwester Etini, verbunden mit dem irritierenden Ratschlag: »Roger wird Sie niemals beißen, Schwester Whittaker, solange Sie nicht versuchen, ihn zu füttern.«

Während der ersten Wochen ihres Aufenthalts kam Roger Nacht für Nacht in Almas Zimmer, um sie mit großer Inbrunst anzubellen. Lange Zeit bekam sie ihn bei Tageslicht nie auch nur zu sehen. Doch nach und nach und sichtlich gegen seinen Willen verflog seine Empörung, und seine Wutanfälle nahmen ab. Eines Morgens erwachte Alma und fand Roger schlafend auf dem Boden neben ihrem Bett; er musste in der Nacht zuvor ganz ohne Bellen ins Haus gekommen sein. Eine bemerkenswerte Entwicklung. Als er hörte, wie Alma sich aufsetzte, knurrte Roger und lief davon, doch in der folgenden Nacht kam er wieder und schwieg fortan. Im Laufe der Zeit versuchte sie tatsächlich einmal, ihn zu füttern, und er versuchte tatsächlich, sie zu beißen.

Doch jenseits dessen kamen sie gut miteinander aus. Roger wurde zwar nicht unbedingt zutraulich, doch er schien auch nicht mehr das Verlangen zu hegen, Alma die Kehle vom Körper zu trennen, und das war immerhin ein Fortschritt.

Als Hund bot Roger einen erbärmlichen Anblick. Nicht nur war er rostrot gefleckt, besaß ein schiefes Maul und humpelte, nein, offenbar hatte sich im Lauf der Jahre jemand hingebungsvoll der Aufgabe gewidmet, ihm größere Teile des Schwanzes abzuknabbern. Zudem war er *tuapu'u*: bucklig. Trotz alledem begann Alma, die Gegenwart des Hundes zu schätzen. Ambrose musste ihn schließlich aus irgendeinem Grund geliebt haben, und dieser Gedanke faszinierte sie. Stundenlang betrachtete sie den Hund und überlegte, was er wohl über ihren Ehemann wusste. Mit der Zeit wurde ihr seine Gesellschaft ein Trost. Zwar konnte sie sich nicht unbedingt rühmen, dass Roger ihr Schutz und Treue angedeihen ließ, doch immerhin schien er sich dem Haus in gewisser Weise verbunden zu fühlen. Zu wissen, dass er kommen würde, nahm ihr ein wenig von der Angst, des Nachts allein einzuschlafen.

Das war auch gut so, denn Alma hatte längst jede Hoffnung auf ein gewisses Maß an Sicherheit und Abgeschiedenheit fahren lassen. Jeder Versuch, Grenzen um ihr Heim und ihre wenigen verbliebenen Habseligkeiten zu ziehen, war von vornherein zum Scheitern verurteilt. Erwachsene, Kinder, die Tierwelt, das Wetter – alles und jeder in der ganzen Matavai-Bucht fühlte sich zu jeglicher Tages- oder Nachtzeit und aus welchem Anlass auch immer bemüßigt, in Almas *fare* vorbeizuschauen. Man musste den Besuchern allerdings zugutehalten, dass sie keineswegs immer mit leeren Händen kamen. Mit der Zeit kehrten Teile von Almas Besitztümern stück- und fragmentweise zu ihr zurück. Sie wusste nicht, wer ihr die Gegenstände zurückbrachte. Nie sah sie, wie es geschah. Es war, als würde die Insel selbst nach und nach Teile ihres verschlungenen Gepäcks wieder ausspeien.

In der ersten Woche erhielt sie etwas Papier zurück, einen Unterrock, ein Arzneifläschchen, einen Ballen Stoff, ein Röllchen Zwirn und eine Bürste. Wenn ich nur lang genug warte, dachte sie sich, dann bekomme ich alles wieder. Doch das erwies sich als Trugschluss, denn es konnte ebenso gut passieren, dass bereits aufgetauchte Dinge wieder verschwanden. Immerhin bekam sie ihr zweites Reisekleid zurück – die in den Saum eingenähten Münzen waren zu ihrem Erstaunen unangetastet –, und das war ein Segen, auch wenn ihre Hauben zum Wechseln allesamt verschwunden blieben. Auch ein Teil ihres Schreibpapiers, wenngleich nicht allzu viel, fand den Weg zu ihr zurück. Ihren Arzneikasten sah sie nicht wieder, dafür standen plötzlich einige Botanisiergläser ordentlich aufgereiht auf ihrer Schwelle. Eines Morgens stellte sie fest, dass ihr ein Schuh fehlte – bloß einer, auch wenn sie sich beileibe nicht vorstellen konnte, was jemand mit einem einzelnen Schuh anzufangen gedachte –, man ihr aber zugleich einen sehr nützlichen Aquarellkasten zurückerstattet hatte. Ein andermal bekam sie das Unterteil ihres kostbaren Mikroskops zurück, nur um dann festzustellen, dass dafür das Okular erneut entwendet worden war. In ihrem Haus herrschte eine Art ständiger Gezeitenstrom, Ebbe und Flut im Wechsel, die das Strandgut ihres früheren Lebens entweder anschwemmten oder mit sich fort nahmen. Ihr blieb nichts weiter übrig, als sich darein zu fügen und sich jeden Tag aufs Neue darüber zu wundern, was sie vorfand und verlor und kurz darauf wieder vorfand und verlor.

Ambroses Koffer allerdings wurde ihr nicht wieder entwendet. Gleich an dem Morgen, als sie ihn vor ihrer Tür fand, hatte Alma den Koffer auf den Tisch in ihrem Häuschen gelegt, und dort war er geblieben – so unberührt, als wachte ein unsichtbarer polynesischer Minotaurus über ihn. Mehr noch: Es verschwand niemals auch nur eine Zeichnung des Knaben. Alma konnte nicht sagen, weshalb gerade dieser Koffer solche Wertschätzung erfuhr, wo doch in der Matavai-Bucht sonst nichts sicher war. Jemanden zu fragen: *Warum rührt ihr diesen Koffer nicht an und stehlt keines der Bilder?* – das hätte sie nie gewagt. Wie hätte sie auch erklären sollen, was es mit den Zeichnungen auf sich hatte und warum der Koffer ihr so viel bedeutete? Ihr blieb nichts weiter übrig, als zu schweigen und es nicht zu begreifen.

•

In Gedanken war Alma stets bei Ambrose. Er hatte auf Tahiti keinerlei Spuren hinterlassen, bis auf die diffuse Zuneigung, die alle für ihn hegten, und doch suchte sie unermüdlich nach Hinweisen. Was immer sie tat, was immer sie anfing, stets war da die Frage: *Hat er das auch getan?* Wie hatte er seine Zeit hier verbracht? Was hatte er über sein kleines Haus gedacht, über das eigentümliche Essen, über die komplizierte Sprache, das ewig gleiche Meer, über Hiro und Konsorten? Hatte er Tahiti geliebt? Oder war es ihm, so wie Alma, viel zu fremd und absonderlich vorgekommen, um es ins Herz zu schließen? Hatte auch ihn die Sonne verbrannt, so wie sie Alma am schwarzen Strand verbrannte? Hatte er die kühlen Veilchen und die sanften Drosseln daheim vermisst, so wie Alma es tat, während sie zugleich den üppigen Hibiskus und die lauten grünen Papageien bewunderte? War er bedrückt und melancholisch gewesen oder hocherfreut, sich im Garten Eden wiederzufinden? Hatte er während seiner Zeit hier überhaupt je an Alma gedacht? Oder hatte er sie rasch vergessen in seiner Erleichterung, von ihrem beängstigenden Begehren befreit zu sein? Hatte er sie vergessen, weil er sich in den Knaben verliebt hatte? Und was den Knaben anging: Wo steckte er inzwischen? Er war ja im Grunde kein Knabe, das musste Alma sich eingestehen, erst recht, wenn sie die Zeichnungen abermals betrachtete. Die Gestalt auf den Bildern war eher ein junger Mann an der Schwelle zum Erwachsensein. Jetzt, Jahre später, musste er längst ein ausgewachsener Mann sein.

Doch in Almas Kopf blieb er immer nur der Knabe, und sie gab die Suche nach ihm niemals auf.

In der Matavai-Bucht indessen fand sie keine Spur und keinerlei Hinweis auf den Knaben. Sie suchte ihn im Gesicht eines jeden Mannes, der in die Siedlung kam, im Gesicht eines jeden Fischers, der am Strand tätig war. Als Reverend Welles ihr erzählte, Ambrose habe einen Tahitianer in die Geheimnisse der Pflege der Vanillepflanze eingeweiht – *kleine Knaben, kleine Finger, kleine Stöckchen* –, da dachte Alma: *Das muss er sein!* Doch als sie auf die Plantage fuhr, um sich selbst zu überzeugen, da war es keineswegs der Knabe, sondern ein stämmiger, älterer Mann, der auf einem Auge schielte. Alma unternahm diverse Ausflüge zur Vanilleplantage, begegnete jedoch niemandem, der auch nur im Entferntesten an den Knaben erinnerte. Alle paar Tage gab sie vor, zum Botanisieren aufzubrechen, machte sich aber in Wahrheit auf in die Hauptstadt Papeete, auf dem Rücken eines Ponys, das sie sich auf der Plantage geborgt hatte, um den langen Weg zu verkürzen. Den ganzen Tag, bis in den späten Abend, streifte sie durch die Straßen und sah jedem Passanten ins Gesicht. Das Pony folgte ihr – eine magere Tropenversion von Soames, dem alten Gefährten ihrer Kindheit. Sie suchte den Knaben am Hafen, vor den Bordellen, in den Herbergen, wo die eleganten französischen Kolonialherren abstiegen, in der neuen katholischen Kathedrale, auf dem Markt. Manchmal entdeckte sie vor sich einen großen, gut gebauten Eingeborenen mit kurzem Haar, lief ihm nach und tippte ihm auf die Schulter, bereit, ihm jede denkbare Frage zu stellen, damit er sich nur zu ihr umdrehte. Bei jeder Begegnung war sie überzeugt: *Das wird er sein.*

Er war es nie.

Sie wusste, bald würde sie ihn andernorts auf der Insel suchen müssen, doch wie sollte sie das anfangen? Die Insel maß fünfunddreißig Meilen in der Länge und zwölf Meilen in der Breite. In der Form ähnelte sie einer schiefen Acht. Weite Teile ließen sich nur unter großen Schwierigkeiten oder gar nicht überqueren. Sobald man die schattige sandige Straße verließ, die sich an großen Teilen der Küste entlangschlängelte, wurde Tahiti zu einer erschreckend beschwerlichen Welt. Yamsplantagen zogen sich in Terrassen die Hänge hinauf, daneben Kokoshaine und wellige Flächen kurzen, struppigen Grases, doch dann, ganz unvermittelt, war da nichts mehr als hohe Felswände und undurchdringlicher Urwald. Im Hochland, erfuhr Alma, lebten in der Hauptsache Felsbewohner, die geradezu sagenumwoben waren und über außergewöhnliche Klettertalente verfügten. Sie waren keine Fischer, sondern Jäger. Manche von ihnen hatten nie einen Fuß ins Meer gesetzt. Die felsbewohnenden Tahitianer und die Tahitianer an der Küste hatten einander stets argwöhnisch beäugt, und es gab gewisse Grenzen, die keine der beiden Parteien übertreten durfte. Vielleicht gehörte der Knabe ja zu den felsbewohnenden Stämmen? Aber die Zeichnungen zeigten ihn doch am Meer, mit einem Fischernetz. Alma konnte es nicht ergründen.

Natürlich war es auch denkbar, dass der Knabe ein Seemann gewesen war – ein Matrose auf einem durchreisenden Walfänger. Falls dem so war, dann würde sie ihn niemals finden. Er konnte inzwischen überall sein.

Sie musste weitersuchen.

In der Missionssiedlung zumindest stieß sie nicht auf neue Erkenntnisse. Es fiel nicht eine anzügliche Bemerkung über Ambrose – nicht einmal beim Bad im Fluss, wo die Frauen so hemmungslos tratschten. Niemand machte auch nur eine Nebenbemerkung über den schmerzlich vermissten und vielbeklagten Mr Pike. Alma war sogar so weit gegangen, Reverend Welles zu fragen: »Hatte Mr Pike bei seinem Aufenthalt hier vielleicht einen speziellen Freund? Jemanden, der ihm näherstand als andere?«

Doch er hatte sie nur mit seinem offenen Blick gemustert und geantwortet: »Mr Pike war bei uns allen beliebt.«

Das war an dem Tag gewesen, als sie Ambroses Grab besuchten. Alma hatte Reverend Welles gebeten, sie hinzuführen, damit sie dem verstorbenen Angestellten ihres Vaters die letzte Ehre erweisen könne. An einem kalten, bewölkten Nachmittag wanderten sie gemeinsam zum Berg Tahara, auf dessen Gipfel sich ein kleiner englischer Friedhof befand. Alma fand in Reverend Welles einen äußerst angenehmen Wandergefährten, der rasch und sicher jegliches Gelände überquerte und unterwegs alle möglichen faszinierenden Fakten zum Besten gab.

»In meiner Anfangszeit hier«, erzählte er, während sie den steilen Hang erklommen, »habe ich versucht herauszufinden, welche der Gewächse und Nutzpflanzen ursprünglich von Tahiti stammten und welche von früheren Siedlern und Forschern hergebracht worden waren, doch es ist erschreckend schwierig, nicht wahr, so etwas genau zu bestimmen. Die Tahitianer waren mir bei diesem Unternehmen keine große Hilfe, sie glauben nämlich, dass sämtliche Pflanzen – auch die Nutzpflanzen – von den Göttern angebaut wurden.«

»Der Ansicht sind auch die alten Griechen«, stieß Alma etwas kurzatmig hervor. »Sie sagen, die Götter persönlich hätten die Weinreben und die Olivenhaine gepflanzt.«

»Ganz recht«, sagte Reverend Welles. »Anscheinend neigt der Mensch dazu zu vergessen, was er selbst erschaffen hat. Inzwischen wissen wir, dass alle Völker Polynesiens Tarowurzeln, Kokospalmen und Brotfruchtbäume mit sich nehmen, wenn sie eine neue Insel besiedeln, doch sie werden Ihnen übereinstimmend erklären, die Götter hätten all das dort angepflanzt. Manche dieser Geschichten sind geradezu fabelhaft. So heißt es, der Brotfruchtbaum sei von den Göttern als Abbild des menschlichen Körpers geformt worden, als Hinweis für uns Menschen, nicht wahr – damit wir wissen, dass uns der Baum nützlich ist. Deswegen ähneln die Blätter des Brotfruchtbaums auch Händen – um den Menschen zu zeigen, dass sie nach dem Baum greifen und dort Nahrung finden sollen. Ja, die Tahitianer sind sogar der Ansicht, dass alle Nutzpflanzen auf der Insel Teilen des menschlichen Körpers gleichen, als Botschaft der Götter, nicht wahr. So wird das Kokosöl, das gegen Kopfschmerzen hilft, aus der Kokosnuss gewonnen, die ihrerseits aussieht wie ein Kopf. Die Früchte der *mape*-Kastanie sollen Nierenleiden heilen, denn sie sehen, so sagte man mir, selbst aus wie kleine Nieren. Der dunkelrote Saft der *fei*-Pflanze hilft bei Blutleiden.«

»*Rerum signatura*«, murmelte Alma.

»Ganz recht, ganz recht«, erwiderte Reverend Welles. Alma war sich nicht sicher, ob er ihr überhaupt zugehört hatte. »Auch die Zweige der Paradiesfeige, so wie dieser hier, Schwester Whittaker, stehen symbolisch für den menschlichen Körper. Aufgrund ihrer Gestalt gilt die Feige als Zeichen des Friedens – als Zeichen der Menschlichkeit, könnte man sagen. Man legt einen dieser Zweige seinem Feind zu Füßen, um zu zeigen, dass man sich ergeben will oder zu Verhandlungen bereit ist. Diese Entdeckung hat mir in meiner ersten Zeit auf Tahiti sehr geholfen, das kann ich Ihnen sagen! Ich habe nur so um mich geworfen mit Paradiesfeigenzweigen, nicht wahr, damit man mich nicht tötet und auffrisst!«

»Hätte man Sie denn tatsächlich getötet und aufgefressen?«, wollte Alma wissen.

»Vermutlich nicht, obwohl Missionare dergleichen ja stets befürchten. Wissen Sie, es gibt da ein recht hübsches und geistreiches Beispiel für Missionarshumor, die Frage nämlich: ›Wenn ein Missionar von einem Kannibalen verspeist wird, der den Missionar alsbald verdaut und anschließend stirbt, wird dann beim Jüngsten Gericht der verdaute Körper des Missionars wiederauferstehen? Falls nicht, woher soll der heilige Petrus dann wissen, welchen Teil er in den Himmel und welchen in die Hölle schicken muss?‹ Hahaha!«

»Haben Sie über die Geschichte, die Sie eben erwähnten, auch mit Mr Pike gesprochen?«, fragte Alma. »Dass die Götter den Pflanzen bestimmte Formen gegeben haben, meine ich, um den Menschen ihren Zweck anzuzeigen?«

»Mr Pike und ich haben über so vieles gesprochen, Schwester Whittaker!«

Alma wusste nicht recht, wie sie nach Einzelheiten fragen sollte, ohne dabei zu viel von sich preiszugeben. Wie sollte sie dieses große Interesse am Angestellten ihres Vaters erklären? Sie wollte keinen Verdacht erwecken. Was für ein wunderlicher Zeitgenosse Reverend Welles doch war! Es gelang ihm, gleichzeitig offen und undurchschaubar zu sein. Sooft die Rede auf Ambrose kam, suchte Alma nach Regungen in seinem Gesicht, aber ihm war nichts anzumerken. Er betrachtete die Welt stets mit derselben gelassenen Miene. Seine Stimmung blieb in jeder Lebenslage die gleiche. Er war so beständig wie ein Leuchtturm. Und seine Aufrichtigkeit war so umfassend und absolut, dass sie beinahe zur Maske wurde.

Schließlich erreichten sie den Friedhof mit den kleinen, von der Sonne gebleichten, teilweise zu Kreuzen gehauenen Grabsteinen. Reverend Welles führte Alma direkt zu Ambroses Grab, das gepflegt und mit einem kleinen Grabstein markiert war. Es war ein idyllischer Ort, man überblickte die ganze Matavai-Bucht und das glitzernde offene Meer dahinter. Alma hatte befürchtet, angesichts des leibhaftigen Grabes ihre Gefühle nicht mehr beherrschen zu können, doch nun blieb sie kühl und distanziert. Sie nahm hier nichts von Ambrose wahr. Sie konnte nicht glauben, dass er dort in der Erde begraben lag. Sie dachte daran, wie er früher immer ausgestreckt im Gras lag mit seinen wunderbaren langen Beinen und ihr von Mirakeln und Mysterien erzählte, während sie ihre Moose studierte. Ihr schien, als existierte in Philadelphia und in ihrer Erinnerung sehr viel mehr von ihm als hier. Sie vermochte sich einfach nicht vorzustellen, dass dort zu ihren Füßen seine Knochen vermoderten. Ambrose gehörte nicht der Erde an, er gehörte der Luft. Er war ja schon zu Lebzeiten kaum dem Irdischen verhaftet, dachte sie. Wie sollte er da jetzt in der Erde sein?

»Wir hatten nicht genug Holz für einen Sarg übrig«, sagte der Reverend, »deshalb haben wir Mr Pike in Tücher gewickelt und ihn im Kiel eines alten Kanus bestattet, wie es auf der Insel durchaus Brauch ist. Zimmern ist hier ein mühsames Handwerk, nicht wahr, es fehlt an den geeigneten Werkzeugen, und wenn die Eingeborenen einmal über Bauholz verfügen, verschwenden sie es ungern an eine Bestattung, deshalb behelfen wir uns mit alten Kanus. Aber unsere Eingeborenen haben große Rücksicht auf Mr Pikes christlichen Glauben an den Tag gelegt. Sie haben sein Grab nach Osten ausgerichtet, nicht wahr – dem Sonnenaufgang zugewandt, so wie alle christlichen Gotteshäuser. Wie ich bereits sagte, waren sie ihm alle außerordentlich zugetan. Ich bete, dass er glücklich gestorben ist. Er war der Beste unter den Menschen.«

»Schien er denn glücklich, als er hier war, Bruder Welles?«

»Er fand hier auf der Insel vieles, was ihn erfreute, das geht uns allen so. Ich bin überzeugt, er hätte sich mehr Orchideen gewünscht, nicht wahr! Ich sagte Ihnen ja bereits, dass Tahiti auch enttäuschen kann, wenn man sich der Naturgeschichte verschrieben hat.«

Alma wagte sich ein wenig weiter vor. »Schien Ihnen Mr Pike jemals bedrückt zu sein?«

»Die Menschen kommen aus vielfältigen Gründen auf diese Insel, Schwester Whittaker. Meine Frau pflegte immer zu sagen, diese eifernden Fremden werden hier einfach an Land gespült, und oft wissen sie gar nicht, wo sie da gelandet sind! Manche präsentieren sich als Inbegriff des Gentleman, doch später findet man heraus, dass sie in ihrem eigenen Land Strafgefangene waren. Und umgekehrt, nicht wahr, gibt es solche, die in ihrem europäischen Leben der Inbegriff des Gentleman waren und sich nun, da sie hier sind, wie die Strafgefangenen gebärden! Man kann nie wissen, wie es wirklich um das Herz eines Mitmenschen steht.«

Das war keine Antwort auf ihre Frage.

Und Ambrose?, wollte sie weiterfragen. *Wie stand es um sein Herz?*

Doch sie schwieg.

Dann sagte Reverend Welles mit gewohnt vergnügter Stimme: »Sie finden hier auch die Gräber meiner Töchter, dort bei dem Mäuerchen auf der anderen Seite.«

Diese Äußerung verschlug Alma vollends die Sprache. Sie hatte nicht einmal gewusst, dass der Reverend Töchter hatte, geschweige denn, dass sie hier gestorben waren.

»Es sind nur kleine Gräber, nicht wahr«, fuhr er fort, »denn die Mädchen haben nicht lange gelebt. Keines von ihnen hat das erste Lebensjahr vollendet. Zur Linken liegen Helen, Eleanor und Laura. Penelope und Theodosia ruhen gleich neben ihnen, zur Rechten.«

Die fünf Grabsteine waren winzig, nicht einmal backsteingroß. Alma fand keine Worte, die Trost gespendet hätten. Nie zuvor hatte sie etwas so Trauriges gesehen.

Reverend Welles blickte in ihr betroffenes Gesicht und lächelte freundlich. »Es bleibt ein Trost. Christina, ihre jüngste Schwester, ist am Leben, nicht wahr. Der Herr hat uns ein Mädchen geschenkt, das wir ins Leben führen durften, und sie bleibt uns bis heute erhalten. Sie lebt in Cornwall und ist dort selbst Mutter von drei kleinen Söhnen. Mrs Welles ist bei ihr. Meine Frau wohnt bei unserem lebenden Kind, nicht wahr, während ich hier verweile, um den Verschiedenen nahe zu sein.«

Sein Blick schweifte über Almas Schulter. »Ach, sehen Sie nur!«, rief er. »Der Jasmin blüht! Wir werden ein paar Zweige pflücken und sie Schwester Manu mitbringen. Dann kann sie zur heutigen Abendandacht ihren Hut neu schmücken. Wie sie sich freuen wird!«

•

Reverend Welles blieb Alma ein ewiges Rätsel. Nie war ihr ein Mensch begegnet, der so heiter und genügsam war, so viel verloren hatte und so wenig zum Leben brauchte. Mit der Zeit entdeckte sie, dass er nicht einmal ein eigenes Haus besaß. Kein *fare* gehörte ihm. Er schlief in der Missionskirche, auf einer der Bänke. Meist hatte er noch nicht einmal ein *ahu taoto*, um sich damit zuzudecken. Er konnte überall schlafen, wie eine Katze. Und er besaß nichts, bis auf seine Bibel – und auch die verschwand mitunter wochenlang, bis jemand sie ihm zurückbrachte. Er hielt keine Nutztiere und bestellte keinen Garten. Das kleine Kanu, mit dem er zur Korallenfarm hinauszufahren pflegte, gehörte einem vierzehnjährigen Jungen, der es ihm großzügig auslieh. Es konnte auf Erden, dachte Alma, keinen Häftling, Mönch oder Bettler geben, der weniger besaß als Reverend Welles.

Doch das war keineswegs immer so gewesen, wie sie bald erfuhr. Francis Welles war in Cornwall aufgewachsen, in der Ortschaft Falmouth, direkt am Meer, als Sohn einer großen, wohlhabenden Fischerfamilie. Wenn er Alma auch keinen Einblick in die genauen Umstände seiner jungen Jahre gewährte (»Sie würden doch nur schlechter von mir denken, wenn Sie wüssten, was ich alles angestellt habe!«), entnahm sie seinen Andeutungen doch, dass er als junger Mann ein rechter Rabauke gewesen sein musste. Ein Schlag auf den Kopf führte ihn zu Gott – so zumindest schilderte der Reverend selbst seine Bekehrung: eine Kneipe, eine Schlägerei, »eine Flasche über die Rübe« und dann … die Offenbarung!

Von Stund an widmete er sich einem gelehrsamen, frommen Leben. Wenig später heiratete er ein Mädchen namens Edith, die gebildete und tugendhafte Tochter eines ortsansässigen Methodisten-Pfarrers. Von Edith lernte er, sich pflichtbewusster und ehrbarer zu verhalten, zu denken und zu sprechen. Er entwickelte eine Vorliebe für Bücher und hatte, wie er selbst es ausdrückte, »alle möglichen hochfliegenden Gedanken«. Wenig später unterzog er sich der Priesterweihe. Jung und empfänglich für absonderliche Ideen, bewarben sich der frisch geweihte Reverend Francis Welles und seine Frau Edith bei der London Missionary Society und baten, man möge sie an einen möglichst entlegenen heidnischen Ort schicken, wo sie das Wort des Erlösers verkünden wollten. Die London Missionary Society empfing Francis mit offenen Armen, denn einen Gottesmann, der zugleich ein sturmerprobter und fähiger Seefahrer war, fand man nicht alle Tage. Für solche Aufgaben kann man nun einmal keinen Cambridge-Absolventen mit zarten Fingern brauchen.

Reverend Francis Welles und seine Frau trafen 1797 auf Tahiti ein, zusammen mit fünfzehn weiteren englischen Missionaren, auf dem ersten Missionsschiff, das je dort anlegte. Zu jener Zeit verkörperte ein sechs Fuß hohes Holzstück, in *tapa*-Gewänder gehüllt und mit roten Federn geschmückt, den Gott der Tahitianer.

»Als wir gelandet waren«, erzählte Reverend Welles, »zeigten die Eingeborenen größte Verwunderung über unsere Kleidung. Einer von ihnen zog mir einen Schuh aus und wich dann entsetzt zurück, als er meinen Strumpf sah. Er glaubte, ich hätte keine Zehen, nicht wahr! Nun, kurz danach hatte ich stattdessen keine Schuhe mehr, denn er nahm sie mit!«

Francis Welles fasste sofort Zuneigung zu den Tahitianern. Er sagte, er schätze ihren Witz. Sie seien talentierte Parodisten, die andere gern hochnahmen. Ihn erinnerte das an die Späße und Spielereien an den Docks von Falmouth. Er freute sich daran, dass ihm jedes Mal, wenn er einen Strohhut aufsetzte, die Kinder hinterherliefen und »Strohkopf! Strohkopf!« riefen.

Ja, er mochte die Tahitianer, doch es war ihm nicht beschieden, sie zu bekehren.

Alma erzählte er: »Die Bibel lehrt uns: ›Ein Volk, das ich nicht kannte, dient mir; es gehorcht mir mit gehorsamen Ohren.‹ Nun, Schwester Whittaker, das mag vor zweitausend Jahren noch so gewesen sein! Als wir auf Tahiti landeten, war es eindeutig nicht mehr der Fall! Sie sind ja so ein sanftmütiges Volk, nicht wahr, und doch haben sie all unseren Bekehrungsversuchen widerstanden – und zwar überaus energisch! Nicht einmal die Kinder konnten wir lenken! Mrs Welles hat eine Schule für die Kleinen gegründet, doch die Eltern beklagten sich: ›Wozu haltet ihr meinen Jungen fest? Welche Reichtümer wird euer Gott ihm schon bringen?‹ Das Schöne an unseren tahitianischen Schülern war, dass sie so brav und nett und höflich waren. Doch das Unschöne blieb, dass sie sich kein bisschen für Gott den Herrn begeisterten! Sie haben die arme Mrs Welles jedes Mal ausgelacht, wenn sie versuchte, ihnen den Katechismus nahezubringen.«

Die ersten Missionare führten ein beschwerliches Leben. Sorge und Ratlosigkeit trübten ihren Eifer. Ihre frohe Botschaft rief nichts als Gleichgültigkeit oder Erheiterung hervor. Zwei Mitglieder der Gruppe verstarben im ersten Jahr. Jede Unbill, die Tahiti traf, wurde den Missionaren angelastet, doch alles Segensreiche wurde nicht zu ihren Gunsten verbucht. Ihre Habseligkeiten schimmelten, wurden von Ratten gefressen oder vor ihren Augen stibitzt. Mrs Welles hatte nur ein geliebtes Familienstück aus England mitgebracht: eine wunderschöne Kuckucksuhr, die stets die volle Stunde schlug. Als die Tahitianer die Uhr zum ersten Mal schlagen hörten, ergriffen sie entsetzt die Flucht. Beim zweiten Mal legten sie Früchte vor der Uhr nieder und warfen sich ehrfürchtig vor ihr zu Boden. Beim dritten Mal stahlen sie sie.

»Es ist schwierig, jemanden zu bekehren«, sagte der Reverend, »der größere Begeisterung für eine Schere als für einen Gott an den Tag legt! Hahaha! Aber kann man eine sterbliche Hülle dafür tadeln, dass sie eine Schere haben möchte, wenn sie nie zuvor eine gesehen hat? Erscheint solch eine Schere nicht wie ein Wunder, wenn man sie mit einer Klinge aus Haifischzähnen vergleicht?«

Fast zwanzig Jahre lang, erfuhr Alma, war es weder Reverend Welles noch sonst jemandem auf der Insel gelungen, auch nur einen einzigen Tahitianer zum Christentum zu führen. Während sich viele andere polynesische Inseln bereitwillig dem wahren Gott zuwandten, blieb Tahiti unbeugsam. Freundlich, aber unbeugsam. Die Sandwichinseln, die Navigator-Inseln, die Gambierinseln, Hawaii, ja, selbst die gefürchteten Marquesas – sie alle bekehrten sich zu Christus, nur nicht Tahiti. So reizend und heiter die Tahitianer waren, so halsstarrig zeigten sie sich auch. Sie lächelten und lachten und tanzten und ließen einfach nicht ab von ihrer Genusssucht. »Ihre Seelen sind wie aus Stein und Eisen«, klagten die Engländer.

Erschöpft und niedergeschlagen kehrte ein Teil der ursprünglichen Missionarsgruppe nach London zurück, wo sie alsbald ein ansehnliches Auskommen fanden, indem sie ihre Abenteuer in der Südsee in Vorträgen und Büchern zum Besten gaben. Ein Missionar war sogar mit vorgehaltenem Speer von der Insel vertrieben worden, weil er versucht hatte, einen der heiligsten Tempel der Eingeborenen niederzureißen, um aus den Steinen eine Kirche zu bauen. Die Gottesmänner, die auf der Insel zurückblieben, wandten sich nach und nach anderen, einfacheren Beschäftigungen zu. Einer verkaufte Flinten und Schießpulver. Ein anderer eröffnete ein Hotel in Papeete und nahm sich nicht nur eine, sondern gleich zwei Inselfrauen, die ihm fortan das Bett wärmten. Und ein Dritter – Edith Welles' zartbesaiteter junger Vetter James – fiel schlicht vom Glauben ab, versank in Verzweiflung, stach schließlich als einfacher Matrose in See und ward nicht mehr gesehen.

Tot, verbannt, abtrünnig oder erschöpft – bald waren die ersten Missionare allesamt verschwunden, bis auf Francis und Edith Welles, die in der Matavai-Bucht blieben. Sie lernten Tahitianisch und führten während der ersten Jahre ein Leben ohne jegliche Annehmlichkeiten. Edith brachte die ersten drei Mädchen, Eleanor, Helen und Laura, zur Welt, die alle, eins nach dem anderen, als Säuglinge starben. Doch das Ehepaar Welles gab nicht auf. Sie errichteten ihre kleine Kirche, die sie größtenteils selbst erbauten. Der Reverend fand heraus, wie man aus gebleichten Korallen, die man in einem improvisierten Brennofen erhitzte, bis sie zu Pulver zerfielen, weiße Wandfarbe herstellen konnte. Das ließ die Kirche einladender erscheinen. Aus Ziegenleder und Bambusrohr fertigte er Orgelpfeifen samt Balg. Er versuchte, aus dem kümmerlichen, feuchten englischen Saatgut einen Garten anzulegen. (»Nach drei Jahren größter Mühen«, erzählte er, »konnten wir tatsächlich eine Erdbeere ernten. Wir teilten sie miteinander, Mrs Welles und ich. Allein der Geschmack reichte aus, um meine liebe Frau in Tränen zerfließen zu lassen. Seither habe ich keine zweite mehr ziehen können. Mit Kohlköpfen hatte ich allerdings mitunter mehr Glück!«) Er legte sich vier Kühe zu, die ihm jedoch bald wieder gestohlen wurden. Er versuchte, Kaffee und Tabak anzupflanzen, scheiterte jedoch. Ebenso erging es ihm mit Kartoffeln, Weizen und Trauben. Die missionseigenen Schweine gediehen prächtig, sonst indessen konnte sich kein Tier mit dem Klima anfreunden.

Mrs Welles brachte den Bewohnern der Matavai-Bucht Englisch bei und war erfreut über ihre rasche Auffassungsgabe und ihr Talent für Sprachen. Sie lehrte Dutzende Kinder Lesen und Schreiben. Einige der Kinder nahm das Ehepaar Welles sogar zu sich. Vor allem ein kleiner, völlig ungebildeter Junge kam über einen Zeitraum von achtzehn Monaten so weit, dass er imstande war, das Neue Testament vorzulesen, ohne auch nur einmal zu stocken. Doch auch dieser Junge wurde kein Christ. Das wurde keiner von ihnen.

»Oft fragten mich die Tahitianer: ›Wo ist der Beweis, dass es deinen Gott gibt?‹«, erzählte Reverend Welles. »Sie wollten, dass ich von Wundern berichtete, Schwester Whittaker. Sie wollten Beweise dafür, nicht wahr, dass die Gerechten gesegnet und die Schuldigen bestraft würden. Ein Mann, dem ein Bein fehlte, bat mich, ich möge Gott doch sagen, er solle ihm ein neues Bein wachsen lassen. Ich antwortete ihm: ›Wo soll ich denn ein neues Bein für dich finden, hier oder anderswo?‹ Hahaha! Ich konnte nun einmal keine Wunder wirken, nicht wahr, also hielten sie auch nicht viel von mir. Einmal sah ich einen tahitianischen Jungen am Grab seiner kleinen Schwester stehen und fragen: ›Warum hat Gott Jesus meine Schwester in die Erde gepflanzt?‹ Er wollte, dass ich Gott Jesus befehle, das Kind von den Toten aufzuerwecken – aber ich konnte ja nicht einmal meine eigenen Kinder von den Toten auferwecken, nicht wahr, wie sollte ich da ein solches Wunder wirken? Ich konnte ihnen keinen Gottesbeweis bieten, Schwester Whittaker, bis auf das, was meine liebe Frau, Mrs Welles, meine ›inneren Beweise‹ nennt. Damals wie heute weiß ich nur, was mein Herz als wahr empfindet, nicht wahr – dass ich ohne die Liebe unseres Herrn verloren bin. Das ist das einzige Wunder, das ich beweisen kann, und für mich bleibt es Wunder genug. Für andere ist es womöglich nicht genug. Das kann ich ihnen kaum vorwerfen, denn sie können mir ja nicht ins Herz blicken. Sie können die Dunkelheit nicht sehen, die dort einst geherrscht hat, und sie können auch nicht sehen, was an ihre Stelle getreten ist. Doch bis zum heutigen Tag ist dies das einzige Wunder, das ich zu bieten habe, nicht wahr, und es ist ein sehr bescheidenes Wunder.«

Alma erfuhr weiter, dass unter den Eingeborenen einige Verwirrung darüber herrschte, was für ein Gott das eigentlich sei, dieser Gott des Engländers, und wo er sich aufhalte. Lange Zeit waren die Bewohner der Matavai-Bucht überzeugt, die Bibel, die Reverend Welles stets bei sich trug, wäre sein Gott. »Sie fanden es höchst befremdlich, dass ich meinen Gott einfach so unter den Arm klemmte oder ihn unbewacht auf dem Tisch liegen ließ und ihn manchmal sogar an andere auslieh – meinen Gott! Ich versuchte, ihnen klarzumachen, dass mein Gott überall ist, nicht wahr. Sie fragten: ›Warum können wir Ihn dann nicht sehen?‹ Ich antwortete: ›Weil mein Gott unsichtbar ist‹, und sie fragten weiter: ›Aber weshalb stolperst du dann nicht über deinen

Gott?‹ Und ich erwiderte: ›Wahrlich, meine Freunde, das passiert mir zuweilen!‹«

Von der London Missionary Society kam keinerlei Unterstützung. Fast zehn Jahre lang hörte der Reverend kein Wort aus London: keine Anweisungen, keine Hilfe, keine Ermunterungen. Da nahm er die Religion in eigene Hände. Zum einen fing er an, jeden zu taufen, der getauft werden wollte. Das verstieß aufs Eklatanteste gegen die Vorschriften der London Missionary Society, die darauf beharrte, niemand dürfe die Taufe empfangen, bei dem nicht absolut sichergestellt sei, dass er seinen alten Göttern abgeschworen und sich zum wahren Erlöser bekehrt habe. Die Tahitianer indessen wollten getauft werden, weil es ihnen Spaß machte, wollten jedoch zugleich an ihrem alten Glauben festhalten. Der Reverend gab nach. Er taufte ganze Hundertschaften von Ungläubigen und auch etliche Halb-Gläubige.

»Wer bin ich denn, einem Menschen die Taufe zu verweigern?«, sagte er zu Almas Verwunderung. »Mrs Welles, das muss ich sagen, missbilligte mein Vorgehen. Sie wies mich darauf hin, dass die London Missionary Society von uns erwarte, alle Anwärter auf das Christentum vor der Taufe einer strengen Glaubensprüfung zu unterziehen – sie den Katechismus rezitieren, sie öffentlich dem Götzendienst abschwören zu lassen und dergleichen mehr, nicht wahr. Mir erschien das wie die Inquisition! Unsere Freunde in London verlangten von uns, eine Einheit im Glauben zu erzwingen. Doch es gibt ja nicht einmal zwischen mir und Mrs Welles eine Einheit im Glauben! Wie oft habe ich zu meiner lieben Frau gesagt: ›Liebste Edith, sind wir denn so weit gereist, nur um uns aufzuführen wie die Spanier?‹ Wenn ein Mensch in den Fluss getaucht werden will, dann tauche ich ihn in den Fluss! Wenn dieser Mensch je zu Gott finden soll, nicht wahr, dann geschieht dies allein durch Gottes Willen – nicht durch das, was ich tue oder unterlasse. Was schadet da eine Taufe? Der Mensch verlässt den Fluss ein wenig sauberer als zuvor, und vielleicht ist er ja auch dem Himmelreich ein Schrittchen näher gekommen.«

In manchen Fällen, bekannte Reverend Welles, taufe er Menschen sogar mehrmals im Jahr oder mehrere dutzend Mal hintereinander. Aus seiner Sicht konnte es schließlich nichts schaden.

In den folgenden Jahren bekam das Ehepaar Welles zwei weitere Töchter: Penelope und Theodosia. Sie wurden oben auf dem Berg, neben ihren Schwestern, zur Ruhe gebettet.

Neue Missionare kamen nach Tahiti. Meist hielten sie sich fern von der Matavai-Bucht und den gefährlich liberalen Umtrieben des Reverend Welles. Diese neuen Missionare waren strenger mit den Eingeborenen. Sie führten Gesetze gegen Ehebruch und Polygamie ein, verboten unbefugtes Eindringen, Nicht-Einhalten der Sonntagsruhe, Diebstahl, Kindermord und den römisch-katholischen Glauben. Derweil wandte sich Reverend Welles zusehends von den orthodoxen missionarischen Praktiken ab. Im Jahre 1810 übersetzte er seine Bibel ins Tahitianische, ohne zunächst die Erlaubnis aus London einzuholen. »Ich habe natürlich nicht die ganze Bibel übersetzt, nicht wahr, nur die Teile, von denen ich glaubte, dass sie den Tahitianern gefallen könnten. Meine Fassung ist um einiges kürzer als die Bibel, mit der Sie vertraut sind, Schwester Whittaker. Zum Beispiel habe ich jeden Hinweis auf den Teufel ausgelassen. Ich bin zu der Annahme gelangt, dass es besser ist, nicht allzu offen über den Teufel zu sprechen, denn je mehr die Tahitianer über diesen Fürsten der Dunkelheit erfahren, nicht wahr, desto mehr Respekt und Faszination empfinden sie für ihn. Ich habe schon erlebt, wie eine junge verheiratete Frau in meiner Kirche kniete und ganz ernsthaft zu Satan betete, er solle ihr einen Knaben als Erstgeborenen schenken. Als ich ihren bedauerlichen Irrtum korrigieren wollte, sagte sie zu mir: ›Aber ich will doch die Gunst des einen Gottes erringen, den alle Christen fürchten!‹ Seither vermeide ich jede Erwähnung des Teufels. Man muss sich anpassen, Schwester Whittaker. Man muss sich anpassen!«

Diese Anpassungsfähigkeit kam schließlich auch der London Missionary Society zu Ohren, die daraufhin zutiefst verstimmt vernehmen ließ, das Ehepaar Welles möge seine missionarische Tätigkeit einstellen und umgehend nach England zurückkehren. Doch die London Missionary Society befand sich ja auf der anderen Seite des Globus – wie sollte sie da etwas erzwingen? Überdies predigte Reverend Welles ohnehin längst nicht mehr selbst, sondern gestattete einer gewissen Schwester Manu, die Predigten zu halten, ungeachtet der Tatsache, dass sie ihren anderen Göttern durchaus noch nicht abgeschworen hatte. Aber sie mochte Jesus Christus und sprach sehr beredt über ihn. Diese Nachricht erzürnte London nur noch mehr.

»Aber ich kann mich nun einmal nicht vor der London Missionary Society verantworten«, erklärte der Reverend fast entschuldigend. »Ihre Gesetze sind in England zurückgeblieben, nicht wahr. Man hat dort keine Vorstellung davon, wie die Dinge liegen. Hier kann ich mich nur dem Ursprung aller Gnade beugen, und ich war immer schon der Ansicht, dass der Ursprung aller Gnade seine Freude an Schwester Manu hat.«

Trotz alledem bekannte sich nicht ein Tahitianer voll und ganz zum Christentum, bis im Jahre 1815 der König von Tahiti – König Põmare – all seine Götzenbilder an einen britischen Missionar in Papeete schickte, nebst einem auf Englisch verfassten Brief des Inhalts, dass all seine alten Götter den Flammen überantwortet werden sollten: Er wolle nun endlich Christ werden. Põmare hoffte, durch seine Entscheidung sein Volk zu retten, denn auf Tahiti herrschte große Not. Mit jedem neuen Schiff kamen auch neue Krankheiten. Ganze Familien wurden ausgelöscht, durch die Masern, durch die Pocken, durch die grausigen Geißeln der Prostitution. Hatte Kapitän Cook die Einwohnerzahl der Insel 1772 noch auf zweihunderttausend Seelen geschätzt, so war sie 1815 erdrutschartig auf etwas über achttausend gesunken. Die Krankheiten machten vor niemandem halt – vor den Häuptlingen und Grundbesitzern ebenso wenig wie vor den Niedriggestellten. Der König verlor seinen eigenen Sohn an die Schwindsucht.

Dies hatte zur Folge, dass die Tahitianer an ihren Göttern zweifelten. Wenn der Tod so viele Häuser heimsucht, stehen alle Sicherheiten in Frage. Und mit den Krankheiten verbreiteten sich auch die Gerüchte, der Gott der Engländer wolle die Tahitianer bestrafen, weil sie Seinen Sohn Jesus Christus nicht anerkannten. Diese Angst machte die Bewohner Tahitis bereit für den Herrn, und König Pōmare war der Erste, der sich bekehrte. Seine erste Amtshandlung als Christ bestand darin, ein Festmahl vorzubereiten und vor aller Augen davon zu essen, ohne zuvor den alten Göttern zu opfern. Die Massen umringten ihren König in heller Panik; sie waren überzeugt, er müsse an Ort und Stelle von den zornigen Göttern niedergestreckt werden. Doch nichts geschah.

Danach bekehrten sie sich alle. Tahiti, geschwächt, gedemütigt und dezimiert, trat endlich zum Christentum über.

»War das nicht ein Glück für uns?«, sagte Reverend Welles zu Alma. »War das nicht ein besonders großes Glück für uns?«

Er sagte das in demselben heiteren Ton, mit dem er immer sprach. Das war das Eigentümliche an Reverend Welles. Es war Alma unmöglich zu erkennen, was sich hinter dieser ewig guten Laune verbarg, ob sich überhaupt etwas dahinter verbarg. War er ein Zyniker? Ein Ketzer? War er schlicht einfältig? War seine Unschuld erlernt oder angeboren? An seiner Miene konnte man nichts ablesen, sie blieb stets ins gleiche helle Licht kindlicher Aufrichtigkeit getaucht. Sein Gesicht war so offen, dass es die Missgünstigen, die Habgierigen, die Grausamen vor Scham vergehen ließ. Manchmal erfüllte dieses Gesicht auch Alma mit Scham, denn sie war ihm gegenüber nie aufrichtig gewesen, was ihre eigene Geschichte und ihre Beweggründe betraf. Manchmal wollte sie sich einfach zu ihm hinabbeugen, seine kleine Hand in ihre riesenhafte nehmen und, unter Umgehung der respektvollen Titulierungen »Bruder Welles« und »Schwester Whittaker«, ganz schlicht zu ihm sagen: »Ich war nicht ehrlich zu Ihnen, Francis. Lassen Sie mich meine Geschichte erzählen. Lassen Sie mich von meinem Mann berichten und von unserer widernatürlichen Ehe. Und bitte helfen Sie mir, zu begreifen, wer Ambrose wirklich war. Bitte sagen Sie mir, was Sie über ihn wissen, und bitte sagen Sie mir auch, was Sie über den Knaben wissen.«

Doch sie tat es nicht. Er war ein Diener Gottes, ein achtbarer, verheirateter Christ. Wie hätte sie von solchen Dingen zu ihm sprechen sollen?

Reverend Welles erzählte Alma seine ganze Geschichte und verschwieg kaum etwas. Er erzählte ihr, wie er und Mrs Welles, nur wenige Jahre nach der Bekehrung König Põmares, ganz unerwartet ein weiteres Töchterchen bekommen hatten. Und dieses Kind blieb am Leben. Mrs Welles sah dies als Zeichen von Gottes Wohlwollen – das Ehepaar Welles hatte schließlich dazu beigetragen, Tahiti zum Christentum zu bekehren. Und so nannten sie das Kind Christina. Zu jener Zeit bewohnte die Familie das hübscheste Häuschen in der ganzen Missionssiedlung, gleich neben der Kirche, dasselbe Häuschen, in dem heute Schwester Manu lebte, und sie waren wahrhaftig glücklich. Mit ihrer Tochter pflanzte Mrs Welles Löwenmäulchen und Rittersporn, sie legten einen richtigen englischen Garten im Miniaturformat an. Die Kleine konnte schwimmen, noch ehe sie laufen konnte, wie jedes andere Kind auf der Insel.

»Christina war mir Freude und Lohn«, erzählte der Reverend. »Doch meine Frau war der Meinung, Tahiti sei kein Ort, an dem ein englisches Mädchen aufwachsen solle. Es gebe so viele verderbliche Einflüsse, nicht wahr. Ich bin da anderer Ansicht, aber Mrs Welles war überzeugt davon. Als Christina zur jungen Frau herangewachsen war, brachte

Mrs Welles sie zurück nach England. Seither habe ich beide nicht mehr gesehen. Ich werde sie auch nicht mehr wiedersehen.«

Dieses Schicksal erschien Alma nicht nur trostlos, sondern auch enorm ungerecht. Kein rechtschaffener Engländer, dachte sie, sollte hier inmitten der Südsee zurückbleiben und ganz allein der Einsamkeit des Alters entgegenblicken müssen. Sie dachte an ihren Vater in seinen letzten Lebensjahren: Was hätte er ohne sie, Alma, angefangen?

Als läse er in ihrer Miene, fuhr Reverend Welles fort: »Ich sehne mich nach meiner lieben Frau und nach Christina, doch ich bin hier keineswegs ganz ohne Familie. Schwester Manu und Schwester Etini betrachte ich nicht nur dem Namen nach als meine Schwestern. Und wir hatten das große Glück, an unserer Missionsschule im Lauf der Jahre etliche kluge und großherzige Schüler auszubilden, die ich als meine Kinder ansehe. Manche von ihnen sind inzwischen selbst Missionare geworden, nicht wahr. Da ist Tamatoa Mare, der die Frohe Botschaft auf der großen Insel Raiatea verkündet. Da ist Patii, der das Reich des Erlösers auf die Insel Huanhine ausdehnt. Und Paumoana wirkt unermüdlich im Namen des Herrn auf Bora Bora. Sie alle sind meine Söhne, und sie werden überall geachtet. Hier auf Tahiti gibt es einen Brauch, den man *taio* nennt, nicht wahr, eine Art Adoption, eine Möglichkeit, aus Fremden Angehörige zu machen. Wenn man einen *taio* mit einem Eingeborenen eingeht, tauscht man gewissermaßen seine Abstammung aus und wird zum Teil der Ahnenreihe des anderen. Die Ahnenreihe ist hier von großer Bedeutung. Manche Tahitianer können ihre Vorfahren bis zurück in die dreißigste Ahnengeneration aufzählen, ganz ähnlich den Genealogien in der Bibel, nicht wahr. In eine solche Ahnenreihe aufgenommen zu werden ist eine große Ehre. Ich habe also meine tahitianischen Söhne bei mir, sozusagen, denn sie leben auf diesen Inseln und sind mir altem Mann ein großer Trost.«

»Aber sie sind nicht hier bei Ihnen.« Alma konnte sich

die Bemerkung nicht verkneifen. Sie wusste nur zu gut, wie weit Bora Bora entfernt lag. »Sie sind nicht hier, um Ihnen zu helfen, und können sich nicht um Sie kümmern, wenn Sie sie brauchen.«

»Da sagen Sie etwas Wahres, und doch ist es mir ein Trost zu wissen, dass es sie gibt. Ich fürchte, Sie halten mein Leben für ein sehr trauriges. Täuschen Sie sich nicht. Ich bin an dem Ort, an dem ich sein soll. Ich könnte meine Mission niemals verlassen, nicht wahr. Meine Arbeit hier ist kein bloßer Botengang, Schwester Whittaker. Meine Arbeit hier ist keine Anstellung, nicht wahr, von der man sich behaglich aufs Altenteil zurückziehen könnte. Meine Arbeit besteht darin, diese kleine Kirche hier am Leben zu halten, solange auch ich lebe, als Rettungsfloß gegen die Stürme und Leiden dieser Welt. Wer immer an Bord dieses Floßes kommen will, der darf das tun. Ich zwinge niemanden, an Bord zu kommen, nicht wahr, doch wie könnte ich jemals selbst von Bord gehen? Meine liebe Frau wirft mir vor, ein guter Christ, aber kein guter Missionar zu sein. Womöglich hat sie recht! Ich bin mir nicht sicher, ob ich jemals einen Menschen bekehrt habe. Und doch ist diese Kirche meine Bestimmung, Schwester Whittaker, und deswegen muss ich bleiben.«

Er war, erfuhr Alma, siebenundsiebzig Jahre alt.

Er lebte schon länger in der Matavai-Bucht, als es Alma überhaupt gab.

Kapitel 24

Der Oktober kam.

Auf der Insel brach die Jahreszeit an, die die Tahitianer *hia'ia* nennen: die Zeit der Entbehrungen, in der Brotfrüchte nur schwer zu finden sind und die Menschen mitunter Hunger leiden. Zum Glück gab es in der Matavai-Bucht keine Hungersnot. Zwar schwelgten sie auch nicht gerade im Überfluss, doch es musste niemand darben. Dafür sorgten die Fische und die Taro-Wurzel.

Ach, die Taro-Wurzel! Die farblose, fade Taro-Wurzel! Zerrieben und zu Brei zerstampft, glitschig gekocht, über Kohle gegrillt, zu kleinen, feuchten Bällchen geformt, die man *poi* nannte, kam sie allenthalben zum Einsatz: beim Frühstück, bei der Kommunion, bei der Schweinefütterung. Manchmal wurde die Eintönigkeit dieses Speiseplans von winzigen Bananen durchbrochen – süßen, köstlichen Bananen, die man nahezu am Stück verspeisen konnte –, doch auch diese waren nun schwer zu finden. Alma beäugte sehnsüchtig die Schweine, doch Schwester Manu gedachte offenbar, sie für schlechtere Zeiten größeren Hungers aufzuheben. Es gab also kein Schweinefleisch zu genießen, nur Taro-Wurzel zu jeder Mahlzeit und manchmal, wenn man Glück hatte, einen schönen, großen Fisch. Alma hätte viel um einen Tag ohne Taro-Wurzel gegeben – doch ein Tag ohne Taro-Wurzel war ein Tag ohne Nahrung. Allmählich begriff sie, weshalb Reverend Welles das Essen fast völlig aufgegeben hatte.

Die Tage waren ruhig, heiß und windstill. Alle wurden lustlos und träge. Roger, der Hund, buddelte ein Loch in Almas Garten und verschlief dort hechelnd praktisch den ganzen Tag. Räudige Hühner scharrten nach Nahrung, gaben jedoch bald auf und hockten sich entmutigt in den Schatten. Selbst Hiro und Konsorten – diese lebhaften kleinen Knirpse – dösten den ganzen Nachmittag wie alte Hunde im Schatten. Manchmal rafften sie sich zu halbherzigen Beschäftigungen auf. Hiro hatte sich einen Axtkopf beschafft, den er an ein Seil band und wie einen Gong gegen den Felsen schlug. Einer der Makeas trommelte mit einem Stein auf einem alten Fassreifen. Alma vermutete, dass es eine Art Musik sein sollte, doch in ihren Ohren klang sie eintönig und stumpf. Ganz Tahiti war gelangweilt und müde.

Zur Zeit ihres Vaters hatten die Fackeln des Krieges und der Lust die Insel erhellt. Die schönen jungen Männer und Frauen tanzten just hier an diesem Strand so wild und ausschweifend um die Feuer, dass Henry Whittaker, damals noch jung und ungeformt, erschrocken den Blick abwenden musste. Nun war alles Ödnis. Die Missionare, die Franzosen und die Walfänger mit all ihren Predigten, ihrer Bürokratie und ihren Krankheiten, hatten Tahiti den Teufel ausgetrieben. Die mächtigen Krieger waren allesamt tot. Übrig blieben nur diese trägen Kinder, die im Schatten dösten und sich eine kaum ausreichende Abwechslung verschafften, indem sie auf Felsen und Fassreifen eindroschen. Wo sollte die Jugend sonst mit ihrer Wildheit hin?

Alma suchte weiter nach dem Knaben und unternahm dazu immer ausgedehntere Wanderungen, allein, mit Roger dem Hund oder mit dem mageren, namenlosen Pony. Sie erkundete die kleinen Dörfer und Siedlungen an der Küste der Insel, rechts und links der Matavai-Bucht. Sie sah zahllose Männer und Jungen. Es waren schöne Jünglinge darunter, von der edlen Gestalt, die die ersten Besucher aus Europa so tief beeindruckt hatte, doch sie sah auch junge Männer, deren Beine von schwerer Elefantiasis verformt waren, und kleine Jungen mit skrofulösen Augen, als Folge der venerischen Krankheiten ihrer Mütter. Sie sah Kinder, deren Wirbelsäule von der Tuberkulose gekrümmt und verdreht war. Sie sah Halbwüchsige, die eigentlich hübsch gewesen wären, jedoch von den Pocken oder den Masern entstellt waren. Sie stieß auf fast verlassene Dörfer, die im Laufe der Jahre von Krankheit und Tod geräumt worden waren. Sie sah Missionssiedlungen, in denen es sehr viel strenger zuging als in der Matavai-Bucht. Bisweilen besuchte sie in diesen fremden Missionen auch eine Messe, doch niemand sang dort auf Tahitianisch; stattdessen sangen die Menschen mit starkem Akzent einlullende presbyterianische Kirchenlieder. In keiner dieser Gemeinden konnte Alma den Knaben entdecken. Sie begegnete erschöpften Arbeitern, verirrten Wanderern, schweigsamen Fischern. Sie sah einen uralten Mann, der mitten in der prallen Sonne saß und die tahitianische Flöte spielte, auf traditionelle Art, indem er mit einem Nasenloch hineinblies – ein so wehmütiger Klang, dass Alma die Sehnsucht nach ihrer Heimat wie ein Brennen in der Lunge spürte. Allein, den Knaben sah sie nie.

Ihre Suche blieb fruchtlos, ihre tagtäglichen Erhebungen ergebnislos, doch jedes Mal war sie froh, in die Matavai-Bucht und ihren Missionsalltag zurückzukehren. Sie war dankbar, wenn Reverend Welles sie einlud, sie zu seiner Korallenfarm zu begleiten. Ihr wurde klar, dass seine Korallen ihren Moosfeldern auf White Acre durchaus ähnlich waren: etwas Ergiebiges, bedächtig Wucherndes, das man über Jahre hinweg studieren und damit die Jahrzehnte herumbringen konnte, ohne der Einsamkeit zu verfallen. Sie genoss die Gespräche, die sie bei diesen Ausflügen zum Riff mit dem Reverend führte. Er hatte Schwester Manu gebeten, Alma aus den Blättern des Schraubenbaums ein Paar rifftaugliche Sandalen zu knüpfen, wie auch er sie trug, damit sie über die scharfkantigen Korallen laufen konnte, ohne sich Schnittwunden an den Füßen zuzuziehen. Er zeigte Alma seine Menagerie aus Schwämmen, Seeanemonen und Korallen – die ganze fesselnde Schönheit der seichten, klaren tropischen Gewässer. Er lehrte sie die Namen der farbenfrohen Fische und erzählte ihr zahllose Geschichten über Tahiti. Nie stellte er auch nur eine Frage über ihr Leben. Das erleichterte Alma: So brauchte sie ihn nicht zu belügen.

Auch die kleine Kirche in der Matavai-Bucht wuchs ihr immer mehr ans Herz. Das Bauwerk entbehrte wahrhaftig jeglicher Pracht und Herrlichkeit (anderswo auf der Insel sah Alma weit prunkvollere Kirchen), doch Schwester Manus kurze, energische und phantasievolle Predigten gefielen ihr jedes Mal. Von Reverend Welles erfuhr sie, dass es aus tahitianischer Sicht durchaus vertraute Elemente in den Erzählungen über Jesus gab, und diese Vertrautheit hatte den ersten Missionaren geholfen, Christus den Eingeborenen näherzubringen. Die Menschen auf Tahiti glaubten, dass die Welt sich in *pô* und *ao* unterteile, in Dunkelheit und Licht. Ihr großer Herrscher Taroa, der Schöpfer, war aus dem *pô* geboren – bei Nacht geboren, hineingeboren in die Dunkelheit. Als die Missionare von diesem Mythos erfuhren, erklärten sie den Tahitianern, dass auch Jesus Christus dem *pô* entstamme – in die Nacht hineingeboren, aus Dunkelheit und Leid entsprungen. Das fesselte die Aufmerksamkeit der Tahitianer. Es war ein gefährliches und mächtiges Los, bei Nacht geboren zu sein. Das *pô* war die Welt des Todes, des Unbegreiflichen und des Furchteinflößenden. Das *pô* war voller Gestank, Verwesung und Schrecken. Unser großer Herrscher, so predigten die Engländer, ist gekommen, um die Menschheit aus dem *pô* hinaus ins Licht zu führen.

Für die Tahitianer klang das einigermaßen plausibel. Zumindest rang es ihnen eine gewisse Bewunderung für Christus ab, denn das Grenzgebiet zwischen *pô* und *ao* galt als gefährliches Terrain, und nur die Tapfersten konnten es wagen, von einer Welt in die andere zu wechseln. Das *pô* und das *ao*, so hatte Reverend Welles es Alma erklärt, waren Himmel und Hölle verwandt, doch es gab mehr Austausch zwischen ihnen, und dort, wo sie sich kreuzten, brach Chaos aus. Die Tahitianer hatten nie aufgehört, das *pô* zu fürchten.

»Wenn sie sich von mir unbeobachtet fühlen«, erzählte Reverend Welles, »dann opfern sie weiterhin jenen Göttern, die das *pô* bewohnen. Sie bringen solche Opfer nicht, weil sie die Götter der Dunkelheit lieben oder verehren würden, nicht wahr, sondern um sie zu bestechen, in ihrer Geisterwelt zu bleiben, weit, weit weg von der Welt des Lichts. Die Vorstellung des *pô* ist gar nicht so leicht auszumerzen, nicht wahr. Sie hört nicht auf, in den Köpfen der Tahitianer fortzubestehen, nur weil es Tag geworden ist.«

»Glaubt Schwester Manu an das *pô*?«, erkundigte sich Alma.

»Keineswegs«, erwiderte Reverend Welles, ungerührt wie immer. »Sie ist, wie Sie wissen, eine vorbildliche Christin. Aber sie hat Respekt vor dem *pô*, nicht wahr.«

»Glaubt sie denn an Geister?«, hakte Alma nach.

»Aber nicht doch«, erwiderte der Reverend sanft. »Das wäre ja ganz unchristlich von ihr. Doch sie hält auch nicht viel von Geistern und möchte nicht, dass sie sich hier in der Siedlung blicken lassen, deswegen bleibt ihr mitunter nichts anderes übrig, als ihnen zu opfern, nicht wahr, damit sie fernbleiben.«

»Dann glaubt sie also doch an Geister«, sagte Alma.

»Mitnichten«, berichtigte Reverend Welles. »Sie weiß einfach nur mit ihnen umzugehen, nicht wahr. Sie werden sehen, es gibt Teile dieser Insel, von denen Schwester Manu nicht wünscht, dass die Bewohner unserer Siedlung sie aufsuchen. An den höchsten und unzugänglichsten Orten Tahitis, so heißt es, kann man eine Nebelwand durchschreiten und für immer darin verschwinden, direkt hinein ins *pô*.«

»Aber glaubt Schwester Manu denn ernsthaft, das könnte geschehen?«, fragte Alma. »Dass ein Mensch in einer Nebelwand verschwindet?«

»Aber nein«, erwiderte der Reverend vergnügt. »Sie lehnt es nur von ganzem Herzen ab.«

Und Alma fragte sich: War der Knabe ganz einfach ins *pô* verschwunden?

War Ambrose dorthin verschwunden?

•

Von der Welt draußen drang kein Wort zu Alma. Kein Brief erreichte sie auf Tahiti, obwohl sie selbst häufig an Prudence und Hanneke schrieb und manchmal sogar an

George Hawkes. All diese Briefe vertraute sie gewissenhaft verschiedenen Walfängern an, doch sie wusste, wie gering die Wahrscheinlichkeit war, dass sie Philadelphia jemals erreichten. Reverend Welles hatte ihr erzählt, dass er mitunter zwei Jahre lang nichts von seiner Frau und seiner Tochter aus England hörte. Wenn dann doch einmal Briefe kamen, waren sie nach der langen Seereise häufig durchnässt und unleserlich. Das erschien Alma noch um vieles tragischer, als gar keine Nachricht von der Familie zu erhalten, doch ihr guter Freund, Reverend Welles, nahm es mit derselben Gleichmut hin, mit der er aller Unbill begegnete.

Alma fühlte sich einsam, und die Hitze war ihr unerträglich: Auch in der Nacht wurde es nicht kühler als am Tag. Ihr kleines Haus geriet zum stickigen Ofen. Eines Nachts schrak sie hoch, weil ihr die Stimme eines Mannes direkt ins Ohr flüsterte: »*Lausche!*« Doch als sie sich aufsetzte, war niemand im Raum, weder Hiro und Konsorten noch Roger der Hund. Kein Windhauch war zu spüren. Mit heftig klopfendem Herzen trat sie nach draußen. Auch dort war niemand. Sie sah, dass die Matavai-Bucht inmitten der stillen, balsamischen Nacht glatt dalag wie ein Spiegel. Das ganze Sternenzelt spiegelte sich so klar im Wasser, als gäbe es zwei Himmel: einen über und einen unter ihr. Es hatte etwas Erhabenes in seiner Ruhe und Reinheit. Der Strand schien bevölkert von Geisterwesen.

Ob Ambrose so etwas je erlebt hatte, während er hier war? Zwei Himmel in einer Nacht? Hatte er diese Furcht und dieses Staunen verspürt, das Gefühl, zugleich umringt und allein zu sein? War er es gewesen, der sie gerade aufgeweckt hatte, die Stimme in ihrem Ohr? Sie versuchte, sich zu erinnern, ob es Ambroses Stimme gewesen war, doch sie konnte es nicht mit Gewissheit sagen. Würde sie seine Stimme überhaupt noch erkennen, wenn sie sie hörte?

Gleichwohl sah es Ambrose nur allzu ähnlich, sie aufzuwecken und ihr aufzutragen zu *lauschen*. Ohne jeden Zweifel. Wenn je ein Toter versucht hatte, zu den Lebenden zu sprechen, dann Ambrose Pike – er, mit all seinen hochfliegenden Vorstellungen vom Metaphysischen und Mirakulösen. Er hätte ja selbst Alma beinahe überzeugt, dass es Wunder gab, und sie war solchen Anwandlungen wahrhaftig nicht zugänglich. Waren sie nicht wie Magier gewesen in jener Nacht in der Bindekammer, als sie ohne Worte zueinander sprachen, über ihre Fußsohlen und ihre Handflächen miteinander kommunizierten? Er hatte zu ihr gesagt, er wolle an ihrer Seite schlafen, um ihren Gedanken zu lauschen. Sie hatte an seiner Seite schlafen wollen, um endlich der Fleischeslust zu frönen und das Glied eines Mannes in den Mund zu nehmen – doch er wollte nur ihren Gedanken lauschen. Warum hatte sie nicht zulassen können, dass er einfach lauschte? Warum hatte er nicht zulassen können, dass sie ihn sich einfach nahm?

Hatte er überhaupt an sie gedacht, und sei es auch nur ein einziges Mal, während er hier auf Tahiti war?

Vielleicht versuchte er ja jetzt, ihr Botschaften zukommen zu lassen, doch der Graben war zu breit. Womöglich weichten die Worte auf in dem gewaltigen Abgrund zwischen dem Tod und der Welt und wurden unleserlich – so wie die traurigen, zerstörten Briefe, die der Reverend manchmal von seiner Frau aus England erhielt.

»Wer warst du?«, fragte Alma Ambrose inmitten dieser bleiernen Nacht, während sie auf die stille, spiegelnde Bucht blickte. Ihre Stimme klang so laut an dem leeren Strand, dass sie selbst erschrak. Sie lauschte auf eine Antwort, bis ihr die Ohren schmerzten, doch sie hörte nichts. Nicht einmal eine winzige Welle schwappte an den Strand. Das Wasser hätte auch aus geschmolzenem Zinn bestehen können, ebenso wie die Luft.

»Wo bist du jetzt, Ambrose?«, fragte sie, diesmal ein wenig leiser.

Nichts.

»Zeig mir, wo ich den Knaben finden kann«, bat sie mit kaum hörbarem Flüstern.

Ambrose antwortete nicht.

Die Matavai-Bucht antwortete nicht.

Der Himmel antwortete nicht.

Sie blies auf erloschene Glut; da war einfach nichts.

Alma setzte sich hin und wartete. Sie dachte an die Geschichte, die Reverend Welles ihr von Taroa erzählt hatte, dem ursprünglichen Gott der Tahitianer. Taroa, der Schöpfer. Taroa, aus einer Muschel entsprungen. Zahllose Ewigkeiten hindurch ruhte Taroa schweigend, das einzig Lebendige im ganzen Universum. So leer war die Welt, dass nicht einmal ein Echo zurückkam, wenn er durch die Dunkelheit rief. Er wäre beinahe vor Einsamkeit gestorben. Und aus dieser unermesslichen Einsamkeit und Leere schuf Taroa unsere Welt.

Alma ließ sich in den Sand zurücksinken und schloss die Augen. Hier draußen war es bequemer als auf der Matratze in ihrem stickigen Häuschen. Sie störte sich nicht an den Krabben, die geschäftig um sie herumhuschten und -wuselten. Geborgen unter ihren Panzern waren sie das Einzige, was sich an diesem Strand bewegte, das einzig Lebendige im ganzen Universum. So wartete Alma auf diesem kleinen Streifen Erde zwischen zwei Firmamenten, bis die Sonne aufging und alle Sterne sowohl aus dem Himmel wie auch aus dem Meer verschwunden waren, doch immer noch sprach niemand zu ihr.

•

Schließlich kam das Weihnachtsfest und mit ihm die Regenzeit. Nach der erbarmungslosen Hitze brachte der Regen Erleichterung, doch er brachte auch Schnecken von beachtlicher Größe und feuchte Schimmelflecken, die sich auf Almas immer unansehnlicheren Röcken ausbreiteten. Der schwarze Sandstrand der Matavai-Bucht wurde weich wie Pudding. Sintflutartige Regenfälle fesselten Alma den ganzen Tag ans Haus, wo sie beim Donnern der Wassermassen auf dem Dach kaum ihre eigenen Gedanken hören konnte. Die Natur ergriff noch weiter Besitz von ihrem kleinen Wohnraum. Die Eidechsenpopulation an der Decke verdreifachte sich über Nacht zu einer schier biblischen Plage, und die Tiere sprenkelten das ganze *fare* mit zähen Kotspuren und halbverdauten Insektenteilen. Aus dem fauligen Inneren des einzigen Schuhs, den Alma noch besaß, sprossen Pilze hervor. Sie hängte ihre Bananen an die Deckenbalken, damit die durchnässten, hartnäckigen Ratten sich nicht damit davonmachten.

Eines Nachts kam Roger der Hund im Rahmen seines regelmäßigen Rundgangs vorbei und blieb tagelang; er konnte sich einfach nicht dazu durchringen, dem Regen die Stirn zu bieten. Alma hätte sich gewünscht, dass er etwas gegen die Ratten unternahm, doch auch dazu konnte er sich nicht durchringen. Roger ließ sich nach wie vor nicht von Alma füttern, ohne nach ihr zu schnappen, doch manchmal ließ er immerhin zu, dass sie ihre Mahlzeit mit ihm teilte, indem sie seinen Anteil auf den Boden legte und sich dann umdrehte. Und gelegentlich gestattete er auch, dass sie ihm den Kopf kraulte, während er döste.

Die Unwetter brachen in unregelmäßigen Abständen herein. Man konnte hören, wie sie sich weit hinten auf dem Meer zusammenbrauten: stetig brausende Stürme aus Südwesten, die immer lauter und lauter wurden, wie ein herandonnernder Zug. Drohte das Unwetter ungewöhnlich heftig auszufallen, krochen die Seeigel aus der Bucht herauf, hin zu höher gelegenem, sichererem Untergrund. Manchmal suchten sie auch Zuflucht in Almas Haus: ein Grund mehr für Alma, aufzupassen, wo sie hintrat. Der Regen kam wie ein Pfeilhagel. Der Fluss am anderen Ende des Strandes quoll über vor Schlamm, das Wasser in der Bucht brodelte und spritzte. Und während das Unwetter tobte, sah Alma zu, wie die Welt um sie her schrumpfte. Vom Meer zogen Nebel und Dunkelheit heran. Zuerst verschwand der Horizont, dann verschwand die Insel Morea in der Ferne, dann das

Riff, dann der Strand, und schließlich blieben Roger und Alma allein im Dunst zurück. Die Welt war nun nicht mehr größer als Almas kleines und nicht sonderlich wasserdichtes Haus. Der Wind kam von allen Seiten, der Donner grollte furchterregend, und der Regen peitschte mit aller Kraft heran.

Dann plötzlich versiegte der Regen für kurze Zeit, und die gleißende Sonne kehrte abrupt, überraschend und hell zurück, doch sie schien nie lange genug, um Almas Matratze vollständig zu trocknen. Dampf stieg in bauschigen Schwaden vom Sand empor. Feuchte Böen fegten von den Hängen herab. Die Luft am Strand flatterte und blähte sich wie ein ausgeschütteltes Bettlaken – als wollte der Strand den gewaltsamen Ansturm abschütteln, der ihm soeben widerfahren war. Dann blieb es ruhig und schwül, ein paar Stunden oder ein paar Tage lang, bis ein weiteres Unwetter heranrollte.

Es waren Tage, an denen man schmerzlich eine Bibliothek und ein weitläufiges, trockenes, warmes Haus vermisste. Die Regenzeit auf Tahiti hätte Alma in tiefe Verzweiflung gestürzt, hätte sie nicht eine ganz erstaunliche Entdeckung gemacht: Die Kinder aus der Matavai-Bucht liebten den Regen. Und ganz besonders liebten ihn Hiro und Konsorten – wie auch nicht, war es doch eine Zeit des Durch-den-Schlamm-Rutschens, des Durch-Pfützen-Watens und der wagemutigen Wellenritte auf dem zu einem reißenden Strom angeschwollenen Fluss. Die fünf kleinen Jungen verwandelten sich in fünf kleine Otter, die sich an der Nässe nicht nur nicht störten, sondern sie in vollen Zügen genossen. Alle Trägheit, die sie während der heißen, trockenen Zeit der Entbehrungen an den Tag gelegt hatten, war wie weggewaschen und wich einer plötzlichen, wachen Lebendigkeit. Hiro und Konsorten, erkannte Alma, waren wie Moos: Sie mochten in der Hitze austrocknen und welken, doch ein ordentlicher Regenguss ließ sie wieder aufleben. Auch sie waren Meister der Wiederauferstehung, diese außergewöhnlichen Kinder! Sie erwachten in der frisch durchfeuchteten Welt mit so viel Entschlossenheit, Kraft und Überschwang zum Leben, dass Alma sich an ihre eigene Kindheit erinnert fühlte. Damals hatte auch sie sich weder von Regen noch von Schlamm an ihren Erkundungsausflügen hindern lassen. Dieser Gedanke zog eine ebenso unvermittelte wie drängende Frage nach sich: Warum saß sie dann jetzt die ganze Zeit in ihrem Häuschen? Als kleines Mädchen war sie nie vor dem Wetter geflüchtet – warum sollte sie nun als Erwachsene davor fliehen? Wenn es auf der ganzen Insel keinen trockenen Zufluchtsort gab, warum dann nicht einfach nass werden? Und diese Frage führte Alma überraschend zu einer weiteren: Warum hatte sie bei ihrer Suche nach dem Knaben nicht Hiro und Konsorten mit eingespannt? Wer wäre besser geeignet, einen verschwundenen jungen Tahitianer zu finden als andere junge Tahitianer?

Kaum war ihr dies alles klargeworden, eilte Alma auch schon aus ihrem Häuschen und rief die fünf wilden Jungen zu sich, die gerade damit beschäftigt waren, einander energisch mit Matsch zu bewerfen. Sie stürzten als ein schmieriges, schlammiges, kicherndes Ganzes auf Alma zu. Es erheiterte sie, die weiße Frau hier mitten im Regen an ihrem Strand zu sehen, in einem durchnässten Kleid, das vor ihren Augen stetig nasser wurde. Es war ein höchst unterhaltsamer Anblick, der sie nichts kostete.

Alma scharte die Jungen um sich und redete in einer Mischung aus Tahitianisch, Englisch und leidenschaftlicher Gestik auf sie ein. Später konnte sie sich kaum noch entsinnen, wie es ihr eigentlich gelungen war, ihren Plan zu erläutern, doch ihre grundlegende Botschaft lautete: *Die Zeit ist reif – auf ins Abenteuer, Jungs!* Sie fragte sie, ob sie jene Orte in der Mitte der Insel kannten, die aufzusuchen Schwester Manu allen Bewohnern der Siedlung strengstens untersagte. Kannten sie auch wirklich all die verbotenen Orte, wo die Felsbewohner lebten und die entlegensten heidnischen

Dörfer lagen? Und wollten sie Schwester Whittaker dorthin führen und ein paar großartige Abenteuer erleben?

Ob sie wollten? Und ob sie wollten! Der Gedanke begeisterte sie derart, dass sie noch am selben Tag aufbrachen. Genauer gesagt brachen sie umgehend auf, und Alma folgte ihnen ohne viel Federlesens. Ohne Schuhe, ohne Landkarte, ohne Proviant und – Gott behüte! – ohne Schirm führten die Jungen Alma direkt hinauf in die Berge hinter der Missionssiedlung, fort von den harmlosen kleinen Küstendörfern, die sie bereits auf eigene Faust erkundet hatte. Direkt hinauf stiegen sie, hinein in den Nebel, hinein in die Regenwolken, hoch zu den urwaldbewachsenen Gipfeln, die Alma vom Deck der *Elliot* aus zum ersten Mal erblickt hatte und die ihr damals so furchterregend fremd erschienen waren. Hinauf stiegen sie – und nicht nur an diesem einen Tag, sondern an jedem Tag des folgenden Monats. Tagtäglich folgten sie noch abgelegeneren Pfaden zu noch unerforschteren Zielen, meist im strömenden Regen, und Alma Whittaker blieb ihnen stets dicht auf den Fersen.

Anfangs befürchtete Alma, nicht mit ihnen Schritt halten zu können, doch schon bald erkannte sie zweierlei: dass ihr die vielen Jahre des Botanisierens zu einer ungewöhnlich guten Kondition verholfen hatten und dass die Kinder auf die Schwächen ihrer Begleiterin auf reizende Weise Rücksicht nahmen. An besonders gefährlichen Abzweigungen warteten sie auf Alma und verlangten auch nicht von ihr, dass sie über tiefe Felsspalten sprang oder sich an nassen Steilwänden emporzog, wie sie selbst es mit behänder Leichtigkeit taten. Manchmal, wenn ein besonders steiler Anstieg zu bewältigen war, traten Hiro und Konsorten hinter sie und schoben sie recht unwürdig hinauf, die Hände an ihrem ausladenden Hinterteil, doch Alma störte sich nicht daran: Sie wollten ihr schließlich nur helfen. Sie behandelten sie zuvorkommend. Sie jubelten, wenn ihr ein Aufstieg gelungen war, und wenn einmal die Nacht hereinbrach, während sie sich noch im Dschungel befanden, nahmen sie Alma bei den Händen und geleiteten sie sicher zur Mission zurück. Auf diesen Gängen durch die Dunkelheit brachten sie ihr tahitianische Kriegslieder bei, wie sie die Männer sangen, um sich im Angesicht der Gefahr Mut zu machen.

Die Tahitianer genossen in der ganzen Südsee einen Ruf als begabte Kletterer und furchtlose Wanderer; Alma hatte von Inselbewohnern erzählen hören, die dreißig Meilen am Tag in solch unwegsamem Gelände zurücklegten, ohne müde zu werden. Doch auch sie ermüdete nicht leicht – zumindest nicht, wenn sie auf der Pirsch war, und sie war der festen Überzeugung, dass dies die wichtigste Pirsch ihres Lebens war. Es war ihre letzte und beste Möglichkeit, den Knaben noch zu finden. Falls er sich irgendwo hier auf der Insel aufhielt, dann würden diese unermüdlichen Kinder ihn finden.

Als die reizende Schwester Etini Alma schließlich mit besorgter Miene fragte, wo sie denn bloß ihre Tage verbringe, antwortete Alma schlicht: »Ich suche nach Moosen und lasse mich dabei von euren fünf fähigsten jungen Naturforschern unterstützen.«

Niemand zweifelte an ihrer Aussage, denn es war allerbeste Moossaison. Tatsächlich entdeckte Alma auf ihren Wegen allerlei faszinierende Moosgewächse an Felsen und Steinen, allein sie blieb nicht stehen, um sie genauer zu betrachten. Die Moose würden auf ewig dort sein, sie aber war auf der Suche nach etwas Flüchtigerem, Dringlicherem: einem Mann. Einem Mann, der Geheimnisse kannte. Um ihn zu finden, musste sie in der Menschenzeit verweilen.

Die Jungen ihrerseits freuten sich an dem unerwarteten Spiel, die sonderbare alte Dame durch ganz Tahiti zu führen, ihr alles Verbotene zu zeigen und sie mit den entlegensten Völkern bekannt zu machen. Sie führten Alma zu verlassenen Tempeln und in finstere Höhlen, wo in den Ecken noch menschliche Knochen schimmerten. Mitunter trieben sich auch lebende Tahitianer an diesen unheilvollen Orten herum, doch der Knabe war nie darunter. Sie führten Alma in eine kleine Siedlung am Ufer des Maeva-Sees, wo die Frauen noch Baströcke trugen und grausige Tätowierungen die Gesichter der Männer zierten, doch auch dort fand sich der Knabe nicht. Er war weder unter den Jägern, die ihnen auf diesen gefahrvollen Pfaden begegneten, noch auf den Hängen des Berges Orohena, er fand sich weder auf dem Berg Aorii noch in den langen vulkanischen Tunneln. Hiro und Konsorten führten sie auf einen smaragdenen Gebirgskamm hoch über der Welt, so hoch, dass er den Himmel entzweizuschneiden schien – denn auf der einen Seite des Gipfels regnete es, und auf der anderen schien die Sonne. Alma stand auf diesem schmalen Grat, links die Dunkelheit, rechts das Licht, doch nicht einmal hier, auf dem höchsten Aussichtspunkt, den man sich denken konnte, hier, wo die Witterungen aufeinanderprallten, hier an der Grenze zwischen *pô* und *ao*, war der Knabe zu entdecken.

Mit der Zeit errieten die Kinder, dass Alma etwas suchte, doch Hiro, wie stets der Schlaueste unter ihnen, war es, der schließlich erkannte, dass sie *jemanden* suchte.

»Er nicht hier?«, fragte er Alma teilnahmsvoll, wenn wieder ein Tag zu Ende ging. Hiro hatte angefangen, Englisch zu sprechen, und fand sich selbst ganz vortrefflich darin.

Alma mochte zwar nicht zugeben, dass sie auf der Suche nach einer Person war, doch sie stritt es auch nicht ab.

»Wir ihm finden morgen!«, versprach Hiro ihr jeden Tag aufs Neue, doch der Januar verging, und der Februar verging, und Alma konnte den Knaben immer noch nicht finden.

»Wir ihm finden nächste Sonntag!«, beteuerte Hiro – denn »Sonntag« war hier die gängige Bezeichnung für die ganze Woche. Doch vier weitere Sonntage zogen ins Land, und Alma konnte den Knaben nicht finden. Nun war es bereits April geworden. Hiro wurde von Tag zu Tag bekümmerter und missmutiger. Ihm fiel kein Ort mehr ein, an den er Alma auf ihren Ausflügen kreuz und quer über die Insel noch hätte führen können. Das Ganze war keine lustige Abwechslung mehr; es war ein ernsthaftes Unternehmen geworden, und Hiro erkannte, dass er im Begriff stand, daran zu scheitern. Auch die Konsorten, die seine gedrückte Stimmung spürten, verloren ihre Freude daran. Da entschloss sich Alma, die fünf von ihren Verpflichtungen zu entbinden. Sie waren noch zu jung, um diese Last mit ihr zu tragen, und sie wollte sie nicht von Sorgen und Verantwortungsgefühl niedergedrückt sehen, nur weil sie in ihrem Auftrag einem Phantom nachjagten.

Und so entließ Alma Hiro und Konsorten aus dem Spiel und ging nie wieder mit ihnen auf Wanderung. Als Lohn schenkte sie jedem der fünf ein Teil ihres geliebten Mikroskops, das sie ihr im Laufe der vergangenen Monate nahezu unversehrt zurückerstattet hatten, und schüttelte ihnen die Hand. Auf Tahitianisch erklärte sie die fünf zu den tapfersten Kriegern, die es je gegeben habe. Sie dankte ihnen für ihre mutige Umrundung der bekannten Welt. Und sie sagte ihnen, sie habe alles gefunden, was sie habe finden wollen. Dann ließ sie sie ziehen, auf dass sie sich wieder ihrer früheren Tätigkeit rastlosen, ziellosen Spielens widmen konnten.

•

Die Regenzeit ging zu Ende. Alma war nun seit fast einem Jahr auf Tahiti. Sie entfernte das faulige Gras vom Boden ihres Häuschens und verteilte abermals frisches Gras darauf. Sie stopfte ihre modrige Matratze mit frischem, trockenem Stroh aus. Sie sah zu, wie die Eidechsenpopulation sich wieder verringerte, während die Tage immer heller und milder wurden. Sie bastelte sich einen neuen Besen und entfernte die Spinnweben von den Wänden. Eines Morgens, beseelt von dem Wunsch, sich noch einmal ihrer eigenen Mission zu vergewissern, öffnete sie Ambroses Koffer, um sich die Zeichnungen des Knaben anzusehen, und musste entdecken, dass sie während der Regenzeit vollkommen von Schimmel zerfressen worden waren. Sie wollte die einzelnen Blätter voneinander lösen, doch sie zerfielen ihr zwischen den Händen zu kleistrigen grünlichen Einzelteilen. Anscheinend hatte sich auch eine Motte in den Zeichnungen eingenistet und sich an den Krümeln gütlich getan. Alma konnte sie nicht retten. Vom Gesicht des Knaben war nichts mehr zu erkennen und auch kein einziger von Ambroses schönen Zeichenstrichen. Die Insel hatte die letzte, verbliebene Spur ihres unerklärlichen Ehemanns und seiner schimärenhaften männlichen Muse verschlungen.

Der Zerfall der Zeichnungen war für Alma wie ein weiterer Todesfall: Nun war selbst das Phantom von ihr gegangen. Sie wollte weinen und begann sogar, an ihrem Urteilsvermögen zu zweifeln. In den vergangenen zehn Monaten hatte sie so viele Gesichter hier auf Tahiti gesehen, doch nun fragte sie sich, ob sie überhaupt fähig gewesen wäre, den Knaben zu erkennen, selbst wenn er direkt vor ihr gestanden hätte. Vielleicht hatte sie ihn ja längst gesehen? Hätte er nicht unter den jungen Männern am Hafen von Papeete sein können, die sie dort an ihrem Ankunftstag erblickt hatte? Konnte sie nicht schon zahllose Male an ihm vorbeigegangen sein? Lebte er womöglich sogar hier in der Missionssiedlung, und sie war einfach nicht mehr empfänglich für sein Gesicht? Ihr blieb ja nichts, um ihre Erinnerungen abzugleichen. Der Knabe hatte ohnehin kaum existiert, und nun existierte er gar nicht mehr. Alma schloss den Koffer, als schlösse sie den Deckel eines Sargs.

Sie konnte nicht länger auf Tahiti bleiben. Das wusste sie ohne jeden Zweifel. Sie hätte gar nicht erst herkommen dürfen. Was hatte es sie an Energie und Entschlossenheit gekostet, auf diese Insel der Rätsel zu reisen, und nun saß sie hier fest, völlig grundlos, und fiel dieser kleinen Gemeinschaft aus aufrechten Seelen zur Last, aß ihr Essen, beanspruchte ihren Lebensraum und spannte ihre Kinder für ihre eigenen unverantwortlichen Zwecke ein. Wahrhaft gelungen, in was für eine Lage sie sich da hineinmanövriert hatte! Alma glaubte, jede Verbindung zum Sinn ihres Lebens verloren zu haben, so schwach diese Verbindung auch gewesen sein mochte. Sie hatte ihre eintönigen, aber ehrbaren Moosstudien abgebrochen, um sich auf die aussichtslose Jagd nach einem Gespenst zu begeben – genauer gesagt nach zwei Gespenstern: Ambrose und dem Knaben. Und wozu? Sie wusste nicht mehr über Ambrose als vor einem Jahr. Alle Berichte hier auf Tahiti erklärten ihren Mann übereinstimmend zu dem, was er immer schon zu sein schien: eine sanfte, freundliche, tugendhafte Seele, unfähig zu jeglicher Missetat und viel zu gut für diese Welt.

Nach und nach dämmerte die Erkenntnis in Alma herauf, dass es den Knaben vermutlich nie gegeben hatte. Andernfalls hätte sie ihn doch längst gefunden, oder jemand hätte von ihm erzählt – wenn auch nur in Andeutungen. Ambrose musste ihn erfunden haben. Dieser Gedanke war trauriger als alles, was Alma sich je hätte ausmalen können. Der Knabe war das Hirngespinst eines Einsamen mit einem verwirrten Geist. Ambrose musste sich so verzweifelt nach einem Gefährten gesehnt haben, dass er sich einen gezeichnet hatte. Mit diesem erfundenen Freund – diesem wunderschönen Phantom-Geliebten – hatte er endlich die geistige Vereinigung gefunden, nach der es ihn stets verlangt hatte. Das schien beileibe nicht abwegig. Schließlich war es um Ambroses Verstand schon unter idealen Gegebenheiten allenfalls labil bestellt gewesen! Hatte nicht sein bester Freund ihn in eine Irrenanstalt einweisen lassen, hatte er selbst nicht geglaubt, in der Pflanzenwelt Gottes Fingerabdruck erkennen zu können? Ambrose war ein Mensch gewesen, der Engel in Orchideen sah, mehr noch, sich selbst einmal für einen Engel hielt – man stelle sich vor! Alma war einmal um die halbe Welt gereist, um einem Geisterbild nachzuspüren, das der labilen und umnachteten Einbildung eines Einsamen entsprungen war.

Es war eine geradezu banale Geschichte, die sie durch ihre nutzlosen Nachforschungen kompliziert gemacht hatte. Vielleicht hatte sie ja gewollt, dass das Ganze eine finstere Note bekam, und sei es nur, um ein tragischeres Licht auf ihre eigene Geschichte zu werfen. Vielleicht hatte sie ja gewollt, dass Ambrose sich solcher Abscheulichkeiten schuldig gemacht, der Knabenliebe und der Unzucht gefrönt hatte, damit sie ihn verabscheuen konnte, anstatt sich nach ihm zu sehnen. Vielleicht hatte sie hier auf Tahiti ja nicht nur *einen* Knaben finden wollen, sondern viele – ein ganzes Heer von Lustknaben, die Ambrose einen nach dem anderen geschändet und entehrt hatte. Doch für all das gab es keinerlei Anzeichen. In Wahrheit verhielt es sich einfach so: Alma war so töricht und lüstern gewesen, einen unschuldigen jungen Mann zu heiraten, der nicht ganz bei Verstand war. Und als dieser junge Mann sie enttäuschte, war sie so grausam und zornig gewesen, ihn hierher nach Tahiti zu schicken, wo er einsam und geistig zerrüttet gestorben war, versponnen in seine Phantastereien, verloren in einer heillosen kleinen Siedlung unter der Führung – falls man es denn Führung nennen konnte! – eines treuherzigen, gescheiterten alten Missionars.

Was nun die Frage betraf, warum Ambroses Koffer und seine Zeichnungen fast ein Jahr lang von allen (bis auf die Natur) unangetastet in Almas unbewachtem *fare* verblieben waren, wo doch all ihre übrigen Habseligkeiten entliehen, entwendet, zerlegt und geplündert wurden … nun, um dieses Rätsel zu lösen, fehlte es ihr schlicht an Phantasie. Vor allem aber fehlte ihr der Wille, mit einer weiteren unlösbaren Frage zu ringen.

Es gab hier nichts mehr zu erfahren.

Alma sah keine Veranlassung mehr, noch länger zu bleiben. Nun galt es, die restlichen Jahre ihres Lebens zu planen. Sie hatte spontan und unbesonnen gehandelt, doch nun würde sie mit dem nächsten Walfänger nach Norden reisen und sich einen Ort zum Leben suchen. Heim nach Philadelphia konnte sie nicht. Sie hatte White Acre aufgegeben und konnte nicht mehr dorthin zurück; es wäre Prudence gegenüber nicht recht gewesen, schließlich hatte sie einen Anspruch darauf, das Anwesen zu führen, ohne dass Alma ihr beständig zur Last fiel. Zudem wäre eine solche Heimkehr einer Demütigung gleichgekommen. Sie musste noch einmal ganz von vorn beginnen. Und sie musste eine Möglichkeit finden, für ihren Lebensunterhalt zu sorgen. Gleich morgen würde sie Nachricht nach Papeete schicken, dass sie eine Koje auf einem bewährten Schiff suche, dessen Kapitän ehrenwert war und Dick Yancey kannte.

All das brachte ihr keinen Frieden, doch immerhin hatte sie sich entschieden.

Kapitel 25

Vier Tage später wachte Alma frühmorgens auf, als sie Hiro und Konsorten freudig rufen hörte. Sie trat vor ihr *fare*, um zu sehen, was der Grund für den Aufruhr war. Ihre fünf kleinen Wilden rannten am Strand umher, schlugen im Licht des frühen Morgens Saltos und Räder und jubelten begeistert auf Tahitianisch. Als Hiro Alma erblickte, jagte er flugs den verschlungenen Zickzackpfad bis zu ihrer Tür hinauf.

»Tomorrow Morning ist da!«, rief er auf Englisch. Seine Augen funkelten vor Aufregung, wie Alma es selbst bei diesem leicht zu begeisternden Kind noch nicht erlebt hatte.

Verblüfft fasste sie ihn am Arm, um ihn zu beruhigen und zu einer klareren Aussage zu bewegen.

»Was soll das heißen, Hiro?«, fragte sie.

»Tomorrow Morning ist da!«, rief er erneut und hüpfte dabei auf und ab, als könnte er kaum an sich halten.

»Sag es mir noch einmal auf Tahitianisch«, befahl sie ihm auf Tahitianisch.

»Teie o tomorrow morning!«, rief er, was nichts anderes bedeutete als die sinnlose Aussage, die er zuvor auf Englisch getätigt hatte: »Tomorrow Morning ist da!«

Alma blickte auf und sah, dass sich am Strand Menschen sammelten: Die ganze Siedlung war auf den Beinen, desgleichen die Bewohner der umliegenden Dörfer. Und alle waren ebenso aufgeregt wie die fünf Jungen. Sie sah Reverend Welles mit seinen lustigen, o-beinigen Schritten zum Ufer eilen. Sie sah Schwester Manu herbeilaufen, Schwester Etini und sämtliche Fischer aus der Gegend.

»Schau!« Hiro lenkte Almas Blick Richtung Meer. »Tomorrow Morning kommen!«

Alma sah hinaus auf die Bucht und konnte dort – wieso war ihr das nicht sofort aufgefallen? – eine kleine Flotte langer Kanus ausmachen, die mit unwahrscheinlicher Geschwindigkeit, vorangetrieben von Dutzenden dunkelhäutiger Ruderer, durch das Wasser pflügten und auf den Strand zuhielten. In ihrer ganzen Zeit auf Tahiti hatte Alma nie aufgehört, darüber zu staunen, wie kraftvoll und wendig diese Kanus waren. Wenn eine Flotte wie diese die Bucht durchquerte, hatte sie stets das Gefühl, der Ankunft Jasons und seiner Argonauten beizuwohnen oder der Flotte des Odysseus. Besonders gefiel ihr jener Moment, wenn die Ruderer, schon fast am Ufer, ihre Muskeln zu einer letzten Anstrengung spannten und das Kanu, wie von einem riesigen unsichtbaren Bogen herangeschleudert, mit atemberaubendem Schwung aus dem Wasser schoss und auf dem Sand zu liegen kam.

Alma hätte gern noch mehr gefragt, doch Hiro war bereits mit der übrigen Menge davongeeilt, um die Kanus willkommen zu heißen. Nie zuvor hatte Alma so viele Menschen am Strand gesehen. Von der allgemeinen Aufregung angesteckt, lief auch sie den Booten entgegen. Es waren auffallend schöne, beinahe majestätische Kanus. Das größte maß gut und gerne sechzig Fuß, und im Bug stand ein Mann von eindrucksvoller Statur und Größe – ganz offensichtlich der Anführer dieser Expedition. Er war Tahitianer, doch als Alma näher kam, sah sie, dass er tadellos nach Art eines Europäers gekleidet war. Die Dorfbewohner umringten ihn, stimmten Willkommenslieder an und hoben ihn aus seinem Kanu wie einen König.

Sie trugen den Fremden Reverend Welles entgegen, und die beiden Männer umarmten einander. Alma drängte sich durch die Reihen, so nah heran, wie sie nur konnte. Der Mann beugte sich herab und drückte seine Nase an die des Reverend, ein traditioneller Willkommensgruß, der tiefempfundene Zuneigung ausdrückte. Und Alma hörte Reverend Welles mit tränenfeuchter Stimme sagen: »Sei willkommen in deiner Heimat, du gesegneter Sohn Gottes.«

Der Fremde löste sich wieder aus der Umarmung. Er wandte sich lächelnd der Menge zu, und nun sah Alma ihm zum ersten Mal direkt ins Gesicht. Hätte sie nicht dicht gedrängt zwischen zahllosen Menschen gestanden, der Schock des Erkennens hätte sie vermutlich zu Boden gestreckt.

Die Worte »tomorrow morning«, die Ambrose auf die Rückseite all seiner Zeichnungen des Knaben geschrieben hatte, waren kein geheimer Code gewesen, kein verträumter Wunsch nach einer idealisierten Zukunft, auch kein Anagramm oder sonst ein verstiegener Versuch der Verschleierung. Dieses eine Mal in seinem Leben war Ambrose Pike ganz direkt und offen gewesen: »Tomorrow Morning« war schlicht und einfach ein Name.

Und nun war Tomorrow Morning tatsächlich da.

•

Sie war wütend.

Darin bestand ihre allererste Reaktion. Warum hatte kein Mensch ihn je erwähnt – diese majestätische Gestalt, diesen bewunderten Besucher, diesen Mann, der den ganzen Norden Tahitis dazu brachte, am Ufer zusammenzulaufen und ihm zuzujubeln? Wie kam es, dass sein Name nie gefallen war, nicht einmal beiläufig? Niemand hatte Alma gegenüber je die Worte »Tomorrow Morning« verwendet, wenn es nicht gerade um Planungen für den kommenden Tag ging, und erst recht hatte nie jemand von der inselumspannenden Bewunderung für einen nachgerade mythischen, attraktiven Eingeborenen gesprochen, der eines Tages wie aus dem Nichts erscheinen und angebetet werden würde. Nicht einmal Gerüchte über einen solchen Menschen hatte es gegeben. Wie konnte ein derart bedeutender Mann einfach so auftauchen?

Während die übrige Menge sich wie ein jubelndes, johlendes Ganzes zur Missionskirche wälzte, blieb Alma still am Strand zurück und versuchte, das alles zu begreifen. Neue Fragen traten an die Stelle alter Überzeugungen. Was sie noch letzte Woche für sicher und unumstößlich gehalten hatte, brach nun auf wie ein Eisdamm bei Frühlingsbeginn.

Das Trugbild, das sie gesucht hatte, war tatsächlich vorhanden, doch es war kein Knabe; vielmehr schien es sich um eine Art König zu handeln. Was hatte Ambrose mit einem Inselkönig zu schaffen gehabt? Wie hatten sie sich kennengelernt? Und warum hatte Ambrose Tomorrow Morning als einfachen Fischer gezeichnet, wenn er doch ganz offensichtlich ein Mann von beträchtlicher Macht war?

Schon nahm der hartnäckige, unerbittliche Spekulationsapparat in Almas Innerem die Arbeit wieder auf. Das machte sie nur noch wütender. Sie war des Spekulierens so müde. Sie ertrug es nicht mehr, immer neue Theorien aufzustellen. Fast schien es ihr, als hätte sie ihr ganzes Leben in einem Zustand der Spekulation verbracht. Sie hatte sich doch immer nur nach *Wissen* gesehnt, und doch tat sie nach so vielen Jahren nimmermüden Fragens nichts anderes als Sinnen, Spinnen und Spintisieren.

Schluss mit den Spekulationen. Endgültig Schluss damit. Jetzt musste sie alles wissen. Sie würde darauf bestehen, alles zu erfahren.

•

Alma hörte die Messe, noch ehe sie die Kirche erreicht hatte. Nie zuvor hatte sie solchen Gesang vernommen, wie er nun aus dem bescheidenen Bauwerk nach draußen drang. Es war etwas wie Jubelgeschrei. In der Kirche war kein Platz mehr für sie, doch sie blieb draußen inmitten der drängelnden, singenden Menge stehen und lauschte. Die Lieder, die sie bisher in dieser Kirche gehört hatte – gesungen von den achtzehn Kirchgängern aus der Missionssiedlung des Reverend –, wirkten dünn und schwachbrüstig im Vergleich zu dem, was sie jetzt hörte. Zum ersten Mal begriff sie, wie die tahitianische Musik eigentlich gedacht war und warum es dazu mehrerer hundert Stimmen bedurfte, die vereint donnerten und dröhnten und alle nur einem Zweck dienten: den Ozean zu übertönen. Genau das taten diese Menschen hier, in einer lärmenden Darbietung ihrer Verehrung, die ebenso schön wie bedrohlich klang.

Schließlich wurde es stiller, und Alma hörte, wie ein Mann mit klarer, kraftvoller Stimme zu der Versammlung sprach. Er sprach Tahitianisch, und seine Ansprache wirkte an mancher Stelle fast wie ein Gesang. Alma arbeitete sich bis zur Tür vor und spähte in die Kirche hinein: Es war Tomorrow Morning, der hochgewachsen und in ganzer Herrlichkeit an der Kanzel stand und mit erhobenen Armen auf seine Zuhörer einredete. Ihr Tahitianisch reichte nicht aus, um der ganzen Predigt zu folgen, doch sie verstand, dass dieser Mann leidenschaftlich Zeugnis vom lebendigen Christus ablegte. Doch das war längst nicht alles: Er spielte auch mit den versammelten Menschen, so wie Alma es häufig bei Hiro und Konsorten beobachtet hatte, wenn sie mit den Wellen spielten. Sein Eifer und seine Kraft waren unermesslich. Er rang der Versammlung Gelächter und Tränen ab, tiefen Ernst und ausgelassene Freude, und Alma spürte, wie der Klang und die Intensität seiner Stimme auch ihre Gefühle mit sich riss, obwohl ihr seine Worte weitgehend unverständlich blieben.

Tomorrow Mornings Auftritt dauerte weit über eine Stunde. Er ließ seine Zuhörer singen, er ließ sie beten und hatte sie, so schien es, beinahe so weit, im Morgengrauen zum Angriff zu blasen. Und Alma dachte: Das wäre meiner Mutter zutiefst zuwider gewesen. Für missionarischen Eifer hatte Beatrix Whittaker keinen Sinn gehabt; sie war der festen Überzeugung gewesen, dass Menschen im religiösen Wahn ernsthaft Gefahr liefen, ihre Manieren zu vergessen, und wie wäre es dann um die Zivilisation bestellt? Wie dem auch sein mochte, eine Predigt wie diese mitreißende Ansprache hatte Alma in der kleinen Kirche des Reverend noch nie gehört – und auch an keinem anderen Ort. Dies war kein lutheranischer Pfarrer aus Philadelphia, der pflichtschuldigst seine heiligen Lehren verbreitete. Dies war Kriegsgetrommel. Dies war Demosthenes, der den Ktesiphon verteidigte.

Dies war Perikles, der die Toten von Athen ehrte. Dies war Cicero, der Catilina anklagte.

Keinesfalls jedoch war Tomorrow Mornings Ansprache dazu angetan, Alma mit der Demut und Milde zu erfüllen, die sie inzwischen so sehr mit dieser bescheidenen kleinen Mission am Meer verband. Tomorrow Morning besaß nichts Demütiges oder Mildes. Im Gegenteil, sie hatte nie zuvor solch einen kühnen, selbstgewissen Menschen erlebt. Alma musste an ein Zitat von Cicero denken, das ihr in seinem altvertrauten, kraftvollen Latein durch den Sinn ging – der einzigen Sprache, wie sie fand, die es mit diesem donnernden Schwall tahitianischer Rednerkunst aufzunehmen vermochte, deren Zeugin sie hier war: »*Nemo umquam neque poeta neque orator fuit, qui quemquam meliorem quam se arbitraretur.*«

Nie gab es einen Dichter oder Redner, der einen anderen für besser gehalten hätte als sich selbst.

•

Es wurde ein Tag der erhitzten Gemüter.

Mit Hilfe des überaus effizienten tahitianischen Telegraphensystems (flinke Knaben mit lauten Stimmen) verbreitete sich die Nachricht von Tomorrow Mornings Ankunft wie ein Lauffeuer, und am Strand der Matavai-Bucht wurde es stündlich voller und lebhafter. Alma versuchte, Reverend Welles einen Moment aufzuhalten, weil sie zahllose Fragen an ihn hatte, doch seine kleine Gestalt verschwand immer wieder in der Menge, und sie sah ihn nur hin und wieder von weitem, das weiße Haar vom Wind zerzaust, strahlend vor Glück. Auch an Schwester Manu kam Alma nicht heran: Die ehrwürdige Dame war so außer sich, dass sie ihren großen Strohhut verloren hatte, und stand schluchzend wie ein Schulmädchen inmitten einer Gruppe schnatternder, verzückter Frauen. Hiro und Konsorten waren nirgends zu sehen – oder besser gesagt überall zu sehen, sie stoben aber stets so schnell wieder davon, dass Alma ihrer nicht habhaft werden konnte, um sie zu befragen.

Dann wurde aus der Massenversammlung am Strand wie durch einen einzigen, einvernehmlichen Entschluss ein Freudenfest. Man schaffte Platz für Ringkämpfe und Boxturniere. Die jungen Männer streiften ihre Hemden ab, rieben sich mit Kokosöl ein und begannen ihre Rangeleien. Kinder flitzten in spontanen Wettrennen die Küste entlang. Ein Ring wurde in den Sand gezogen, und plötzlich war ein Hahnenkampf in vollem Gange. Später am Tag rückten Musiker an, die von tahitianischen Trommeln und Flöten bis hin zu europäischen Hörnern und Geigen alle nur erdenklichen Instrumente bei sich hatten, und alsbald wurde laute Musik angestimmt. Andernorts hoben emsige Männer eine Feuergrube aus und kleideten sie mit Steinen aus. Anscheinend bereiteten sie ein großes Bratgelage vor. Und dann sah Alma auf einmal – wie aus dem Nichts – Schwester Manu, die ein Schwein einfing, es festhielt und tötete – sehr zum Missvergnügen des Tieres. Alma konnte sich bei dem Anblick einen gewissen Groll nicht verkneifen. (Wie lange hoffte sie schon auf einen Bissen Schweinefleisch! Und dann brauchte nur Tomorrow Morning einzutreffen, schon geschah es.) Mit geschickter Hand und einem langen Messer zerlegte Schwester Manu frohgemut das Schwein. Mit der Handbewegung einer Frau, die Zuckerstangen dreht, zog sie ihm die Eingeweide heraus. Dann hielt sie, zusammen mit ein paar anderen, kräftigeren Frauen, das tote Schwein über das offene Feuer, um ihm die Borsten wegzubrennen. Anschließend wickelten sie es in Blätter und legten es auf die heißen Steine. Eine größere Anzahl Hühner folgte dem Schwein in den Tod; auch sie konnten sich dieser Flutwelle ausgelassenen Feierns nicht erwehren.

Alma sah die hübsche Schwester Etini vorbeieilen, die Arme voller Brotfrüchte. Sie sprang ihr nach, fasste sie an der Schulter und fragte: »Schwester Etini, bitte sagen Sie mir doch: Wer ist Tomorrow Morning?«

Etini wandte sich mit strahlendem Lächeln zu ihr um. »Er ist der Sohn von Reverend Welles«, sagte sie.

»Der Sohn von Reverend Welles?«, wiederholte Alma. Der Reverend hatte doch nur Töchter – und nur eine Tochter, die noch am Leben war. Hätte Schwester Etini nicht so fehlerfrei und fließend Englisch gesprochen, Alma hätte geglaubt, die Frau habe sich falsch ausgedrückt.

»Sein *taio*-Sohn«, erläuterte Etini. »Tomorrow Morning ist der angenommene Sohn des Reverend Welles. Er ist auch mein Sohn und der von Schwester Manu. Er ist der Sohn der ganzen Missionssiedlung! Wir alle sind seine *taio*-Familie!«

»Aber wo kommt er denn her?«, wollte Alma wissen.

»Er kommt von hier«, sagte Etini und konnte nicht verhehlen, mit welchem Stolz dieser Umstand sie erfüllte. »Tomorrow Morning gehört zu uns, nicht wahr.«

»Aber woher kam er heute, bei seiner Ankunft?«

»Er kam von Raiatea, wo er jetzt lebt. Dort leitet er seine eigene Mission. Er konnte auf Raiatea, einer Insel, die dem wahren Gott lange Zeit höchst feindselig gegenüberstand, große Erfolge verzeichnen. Die Leute, die ihn heute begleitet haben, das sind seine Konvertiten – oder einige seiner Konvertiten. Selbstverständlich hat er noch etliche mehr.«

Und Alma hatte selbstverständlich noch etliche Fragen mehr, doch Schwester Etini wollte sich um das Festmahl kümmern, und so dankte Alma ihr nur und ließ sie ziehen. Sie setzte sich in den Schatten eines Guavenbuschs am Fluss, um nachzudenken. Es gab schließlich vieles, worüber es nachzudenken, was es einzuordnen galt. Im verzweifelten Bemühen, all diesen erstaunlichen neuen Fakten einen Sinn zu verleihen, dachte sie an eine Unterhaltung, die sie vor Monaten mit Reverend Welles geführt hatte. Er hatte ihr damals von seinen drei angenommenen Söhnen erzählt – den drei musterhaftesten Absolventen der Missionsschule an der Matavai-Bucht, die inzwischen selbst angesehene

Missionen auf diversen benachbarten Inseln leiteten. Alma bemühte sich redlich, sich an diese lange zurückliegende Unterredung in Einzelheiten zu erinnern, doch ihr Gedächtnis ließ sie schmählich im Stich. Gut möglich, dass Raiatea unter den erwähnten Inseln gewesen war, der Name »Tomorrow Morning« war nicht gefallen, dessen war sie gewiss. Die Worte hätten sie doch aufhorchen lassen. Nein, Alma hatte diesen Namen nie zuvor gehört. Der Reverend musste ihn bei einem anderen Namen genannt haben.

Schwester Etini eilte erneut vorbei, diesmal mit leeren Händen, und wieder sprang Alma ihr nach und hielt sie auf. Sie wusste, wie lästig sie Etini fiel, doch sie konnte schlichtweg nicht anders.

»Schwester Etini«, sagte sie. »Wie heißt Tomorrow Morning?«

Schwester Etini musterte sie erstaunt. »Er heißt Tomorrow Morning«, gab sie zur Antwort.

»Aber wie nennt ihn Bruder Welles?«

»Ach!« Schwester Etinis Blick klarte auf. »Bruder Welles nennt ihn bei seinem tahitianischen Namen, Tamatoa Mare. Tomorrow Morning ist sein Spitzname, den er selbst für sich ersonnen hat, als er noch ein kleiner Junge war! Ihm ist es lieber, wenn man ihn so nennt. Er tat sich immer so leicht mit Sprachen, Schwester Whittaker – der beste Schüler, den Mrs Welles und ich jemals hatten. Sie werden sehen, er spricht viel besser Englisch als ich, und er hat schon von frühester Kindheit an begriffen, dass sein tahitianischer Name ähnlich klingt wie die englischen Worte. Er war immer sehr aufgeweckt. Und heute passt dieser Name zu ihm, da sind wir uns alle einig, denn er bringt neue Hoffnung, verstehen Sie – jedem, dem er begegnet. So wie ein neuer Tag.«

»Wie ein neuer Tag«, wiederholte Alma.

»Ja, ganz recht.«

»Schwester Etini«, sagte Alma. »Es tut mir leid, aber ich muss Ihnen noch eine letzte Frage stellen. Wann war Tamatoa Mare zum letzten Mal hier in der Matavai-Bucht?«

Schwester Etini zögerte keine Sekunde. »Im November 1850.«

Damit eilte sie davon. Alma setzte sich wieder in den Schatten und betrachtete das fröhliche Treiben ringsum. Sie betrachtete es ohne jede Freude. Sie spürte einen Druck auf dem Herzen, als presste jemand seinen Daumen hinein, um einen tiefen, starken Abdruck zu hinterlassen.

Denn im November 1850 war Ambrose Pike hier gestorben.

•

Es kostete Alma geraume Zeit, sich Tomorrow Morning zu nähern. An jenem Abend wurde ein gewaltiges Fest gefeiert – ein Festmahl, das eines Herrschers würdig gewesen wäre, und als solcher wurde dieser Mann ja auch betrachtet. Hunderte Tahitianer drängten sich am Strand, verzehrten Schweinebraten, Fisch und Brotfrucht und aßen Pfeilwurzbrei, Yamswurzeln und zahllose Kokosnüsse. Freudenfeuer wurden entzündet, und die Menschen tanzten – wenngleich natürlich nicht jene lasziven Tänze, für die Tahiti einst berüchtigt gewesen war, sondern den züchtigsten traditionellen Tanz, den sie *hura* nannten. In anderen Missionssiedlungen auf der Insel wäre nicht einmal der gestattet worden, doch Alma wusste, dass Reverend Welles ihn hin und wieder zuließ. (»Es kann ja schließlich nicht schaden«, hatte er Alma einmal erklärt, und sie fand, dass dieser häufig geäußerte Satz Reverend Welles in vollendeter Weise umschrieb.)

Alma hatte dem Tanz noch nie beigewohnt, und er schlug sie nun ebenso in seinen Bann wie alle anderen. Die jungen Tänzerinnen hatten sich das Haar mit Jasminranken und Gardenienblüten geschmückt und trugen Blumen um den Hals. Die Musik klang langsam und schmeichelnd. Manche der Mädchen hatten Pockennarben im Gesicht, doch im Feuerschein waren sie alle gleichermaßen schön. Und selbst unter den langärmeligen, formlosen, von der Mission verordneten Kleidern vermochte man noch zu erahnen, wie sich die Glieder und Hüften der Frauen bewegten. Es war ganz gewiss der aufreizendste Tanz, den Alma je gesehen hatte (allein die Handbewegungen waren aufreizend, wie sie staunend bemerkte), und sie konnte sich beim besten Willen nicht ausmalen, wie dieser Tanz damals, im Jahre 1777, als die Frauen ihn nur mit Baströcken bekleidet zur Vorführung brachten, auf ihren Vater gewirkt haben musste. Welch ein Anblick für einen jungen Mann aus Richmond, der sich seine Tugend bewahren wollte!

Bisweilen sprang ein athletischer junger Mann in den Kreis der Tänzerinnen und unterbrach den *hura* mit einer lustigen, possenhaften Darbietung. Anfangs glaubte Alma, dies sei dazu angetan, die sinnliche Atmosphäre mit Frohsinn aufzulockern, doch auch die Männer begannen bald damit, ihre Bewegungen bis an die Grenzen des Frivolen zu führen. Ein wiederkehrender Scherz bestand darin, dass die Männer versuchten, eine Tänzerin zu erhaschen, wobei die Dame anmutig auswich, ohne auch nur ein Mal aus dem Takt zu geraten. Selbst die kleinsten Kinder verstanden offenbar alle verborgenen Anspielungen, die in der Darbietung zum Ausdruck kamen, und kugelten sich auf eine Weise vor Lachen, die sie ihrem Alter weit voraus erscheinen ließ. Irgendwann stürzte sich auch Schwester Manu – dieses leuchtende Vorbild christlicher Sittsamkeit – ins Getümmel, mischte sich unter die *hura*-Tänzerinnen und wiegte ihren massigen Körper mit erstaunlicher Eleganz. Als einer der tanzenden jungen Männer ihr nachzustellen begann, ließ sie sich unter den Begeisterungsstürmen des Publikums tatsächlich fangen. Der Tänzer drückte sich an ihre Hüfte und vollführte eine Folge von Bewegungen, die in ihrer Eindeutigkeit keinen Zweifel zuließen, doch Schwester Manu warf ihm nur komisch übertriebene, kokette Blicke zu und tanzte weiter.

Aus dem Augenwinkel beobachtete Alma Reverend

Welles, der jedoch einfach nur entzückt schien von allem, was er da sah. Neben ihm saß Tomorrow Morning, in der tadellosen Haltung und Aufmachung eines Londoner Gentleman. Im Laufe des Abends setzten sich immer wieder Leute zu ihm, um ihre Nasen an seine zu drücken und ihn persönlich zu begrüßen. Er empfing sie alle mit derselben Mischung aus Souveränität und Großmut. Wahrhaftig, Alma hatte nie zuvor einen schöneren Menschen gesehen. Auf Tahiti war körperliche Schönheit weit verbreitet, und nach einiger Zeit gewöhnte man sich daran. Hier waren die Männer schön, die Frauen noch viel schöner und die Kinder am allerschönsten. Wie bleich, bucklig und storchenbeinig sich doch die meisten Europäer im Vergleich mit den wundersamen Tahitianern ausnahmen! Dies war bereits Hunderte von Malen geäußert worden, von vielen hundert fassungslosen Fremden. Schönheit war hier also wahrhaftig keine Mangelware, und Alma hatte viel davon zu sehen bekommen – doch Tomorrow Morning war der Schönste von allen.

Seine Haut war von dunklem Glanz, sein Lächeln wie ein sich langsam erhebender Mond. Wen er auch ansah, sein Blick war voller Güte und Licht. Man konnte die Augen nicht von ihm lassen. Neben seinem anziehenden Äußeren erregte er zudem durch seine Größe Aufmerksamkeit. Er war von gewaltiger Statur, ein wiedergeborener Achill. Einem solchen Mann wäre man auf der Stelle in den Kampf gefolgt. Reverend Welles hatte Alma einmal erzählt, in den frühen Tagen der Südsee, als die Inselbewohner einander noch bekriegten, hätten die Sieger unter den gefallenen Feinden stets nach den größten und dunkelhäutigsten Toten gesucht. Entdeckten sie einen solchen geschlagenen Koloss, schnitten sie den Leichnam auf und entnahmen ihm die Knochen, um Angelhaken, Meißel und Waffen daraus zu fertigen. Die Knochen der größten Männer, so glaubte man, waren von einer gewaltigen Kraft durchdrungen und machten ihren Besitzer unbesiegbar. Alma hatte den makabren

Gedanken, dass man aus Tomorrow Morning wohl ein ganzes Waffenarsenal hätte fertigen können – vorausgesetzt, es gelänge, ihn zu töten.

Sie hielt sich am äußersten Rand des Feuerkreises, um nicht gesehen zu werden. Doch es nahm ohnehin niemand von ihr Notiz; alle waren zu sehr mit ihrer Freude beschäftigt. Die Feierlichkeiten zogen sich bis tief in die Nacht hinein. Die Flammen flackerten hell empor und warfen dabei so dunkle, verzerrte Schatten, dass man beinahe fürchten musste, über sie zu stolpern oder von ihnen gepackt und hinab ins *pô* gezerrt zu werden. Die Tänze wurden wilder, und die Kinder führten sich auf wie kleine Dämonen. Alma hätte im Grunde kaum erwartet, dass der Besuch eines berühmten christlichen Missionars ein derart zügelloses Gelage auslösen könnte – doch sie war ja immer noch neu auf Tahiti. Und Reverend Welles schien sich nicht daran zu stören – im Gegenteil, nie hatte er glücklicher und beschwingter gewirkt.

Es war bereits weit nach Mitternacht, als der Reverend Alma schließlich doch bemerkte.

»Schwester Whittaker!«, rief er. »Wo habe ich bloß meine Manieren? Darf ich Ihnen meinen Sohn vorstellen?«

Alma trat zu den beiden Männern, die so nah am Feuer saßen, dass es schien, als stünden sie selbst in Flammen. Es war ein etwas unbeholfenes Zusammentreffen, denn Alma stand, und die beiden Männer blieben, den örtlichen Gebräuchen entsprechend, sitzen. Alma wollte sich nicht setzen. Sie wollte auch ihre Nase nicht an fremder Leute Nasen drücken. Doch Tomorrow Morning streckte ihr einen langen Arm entgegen und reichte ihr höflich die Hand.

»Schwester Whittaker«, sagte der Reverend, »dies ist mein Sohn, von dem ich Ihnen bereits erzählt habe. Mein lieber Sohn, dies ist Schwester Whittaker, nicht wahr, die gerade aus Amerika bei uns zu Besuch ist. Sie ist eine angesehene Naturforscherin.«

»Naturforscherin?«, fragte Tomorrow Morning mit makellosem britischem Akzent und nickte interessiert. »Als Kind hatte ich eine große Vorliebe für die Naturgeschichte. Meine Freunde hielten mich für verrückt, weil ich Dinge wertschätzte, denen sonst niemand einen Wert beimaß: Blätter, Insekten, Korallen und dergleichen. Doch mir war es Freude und Bildung zugleich. Was für eine wertvolle Lebensaufgabe, die Welt so eingehend zu studieren! Sie müssen sich in Ihrer Berufung glücklich schätzen.«

Alma sah ihn an. Es überwältigte sie, sein Gesicht endlich aus nächster Nähe zu sehen – dieses unvergessliche Gesicht, das sie schon so lange verstörte und faszinierte, dieses Gesicht, das sie geradewegs ans andere Ende der Welt geführt hatte, dieses Gesicht, das sich so beharrlich ihrer Vorstellungskraft bemächtigt und sie fast in den Wahnsinn getrieben hatte. So ungeheuerlich war die Wirkung, die sein Gesicht auf sie ausübte, dass sie kaum begriff, warum er seinerseits nicht ebenso fassungslos war, sie zu sehen. Wie war es möglich, dass er ihr so vertraut war, sie ihm jedoch gänzlich unbekannt?

Doch wie in aller Welt hätte es denn anders sein können?

Er erwiderte seelenruhig ihren Blick. Seine Wimpern waren so lang, dass es ein Unding schien. Es wirkte nicht nur übertrieben, sondern geradezu herausfordernd, dieses Wimpern-Spektakel, diese unnötige, üppige Zierde. Alma spürte Zorn in sich aufwallen. Kein Mensch brauchte Wimpern wie diese.

»Es freut mich sehr, Sie kennenzulernen«, sagte sie.

Mit staatsmännischer Verbindlichkeit erwiderte Tomorrow Morning, die Freude sei ganz seinerseits. Dann gab er ihre Hand wieder frei, Alma entschuldigte sich, und Tomorrow Morning widmete seine Aufmerksamkeit wieder dem Reverend – seinem überglücklichen, elfenhaft zierlichen, weißen Vater.

•

Er blieb vierzehn Tage.

Alma ließ ihn keinen Moment aus den Augen, um durch stete Beobachtung und Nähe alles über ihn zu erfahren, was sie nur zu erfahren vermochte. Vor allem erfuhr sie eines, und das schon bald: Tomorrow Morning war beliebt. Fast war es schon ermüdend zu sehen, wie beliebt er war. Nicht einen Augenblick blieb er allein, während Alma just auf solch einen Augenblick lauerte, um eine Unterredung unter vier Augen mit ihm zu führen. Doch der rechte Zeitpunkt dafür schien nicht kommen zu wollen. Zu jeder Tages- und Nachtzeit wurden Mahlzeiten, Besprechungen, Versammlungen und Feierlichkeiten mit ihm abgehalten. Er nächtigte in Schwester Manus Haus, und dort gingen ständig Besucher ein und aus. Königin Aimata Pomaré VI. lud Tomorrow Morning zum Tee in ihren Palast nach Papeete ein. Sei es auf Englisch, Tahitianisch oder beiden Sprachen zugleich – alle wollten die Geschichte von Tomorrow Mornings ungeheuren Erfolgen als Missionar auf Raiatea hören.

Und niemand wollte das mehr als Alma, der es im Laufe von Tomorrow Mornings Aufenthalt immerhin gelang, sich die Geschichte aus den Äußerungen verschiedener Zaungäste und Bewunderer des großen Mannes zusammenzureimen. Raiatea, so erfuhr sie, galt als Wiege der polynesischen Mythologie und damit als der Ort, von dem man eine Bekehrung zum Christentum am wenigsten erwartete. Die große, zerklüftete Insel war der Geburts- und Wohnort des Kriegsgotts Oro, dessen Tempel mit Menschenopfern geweiht wurden und mit Totenschädeln gepflastert waren. Raiatea war ein grimmiger Ort – Schwester Etini nannte ihn sogar »bedrückend«. Der Berg Temahani im Zentrum der Insel galt als ewige Heimat aller Toten Polynesiens. Man erzählte sich, dass sein höchster Gipfel stets in dichte Nebelschwaden gehüllt sei, denn den Toten missfalle das Sonnenlicht. Die Bewohner Raiateas waren kein fröhliches Volk; sie waren ein gestrenges Volk, blutrünstig und erhaben. Sie waren nicht wie die Tahitianer. Sie hatten sich den Engländern widersetzt. Sie hatten sich den Franzosen widersetzt. Tomorrow Morning hatten sie sich nicht widersetzt. Vor sechs Jahren war er zum ersten Mal auf die Insel gekommen, auf durchaus bemerkenswerte Weise: allein in einem Kanu, aus dem er stieg, als er die Insel beinahe erreicht hatte. Er zog sich aus und schwamm an Land, durchmaß mühelos die tosenden Wogen, hielt dabei eine Bibel hoch über den Kopf und intonierte ein ums andere Mal: »Ich verkünde das Wort Jehovas, des einen wahren Gottes! Ich verkünde das Wort Jehovas, des einen wahren Gottes!«

Das machte Eindruck.

Seither hatte Tomorrow Morning dort sein missionarisches Reich errichtet. Gleich neben den heidnischen Haupttempeln der Insel hatte er etwas gebaut, das man mit Fug und Recht einen Palast hätte nennen können, hätte es sich nicht um eine protestantische Kirche gehandelt. Diese Kirche war inzwischen das größte Bauwerk Polynesiens. Sie ruhte auf sechsundvierzig Säulen, die aus den Stämmen von Brotfruchtbäumen gehauen und mit Haifischhaut glattgeschmirgelt worden waren.

Tomorrow Morning bezifferte die Zahl seiner Konvertiten auf etwa dreieinhalbtausend. Er hatte zugesehen, wie die Menschen ihre Götzenbilder dem Feuer überantworteten. Er hatte zugesehen, wie die alten Tempel einen raschen Wandel erfuhren und von Weihestätten gewaltsamer Opferriten zu harmlosen, moosüberwucherten Steinhaufen wurden. Er steckte die Bewohner Raiateas in schlichte europäische Kleidung: Die Männer trugen Hosen, die Frauen lange Gewänder und Hauben. Die kleinen Jungen standen Schlange, um sich von ihm das Haar adrett kurz schneiden zu lassen. Er überwachte persönlich den Bau einer Siedlung aus ordentlichen weißen Häuschen. Er brachte einem Volk Lesen und Schreiben bei, das vor seiner Ankunft nicht einmal ein Alphabet gekannt hatte. Inzwischen besuchten dort täglich vierhundert Kinder die Schule und lernten ihren Katechismus. Tomorrow Morning trug dafür Sorge, dass seine

Schäfchen nicht einfach nur die Worte des Evangeliums nachplapperten, sondern auch verstanden, was sie da sagten. So hatte er selbst bereits sieben Missionare ausgebildet, die er auf noch entlegenere Inseln entsandte; dort würden auch sie an Land schwimmen, die Bibel hoch über dem Kopf, und den Namen Jehovas intonieren. Die Tage der Unruhe, der Irrwege und des Aberglaubens waren vorbei. Vorbei war es mit den Kindsmorden. Vorbei mit der Vielehe. Manch einer bezeichnete Tomorrow Morning als Propheten; er selbst, so munkelte man, zog das Wort »Diener« vor.

Alma erfuhr, dass Tomorrow Morning auf Raiatea eine Frau genommen hatte; ihr Name, Temanava, bedeutete »die Bewillkommnende«. Auch zwei kleine Töchter hatte er, die Frances und Edith hießen, nach dem Reverend und Mrs Welles, seiner Frau. Er war der angesehenste Mann auf den Gesellschaftsinseln. Alma bekam dies so oft zu hören, dass sie es bald überdrüssig wurde.

»Und wenn man bedenkt«, sagte Schwester Etini, »dass er unserer kleinen Schule an der Matavai-Bucht entstammt!«

Alma fand keine Gelegenheit, unter vier Augen mit Tomorrow Morning zu sprechen, bis sie ihn eines späten Abends, als sein Besuch bereits zehn Tage währte, den kurzen Weg zwischen Schwester Etinis Haus, wo er zu Abend gegessen hatte, und Schwester Manus Haus, wo er zu schlafen gedachte, allein zurücklegen sah.

»Dürfte ich Sie einen Augenblick sprechen?«, fragte sie ihn.

»Aber natürlich, Schwester Whittaker.« Er schien sich mühelos an ihren Namen zu erinnern. Allem Anschein nach erstaunte es ihn auch kein bisschen, dass sie so plötzlich aus der Dunkelheit zu ihm trat.

»Gibt es irgendwo einen ruhigeren Ort, an dem wir uns unterhalten könnten?«, fragte sie. »Was ich mit Ihnen besprechen möchte, sagt sich besser im Privaten.«

Er lachte behaglich. »Falls es Ihnen je gelungen sein sollte, Schwester Whittaker, hier in der Matavai-Bucht so etwas wie Privatheit zu finden, dann ziehe ich meinen Hut vor Ihnen. Was immer Sie mir zu sagen haben, sagen Sie es hier.«

»Also gut«, sagte Alma, sah sich aber unwillkürlich nach möglichen Lauschern um. »Tomorrow Morning«, hob sie an, »Sie und ich sind – so glaube ich – vom Schicksal enger miteinander verbunden, als man denken sollte. Ich wurde Ihnen als Schwester Whittaker vorgestellt, doch Sie müssen wissen, dass ich für eine kurze Zeitspanne meines Lebens Mrs Pike war.«

»Es sind keine weiteren Worte nötig«, sagte er sanft und hob die Hand. »Ich weiß, wer Sie sind, Alma.«

Eine kleine Ewigkeit lang musterten sie einander schweigend.

»Dann …«, sagte sie schließlich.

»Durchaus«, gab er zurück.

Sie schwiegen eine weitere kleine Ewigkeit.

Schließlich sagte Alma: »Auch ich weiß, wer Sie sind.«

»Tatsächlich?« Er wirkte nicht weiter beunruhigt. »Wer bin ich denn?«

Doch nun, zu einer Erwiderung gedrängt, merkte Alma, dass diese Frage keineswegs leicht zu beantworten war. Um überhaupt etwas zu sagen, entgegnete sie: »Sie haben meinen Mann gut gekannt.«

»So ist es. Mehr noch, er fehlt mir.«

Seine Antwort erschreckte Alma, doch sie zog dieses Erschrecken einer Auseinandersetzung oder gar einer Ausflucht bei weitem vor. In den Tagen zuvor, als sie sich den Verlauf dieses Gesprächs ausmalte, da hatte sie geglaubt, daran irre werden zu müssen, sollte er sie gemeiner Lügen bezichtigen oder behaupten, Ambrose nie begegnet zu sein. Doch offenbar hatte er nicht vor, sich lange zu zieren oder etwas zu leugnen. Sie musterte ihn genauer, suchte nach etwas anderem als ruhiger Selbstgewissheit in seiner Miene, doch sie konnte nichts Auffälliges finden.

»Sie vermissen ihn«, wiederholte sie.

»Und ich werde ihn auf ewig vermissen, denn Ambrose Pike war der Beste unter den Menschen.«

»Das sagen alle«, brummte Alma. Sie fühlte sich verstimmt und ein wenig überrumpelt.

»Es ist ja auch die Wahrheit.«

»Haben Sie ihn geliebt, Tamatoa Mare?«, fragte sie und suchte erneut nach einem Riss in seiner gleichmütigen Fassade. Sie wollte ihn ebenso überrumpeln wie er sie. Doch sein Gesicht verriet kein Fünkchen Unbehagen. Er zuckte nicht einmal mit der Wimper, als sie ihn bei seinem eigentlichen Namen nannte.

»Alle, die ihn kannten, haben ihn geliebt«, sagte er.

»Aber haben Sie ihn besonders geliebt?«

Tomorrow Morning schob die Hände in die Hosentaschen und blickte zum Mond empor. Er schien es mit der Antwort nicht eilig zu haben. Er wirkte in jeder Hinsicht wie ein Mann, der mit Muße auf einen Zug wartet. Nach einiger Zeit richtete er den Blick wieder auf Almas Gesicht. Ihr fiel auf, dass sie nahezu gleich groß waren. Ihre Schultern waren kaum weniger breit als die seinen.

»Ich nehme an, Sie fragen sich so manches«, sagte er anstelle einer Antwort.

Alma glaubte an Boden zu verlieren. Sie musste wohl noch direkter werden.

»Tomorrow Morning«, sagte sie. »Darf ich ganz offen zu Ihnen sein?«

»Aber bitte«, ermunterte er sie.

»Gestatten Sie, dass ich Ihnen etwas über mich erzähle, das Ihnen vielleicht hilft, selbst freimütiger zu sprechen. Auch wenn ich es selbst nicht immer als Tugend oder Segen betrachte, liegt es doch in meiner Natur, dem Wesen der Dinge auf den Grund gehen zu wollen. Deswegen möchte ich auch begreifen, wer mein Mann wirklich war. Ich habe die weite Reise hierher unternommen, um ihn besser zu begreifen, doch dies hat sich als nahezu fruchtlos erwiesen. Das wenige, was ich über Ambrose in Erfahrung bringen konnte, hat mich lediglich in noch größere Verwirrung gestürzt. Unsere Ehe, das muss ich zugeben, war weder alltäglich noch allzu lang, doch das schmälert nicht die Liebe und Sorge, die ich für meinen Mann empfunden habe. Ich bin kein unschuldiges Kind, Tomorrow Morning. Man braucht mich nicht vor der Wahrheit zu schützen. Bitte glauben Sie mir, dass ich weder vorhabe, Sie anzugreifen, noch, Sie mir zum Feind zu machen. Auch Ihre Geheimnisse sind bei mir nicht in Gefahr, sollten Sie sich entschließen, sie mir anzuvertrauen. Ich habe allerdings Anlass zu glauben, dass Sie tatsächlich gewisse Geheimnisse über meinen Mann hüten. Ich habe die Zeichnungen gesehen, die er von Ihnen angefertigt hat. Und diese Zeichnungen, das werden Sie sicherlich verstehen, treiben mich dazu, Sie nach dem wahren Wesen Ihrer Verbindung zu Ambrose zu fragen. Können Sie diesen Wunsch einer Witwe respektieren und mir sagen, was Sie wissen? Meine Gefühle bedürfen keiner Schonung.«

Tomorrow Morning nickte. »Haben Sie die Zeit, den morgigen Tag mit mir zu verbringen?«, fragte er. »Vielleicht bis in den Abend hinein?«

Alma nickte.

»Wie ist es körperlich um Sie bestellt?«, fragte er.

Diese Frage in all ihrer Unangemessenheit erschütterte sie zutiefst. Er bemerkte ihr Unbehagen und setzte hinzu: »Ich wollte sagen: Sind Sie in der Lage, eine längere Wanderung zu bewältigen? Ich vermute, als Naturforscherin sind Sie gesund und gut bei Kräften, dennoch muss ich Sie danach fragen. Ich würde Ihnen gerne etwas zeigen, möchte Sie jedoch nicht über die Maßen beanspruchen. Können Sie in einer bergigen Gegend steil bergauf wandern und dergleichen?«

»Das will ich meinen!« Alma war erneut verstimmt. »Ich habe im Verlauf des letzten Jahres die gesamte Insel durchwandert. Ich habe alles gesehen, was es auf Tahiti zu sehen gibt.«

»Nicht alles, Alma«, berichtigte sie Tomorrow Morning mit gütigem Lächeln. »Beileibe nicht alles.«

•

Am nächsten Morgen, gleich nach Sonnenaufgang, brachen sie auf. Tomorrow Morning hatte ein Kanu für den Ausflug beschafft – kein klappriges kleines Boot, wie es Reverend Welles benutzte, um seine Korallenfarm aufzusuchen, sondern ein echtes Kanu, stabil und gut gearbeitet.

»Wir fahren nach Tahiti Iti«, erklärte er. »Auf dem Landweg würde uns das Tage kosten, doch auf dem Seeweg dürften wir es in fünf bis sechs Stunden schaffen. Sie fühlen sich doch hoffentlich wohl auf dem Wasser?«

Alma nickte. Es fiel ihr schwer zu entscheiden, ob er das nun rücksichtsvoll oder herablassend meinte. Sie hatte einen Bambusschlauch mit frischem Wasser bei sich und etwas *poi* als Proviant, den sie, in ein Stück Musselin gewickelt, an ihrem Gürtel befestigt hatte. Sie trug das abgetragenere ihrer beiden Kleider, das bereits den schlimmsten Anfechtungen der Insel ausgesetzt gewesen war. Tomorrow Morning bemerkte ihre bloßen Füße, die nach einem Jahr auf Tahiti so abgehärtet und schwielig waren wie die eines Plantagen-Arbeiters. Er sagte nichts dazu, doch sie merkte, dass es ihm auffiel. Auch seine Füße waren nackt. Von den Knöcheln aufwärts jedoch war er der perfekte europäische Gentleman. Zum tadellosen Anzug trug er wie gewohnt ein weißes Hemd, die Jacke allerdings legte er ab, um sie zusammengefaltet als Polster für seinen Platz im Kanu zu verwenden.

Gespräche erschienen sinnlos auf der Fahrt nach Tahiti Iti, der kleinen, rundlichen, zerklüfteten und abgelegenen Halbinsel am anderen Ende Tahitis. Tomorrow Morning musste sich konzentrieren, und Alma verspürte wenig Lust, sich in einem fort umdrehen zu müssen, um das Wort an ihn zu richten. So schwiegen sie denn beide.

Die Fahrt an der Küste entlang war an manchen Stellen ein gefahrvolles Unterfangen, und Alma wäre wohler zumute gewesen, wenn Tomorrow Morning auch für sie ein Paddel mitgebracht hätte; so hätte sie zumindest das Gefühl gehabt, das Ihrige zum Fortkommen des Kanus beizutragen. Doch wenn man ehrlich war, benötigte er ihre Hilfe nicht. Elegant und behände durchpflügte er das Wasser, steuerte ohne Zögern zwischen Riffen und Kanälen hindurch, als hätte er die Strecke schon Hunderte von Malen zurückgelegt – was vermutlich auch der Fall war. Alma war dankbar für ihren breitkrempigen Hut, denn die Sonne brannte heiß, und ihr Widerschein auf den Wellen ließ schwarze Punkte vor ihren Augen tanzen.

Nach fünf Stunden tauchten zu ihrer Rechten die Felsen von Tahiti Iti auf. Zu Almas Entsetzen hielt Tomorrow Morning direkt darauf zu. Würden sie an den Felsen zerschellen? War dies der makabre Zweck dieser Reise? Doch dann entdeckte sie eine Art Torbogen im Fels, eine dunkle Öffnung, den Eingang zu einer Höhle, auf einer Höhe mit dem Meeresspiegel. Tomorrow Morning passte furchtlos eine besonders starke Welle ab und ließ das Kanu dann in einem berauschenden Schwung durch die Öffnung fliegen. Alma war überzeugt, die zurückweichende Strömung müsse sie wieder hinaus ans Tageslicht tragen, doch er paddelte so kraftvoll, halb aufgerichtet im Kanu, dass sie schließlich auf dem feuchten Kies eines steinigen Strandes tief im Innern der Höhle landeten. Es kam fast einem Zaubertrick gleich. Nicht einmal Hiro und Konsorten, dachte Alma, hätten ein solches Manöver riskiert.

»Aussteigen, bitte«, befahl er, und obwohl er die Stimme kaum erhob, begriff sie doch, dass sie sich beeilen musste, ehe die nächste Welle hereinbrach. Sie sprang aus dem Kanu und eilte zum höchsten Punkt – der ihr im Grunde längst nicht hoch genug erschien. Eine einzige hohe Welle, und sie würden davongespült. Doch Tomorrow Morning wirkte nicht weiter beunruhigt. Er zog das Kanu hinter sich her ans Ufer.

»Darf ich Sie bitten, mir zur Hand zu gehen?«, fragte er höflich. Er deutete auf einen Felsvorsprung direkt über ihnen, und Alma begriff, dass er dort das Kanu verstauen wollte, damit ihm nichts geschah. Sie half ihm, es hochzustemmen, und gemeinsam schoben sie es auf den Vorsprung, wo die hereinbrandenden Wellen ihm nichts anhaben konnten.

Dann setzte sie sich, und er setzte sich etwas außer Atem neben sie.

»Haben Sie es bequem?«, fragte er nach einer Weile.

»Ja«, antwortete Alma.

»Nun müssen wir warten. Sobald die Flut ganz zurückgegangen ist, werden Sie sehen, dass darunter ein schmaler Pfad zum Vorschein kommt, auf dem wir den Fels entlanggehen können und dann weiter hinauf, bis zu einem Plateau. Von dort aus kann ich Sie zu dem Ort führen, den ich Ihnen zeigen möchte. Natürlich nur, wenn Sie es sich zutrauen.«

»Ich traue es mir zu«, sagte sie.

»Gut. Für den Moment wollen wir ein wenig ausruhen.« Er legte sich seine Jacke unter den Kopf, streckte die Beine aus und richtete sich behaglich ein. Wann immer eine Welle hereinschwappte, drang sie fast bis zu seinen Füßen vor – aber nur fast. Anscheinend wusste er genau, wie es um die Gezeiten in dieser Höhle bestellt war. Alma fand das höchst bemerkenswert. Und als sie Tomorrow Morning so gelöst dort liegen sah, überfiel sie plötzlich die Erinnerung daran, wie sich Ambrose zu jeder Zeit auf jeder sich bietenden Liegefläche ausgestreckt hatte: auf dem Gras, auf einem Diwan, auf dem Boden des Salons von White Acre.

Sie ließ Tomorrow Morning etwa zehn Minuten ruhen, dann konnte sie sich nicht länger beherrschen.

»Wie haben Sie ihn kennengelernt?«, fragte sie.

Die Höhle war nicht eben ein ruhiger Ort für eine Unterhaltung, unablässig schwappte Wasser gegen die Felsen und erzeugte alle möglichen Formen plätschernden Widerhalls. Und doch sorgte dieses stete Murmeln und Rauschen dafür, dass es auf Erden keinen sichereren Platz zu geben schien, an dem Alma Fragen stellen konnte und Geheimnisse sich auftun würden. Wer sollte sie hier belauschen? Wer sollte sie hier sehen? Niemand, allenfalls die Geister. Die Flut würde ihre Worte aus der Höhle hinaus aufs Meer tragen, wo sie von der tosenden Brandung zerfetzt und von den Fischen gefressen werden würden.

Tomorrow Morning antwortete, ohne sich aufzurichten. »Als ich im August 1850 nach Tahiti zurückgekehrt bin, um Reverend Welles zu besuchen, war Ambrose plötzlich da – so, wie nun Sie da sind.«

»Was hielten Sie von ihm?«

»Ich hielt ihn für einen Engel«, antwortete er, ohne eine Sekunde zu zögern und ohne die Augen zu öffnen.

Alma fand, er habe ihre Fragen fast ein wenig zu schnell beantwortet. Sie wollte keine vorgefertigten Erwiderungen; sie wollte die ganze Geschichte. Sie wollte nicht nur die Schlussfolgerungen; sie wollte das Dazwischen. Sie wollte Tomorrow Morning und Ambrose vor sich sehen, wie sie einander begegneten. Sie wollte ihre Gespräche belauschen. Sie wollte wissen, was sie gedacht, was sie empfunden hatten. Und vor allem wollte sie wissen, was sie getan hatten. Sie wartete, doch er wurde nicht mitteilsamer. Nachdem sie eine ganze Zeit geschwiegen hatten, berührte Alma Tomorrow Morning am Arm. Er schlug die Augen auf.

»Bitte«, sagte sie. »Fahren Sie fort.«

Er setzte sich auf und wandte sich ihr zu. »Hat der Reverend Ihnen je erzählt, wie ich in die Mission gekommen bin?«, fragte er.

»Nein«, sagte sie.

»Ich war erst sieben Jahre alt«, erzählte er. »Vielleicht auch acht. Erst starb mein Vater, dann starb meine Mutter und dann meine beiden Brüder. Eine der anderen Frauen meines Vaters nahm mich zu sich, doch dann starb auch sie. Es gab noch eine andere Mutter – eine weitere Frau meines Vaters –, doch auch sie starb bald darauf. Die Kinder der anderen Frauen meines Vaters starben kurz nacheinander. Es gab auch Großmütter, doch sie starben ebenfalls.« Er schwieg, sann kurz über etwas nach und fuhr fort: »Nein, ich bringe die Reihenfolge der Todesfälle durcheinander, Alma, verzeihen Sie mir. Zunächst sind die Großmütter gestorben, die schwächsten Mitglieder der Familie. Es war also so, dass meine Großmütter zuallererst starben und dann mein Vater und immer so weiter, wie ich gesagt habe. Auch ich war eine Zeitlang krank, doch wie Sie sehen, bin ich nicht gestorben. Geschichten wie diese sind auf Tahiti ganz alltäglich. Sie haben sicherlich schon etliche davon gehört?«

Alma wusste nicht recht, was sie sagen sollte, und so schwieg sie. Die verheerenden Todesfälle, die ganz Polynesien in den vergangenen fünfzig Jahren heimgesucht hatten, waren ihr zwar bekannt, doch bisher hatte ihr niemand seine eigene Geschichte erzählt.

»Sie haben doch sicher die Narben an Schwester Manus Stirn bemerkt?«, fragte er. »Hat Ihnen jemand erklärt, woher sie stammen?«

Alma schüttelte den Kopf. Sie wusste nicht, was das alles mit Ambrose zu tun haben sollte.

»Es sind Trauernarben«, sagte Tomorrow Morning. »Wenn die Frauen hier auf Tahiti trauern, zerschneiden sie sich die Kopfhaut mit Haifischzähnen. Für europäische Gemüter mag es grausig klingen, das ist mir klar, doch es bietet den Frauen die Möglichkeit, ihren Schmerz zu zeigen und auszuleben. Schwester Manu hat mehr Narben als die meisten, denn sie hat ihre ganze Familie verloren, darunter auch mehrere Kinder. Vielleicht waren wir einander deshalb gleich so zugetan, sie und ich.«

Der galante Ausdruck »einander zugetan« als Umschreibung der Bindung zwischen einer Frau, die all ihre Kinder, und einem kleinen Jungen, der all seine Mütter verloren hatte, berührte Alma recht merkwürdig. Er erschien ihr viel zu schwach für diesen Umstand.

Dann fiel ihr eine weitere körperliche Auffälligkeit bei

Schwester Manu ein. »Was ist mit ihren Fingern?«, fragte sie und hielt dabei die eigenen Hände hoch. »Den fehlenden Spitzen?«

»Auch dies ist eine Hinterlassenschaft der Trauer. Manchmal schneiden sich die Menschen hier zum Ausdruck ihrer Trauer die Fingerspitzen ab. Das wurde umso einfacher, seit die Europäer uns Eisen und Stahl gebracht haben.« Er lächelte wehmütig. Alma erwiderte sein Lächeln nicht, es war einfach zu grausig. Tomorrow Morning fuhr fort: »Nun zu meinem Großvater, von dem ich noch nicht gesprochen habe: Er war ein *rauti*. Haben Sie von den *rauti* gehört? Der Reverend versucht seit Jahren mit meiner Hilfe, dieses Wort zu übersetzen, doch das ist kein leichtes Unterfangen. Mein lieber Vater pflegt den Ausdruck ›Brandredner‹ zu verwenden, was dem Ansehen dieser Stellung freilich nicht gerecht wird. ›Geschichtsschreiber‹ kommt der Sache näher, trifft es jedoch auch nicht völlig. Ein *rauti* hat die Aufgabe, die Männer zu begleiten, die in den Krieg ziehen, und ihre Moral zu erhalten, indem er ihnen in Erinnerung ruft, wer sie sind. Der *rauti* singt von den Stammes- und Blutlinien eines jeden Mannes und ruft den Kriegern den Ruhm ihrer Familiengeschichte ins Gedächtnis. Er trägt dafür Sorge, dass sie die Heldentaten ihrer Ahnen nicht vergessen. Der *rauti* kennt die Abstammung jedes einzelnen Mannes auf der Insel, bis hin zu den Göttern, und er singt ihnen Mut zu. Man könnte es mit einer Predigt vergleichen, wenn auch einer Predigt voller Gewalt.«

»Wie lauteten solche Verse?«, fragte Alma, nun doch bereit, sich auf diese lange, sinnlose Geschichte einzulassen. Er hatte, so nahm sie an, einen Grund dafür, mit ihr hergekommen zu sein, und er hatte sicherlich auch einen Grund, ihr das alles zu erzählen.

Tomorrow Morning ließ den Blick zum Eingang der Höhle schweifen und dachte einen Augenblick nach. »Auf Englisch? Sie haben beileibe nicht dieselbe Kraft, aber sie wären in etwa wie folgt wiederzugeben: ›*Verströme all deine*

Wachsamkeit, bis ihr Wille zerbrochen ist! Fahr auf sie herab wie ein Blitz! Du bist Arava, der Sohn des Hoani, der Enkel des Paruto, welcher von Pariti abstammte, der den Lenden des Tapunui entsprang, welcher den Kopf des mächtigen Anapa forderte, den Vater der Aale – dieser Mann bist du! Brich über sie herein wie das Meer!« Die Worte donnerten aus Tomorrow Morning hervor, sie hallten von den Felsen wider, begruben die Brandung unter sich. Dann wandte er sich wieder Alma zu – deren Arme von Gänsehaut bedeckt waren und die sich kaum ausmalen mochte, welche Wirkung solche Worte auf Tahitianisch haben mussten, wenn sie bereits auf Englisch derart aufwühlend waren – und fügte mit seiner normalen Stimme hinzu: »Mitunter sind auch Frauen in den Kampf gezogen.«

»Danke«, sagte Alma, ohne recht zu wissen, wofür sie ihm dankte. »Was ist aus Ihrem Großvater geworden?«

»Er starb, so wie die anderen auch. Nach dem Tod meiner Familie war ich ganz allein. Das ist auf Tahiti kein ganz so schweres Los für ein Kind, wie es das beispielsweise in London oder Philadelphia sein muss. Die Kinder hier erlernen schon früh die Unabhängigkeit, und wer es versteht, auf einen Baum zu klettern und eine Angelschnur auszuwerfen, der kann sich auch ernähren. Man läuft nicht Gefahr, bei Nacht zu erfrieren. Ich ähnelte jenen kleinen Jungen, die Sie vom Strand der Matavai-Bucht kennen, auch wenn ich vielleicht nicht gar so fröhlich war, wie sie es offenbar sind – ich hatte ja keine Bande von Gefährten um mich. Meine Sorge galt nicht dem Darben des Körpers, sondern dem Darben des Geistes, verstehen Sie?«

»Ja«, sagte Alma.

»So schlug ich mich zur Matavai-Bucht durch, wo sich Menschen angesiedelt hatten. Mehrere Wochen lang beobachtete ich die Mission. Ich sah, dass man dort zwar recht bescheiden lebte, aber doch bessere Dinge besaß als andernorts auf der Insel. Die Anwohner hatten Messer, so scharf, dass sie ein Schwein mit einem einzigen Streich schlachten konnten, und mit ihren Beilen ließ sich jeder Baum fällen. Für meine Augen waren ihre Hütten Paläste. Ich sah den Reverend so weiß, dass er mir fast wie ein Geist erschien, ein freundlicher Geist allerdings. Er sprach eine Geister-Sprache, doch ein wenig beherrschte er auch die meine. Ich beobachtete seine Taufen, die allen Freude bereiteten. Schwester Etini betrieb bereits die Schule, zusammen mit Mrs Welles, und ich sah die Kinder hineingehen und herauskommen. Ich legte mich draußen unter das Fenster und lauschte dem Unterricht. Ganz ungebildet war ich nicht. Immerhin vermochte ich einhundertfünfzig verschiedene Fische zu benennen und eine Sternenkarte in den Sand zu malen, ich war nur nicht im europäischen Sinne gebildet. Manche der Kinder verwendeten kleine Schiefertafeln im Unterricht. Ich versuchte, mir auch solch eine Tafel zu basteln, aus einem dunklen Stück Lava, das ich mit Sand glattschmirgelte. Mit dem Saft des Bergwegerich färbte ich meine Tafel noch schwärzer ein, dann kritzelte ich mit weißer Koralle darauf herum. Es war eine nahezu perfekte Konstruktion – nur ließ sich die Tafel leider nicht abwischen!« Er lächelte versonnen. »Wie ich höre, hatten Sie als Kind eine umfangreiche Bibliothek zur Verfügung? Und Ambrose erzählte mir auch, dass Sie von frühester Kindheit an mehrere Sprachen beherrschten?«

Alma nickte. Dann hatte Ambrose also von ihr gesprochen! Die Eröffnung ließ sie freudig erbeben (*er hatte sie nicht vergessen!*), doch es lag auch etwas Verstörendes darin: Was wusste Tomorrow Morning noch über sie? Sehr viel mehr offenbar als sie über ihn.

»Es ist mein großer Traum, eines Tages eine Bibliothek zu sehen«, sagte er. »Auch Buntglasfenster würde ich gern einmal sehen. Nun, jedenfalls entdeckte mich eines Tages der Reverend und kam zu mir. Er war freundlich. Ich bin überzeugt, Alma, Sie brauchen nicht viel Phantasie, um zu ermessen, wie freundlich er war, denn Sie sind ihm ja selbst begegnet. Er gab mir eine Aufgabe. Er müsse, so sagte er mir, einem Missionar in Papeete eine Nachricht zukommen lassen, und fragte mich, ob ich seinem Freund die Nachricht überbringen könne. Selbstverständlich sagte ich ja. Ich fragte ihn: ›Wie lautet die Nachricht?‹ Er gab mir nur eine Schiefertafel mit ein paar Zeilen darauf und sagte auf Tahitianisch: ›Das ist die Nachricht.‹ Ich war ein wenig misstrauisch, lief aber dennoch los. Nach ein paar Stunden hatte ich den anderen Missionar in seiner Kirche am Hafen aufgestöbert. Der Mann beherrschte meine Sprache nicht. Ich begriff nicht, wie es möglich sein sollte, dass ich ihm die Nachricht überbrachte, wo ich doch selbst nicht einmal wusste, wie sie lautete, und wir uns nicht verständigen konnten! Doch dann reichte ich ihm die Tafel. Er sah sie sich an und verschwand in seiner Kirche. Als er wieder herauskam, gab er mir einen kleinen Stapel Schreibpapier. Es war das erste Mal, Alma, dass ich Papier zu sehen bekam, und ich hielt es für den zartesten weißesten *tapa*-Stoff, den ich jemals gesehen hatte – auch wenn ich nicht ganz begriff, was für Kleidung man aus so kleinen Stoffbahnen fertigen sollte. Ich vermutete, man würde sie wohl zu einer Art Gewand zusammennähen.

Ich eilte zurück in die Matavai-Bucht, rannte die ganzen sieben Meilen und gab Reverend Welles das Papier. Er freute sich sehr, denn – so sagte er mir – das war die Nachricht gewesen: ob der Missionarskollege ihm etwas Schreibpapier borgen könne. Ich war ein Kind Tahitis, Alma, ich kannte mich aus mit Zauberei und Wundern, doch diesen Zauber begriff ich einfach nicht. Mir schien es, als müsste der Reverend die Tafel irgendwie dazu gebracht haben, dem anderen Missionar etwas zu sagen. Er musste der Tafel befohlen haben, an seiner statt zu sprechen, und so war sein Wunsch erfüllt worden! Oh, wie sehr ich diesen Zauber beherrschen wollte! Ich flüsterte meiner armseligen Möchtegerntafel einen Befehl zu und kritzelte sodann mit der Koralle ein paar Zeilen darauf. Mein Befehl lautete: ›Hol meinen Bruder zurück von den Toten.‹ Heute erstaunt es mich, dass ich nicht nach meiner Mutter verlangte, doch offenbar vermisste ich meinen Bruder damals mehr. Vielleicht, weil er mich stets beschützte. Ich hatte meinen Bruder immer sehr bewundert, weil er so viel mutiger war als ich. Es wird Sie nicht erstaunen, Alma, dass mein Zauberversuch keine Wirkung zeigte. Doch als Reverend Welles sah, was ich tat, setzte er sich zu mir und sprach mit mir, und damit nahm meine Schulbildung ihren Anfang.«

»Was hat er Ihnen beigebracht?«, wollte Alma wissen.

»Zunächst das Erbarmen Christi. Anschließend Englisch. Und zuletzt das Lesen.« Er schwieg lange, ehe er weitersprach. »Ich war ein guter Schüler. Wie ich höre, waren auch Sie eine gute Schülerin?«

»Ja, immer schon«, sagte Alma.

»Die geistige Betätigung fiel mir leicht, so wie sie, glaube ich, auch Ihnen leichtfiel?«

»Ja«, sagte Alma. Was hatte Ambrose ihm noch erzählt?

»Reverend Welles wurde mein Vater, und seither war ich stets der Liebling meines Vaters. Ich wage zu behaupten, dass er mich sogar mehr liebt als seine leibliche Tochter und seine Frau. Und er liebt mich sicherlich mehr als seine anderen angenommenen Söhne. Nach allem, was Ambrose mir erzählt hat, weiß ich, dass auch Sie der Liebling Ihres Vaters waren – dass Henry Sie womöglich mehr geliebt hat als seine Frau?«

Alma erschrak. Das war eine verstörende Behauptung. Sie sah sich nicht in der Lage, darauf zu antworten. Wie treu musste sie sich ihrer Mutter und auch Prudence über die Jahre und die Entfernung – ja, selbst über die Grenzen zum Jenseits hinweg – noch verbunden fühlen, dass es ihr unmöglich war, auf diese Frage aufrichtig zu antworten?

»Aber wir spüren doch, wenn wir der Liebling unseres Vaters sind, nicht wahr, Alma?«, bohrte Tomorrow Morning sanft weiter. »Es verleiht uns eine ganz besondere Kraft, finden Sie nicht? Wenn der wichtigste Mensch unserer Welt beschließt, uns allen anderen vorzuziehen, dann gewöhnen wir uns daran, alles zu bekommen, was wir haben möchten. War es für Sie nicht auch so? Wie könnten wir je daran zweifeln, stark zu sein – Menschen wie Sie und ich?«

Alma erforschte ihr Inneres, um zu ergründen, ob das wirklich stimmte.

Aber natürlich stimmte es.

Ihr Vater hatte ihr alles hinterlassen – sein gesamtes Vermögen, unter Ausschluss jedes anderen Menschen auf dieser Welt. Er hatte ihr nicht gestattet, White Acre jemals zu verlassen – nicht nur, weil er sie brauchte, sondern auch, das wurde ihr mit einem Mal klar, weil er sie liebte. Sie erinnerte sich, wie er sie als kleines Kind auf seinen Schoß gesetzt und ihr die wunderbarsten Geschichten erzählt hatte. Sie dachte daran, wie ihr Vater gesagt hatte: »Für mein Gefühl ist die Unscheinbare zehn Mal mehr wert als die Hübsche.« Sie dachte an die Ballnacht auf White Acre im Jahre 1808, als der italienische Astronom die ganze Festgesellschaft zu einem *tableau vivant* des Kosmos arrangiert und mit ihnen ein prachtvolles Himmelsballett aufgeführt hatte. Ihr Vater – die Sonne, das Zentrum des Ganzen – hatte quer durchs Universum gerufen: »Geben Sie dem Mädchen einen Platz!«, und Alma zum Umherrennen ermuntert. Zum ersten Mal in ihrem Leben kam ihr der Gedanke, dass es Henry gewesen sein musste, der ihr die Fackel in die Hand gedrückt, ihr das Feuer anvertraut und sie als prometheischen Kometen auf die Wiese und in die große, weite Welt hinaus entsandt hatte. Niemand sonst hätte über die Macht verfügt, einem Kind offenes Feuer zu überlassen. Niemand sonst hätte Alma das Recht auf einen Platz zugestanden.

Tomorrow Morning sprach weiter. »Mein Vater hat mich immer als eine Art Propheten betrachtet.«

»Betrachten Sie sich auch selbst als solchen?«, fragte Alma.

»Nein«, antwortete er. »Ich weiß, was ich bin. Zum einen bin ich ein *rauti*. Ich bin ein Brandredner, so wie mein Großvater. Ich gehe zu den Menschen und singe ihnen Mut zu. Mein Volk hat großes Leid erfahren, und ich treibe es an, wieder stark zu werden – doch nun im Namen Jehovahs, denn dieser neue Gott ist weit mächtiger als unsere alten Götter. Wenn dem nicht so wäre, Alma, dann wäre mein ganzes Volk noch am Leben. So diene ich ihm: mit meiner Macht. Ich glaube daran, dass die Nachricht vom Schöpfer und von Jesus Christus auf diesen Inseln nicht mit Milde und Überzeugungskraft verbreitet werden kann, sondern nur durch Macht. Deswegen habe ich Erfolg, wo andere scheitern.«

Dies tat er Alma ganz beiläufig kund. Er ging fast achselzuckend darüber hinweg, als wäre es ein Leichtes.

»Doch das ist noch nicht alles«, sagte er. »Die alte Denkart wusste von Mittlerwesen – Botschaftern zwischen Menschen und Göttern.«

»So wie Priester?«, fragte Alma.

»Wie Reverend Welles, meinen Sie?« Tomorrow Morning lächelte, den Blick erneut zum Höhleneingang gerichtet. »Nein. Mein Vater ist ein wunderbarer Mann, doch er ist keines jener Wesen, die ich meine. Er ist kein göttlicher Bote. Ich denke an etwas anderes als einen Priester. Man könnte vielleicht sagen … wie lautet das Wort? Ein *Abgesandter*. Einst, in der alten Denkart, glaubten wir, dass jeder Gott seinen eigenen Abgesandten besitzt. Wenn Not herrschte, flehten die Tahitianer diese Abgesandten um Hilfe an. ›Komm her zu uns in die Welt‹, beteten sie. ›Komm ins Licht und hilf uns, denn es herrscht Krieg und Hungersnot und Angst, und wir leiden.‹ Die Abgesandten gehörten weder dieser Welt an noch dem Jenseits, doch sie wechselten zwischen beiden hin und her.«

»Und so sehen Sie sich selbst?«, fragte Alma.

»Nein«, antwortete er. »So sah ich Ambrose Pike.«

Er wandte sich ihr zu, kaum dass er es ausgesprochen hatte, und seine Miene war einen Augenblick lang von tiefem Schmerz erfüllt. Es presste ihr das Herz zusammen, und sie musste sich sehr bemühen, die Fassung zu bewahren.

»Haben Sie ihn auch so gesehen?«, fragte er und suchte nach der Antwort in ihrem Gesicht.

»Ja«, sagte sie. Da waren sie also endlich. Da waren sie endlich bei Ambrose angelangt.

Tomorrow Morning nickte sichtlich erleichtert. »Wissen Sie, er konnte meine Gedanken hören«, sagte er.

»Ja«, sagte Alma. »Das konnte er wahrhaftig.«

»Er wollte, dass auch ich seinen Gedanken lausche«, fuhr Tomorrow Morning fort, »doch ich besitze diese Fähigkeit nicht.«

»Ja«, sagte Alma. »Das verstehe ich. Auch ich besitze sie nicht.«

»Er konnte das Böse sehen – wie es sich zu einem Knäuel zusammenballt. So hat er mir das Böse beschrieben, als ein Knäuel von scheußlicher Farbe. Er sah das Verderben. Aber er sah auch das Gute. Manche Menschen seien von Schwaden des Guten umgeben.«

»Ich weiß«, sagte Alma.

»Er hörte die Stimmen der Toten. Er hat meinen Bruder gehört, Alma.«

»Ja.«

»Er hat mir erzählt, dass er einmal des Nachts das Licht der Sterne gehört habe – aber nur in dieser einen Nacht. Es betrübte ihn, dass er es nie wieder würde hören können. Er glaubte, wenn er mit mir gemeinsam versuchte, es zu hören, wenn wir unsere Gedanken gemeinsam darauf richteten, dann könnten wir eine Botschaft erhalten.«

»Ja.«

»Er war einsam hier auf Erden, Alma, denn keiner war so wie er. Er fand keine Heimat.«

Wieder spürte Alma, wie es ihr das Herz zusammenpresste – wie Scham und Schuld und Reue darauf lasteten. Sie ballte die Hände zu Fäusten und drückte sie gegen die Augen. Sie zwang sich, nicht in Tränen auszubrechen. Als sie die Fäuste wieder senkte und die Augen öffnete, sah sie, dass Tomorrow Morning sie beobachtete, als wartete er auf ein Zeichen, als fragte er sich, ob er wohl aufhören sollte zu erzählen. Dabei wollte sie doch nur, dass er weitersprach.

»Was hat er sich von Ihnen gewünscht?«, fragte sie.

»Er wollte einen Gefährten«, sagte Tomorrow Morning. »Er wollte ein Gegenstück. Er wollte, dass wir einander gleich sind. Wissen Sie, er hat sich in mir getäuscht. Er hielt mich für besser, als ich bin.«

»Er hat sich auch in mir getäuscht«, sagte Alma.

»Dann begreifen Sie es ja.«

»Und was wünschten Sie sich von ihm?«

»Ich wollte ihn körperlich besitzen, Alma«, sagte Tomorrow Morning mit grimmiger Stimme, doch ohne eine Miene zu verziehen.

»Das wollte ich auch«, sagte sie.

»Dann sind wir einander also gleich«, sagte Tomorrow Morning, doch der Gedanke schien ihm keinen Trost zu spenden. Er spendete auch Alma keinen Trost.

»Haben Sie ihn körperlich besessen?«, fragte sie.

Tomorrow Morning seufzte. »Ich hielt ihn in dem Glauben, ich sei so arglos wie er. Mir scheint, er sah in mir etwas wie den ersten Menschen, eine Art neuen Adam, und ich ließ zu, dass er das von mir glaubte. Ich ließ zu, dass er jene Zeichnungen von mir machte – mehr noch, ich ermunterte ihn dazu, denn ich bin eitel. Ich sagte ihm, er solle mich zeichnen, so wie er eine Orchidee zeichnet, in schuldloser Nacktheit. Denn was unterscheidet vor Gottes Angesicht einen nackten Menschen von einer Blume? Das habe ich zu ihm gesagt. So habe ich ihn zu mir gelockt.«

»Aber haben Sie ihn besessen?«, fragte sie.

»Alma«, sagte er. »Sie haben mir offenbart, was für ein Mensch Sie sind. Sie haben mir erklärt, Ihr Antrieb sei der Wunsch zu begreifen. Nun will ich Ihnen offenbaren, was für ein Mensch ich bin: Ich bin ein Eroberer. Das sage ich keineswegs mit Stolz. Es liegt einfach in meiner Natur. Vielleicht sind Sie noch nie einem Eroberer begegnet, und es fällt Ihnen schwer, das zu begreifen.«

»Mein Vater war ein Eroberer«, sagte Alma. »Ich begreife mehr davon, als Sie glauben.«

Tomorrow Morning nickte in Anerkennung dieser Erklärung. »Henry Whittaker. Aber ja. Da könnten Sie recht haben. Es mag also sein, dass Sie mich verstehen. Es liegt in der Natur eines Eroberers, das ist Ihnen sicherlich bekannt, zu erlangen, was immer er erlangen will.«

Danach verstrich viel Zeit, während beide schwiegen. Alma hatte noch eine weitere Frage, brachte es jedoch kaum über sich, sie zu stellen. Doch wenn sie jetzt nicht fragte, würde sie es nie erfahren, und dann würde die Frage für den Rest ihres Lebens an ihr nagen. So nahm sie allen Mut zusammen und fragte: »Wie ist Ambrose gestorben, Tomorrow Morning?« Als er nicht gleich antwortete, setzte sie noch hinzu: »Reverend Welles hat mir berichtet, er sei einer Infektion erlegen.«

»Er ist wohl auch einer Infektion erlegen – am Ende. Das würde Ihnen jeder Arzt bestätigen.«

»Aber wie ist er wirklich gestorben?«

»Es ist nicht schön, davon zu sprechen«, sagte Tomorrow Morning. »Er starb vor Gram.«

»Was meinen Sie damit?«, beharrte Alma. »Sie müssen es mir sagen. Ich bin nicht hergekommen, um mit Ihnen zu plaudern, und ich versichere Ihnen, dass ich alles verkraften werde, wovon ich Kenntnis erhalte. Wie genau ging das vor sich?«

Tomorrow Morning seufzte. »Ambrose hatte sich heftig geschnitten, nur wenige Tage vor seinem Tod. Sie erinnern sich gewiss, dass ich Ihnen erzählt habe, wie sich die Frauen hier mit Haifischzähnen den Kopf aufritzen, wenn sie einen geliebten Menschen verloren haben? Aber sie sind Tahitianerinnen, Alma, und es handelt sich um einen tahitianischen Brauch. Die Frauen hier wissen, wie man einen solch grausigen Akt gefahrlos vollzieht. Sie wissen genau, wie tief sie ritzen dürfen, um ihren Schmerz auszubluten, ohne sich fatalen Schaden zuzufügen. Und hinterher versorgen sie sofort ihre

Wunden. Ambrose, Gott sei's geklagt, war in dieser Form der Selbstverletzung nicht geübt. Er war zutiefst gepeinigt. Die Welt hatte ihn enttäuscht. Ich hatte ihn enttäuscht. Und schlimmer noch, ich glaube, er war von sich selbst enttäuscht. So hielt er sich nicht zurück. Und als wir ihn schließlich in seinem *fare* fanden, gab es keine Rettung mehr.«

Alma schloss die Augen und sah ihren Liebsten, ihren Ambrose – seinen guten, wunderbaren Kopf – von Blut überströmt. Auch sie hatte Ambrose enttäuscht. Er hatte nur Reinheit gewollt, und sie hatte nur nach Genuss gestrebt. Sie hatte ihn an diesen gottverlassenen Ort verbannt, und er war hier eines qualvollen Todes gestorben.

Sie spürte Tomorrow Mornings Hand auf ihrem Arm und schlug die Augen auf.

»Quälen Sie sich nicht«, sagte er ruhig. »Sie hätten es doch nicht verhindern können. Sie haben ihn nicht in den Tod geführt. Wenn das überhaupt jemand getan hat, dann ich.«

Noch immer fand sie ihre Stimme nicht wieder. Dann stieg eine weitere furchtbare Frage in ihr empor, und es blieb ihr nichts weiter übrig, als sie zu stellen: »Hat er sich auch die Fingerspitzen abgeschnitten? So, wie Schwester Manu es getan hat?«

»Nicht alle«, erwiderte Tomorrow Morning mit löblichem Zartgefühl.

Alma schloss erneut die Augen. Seine Künstlerhände! Sie dachte – ganz gegen ihren Willen – an jenen Abend zurück, als sie sich seine Finger in den Mund gesteckt hatte, um ihn in sich aufzunehmen. Ambrose war vor Schreck zusammengefahren, er war zurückgewichen. Er war doch so zart gewesen. Wie konnte er sich selbst so grauenvoll Gewalt antun? Sie verspürte Übelkeit.

»Ich habe diese Last zu tragen, Alma«, sagte Tomorrow Morning. »Und ich habe Kraft genug für diese Last. Erlauben Sie mir, sie zu tragen.«

Als Alma schließlich die Sprache wiederfand, sagte sie:

»Ambrose hat sich das Leben genommen. Und doch hat Reverend Welles ihm ein christliches Begräbnis angedeihen lassen.«

Es war keine Frage, vielmehr eine verwunderte Feststellung.

»Ambrose war ein vorbildlicher Christ«, sagte Tomorrow Morning. »Und mein Vater, Gott schütze ihn, ist ein ganz außergewöhnlich großherziger Mensch.«

Während sie weitere Teile der Geschichte zusammensetzte, fragte Alma: »Weiß Ihr Vater, wer ich bin?«

»Davon sollten wir ausgehen«, sagte Tomorrow Morning sanft. »Mein lieber Vater weiß alles, was auf der Insel vor sich geht.«

»Und doch war er so freundlich zu mir. Er hat nie gefragt …«

»Das sollte Sie nicht überraschen, Alma. Mein Vater ist die Freundlichkeit in Person.«

Wieder schwiegen sie lange. Dann fragte Alma: »Heißt das, er weiß auch von Ihnen? Weiß er, was zwischen Ihnen und meinem verstorbenen Mann vorgefallen ist?«

»Auch davon sollten wir ausgehen.«

»Und doch ist er so voller Bewunderung …«

Alma gelang es nicht, den Gedanken zu Ende zu bringen, und auch Tomorrow Morning hielt keine weitere Antwort für nötig. So saßen sie lange da, in fassungslosem Schweigen. Den unerschöpflichen Vorräten an Mitgefühl und Vergebung in der Seele des Reverend Francis Welles wurden ganz offenbar keinerlei Logik und erst recht keine Worte gerecht.

Dann jedoch kam Alma eine weitere schreckliche Frage in den Sinn. Eine Frage, die ihr die Galle kochen ließ und sie förmlich um den Verstand brachte, und doch musste sie auch das wissen.

»Haben Sie sich Ambrose aufgezwungen?«, fragte sie. »Haben Sie ihm Gewalt angetan?«

Tomorrow Morning nahm ihr den Vorwurf nicht übel,

doch er wirkte auf einmal um Jahre gealtert. »Ach, Alma«, sagte er traurig. »Offenbar wissen Sie doch nicht so genau, was einen Eroberer ausmacht. Ich brauche nichts zu erzwingen – wenn ich meine Entscheidung einmal getroffen habe, bleibt dem anderen gar keine Wahl mehr. Begreifen Sie? Habe ich Reverend Welles denn gezwungen, mich als seinen Sohn anzunehmen und mich mehr zu lieben als sein eigen Fleisch und Blut? Habe ich die Insel Raiatea gezwungen, sich zu Jehova zu bekehren? Sie sind eine kluge Frau, Alma. Versuchen Sie, das zu verstehen.«

Alma hob wieder die geballten Fäuste an die Augen. Sie würde keine Tränen bei sich dulden, doch nun kannte sie sie, die furchtbare Wahrheit: Ambrose hatte zugelassen, dass Tomorrow Morning ihn berührte, während er sich von ihr nur schaudernd abgewandt hatte. Womöglich setzte ihr diese Neuigkeit mehr zu als alles, was sie an diesem Tag sonst noch erfahren hatte. Sie schämte sich, weil sie sich über eine solche Lappalie erregte, nachdem sie so viel Schrecklicheres vernommen hatte, doch sie konnte nichts dagegen tun.

»Was bedrückt Sie?«, fragte Tomorrow Morning, als er ihre gequälte Miene sah.

»Auch ich wollte mich mit ihm vereinigen«, bekannte sie schließlich. »Aber er wollte mich nicht.«

Tomorrow Morning musterte sie mit ungeheurer Zärtlichkeit. »Darin also unterscheiden wir uns, Sie und ich«, sagte er. »Sie hatten ein Einsehen.«

•

Unterdessen war die Flut verebbt, und Tomorrow Morning sagte: »Brechen wir rasch auf, solange wir die Möglichkeit dazu haben. Wenn wir es wagen wollen, dann müssen wir es jetzt tun.«

Sie ließen das Kanu auf dem sicheren Versprung zurück und verließen die Höhle. Am Rand des Felsens entlang verlief, ganz wie Tomorrow Morning es versprochen hatte, ein schmaler Steig, auf dem sie gefahrlos gehen konnten. Nach einer längeren, geraden Strecke ging es aufwärts. Vom Kanu aus hatte das Gestein steil, kerzengerade und unerklimmbar gewirkt, doch als sie nun Tomorrow Morning folgte und ihre Hände und Füße genau dort platzierte, wo auch er es tat, erkannte Alma, dass tatsächlich ein Pfad nach oben führte. Fast war es, als wären Stufen in den Fels gehauen, als hätte man überall dort Halt für Hände und Füße angebracht, wo es nötig war. Alma sah nicht zum Meer hinunter, sondern vertraute – so wie sie auch Hiro und Konsorten zu vertrauen gelernt hatte – der Zuverlässigkeit ihres Begleiters und ihrer eigenen Trittsicherheit.

Nach etwa fünfzig Fuß erreichten sie einen Felsvorsprung. Von dort aus betraten sie einen Streifen dichten Urwalds und erklommen einen steilen Hang voll feuchter Wurzeln und Ranken. Nach den wochenlangen Ausflügen mit Hiro und Konsorten war Alma in bester Wanderverfassung und verfügte über den Mut eines Highland-Ponys, doch dieser Aufstieg war eine wahrhaft tückische Angelegenheit. Das nasse Laub unter den Füßen ließ sie gefährlich ausgleiten, und selbst barfuß war es oft schwierig, Halt zu finden. Sie wurde müde. Von einem Pfad war weit und breit nichts zu erkennen. Es war ihr ein Rätsel, wie Tomorrow Morning es anstellte, die Richtung zu bestimmen.

»Vorsicht«, rief er über die Schulter zu ihr zurück. »*C'est glissant!*«

Auch er war wohl müde, denn er schien nicht einmal zu bemerken, dass er französisch mit ihr gesprochen hatte. Sie hatte gar nicht gewusst, dass er die Sprache beherrschte. Was hielt er noch alles in seinem Kopf verborgen? Sie kam aus dem Staunen nicht heraus. Für einen Waisenjungen hatte er es weit gebracht.

Dann wurde der Hang ein wenig flacher, und sie folgten einem Flusslauf. Kurz darauf hörte Alma in der Ferne ein dumpfes Grollen. Eine Zeitlang blieb das Geräusch nur eine Ahnung, doch dann liefen sie um eine Kurve, und sie sah einen Wasserfall von vielleicht siebzig Fuß Höhe, ein breites Band aus weißem Schaum, das sich tosend in einen brodelnden See ergoss. Die Wucht des herabstürzenden Wassers erzeugte Windböen, und der Wassernebel gab dem Wind Gestalt – als würden auf einmal Geister sichtbar. Alma wäre gern dort geblieben, doch der Wasserfall war nicht Tomorrow Mornings Ziel. Er beugte sich nah zu ihr hin, damit sie ihn über das Donnern des Wassers hinweg hören konnte, deutete Richtung Himmel und rief: »Und jetzt geht es wieder aufwärts.«

Stück für Stück hangelten sie sich neben dem Wasserfall empor. Bald war Almas Kleid völlig durchnässt. Sie klammerte sich an robusten Bergwegerich und Bambusrohr, um beim Aufstieg Halt zu finden, und konnte nur beten, dass sie sie nicht mit der Wurzel herausriss. Am oberen Ende des Wasserfalls gelangten sie auf eine ebene, von hohem Gras überwucherte Fläche, auf der große Felsbrocken durcheinanderlagen. Alma kam zu dem Schluss, dass dies wohl der Ort sein musste, von dem er gesprochen hatte – ihr Ziel –, auch wenn sie auf den ersten Blick nicht erkennen konnte, was daran so außergewöhnlich war. Doch dann umrundete Tomorrow Morning den größten Felsbrocken, sie folgte ihm, und sie standen ganz unerwartet vor dem Eingang einer kleinen Höhle – akkurat in den Fels geschnitten wie das Zimmer eines Hauses, dessen Wände zu beiden Seiten gut acht Fuß in die Höhe ragten. Die Höhle war kühl und still und verströmte einen mineralischen, erdigen Geruch. Und Boden und Wände waren mit einem wahren Teppich des üppigsten, dicht wucherndsten Mooses bedeckt, das Alma Whittaker jemals gesehen hatte.

Die Höhle war nicht nur moosbedeckt, sie sprühte förmlich vor Moos. Das Moos war von einem so intensiven Grün, dass die Farbe fast zu sprechen schien, als wollte sie die Grenzen der optischen Welt sprengen und in die Sphäre des Akustischen eindringen. Dieses Moos war ein dichter, lebendiger Pelz, der den steinernen Oberflächen die Gestalt von schlummernden, aus Sagen entflohenen Monstern verlieh. Und so unwahrscheinlich es auch schien, in den entlegensten Winkeln der Höhle glitzerte und funkelte es; und Alma stockte der Atem, als sie erkannte, dass die ganze Höhle wie mit Edelsteinen besetzt war: *Schistotega pennata*, Leuchtmoos, funkelnd und filigran.

Das Gold der Kobolde, der Drachen und Elfen – *Schistotega pennata* war das seltenste aller Höhlenmoose, falsche Kostbarkeiten, die wie Katzenaugen im Dämmerlicht des geologischen Dunkels glühten, ein überirdisch glitzerndes Pflänzchen, dem der kleinste Lichtschein genügt, um wie ein Glorienschein zu erstrahlen, ein genialer Schelm, dessen funkelnde Facetten im Lauf der Jahrhunderte schon so manchen Reisenden glauben machten, er sei auf einen verborgenen Schatz gestoßen. Für Alma indessen war es tatsächlich ein Schatz, überwältigender als alle echten Reichtümer, denn die ganze Höhle war erfüllt mit dem geisterhaften smaragdenen Glanz, den Alma bis dahin nur im Kleinen erblickt hatte, in einem Stückchen Moos unter dem Mikroskop … und nun stand sie mitten darin.

Vor so viel Schönheit blieb ihr nichts weiter übrig, als die Augen zu schließen. Sie ertrug es nicht. Sie hatte das Gefühl, Derartiges nicht ohne Erlaubnis sehen zu dürfen, nicht ohne eine Art göttlichen Erlass. Sie fühlte sich dessen nicht würdig. Mit geschlossenen Augen wurde sie ruhiger und erlaubte sich den Gedanken, dass sie womöglich nur geträumt hatte. Doch als sie es schließlich wagte, die Augen wieder zu öffnen, war alles immer noch da. Die Höhle war so wunderschön, dass sämtliche Knochen in Almas Körper vor Sehnsucht schmerzten. Nie hatte sie etwas so heiß begehrt wie dieses moosgewordene Schauspiel. Sie wollte sich davon verschlingen lassen. Und schon jetzt – noch während sie mitten darin stand – vermisste sie diese Höhle bereits. Sie wusste, sie würde sie bis ans Ende ihrer Tage vermissen.

»Ambrose war überzeugt, dass es Ihnen hier gefallen würde«, sagte Tomorrow Morning.

Erst da brach sie in Schluchzen aus. Sie schluchzte so heftig, dass sie keinen Laut von sich gab – nicht einen Ton brachte sie heraus – und ihr Gesicht sich zu einer tragischen Maske verzerrte. Tief in ihrem Innern brach etwas entzwei und durchbohrte ihr Herz und Lunge. Sie sank nach vorn, gegen Tomorrow Morning, so wie ein niedergeschossener Soldat seinem Kameraden in die Arme fällt. Er hielt sie. Sie bebte wie ein rasselndes Gerippe. Das Schluchzen ließ nicht nach. Sie hielt ihn so fest umklammert, dass es einem Schwächeren wohl die Rippen gebrochen hätte. Sie wollte sich ganz durch ihn hindurchdrücken und auf der anderen Seite wieder zum Vorschein kommen – oder besser noch, von ihm aufgesogen werden, in seinen Eingeweiden verschwinden, getilgt, ausgelöscht.

In ihrem Schmerz bemerkte sie es anfangs nicht, doch schließlich nahm sie wahr, dass auch er weinte – kein lautes, markerschütterndes Schluchzen, sondern leise Tränen. Sie hielt ihn ebenso wie er sie. Und so standen sie miteinander in diesem Schrein aus Moos und weinten seinen Namen heraus.

Ambrose, klagten sie. *Ambrose*.

Er würde niemals wiederkehren.

Schließlich sanken sie wie gefällte Bäume zu Boden. Ihre Kleider waren durchnässt, vor Kälte und Erschöpfung klapperten ihnen die Zähne. Wortlos und ohne jedes Unbehagen zogen sie ihre nassen Kleider aus. Das war unerlässlich, sonst würden sie sich vor Kälte den Tod holen. Nun waren sie nicht nur erschöpft und durchnässt, sondern auch nackt und bloß. Sie streckten sich auf dem Moos aus und betrachteten einander. Es war keine gegenseitige Musterung. Es war auch kein Akt der Verführung. Tomorrow Morning war von schöner Gestalt – doch das war offensichtlich, es überraschte nicht, lag auf der Hand und war nicht weiter von Belang. Alma Whittaker war nicht von schöner Gestalt – auch das war offensichtlich, überraschte nicht, lag auf der Hand und war nicht weiter von Belang.

Sie griff nach seiner Hand. Sie schob sich seine Finger in den Mund, wie ein Kind. Er ließ es geschehen. Er wich nicht vor ihr zurück. Dann griff sie nach seinem Glied, das – wie das Glied eines jeden tahitianischen Jungen – in frühester Kindheit mit einem Haifischzahn beschnitten worden war. Sie musste ihn inniger berühren; schließlich war er der einzige Mensch auf Erden, der jemals Ambrose berührt hatte. Sie bat Tomorrow Morning für diese Berührung nicht um Erlaubnis; er gab ihr sein Einverständnis wortlos. Es verstand sich von selbst. Sie glitt an seinem breiten, warmen Körper hinab und nahm sein Glied in den Mund.

Es war das Einzige im Leben, was sie unbedingt hatte tun wollen. So vieles hatte sie aufgegeben und sich nicht darüber beklagt – doch konnte sie nicht wenigstens das einmal erleben? Sie brauchte keine Ehe. Sie brauchte auch keine Schönheit zu sein und von Männern begehrt zu werden. Sie brauchte nicht ständig von Freunden und Frohsinn umgeben zu sein. Sie brauchte kein Anwesen, keine Bibliothek, kein Vermögen. Es gab so vieles, was sie nicht brauchte. Sie brauchte es nicht einmal, dass nach so langer Zeit, im reizlosen Alter von dreiundfünfzig Jahren, noch das unerforschte Gelände ihrer altehrwürdigen Jungfernschaft ausgehoben wurde – obwohl sie spürte, dass Tomorrow Morning ihr die Gefälligkeit erwiesen hätte, wäre es ihr Wunsch gewesen.

Doch *das* hier – das brauchte sie, und sei es nur für diesen einen kurzen Moment ihres Lebens.

Tomorrow Morning zögerte weder, noch trieb er sie zur Eile an. Er erlaubte ihr, ihn zu erforschen und so viel von ihm in den Mund zu nehmen, wie ihr möglich war. Er gestattete ihr, an ihm zu saugen, als atmete sie durch ihn – als wäre sie unter Wasser und er ihre einzige Verbindung zur Luft. Die Knie im Moos, das Gesicht in ein Nest von Haaren gedrückt, spürte sie, wie er in ihrem Mund immer schwerer wurde, immer wärmer, immer willfähriger.

Es war genau so, wie sie es sich stets ausgemalt hatte.

Nein, es war noch weit mehr, als sie sich ausgemalt hatte. Und schließlich ergoss er sich in ihren Mund, und sie empfing es wie eine Opfergabe, wie eine Spende.

Sie war dankbar.

Danach weinten sie nicht weiter.

•

Sie verbrachten die Nacht miteinander in der hochgelegenen Moosgrotte. Es war zu gefährlich, jetzt, in der Dunkelheit, noch zur Matavai-Bucht zurückzukehren. Tomorrow Morning war zwar nicht abgeneigt, sein Kanu bei Nacht zu lenken – er behauptete sogar, dies vorzuziehen, weil es dann kühler sei –, hielt es indes für zu riskant, in völliger Finsternis die Felswand neben dem Wasserfall hinabzuklettern. So gut, wie er die Insel kannte, musste er von vornherein gewusst haben, dass sie die Nacht hier verbringen würden. Alma sah ihm diese Vermessenheit nach.

Im Freien zu schlafen versprach nicht gerade, einer erholsamen Nachtruhe zuträglich zu werden, doch sie machten das Beste aus ihrer Lage. Sie bauten eine kleine Feuergrube aus billardkugelgroßen Steinen. Sie sammelten trockene Hibiskuszweige, die Tomorrow Morning innerhalb weniger Minuten zum Brennen brachte. Alma sammelte Brotfrüchte, wickelte sie in Bananenblätter und briet sie, bis sie mürbe waren und zerfielen. Sie machten sich eine Decke aus den Stängeln des Bergwegerich, die sie mit Steinen zu einem stoffartigen Gewebe weichklopften. Unter dieser Wegerichdecke schliefen sie beide, dicht aneinandergeschmiegt, um sich zu wärmen. Es war feucht, aber nicht unbehaglich. Sie zogen sich wie zwei Fuchsgeschwister in ihren Bau zurück. Am Morgen, als Alma erwachte, sah sie, dass der Saft des Wegerichs dunkelblaue Flecken auf ihrer Haut hinterlassen hatte, während auf Tomorrow Mornings Körper nichts davon zu sehen war. Seine dunkle Haut hatte die Flecken verschluckt, während die ihre sie schamlos zur Schau stellte.

Es schien nicht ratsam, über die Geschehnisse des Vortags zu sprechen. Sie schwiegen beide, nicht aus Verlegenheit, sondern vielmehr aus einer Art von Wertschätzung. Zudem waren sie erschöpft. Sie zogen sich an, verzehrten die restlichen Brotfrüchte, kletterten hinunter, suchten sich ihren Weg am Felsen entlang, erreichten die Höhle und traten die Rückreise in die Matavai-Bucht an.

Sechs Stunden später, als der vertraute schwarze Strand der Missionssiedlung in Sicht kam, wandte Alma sich zu Tomorrow Morning um und legte ihm die Hand aufs Knie. Er ließ das Paddel sinken.

»Verzeih«, sagte sie. »Darf ich dich mit einer letzten Frage belästigen?«

Es gab noch eines, was sie wissen musste, und da sie nicht sicher war, ob sie einander je wiedersehen würden, musste sie ihn jetzt danach fragen. Mit ehrerbietigem Nicken hieß er sie fortzufahren.

»Fast ein Jahr lang stand Ambroses Koffer mit den Zeichnungen von dir hier in meinem *fare* am Strand. Er war für jedermann zugänglich. Man hätte diese Zeichnungen auf der ganzen Insel verteilen können. Und doch hat nicht eine Menschenseele den Koffer auch nur angerührt. Warum nicht?«

»Oh, das ist nicht schwer zu beantworten«, sagte Tomorrow Morning leichthin. »Weil sie sich alle vor mir fürchten.«

Damit nahm er das Paddel wieder auf und ruderte weiter Richtung Strand. Es war bald Zeit für die Abendandacht. Sie wurden voller Herzlichkeit und Freude willkommen geheißen. Tomorrow Morning hielt eine wunderbare Predigt.

Und nicht ein Einziger wagte zu fragen, wo sie gewesen seien.

Kapitel 26

Drei Tage später verließ Tomorrow Morning Tahiti, um zu seiner Mission auf Raiatea zurückzukehren – und zu seiner Frau und seinen Kindern. Alma zog sich in diesen Tagen fast gänzlich zurück. Sie verbrachte viel Zeit in ihrem *fare*, nur in Gesellschaft von Roger dem Hund, und dachte über alles nach, was sie vernommen hatte. Sie fühlte sich erleichtert und zugleich bedrückt: erleichtert, weil ihre alten Fragen beantwortet waren, und bedrückt von den Antworten.

Die morgendlichen Bäder im Fluss mit Schwester Manu und den anderen Frauen ließ sie ausfallen, denn sie wollte ihnen die bläulichen Flecken nicht zeigen, die immer noch schwach auf ihrer Haut zu sehen waren. Die Messe besuchte sie zwar, blieb jedoch im Hintergrund und verhielt sich so unauffällig wie möglich. Tomorrow Morning und sie hatten keinen Augenblick mehr allein miteinander. Nach allem, was sie beobachtete, hatte er nicht einmal einen Augenblick für sich. Es kam einem Wunder gleich, dass sie überhaupt so viel Abgeschiedenheit mit ihm hatte teilen können.

Am Tag vor Tomorrow Mornings Abreise wurde ein weiteres Fest ihm zu Ehren ausgerichtet – ein exaktes Abbild der eindrucksvollen Feierlichkeiten zwei Wochen zuvor. Wieder wurde getanzt und gespeist. Wieder kamen Musiker, wieder gab es Ring- und Hahnenkämpfe. Und wieder wurden Feuergruben ausgehoben und Schweine geschlachtet. Alma erkannte nun deutlicher, wie sehr Tomorrow Morning nicht nur geliebt, sondern verehrt wurde. Sie erkannte auch, welch verantwortungsvolle Stellung er bekleidete und wie meisterlich er diese Stellung ausfüllte. Die Menschen legten ihm Blumenranken um den Hals; die Blüten hingen wie schwere Ketten an ihm herab. Er wurde mit Geschenken überhäuft: ein grünes Taubenpärchen samt Käfig, eine Herde protestierender junger Schweine, ein reichverziertes holländisches Gewehr aus dem achtzehnten Jahrhundert, das nicht mehr schießtauglich war, eine in Ziegenleder gebundene Bibel, Schmuck für seine Frau, ballenweise Kattun, säckeweise Zucker und Tee, eine ansehnliche eiserne Glocke für seine Kirche. Die Menschen legten ihm ihre Geschenke zu Füßen, und er nahm sie huldvoll entgegen.

Bei Einbruch der Dämmerung trat eine Schar Frauen mit Besen an den Strand und machte sich daran, ein Spielfeld für eine Partie *haru raa puu* freizufegen. Alma hatte ein solches Spiel noch nie erlebt, wusste jedoch, worum es sich handelte, denn Reverend Welles hatte ihr davon erzählt. Das Spiel – dessen Name so viel wie »Pack den Ball« bedeutete – wurde traditionell von zwei Frauenmannschaften gespielt, die einander auf einem Strandstück von gut hundert Fuß Länge gegenüberstanden. An beiden Querseiten des improvisierten Spielfelds wurde eine Linie in den Sand gezogen, die das Tor kennzeichnete. Als Ball diente eine dicke Kugel aus fest zusammengerollten Bananenblättern, die etwa den Durchmesser eines mittelgroßen Kürbis besaß, jedoch längst nicht so schwer war. Ziel des Spieles, so wusste Alma, war es, der gegnerischen Mannschaft den Ball abzujagen und damit ans entgegengesetzte Ende des Spielfelds zu gelangen, ohne dabei von einer Gegenspielerin zu Boden gerissen zu werden. Geriet der Ball ins Meer, wurde trotzdem weitergespielt, auch im Wasser. Den Spielerinnen war ausnahmslos alles erlaubt, um eine Gegnerin daran zu hindern, ein Tor zu erzielen.

Den englischen Missionaren erschien *haru raa puu* als höchst undamenhaftes und aufreizendes Spiel, und folglich war es in allen anderen Missionssiedlungen verboten. Man musste den Missionaren allerdings zugutehalten, dass dieses Spiel in Wahrheit einiges mehr als bloß undamenhaft war. Während einer Partie *haru raa puu* zogen sich die Spielerinnen regelmäßig schwere Verletzungen zu: Knochenbrüche, Schädelfrakturen, blutende Wunden. Das Ganze war, wie Reverend Welles in bewunderndem Tonfall bekundete, »ein bemerkenswert barbarisches Schauspiel«. Doch um die Gewalttätigkeit, so hatte er Alma erklärt, ging es ja gerade.

In früheren Zeiten hatten die Frauen *haru raa puu* gespielt, während die Männer sich für den Krieg stählten. So war auch die Damenwelt vorbereitet, falls es einmal zum Kampf kam. Doch weshalb erlaubte Reverend Welles, dass *haru raa puu* weiterhin gespielt wurde, während es in allen anderen Missionen als unchristlicher Ausdruck reinster Barbarei verteufelt wurde? Nun, aus demselben Grund wie sonst auch: Es konnte schließlich nicht schaden.

Doch als das Spiel begonnen hatte, konnte Alma sich des Gedankens nicht erwehren, dass sich Reverend Welles in diesem einen Fall gründlich täuschte: Eine Partie *haru raa puu* konnte allerdings schaden, sogar ganz beträchtlich. Kaum war der Ball im Spiel, wurden aus den Frauen ebenso erhabene wie erschreckende Kreaturen. Diese reizenden, gastfreundlichen tahitianischen Damen – deren Körper Alma beim morgendlichen Bad entblößt gesehen, deren Mahlzeiten sie geteilt, deren Kinder sie auf den Knien geschaukelt, deren Stimmen sie im andächtigen Gebet gehört und deren Haar sie so wunderhübsch mit Blumen geschmückt gesehen hatte – verwandelten sich auf der Stelle in rivalisierende Heere aus rasenden Furien. Alma war sich nicht ganz im Klaren, ob das Ziel des Spieles tatsächlich darin bestand, den Ball zu packen, oder nicht vielleicht doch darin, die Gegnerinnen in Stücke zu reißen. Vielleicht schloss das eine das andere ja nicht aus. Sie sah, wie die reizende Schwester Etini (ausgerechnet Schwester Etini!) eine andere Frau an den Haaren zu Boden riss; dabei befand sich die Gegnerin nicht einmal in der Nähe des Balls!

Die versammelte Menge am Strand war von dem Spektakel begeistert und johlte lautstark. Auch der Reverend johlte mit, und Alma wurde zum ersten Mal des Raubeins aus den Docks in Cornwall ansichtig, das er einst gewesen war, bis Jesus Christus und Mrs Welles ihn vor diesem streitlustigen Leben bewahrt hatten. Während er den Frauen zusah, wie sie sich auf den Ball und aufeinander stürzten, wirkte Reverend Welles ganz und gar nicht mehr wie ein harmloser kleiner Elf; er erinnerte vielmehr an einen furchtlosen kleinen Terrier.

Und dann, wie aus dem Nichts, wurde Alma von einem Pferd überrannt.

So kam es ihr zumindest vor. Doch es war kein Pferd, das sie zu Boden gerissen hatte – es war Schwester Manu, die vom Spielfeld herbeigerannt kam und Alma in vollem Lauf rammte. Schwester Manu packte sie am Arm und zerrte sie auf das Spielfeld. Die Menge war begeistert. Das Gejohle wurde immer lauter. Alma erhaschte einen Blick auf Reverend Welles, dessen Augen vor Entzücken über diese unerwartete Wendung funkelten und der seine Freude laut herausbrüllte. Sie sah zu Tomorrow Morning hinüber, der sich weiterhin höflich und reserviert gab. Er war viel zu sehr der majestätische Würdenträger, um über eine solche Bloßstellung zu lachen, aber er missbilligte sie auch nicht.

Alma legte keinen Wert darauf, *haru raa puu* zu spielen, doch niemand fragte nach ihren Wünschen. Ehe sie wusste, wie ihr geschah, war sie bereits mitten im Spiel. Sie glaubte, von allen Seiten angegriffen zu werden, was sicherlich damit zusammenhing, dass sie tatsächlich von allen Seiten angegriffen wurde. Jemand drückte ihr den Ball in die Hand und gab ihr einen Schubs. Es war Schwester Etini.

»LAUF!«, schrie sie.

Und Alma lief. Sie kam nicht allzu weit, ehe sie erneut zu Boden gerissen wurde. Jemand hatte ihr einen Ellbogen in die Kehle gerammt, und sie landete auf dem Rücken. Im Fallen biss sie sich auf die Zunge, schmeckte Blut. Einen Moment lang erwog sie, einfach im Sand liegen zu bleiben, um sich weitere Verletzungen zu ersparen, doch dann fürchtete sie, von der erbarmungslosen Horde niedergetrampelt zu werden. Die Menge jubelte erneut. Alma blieb keine Zeit zum Nachdenken. Sie geriet in ein Gedränge aus rangelnden Frauen und war gezwungen, in dieselbe Richtung zu laufen wie die anderen. Wo der Ball war, wusste sie nicht. Sie konnte sich auch nicht vorstellen, dass irgendjemand sonst dies wusste. Einen Augenblick später befand sie sich plötzlich im Wasser. Wieder wurde sie umgerissen. Sie tauchte keuchend auf, Salzwasser in den Augen und in der Kehle. Jemand drängte sie weiter, tiefer ins Meer hinein.

Nun bekam sie es ernsthaft mit der Angst zu tun. Wie alle Tahitianer hatten auch diese Frauen das Schwimmen noch vor dem Laufen erlernt, doch Alma fühlte sich im Wasser weder wohl, noch beherrschte sie die nötigen Bewegungen. Ihr Rock war durchnässt und schwer, was sie noch mehr ängstigte. Die Wellen waren zwar nicht besonders hoch, dennoch waren es eindeutig Wellen, und sie schwappten über Alma hinweg. Der Ball traf sie am Ohr; sie hatte nicht gesehen, von wo er geworfen wurde. Jemand nannte sie eine *poreito* – ein Wort, das eigentlich Schalentiere bezeichnete, im umgangssprachlichen Gebrauch aber ein vulgärer Ausdruck für das weibliche Geschlechtsorgan war. Womit hatte Alma eine solche Beleidigung verdient?

Dann war sie wieder unter Wasser, umgerissen von drei Frauen, die über sie hinweglaufen wollten. Es gelang ihnen auch: Sie liefen über sie hinweg. Eine von ihnen stieß sich mit den Füßen von Almas Brust ab, nutzte Almas Körper als Sprungbrett wie einen Felsen mitten in einem See. Eine weitere trat ihr ins Gesicht, und Alma war sich sicher, dass sie ihr die Nase brach. Sie kämpfte sich wieder an die Oberfläche, schnappte nach Luft, spuckte Blut. Sie hörte, wie jemand sie *pua'a* schimpfte – Schwein. Dann wurde sie erneut unter Wasser gestoßen. Diesmal war sie überzeugt, dass es mit Absicht geschah: Zwei kräftige Hände hatten ihr von hinten den Kopf nach unten gedrückt. Erneut tauchte sie auf, sah den Ball an sich vorbeifliegen. Gedämpft hörte sie das Geschrei der Menge. Wieder wurde sie überrannt. Wieder ging sie unter. Und als sie diesmal wieder auftauchen wollte, gelang es ihr nicht: Da saß wahrhaftig jemand auf ihr.

Und dann geschah etwas Unmögliches: Die Zeit blieb stehen. Mit offenen Augen, offenem Mund und einer Nase, die sich blutend in die Matavai-Bucht verströmte, hilflos und unbeweglich unter Wasser, erkannte Alma, dass sie sterben würde. Zu ihrem eigenen Schrecken wurde sie vollkommen ruhig. So schlimm, dachte sie, war es doch gar nicht. Es schien sogar ganz einfach. Es gab nichts Leichteres als diesen gefürchteten Tod, vor dem man stets davonlief, wenn man ihm einmal ins Auge sah. Um zu sterben, musste man einfach nur aufhören, weiterleben zu wollen. Man musste sich ins Verschwinden fügen. Wenn Alma einfach unter dem Gewicht der unbekannten Gegnerin stillhielt, dann würde sie ohne jede Anstrengung ausgelöscht. Und mit dem Tod hätte auch alles Leiden ein Ende. Aller Zweifel hätte ein Ende. Alle Scham, alle Reue hätten ein Ende und auch all ihre Fragen. Sie könnte sich ganz unauffällig aus dem Leben zurückziehen. Ambrose hatte sich schließlich auch zurückgezogen. Was musste ihm das für eine Erleichterung gewesen sein! Da hatte sie Ambrose wegen seines Selbstmords bemitleidet, dabei musste er sich doch wunderbar erlöst gefühlt haben! Sie hätte ihn beneiden sollen! Und nun konnte sie ihm dorthin folgen, direkt in den Tod. Welchen Grund hatte sie noch, nach Luft zu schnappen? Welchen Sinn hatte es, zu kämpfen?

Sie wurde noch ruhiger.

Sie sah ein sanftes Licht.

Es war, als würde sie zu etwas Wunderbarem aufgefordert. Als würde sie gerufen. Und sie dachte an die letzten Worte ihrer Mutter auf dem Sterbebett: *»Het is fijn.«*

Es ist schön.

Doch dann – in den Sekunden, die ihr noch blieben, bevor es zu spät war, überhaupt noch etwas zu unternehmen – wusste Alma plötzlich eines ganz genau. Sie wusste es mit jeder Faser ihres Wesens, es war eine unveräußerliche Tatsache: Sie, die Tochter von Henry und Beatrix Whittaker, war nicht auf diese Welt gekommen, um im kaum fünf Fuß tiefen, seichten Wasser zu ertrinken. Und noch etwas wusste sie: Wenn sie jemanden töten musste, um das eigene Leben zu retten, dann würde sie keinen Moment zögern.

Und schließlich wusste sie ein Letztes, und das war womöglich die allerwichtigste Erkenntnis: Die Welt unterteilte sich ganz eindeutig in jene, die unerbittlich um ihr Leben kämpften, und jene, die aufgaben und starben. Das war eine schlichte Tatsache. Und sie galt nicht nur für die Menschen, sondern für jede Art von Lebewesen auf Erden, von der größten Kreatur bis hin zur niedrigsten. Sogar für die Moosgewächse galt sie. Sie war der Mechanismus, der der Natur innewohnte – die Triebkraft hinter allem Leben, allen Veränderungen –, und sie war die Erklärung für die ganze Welt. Sie war die Erklärung, nach der Alma immer gesucht hatte.

Sie stieg aus dem Wasser empor. Sie warf die Frau, die auf ihr saß, beiseite, als wäre sie ein Nichts. Mit blutender Nase, tränenden Augen, verstauchtem Handgelenk und gequetschter Brust stieg sie empor und atmete gierig ein. Sie sah sich nach der Person um, die sie unter Wasser gedrückt hatte. Es war ihre liebe Freundin Schwester Manu, die furchtlose Riesin, deren Kopf von den vielen Narben der vielen schrecklichen Kämpfe ihres Lebens entstellt war. Manu lachte über Almas Miene. Es war ein nachsichtiges, vielleicht sogar kameradschaftliches Lachen, und doch war es ein Lachen. Alma packte Manu am Hals. Sie hielt die Freundin umklammert, als wollte sie ihr die Kehle zerquetschen. Und mit lauter, donnernder Stimme rief Alma, so wie Hiro und Konsorten es ihr beigebracht hatten:

»OVAU TEIE!
TOA HAU A'E TAU METUA I TA 'OE!
E 'ORE TAU 'SOMORE E MAE QE IA 'EO!«

»DAS HIER BIN ICH!
MEIN VATER WAR EIN MÄCHTIGERER KRIEGER ALS DEINER!
NICHT EINMAL MEINEN SPEER KANNST DU TRAGEN!«

Dann ließ Alma von ihr ab, löste den Griff um Schwester Manus Hals. Und ohne einen Augenblick zu zögern, brüllte ihr Manu einen ohrenbetäubenden Schrei der Anerkennung ins Gesicht.

Alma watete zum Strand zurück.

Sie nahm nichts und niemanden um sich her wahr. Ob ihr dort am Strand jemand zujubelte oder sie niederschrie, sie bemerkte nichts davon.

Mit großen Schritten entstieg sie dem Meer, als hätte es sie geboren.

Pl. 37

Bessa del.t Gabriel Sc.

Thick Shell bark Hickory.

Juglans laciniosa.

Juglans Laciniosa.

Teil 5

Die Hüterin der Moose

Kapitel 27

Mitte Juli 1854 erreichte Alma Whittaker Holland.

Mehr als ein Jahr hatte sie auf See verbracht. Hinter ihr lag eine irrwitzige Reise – genauer gesagt, eine ganze Reihe irrwitziger Reisen. Sie hatte Tahiti im April 1853 auf einem französischen Frachtschiff mit Kurs auf Neuseeland verlassen. In Auckland musste sie zwei Monate ausharren, bis sich ein holländisches Handelsschiff fand, das bereit war, Alma als Passagierin mit nach Madagaskar zu nehmen, wohin sie in Gesellschaft einer größeren Herde Schafe und Rinder reiste. Von Madagaskar aus segelte sie weiter nach Kapstadt, an Bord einer ungemein altersschwachen holländischen *fluyt* – einem wahren Juwel der Schifffahrtstechnik des siebzehnten Jahrhunderts. (Es war die einzige Etappe ihrer Reise, auf der sie ernstlich um ihr Leben fürchtete.) Von Kapstadt aus arbeitete sie sich langsam an der Westküste des afrikanischen Kontinents entlang und bestieg in den Häfen von Accra und Dakar jeweils ein neues Schiff. In Dakar war es ein weiteres holländisches Handelsschiff, das zunächst nach Madeira fuhr, dann weiter nach Lissabon, durch den Golf von Biskaya und den Ärmelkanal und von dort den ganzen Weg bis nach Rotterdam. In Rotterdam schließlich erstand sie eine Fahrkarte für ein dampfbetriebenes Passagierschiff – den ersten Dampfer, auf dem sie je gereist war –, und dieser brachte sie an der holländischen Küste entlang über die Zuiderzee nach Amsterdam. Dort ging sie am 18. Juli 1854 endlich an Land.

Almas Reise wäre womöglich zügiger und müheloser verlaufen, hätte sie nicht Roger den Hund bei sich gehabt. Doch das war nun einmal so, denn als der Moment gekommen war, von Tahiti Abschied zu nehmen, brachte sie es nicht übers Herz, ihn dort zurückzulassen. Wer sollte sich denn um den wenig liebenswerten Roger kümmern, wenn sie fort war? Wer würde riskieren, ihn zu füttern und sich dafür von ihm beißen zu lassen? Sie konnte auch nicht sicher sein, dass Hiro und Konsorten den Hund nicht verspeisen würden, sobald sie abgereist war. (Roger hätte zwar ohnehin keine allzu üppige Mahlzeit abgegeben, dennoch konnte Alma die Vorstellung nicht ertragen, dass man ihn am Spieß drehte.) Vor allem aber war er die letzte greifbare Verbindung zu ihrem Mann. Vermutlich war Roger bei Ambrose im *fare* gewesen, als er starb. Alma stellte sich vor, wie der treue kleine Hund in Ambroses letzten Stunden mitten im Zimmer Wache stand und alle Geister und Dämonen und sämtliche weiteren Schrecken, die mit gewaltiger Verzweiflung einhergehen, mit seinem Gebell in Schach hielt. Allein schon aus diesem Grund fühlte sich Alma moralisch verpflichtet, ihn mitzunehmen.

Bedauerlicherweise begrüßten nur die wenigsten Kapitäne die Gegenwart eines vergrämten, buckligen, unwirschen kleinen Inselköters auf ihrem Schiff. Die meisten verweigerten Roger schlichtweg die Überfahrt, und diese Schiffe legten folglich ohne Alma ab, was ihre Reise gewaltig in die Länge zog. Und wenn sie sich einmal nicht weigerten, wurde Alma für das Privileg, Roger mitzunehmen, meist doppelt zur Kasse gebeten. Sie zahlte. Sie trennte eine weitere verborgene Naht am Saum ihres Reisekleids auf und entnahm ihm weitere Goldmünzen, eine nach der anderen. So ein letztes Bestechungsgeld brauchte man.

Doch Alma empfand ihre über die Maßen verlängerte Reise nicht als belastend, im Gegenteil. Jede Stunde war ihr notwendig, und sie war froh über die langen Monate des Alleinseins auf fremden Schiffen und in fremden Häfen. Seit sie während des raubeinigen *haru raa puu*-Spiels in der Matavai-Bucht fast ertrunken war, balancierte Alma auf dem äußersten Grat ihres Denkens, wie sie es noch nie erlebt hatte, und sie wünschte nicht, dass ihre Gedankengänge gestört wurden. Die Idee, die dort unter Wasser mit solcher Wucht über sie gekommen war, hatte sich festgesetzt und ließ sich nicht mehr abschütteln. Bisweilen war sie nicht mehr sicher, ob sie nun der Idee nachjagte oder die Idee ihr.

Oftmals war sie wie eine Gestalt am Rande eines Traumes: Sie kam näher, verschwand, kehrte wieder zurück. Den ganzen Tag über verfolgte Alma ihre Idee auf Seiten über Seiten eifrig hingekritzelter Notizen. Selbst in der Nacht blieb ihr Geist der Idee so unerbittlich auf den Fersen, dass Alma alle paar Stunden mit dem Drang erwachte, sich im Bett aufzusetzen und weiterzuschreiben.

Nun zählte das Schreiben – man darf es nicht verschweigen – nicht eben zu Almas größten Stärken, obwohl sie bereits zwei, beinahe sogar drei Bücher verfasst hatte. Sie hatte sich nie angemaßt, über schriftstellerisches Talent zu verfügen. Ihre beiden Bücher über Moospflanzen waren keine Lektüre, die man zur Erbauung zur Hand nahm, und jenseits des überschaubaren Grüppchens von Moosexperten hätte sie wohl kaum jemand als lesenswert bezeichnet. Almas größte Stärke lag auf dem Gebiet der Taxonomie: Sie besaß ein schier unerschöpfliches Gedächtnis für die Artendifferenzierung und einen erschreckend exakten Blick für jedes noch so kleine Detail. Eine Geschichtenerzählerin war sie ganz sicher nicht. Seit sie sich an jenem Abend an die Oberfläche zurückgekämpft hatte, war sie überzeugt, nun doch eine Geschichte erzählen zu müssen – und zwar eine Geschichte von epischer Breite. War es auch keine vergnügliche Geschichte, so bot sie allerdings manche Erklärung über die Natur. Alma glaubte sogar, dass sie alles erklärte.

Und so lautete die Geschichte, die Alma erzählen wollte: Die Welt der Natur ist ein Schauplatz von mörderischer Brutalität, an dem große und kleinere Arten miteinander ums Überleben kämpfen. In diesem Kampf ums Dasein setzen sich die Starken durch, und die Schwachen verschwinden.

An und für sich war dies kein origineller Gedanke. In der Wissenschaft fand der Ausdruck »Kampf ums Dasein« bereits seit Jahrzehnten Verwendung. Thomas Malthus beschrieb damit jene Kräfte, die im Laufe der Geschichte die Bevölkerungsexplosionen und nachfolgenden Zusammenbrüche steuerten. Auch Owen und Lyell verwendeten ihn in ihren Werken über die Geologie und das Aussterben. Der Kampf ums Dasein war gewissermaßen in aller Munde. Doch Almas Geschichte nahm eine besondere Wendung. Sie vermutete und war inzwischen ganz davon überzeugt, dass der Kampf ums Dasein, wenn er über lange Zeiträume hinweg ausgefochten wurde, das Leben auf Erden nicht nur *bestimmte* – er hatte das Leben auf Erden auch *erschaffen*. Vor allem hatte er dessen ungeheure Vielfalt erschaffen. Dieser Kampf war der Mechanismus. Dieser Kampf war die Erklärung für sämtliche unliebsamen Rätsel der Biologie: die Artendifferenzierung, das Artensterben und die Veränderlichkeit der Arten. Dieser Kampf erklärte alles.

Die Ressourcen auf dem Planeten waren beschränkt. Und so wurde um diese Ressourcen dauerhaft und hitzig gekämpft. Diejenigen Individuen, die den Herausforderungen des Lebens insgesamt standzuhalten vermochten, waren dazu in der Lage, weil irgendeine Eigenschaft oder Mutation sie widerstandsfähiger, gerissener, erfinderischer oder robuster machte als andere. War diese vorteilhafte Spezialisierung einmal erreicht, gaben die überlebenden Individuen ihre segensreiche Eigenschaft an ihre Nachkommen weiter, die sich dann ebenfalls einer höchst erquicklichen Dominanz erfreuen durften – so lange, bis ein anderer, überlegenerer Gegner auftauchte oder eine unentbehrliche Ressource verschwand. Im Laufe dieses endlosen Kampfes ums Überleben veränderte sich unweigerlich die ganze Struktur der jeweiligen Art.

Almas Überlegungen bewegten sich grob in die Richtung dessen, was der Astronom William Herschel »kontinuierliche Schöpfung« genannt hatte: die Annahme, dass etwas zugleich dauerhaft sein und sich doch entfalten konnte. Herschel allerdings war der Meinung gewesen, die Schöpfung könne nur auf kosmologischer Ebene kontinuierlich sein, während Alma inzwischen fest daran glaubte, dass sie auf jeder Ebene des Lebens, selbst bei den Mikroorganismen und den Menschen, kontinuierlich war. Die Herausforderungen des Daseins waren allgegenwärtig, und mit jedem Augenblick änderten sich die Gegebenheiten der natürlichen Welt. Vorteile wurden erworben und wieder verloren. Es gab Phasen des Überflusses, denen Phasen von *hia'ia* folgten – Zeiten der Entbehrungen. Es gab nichts, was unter ungünstigen Bedingungen nicht aussterben konnte. Doch es gab auch nichts, was unter günstigen Bedingungen nicht vermocht hätte, sich umzubilden. Aussterben und Umbildung vollzogen sich seit Anbeginn allen Lebens, sie vollzogen sich immer noch und würden sich bis ans Ende aller Zeiten weiter vollziehen – und wenn das keine »kontinuierliche Schöpfung« darstellte, dann wusste Alma auch nicht weiter.

Der Kampf ums Dasein, davon war sie überzeugt, prägte auch die Biologie des Menschen und sein Schicksal. Tomorrow Morning war das beste Beispiel dafür: Seine Familie war samt und sonders von den unbekannten Krankheiten ausgerottet worden, die die Europäer nach Tahiti eingeschleppt hatten. Fast wäre seine Stammeslinie also ausgestorben, doch aus irgendeinem Grund war Tomorrow Morning dem Tod entronnen. Etwas in seiner Konstitution hatte es ihm ermöglicht, zu überleben, obwohl der Tod seine Ernte mit vollen Händen einfuhr und alle um ihn her mit sich nahm. Doch Tomorrow Morning hatte sich durchgesetzt und lebensfähige Nachkommen gezeugt, die womöglich auch seine Stärke und seine außergewöhnliche Widerstandsfähigkeit gegen Krankheiten geerbt hatten. Solche Vorfälle trugen dazu bei, eine Art herauszubilden.

Und mehr noch, überlegte Alma weiter, der Kampf ums Dasein prägte auch die innere Verfassung eines Menschen. Tomorrow Morning war ein Heide, der sich zum frommen Christen umgebildet hatte – denn er war schlau, besaß einen ausgeprägten Selbsterhaltungstrieb und hatte erkannt, wohin die Welt sich entwickelte. Er hatte der Zukunft den Vorzug vor der Vergangenheit gegeben. Aufgrund dieses Weitblicks würden Tomorrow Mornings Kinder in dieser neuen Welt, in der ihr Vater ein angesehener, einflussreicher Mann war, prächtig gedeihen. (Zumindest würden sie so lange gedeihen, bis eine weitere Welle an Herausforderungen über sie hereinbrach. Dann war es an ihnen, ihren eigenen Weg zu finden. Es würde ihr eigener Kampf werden, den ihnen niemand ersparen konnte.)

Auf der anderen Seite stand Ambrose Pike, ein Mensch, den Gott gleich vierfach mit Brillanz, Originalität, Schönheit und Anmut gesegnet hatte – dem es aber schlicht und einfach an Beharrlichkeit fehlte. Ambrose hatte die Welt missdeutet. Er wünschte sich die Welt zum Paradies, während sie doch ein Schlachtfeld war. Er hatte sein Leben damit zugebracht, sich nach Ewigkeit, Dauerhaftigkeit und Reinheit zu sehnen. Ihn verlangte es nach einem himmlischen Bund der Engel, während er doch – so wie alles und jedes – an die unerbittlichen Gesetze der Natur gebunden war. Zudem, auch das wusste Alma nur allzu gut, waren es eben nicht immer die besonders Schönen, Brillanten, Originellen oder Anmutigen, die im Kampf ums Dasein die Oberhand behielten; mitunter waren es auch die besonders Grausamen, die vom Glück besonders Begünstigten oder auch einfach nur die besonders Hartnäckigen.

An jeder neuen Wegscheide galt es vor allem, den Anforderungen des Lebens möglichst lange standzuhalten. Die Überlebenschancen waren mörderisch gering, denn was war die Welt schon anderes als eine Schule des Elends und ein ewig brennender Herd der Bitternis? Doch jene, die in dieser Welt überlebten, formten sie auch – so wie die Welt zugleich sie formte.

Alma nannte ihre Idee »Eine Theorie der Veränderung durch Konkurrenz« und war sich sicher, sie beweisen zu können. Selbstverständlich konnte sie für ihre Beweisführung nicht Tomorrow Morning und Ambrose Pike als Beispiele nutzen, wenngleich beide in ihrer Vorstellung stets exemplarisch weiterlebten, überlebensgroß, romantisch und anschaulich. Doch sie auch nur zu erwähnen wäre aufs Gröbste unwissenschaftlich gewesen.

Aber mit den Moosen – damit konnte sie den Beweis führen.

•

Alma schrieb rasch und reichlich. Sie hielt sich nicht lange mit Überarbeitungen auf, sondern riss die älteren Fassungen einfach entzwei, um wieder ganz von vorn zu beginnen, und das nahezu täglich. Es war ihr unmöglich, ihre Geschwindigkeit zu drosseln – das wollte sie auch gar nicht. Gleich einem Sturzbetrunkenen, der zwar noch rennen kann, ohne umzukippen, jedoch nicht mehr in der Lage ist, gemessenen Schrittes zu gehen, konnte sich auch Alma nur in fliegendem Tempo durch ihre Idee bewegen. Der Gedanke, langsamer zu werden und umsichtiger zu schreiben, war ihr ein Gräuel, weil sie fürchtete, dann aus dem Tritt zu kommen, den Mut zu verlieren oder – schlimmer noch! – gleich die ganze Idee.

Um ihre Geschichte zu erzählen – die Geschichte der Umbildung der Arten, wie sie sich anhand des graduellen Substanzwandels bei Moosen darlegen ließ –, benötigte Alma keine Notizen und auch keinen Zugang zur alten Bibliothek auf White Acre oder ihrem Herbarium. Nichts davon war vonnöten, denn sie hatte längst ein breit angelegtes Kompendium der Moostaxonomie im Kopf, es füllte jeden Winkel ihrer Hirnschale mit klar erinnerten Fakten und Einzelheiten. Zugleich konnte sie – oder genauer: ihr Geist – auch auf sämtliche Überlegungen zugreifen, die im vergangenen Jahrhundert zum Thema des Artenwandels und der geologischen Entwicklung zu Papier gebracht worden waren. Ihr Geist glich einem gewaltigen Lagerraum mit zahllosen Regalen, allesamt gefüllt mit Tausenden und Abertausenden von Büchern und Behältnissen, die unter Berücksichtigung einer Unzahl von Details alphabetisch geordnet waren.

Alma brauchte keine Bibliothek – sie *war* eine Bibliothek.

Während der ersten Monate ihrer Reise schrieb sie die grundlegenden Leitthesen ihrer Theorie immer und immer wieder um, bis sie schließlich der Ansicht war, sie auf zehn korrekte und nicht weiter reduzierbare Punkte gebracht zu haben:

Dass nämlich die Verteilung von Land und Wasser auf der Erde nicht immer so gewesen sein kann wie heute.

Dass, ausgehend von den bekannten Fossilienfunden, Moose sämtliche erdgeschichtlichen Epochen überstanden haben müssen.

Dass die Moose besagte erdgeschichtliche Epochen durch einen Prozess der Anpassung überstanden haben.

Dass die Moose ihr eigenes Schicksal beeinflussen können, indem sie entweder ihren Standort wechseln (ihn also in ein günstigeres Klima verlagern) oder aber ihre innere Struktur verändern (sich also umbilden).

Dass die Umbildung von Moosarten sich im Laufe der Zeit als ein nahezu endloses Aneignen und Ablegen von Merkmalen geäußert hat, die schließlich zu folgenden Anpassungen geführt haben: einer verstärkten Austrocknungsresistenz, einem verringerten Bedürfnis nach direkter Sonneneinstrahlung sowie der Fähigkeit zur Reaktivierung auch nach Jahren der Dürre.

Dass die Veränderungsrate sowie das Ausmaß von Veränderungen innerhalb einer Mooskolonie so gravierend sind, dass sie auf einen steten Veränderungsprozess schließen lassen.

Dass hinter jenem steten Veränderungsprozess die Mechanismen der Konkurrenz und des Daseinskampfs stecken.

Dass Moose mit an Sicherheit grenzender Wahrscheinlichkeit etwas anderes gewesen sein müssen (vermutlich Algen), ehe sie zu Moosen wurden.

Dass Moose im Zuge der ständigen Weiterentwicklung der Welt irgendwann auch wieder etwas anderes werden können.

Dass alles, was für Moose gilt, auch für alle anderen Lebewesen gelten muss.

Almas Theorie erschien kühn und gefährlich, dieser Ansicht war sie selbst. Sie wusste, dass sie sich auf dünnem Eis bewegte – nicht nur aus religiöser Sicht (was ihr allerdings nicht allzu viel Kopfzerbrechen bereitete), sondern auch aus wissenschaftlicher. Während sie wie eine Bergsteigerin auf den Gipfel zuhielt, war sich Alma durchaus bewusst, dass sie Gefahr lief, in jene Falle zu tappen, in die im Lauf der Jahrhunderte schon so viele grandiose französische Denker geraten waren – indem sie nämlich ihrem eigenen System auf den Leim gingen, voller Begeisterung eine universelle Erklärung ersannen und daraufhin versuchten, sämtliche Fakten und Begründungen ebendieser Erklärung unterzuordnen, ob sie nun schlüssig waren oder nicht. Alma indessen war sich sicher, dass ihre Theorie schlüssig war. Es kam nur darauf an, dies herzuleiten.

Ein Schiff war ein geradezu idealer Ort zum Schreiben – und mehrere Schiffe in Folge, die sich schwerfällig über die eintönigen Weltmeere bewegten, waren noch sehr viel besser. Niemand störte Alma. Roger der Hund lag in einem Winkel ihrer Kabine und sah ihr beim Arbeiten zu, hechelte und kratzte sich und blickte mitunter drein, als hätte das

Leben ihn zutiefst enttäuscht, doch das hätte er wohl auch an jedem anderen Ort des Globus getan. Nachts sprang er manchmal zu Alma in die Koje und rollte sich in ihren Kniekehlen zusammen. Manchmal wachte Alma davon auf, dass er im Schlaf leise stöhnte.

Auch Alma stöhnte nachts mitunter leise. Wie schon bei ihrer ersten Seereise, stellte sie auch diesmal fest, dass sie lebhaft und eindringlich träumte und dass Ambrose Pike in diesen Träumen eine tragende Rolle spielte. Doch nun tauchte auch immer häufiger Tomorrow Morning in ihren Träumen auf; manchmal verschmolz er sogar mit Ambrose zu sonderbar sinnlichen Schimären: Ambroses Kopf auf Tomorrow Mornings Körper, Tomorrow Mornings Stimme, die aus Ambroses Mund drang, der eine, der sich beim geschlechtlichen Verkehr mit Alma urplötzlich in den anderen verwandelte. Doch nicht nur Ambrose und Tomorrow Morning vermischten sich in diesen eigentümlichen Träumen – alles schien sich ineinanderzumischen. In Almas bestrickendsten nächtlichen Traumgeschichten verwandelte sich die alte Bindekammer von White Acre in eine Mooshöhle, Almas Remise wurde zu einem kleinen, aber behaglichen Zimmer in der Griffon-Irrenanstalt, aus den duftenden Wiesen Philadelphias wurden weite Felder voll warmen, schwarzen Sands; Prudence trug mit einem Mal Hannekes Kleidung, Schwester Manu beschnitt die Buchsbäume in Beatrix Whittakers griechischem Garten, und Henry Whittaker paddelte in einem kleinen polynesischen Kanu den Schuylkill entlang.

So verstörend diese Bilder auch sein mochten, bedrückend fand Alma ihre Träume nicht. Sie erfüllten sie vielmehr mit einem bemerkenswerten Gefühl des Verbundenseins – als fügten sich die versprengten Einzelteile ihrer Lebensgeschichte nun schließlich doch noch zu einem Ganzen. Alles, was sie auf Erden je gekannt und geliebt hatte, verknüpfte sich und wurde *eins*. Alma fühlte sich durch diese Erkenntnis erleichtert und beflügelt zugleich. Und so genoss sie jene Empfindung, die sie bis dahin nur einmal erlebt hatte, in den Wochen vor ihrer Hochzeit mit Ambrose: das Gefühl, ungeheuer lebendig zu sein. Und nicht nur lebendig, sondern zudem ausgestattet mit einem Geist, der sich bis an die äußersten Grenzen seiner Fähigkeiten dehnte – einem Geist, der alles überschaute und alles begriff, als blickte er vom höchstmöglichen Aussichtspunkt darauf herab.

Sie erwachte, atmete tief durch und machte sich sogleich erneut ans Schreiben.

Nachdem sie die zehn Leitlinien ihrer gewagten Theorie aufgestellt hatte, spannte Alma ihre bebenden, aufgeladenen Energien nun dafür ein, die Geschichte des Mooskriegs von White Acre zu erzählen. Sie schrieb die Geschehnisse jener sechsundzwanzig Jahre nieder, in denen sie die Vorstöße und Rückzüge konkurrierender Mooskolonien auf einer einzigen Ansammlung von Felsbrocken am Waldrand beobachtet hatte. Dabei konzentrierte sie sich vor allem auf die Gattung *Dicranum*, da diese innerhalb der Familie der Moosgewächse das vielfältigste Spektrum von Varianten aufwies. Alma kannte *Dicranum*-Arten, die kurz und unauffällig waren, während andere dichte, exotische Fransen ausbildeten. Es gab Arten, deren Blätter glatt, und Arten, deren Blätter gekräuselt waren; manche siedelten sich ausschließlich auf verrottenden Baumstämmen neben den Steinen an, andere bevorzugten die sonnigsten Spitzen hoch aufgerichteter Felsbrocken, wieder andere gediehen prächtig in Wasserpfützen, und eine Art vermehrte sich am kräftigsten in unmittelbarer Nähe der Exkremente des Weißwedelhirschs.

Im Zuge ihrer jahrzehntelangen Studien hatte Alma beobachtet, dass die einander ähnlichsten *Dicranum*-Arten meist unmittelbar nebeneinander auftraten. Sie folgerte, dass dies kein Zufall sein konnte – dass die Härten des Wettstreits um Sonnenlicht, Boden und Wasser die Pflanzen im Laufe der Jahrtausende gezwungen hatten, winzigste Anpassungen vorzunehmen, die ihnen einen ebenso winzigen Vorteil gegenüber ihren Nachbarn verschafften. So kam es auch, dass oft drei oder vier verschiedene *Dicranum*-Arten denselben Felsen besiedelten: Jede von ihnen hatte in dieser begrenzten, kompakten Umgebung ihre eigene Nische gefunden und verteidigte ihr ureigenes Territorium nun mittels kleinerer Anpassungen. Diese Anpassungen brauchten gar nicht spektakulär zu sein: Die Moose mussten weder Blüten ausbilden noch Früchte tragen oder sich Flügel wachsen lassen. Sie mussten lediglich unterschiedlich genug sein, um den Gegner zu übertrumpfen – und welcher Gegner war bedrohlicher als der, der direkt neben einem wuchs? Die größten Schlachten finden immer vor der eigenen Haustür statt.

Bis ins kleinste Detail beschrieb Alma Schlachten, deren Siege oder Verluste sich nur mit wenigen Zoll und über Jahrzehnte hinweg beziffern ließen. Sie berichtete, wie Klimaveränderungen im Verlauf dieser Jahrzehnte der einen Variante einen Vorteil vor der anderen verschafft hatten, wie Vögel das Schicksal der Moose beeinflussten und wie sich, als die alte Eiche neben dem Weidengatter gefällt wurde und sich die Lichtverhältnisse über Nacht veränderten, auch das ganze Moosuniversum auf der Felsoberfläche änderte.

»Je größer die Krise«, so schrieb sie, »umso rascher, so scheint es, die Entwicklung.«

»Jede Veränderung«, so schrieb sie, »scheint aus Not und Verzweiflung geboren.«

»Die Schönheit und Vielfalt der Natur«, so schrieb sie, »ist nur das sichtbare Vermächtnis eines endlosen Krieges.«

»Der Sieger wird immer gewinnen«, so schrieb sie, »doch nur, solange er gewinnt.«

»Das Leben«, so schrieb sie, »ist eine zagende und schwierige Versuchsanordnung. Manchmal folgt dem Leiden ein Sieg – doch das ist niemals gewiss. Das wertvollste, schönste Individuum ist nicht immer auch das widerstandsfähigste. Der Kampf in der Natur wird nicht vom Bösen bestimmt, sondern von diesem einen, ebenso mächtigen wie gleichgültigen Naturgesetz: dass es nämlich schlicht zu viele Lebensformen gibt und nicht genügend Ressourcen, um allen das Überleben zu sichern.«

»Der ständige Kampf zwischen und innerhalb der Arten«, so schrieb sie, »ist ebenso unausweichlich wie der Verlust, wie der biologische Wandel. Die Evolution ist nichts als eine erbarmungslose Rechenaufgabe, und der lange Weg durch die Zeit ist gepflastert mit den versteinerten Überresten unkalkulierbarer, gescheiterter Versuche.«

»Wer nicht auf den Kampf ums Überleben vorbereitet ist«, so schrieb sie, »sollte sich wohl besser gar nicht erst am Leben versuchen. Das einzig wahrhaft unverzeihliche Verbrechen besteht darin, die Versuchsanordnung des eigenen Lebens vor dem natürlichen Ende abzubrechen. Dies zeugt von Schwäche und ist zutiefst bedauerlich – denn die Versuchsanordnung des Lebens endet für uns alle binnen viel zu kurzer Frist, und man sollte genug Neugier und Mut besitzen, sich bis zum endgültigen und unausweichlichen Dahinscheiden dem Kampf zu stellen. Wer sich dem Kampf um sein Verweilen verweigert, ist feige. Wer sich dem Kampf um sein Verweilen verweigert, kündigt damit sein feierliches Bündnis mit dem Leben auf.«

Manchmal musste sie ganze Seiten wieder ausstreichen, wenn sie ihre Arbeit einmal unterbrach, um festzustellen, dass sie seit vielen Stunden pausenlos schrieb, sich jedoch im Grunde längst nicht mehr mit Moospflanzen befasste.

Dann begab sie sich, stets dicht gefolgt von Roger dem Hund, auf einen flotten Rundgang über das Deck des Schiffes – welches Schiff es auch sein mochte. Ihre Hände zitterten, und das Herz quoll ihr über vor Gefühlen. Sie lüftete Kopf und Lunge und prüfte noch einmal ihren Standpunkt. Anschließend kehrte sie in ihre Kabine zurück, setzte sich mit einem neuen Blatt Papier nieder und fing noch einmal ganz von vorne mit dem Schreiben an.

Diese Übung wiederholte sie mehrere hundert Mal, fast vierzehn Monate lang.

•

Als Alma schließlich in Rotterdam eintraf, war ihr Traktat nahezu vollendet. Als völlig vollendet konnte sie ihn nicht betrachten, denn etwas fehlte noch daran. Das Wesen im Winkel ihres Traumes musterte sie immer noch, unruhig und unzufrieden. Es nagte an ihr, dieses Gefühl des Unvollendeten, und sie beschloss, sich der Idee so lange weiter zu widmen, bis sie ihrer Herr geworden war. Bei alledem war sie indessen überzeugt, dass der größte Teil ihrer Theorie hieb- und stichfest war. Wenn ihre Überlegungen zutrafen, dann hielt sie eine revolutionäre, vierzigseitige wissenschaftliche Abhandlung in Händen. Was aber, wenn ihre Überlegungen nicht zutrafen? Nun, dann hatte sie immerhin die ausführlichste Abhandlung über das Leben und Sterben einer Mooskolonie in Philadelphia verfasst, die die Welt der Wissenschaft je zu Gesicht bekommen würde.

In Rotterdam ruhte Alma einige Tage aus, in dem einzigen Hotel, das bereit gewesen war, Rogers Anwesenheit zu dulden. Den Großteil des Nachmittags war sie mit Roger durch die Stadt gewandert, auf der nahezu vergeblichen Suche nach einer Unterkunft. Die abschätzigen Blicke, mit denen die Hotelangestellten sie maßen, verstimmten Alma zusehends. Sie konnte sich des Gedankens nicht erwehren, dass es ihnen längst nicht so schwergefallen wäre, ein Zimmer zu finden, wenn Roger ein etwas ansehnlicherer, ein etwas einnehmenderer Hund gewesen wäre. Das erschien ihr als himmelschreiende Ungerechtigkeit, denn in ihren Augen besaß die kleine rötliche Promenadenmischung eine ganz eigene Noblesse. War Roger nicht gerade erst einmal um die Welt gereist? Welcher dieser hochmütigen Hotelangestellten konnte etwas Ähnliches von sich behaupten? Doch so war das Leben wohl – voller Vorurteile und Schmach und anderer Betrüblichkeiten.

Das Hotel, das sie schließlich aufnahm, war ein heruntergekommenes Etablissement, geführt von einer triefäugigen Alten, die Roger hinter ihrem Tresen hervor musterte und meinte: »Ich hatte mal eine Katze, die sah auch so aus.«

Großer Gott!, dachte Alma, voller Mitleid allein beim Gedanken an eine solch klägliche Kreatur.

»Sie sind doch keine Hure, nich?«, erkundigte sich die Frau zur Sicherheit.

Diesmal entfuhr Alma ein lautes »Großer Gott!«. Sie konnte es einfach nicht verhindern. Doch diese Antwort schien der Wirtin zu genügen.

Der halbblinde Spiegel des Hotelzimmers offenbarte Alma, dass sie selbst kaum zivilisierter aussah als Roger. In diesem Aufzug konnte sie sich nicht in Amsterdam sehen lassen. Der Zustand ihrer Kleidung war verheerend und katastrophal. Auch der Zustand ihres Haars, das immer mehr ergraute, war verheerend und katastrophal. Am Haar konnte sie nichts ändern, doch in den nächsten Tagen ließ sich Alma rasch ein paar neue Kleider schneidern. Es waren keine eleganten Kleider (sie ließ sie nach Hannekes alten, praktischen Mustern fertigen), doch immerhin waren sie neu, sauber und intakt. Auch neue Schuhe erstand sie. Sie setzte sich in einen Park und schrieb lange Briefe an Prudence und Hanneke, um ihnen mitzuteilen, dass sie in Holland eingetroffen sei und vorhabe, sich dauerhaft dort niederzulassen.

Ihr Geld war beinahe aufgebraucht. Ein paar Goldmünzen steckten noch in den zerschlissenen Kleidersäumen, doch allzu viele waren es nicht. Sie hatte ohnehin nicht viel vom Erbe ihres Vaters für sich behalten, und nun – nach den Jahren des Reisens – war der größte Teil ihres bescheidenen Vermögens Münze für Münze ausgegeben. Zurück blieb eine Summe, die kaum noch für die einfachsten lebenswichtigen Dinge ausreichte. Natürlich wusste Alma, dass sie jederzeit an weiteres Geld gelangen konnte, falls ein echter Notfall eintrat. Wahrscheinlich hätte sie jedes beliebige Kontor am Hafen von Rotterdam aufsuchen und dort – unter Verwendung des Namens von Dick Yancey und des Vermächtnisses ihres Vaters – ohne Schwierigkeiten eine Anleihe auf das Whittaker-Vermögen vornehmen können. Doch ebendies wollte sie nicht. Sie glaubte, kein Anrecht auf dieses Vermögen zu haben. Es schien ihr von größter persönlicher Bedeutung, sich fortan allein im Leben zu behaupten.

Nachdem die Briefe aufgegeben und für eine neue Garderobe gesorgt war, verließen Alma und Roger Rotterdam an Bord eines Dampfers (der bei weitem erträglichste Teil ihrer Reise) und nahmen Kurs auf den Hafen von Amsterdam. Nach der Ankunft ließ Alma ihr Gepäck in einem bescheidenen Hotel unweit des Hafens und heuerte einen Kutscher an, der sich gegen einen Aufpreis von zwanzig Stüvern schließlich auch überreden ließ, Roger als Passagier zu befördern. Die Droschke brachte sie in das stille Stadtviertel Plantage, direkt vor die Tore des Hortus Botanicus.

Im Schein der tiefstehenden Abendsonne stieg Alma aus und stand vor den hohen Backsteinmauern des Botanischen Gartens. Roger war an ihrer Seite, und unter dem Arm hielt sie ein in braunes Packpapier gewickeltes Päckchen. Am Tor stand ein junger Mann in der adretten Uniform eines Aufsehers, und Alma näherte sich ihm und fragte in fließendem Holländisch, ob der Direktor heute im Hause sei. Der junge Mann erwiderte, der Direktor sei allerdings im Hause, da er nämlich an ausnahmslos jedem Tag des Jahres zur Arbeit erscheine.

Alma musste lächeln. Natürlich, dachte sie.

»Wäre es möglich, mit ihm zu sprechen?«, fragte sie.

»Darf ich fragen, wer Sie sind und welches Anliegen Sie verfolgen?«, fragte der junge Mann zurück und musterte Alma und Roger mit einem wenig schmeichelhaften Blick. Gegen seine Fragen hatte Alma nichts einzuwenden, wohl aber gegen seinen Ton.

»Mein Name ist Alma Whittaker, und ich verfolge das Studium der Moose und der Umbildung der Arten«, sagte sie.

»Und warum sollte der Direktor Sie empfangen wollen?«, fragte der Aufseher.

Alma richtete sich zu voller, imposanter Größe auf und begann, einem *rauti* gleich, mit kraftvoller Stimme ihre

Stammeslinie zu rezitieren. »Mein Vater war Henry Whittaker, den man hierzulande einst den ›Prinzen von Peru‹ nannte. Mein Großvater väterlicherseits war der Apfelmagier Seiner Majestät König George III. von England. Mein Großvater mütterlicherseits war Jacob van Devender, ein Meister der Züchtung von Aloen als Zierpflanzen und über mehr als dreißig Jahre hinweg der Direktor dieser Gärten – eine Stellung, die er bereits von seinem Vater übernommen hatte und der wiederum von *seinem* Vater und immer so weiter bis zurück zur Gründung dieser Einrichtung im Jahre 1638. Ihr jetziger Direktor ist, wenn mich nicht alles täuscht, ein gewisser Doktor Dees van Devender. Er ist mein Onkel. Seine ältere Schwester hieß Beatrix van Devender. Sie war meine Mutter und eine Virtuosin der griechischen Gartenkunst. Meine Mutter kam meiner Kenntnis nach nur eine Straßenecke von hier entfernt zur Welt, in einem Privathaus, das gleich an die Mauern des Hortus grenzt – und wo seit der Mitte des siebzehnten Jahrhunderts alle van Devenders zur Welt gekommen sind.«

Der Aufseher sah sie mit offenem Mund an.

»Und falls Sie sich all diese Informationen nicht merken können, junger Mann«, schloss Alma, »dürfen Sie meinem Onkel Dees auch einfach nur bestellen, dass seine Nichte aus Amerika ihn liebend gerne kennenlernen würde.«

Kapitel 28

Dees van Devender saß hinter einem unordentlichen Schreibtisch in seinen Büroräumen und musterte Alma.

Sie ließ sich von ihm mustern. Ihr Onkel hatte kein Wort an sie gerichtet, seit man sie wenige Minuten zuvor in seine Räumlichkeiten geführt hatte, und er hatte ihr auch keinen Stuhl angeboten. Er war keineswegs unhöflich; er war einfach Holländer und folglich vorsichtig. Er machte sich ein Bild von ihr. Roger hockte neben Alma wie eine kleine bucklige Hyäne. Onkel Dees musterte auch den Hund. Im Allgemeinen ließ Roger sich nur ungern betrachten. Wenn Fremde ihn auf diese Weise musterten, drehte er ihnen üblicherweise den Rücken zu, ließ den Kopf hängen und seufzte bekümmert. Doch nun tat Roger etwas höchst Erstaunliches. Er entfernte sich von Alma, trippelte unter den Schreibtisch, legte sich dort nieder und ließ das Kinn auf Doktor van Devenders Füße sinken. Etwas Derartiges hatte Alma noch nie erlebt. Sie wollte gerade eine Bemerkung dazu machen, doch ihr Onkel, der sich nicht im Geringsten an dem Hund zu seinen Füßen zu stören schien, kam ihr zuvor.

»*Je lijkt niet op je moeder*«, sagte er.

Sie sehen Ihrer Mutter gar nicht ähnlich.

»Ich weiß«, erwiderte Alma auf Holländisch.

Er fuhr fort: »Aber Sie sehen aufs Haar aus wie Ihr Vater.«

Alma nickte. Es war nicht zu überhören, dass die Ähnlichkeit mit Henry Whittaker ihr aus seiner Sicht nicht eben zum Vorteil gereichte. Doch das war ja nie anders gewesen.

Er musterte sie weiter. Sie musterte ihn ebenfalls. Sie war ebenso gefesselt von seinem Gesicht wie er von ihrem. Alma mochte Beatrix Whittaker zwar nicht ähneln, doch dieser Mann tat es dafür umso mehr. Die Ähnlichkeit war nur allzu augenfällig: ein genaues Abbild des Gesichts ihrer Mutter, nur älter, männlicher, bärtiger und augenblicklich reichlich misstrauisch (was jedoch, wenn man es recht bedachte, die Ähnlichkeit mit Beatrix nur noch verstärkte).

»Was ist denn aus meiner Schwester geworden?«, wollte er wissen. »Wir haben natürlich vom Aufstieg Ihres Vaters gehört, so wie alle Botaniker in ganz Europa, doch von Beatrix haben wir nie wieder Nachricht erhalten.«

Und sie auch nicht von euch, dachte Alma bei sich, sprach es aber nicht aus. Im Grunde warf sie den Amsterdamer Verwandten nicht vor, dass sie seit – wann war das noch gleich gewesen? – seit 1792 keine Verbindung mehr mit Beatrix aufgenommen hatten. Sie wusste, wie eigensinnig die van Devenders waren. Es hätte zu nichts geführt. Ihre Mutter hätte niemals nachgegeben.

»Meine Mutter hat ein erfülltes Leben geführt«, antwortete Alma. »Sie war zufrieden. Sie hat einen bemerkenswerten klassischen Garten angelegt, der überall in Philadelphia Bewunderung fand. Und sie hat gemeinsam mit meinem Vater dessen botanische Geschäfte betrieben, bis zu ihrem Tod.«

»Der wann erfolgte?«, fragte ihr Onkel in einem Ton, der bestens zu einem Polizeibeamten gepasst hätte.

»Im August 1820«, antwortete Alma.

Als er das Datum hörte, verzog ihr Onkel einen Moment lang das Gesicht. »Schon vor so langer Zeit«, sagte er. »Viel zu jung.«

»Sie starb sehr plötzlich«, log Alma. »Sie hat nicht gelitten.«

Er betrachtete sie noch ein Weilchen, dann nahm er beiläufig einen Schluck Kaffee und einen Bissen von den *wentelteefje*, die auf einem kleinen Teller vor ihm standen. Offensichtlich hatte Alma ihn bei einem abendlichen Imbiss gestört. Sie hätte einiges darum gegeben, ein Stück dieser *wentelteefje* probieren zu dürfen. Sie sahen höchst appetitlich aus und dufteten auch so. Wann hatte sie das letzte Mal Arme Ritter mit Zimt gegessen? Vermutlich, als Hanneke sie ihr das letzte Mal zubereitet hatte. Der Duft machte sie ganz schwach vor Nostalgie. Doch Onkel Dees bot ihr keinen Kaffee an, und er lud sie erst recht nicht ein, die appetitlichen, goldbraunen, buttrigen *wentelteefje* mit ihm zu teilen.

»Soll ich Ihnen noch mehr von Ihrer Schwester erzählen?«, fragte Alma schließlich. »Ich vermute, Ihre Erinnerungen an sie sind die Erinnerungen eines Kindes. Wenn Sie es wünschen, erzähle ich Ihnen ein paar Geschichten.«

Er sagte nichts. Alma versuchte, ihn sich so vorzustellen, wie Hanneke ihn stets geschildert hatte: als liebevollen zehnjährigen Jungen, der darüber weinte, dass seine große Schwester nach Amerika durchbrannte. Zahllose Male hatte Hanneke Alma erzählt, wie Dees sich an Beatrix' Röcken festgeklammert hatte, bis man ihn schließlich gewaltsam entfernen musste. Sie hatte ihr auch erzählt, wie Beatrix ihren kleinen Bruder getadelt und ihn ermahnt hatte, der Welt nie wieder seine Tränen zu zeigen. Alma fand das alles schwer vorstellbar. Er wirkte so ungeheuer alt und so ungeheuer ernst.

»Ich bin inmitten von holländischen Tulpen aufgewachsen«, fuhr sie fort. »Sie stammten alle von jenen Zwiebeln ab, die meine Mutter hier aus dem Hortus mit nach Philadelphia genommen hatte.«

Er sagte immer noch nichts. Roger seufzte, drehte sich um und schmiegte sich noch enger an Dees' Beine.

Nach einiger Zeit änderte Alma ihre Taktik. »Ich sollte Ihnen auch sagen, dass Hanneke de Groot noch am Leben ist. Ich glaube, Sie kannten sie vor langer Zeit.«

Ein neuer Ausdruck trat in die Miene des alten Mannes: Staunen.

»Hanneke de Groot«, sagte er voller Verwunderung. »Ich habe seit Jahren nicht mehr an sie gedacht. Hanneke de Groot? Man denke ...«

»Es dürfte Sie freuen zu hören, dass Hanneke wohlauf und bei bester Gesundheit ist«, sagte Alma. In dieser Äußerung war ein gewisses Maß an frommem Wünschen enthalten, denn Alma hatte Hanneke seit drei Jahren nicht mehr gesehen. »Sie ist immer noch Wirtschafterin auf dem Anwesen meines verstorbenen Vaters.«

»Hanneke war die Bedienstete meiner Schwester«, sagte Dees. »Sie war noch sehr jung, als sie zu uns kam. Eine Zeitlang war sie mir so etwas wie ein Kindermädchen.«

»Ja«, sagte Alma. »Auch mir war sie etwas wie ein Kindermädchen.«

»Dann hatten wir beide großes Glück«, sagte er.

»Der Ansicht bin auch ich. Ich zähle es zu den großen Segnungen meines Lebens, meine Kindheit in Hannekes Obhut verbracht zu haben. Sie hat mich fast ebenso sehr geprägt, wie meine Eltern mich geprägt haben.«

Die Musterung ging weiter. Diesmal unternahm Alma nichts, um das Schweigen zu brechen. Sie sah zu, wie ihr Onkel eine Gabel voll *wentelteefje* nahm und sie in seinen Kaffee tunkte. Er ließ sich den Happen genüsslich schmecken, ohne dass auch nur ein Tropfen oder Krümel danebengegangen wäre. Alma musste unbedingt herausfinden, wo man solch wunderbare *wentelteefje* bekommen konnte.

Schließlich wischte Dees sich mit einer schmucklosen Serviette den Mund und sagte: »Ihr Holländisch ist gar nicht übel.«

»Besten Dank«, sagte sie. »Als Kind sprach ich es häufig.«

»Wie ist es um Ihre Zähne bestellt?«

»Recht gut, vielen Dank«, sagte Alma. Sie hatte vor diesem Mann nichts zu verbergen.

Er nickte. »Die van Devenders haben alle gute Zähne.«

»Ein vorteilhaftes Erbe.«

»Hat meine Schwester neben Ihnen noch weitere Kinder?«

»Sie hat noch eine weitere Tochter – eine angenommene Tochter. Meine Schwester Prudence, die inzwischen im einstigen Anwesen meines Vaters eine Schule leitet.«

»Angenommen«, wiederholte er ausdruckslos.

»Meine Mutter war leider nicht mit großer Fruchtbarkeit gesegnet«, erläuterte Alma.

»Und wie steht es mit Ihnen?«, fragte er. »Haben Sie Kinder?«

»Wie meine Mutter, so bin auch ich nicht mit Fruchtbarkeit gesegnet«, sagte Alma. Das stellte die Situation zwar keineswegs korrekt dar, doch es beantwortete immerhin die Frage.

»Und einen Mann?«, fragte er.

»Er ist leider verstorben.«

Onkel Dees nickte, sprach jedoch kein Beileid aus. Das amüsierte Alma: Genau so hätte auch ihre Mutter reagiert. Fakten sind Fakten. Tot ist tot.

»Und Sie, Mijnheer?«, wagte sie zu fragen. »Gibt es eine Frau van Devender?«

»Die ist tot.«

Alma nickte, so wie auch er zuvor genickt hatte. Es mochte ein wenig merkwürdig anmuten, doch sie genoss dieses offene, unverblümte, sprunghafte Gespräch in vollen Zügen. Sie hatte nicht die geringste Ahnung, wohin all dies führen und ob sich ihr Schicksal nun mit dem dieses alten Mannes verflechten würde, und doch fühlte sie sich wieder ganz und gar auf vertrautem Boden – auf holländischem Van-Devender-Boden. Seit einer Ewigkeit hatte sie sich nicht mehr so zu Hause gefühlt.

»Wie lange planen Sie, in Amsterdam zu bleiben?«, fragte Dees.

»Auf unbestimmte Zeit«, sagte Alma.

Damit hatte er sichtlich nicht gerechnet. »Falls Sie Almosen wollen«, sagte er, »da können wir Ihnen nichts bieten.«

Alma lächelte. Ach, Beatrix, dachte sie, wie ich dich doch all die Jahre vermisst habe.

»Ich benötige keine Almosen«, sagte sie. »Mein Vater hat mir genügend hinterlassen.«

»Und welchen Zweck hat dann Ihr Aufenthalt in Amsterdam?«, fragte er mit unverhohlenem Argwohn.

»Ich möchte hier im Hortus Botanicus arbeiten.«

Echte Bestürzung malte sich auf Dees' Gesicht. »Um Himmels willen!«, rief er. »In welcher Funktion denn?«

»Als Botanikerin. Genauer gesagt als Bryologin.«

»Als Bryologin? Was in aller Welt wissen Sie denn von Moosen?«

Alma konnte nicht anders: Sie musste lachen. Wie wundervoll es war zu lachen! Sie konnte sich wahrhaftig nicht erinnern, wann sie zuletzt gelacht hatte. Sie lachte so sehr, dass sie für kurze Zeit die Hände vors Gesicht schlagen musste, um ihre Heiterkeit zu verbergen. Ihr Auftritt brachte den armen alten Onkel offenbar noch mehr aus der Fassung. Sie tat ihrem Anliegen nichts Gutes damit.

Wie hatte sie auch glauben können, ihr bescheidener Ruf sei ihr vorausgeeilt? Ach, eitler Stolz!

Als Alma sich wieder gefasst hatte, wischte sie sich die Augen und lächelte ihn an. »Mir ist klar, dass ich Sie überrumpele, Onkel Dees«, sagte sie und schlug dabei wie von selbst einen wärmeren, vertrauteren Ton an. »Bitte verzeihen Sie mir. Ich versichere Ihnen, ich bin eine finanziell unabhängige Frau und keineswegs darauf aus, Ihr Leben in irgendeiner Weise in Unordnung zu bringen. Dennoch ist es so, dass ich über gewisse Fähigkeiten verfüge, sowohl wissenschaftlicher als auch taxonomischer Natur, die einer Einrichtung wie der Ihren durchaus von Nutzen sein könnten. Ich kann ohne jeden Vorbehalt sagen, dass es mir die allergrößte Freude bereiten würde, den Rest meines Arbeitslebens hier zu verbringen und meine Zeit und Kraft in den Dienst einer Einrichtung zu stellen, die sowohl in der Geschichte der Botanik als auch in meiner eigenen Familiengeschichte einen so prominenten Platz einnimmt.«

Damit zog sie das braune Päckchen unter dem Arm hervor und legte es auf den Schreibtisch.

»Ich verlange nicht, Onkel«, sagte sie, »dass nur mein Wort für meine Fähigkeiten bürgen soll. Dieses Päckchen enthält eine Theorie, die ich unlängst niedergeschrieben habe, auf der Grundlage von Forschungen, mit denen ich die letzten dreißig Jahre meines Lebens verbracht habe. Manche Ideen darin mögen Ihnen recht kühn erscheinen, doch ich bitte Sie, diese Seiten offenen Geistes zu lesen – und selbstverständlich auch, die darin enthaltenen Ergebnisse für sich zu behalten. Selbst wenn Sie mit meinen Schlussfolgerungen nicht übereinstimmen sollten, glaube ich doch, dass sie Ihnen einen Eindruck meiner wissenschaftlichen Fähigkeiten vermitteln werden. Ich bitte Sie, das Manuskript mit Respekt zu behandeln, denn es ist alles, was ich habe, und alles, was ich bin.«

Er zeigte weder Zustimmung noch Ablehnung.

»Ich gehe davon aus, dass Sie Englisch lesen?«, fragte Alma.

Dees hob eine schneeweiße Augenbraue, als wollte er sagen: *Also wirklich, Weib – etwas mehr Respekt, bitte.*

Ehe Alma ihrem Onkel das Päckchen reichte, griff sie nach einem Bleistift, der auf dem Schreibtisch lag, und fragte: »Erlauben Sie?«

Er nickte, und sie notierte etwas auf der Außenseite des Päckchens.

»Dies sind Name und Anschrift des Hotels, in dem ich abgestiegen bin, gleich am Hafen. Lesen Sie die Abhandlung in aller Ruhe, und lassen Sie mich dann wissen, ob Sie mich noch einmal sprechen wollen. Sollte ich binnen einer Woche nichts von Ihnen gehört haben, werde ich noch einmal zurückkehren, mein Manuskript wieder an mich nehmen, mich von Ihnen verabschieden und meiner Wege gehen. Ich gelobe, dass ich anschließend weder Sie noch sonst jemanden aus der Familie weiter belästigen werde.«

Während Alma noch sprach, sah sie, dass ihr Onkel ein weiteres Stückchen *wentelteefje* auf seine Gabel spießte. Doch anstatt die Gabel zum Mund zu führen, beugte er sich auf seinem Stuhl zur Seite und senkte langsam eine Schulter, um den Bissen Roger dem Hund zu offerieren – das alles, während er den Blick weiterhin auf Alma gerichtet hielt und ihr weiter mit voller Aufmerksamkeit lauschte.

»Oh, seien Sie bitte vorsichtig …« Alma beugte sich besorgt zu ihm. Sie wollte ihren Onkel warnen, dass dieser Hund die schreckliche Gewohnheit besaß, jeden zu beißen, der ihn füttern wollte; doch ehe sie noch weitersprechen konnte, hob Roger den ungestalten kleinen Kopf und pflückte, so manierlich wie eine ehrbare Dame, das Stückchen Zimttoast von den Zinken der Gabel.

»Also, ich muss schon sagen«, murmelte Alma erstaunt und tat wieder einen Schritt zurück.

Da ihr Onkel den Hund jedoch weiterhin nicht erwähnte, sagte auch sie nicht mehr dazu.

Sie strich ihre Röcke glatt und fasste sich wieder. »Es war mir eine große Freude, Sie kennenzulernen«, sagte sie. »Diese Begegnung bedeutet mir mehr, Mijnheer, als Sie jemals ahnen können. Wissen Sie, ich hatte noch nie das Vergnügen, die Bekanntschaft eines Onkels zu machen. Ich hoffe wirklich, mein Traktat sagt Ihnen zu und schockiert Sie nicht über die Maßen. Ich wünsche Ihnen einen guten Tag.«

Er reagierte mit nichts als einem Nicken.

Alma wandte sich zur Tür. »Komm, Roger«, sagte sie, ohne sich umzudrehen.

Sie hielt die Tür auf und wartete, doch der Hund rührte sich nicht von der Stelle.

»Roger«, sagte Alma strenger und drehte sich nun doch zu ihm um. »Komm her.«

Doch der Hund machte keine Anstalten, sich von Onkel Dees' Füßen zu erheben.

»Na los, Hund«, sagte Dees ohne großen Nachdruck und ohne sich selbst auch nur zu rühren.

»Roger!«, rief Alma und bückte sich, um ihn unter dem Schreibtisch besser sehen zu können. »Nun komm schon, stell dich nicht so an!«

Nie zuvor hatte sie nach ihm rufen müssen; er war ihr immer ohne weiteres gefolgt. Doch nun legte er die Ohren an und verharrte eisern, wo er war. Er wollte offensichtlich nicht gehen.

»So etwas hat er noch nie gemacht«, entschuldigte sie sich. »Ich werde ihn hinaustragen.«

Doch da hob ihr Onkel die Hand. »Vielleicht kann der kleine Kerl ja ein, zwei Nächte hier bei mir bleiben«, schlug er betont beiläufig vor, als wäre es ihm alles in allem recht gleichgültig. Er sah Alma dabei nicht einmal an. Und für einen kurzen Augenblick wirkte er wie ein kleiner Junge, der seine Mutter zu überreden versucht, dass er einen Streuner behalten darf.

Aha, Onkel Dees, dachte Alma. Jetzt sehe ich dich.

»Aber natürlich«, sagte sie. »Wenn es Ihnen auch wirklich keine Umstände macht?«

Dees zuckte ganz unbeteiligt die Achseln und spießte ein weiteres Stück *wentelteefje* auf.

»Wir kommen schon zurecht«, sagte er und fütterte den Hund noch einmal, direkt von der Gabel.

•

Alma entfernte sich schnellen Schrittes vom Hortus Botanicus und ging in Richtung Hafen. Sie wollte keine Droschke nehmen; sie war viel zu beflügelt, um jetzt in einer Kutsche zu sitzen. Sie ging mit leeren Händen und leichtem Herzen und fühlte sich ein wenig erschüttert, dabei aber quicklebendig. Und hungrig. Immer wieder wandte sie sich aus reiner Gewohnheit nach Roger um, doch der trottete nicht hinter ihr her. Lieber Himmel, sie hatte gerade nicht nur ihren Hund, sondern auch ihr Lebenswerk bei diesem Mann gelassen, nach einer knapp viertelstündigen Unterredung!

Welch eine Begegnung! Welch ein Risiko!

Doch es war ein Risiko, das sie eingehen musste, denn genau hier wollte Alma sein – wenn schon nicht im Hortus Botanicus, dann doch hier in Amsterdam oder zumindest hier in Europa. Während ihrer Zeit in der Südsee hatte sie die nördliche Hemisphäre aus tiefstem Herzen vermisst.

Sie vermisste den Wechsel der Jahreszeiten und das harte, helle, belebende Sonnenlicht des Winters. Sie vermisste die Anforderungen eines kalten Klimas und auch die Anforderungen des Geistes. Sie war einfach nicht für die Tropen gemacht – weder von der Hautfarbe noch von der Konstitution. Manche Menschen liebten Tahiti, weil es ihnen wie ein Garten Eden erschien – wie der Anbeginn der Geschichtsschreibung. Doch Alma wollte nicht am Anbeginn der Geschichtsschreibung leben; sie wollte am jüngsten Punkt der Menschheitsgeschichte leben, auf dem Gipfel von Erfindungsgeist und Fortschritt. Sie wollte kein Land der Geister und Gespenster bewohnen; sie wünschte sich eine Welt der Telegraphen, der Züge, der Neuerungen, eine Welt der Theorie und der Wissenschaft, wo sich tagtäglich etwas veränderte. Sie sehnte sich danach, wieder in einem ernsthaften, produktiven Umfeld zu arbeiten, unter ernsthaften, produktiven Menschen. Sie sehnte sich nach Annehmlichkeiten wie überfüllten Bücherschränken, Sammelgläsern, Papier, das nicht sogleich dem Schimmel anheimfiel, und Mikroskopen, die nicht über Nacht verschwanden. Sie sehnte sich danach, die neuesten wissenschaftlichen Publikationen zu lesen. Sie sehnte sich nach Gleichgesinnten.

Vor allem aber sehnte sie sich nach einer Familie – und zwar nach der Art Familie, mit der sie aufgewachsen war: scharfsinnig, neugierig, anspruchsvoll und intelligent. Sie wollte sich wieder wie eine Whittaker unter Whittakers fühlen. Doch da auf Erden keine Whittakers mehr zu finden waren – mit Ausnahme von Prudence Whittaker Dixon, die mit ihrer Schule beschäftigt war, und mit Ausnahme jener Angehöriger des unbekannten, barbarischen Clans ihres Vaters, die noch nicht in einem englischen Gefängnis gestorben waren –, wollte sie nun eben unter den van Devenders sein.

Sofern diese sie wollten.

Und was, wenn sie Alma nicht wollten? Nun, darin bestand das Wagnis. Die van Devenders – wie viele auch immer noch übrig sein mochten – sehnten Almas Gesellschaft womöglich nicht ganz so innig herbei wie sie die ihre. Sie würden sich vielleicht nichts aus dem machen, was sie zum Hortus Botanicus beizutragen hatte. Womöglich betrachteten sie sie nur als Störenfried, als Dilettantin. Alma hatte einiges aufs Spiel gesetzt, als sie ihrem Onkel Dees ihren Traktat aushändigte. Es war nicht abzusehen, welche Reaktion ihre Arbeit bei ihm hervorrufen würde: Von Langeweile (*die Moosgewächse Philadelphias?!*) über religiöse Kränkung (*kontinuierliche Schöpfung?!*) bis hin zu wissenschaftlichen Bedenken (*eine die gesamte natürliche Welt umfassende Theorie?!*) war alles möglich. Alma wusste, dass sie mit ihrer Schrift Gefahr lief, als leichtsinnig, arrogant, naiv, anarchisch, degeneriert und womöglich sogar ein klein wenig französisch zu gelten. Und doch war diese Arbeit auch und vor allem ein Abbild ihrer Fähigkeiten, und Alma wollte, dass ihre Familie diese Fähigkeiten kennenlernte, falls sie das denn wünschte.

Sollten die van Devenders und der Hortus Botanicus sie indessen abweisen, so beschloss Alma, sich zu ermannen und dennoch durchzuhalten. Vielleicht würde sie sich trotzdem in Amsterdam ansiedeln, vielleicht würde sie auch nach Rotterdam zurückkehren, oder sie würde nach Leiden ziehen und dort in der Nähe der Universität leben. Und wenn nicht Holland, so gab es immer noch Frankreich, immer noch Deutschland. Sie würde anderswo eine Stellung finden, vielleicht sogar in einem anderen botanischen Garten. Natürlich war es für eine Frau schwierig, doch unmöglich war es nicht – der Name ihres Vaters und Dick Yanceys Einfluss verschafften ihr immerhin Glaubwürdigkeit. Sie kannte jeden einflussreichen Professor für Bryologie in Europa, hatte mit etlichen von ihnen jahrelang korrespondiert. Sie würde sie aufsuchen und darum bitten, für einen von ihnen als Assistentin arbeiten zu dürfen. Und wenn das nicht gelang, konnte sie immer noch unterrichten – natürlich nicht an einer Universität, doch irgendwo ließ sich immer eine

Anstellung als Gouvernante bei einer wohlhabenden Familie finden. Statt Botanik konnte sie auch Sprachen unterrichten. Davon hatte sie weiß Gott mehr als genug im Kopf.

Stundenlang streifte Alma durch die Stadt. Sie war noch nicht bereit, in ihr Hotel zurückzukehren. Auch an Schlaf war nicht zu denken. Roger fehlte ihr, doch sie fühlte sich zugleich befreit, weil er nicht mehr hinter ihr hertrottete. Sie hatte den Aufbau von Amsterdam noch nicht verinnerlicht, und so durchwanderte sie diese seltsam geformte Stadt, verlief sich und fand sich wieder zurecht – durchmaß auf verschlungenen Wegen diesen großen, halb gespannten Bogen mit seinen fünf gewaltigen, kurvigen Kanälen. Immer wieder überquerte sie Wasserläufe, auf Dutzenden von Brücken, deren Namen sie nicht kannte. Sie spazierte an der Herengracht entlang und bewunderte die schönen Häuser mit ihren gezackten Schornsteinen und ihren vorstehenden Giebeln. Sie passierte den Palast. Sie fand das Hauptpostamt. Und sie fand auch ein Café, wo sie sich endlich einen eigenen Teller *wentelteefje* bestellen konnte, um sie genüsslich zu verzehren und dabei in einer älteren Ausgabe von *Lloyd's Weekly Newspaper* zu blättern, die sicher ein freundlicher englischer Tourist liegengelassen hatte.

Es wurde dunkel, und Alma ging immer weiter. Sie kam an alten Kirchen und neuen Theaterbauten vorbei. Sie sah Schenken und Ginpaläste, Spielhöllen und Schlimmeres. Sie sah alte Puritaner mit kurzem Mantel und Halskrause, die geradewegs der Zeit Charles I. entsprungen schienen. Sie sah junge Frauen mit entblößten Armen, die Männer in dunkle Hauseingänge lockten. Sie sah – und roch – die Heringsverpackungsanlagen. Sie sah die Hausboote, die die Kanäle säumten, mit ihren Gärten voll blühender Topfpflanzen und umherstreunender Katzen. Sie ging durch das jüdische Viertel und sah die Werkstätten der Diamantschneider. Sie sah Findlingshospitäler und Waisenhäuser; sie sah Druckereien und Banken und Kontore; sie sah den riesigen zentralen Blumenmarkt, dessen Stände über Nacht verrammelt waren. Ringsum spürte sie – selbst noch zu dieser späten Stunde – das Summen allgemeiner Betriebsamkeit.

Amsterdam – auf Schlick und Stelzen erbaut, von Pumpen, Kanälen, Schleusen, Baggern und Deichen geschützt und erhalten – erschien Alma nicht so sehr wie eine Stadt als vielmehr wie eine Maschine, ein Triumph menschlicher Schaffenskraft. Es war der künstlichste Ort, den man sich denken konnte. Es war die Summe menschlicher Intelligenz. Es war vollkommen. Sie wollte nie wieder fort von hier.

Als sie schließlich in ihr Hotel zurückkehrte, war es bereits weit nach Mitternacht. Ihre Füße in den neuen Schuhen waren wundgelaufen. Die Wirtin reagierte nicht eben freundlich auf Almas spätnächtliches Klopfen.

»Wo ist Ihr Hund?«, wollte sie wissen.

»Den habe ich bei einem Bekannten gelassen.«

»Hmpf«, machte die Frau. Sie hätte kaum missbilligender dreinschauen können, wenn Alma geantwortet hätte: »Den habe ich an eine Zigeunerin verschachert.«

Doch sie gab Alma ihren Zimmerschlüssel. »Denken Sie dran, kein Männerbesuch heute Nacht.«

Weder heute Nacht noch in irgendeiner anderen Nacht, meine Beste, dachte Alma. Aber schön, dass Sie wenigstens auf den Gedanken kommen.

•

Am nächsten Morgen erwachte Alma davon, dass jemand an ihre Tür hämmerte. Es war ihre alte Freundin, die misslaunige Hotelwirtin.

»Da wartet eine Kutsche auf Sie, Madame!«, brüllte die Frau mit einer Stimme so klar wie Teer.

Alma stolperte zur Tür. »Ich erwarte aber keine Kutsche«, sagte sie.

»Na, die wartet trotzdem auf Sie«, rief die Frau. »Ziehn Sie sich was an. Der Mann meint, er fährt nicht ohne Sie. Er sagt, Sie solln packen. Ihr Zimmer hat er auch schon bezahlt.

Ich weiß ja nicht, wie solche Leute auf die Idee kommen, ich wär der Botendienst.«

Benommen kleidete Alma sich an und packte ihre beiden kleinen Reisetaschen. Sogar ihr Bett machte sie – vielleicht aus Gewissenhaftigkeit, vielleicht aber auch, um Zeit zu gewinnen. Eine Kutsche? Wollte man sie verhaften? Sie des Landes verweisen? War das irgendein fauler Trick, auf den Touristen regelmäßig hereinfielen? Aber sie war doch gar keine Touristin.

Als sie nach unten kam, fand sie dort einen livrierten Fahrer vor, der neben einer bescheidenen Privatkutsche auf sie wartete.

»Guten Morgen, Miss Whittaker«, sagte er und tippte sich an die Mütze. Er verstaute ihre Taschen bei sich auf dem Kutschbock. Alma konnte sich des unguten Gefühls nicht erwehren, man werde sie gleich in den nächsten Zug setzen.

»Verzeihen Sie«, sagte sie. »Aber ich habe keine Kutsche bestellt.«

»Doktor van Devender schickt mich«, sagte der Mann und hielt ihr die Kutschentür auf. »Kommen Sie, steigen Sie ein – er wartet schon und ist ganz begierig, Sie zu sehen.«

Es dauerte fast eine Stunde, bis sie sich durch die Stadt geschlängelt hatten. Zu Fuß wäre es wohl rascher gegangen, dachte Alma. Und weniger aufreibend. Sie wäre längst nicht so aufgewühlt gewesen, hätte sie laufen dürfen. Doch schließlich hielt der Fahrer vor einem stattlichen Backsteinhaus hinter dem Hortus Botanicus, an der Plantage Parklaan.

»Nur zu«, rief er über die Schulter, während er noch mit ihren Taschen hantierte. »Gehen Sie ruhig hinein – die Tür ist offen. Ich sagte ja, er wartet auf Sie.«

Es brachte Alma ein wenig aus der Fassung, einfach so, unangekündigt, ein Privathaus zu betreten, doch sie tat wie geheißen. Und völlig fremd war ihr das Haus ja auch nicht: Ihrer Kenntnis nach war hier ihre Mutter zur Welt gekommen.

Gleich neben der Empfangsdiele erblickte Alma eine offene Tür und spähte hindurch. Es war ein Salon. Sie sah ihren Onkel auf einem Diwan sitzen und auf sie warten.

Als Erstes bemerkte sie Roger den Hund, der – unglaublich! – zusammengerollt auf Onkel Dees' Schoß lag.

Als Zweites bemerkte sie, dass Onkel Dees in der rechten Hand ihr Manuskript hielt und es leicht auf Rogers Rücken abstützte, als wäre der Hund ein tragbares Schreibpult.

Und als Drittes bemerkte sie, dass das Gesicht ihres Onkels nass von Tränen war. Sein Hemdkragen war ganz durchweicht. Auch sein Bart schien vollkommen durchnässt. Sein Kinn zitterte, und er hatte besorgniserregend rote Augen. Es hatte ganz den Anschein, als weinte er bereits seit Stunden.

»Onkel Dees!« Alma eilte zu ihm. »Was ist denn geschehen?«

Der alte Mann schluckte und ergriff ihre Hand. Die seine fühlte sich heiß und feucht an. Eine Zeitlang brachte er kein Wort heraus, hielt nur fest ihre Hand umklammert. Er wollte sie gar nicht mehr loslassen.

Schließlich hielt er mit der anderen Hand das Manuskript in die Höhe.

»Oh, Alma«, sagte er und machte sich nicht einmal die Mühe, seine Tränen abzuwischen. »Gott segne dich, Kind. Du hast den Verstand deiner Mutter.«

Kapitel 29

Vier Jahre vergingen.

Für Alma Whittaker waren es glückliche Jahre, und wie sollte es auch anders sein? Sie hatte ein Zuhause (ihr Onkel hatte sie umgehend in den Hausstand der van Devenders aufgenommen), sie hatte eine Familie (die vier Söhne ihres Onkels, deren reizende Ehefrauen und ein ganzer Stall heranwachsender Kinder), sie konnte regelmäßig mit Prudence und Hanneke in Philadelphia korrespondieren, und sie bekleidete eine durchaus verantwortungsvolle Stellung im Hortus Botanicus. Ihr offizieller Titel lautete *Curator van Mossen* – Moos-Kuratorin, Hüterin der Moose. Sie erhielt ein eigenes Arbeitszimmer, im ersten Stock eines freundlichen Gebäudes, nur zwei Türen vom Wohnhaus der van Devenders entfernt.

Alma ließ sich all ihre alten Bücher und Notizen aus der Remise von White Acre überstellen und natürlich auch ihr Herbarium. Die Woche, in der die Schiffsladung eintraf, war ein Fest für sie; sie verbrachte Tage in nostalgischer Versunkenheit, während sie alles auspackte. Wie sehr sie jeden einzelnen Gegenstand, jedes einzelne Buch vermisst hatte! Errötend und belustigt fand sie ganz zuunterst in der Büchertruhe ihre einstige lüsterne Lektüre versammelt. Sie entschied sich, die Bücher zu behalten – wenn auch an einem verschwiegenen Ort. Zum einen wusste sie nicht recht, wie sie sich dieser skandalösen Werke ohne Aufsehen entledigen sollte. Und zum anderen besaßen diese Bücher immer noch die Kraft, sie anzuregen. Trotz ihres fortgeschrittenen Alters hockte noch ein eigensinniger Rest schamlosen Begehrens in ihrem Körper, der in manchen Nächten entschieden nach Aufmerksamkeit verlangte; dann widmete sie sich unter der Bettdecke wieder den altvertrauten Genüssen und dachte daran zurück, wie Tomorrow Morning geschmeckt, wie Ambrose gerochen hatte, und wie beharrlich sie doch waren, diese elementaren Triebe des Lebens. Sie unternahm nicht einmal mehr den Versuch, sie zu unterdrücken, waren sie doch offensichtlich ein Teil von ihr.

Alma verdiente im Hortus Botanicus ein respektables Gehalt – das erste ihres Lebens –, und sie teilte sich einen Assistenten und eine Schreibkraft mit dem Direktor der Mykologie und dem Pfleger der Farne, mit denen sie im Laufe der Zeit enge Freundschaft schloss – ihre ersten Freundschaften mit anderen Wissenschaftlern. Bald schon hatte sie sich nicht nur als herausragende Taxonomin einen Namen gemacht, sondern auch als wunderbare Cousine. Alma war selbst nicht wenig erfreut und erstaunt darüber, wie mühelos sie sich in das quirlige, turbulente Familienleben einfügte, nachdem sie doch zeit ihres Lebens eine so einsame Existenz geführt hatte. Abends am Tisch freute sie sich an den geistreichen Wortwechseln zwischen Dees' Kindern und Kindeskindern und empfand Stolz ob ihrer vielfältigen Talente und Erfolge. Sie fühlte sich geehrt, wenn die Mädchen mit ihren romantischen Freuden oder Erschütterungen Rat und Trost bei ihr suchten. In ihrem Überschwang meinte Alma, etwas von Retta wiederzufinden; in ihrer Zurückhaltung meinte sie, Prudence zu entdecken, und in ihren Zweifeln schließlich fand sie etwas von sich selbst.

Mit der Zeit betrachteten sämtliche van Devenders Alma als enormen Gewinn, sowohl für den Hortus als auch für die Familie – zwei Bereiche, die ohnehin aufs Engste miteinander verwoben waren. Almas Onkel überließ ihr einen kleinen, schattigen Winkel im Palmenhaus und ermunterte sie, dort einen dauerhaften Ausstellungsbereich mit dem Titel »Die Mooshöhle« anzulegen. Dies war ein ebenso schwieriges wie erfüllendes Unterfangen. Moose wachsen nur ungern dort, wo sie nicht geboren sind, und Alma hatte Mühe, die notwendigen Bedingungen präzise nachzustellen – den genauen Feuchtigkeitsgrad, das richtige Mischungsverhältnis aus Licht und Schatten, den passenden Nährboden aus Stein, Kies oder Holz –, damit die Mooskolonien auch in dieser künstlichen Umgebung gediehen. Das Kunststück gelang ihr jedoch, und bald sprossen in der Höhle Moosarten aus aller Herren Länder. Es kam einer Lebensaufgabe gleich, dieses Schaustück zu pflegen, denn es musste stets feucht gehalten werden (was mit Hilfe von dampfbetriebenen Maschinen geschah) und durch gedämmte Wände vor Hitze geschützt bleiben; auch direktem Sonnenlicht durfte es nicht ausgesetzt werden. Es galt ferner, die aggressiveren, schnell wachsenden Moosarten zu zügeln, damit sich die selteneren, zarteren Arten entfalten konnten. Alma hatte von Mönchen in Japan gelesen, die ihre Moosgärten bestellten, indem sie mit Pinzetten darin jäteten – eine Methode, die sie sich zum Vorbild nahm. Jeden Morgen konnte man sie in der Mooshöhle beobachten, wie sie beim Licht einer Grubenlampe mit ihrer feinen Stahlpinzette unbotmäßige Triebe einzeln ausrupfte. Sie wollte, dass alles perfekt war. Sie wollte, dass es funkelte wie ein Smaragdfeld – so wie jene erstaunliche Mooshöhle für sie und Tomorrow Morning gefunkelt hatte, damals, vor Jahren, auf Tahiti.

Almas Mooshöhle erfreute sich im Hortus großer Beliebtheit, wenngleich nur bei einem bestimmten Menschenschlag, der sich nach kühlem Dunkel sehnte, nach Stille und Träumerei – kurzum: bei jenen Menschen, die wenig mit prächtigen Blüten, gewaltigen Lilienfeldern und lärmenden Großfamilien anzufangen wussten. Alma genoss es, in einer Ecke der Höhle zu sitzen und die Menschen zu beobachten, die diese von ihr erschaffene Welt betraten. Sie sah, wie sie die Moosschichten liebkosten, sah, wie ihre Züge weicher, ihre Haltung weniger steif wurde. Sie fühlte sich ihnen wahlverwandt, diesen Stillen.

Während jener Jahre verbrachte Alma auch einige Zeit damit, weiter an ihrer Theorie der Veränderung durch Konkurrenz zu arbeiten. Onkel Dees redete ihr zu, die Schrift zu veröffentlichen, seit er sie bei Almas Ankunft 1854 gelesen hatte, doch Alma hatte sich damals schon dagegen gesperrt, und sie sperrte sich weiterhin. Mehr noch, sie wollte ihm nicht einmal erlauben, mit Außenstehenden darüber zu sprechen. Ihr Widerstand war dem armen Onkel eine Pein, hielt er Almas Theorie doch nicht nur für wichtig, sondern wohl auch für zutreffend. Er warf ihr übertriebene Scheu und Zurückhaltung vor. Vor allem aber warf er ihr vor, sie fürchte die religiöse Ächtung, wenn ihre Gedanken von der kontinuierlichen Schöpfung und der Umbildung der Arten öffentlich würden.

»Du hast einfach nicht den Mut, als Gottes-Mörderin dazustehen«, erklärte ihr dieser vorbildliche holländische Protestant, der jeden Sonntag seines Lebens fromm zur Messe ging. »Komm schon, Alma – wovor fürchtest du dich? Zeig doch ein wenig vom Wagemut deines Vaters, Kind! Zieh los und lehre die Welt das Fürchten! Und wenn es sich nicht vermeiden lässt, dann weck sie ruhig auf, die ganze kläffende Hundemeute der Widerspruchsgeister. Der Hortus hält seine schützende Hand über dich! Wir könnten es selbst herausbringen! Wir könnten es auch unter meinem Namen veröffentlichen, wenn du die Kritik so fürchtest.«

Doch Alma zögerte nicht aus Furcht vor der Kirche, sondern aus der tiefen Überzeugung, dass ihre Theorie wissenschaftlich weiterhin zu widerlegen wäre. In ihrer Logik klaffte noch eine kleine Lücke, da war sie sich sicher, und sie hatte bisher keine Möglichkeit gefunden, sie zu schließen. Alma war perfektionistisch und mehr als nur ein wenig pedantisch, und sie wollte sich keinesfalls dabei ertappen lassen, dass sie eine lückenhafte Theorie veröffentlichte, und sei die Lücke auch noch so klein. Sie fürchtete nicht, religiöse Gefühle zu verletzen, wie sie ihrem Onkel oft genug versicherte; sie fürchtete, etwas zu verletzen, was ihr selbst um vieles heiliger war: die *Vernunft*.

Und dies war die Lücke in Almas Theorie: Sie konnte beim allerbesten Willen nicht begreifen, worin der evolutionäre Vorteil von Nächstenliebe und Selbstlosigkeit bestand. Wenn die Welt der Natur tatsächlich, wie es den Anschein hatte, der Schauplatz eines permanenten, amoralischen Kampfes ums Überleben war, wenn der Schlüssel zu Vorherrschaft, Anpassung und Überdauern tatsächlich darin lag, den Gegner zu übertrumpfen – wie erklärte man sich dann einen Menschen wie Almas Schwester Prudence?

Sooft Alma den Namen ihrer Schwester in diesem Zusammenhang fallenließ, stöhnte ihr Onkel auf. »Nicht schon wieder!«, sagte er dann und raufte sich den Bart. »Kein Mensch hat jemals von Prudence gehört, Alma! Das interessiert niemanden!«

Alma indessen interessierte es, und das »Problem Prudence«, wie sie es für sich nannte, machte ihr enorm zu schaffen, denn es drohte, ihre ganze Theorie zu Fall zu bringen. Es machte ihr vor allem deshalb zu schaffen, weil es sie persönlich anging. Schließlich hätte Alma vor nahezu vierzig Jahren die Nutznießerin eines ungeheuer großzügigen und selbstlosen Aktes seitens Prudence werden sollen, und das konnte sie nicht vergessen. Prudence hatte stillschweigend ihre große Liebe aufgegeben – in der Hoffnung, George Hawkes werde stattdessen Alma heiraten und *Alma somit von dieser Ehe profitieren.* Die Tatsache, dass Prudence' Opfer ganz und gar vergeblich gewesen war, nahm ihm nichts von seiner ehrlichen Absicht.

Warum tat ein Mensch so etwas?

Aus moralischer Sicht konnte Alma diese Frage beantworten (*weil Prudence ein mitfühlender, selbstloser Mensch ist*), nicht aber vom biologischen Standpunkt aus (*warum gibt es so etwas wie Mitgefühl und Selbstlosigkeit überhaupt?*). Alma verstand durchaus, weshalb ihr Onkel sich jedes Mal den Bart raufte, wenn der Name Prudence fiel. Sie begriff, wie sich das tragische Dreiecksverhältnis zwischen Prudence, George und ihr im Vergleich mit der gesamten Menschheits- und Naturgeschichte ausnahm: so klein und unbedeutend, dass es beinahe lächerlich schien, es überhaupt zur Sprache zu bringen (noch dazu im Rahmen einer wissenschaftlichen Debatte). Und dennoch – die Frage blieb.

Warum tat ein Mensch so etwas?

Wann immer Alma an Prudence dachte, musste sie sich

diese Frage stellen und dann hilflos zusehen, wie ihre Theorie von der Veränderung durch Konkurrenz vor ihren Augen in sich zusammenfiel. Denn Prudence Whittaker Dixon war schließlich kein Einzelfall. Warum handelte überhaupt irgendjemand aus einem anderen Beweggrund als niedrigem Eigennutz? Alma konnte noch halbwegs überzeugend argumentieren, warum beispielsweise Mütter Opfer für ihre Kinder brachten (das sicherte den Fortbestand des Familienzweigs), allein, sie konnte nicht erklären, weshalb ein Soldat sich den angreifenden Bajonetten entgegenwarf, um einen verwundeten Kameraden zu schützen. Inwiefern gereichte solch eine Tat dem tapferen Soldaten oder seiner Familie zu Nutzen oder Vorteil? Das tat es einfach nicht: Durch sein Opfer hatte der Soldat nicht nur seine eigene Zukunft, sondern auch den Fortbestand seiner Blutlinie zunichtegemacht.

Ebenso wenig konnte Alma erklären, warum ein hungernder Gefangener sein Essen einem Zellengenossen überließ.

Sie konnte auch nicht erklären, warum eine Frau in den Kanal sprang, um den Säugling einer anderen Frau zu retten und selbst dabei zu ertrinken – eine Tragödie, die sich unlängst ereignet hatte, nur eine Straße vom Hortus Botanicus entfernt.

Alma konnte nicht sagen, ob sie sich in einer vergleichbaren Lage so edelmütig verhalten würde, doch andere taten dies fraglos – und gar nicht einmal so selten. Alma zweifelte keinen Augenblick daran, dass ihre Schwester – oder Reverend Welles, ein weiteres Beispiel übernatürlicher Güte – bereitwillig zugunsten anderer auf Nahrung verzichten würden und ebenso bereitwillig Leib und Leben riskieren, um einen fremden Säugling oder auch nur eine fremde Hauskatze zu retten.

Ferner fand sich, soweit Alma es überblicken konnte, in der ganzen übrigen Welt der Natur keinerlei Analogie zu solch extremen Exempeln menschlicher Opferbereitschaft.

Sicher, in einem Bienenstock, einem Wolfsrudel, einem Vogelschwarm oder auch einer Mooskolonie starben mitunter Einzelne zum größeren Wohl der Gruppe. Aber man hatte noch nie erlebt, dass ein Wolf einer Biene das Leben gerettet hätte. Man hatte noch nie beobachtet, dass ein Moospflänzchen den Tod gewählt und seinen kostbaren Wasservorrat aus reiner Wohltätigkeit einer Ameise überlassen hätte!

Mit solchen Argumenten brachte Alma ihren Onkel zur Verzweiflung, wenn sie bis spät in die Nacht beieinandersaßen, Jahr für Jahr, und über diese Frage debattierten. Inzwischen schrieb man das Frühjahr des Jahres 1858, und sie debattierten immer noch.

»Nun lass doch diese elenden Sophistereien!«, sagte Dees. »Bring die Abhandlung heraus, so wie sie ist.«

»Ich kann nun einmal nicht anders, Onkel«, erwiderte Alma lächelnd. »Vergiss nicht – ich habe den Verstand meiner Mutter.«

»Du strapazierst meine Geduld gewaltig, Nichte«, sagte er. »Bring die Abhandlung heraus, lass die Welt über das Thema diskutieren und uns endlich mit diesen ermüdenden Spitzfindigkeiten aufhören.«

Doch Alma ließ sich nicht erweichen. »Wenn ich diese Lücke in meiner Argumentation erkenne, Onkel, dann sehen sie mit Sicherheit auch andere, und man wird meine Arbeit nicht ernst nehmen. Wenn die Theorie der Veränderung durch Konkurrenz tatsächlich zutrifft, dann muss sie für die gesamte Natur zutreffen, die Menschheit mit eingeschlossen.«

»Nimm die Menschheit einfach aus«, entgegnete Onkel Dees achselzuckend. »Das hat Aristoteles auch getan.«

»Aber es geht hier doch nicht um die große Kette der Wesen, Onkel. Ich bin weder an moralischen noch an philosophischen Argumenten interessiert, mir geht es um eine universelle biologische Theorie. Naturgesetze lassen keine Ausnahme zu, sonst haben sie keinen Bestand als Gesetz. Prudence ist nicht von der Schwerkraft ausgenommen; folglich kann sie auch nicht von der Theorie der Veränderung durch Konkurrenz ausgenommen bleiben, falls diese Theorie tatsächlich zutrifft. Und wenn Prudence doch davon ausgenommen bleibt, dann ist die Theorie nicht zutreffend.«

»Die Schwerkraft?« Dees hob die Augen gen Himmel. »Du liebe Zeit, Kind, hör dich nur an. Jetzt willst du schon Newton sein!«

»Ich will nur korrekt sein«, korrigierte ihn Alma.

In unbeschwerteren Momenten konnte Alma dem Problem Prudence allerdings auch eine gewisse Komik abgewinnen. Ihre ganze gemeinsame Jugend hindurch war Prudence ein Problem für Alma gewesen, und nun – so sehr Alma ihre Schwester inzwischen liebte, schätzte und respektierte – war sie es immer noch.

»Manchmal würde ich mir wünschen, den Namen Prudence in diesem Hause nie mehr hören zu müssen«, bemerkte Onkel Dees. »Ich habe die Nase von Prudence gestrichen voll.«

»Dann erklär du sie mir«, beharrte Alma. »Weshalb nimmt sie die verwaisten Kinder der Sklaven bei sich auf? Weshalb gibt sie ihren letzten Penny den Armen? Worin liegt der Vorteil für sie? Worin liegt der Vorteil für ihre Nachkommen? Erklär mir das!«

»Der Vorteil für sie, Alma, liegt darin, dass sie eine Märtyrerin im Namen Christi ist und eine kleine Kreuzigung hier und da zu schätzen weiß. Ich kenne diesen Menschenschlag, Kind. Auch dir dürfte inzwischen klar sein, dass es Leute gibt, die ebenso viel Freude daran haben, fürsorglich und aufopferungsvoll zu sein, wie andere daran, zu morden und zu brandschatzen. Solch leidige Exemplare sind zwar selten, doch es gibt sie.«

»Aber damit sind wir wieder beim Kern unseres Problems!«, gab Alma zurück. »Wenn meine Theorie zuträfe, dürfte es solche Menschen nicht geben. Erinnere dich, Onkel, der Titel meines Traktats lautet nicht: ›Eine Theorie über die Freuden der Opferbereitschaft‹.«

»Bring ihn heraus, Alma«, sagte ihr Onkel müde. »Er ist bestens durchdacht und aus einem Guss. Bring den Traktat heraus, wie er ist, und dann soll sich die Welt über diesen einen Punkt streiten.«

»Ich kann ihn erst herausbringen«, beharrte Alma, »wenn dieser eine Punkt *unstrittig* ist.«

So drehte sich das Gespräch immer und immer wieder im Kreis, um am Ende jedes Mal von neuem in der immergleichen ausweglosen Sackgasse festzustecken. Onkel Dees betrachtete Roger den Hund, der zusammengerollt auf seinem Schoß lag, und sagte: »Du würdest mich retten, wenn ich im Kanal zu ertrinken drohte, was, mein Freund?«

Als Antwort wedelte Roger mit dem eigentümlichen Gebilde, das ihm als Schwanz diente.

Das musste Alma bestätigen: Roger würde Onkel Dees wohl tatsächlich retten, wenn er im Kanal zu ertrinken drohte, in den Flammen festsäße, hungernd in einem Kerker schmachtete oder unter den Trümmern eines eingestürzten Hauses verschüttet wäre – und Onkel Dees würde umgekehrt dasselbe tun. Die Liebe zwischen Onkel Dees und Roger war ebenso dauerhaft, wie sie unmittelbar gewesen war. Nie wichen sie einander von der Seite, Herr und Hund, seit sie einander zum ersten Mal ansichtig geworden waren. Schon bald nach ihrer Ankunft in Amsterdam vier Jahre zuvor hatte Roger Alma zu verstehen gegeben, dass er nicht mehr ihr Hund war – dass er im Grunde nie ihr Hund gewesen war und auch nicht Ambroses Hund, sondern dass er, kraft eines klaren und schlichten Schicksals, immer schon Dees gehört hatte. Die Tatsache, dass Roger im fernen Tahiti geboren war, während Dees van Devender in Holland lebte, beruhte, so schien Roger zu glauben, auf einem bedauerlichen Formfehler, der nun glücklicherweise berichtigt war.

Was Almas Rolle in Rogers Leben betraf, so war sie nur der Kurier gewesen, dessen Aufgabe darin bestand, den leidgeprüften kleinen Kerl einmal um die halbe Welt zu begleiten, damit Hund und Herr endlich in der ewigen und hingebungsvollen Liebe vereint sein konnten, die für sie vorgesehen war.

Ewige, hingebungsvolle Liebe.

Warum?

Auch Roger stellte Alma vor ein Rätsel.

Roger ebenso wie Prudence.

•

Der Sommer des Jahres 1858 brach an und mit ihm ein plötzliches großes Sterben. Der Kummer begann am letzten Tag des Monats Juni, als Alma einen Brief von ihrer Schwester erhielt, ein schreckliches Kompendium trauriger Nachrichten.

»Ich habe drei Todesfälle zu vermelden«, warnte Prudence sie gleich in der ersten Zeile. »Vielleicht, Schwester, solltest Du Dich zunächst setzen, ehe Du weiterliest.«

Alma setzte sich nicht. Sie blieb in der Tür der Van-Devender-Residenz an der Plantage Parklaan stehen und las die beklagenswerten Mitteilungen aus dem fernen Philadelphia, und die Hände zitterten ihr vor Schmerz.

Zuerst berichtete Prudence, dass Hanneke de Groot im Alter von siebenundachtzig Jahren gestorben sei. Die alte Wirtschafterin war in ihrem Zimmer im Keller von White Acre entschlafen, hinter den schützenden Gitterstäben ihres Privatverlieses. Es hatte den Anschein, dass sie im Schlaf gestorben war und nicht gelitten hatte.

»Wir können nicht ermessen, wie wir künftig ohne sie zurechtkommen sollen«, schrieb Prudence. »Ich brauche Dir ihre Güte und ihren Wert kaum in Erinnerung zu rufen. Sie war wie eine Mutter für mich, wie sie es, das weiß ich wohl, auch für Dich war.«

Doch kaum hatte man Hanneke tot aufgefunden, so schrieb Prudence weiter, da traf auch schon ein Botenjunge von George Hawkes auf White Acre ein, mit der Nachricht,

Retta sei – »nach all diesen Jahren vom Wahnsinn bis zur Unkenntlichkeit verwandelt« – in ihrem Zimmer in der Griffon-Irrenanstalt verschieden.

Prudence schrieb: »Es fällt nicht leicht zu sagen, was man inniger beklagen soll: Rettas Tod oder ihr glückloses Leben. Ich bin bestrebt, mich an die Retta von einst zu erinnern, die so vergnügt und sorglos war. Doch vor meinem inneren Auge sehe ich sie kaum noch als jenes Mädchen, das sie war, ehe ihr Verstand so fürchterlich umnachtete ... denn es ist ja, wie ich bereits sagte, so lange her, und wir waren alle noch so jung.«

Darauf folgte die schockierendste Nachricht. Keine zwei Tage nach Rettas Tod, berichtete Prudence, war auch George Hawkes gestorben. Er war gerade aus der Anstalt zurückgekehrt, hatte eben noch Vorkehrungen für die Beisetzung seiner Frau getroffen, da war er auf der Straße vor seiner Druckerei zusammengebrochen. Er war siebenundsechzig Jahre alt.

»Ich muss Dich um Vergebung bitten, dass es mich mehr als eine Woche gekostet hat, diese traurigen Zeilen zu verfassen«, schloss Prudence, »doch mein Geist ist erfüllt von so vielen Gedanken und Sorgen, dass mir das Schreiben darüber schwer wurde. Man kann es kaum begreifen. Wir alle sind zutiefst erschüttert. Vielleicht habe ich aber auch so lange mit dem Brief gezögert, weil mich dieser Gedanke nicht losließ: Mit jedem Tag, den ich meiner armen Schwester die Nachricht vorenthalte, vergeht ein weiterer Tag, an dem sie sie nicht ertragen muss. Ich prüfe mein Herz, um darin auch nur das kleinste Körnchen Trost für Dich zu finden, und doch will es mir nicht recht gelingen. Ich finde ja selbst kaum Trost. Möge Gott der Herr sie alle zu sich nehmen und sich ihrer erbarmen. Bitte verzeih, ich weiß nicht mehr zu sagen. Mit der Schule steht es weiterhin zum Besten. Die Schüler entwickeln sich prächtig. Mr Dixon und die Kinder übersenden Dir ihre herzlichen Grüße – immer die Deine, Prudence.«

Nun setzte Alma sich doch und legte den Brief neben sich.

Hanneke, Retta und George – alle tot, auf einen Streich. »Arme Prudence«, murmelte sie vor sich hin.

Wahrhaftig, arme Prudence, die George Hawkes nun für immer verloren hatte. Natürlich hatte sie ihn schon vor langer Zeit verloren, doch nun hatte sie ihn noch einmal verlieren müssen und dieses Mal auf ewig. Prudence hatte nie aufgehört, George zu lieben, so wie er nie aufgehört hatte, sie zu lieben – so hatte Hanneke es Alma erzählt. Und doch war George der armen Retta ins Grab gefolgt, auf ewig dem Los dieser unseligen kleinen Ehegattin verbunden, die er niemals geliebt hatte. All die vielen Möglichkeiten ihrer Jugendjahre, dachte Alma, und alles vergebens. Zum ersten Mal kam ihr der Gedanke, wie sehr sich ihr eigenes Schicksal und das ihrer Schwester doch ähnelten: beide dazu verdammt, einen Mann zu lieben, den sie nicht besitzen konnten, und dennoch beide entschlossen, unverzagt weiterzuleben. Sicher, man tat, was man konnte, und es lag eine Würde in dieser stoischen Haltung, und doch gab es manchmal Momente, da war das Unglück der Welt kaum zu ertragen; und die Gewalt der Liebe, dachte Alma bei sich, konnte oft brutaler sein als jede andere Form der Gewalt.

Ihr erster Impuls war es, mit aller Hast nach Hause zurückzukehren. Doch White Acre war ja nicht mehr ihr Zuhause, und allein bei der Vorstellung, das alte Anwesen zu betreten, ohne dort Hanneke de Groots Gesicht zu sehen, fühlte sich Alma schwach und verloren. So begab sie sich stattdessen in ihr Arbeitszimmer und verfasste eine Antwort, prüfte ihr eigenes Herz auf der Suche nach dem kleinsten Körnchen Trost, ohne dass es ihr recht gelang. Ganz gegen ihre Gewohnheit griff sie schließlich zur Bibel, zum Buch der Psalmen. Sie schrieb ihrer Schwester: »Der Herr ist nahe bei denen, die zerbrochnes Herzens sind.« Den ganzen Tag verbrachte sie hinter verschlossener Tür, stumm gebeugt unter der Last der Trauer. Ihren Onkel wollte sie mit den traurigen Neuigkeiten nicht belasten. Er war so froh gewesen zu erfahren, dass sein geliebtes Kindermädchen Hanneke de Groot noch unter den Lebenden weilte, und Alma brachte es nicht übers Herz, ihn von ihrem Tod und von den anderen Trauerfällen zu unterrichten. Sie wollte seinem gütigen, frohgemuten Sinn kein Leid aufbürden.

•

Kaum vierzehn Tage später sollte sie sich in diesem Entschluss bestärkt sehen, denn ihr Onkel Dees wurde von einem Fieber befallen, legte sich zu Bett und starb noch am selben Tag. Solche Fiebererkrankungen suchten Amsterdam im Sommer, wenn das Wasser trüb und stinkend in den Kanälen stand, regelmäßig heim. Am Morgen saßen Dees, Alma und Roger noch einträchtig beim Frühstück, und einen Tag später zur Frühstücksstunde lebte Dees nicht mehr. Er war sechsundsiebzig Jahre alt geworden. Der Verlust – so kurz nach all den anderen – erschütterte Alma derart, dass sie kaum wusste, wie sie ihn ertragen sollte. Nachts lief sie in ihrem Zimmer auf und ab, eine Hand an die Brust gepresst, weil sie fürchtete, ihr Brustkorb müsse zerspringen und ihr Herz zu Boden fallen. Sie hatte ihren Onkel nur so kurze Zeit gekannt – nicht einmal annähernd lang genug! Weshalb fehlte es stets an Zeit? Da war er am einen Tag noch da, und schon am nächsten wurde er heimgerufen. Alle waren sie heimgerufen worden.

Halb Amsterdam schien versammelt, um Doktor Dees van Devender beizusetzen. Seine vier Söhne und die beiden ältesten Enkel trugen den Sarg vom Haus an der Plantage Parklaan bis zur Kirche eine Straße weiter. Ein Knäuel aus Schwiegertöchtern und Enkelkindern hielt sich weinend umschlungen; sie zogen Alma in ihre Mitte, und sie schöpfte Trost aus diesem Familiengedränge. Dees war allseits geliebt worden. Alle hatten einen Verlust erlitten. Überdies offenbarte der Familienpfarrer, dass Doktor van Devender zeit seines Lebens ein stiller Gönner wohltätiger Zwecke gewesen war; unter den Trauernden befanden sich etliche, die er über die Jahre hinweg unterstützt oder sogar gerettet hatte.

Im Licht der endlosen, nächtlichen Debatten, die Alma und Dees geführt hatten, wusste Alma nicht, ob sie angesichts dieser Enthüllung lachen oder weinen sollte. Seine lebenslange, heimliche Großzügigkeit, dachte sie, bescherte ihm gewiss einen hohen Platz auf Maimonides' Stufenleiter der Wohltätigkeit, dennoch hätte er ihr ruhig einmal davon erzählen können! Wie konnte er jahrein, jahraus einfach dasitzen und die wissenschaftliche Bedeutung der Selbstlosigkeit kleinreden, der er sich selbst klammheimlich und unermüdlich verschrieben hatte? Alma staunte über ihn. Sie vermisste ihn. Es drängte sie, ihn danach zu fragen, ihn damit zu necken – doch er war nicht mehr da.

Nach der Beisetzung besaß Elbert, Dees' ältester Sohn, der nun die Leitung des Hortus übernehmen sollte, den Anstand, sich an Alma zu wenden und ihr zu versprechen, dass ihr Platz, sowohl innerhalb der Familie als auch im Botanischen Garten, auch künftig gesichert sei.

»Du brauchst dich um deine Zukunft nicht zu sorgen«, sagte er. »Wir möchten alle, dass du bei uns bleibst.«

»Ich danke dir, Elbert«, stieß Alma hervor, und die beiden Verwandten umarmten einander.

»Es ist mir ein Trost zu wissen, dass du ihn ebenso geliebt hast wie wir alle«, sagte Elbert.

Doch keiner hatte Dees mehr geliebt als Roger der Hund. Vom ersten Augenblick an, als Dees erkrankt war, wich der kleine rote Hund nicht vom Bett seines Herrn, und dort blieb er auch, als der Leichnam längst fortgebracht worden war. Er stemmte sich gegen die kalten Laken und rührte sich nicht vom Fleck. Er verschmähte jede Nahrung – sogar die *wentelteefje*, die Alma ihm eigenhändig zubereitete und mit denen sie ihn tränenüberströmt zu füttern versuchte. Er drehte sich nur zur Wand und schloss die Augen. Alma streichelte ihm den Kopf, sprach Tahitianisch mit ihm und erzählte ihm von seiner edlen Abstammung, doch er zeigte keine Regung. Wenige Tage später war auch Roger tot.

•

Hätte in jenem Sommer des Jahres 1858 nicht eine schwarze Wolke des Todes Almas Welt verdunkelt, ihr wäre mit Sicherheit nicht entgangen, was sich am 1. Juli des Jahres in der Londoner Linné-Gesellschaft abspielte. Normalerweise legte sie größten Wert darauf, die Berichte von allen größeren wissenschaftlichen Zusammenkünften in Europa und Amerika zu lesen. Doch in jenem Sommer war sie – verständlicherweise – mit ihren Gedanken anderswo. Die Journale stapelten sich ungelesen auf ihrem Schreibtisch, während sie trauerte. Die wenige Kraft, die sie darüber hinaus noch aufbringen konnte, galt der Pflege ihrer Mooshöhle. Manch anderes blieb unbeachtet.

Und so entging es ihr.

Tatsächlich erfuhr sie erst davon, als sie im Jahr darauf eines Morgens Ende Dezember ihre Ausgabe der *Times* aufschlug und darin die Rezension eines neuen Buches von Mr Charles Darwin entdeckte. Es trug den Titel *Über die Entstehung der Arten.*

Kapitel 30

Charles Darwin war Alma natürlich ein Begriff; jeder kannte ihn. Er hatte 1839 ein außerordentlich beliebtes Buch über seine Reise zu den Galapagosinseln veröffentlicht. Das Buch – ein reizender Reisebericht – hatte ihm damals zu einigem Ruhm verholfen. Darwin schrieb mit leichter Hand, und es war ihm gelungen, seine Freude an der Welt der Natur in einen so ansprechenden, freundlichen Ton zu kleiden, dass er Leser jeden Milieus begeisterte. Alma entsann sich, Darwin damals für dieses Talent bewundert zu haben, denn ihr selbst wollte eine so unterhaltsame, demokratische Prosa nicht einmal annähernd gelingen.

Wenn sie jetzt daran zurückdachte, hatte Alma nach der Lektüre der *Fahrt der Beagle* vor allem eine Beschreibung von Pinguinen im Gedächtnis behalten, die bei Nacht durch das phosphoreszierende Meer schwammen und dabei, so schrieb Darwin, »glutrotes Kielwasser« durch die Dunkelheit zogen. *Glutrotes Kielwasser!* Die Formulierung hatte Alma zugesagt und war ihr die vergangenen zwanzig Jahre hindurch geblieben. Sogar auf ihrer Reise nach Tahiti hatte sie sich daran erinnert, in jener wundersamen Nacht an Bord der *Elliot*, als sie selbst das Meer leuchten sah. Viel mehr wusste sie jedoch nicht mehr von dem Buch, und auch Darwin hatte sich seither nicht mehr in bemerkenswerterer Weise hervorgetan. Nach seinen Reisen hatte er sich einem Leben der wissenschaftlichen Forschung gewidmet, dessen Ergebnis, wenn Alma sich nicht täuschte, ein solides, sorgsam verfasstes Werk über Rankenfußkrebse war. Sie wäre jedenfalls nie auf den Gedanken gekommen, ihn als den führenden Naturforscher seiner Generation zu betrachten.

Doch nun, bei der Lektüre der Rezension seines neuen, aufsehenerregenden Buches, musste Alma erfahren, dass Charles Darwin – dieser leise Kenner der Krebse, dieser sanftmütige Freund der Pinguine – sein Blatt bestens versteckt gehalten hatte. Denn wie sich herausstellte, hatte er der Welt etwas höchst Bemerkenswertes zu berichten.

Alma legte die Zeitung beiseite und stützte den Kopf in die Hände.

Glutrotes Kielwasser. Allerdings.

•

Es kostete sie fast eine Woche, sich eine Ausgabe des Buches aus England zu beschaffen, und Alma watete durch diese Tage wie durch dichten Nebel. Sie hatte das Gefühl, auf die unerwarteten Ereignisse erst adäquat reagieren zu können, wenn sie – Wort für Wort – las, was Darwin selbst zu sagen hatte, und nicht nur das, was andere über ihn äußerten.

Das Buch traf am 5. Januar ein, Almas sechzigstem Geburtstag. Sie zog sich in ihr Arbeitszimmer zurück, nahm ausreichend zu essen und zu trinken mit, um damit auf unbestimmte Zeit auszukommen, und schloss sich ein. Dann schlug sie *Über die Entstehung der Arten* auf der ersten Seite auf, vertiefte sich in Darwins elegante Prosa und stürzte von dort immer weiter hinab in eine tiefe Schlucht, von deren Wänden ihre eigenen Ideen widerhallten.

Natürlich hatte er ihre Theorie nicht gestohlen, das lag auf der Hand. Dieser abwegige Gedanke kam ihr nicht eine Sekunde lang in den Sinn – denn Charles Darwin wusste ja nicht von Alma Whittaker, konnte gar nicht von ihr wissen. Doch wie zwei Entdecker, die aus verschiedenen Richtungen zu einer Schatzsuche aufgebrochen sind, waren Darwin und sie auf ein und dieselbe juwelengefüllte Truhe gestoßen. Was sie aus den Moosen abgeleitet hatte, das hatte er aus den Finken geschlossen. Was sie auf den Felsbrocken von White Acre beobachtet hatte, das war ihm am Galapagos-Archipel begegnet. Almas Felsbrocken waren ja im Grunde nichts anderes als ein Archipel *en miniature.* Insel bleibt schließlich Insel, ob ihr Durchmesser nun drei Fuß oder drei Meilen beträgt, und die einschneidendsten Ereignisse in der

Natur vollziehen sich nun einmal auf dem rauen, isolierten, konkurrenzstarken Schlachtfeld einer Insel.

Es war ein wunderbares Buch. Alma schwankte bei der Lektüre zwischen Schmerz und Bestätigung, zwischen Bedauern und Bewunderung.

Darwin schrieb: »Es werden mehr Individuen geboren, als fortzuleben im Stande sind. Ein Gran in der Waage kann den Ausschlag geben, welches Individuum fortleben und welches zu Grunde gehen soll.« Er schrieb: »Kurz, wir sehen schöne Anpassungen überall und in jedem Theile der organischen Welt.«

Alma spürte einen solchen Sturm von Gefühlen in sich aufwallen, dass sie glaubte, einer Ohnmacht anheimfallen zu müssen. Es traf sie wie ein Hitzeschwall aus einem Hochofen: Sie hatte recht gehabt.

Sie hatte tatsächlich recht gehabt!

Beim Weiterlesen schwirrten ihr widersprüchliche Gedanken an Onkel Dees durch den Kopf: Wenn er das doch noch erlebt hätte! Dem Himmel sei Dank, dass er das nicht mehr erlebt hatte! Er hätte ihr endlose Vorhaltungen gemacht: »Siehst du, ich habe dir doch gesagt, du sollst veröffentlichen!« Und doch hätte ihn diese großartige, billigende Bestätigung der Arbeit seiner Nichte aufrichtig gefreut. Alma wusste kaum, wie sie die Situation ohne seinen Beistand bewältigen sollte. Sie sehnte sich fürchterlich nach ihm. Für ein wenig Trost von ihm hätte sie seinen Tadel bereitwillig in Kauf genommen. Unweigerlich wünschte sie sich auch, ihr Vater hätte das noch erlebt. Und Ambrose. Hätte sie das doch selbst veröffentlicht! Sie wusste nicht mehr, was sie denken sollte.

Warum hatte sie nicht veröffentlicht?

Die Frage gab ihr einen Stich – doch während sie weiter in Darwins Meisterwerk las (es war ganz offenkundig ein Meisterwerk), wusste sie, dass diese Theorie ihm allein gehörte und ihm allein gehören musste. Selbst wenn sie sich als Erste dazu geäußert hätte, sie hätte sich doch niemals besser äußern können. Es war sogar denkbar, dass niemand ihr Beachtung geschenkt hätte, wenn sie mit dieser Theorie an die Öffentlichkeit gegangen wäre – nicht, weil sie unbekannt und eine Frau war (wenn ihr beides auch sicher nicht zum Vorteil gereicht hätte), sondern schlicht und einfach deshalb, weil sie die Welt niemals so eloquent hätte überzeugen können, wie Darwin es tat. Ihre wissenschaftliche Beweisführung war vollkommen, ihr Schreibstil jedoch nicht. Almas Abhandlung umfasste nur vierzig Seiten, *Über die Entstehung der Arten* dagegen mehr als fünfhundert, doch es stand außer Frage, dass Darwins Werk die ungleich angenehmere Lektüre war. Darwins Buch war ein Kunstwerk. Es war persönlich. Es war verspielt. Es las sich wie ein Roman.

Er nannte seine Theorie »natürliche Selektion«. Ein bestechend präziser Begriff, schlichter und zutreffender als Almas schwerfällige »Theorie der Veränderung durch Konkurrenz«. Und während er seine Argumente für die natürliche Selektion geduldig darlegte, vergriff sich Darwin niemals im Ton oder geriet in die Defensive. Er gab sich ganz und gar wie der nette Herr von nebenan. Er beschrieb dieselbe düstere, gewaltsame Welt, die auch Alma wahrnahm, eine Welt, in der ohne Unterlass getötet und gestorben wurde – doch in seiner Sprache lag nicht die Spur von Gewalt. Nie hätte Alma einen so sanften Schreibstil gewagt; sie hätte auch gar nicht gewusst, wie sie das anstellen sollte. Ihre Prosa glich einem Hammer; Darwins Prosa war wie ein Psalm. Er schwang kein Schwert in der Hand, sondern kam mit einer Kerze. Überdies ließ er auf jeder Seite das Göttliche durchschimmern – ohne dabei je ein einziges Wort über den Schöpfer zu verlieren! Er erzeugte einen Eindruck des Wundersamen, indem er schwärmerisch die Macht der Zeit pries. Er schrieb: »Der Geist kann nicht die ganze Grösse der Wirkung zusammenrechnen und begreifen, welche durch Häufung einer Menge kleiner Abänderungen während einer fast unendlichen Anzahl von Generationen entstanden ist.« Er bestaunte die »herrlichen Verzweigungen« der Veränderung. Er machte die hübsche Beobachtung, dass die Wunder der Anpassung jede Kreatur auf Erden, selbst den geringsten Käfer, wertvoll, erstaunlich und »veredelt« erscheinen ließen.

Er fragte: »Welche Schranken kann man dieser Kraft setzen?«

Er schrieb: »Wir sehen das Antlitz der Natur in Heiterkeit strahlen …«

Und er schloss: »Es ist wahrlich eine grossartige Ansicht alles Lebens, das uns umgibt …«

Alma legte das Buch beiseite und erlaubte sich, zu weinen.

Angesichts einer so überragenden und niederschmetternden Leistung konnte sie nichts weiter tun als weinen.

•

Im Jahre 1860 las alle Welt *Über die Entstehung der Arten*, und das Buch war in aller Munde, doch niemand las es aufmerksamer als Alma Whittaker. Sie schwieg zu sämtlichen Salon-Debatten über die natürliche Selektion – schwieg selbst noch, als ihre holländische Familie das Thema aufgriff –, doch sie verfolgte alles Wort für Wort. Sie besuchte jeden Vortrag und las jede Rezension, jeden Angriff, jede Kritik. Mehr noch, sie konsultierte auch das Buch immer wieder, aus Bewunderung ebenso sehr wie in der Absicht, ihm auf den Zahn zu fühlen. Schließlich war sie Wissenschaftlerin und wollte Darwins Theorie unter dem Mikroskop betrachten. Sie wollte ihre eigene Theorie an seiner messen.

Und selbstverständlich lautete ihre drängendste Frage, wie Darwin das Problem Prudence gelöst hatte.

Die Antwort war rasch gefunden: gar nicht.

Darwin hatte das Problem nicht gelöst, weil er mit einigem Geschick die Thematik der menschlichen Rasse in seinem Buch vollständig umging. *Über die Entstehung der Arten* handelte zwar von der Natur, jedoch nicht ausdrücklich vom Menschen. In dieser Hinsicht hatte Darwin seine Trümpfe mit Bedacht ausgespielt. Er schrieb über die Evolution des Finken, der Taube, des italienischen Windspiels, des Rennpferds und der Rankenfußkrebse – doch den Menschen erwähnte er nie. Er schrieb, dass »der Kräftige, der Gesunde und Glückliche überlebt und sich vermehrt«, verzichtete jedoch auf den Zusatz: »Auch wir sind Teil dieses Systems«. Wissenschaftlich bewanderte Leser würden diese Schlussfolgerung selbständig ziehen – dessen war Darwin gewiss. Auch religiös bewanderte Leser würden sie ziehen und als grässlichen Frevel betrachten – doch Darwin hatte de facto nichts dergleichen gesagt! Damit hatte er sich geschützt. Er konnte auf seinem ruhigen Landsitz in Kent verweilen und der allgemeinen Empörung in aller Unschuld begegnen: Was konnte eine harmlose Erörterung von Finken und Rankenfußkrebsen denn schaden?

Aus Almas Sicht stellte diese Strategie Darwins größten Geniestreich dar: Er hatte sich einfach nicht der ganzen Frage gewidmet. Vielleicht würde er dies zu einem späteren Zeitpunkt noch tun, doch jetzt, an dieser Stelle, in seiner gut durchdachten, ersten Abhandlung zur evolutionären Entwicklung, hatte er es nicht getan. Die Erkenntnis frappierte Alma, und sie hätte sich vor lauter sprachlosem Staunen beinahe an die Stirn geschlagen: Nie wäre sie auf den Gedanken gekommen, dass ein guter Wissenschaftler nicht immer gleich die ganze Frage angehen musste – ganz gleich, zu welchem Thema! Im Wesentlichen hatte Darwin getan, wovon Onkel Dees Alma jahrelang zu überzeugen versucht hatte: Er hatte eine wunderbare Entwicklungstheorie vorgelegt, doch nur für das Tier- und Pflanzenreich – und es somit den Menschen überlassen, ihre eigenen Ursprünge zu erörtern.

Sie wollte mit Darwin reden. Am liebsten wäre sie auf der Stelle über den Kanal nach England gereist, hätte sich in einen Zug nach Kent geworfen, an Darwins Tür geklopft und ihn gefragt: »Wie erklären Sie sich im Kontext der überbordenden Beweise für einen beständigen biologischen Kampf meine Schwester Prudence und das generelle Konzept der Opferbereitschaft?« Allein, alle Welt wollte inzwischen mit Darwin sprechen, und Alma verfügte nicht über den nötigen Einfluss, um eine Unterredung mit dem gefragtesten Wissenschaftler ihrer Tage zu arrangieren.

Nach und nach jedoch setzte sie für sich ein genaueres Bild Charles Darwins zusammen, aus dem hervorging, dass dieser Gentleman kein großer Debattierer war. Vermutlich hätte er von der Möglichkeit zu einem Streitgespräch mit einer unbedeutenden Moosforscherin aus Amerika gar nicht allzu viel gehalten. Vermutlich hätte er sie nur freundlich angelächelt und erwidert: »Wie erklären Sie es sich denn, Madam?«, und anschließend die Haustür wieder zugemacht.

Wahrhaftig: Während die gebildete Welt geschlossen darum rang, mit diesem Darwin zu Rande zu kommen, blieb der fragliche Herr selbst erstaunlich schweigsam. Als ihn Charles Hodge am theologischen Seminar in Princeton des Atheismus bezichtigte, verteidigte Darwin sich nicht. Als Lord Kelvin sich weigerte, die Theorie anzuerkennen (was Alma zutiefst bedauerte, wäre Kelvin doch ein besonders glaubhafter Fürsprecher gewesen), protestierte Darwin nicht. Auch zu seinen Befürwortern äußerte er sich nicht. Als George Searle, ein bedeutender Astronom katholischen Glaubens, verlauten ließ, die Theorie der natürlichen Selektion erscheine ihm nur logisch und stelle für die katholische Kirche keinerlei Gefahr dar, erwiderte Darwin nichts darauf. Als der anglikanische Pfarrer und Schriftsteller Charles Kingsley verkündete, auch er sei durchaus einverstanden mit einem Gott, der ursprüngliche Lebensformen mit der Fähigkeit zur selbständigen Weiterentwicklung ausstatte, äußerte Darwin nicht ein Wort der Zustimmung. Und als der Theologe Henry Drummond versuchte, aus der Bibel heraus zugunsten der Evolutionstheorie zu argumentieren, vermied Darwin jede Debatte darüber.

Alma beobachtete, wie sich freidenkerische Geistliche in Metaphern flüchteten und plötzlich behaupteten, die sieben Tage der Schöpfung, von denen in der Bibel die Rede war, seien in Wahrheit sieben geologische Zeitalter, während konservative Paläontologen wie Louis Agassiz in flammenden Zorn gerieten und Darwin und seine Befürworter des schändlichsten Verrats bezichtigten. Andere fochten Darwins Kämpfe für ihn aus: der mächtige Thomas Huxley in England, der wortgewaltige Asa Gray in Amerika. Darwin selbst hielt sich indessen nach Art des englischen Gentleman aus dem ganzen Disput heraus.

Alma hingegen nahm sich jeden Angriff zu Herzen, so wie sie sich insgeheim an jeder Zustimmung freute – denn es war ja nicht nur Darwins Idee, die hier einer Prüfung unterzogen wurde, sondern auch ihre. Mitunter glaubte sie beinahe, sich mehr über die Debatte zu erregen und zu echauffieren als Darwin selbst (womöglich ein weiterer Grund, der ihn zu einem besseren Botschafter der Theorie machte, als sie es jemals hätte sein können). Doch Darwins Zurückhaltung verstimmte sie auch. Manchmal hätte sie ihn gern geschüttelt und ihn zum Kämpfen gezwungen. Sie an seiner Stelle hätte nach allen Seiten hin ausgeteilt, so wie Henry Whittaker. Vermutlich hätte sie sich dabei eine blutige Nase geholt, doch sie hätte auch etliche blutige Nasen verteilt. Sie hätte bis zum Äußersten gekämpft, um die gemeinsame Theorie zu verteidigen (denn als »gemeinsame Theorie« empfand sie sie nun einmal) … natürlich nur, wenn sie die Theorie jemals veröffentlicht hätte. Was sie bekanntlich nicht getan hatte. Sie war also gar nicht zum Kämpfen berechtigt. Und so schwieg auch sie.

All dies war in hohem Maße peinigend, fesselnd und verwirrend.

Und überdies – das entging Alma nicht – hatte immer noch niemand das Problem Prudence gelöst.

Aus Almas Sicht klaffte also nach wie vor eine Lücke in der Theorie.

Sie war nach wie vor unvollständig.

•

Doch schon bald trat etwas anderes auf den Plan, das Alma zunächst verwirrte und dann zunehmend fesselte.

Während die Darwin-Debatte weiter wütete, wurde Alma nach und nach einer schemenhaften Gestalt gewahr, die sich im Schatten, am Rand verbarg. In jüngeren Jahren, als sie noch häufig am Mikroskop saß, hatte sie bisweilen ganz am Rand des Trägers ein Zucken wahrgenommen und dann versucht, dieses Etwas genauer in den Blick zu nehmen, weil sie bereits ahnte, dass es womöglich eine wichtige Entdeckung sein könnte. So war es auch jetzt. Da stimmte etwas nicht. Da gab es etwas in der Geschichte des Charles Darwin und der natürlichen Selektion, das es eigentlich nicht hätte geben dürfen. Wie damals am Mikroskop drehte Alma ein paar Knöpfe, betätigte ein paar Hebel und richtete ihre volle Aufmerksamkeit auf das Schemenhafte. Und so erfuhr sie von einem Mann namens Alfred Russel Wallace.

Zum ersten Mal stieß Alma auf den Namen Wallace, als sie, aus bloßer Neugier, herauszufinden versuchte, wann der Begriff »natürliche Selektion« erstmals offiziell gefallen war – an jenem 1. Juli 1858 nämlich, bei einer Versammlung der Londoner Linné-Gesellschaft. Alma hatte den Bericht von den Vorgängen bei jener Versammlung zum Zeitpunkt seiner Veröffentlichung übersehen, weil sie zu jener Zeit in tiefer Trauer war, doch nun holte sie alles nach und studierte die Aufzeichnungen gewissenhaft. Sogleich fiel ihr eine Eigentümlichkeit ins Auge: An jenem Tag war noch eine zweite Abhandlung vorgestellt worden, gleich nach der Präsentation von Darwins Werk. Diese trug den Titel »Über die Neigung der Varietäten, sich unbegrenzt vom ursprünglichen Typus zu entfernen« und war von einem gewissen A. R. Wallace verfasst worden.

Alma machte den Aufsatz ausfindig und las ihn. Wallace äußerte exakt dasselbe, was Darwin in seiner Theorie der natürlichen Selektion äußerte. Mehr noch, er äußerte exakt dasselbe, was Alma bereits in ihrer Theorie der Veränderung durch Konkurrenz geäußert hatte. Mr Wallace argumentierte, das Leben sei ein beständiger Kampf ums Dasein, es seien nicht genügend Ressourcen für alle vorhanden, die Populationen regulierten sich über natürliche Feinde, Krankheiten und Nahrungsknappheit, und die Schwächsten müssten stets als Erste ihr Leben lassen. Weiterhin schrieb Wallace in seinem Aufsatz, dass jede Variante, die das Ziel des Überlebens einer Art beeinflusse, letztendlich die ganze Art grundlegend verändere. Er schrieb, dass sich die erfolgreichsten Varianten durchsetzten, während die weniger erfolgreichen ausstürben. So entstünden Arten, veränderten sich, gediehen und verschwänden wieder.

Es war eine kurze, schlichte Abhandlung – und ihr Inhalt kam Alma ausgesprochen bekannt vor.

Wer war dieser Mensch?

Alma hatte nie zuvor von ihm gehört. Das war an und für sich bereits ein Ding der Unmöglichkeit, denn sie war eifrig bemüht, sämtliche Akteure in der Welt der Wissenschaft zu kennen. Sie schrieb an einige Kollegen in England und erkundigte sich: »Wer ist Alfred Russel Wallace? Was erzählt man sich über ihn? Und was hat sich im Juli 1858 in London zugetragen?«

Die Geschichten, die sie daraufhin erfuhr, machten sie nur umso neugieriger. Wallace, so hörte sie, stammte aus Monmouthshire an der walisischen Grenze, ein Sohn gutbürgerlicher Eltern, die jedoch der Armut anheimfielen; all sein Wissen hatte er sich mehr oder minder selbst angeeignet und den Beruf des Landvermessers ergriffen. Als abenteuerlustiger junger Mann hatte er diverse Urwälder erforscht und war zum unermüdlichen Sammler von Insekten und Vögeln geworden. 1853 hatte Wallace ein Buch über die Palmen des Amazonas und ihren Nutzen veröffentlicht, das Alma vollständig entgangen war, weil sie sich zu dieser Zeit auf der Reise von Tahiti nach Holland befand. Seit 1854 hielt er sich am Malayischen Archipel auf und erforschte Laubfrösche und dergleichen.

Dort, in den entlegenen Wäldern von Celebes, zog sich

Wallace eine Malaria-Erkrankung zu, der er fast erlegen wäre. Vom Fieber geschüttelt, den Tod vor Augen, hatte er eine Erleuchtung: eine Theorie der Evolution auf der Grundlage des Kampfes ums Dasein. Innerhalb weniger Stunden hatte er diese Theorie niedergeschrieben. Er schickte die hastig verfasste Abhandlung auf den langen Postweg von Celebes nach England, an einen gewissen Charles Darwin, den er einmal kennengelernt hatte und dem er große Bewunderung zollte. Wallace fragte Mr Darwin unterwürfigst, ob seine evolutionäre Theorie irgendeinen Wert besitze. Es war eine ganz unschuldige Frage: Wallace konnte ja nicht ahnen, dass Darwin selbst bereits seit etwa 1840 fast identische Überlegungen anstellte. Mehr noch, Darwin hatte bereits an die zweitausend Seiten dessen verfasst, was einmal die *Entstehung der Arten* werden würde, seine Arbeit jedoch bisher einzig seinem guten Freund Joseph Hooker in den Königlichen Botanischen Gärten von Kew gezeigt. Hooker ermunterte Darwin schon seit Jahren zur Veröffentlichung, doch Darwin zögerte (was Alma bestens nachempfinden konnte), weil es ihm an Zuversicht und Gewissheit fehlte.

Nun aber war einer der gewaltigen Zufälle der Wissenschaftsgeschichte eingetreten, und es schien, als wäre Darwins wunderbare, ureigene Idee – mit der er sich im Stillen seit nahezu zwei Jahrzehnten befasste – am anderen Ende der Welt beinahe wortwörtlich von einem nahezu unbekannten, fünfunddreißigjährigen, malariakranken naturforschenden Autodidakten formuliert worden.

Almas Londoner Gewährsleute berichteten, Darwin habe sich nach Wallace' Brief gezwungen gesehen, seine Theorie der natürlichen Selektion öffentlich zu machen, weil er fürchtete, das Recht an der ganzen Idee zu verlieren, falls Wallace sie als Erster veröffentlichte. Für Alma lag eine besondere Ironie darin, dass Darwin anscheinend fürchtete, in der Frage der Konkurrenz von der Konkurrenz übertrumpft zu werden! Als höflicher Gentleman entschied er, dass Wallace' Brief ebenfalls am 1. Juli 1858 in der Linné-Gesellschaft präsentiert werden sollte, zusammen mit seinen eigenen Forschungen zur natürlichen Selektion, legte aber zugleich die nötigen Beweise dafür vor, dass er die älteren Rechte an der Hypothese besaß. Seine *Entstehung der Arten* erschien bald darauf, keine anderthalb Jahre später. Die eilige Publikation legte nahe, dass Darwin in Panik geraten war – vollkommen zu Recht, wie Alma befand! Wallace war ihm schließlich dicht auf den Fersen! So wie es vielen Tieren und Pflanzen ergeht, wenn sie vom Aussterben bedroht sind, so war auch Charles Darwin zur Bewegung, zum Handeln – kurzum zur Anpassung gezwungen. Alma dachte daran, wie sie es in ihrer eigenen Version der Theorie formuliert hatte: »Je größer die Krise, umso rascher, so scheint es, die Entwicklung.«

Angesichts dieser außerordentlichen Geschichte gab es für Alma keinen Zweifel mehr: Darwin war als Erster auf die Idee der natürlichen Selektion gekommen. Doch er war nicht als Einziger darauf gekommen. Da war natürlich Alma, doch es hatte auch noch jemand weiteres gegeben. Alma war fassungslos ob dieser Erkenntnis. Sie erschien ihr wie eine vollständige intellektuelle Unmöglichkeit. Zugleich aber empfand sie es als seltsam tröstlich, dass es diesen Alfred Russel Wallace gab. Sie wärmte sich an dem Wissen, nicht allein zu sein. Sie hatte einen Gleichgesinnten. Sie waren Whittaker und Wallace: Gefährten in der Anonymität – wobei Wallace natürlich nichts davon ahnte, dass er eine solche Gefährtin besaß, schließlich war sie ja noch um einiges anonymer als er. Doch Alma wusste es. Sie spürte ihn dort draußen – diesen wundersamen jüngeren Bruder im Geiste. Wäre sie gläubiger gewesen, sie hätte Gott für Alfred Russel Wallace gedankt, denn dieses leise Verwandtschaftsgefühl half ihr, den lautstarken Aufstand rund um Mr Charles Darwin und seine epochale, umwälzende, weltverändernde Theorie sicher und mit Anstand, ohne Groll, Verzweiflung oder Scham zu überstehen.

Darwin mochte Geschichte schreiben, doch Alma hatte Wallace.

Für den Moment war ihr das Trost genug.

•

Die sechziger Jahre verstrichen. In Holland blieb alles ruhig, während in Amerika ein beispielloser Krieg tobte. Die wissenschaftlichen Dispute verloren in jenen fürchterlichen Jahren, in denen die Nachrichten von grauenhaften Gemetzeln aus der Heimat nicht abrissen, für Alma an Bedeutung. Prudence verlor ihren ältesten Sohn, einen Offizier, in der Schlacht am Antietam. Zwei ihrer jugendlichen Enkel starben an Lagerseuchen, noch ehe sie einen Fuß auf das Schlachtfeld setzten. Ihr Leben lang hatte Prudence dafür gekämpft, der Sklaverei ein Ende zu bereiten; nun war sie bezwungen, doch drei der Ihren waren im Kampf gefallen. »Ich jubele, und dann trauere ich wieder«, schrieb sie an Alma. »Und danach trauere ich weiter.« Alma erwog erneut, nach Hause zurückzukehren, bot es sogar an, doch die Schwester riet ihr, in Holland zu bleiben. »Unser Land ist zu geschunden für einen Besuch«, berichtete sie. »Bleibe dort, wo das Leben ruhiger ist, und freue dich an dieser Ruhe.«

Auf irgendeine Weise war es Prudence gelungen, ihre Schule den ganzen Krieg hindurch geöffnet zu halten. Sie hatte nicht nur ausgeharrt, sondern sogar weitere Kinder aufgenommen, solange die Kämpfe andauerten. Der Krieg ging zu Ende. Der Präsident wurde ermordet. Das Bündnis hielt. Die transkontinentale Eisenbahnstrecke wurde fertiggestellt. Alma hoffte, dass das Schienennetz der mächtigen Eisenbahn mit seinen groben stählernen Nähten nun die Vereinigten Staaten zusammenhalten würde. Amerika erschien in jenen Tagen, aus Almas sicherer Distanz, wie ein Ort unkontrollierbaren, blindwütigen Wachstums. Sie war froh, nicht dort zu sein. Zwischen ihr und Amerika lag ein ganzes Leben – sie glaubte nicht, dass sie das Land noch wiedererkennen würde, ebenso wenig wie das Land sie. Sie genoss ihr Leben als Holländerin, als Gelehrte, als van Devender. Sie las sämtliche wissenschaftlichen Zeitschriften und veröffentlichte selbst in vielen davon. Sie führte lebhafte Debatten mit ihren Kollegen bei Kaffee und Kuchen. Jeden Sommer gewährte der Hortus Botanicus ihr einen Monat Urlaub, um in ganz Europa Moose zu sammeln. Sie lernte die Alpen kennen und lieben, indem sie, mit Stock und Sammelausrüstung bewaffnet, ihre majestätischen Höhen durchwanderte. Sie erkundete auch die farnfeuchten Wälder Deutschlands.

Kurzum, sie war eine hochzufriedene alte Dame geworden.

Die siebziger Jahre brachen an. Im friedlichen Amsterdam begann Alma das achte Jahrzehnt ihres Lebens, widmete sich jedoch weiter hingebungsvoll ihrer Arbeit. Das Wandern fiel ihr inzwischen schwer, doch sie pflegte nach wie vor ihre Mooshöhle und hielt im Hortus gelegentlich Vorträge zur Bryologie. Ihre Augen ließen nach, und sie fürchtete, bald nicht mehr in der Lage zu sein, ihre Moospflanzen voneinander zu unterscheiden. Um sich für diese traurige Zwangsläufigkeit zu rüsten, übte sie sich darin, im Dunkeln mit ihren Moosen zu arbeiten und sie durch Betasten zu unterscheiden. Darin entwickelte sie einiges Geschick. (Sie hatte nicht das Bedürfnis, ihr Leben lang Moose zu sehen, doch sie wollte sie erkennen können.) Zum Glück hatte sie bei ihrer Arbeit inzwischen fähige Unterstützung gefunden. Margaret – liebevoll Mimi genannt –, ihr Liebling unter den jüngeren Verwandten, zeigte sich schon früh von Moosen fasziniert, und Alma nahm sie unter ihre Fittiche. Nachdem die junge Frau ihre Ausbildung beendet hatte, trat sie eine Stelle im Hortus an, als Almas Assistentin. Mit Mimis Hilfe gelang es Alma, ihr umfassendes, zweibändiges Werk *Heimische Moosgewächse Nordeuropas* fertigzustellen, das einigen Anklang fand. Die Bände waren hübsch illustriert, wenn auch der Künstler kein Ambrose Pike war.

Doch wer war schon ein Ambrose Pike? Keiner konnte das je von sich behaupten.

Alma sah zu, wie Charles Darwin immer mehr zum großen Mann der Wissenschaft wurde. Sie missgönnte ihm seinen Erfolg keineswegs: Er hatte alles Lob verdient und bewahrte sich eine würdevolle Haltung dabei. Es freute sie, dass er sich weiterhin seinen Forschungen zur Evolution widmete, mit der ihm eigenen Kombination aus Brillanz und Bescheidenheit. 1871 veröffentlichte er sein umfängliches Werk *Die Abstammung des Menschen*, in dem er die Prinzipien der natürlichen Selektion schließlich doch noch auf die Menschheit übertrug. Alma fand es klug von ihm, so lange damit gewartet zu haben. Inzwischen war das abschließende Ergebnis, zu dem das Buch kam – *Ja, wir sind alle Affen!* –, fast schon zur Selbstverständlichkeit geworden. In den zwölf Jahren seit Erscheinen der *Entstehung der Arten* hatte die Welt sich die »Affenfrage« längst gestellt und sie hinreichend erörtert. Positionen waren bezogen, Abhandlungen geschrieben, Argumente und Widerlegungen in endloser Fülle vorgelegt worden. Fast schien es, als hätte Darwin der Welt Gelegenheit geben wollen, sich mit dem verstörenden Gedanken, Gott könnte den Menschen doch nicht aus Staub erschaffen haben, schon einmal zu befreunden, um sie erst dann mit seinem besonnenen, wohldurchdachten Urteil zu dem Thema zu konfrontieren. Auch dieses Buch las Alma aufmerksamer als jeder andere und war voll der Bewunderung.

Für das Problem Prudence sah sie jedoch immer noch keine Lösung.

Sie erzählte niemandem von ihrer eigenen Evolutionstheorie – und auch nicht von ihren zarten, dürftigen Banden zu Darwin. Viel mehr interessierte sie sich für ihren schemenhaften Bruder, Alfred Russel Wallace. Auch seine Karriere hatte sie über die Jahre hinweg aufmerksam verfolgt, hatte sich mit ihm an seinen Erfolgen gefreut und seine Misserfolge bedauert. Anfangs sah es so aus, als würde

Wallace auf ewig eine Randbemerkung zu Darwin bleiben – vielleicht sogar dessen Handlanger, denn er hatte einen Großteil der sechziger Jahre damit zugebracht, in seinen Schriften die natürliche Selektion und damit auch Darwin zu verteidigen. Doch dann ging ein merkwürdiger Umschwung mit Wallace vor. Etwa um die Mitte des Jahrzehnts entdeckte er den Spiritismus, die Hypnose und den Mesmerismus und machte sich daran, ein Gebiet zu erforschen, das respektablere Personen als »Okkultismus« bezeichneten. Alma konnte förmlich hören, wie Charles Darwin jenseits des Ärmelkanals über diese Entwicklung aufstöhnte – waren die Namen beider Männer doch auf ewig miteinander verknüpft und Wallace einer besonders übel beleumundeten und unwissenschaftlichen Grille verfallen. Dass er Séancen besuchte, sich aus der Hand lesen ließ und Stein und Bein schwor, er habe mit den Toten gesprochen, konnte ja vielleicht noch als verzeihlich gelten, doch dass er Abhandlungen mit Titeln wie beispielsweise »Die wissenschaftliche Ansicht des Übernatürlichen« publizierte, das war nun wirklich unverzeihlich.

Alma indessen konnte nicht anders, als Wallace eben aufgrund seiner unorthodoxen Überzeugungen und seiner leidenschaftlichen, furchtlosen Argumente nur noch mehr zugetan zu sein. Ihr eigenes Leben wurde zusehends gesetzter und beschränkter, doch sie beobachtete mit einiger Erheiterung, wie Wallace – dieser wilde, ungezügelte Denker – in gelehrten Kreisen nach allen Seiten Unruhe verbreitete. Darwins aristokratischer Anstand fehlte ihm völlig; er floss schier über von Einfällen, Zerstreuungen und halbgaren Überzeugungen. Und er verweilte auch nie lange bei einer einzigen Idee, sondern schwirrte von Caprice zu Caprice.

In seinen verstiegensten Ambitionen erinnerte Wallace Alma ganz zwangsläufig an Ambrose, was ihre Zuneigung nur noch steigerte. Wie Ambrose, so war auch Wallace ein Träumer. Er hegte eine besondere Schwäche für alles Wundersame. Nichts, so verkündete er, sei wichtiger als die Erforschung dessen, was den Naturgesetzen zu widersprechen schien, denn wie könnten wir uns überhaupt anmaßen, die Naturgesetze zu begreifen? Alles blieb so lange ein Wunder, bis wir es uns erklären konnten. Wallace schrieb, dass der Mensch, der als Erster einen Fliegenden Fisch gesehen habe, gewiss überzeugt gewesen sei, einem Wunder beizuwohnen – und dass der Mensch, der als Erster einen Fliegenden Fisch beschrieben habe, mit Sicherheit der Lüge bezichtigt worden sei. Alma liebte ihn für derart spielerisch-störrische Argumente. Er hätte sich gut an der Abendtafel von White Acre gemacht, dachte sie häufig.

Bei alledem ließ Wallace auch seine seriöseren wissenschaftlichen Untersuchungen nicht vollends brachliegen. 1876 veröffentlichte er sein Meisterwerk, *Die geographische Verbreitung der Thiere*, das sofort als maßgeblicher Text zur Zoogeographie gerühmt wurde. Es war ein furioses Buch. Alma ließ es sich größtenteils von ihrer jungen Verwandten Mimi vorlesen, weil ihre Augen inzwischen zu schlecht geworden waren. Sie war so begeistert von Wallace' Ideen, dass sie bei bestimmten Passagen laut aufjubelte.

Dann sah Mimi von der Lektüre auf und sagte: »Du hast wirklich deine Freude an diesem Alfred Russel Wallace, stimmt's, Tantchen?«

Und Alma erwiderte lächelnd: »Er ist ein Fürst unter den Wissenschaftlern!«

Doch bald schon untergrub Wallace seinen eben erst geretteten Ruf abermals, indem er sich immer radikaleren politischen Ansichten zuwandte: Er setzte sich lautstark für die Bodenreform, das Frauenstimmrecht, die Rechte der Armen und Besitzlosen ein. Er brachte es einfach nicht fertig, sich nicht einzumischen. Einflussreiche Freunde und Bewunderer bemühten sich redlich, ihm eine gesicherte Stellung in irgendeiner angesehenen Einrichtung zu verschaffen, doch Wallace war bereits so sehr als Extremist verschrien, dass kaum noch jemand wagte, ihn anzustellen. Alma sorgte sich um seine Finanzen. Sie ahnte, dass er in

Geldfragen keine klugen Entscheidungen traf. Wallace war in keinerlei Hinsicht willens, die Rolle des braven englischen Gentleman zu spielen – vielleicht ja, weil er eben kein braver englischer Gentleman war, sondern ein Heißsporn aus der Arbeiterklasse, der nie lange nachdachte, bevor er den Mund auftat, und niemals innehielt, bevor er etwas veröffentlichte. Seine Leidenschaften verursachten einiges Chaos, und die Kontroverse haftete wie eine Klette an ihm, doch Alma wünschte sich, er möge niemals nachgeben. Ihr gefiel es, wie er alle Welt piesackte.

»Zeig's ihnen, mein Junge«, murmelte sie vor sich hin, wenn ihr wieder ein neuer Skandal zu Ohren kam. »Zeig's ihnen!«

Darwin äußerte sich in der Öffentlichkeit niemals schlecht über Wallace, und Wallace sprach nie schlecht über Darwin, doch Alma fragte sich immer wieder, was die beiden Männer – so brillant und doch so gegensätzlich in Wesen und Art – wohl wirklich voneinander hielten. Im April 1882 wurde ihr diese Frage beantwortet, als Charles Darwin starb und Alfred Russel Wallace, Darwins schriftlich hinterlassenen Anweisungen folgend, bei der Beisetzung des großen Mannes als einer der Sargträger fungierte.

Da begriff Alma, wie sehr sie einander zugetan gewesen waren. Sie waren einander zugetan, weil sie einander gekannt hatten.

Bei diesem Gedanken fühlte sich Alma zutiefst einsam, zum ersten Mal seit Dutzenden von Jahren.

•

Darwins Tod beunruhigte Alma, die inzwischen zweiundachtzig war und zusehends gebrechlicher wurde. Er war doch erst dreiundsiebzig gewesen! Niemals hätte sie damit gerechnet, ihn zu überleben. Noch Monate nach Darwins Ableben blieb ihr diese Unruhe erhalten. Es war, als wäre mit ihm ein Stück ihrer eigenen Geschichte gestorben, und kein Mensch würde jemals davon wissen. Natürlich hatte auch vorher kein Mensch davon gewusst, doch nun war die Verbindung unwiderruflich verloren – eine Verbindung, die Alma sehr viel bedeutet hatte. Bald würde auch sie sterben, und dann war nur noch ein Bindeglied übrig: der junge Wallace, der bereits auf die sechzig zuging und so jung auch nicht mehr war. Wenn alles so weiterging wie bisher, dann würde sie sterben, ohne Wallace je kennengelernt zu haben, so wie sie Darwin nie kennengelernt hatte. Mit einem Mal schien es ihr unerträglich traurig, dass es so kommen könnte. Das durfte sie nicht zulassen.

Alma überlegte. Sie überlegte mehrere Monate lang. Und schließlich handelte sie. Sie bat Mimi, auf offiziellem Briefpapier des Hortus ein freundliches Schreiben aufzusetzen und Alfred Russel Wallace darin höflich zu ersuchen, er möge die Einladung annehmen, im Frühjahr 1883 einen Vortrag über das Thema der natürlichen Selektion im Hortus Botanicus zu Amsterdam zu halten. Ein Honorar von neunhundert Pfund Sterling werde ihm für seine Zeit und Mühen zugesichert, und der Hortus werde selbstverständlich auch alle anfallenden Reisekosten tragen. Mimi protestierte gegen das Honorar: Für manche Menschen seien das immerhin mehrere Jahresgehälter! Doch Alma erwiderte ungerührt: »Ich werde für alles persönlich aufkommen, Mr Wallace braucht das Geld nun einmal.«

Ferner setzte der Brief Mr Wallace davon in Kenntnis, dass er herzlichst geladen sei, in der behaglichen Familienresidenz der van Devenders zu logieren, die sich günstigerweise in unmittelbarer Nachbarschaft des Hortus befinde, im hübschesten Stadtteil von Amsterdam. Er werde dort etliche junge Botaniker antreffen, die dem berühmten Biologen mit Freuden sämtliche Sehenswürdigkeiten des Hortus und der umgebenden Stadt zeigen würden. Es wäre eine große Ehre für den Hortus, einen so verdienstvollen Gast bei sich begrüßen zu dürfen. Alma unterschrieb den Brief: »Hochachtungsvoll, Miss Alma Whittaker – Moos-Kuratorin«.

Die Antwort kam postwendend von Wallace' Frau Annie (die, wie Alma bereits mit Begeisterung festgestellt hatte, eine Tochter des großen William Mitten war, eines Pharmazeuten und erstklassigen Bryologen). Mrs Wallace schrieb, ihr Mann sei hocherfreut, nach Amsterdam zu kommen. Er werde am 19. März 1883 eintreffen und zwei Wochen bleiben. Das Ehepaar Wallace war voller Dankbarkeit für die Einladung und pries das Honorar als überaus großzügig. Dem Brief war zu entnehmen, dass das Angebot gerade zur rechten Zeit gekommen war – wie auch das Geld.

Kapitel 31

Wie groß er war!

Damit hatte Alma nicht gerechnet. Alfred Russel Wallace war ebenso groß und schlaksig, wie Ambrose es gewesen war. Auch war er fast so alt, wie Ambrose inzwischen gewesen wäre, hätte er noch unter den Lebenden geweilt: sechzig Jahre und kerngesund, wenn auch ein wenig gebeugt. (Immerhin handelte es sich um einen Mann, der ganz offensichtlich zu viele Jahre über Mikroskopen und Präparaten verbracht hatte.) Er hatte graues Haar und einen üppigen Bart, und Alma musste sich sehr beherrschen, um nicht die Hand auszustrecken und sein Gesicht mit den Fingern zu betasten. Sie sah wirklich nicht mehr allzu gut und wollte seine Züge besser kennenlernen. Doch weil es unverschämt und anstößig gewesen wäre, hielt sie sich zurück. Trotzdem hatte sie, kaum dass sie seiner ansichtig wurde, das Gefühl, den ältesten Freund zu begrüßen, den sie auf Erden besaß.

Zu Beginn seines Aufenthalts herrschte indessen eine solche Betriebsamkeit, dass Alma fast ein wenig im Getümmel verlorenging. Sie war zwar eine stattliche Frau, doch sie war bereits betagt, und betagte Frauen geraten bei größeren Gesellschaften nicht selten ins Abseits – selbst wenn sie die Geldgeberinnen besagter Gesellschaften sind. Zu viele wollten den großen Evolutionsbiologen kennenlernen, und Almas junge Verwandte, allesamt eifrige Jünger der Wissenschaft, beanspruchten seine ganze Aufmerksamkeit und umschwärmten ihn wie hoffnungsvolle Kavaliere und Ballschönheiten. Wallace war ausgesucht höflich und zuvorkommend – vor allem den Jüngeren gegenüber. Er lauschte ihnen bereitwillig, wenn sie mit ihren eigenen Forschungen prahlten und ihn um Rat angingen. Und selbstverständlich wollten sie ihm auch Amsterdam präsentieren, und so gingen etliche Tage mit unsinnigen Besichtigungen und Bürgerstolz dahin.

Dann folgte der Vortrag im Palmenhaus und im Anschluss die langatmigen Fragen von Gelehrten, Reportern und Würdenträgern sowie das übliche, öde Galadiner. Wallace sprach gut, sowohl beim Vortrag als auch beim Diner. Es gelang ihm, jeden Konflikt zu umschiffen, und er beantwortete all die weitschweifigen, uninformierten Fragen mit einer Engelsgeduld. Seine Frau musste ihn wohl ermahnt haben, sich bestens zu betragen. *Gut gemacht, Annie*, dachte Alma.

Sie wartete. Sie war keine Frau, die das Warten fürchtete.

Schließlich verflog der Reiz des Neuen, der Wallace umgab, und die lärmende Menge lichtete sich. Die jungen Leute wandten sich neuen Sensationen zu, und Alma konnte mehrere Frühstücke in Folge an der Seite ihres Gastes verbringen. Und weil sie ihn besser kannte als jeder andere, wusste sie auch, dass er nicht ewig über die natürliche Selektion sprechen wollte. Stattdessen verwickelte sie ihn in Gespräche über Themen, von denen sie wusste, dass sie ihm weitaus mehr am Herzen lagen: das Tarnverhalten der Schmetterlinge, die Artenvielfalt der Käfer, das Gedankenlesen, den Vegetarismus, die Übel ererbten Reichtums, seine Pläne zur Abschaffung der Börse, seine Pläne zur Beendigung sämtlicher Kriege, seine Unterstützung für die Unabhängigkeitsbestrebungen Indiens und Irlands, seinen Vorschlag, die britische Regierung möge die Welt für die Grausamkeiten des Empires um Verzeihung bitten, seinen Traum, ein verkleinertes Modell des Erdballs (vierhundert Fuß im Durchmesser) zu bauen, das man zu Bildungszwecken in einem riesigen Ballon umrunden könnte … solcherlei Themen.

Kurzum, er war gelöst in Almas Gesellschaft und sie in seiner. Wenn er sich ganz und gar frei fühlte, war er ein so reizender Gesprächspartner, wie sie stets vermutet hatte, und nur allzu bereit, über eine Vielzahl breitgefächerter Themen und Leidenschaften zu parlieren. Alma hatte sich seit Jahren nicht mehr so gut unterhalten. Freundlich und einnehmend, wie er war, erkundigte er sich auch nach ihrem Leben und sprach nicht ausschließlich von sich. So kam es, dass Alma Wallace von ihrer Kindheit auf White Acre berichtete, von den Pflanzenproben, die sie als Fünfjährige, in Begleitung eines Ponys mit seidenem Zaumzeug, im Wald gesammelt hatte, von ihren exzentrischen Eltern und den anspruchsvollen Konversationen an der abendlichen Tafel, von ihrem Vater, der von Meerjungfrauen und Kapitän Cook erzählte, von der großartigen Bibliothek auf dem Anwesen, von ihrem langjährigen Studium der Mooskolonien Philadelphias, von ihrer Schwester, der tapferen Abolitionistin, und von ihren Abenteuern auf Tahiti. Zu ihrem eigenen Erstaunen – obwohl sie seit Jahrzehnten kein Wort über ihn verloren hatte – erzählte sie ihm sogar von ihrem bemerkenswerten Ehemann, der so wunderschöne Orchideen zeichnen konnte wie sonst niemand auf Erden und der in der Südsee gestorben war.

»Was für ein Leben Sie geführt haben!«, sagte Wallace.

Als er das sagte, musste Alma den Blick abwenden. Noch nie hatte jemand so etwas zu ihr gesagt. Sie fühlte sich mit einem Mal befangen und zugleich erneut überwältigt von dem Drang, ihm mit beiden Händen ins Gesicht zu fassen und seine Züge zu ertasten – so, wie sie inzwischen das Moos ertastete und sich mit den Fingern einprägte, was sie nicht länger mit Blicken bewundern konnte.

•

Sie wusste nicht, wann sie es ihm sagen oder was genau sie ihm sagen würde. Sie wusste nicht einmal, ob sie es ihm überhaupt sagen würde. Als die letzten Tage seines Aufenthalts anbrachen, schien es ihr fast, als würde sie es ihm tatsächlich nicht erzählen. War es nicht schon genug, diesen Mann kennengelernt und die Schlucht überbrückt zu haben, die sie all die Jahre getrennt hatte?

Doch dann, an seinem letzten Nachmittag in Amsterdam, bat Wallace Alma darum, ihm ihre Mooshöhle persönlich zu zeigen, und sie führte ihn dorthin. Er war geduldig bereit, die Gärten so quälend langsam zu durchqueren, wie es ihr möglich war.

»Verzeihen Sie, dass ich so schlecht zu Fuß bin«, sagte Alma. »Mein Vater hat mich früher immer als Dromedar bezeichnet, doch heute bin ich schon nach zehn Schritten erschöpft.«

»Dann werden wir eben alle zehn Schritte rasten«, erwiderte Wallace und nahm ihren Arm, um sie zu stützen.

Es war ein Donnerstagnachmittag, es nieselte, und der Hortus lag nahezu verlassen da. Alma und Wallace hatten die Mooshöhle ganz für sich allein. Sie führte ihn von Fels zu Fels, zeigte ihm die Moose sämtlicher Kontinente und erklärte ihm, wie es ihr gelungen war, sie alle an diesem einen Ort zusammenzubringen. Er staunte darüber – wie es jeder tat, der eine Liebe zur Welt in sich trug.

»Mein Schwiegervater wäre begeistert davon«, sagte er.

»Ich weiß«, sagte Alma. »Ich habe stets den Wunsch gehegt, Mr Mitten das alles hier zu zeigen. Vielleicht kommt er ja einmal zu Besuch.«

»Was mich betrifft«, sagte Wallace und nahm auf der Bank in der Mitte des Exponats Platz, »ich würde wohl täglich hierherkommen, wenn ich nur könnte.«

»Ich komme tatsächlich täglich.« Alma setzte sich neben ihn auf die Bank. »Meist auf allen vieren, mit einer Pinzette in der Hand.«

»Was für ein Vermächtnis Sie hier geschaffen haben!«, sagte er.

»Das ist ein schönes Lob, Mr Wallace, aus dem Munde eines Menschen, der selbst ein gewaltiges Vermächtnis geschaffen hat.«

»Ach«, wischte er das Kompliment beiseite.

Eine Zeitlang saßen sie in wohligem Schweigen beieinander. Alma musste daran denken, wie sie auf Tahiti zum ersten Mal mit Tomorrow Morning allein gesprochen hatte.

Sie dachte daran, was sie zu ihm gesagt hatte: »Sie und ich sind – so glaube ich – vom Schicksal enger miteinander verbunden, als man denken sollte.« Dasselbe hätte sie jetzt gern zu Alfred Russel Wallace gesagt, doch sie wusste nicht, ob das richtig sein würde. Er sollte ja nicht glauben, dass sie mit ihrer eigenen Evolutionstheorie prahlen wollte. Oder schlimmer noch: dass sie log. Oder – das Schlimmstmögliche –, dass sie Anspruch auf sein Vermächtnis oder das von Darwin erheben wollte. Vermutlich war es das Beste, zu schweigen.

Doch dann sprach er und sagte: »Miss Whittaker, ich muss Ihnen sagen, dass ich diese letzten Tage mit Ihnen sehr genossen habe.«

»Vielen Dank«, erwiderte sie. »Auch ich habe die Zeit mit Ihnen sehr genossen. Mehr, als Sie ahnen können.«

»Es ist sehr großzügig von Ihnen, sich meine Ideen zu allem und jedem anzuhören«, fuhr er fort. »Nicht viele sind wie Sie. Ich habe im Leben die Erfahrung gemacht, dass mich alle mit Newton vergleichen, solange ich über Biologisches spreche. Doch sobald ich auf die Geisterwelt zu sprechen komme, nennt man mich einen schwachsinnigen, kindischen Idioten.«

»Hören Sie nicht darauf«, sagte Alma und tätschelte ihm mütterlich die Hand. »Es hat mir stets missfallen, wie man Sie beleidigt.«

Eine Zeitlang blieb er still, dann sagte er: »Darf ich Sie etwas fragen, Miss Whittaker?«

Alma nickte.

»Darf ich fragen, wie es kommt, dass Sie so viel über mich wissen? Ich möchte nicht, dass Sie glauben, es störe mich – ganz im Gegenteil, ich fühle mich geschmeichelt, ich verstehe es nur einfach nicht. Wissen Sie, Ihr Gebiet ist die Bryologie und meines nicht. Noch dazu sind Sie weder Spiritistin noch Mesmeristin. Und doch sind Sie mit meinen Schriften zu jeglichem denkbaren Gebiet so sehr vertraut und kennen auch meine Kritiker. Sie wissen sogar, wer der Vater meiner Frau ist. Wie kommt das? Ich kann es mir einfach nicht erklären …«

Er brach ab, fürchtete offenbar, unhöflich gewesen zu sein. Alma wollte nicht, dass er glaubte, er habe eine ältere Dame gekränkt. Sie wollte auch nicht, dass er sie für eine verrückte alte Schachtel mit einer unschicklichen fixen Idee hielt. Was blieb ihr also übrig?

Sie erzählte Wallace alles.

•

Als sie geendet hatte, schwieg er lange, und schließlich fragte er: »Haben Sie die Abhandlung noch?«

»Selbstverständlich«, sagte sie.

»Darf ich sie lesen?«, fragte er.

Langsam, ohne ein weiteres Wort, machten sie sich durch den Hintereingang des Hortus auf zu Almas Arbeitszimmer. Schwer atmend vom Treppensteigen schloss Alma die Tür auf und bat Mr Wallace, an ihrem Schreibtisch Platz zu nehmen. Unter dem Diwan in der Ecke zog sie einen kleinen, verstaubten Lederkoffer hervor – so abgenutzt, als wäre er mehrmals um die ganze Welt gereist, und genau so war es ja auch – und öffnete ihn. Darin fand sich nichts weiter als ein vierzigseitiges Manuskript, handgeschrieben und so sorgsam in ein Flanelltuch gehüllt wie ein Säugling.

Alma brachte es zu Wallace hinüber, dann machte sie es sich auf dem Diwan bequem, während er las. Er las recht lange. Sie musste wohl eingenickt sein – wie es inzwischen häufiger geschah und stets in den abwegigsten Momenten –, denn als sie einige Zeit später seine Stimme hörte, schrak sie hoch.

»Wann, sagten Sie, haben Sie das geschrieben, Miss Whittaker?«, fragte er.

Alma rieb sich die Augen. »Das Datum steht auf der Rückseite«, sagte sie. »Ich habe später noch einiges hinzugefügt, neue Gedanken und dergleichen, und diese Ergänzungen sind hier irgendwo im Zimmer aufbewahrt. Doch was Sie da in Händen halten, ist das Original, das ich im Jahre 1854 verfasst habe.«

Wallace dachte nach.

»Dann war Darwin trotzdem der Erste«, sagte er schließlich.

»Aber ja, unbedingt«, sagte Alma. »Mr Darwin war bei weitem der Erste und der Gründlichste obendrein. Das stand für mich immer völlig außer Frage. Bitte glauben Sie mir, Mr Wallace, ich erhebe keinerlei Anspruch ...«

»Aber Sie sind vor mir auf die Idee gekommen«, unterbrach er sie. »Darwin war schneller als wir beide, das steht fest, doch Sie sind vier Jahre vor mir auf die Idee gekommen.«

»Nun ja ...« Alma zögerte. »Darauf wollte ich nun wirklich nicht hinaus.«

»Aber Miss Whittaker«, sagte Wallace, und seine Stimme klang hell und erregt, während die Erkenntnis heraufdämmerte. »Das heißt doch, wir waren zu dritt!«

Da stockte Alma für einen Moment der Atem.

Mit einem Schlag fühlte sie sich nach White Acre zurückversetzt, an einen schönen Sommertag des Jahres 1819 – jenen Tag, an dem sie und Prudence zum ersten Mal Retta Snow begegnet waren. Sie waren alle noch jung, der Himmel war blau, und noch hatte die Liebe keine tiefen Wunden geschlagen. Retta hatte mit ihren strahlenden, lebhaften Augen zu Alma aufgeblickt und gerufen: »Dann sind wir jetzt zu dritt! Welch ein Glück!«

Wie ging noch gleich das Lied, das Retta für sie gedichtet hatte?

Fiedel, Gabel, Löffel, das sind genau wir drei,
wir tanzen mit dem Monde, ist uns doch einerlei,
willst einen Kuss uns stehlen,
so lass dir eins empfehlen:
stiehl ihn dir lieber bald!

Weil Alma nicht gleich antwortete, kam Wallace zu ihr herüber und setzte sich neben sie.

»Miss Whittaker«, sagte er ein wenig leiser. »Begreifen Sie? Wir waren zu dritt.«

»Ja, Mr Wallace. Es hat ganz den Anschein.«

»Das ist ein höchst bemerkenswerter Fall von Gleichzeitigkeit.«

»Das war auch immer meine Ansicht«, sagte Alma.

Wallace hielt den Blick starr auf die Wand gerichtet und blieb von neuem still.

Schließlich fragte er: »Wer weiß noch davon? Wer kann für Sie bürgen?«

»Nur mein Onkel Dees.«

»Und wo ist Ihr Onkel Dees?«

»Der ist tot«, sagte Alma und konnte dabei ein Lachen nicht unterdrücken. Dees hätte gewollt, dass sie es genau so formulierte. Ach, wie sie den aufrechten, alten Holländer vermisste! Ach, wie er sich an dieser Situation gefreut hätte!

»Aber warum haben Sie denn nicht veröffentlicht?«, fragte Wallace.

»Weil es nicht gut genug war.«

»Unsinn! Es ist doch alles da. Die ganze Theorie ist da. Und zwar um einiges ausgefeilter als in diesem lächerlichen Brief, den ich Darwin im Jahr achtundfünfzig im Fieberwahn geschrieben habe. Wir sollten das jetzt veröffentlichen.«

»Nein«, sagte Alma. »Es ist nicht notwendig, es zu veröffentlichen. Danach habe ich wahrhaftig kein Bedürfnis. Mir genügt, was Sie eben gesagt haben: dass wir zu dritt waren. Das genügt mir vollkommen. Sie haben eine alte Frau sehr glücklich gemacht.«

»Aber wir könnten es doch veröffentlichen«, beharrte er. »Ich könnte die Präsentation für Sie übernehmen …«

Alma legte eine Hand auf seine. »Nein«, sagte sie entschieden. »Ich bitte Sie, mir zu vertrauen. Es ist nicht notwendig.«

Einen Augenblick saßen sie schweigend nebeneinander.

Schließlich brach Wallace das Schweigen wieder. »Darf ich dann wenigstens fragen, warum Sie die Abhandlung 1854 nicht für wert befunden haben, veröffentlicht zu werden?«

»Ich habe damals nicht veröffentlicht, weil ich der Ansicht war, dass an der Theorie etwas fehlt. Und ich muss Ihnen sagen, Mr Wallace – ich bin immer noch der Ansicht, dass etwas daran fehlt.«

»Und das wäre?«

»Eine überzeugende evolutionäre Erklärung für die Nächstenliebe und Opferbereitschaft beim Menschen«, sagte Alma.

Sie überlegte, ob sie das wohl noch weiter ausführen musste. Sie war sich nicht sicher, ob sie die Kraft haben würde, noch einmal ganz in diese große Frage einzusteigen – ihm von Prudence und den Waisenkindern zu erzählen, von den Frauen, die Säuglinge aus Kanälen fischten, und den Männern, die ins Feuer liefen, um Wildfremde zu retten, von den halb verhungerten Gefangenen, die ihren letzten Bissen Brot mit anderen halb verhungerten Gefangenen teilten, den Missionaren, die den Unzucht Treibenden verziehen, den Pflegerinnen, die die Wahnsinnigen betreuten, den Menschen, die einen Hund liebten, den sonst keiner lieben mochte, und von all den vielen anderen.

Doch es war nicht nötig, ins Detail zu gehen. Er begriff sofort.

»Diese Frage habe ich mir auch gestellt«, sagte er.

»Von Ihnen wusste ich das«, sagte Alma. »Aber ich habe mich immer gefragt: Hat auch Darwin sie sich gestellt?«

»Ja«, sagte Wallace. Dann hielt er nachdenklich inne. »Wobei ich, wenn ich ehrlich bin, zugeben muss, dass ich nicht weiß, zu welchen Schlüssen er diesbezüglich kam. Er hat immer sehr darauf geachtet, sich nicht abschließend zu Fragen zu äußern, wenn er sich selbst nicht vollkommen sicher war. Im Gegensatz zu mir.«

»Im Gegensatz zu Ihnen«, räumte Alma ein. »Doch nicht im Gegensatz zu mir.«

»Nein, nicht im Gegensatz zu Ihnen.«

»Mochten Sie Mr Darwin?«, fragte Alma. »Ich habe mich das immer gefragt.«

»Oh ja«, erwiderte Wallace ohne Zögern. »Sehr. Er war der Beste unter den Menschen. Ich glaube sogar, er war der größte Mann unserer Zeit, womöglich sogar der größte aller Zeiten. Mit wem könnten wir ihn denn vergleichen? Es gab Aristoteles. Es gab Kopernikus. Es gab Galileo. Es gab Newton. Und es gab Darwin.«

»Dann haben Sie es ihm also nie verübelt?«, fragte Alma.

»Lieber Himmel, nein, Miss Whittaker. In der Wissenschaft sollte aller Ruhm dem ursprünglichen Entdecker gelten, und folglich gebührte das Recht an der Theorie von der natürlichen Selektion unbedingt ihm. Mehr noch, er war der Einzige, der die nötige Würde dafür besaß. Ich betrachte ihn als den Vergil unserer Generation, der uns durch Himmel, Hölle und Fegefeuer geleitet hat. Er war unser göttlicher Cicerone.«

»Der Ansicht war auch ich stets.«

»Ich versichere Ihnen, Miss Whittaker, mir macht es absolut nichts aus, dass Sie mir mit der Theorie der natürlichen Selektion zuvorgekommen sind, aber es hätte mich zutiefst betrübt, wenn Sie schneller gewesen wären als Darwin. Wissen Sie, ich bewundere ihn so sehr. Ich möchte, dass sein Thron ihm erhalten bleibt.«

»Durch mich droht seinem Thron keine Gefahr, junger Mann«, entgegnete Alma milde. »Da brauchen Sie sich nicht zu beunruhigen.«

Wallace lachte. »Es ist mir eine Freude, Miss Whittaker, dass Sie mich als jungen Mann bezeichnen. Für einen Mann im siebten Lebensjahrzehnt ist das durchaus ein Kompliment.«

»Sir, aus Sicht einer Dame im neunten Lebensjahrzehnt ist es schlicht die Wahrheit.«

Er erschien ihr tatsächlich jung. Das war interessant – schließlich hatte sie den allergrößten Teil ihres Lebens in der Gesellschaft älterer Männer verbracht. Da waren all die anregenden Mahlzeiten ihrer Kindheit, die sie an einen Tisch mit einer nicht enden wollenden Parade brillanter, betagter Geister geführt hatten. Da waren die Jahre auf White Acre, allein mit ihrem Vater, mit dem sie bis spät in die Nacht über Botanik und Geschäfte debattierte. Da war die Zeit auf Tahiti in Gesellschaft des aufrechten und anständigen Reverend Francis Welles. Und schließlich die vier glücklichen Jahre mit Onkel Dees hier in Amsterdam, bevor er starb. Doch nun war Alma selbst alt, und es gab keine älteren Männer mehr! Nun saß sie hier mit einem gebeugten Graubart – einem Grünschnabel von gerade mal sechzig Jahren – und war selbst das Fossil im Raum.

»Wissen Sie, was ich glaube, Miss Whittaker? Bezüglich Ihrer Frage nach dem Ursprung von Mitgefühl und Opferbereitschaft beim Menschen? Ich glaube, die Evolution kann uns *nahezu* alles erklären, und ich bin völlig überzeugt, dass sie uns absolut alles erklärt, was in der übrigen Welt der Natur vor sich geht. Allerdings glaube ich nicht, dass die Evolution allein für unser einzigartiges menschliches Bewusstsein verantwortlich ist. Es besteht schließlich keine evolutionäre Notwendigkeit dafür, dass wir einen so scharfen Verstand, ein so empfindsames Gemüt besitzen. Es liegt kein praktischer Nutzen in geistigen Fähigkeiten, wie wir sie besitzen. Wir brauchen keinen Geist, der Schach spielen kann, Miss Whittaker. Wir brauchen keinen Geist, der Religionen begründen und über unsere Ursprünge debattieren kann. Wir brauchen keinen Geist, der uns veranlasst, in der Oper Tränen zu vergießen. Und wir brauchen im Übrigen auch keine Oper – und auch keine Wissenschaft und keine Kunst. Wir brauchen weder Ethik noch Moral, Würde oder Opferbereitschaft. Wir brauchen weder Zuneigung noch Liebe – erst recht nicht in dem Maße, in dem wir beides empfinden. Wenn überhaupt, dann ist unsere Empfindsamkeit vor allem eine Belastung, denn sie kann uns dazu treiben, Leid zu empfinden. Ich glaube also nicht, dass wir unseren Geist dem Prozess der natürlichen Selektion verdanken – wenngleich ich sehr wohl glaube, dass wir ihr unseren Körper und die meisten unserer Fähigkeiten schulden. Wissen Sie, was ich glaube, woher wir unseren ungeheuren Geist haben?«

»Allerdings, Mr Wallace«, sagte Alma leise. »Bedenken Sie, ich habe einen guten Teil Ihrer Werke gelesen.«

»Ich werde Ihnen sagen, weshalb wir diesen ungeheuren Geist und diese ungeheure Seele besitzen, Miss Whittaker«, fuhr Wallace fort, als hätte sie nichts gesagt. »Wir besitzen sie, weil im Universum eine höhere Intelligenz am Werke ist, die einen Austausch mit uns wünscht. Diese höhere Intelligenz möchte erkannt werden. Sie ruft nach uns. Sie führt uns an ihr Mysterium heran, und sie hat uns auch diesen beachtlichen Geist geschenkt, damit wir imstande sind, uns ihr zu nähern. Sie wünscht, dass wir sie finden. Mehr als alles andere wünscht sie sich die Vereinigung mit uns.«

»Ich weiß, dass Sie das glauben.« Alma tätschelte ihm erneut die Hand. »Und ich halte das für eine höchst originelle Überlegung, Mr Wallace.«

»Glauben Sie denn, ich habe recht?«

»Das vermag ich nicht zu beurteilen«, sagte Alma, »doch es ist eine wunderbare Theorie. Sie kommt einer Antwort auf meine Frage so nahe wie nur irgend möglich. Und doch lösen Sie das Rätsel nur mit einem weiteren Rätsel, und ich weiß nicht recht, ob ich das noch als wissenschaftlich bezeichnen kann – wenn auch vielleicht als poetisch. Unglücklicherweise strebe ich, nicht anders als Ihr Freund Mr Darwin, weiterhin nach solideren Antworten aus dem Feld der empirischen Wissenschaft. Das ist eben meine Natur. Mr Lyell allerdings hätte Ihnen zugestimmt. Er vertrat die Ansicht, dass nur ein göttliches Wesen den menschlichen Geist geschaffen haben kann. Und mein Mann wäre von Ihrer Idee begeistert gewesen. Ambrose glaubte an derlei Dinge. Er sehnte sich nach genau der Vereinigung mit einer höheren Intelligenz, von der Sie sprechen. Er starb auf der Suche nach dieser Vereinigung.«

Sie schwiegen wieder.

Nach einiger Zeit lächelte Alma. »Ich habe mich immer gefragt, was Mr Darwin eigentlich von Ihrem Konzept gehalten hat – dass unser Geist von den Gesetzen der Evolution ausgeschlossen bleibt und das Universum von einer höheren Intelligenz beherrscht wird.«

Auch Wallace lächelte. »Er war nicht damit einverstanden.«

»Das hätte mich auch gewundert!«

»Oh, Miss Whittaker, er war alles andere als einverstanden. Jedes Mal, wenn ich darauf zu sprechen kam, war er äußerst verstimmt. Er konnte einfach nicht glauben, dass ich – nach all den Kämpfen, die wir gemeinsam ausgefochten hatten – tatsächlich wieder Gott ins Spiel brachte!«

»Und was haben Sie erwidert?«

»Ich habe versucht, ihm begreiflich zu machen, dass ich das Wort *Gott* nie verwendet habe. Dieses Wort kam von ihm. Ich habe nur gesagt, dass im Universum eine höhere Intelligenz am Werke ist und dass sie nach Vereinigung mit uns strebt. Ich glaube an die Geisterwelt, Miss Whittaker, aber ich würde niemals in einer wissenschaftlichen Debatte mit dem Wort *Gott* daherkommen. Schließlich bin ich strenggläubiger Atheist.«

»Aber sicher, mein Lieber«, sagte Alma und tätschelte ihm noch einmal die Hand. Sie genoss es so sehr, ihm die Hand zu tätscheln. Sie genoss jede Sekunde dieses Austauschs.

»Halten Sie mich für naiv?«, fragte Wallace.

»Ich halte Sie für fabelhaft«, berichtigte ihn Alma. »Ich finde, Sie sind der fabelhafteste Mensch, den ich kenne und der noch am Leben ist. Sie machen mich froh, dass ich noch hier bin und jemandem wie Ihnen begegnen darf.«

»Nun, Miss Whittaker, Sie sind keineswegs allein auf dieser Welt, auch wenn Sie bereits so viele überlebt haben.

Ich bin überzeugt, dass wir von einem ganzen Heer aus unsichtbaren Freunden und geliebten Menschen umgeben sind, die zwar verstorben sind, aber dennoch Einfluss auf unser Leben ausüben und uns niemals verlassen.«

»Was für eine schöne Vorstellung«, sagte Alma und tätschelte ihm weiter die Hand.

»Haben Sie je einer Séance beigewohnt, Miss Whittaker? Ich könnte Sie einmal mitnehmen. Dort könnten Sie mit Ihrem Mann sprechen, über alle Grenzen hinweg.«

Alma erwog sein Angebot. Sie dachte an jene Nacht mit Ambrose in der Bindekammer zurück, als sie über ihre Handflächen zueinander gesprochen hatten: ihre einzige Erfahrung mit dem Mystischen und Unerklärlichen. Bis heute wusste sie nicht, was das eigentlich gewesen war. Bis heute vermochte sie nicht zu sagen, ob sie sich das alles in einem Anfall von Liebe und Verlangen nur eingebildet hatte. Manchmal stellte sie sich aber auch die Frage, ob Ambrose nicht wahrhaftig ein Zauberwesen war – eine ganz spezielle evolutionäre Abwandlung vielleicht, die einfach nur unter den falschen Bedingungen oder zum falschen historischen Zeitpunkt entstanden war. Womöglich würde es jemanden wie ihn nie wieder geben. Womöglich stellte er ein gescheitertes Experiment dar.

Doch was er auch gewesen sein mochte, die Sache war nicht gut ausgegangen.

»Mr Wallace«, gab sie zur Antwort, »es ist sehr freundlich von Ihnen, mich zu einer Séance einzuladen, das muss ich sagen, doch ich glaube, ich werde das nicht tun. Ich habe ein wenig Erfahrung mit der stummen Verständigung und weiß daher eines: Die Tatsache, dass Menschen einander über alle Grenzen hinweg hören können, heißt noch lange nicht, dass sie einander auch *verstehen*.«

Wallace lachte. »Nun, falls Sie Ihre Ansicht noch einmal ändern sollten, lassen Sie mir doch bitte eine Nachricht zukommen.«

»Das werde ich tun, seien Sie gewiss. Dennoch ist es um

einiges wahrscheinlicher, dass Sie, Mr Wallace, mir während einer Ihrer spiritistischen Sitzungen eine Nachricht zukommen lassen werden, wenn ich einmal tot bin! Sie werden nicht lange auf diese Gelegenheit warten müssen, denn ich bin gewiss nicht mehr allzu lange hier.«

»Sie werden auf ewig hier sein. Der Geist bewohnt den Körper nur eine Zeitlang, Miss Whittaker. Der Tod löst diese Zweiheit einfach auf.«

»Ich danke Ihnen, Mr Wallace. Sie sagen so reizende Dinge. Aber Sie brauchen mich nicht zu trösten. Ich bin schon zu alt, um die großen Veränderungen des Lebens noch zu fürchten.«

»Tatsächlich, Miss Whittaker – da sitze ich hier, schwadroniere über meine Theorien und halte nicht einen Moment inne, um Sie als kluge und erfahrene Frau zu fragen, was Sie denn glauben?«

»Was ich glaube, ist vermutlich längst nicht so fesselnd wie das, was Sie glauben.«

»Nichtsdestotrotz würde ich es gerne hören.«

Alma seufzte. Das war eine schwerwiegende Frage. Was glaubte sie denn eigentlich?

»Ich glaube, dass wir alle vergänglich sind«, setzte sie an. Dann dachte sie ein Weilchen nach und fuhr fort: »Ich glaube, wir sind halb blind und stecken voller Irrtümer. Ich glaube, wir begreifen nur sehr wenig, und das meiste davon verstehen wir falsch. Wir werden das Leben nicht überleben – das wenigstens liegt ja auf der Hand! –, doch wenn man Glück hat, dann lässt es sich eine ganze Zeitlang aushalten. Und wenn man nicht nur Glück hat, sondern auch hartnäckig ist, lässt sich das Leben mitunter sogar genießen.«

»Glauben Sie an ein Jenseits?«, fragte Wallace.

Sie tätschelte ihm abermals die Hand. »Ach, Mr Wallace, ich gebe mir immer solche Mühe, nichts zu äußern, was andere Leute aufregen könnte.«

Er lachte erneut. »Ich bin weit weniger feinfühlig, als Sie

offenbar glauben, Miss Whittaker. Sie können mir ruhig sagen, was Sie denken.«

»Nun, wenn Sie es unbedingt wissen wollen: Ich glaube, dass die meisten Menschen nicht allzu widerstandsfähig sind. Ich glaube, es muss ein schrecklicher Schlag für die Menschheit und ihre Meinung von sich selbst gewesen sein, als Galileo verkündete, dass wir uns nicht im Zentrum des Universums befinden – so wie es ein schrecklicher Schlag für die Welt war, als Darwin uns verkündete, dass wir nicht in einem einzigen, wunderbaren Augenblick von Gott höchstpersönlich geschaffen wurden. Ich glaube, den meisten Menschen fällt es schwer, sich so etwas anzuhören. Ich glaube, sie fühlen sich dann unbedeutend. In diesem Zusammenhang frage ich mich übrigens, Mr Wallace, ob Ihre Sehnsucht nach einer Geisterwelt und einem Jenseits nicht auch nur ein Symptom des ständigen menschlichen Strebens nach … Bedeutung ist? Verzeihen Sie mir, ich will Sie damit nicht kränken. Der Mann, den ich von Herzen geliebt habe, hatte dasselbe Bedürfnis wie Sie, dasselbe Bestreben, mit etwas geheimnisvoll Göttlichem in Kontakt zu treten, seinen Körper und diese Welt zu überwinden und an einem besseren Ort Bedeutung zu erlangen. Ich habe ihn als einsamen Menschen kennengelernt, Mr Wallace. Als schönen, aber einsamen Menschen. Ich weiß nicht, ob auch Sie einsam sind, aber ich frage mich das doch.«

Darauf gab er keine Antwort.

Er fragte nur, nach kurzem Schweigen: »Haben Sie dieses Bedürfnis denn nicht, Miss Whittaker? Sich bedeutsam zu fühlen?«

»Ich will Ihnen etwas sagen, Mr Wallace. Ich halte mich für die glücklichste Frau, die jemals gelebt hat. Sicher, mir wurde das Herz gebrochen, und die meisten meiner Wünsche haben sich nie erfüllt. Ich habe mich durch mein eigenes Verhalten enttäuscht, und andere haben mich ebenfalls enttäuscht. Ich habe fast alle überlebt, die ich jemals geliebt habe. Auf dieser Welt bleibt mir nur noch eine Schwester, die ich seit über dreißig Jahren nicht gesehen habe – und mit der mich für den Großteil meines Lebens kaum etwas verband. Ich habe keine glanzvolle Laufbahn hinter mir. Ich hatte in meinem Leben nur eine ureigene Idee – und wie der Zufall es wollte, war es eine bedeutende Idee, die mir möglicherweise zu einer gewissen Bekanntheit verholfen hätte –, doch ich habe gezögert, damit an die Öffentlichkeit zu gehen, und die Gelegenheit dadurch verspielt. Ich habe keinen Mann. Ich habe keine Nachkommen. Einst hatte ich ein Vermögen, doch das habe ich verschenkt. Mein Augenlicht verlässt mich, und meine Lunge und meine Beine machen mir zu schaffen. Ich glaube nicht, dass ich noch einen weiteren Frühling erleben werde. Ich werde hier sterben, wo mich ein Weltmeer von meinem Geburtsort trennt, und man wird mich auch hier begraben, weit weg von meinen Eltern und meiner Schwester. Wahrscheinlich fragen Sie sich jetzt: Wie kann sich diese arme, glücklose Frau bloß glücklich schätzen?«

Er schwieg. Er war zu freundlich, um auf solch eine Frage zu antworten.

»Sorgen Sie sich nicht, Mr Wallace. Ich treibe keine Scherze mit Ihnen. Ich halte mich wahrhaftig für glücklich. Ich bin glücklich, weil ich mein ganzes Leben damit verbringen durfte, die Welt zu studieren. Und darin habe ich mich niemals unbedeutend gefühlt. Das Leben ist ein Mysterium, das ist wahr, und oft ist es auch eine Strapaze, doch man sollte so viele Fakten darin zu finden versuchen, wie man nur kann – denn Wissen ist das wertvollste aller Güter.«

Als er weiter schwieg, fuhr Alma fort:

»Sehen Sie, ich hatte niemals das Bedürfnis, mir eine Welt jenseits der unseren auszudenken, denn unsere Welt war mir immer bei weitem groß und schön genug. Ich habe mich oft gefragt, warum sie manch anderem nicht auch groß und schön genug ist – warum man sich neue, wundersame Reiche erträumen muss oder sich danach sehnt, an einem anderen Ort zu leben, fern von hier … Aber das geht mich ja nichts an. Wir sind wohl alle verschieden, denke ich. Ich wollte nie etwas anderes kennenlernen als diese Welt. Und jetzt, da ich meinem Ende entgegensehe, kann ich sagen, dass ich doch einiges mehr von ihr weiß als bei meiner Ankunft. Mehr noch, mein bisschen Wissen hat sich all dem übrigen Wissen, das die Menschheit im Lauf der Geschichte angesammelt hat, hinzugefügt – der großen Bibliothek, wenn man so will. Das ist keine geringe Leistung, Sir. Wer so etwas von sich behaupten kann, hat ein glückliches Leben geführt.«

Nun war es an ihm, ihr die Hand zu tätscheln.

»Das haben Sie wunderbar gesagt, Miss Whittaker«, sagte er.

»Allerdings, Mr Wallace«, sagte sie.

•

Danach schien ihr Gespräch an ein Ende gelangt zu sein. Sie waren beide nachdenklich und erschöpft. Alma legte ihr Manuskript in Ambroses Koffer zurück, schob ihn wieder unter den Diwan und schloss ihr Arbeitszimmer ab. Sie würde es niemandem mehr zeigen. Wallace half ihr die Treppe hinunter. Draußen war es dunkel und neblig. Langsam kehrten sie zur Residenz der van Devenders zwei Häuser weiter zurück. Alma schloss die Tür auf, und sie blieben in der Diele stehen und wünschten einander eine gute Nacht. Wallace würde am nächsten Morgen abreisen, und sie sollten einander nicht wiedersehen.

»Ich bin so froh, dass Sie gekommen sind«, sagte sie zu ihm.

»Ich bin so froh, dass Sie mich hergebeten haben«, erwiderte er.

Sie streckte die Hand aus und berührte sein Gesicht. Er ließ es geschehen. Sie erforschte seine warmen Züge. Er hatte ein freundliches Gesicht – das konnte sie fühlen.

Danach ging er hinauf in sein Zimmer, doch Alma blieb in der Diele zurück. Sie wollte nicht schlafen gehen. Nachdem seine Zimmertür ins Schloss gefallen war, griff sie nach ihrem Stock und ihrem Schultertuch und trat wieder ins Freie. Es war dunkel, doch das spielte für Alma keine Rolle mehr; sie sah ja auch bei Tag nicht mehr viel, und ihre Umgebung war ihr durch Tasten vertraut. Mühelos fand sie den Hintereingang des Hortus – den privaten Zugang, den die van Devenders seit drei Jahrhunderten nutzten – und betrat den Garten.

Sie hatte vorgehabt, in die Mooshöhle zurückzukehren und dort eine Zeitlang über alles nachzudenken, doch bald schon wurde sie kurzatmig und lehnte sich an den nächstbesten Baum, um ein wenig zu verschnaufen. Liebe Güte, sie war wahrhaftig alt! Wie schnell das geschehen war! Sie war dankbar für den Baum, an dem sie lehnte. Sie war dankbar für den ganzen botanischen Garten in all seiner dunklen Schönheit. Sie war dankbar, einen ruhigen Ort zu haben, an dem sie sich erholen konnte. Sie musste an das denken, was die arme kleine verrückte Retta Snow so oft gesagt hatte: »Dem Himmel sei Dank, dass wir einen Boden haben! Denn worauf würden wir sonst sitzen?« Alma war ein wenig schwindelig. Welch ein Abend das gewesen war!

Wir waren zu dritt, hatte er gesagt.

In der Tat, sie waren zu dritt gewesen, und nun waren sie nur noch zu zweit. Bald würde nur noch einer übrig sein. Und schließlich würde auch Wallace verschwinden. Doch einstweilen wusste er von ihr. Jemand wusste von ihr. Alma drückte das Gesicht an den Baum und staunte – darüber, wie schnell alles geschah und wie alles ineinandergriff.

Doch man kann nicht ewig in atemlosem Staunen verharren, und so ertappte sich Alma nach einiger Zeit dabei, dass sie sich fragte, was für ein Baum das eigentlich war, an dem sie lehnte. Sie kannte jeden einzelnen Baum im Hortus, doch sie war sich nicht ganz sicher, wo sie sich befand, und konnte ihn folglich nicht identifizieren. Er roch vertraut.

Sie strich über die Rinde, und dann wusste sie es: Natürlich, es war die Königsnuss, die einzige ihrer Art in ganz Amsterdam. *Juglandaceae.* Aus der Familie der Walnussgewächse. Dieses ganz spezielle Exemplar war vor weit über hundert Jahren aus Amerika hierhergekommen, vermutlich aus dem westlichen Pennsylvania. Aufgrund der langen Pfahlwurzel nur sehr schwer zu verpflanzen. Er musste als junger Setzling hergekommen sein. Gedieh vor allem in den Niederungen. Schätzte lehm- und schlickhaltigen Boden, wurde von Wachteln und Füchsen aufgesucht, war winterfest und anfällig für Fäule. Er war alt. Sie war alt.

Die Hinweise häuften sich, von allen Seiten strömten sie auf Alma ein und ließen nur einen endgültigen, ernsthaften Schluss zu: Bald, sehr bald schon, würde ihre Zeit kommen. Sie wusste, dass es so war. Wenn nicht in dieser, dann doch in einer anderen, nicht mehr fernen Nacht. In der Theorie fürchtete sie den Tod nicht. Wenn sie überhaupt etwas empfand, dann nichts als Respekt und Ehrfurcht vor dem Genie des Todes, der die Welt mehr geprägt hatte als jede andere Macht. Dessen ungeachtet hegte sie nicht den Wunsch, just in diesem Moment zu sterben. Sie wollte immer noch wissen, was als Nächstes geschehen würde, so wie bereits ihr ganzes Leben lang. Es ging darum, sich dem Versinken so lange wie möglich zu widersetzen.

Sie umarmte den großen Baum, als wäre er ein Pferd. Sie drückte die Wange an seine stumme, lebendige Flanke.

Und sie sagte: »Da sind wir ganz schön weit weg von zu Hause, du und ich, was?«

Im Dunkel des Gartens, inmitten der stillen, nächtlichen Stadt, gab der Baum keine Antwort.

Doch immerhin hielt er sie noch eine kleine Weile aufrecht.

Danksagung

Die Autorin dankt für Unterstützung und Inspiration: den Königlichen Botanischen Gärten von Kew, dem Botanischen Garten New York, dem Hortus Botanicus in Amsterdam, Bartram's Garden in Philadelphia, den Woodlands, dem Liberty Hall Museum sowie dem Esalen-Institut; außerdem Margaret Cordi, Anne Connell, Shea Hembrey, Rayya Elias, Mary Bly, Linda Shankara Barrera, Tony Freund, Barbara Paca, Joel Fry, Marie Long, Stephen Sinon, Mia D'Avanza, Courtney Allen, Adam Skolnick, Celeste Brash, Roy Withers, Linda Tumarae, Cree LeFavour, Jonny Miles, Ernie Sesskin, Brian Foster, Sheryl Moller, Deborah Luepnitz, Ann Patchett, Eileen Marolla, Karen Lessig, Michael und Sandra Flood, Tom und Deann Higgins, Jeannette Tynan, Jim Novak, Jim und Dave Cahill, Bill Burdin, Ernie Marshall, Sarah Chalfant, Charles Buchan, Paul Slovak, Lindsay Prevette, Miriam Feuerle, Alexandra Pringle, Katie Bond, Terry und Deborah Olson, Catherine Gilbert Murdock, John und Carole Gilbert, José Nunes, dem verstorbenen Stanley Gilbert und dem verstorbenen Sheldon Potter. Eine besondere Erwähnung gilt Dr. Robin Wall-Kimmerer (der ursprünglichen Hüterin der Moose) und selbstverständlich allen Wissenschaftlerinnen der Menschheitsgeschichte.

Sei ganz im Gegenteil versichert, daß zahlreiche berühmte und bedeutende Fertigkeiten und Künste weiblicher Intelligenz und dem Scharfsinn von Frauen zu verdanken sind. Dies gilt sowohl für theoretische, schriftlich fixierte Überlegungen als auch für die praktisch-technische Ausführung, für die Entwicklung handwerklicher und arbeitstechnischer Errungenschaften. Dafür kann ich dir viele Beispiele anführen.

Christine de Pizan,
Das Buch von der Stadt der Frauen (1405)

Elizabeth Gilbert
City of Girls
Roman

Das Leben ist wild und gefährlich. Nach einer Jugend in der Provinz und dem Rausschmiss aus dem College, stürzt sich die 19-jährige Vivian kopfüber in das aufregende Leben Manhattans der Vierziger: Musicals, Bars, Jazz und Gangster. Um jede Ecke biegt eine neue Liebe, erst recht im Lily Playhouse, dem sympathisch heruntergekommenen Theater, für das sie Kostüme näht.

»Wie Elizabeth Gilbert erzählt, ist im Wortsinn großes Kino. Es entstehen beinahe sofort Bilder, man hört, sieht, staunt. Und lacht.« *Christine Westermann, WDR/Frau TV*

Aus dem amerikanischen Englisch
von Britt Somann-Jung
496 Seiten, broschiert

Weitere Informationen finden Sie auf
www.fischerverlage.de

AZ 596-03494/1